Entscheidungen

des

Reichsgerichts.

Herausgegeben

von

den Mitgliedern des Gerichtshofes und der Reichsanwaltschaft.

Entscheidungen in Zivilsachen.

128. Band.

Berlin und Leipzig 1930

Walter de Gruyter & Co.

vormals G. J. Göschen'sche Verlagshandlung - J. Guttentag, Verlagsbuchhandlung - Georg Reimer - Karl J. Trübner - Veit & Comp.

Entscheidungen

des

Reichsgerichts

in

Zivilsachen.

---

128. Band.

Mit Anhang: Entscheidungen des Staatsgerichtshofs.

Berlin und Leipzig 1930

Walter de Gruyter & Co.

vormals G. J. Göschen'sche Verlagshandlung - J. Guttentag, Verlagsbuchhandlung - Georg Reimer - Karl J. Trübner - Veit & Comp.

Druck von Metzger & Wittig in Leipzig

Inhalt.

I. Bürgerliches Recht.

a. Reichsrecht.

b. Landesrecht.

II. Öffentliches Recht.

III. Gerichtliches Verfahren.

Anhang: Entscheidungen des Staatsgerichtshofs.

1. 1. Zum Begriff des Kartells und zum Erfordernis der Schriftform im Sinne des § 1 der Kartellverordnung.

2. Über die Kündbarkeit von Nebenleistungspflichten der Gesellschafter einer Gesellschaft mbH.

KartVo. §§ 1 bis 10. GmbHG. §§ 3, 27, 61.

II. Zivilsenat. Urt. v. 7. Februar 1930 i. S. K. (Kl.) w. Zuckerfabrik N. GmbH. (Bekl.). II 247/29.

I. Landgericht Göttingen.
II. Oberlandesgericht Celle.

Gegenstand des Unternehmens der vor 1900 gegründeten verklagten Gesellschaft mbH., die 150 bis 200 Gesellschafter zählt, ist die Herstellung von Zucker und verwandten Erzeugnissen aus Rüben und zugekauftem Rohzucker, insbesondere der Fortbetrieb der früher der Aktiengesellschaft „Zuckerfabrik zu N." gehörigen Fabrik, sowie die kaufmännische Verwertung der gewonnenen Erzeugnisse. Die Dauer der Gesellschaft ist nicht auf eine bestimmte Zeit beschränkt. Die Gesellschafter als solche haben neben der Leistung der Kapitaleinlagen eine Reihe weiterer Verpflichtungen gegenüber der Gesellschaft. Zur Abtretung von Geschäftsanteilen ist, von gewissen Ausnahmen abgesehen, die Genehmigung des Vorstands erforderlich; wird sie versagt, so kann die Entscheidung der „Generalversammlung" angerufen werden, die endgültig ist. In der Gesellschafterversammlung geben je 250 RM. eine Stimme. Unter den sog. Sonderleistungspflichten steht voran die Rübenanbau- und Ablieferungspflicht. Nach der Satzung hat nämlich jeder Gesellschafter für je 250 RM. Geschäftsanteil ein halbes Hektar der von ihm bewirtschafteten Ländereien mit Zuckerrüben zu bestellen und den Ertrag an die Gesellschaft abzuliefern, und zwar von einem halben Hektar mindestens 100 Doppelzentner reine Rüben. Wenn ein Gesellschafter nicht selbst Rüben bauen kann, darf er seine „Pflichtrüben" für die Dauer der Verhinderung durch Dritte bauen lassen unter Beachtung der von der Gesellschaft für den Rübenbau gegebenen besonderen Bestimmungen; mit den letzteren beschäftigen sich die §§ 27flg. der Satzung. Kein Gesellschafter darf sich während seiner Zugehörigkeit zur Gesellschaft an einer anderen Zuckerfabrik beteiligen oder ihr Rüben liefern (§ 10 der Satzung). Der Vorstand der Beklagten kann Ausnahmen hiervon gestatten; gegen einen ablehnenden Bescheid kann die „Generalversammlung" angerufen werden. Falls ein Gesellschafter mehr als die Pflicht-Anbaufläche mit Zuckerrüben anbaut, muß er diese Rüben, wenn er sie veräußern will, unter denselben Bedingungen, wie die Pflichtrüben, abliefern. Die Gesellschaft ist anderseits verpflichtet, auch die sog. Überrüben abzunehmen, wenn ihr der Mehranbau rechtzeitig angemeldet worden ist. Der von der Gesellschaft für Pflicht- und Überrüben zu zahlende Preis wird vom Vorstand bestimmt, der sich aus 15 von der Gesellschafterversammlung aus dem Kreise der Gesellschafter jeweils auf drei Jahre gewählten Mitgliedern zusammensetzt. Daneben erhält jeder Gesellschafter u. a. noch eine sog. Arealvergütung von 17,50 RM. für je 250 RM. Geschäftsanteil. Gesellschafter, die ihrer Rübenanbau- und Ablieferungspflicht nicht oder nicht gehörig nachkommen, verfallen in eine Vertragsstrafe, die sich teils nach der Lieferfehlmenge, teils, und zwar im Fall der Belieferung einer andern Fabrik, nach der Höhe der Lieferung an Außenseiter richtet. Im Fall der Minderlieferung wegen Mißernte zufolge Hagelschlags und dergl. entfällt die Vertragsstrafe bei rechtzeitiger Anzeige des schädigenden Ereignisses an den Vorstand. Als weitere satzungsmäßige Nebenleistungspflicht der Gesellschafter ist anzuführen die Verpflichtung, im Verhältnis ihrer Geschäftsanteile zum Stammkapital für einen von der Gesellschaft aufgenommenen laufenden Kredit von höchstens 250000 M. und für Anleihen bis zur Höchstgrenze von 1500000 M. die persönliche Bürgschaft zu übernehmen. Endlich bestimmt die Satzung, daß alle Streitigkeiten zwischen Gesellschaft und Gesellschaftern über deren Verpflichtungen und Rechte im allgemeinen durch ein dreiköpfiges Schiedsgericht zu entscheiden sind. Zur Abänderung des Gesellschaftsvertrags ist eine Mehrheit von $^3/_4$ der abgegebenen, zur Auflösung der Gesellschaft eine solche von $^3/_4$ aller vorhandenen Stimmen erforderlich; eine Vermehrung der den Gesellschaftern nach dem Gesellschaftsvertrag obliegenden Leistungen kann nur mit Zustimmung sämtlicher beteiligten Gesellschafter beschlossen werden.

Der Kläger erwarb im Jahre 1917 von dem Rittergutsbesitzer E. in M. dessen Rittergut und Geschäftsanteil an der verklagten Gesellschaft. Der Kaufvertrag bestimmte u. a.: „Der Käufer übernimmt mit dem Zeitpunkt der Auflassung alle mit dem Geschäftsanteil verbundenen Rechte und Pflichten gegenüber der Zuckerfabrik, insbesondere zum Rübenbau gemäß der Satzung der Fabrik." Die Auflassung und Eintragung des Klägers als Eigentümer des Gutes erfolgte demnächst. Mit Schreiben vom 10. November 1917 übersandte der Kläger der Beklagten den Kaufvertrag mit dem Verlangen, sie solle den Geschäftsanteil des E. auf seinen Namen umschreiben. Die Beklagte genehmigte den Übergang des Anteils auf den Kläger schriftlich; anläßlich einer späteren Kapitalerhöhung übernahm dieser einen weiteren Geschäftsanteil von 15000 PM. Seit der Reichsmark-Umstellung der Beklagten besitzt er Geschäftsanteile über insgesamt 15000 RM. Zwischen den Parteien entstanden im Laufe der Jahre eine Reihe von Streitigkeiten; in deren Verlauf kam es zwischen ihnen zu einem Schriftwechsel, aus dem der Kläger nun auch im Prozeß gewisse Rechte herleiten will. Im Frühjahr 1926 meldete der Kläger entgegen der Satzung der Beklagten weder die Lage noch die Größe seines Rübenbaulandes an und bezog von ihr auch keinen Samen für die Aussaat. Den Hinweis der Beklagten auf die Folgen dieser Verletzung seiner Gesellschafterpflichten beantwortete er am 29. Mai 1926 dahin, daß er durch Mißstände bei der Probenahme geschädigt sei und sich deswegen zum Rübenanbau für die Beklagte nicht für verpflichtet halte. Die Beklagte wies diese Auffassung zurück. Der Kläger erwiderte unter dem 28. September 1926, er werde für sie keine Rüben mehr anbauen, sondern seine Rübenernte an die Zuckerfabrik O. abliefern. Tatsächlich lieferte er dann auch die Ernte des Jahres 1926 an diese Fabrik ab. Die Beklagte verlangte hierauf vom Kläger mit Schreiben vom 16. März 1927 Zahlung von 4395,43 RM. als Vertragsstrafe und Schadensersatz; da der Kläger die Zahlung verweigerte, rief sie das Schiedsgericht an. Der Kläger kündigte nunmehr am 20. April 1927 den „Gesellschaftsvertrag" unter Bezugnahme auf § 8 KartVo. Die Beklagte ging wegen der Zulässigkeit der Kündigung rechtzeitig und vorsorglich das Kartellgericht an. Das Schiedsgericht verurteilte den jetzigen Kläger durch Spruch vom 16. Juli 1927 zur Zahlung der 4395,43 RM.

Mit der vorliegenden Klage verlangt der Kläger die Aufhebung des Schiedsspruchs, weil das Verfahren vor dem Schiedsgericht aus einer Reihe von Gründen unzulässig gewesen sei. Unter anderem macht er geltend: Der Gesellschaftsvertrag, jedenfalls aber die Nebenleistungspflichten und im besonderen die Vertragsstrafgedinge seien sittenwidrig und daher nichtig, weil sie eine übermäßige Knebelung des Klägers bedeuteten. Die Fortsetzung des Rübenbaues zu den Bedingungen des Gesellschaftsvertrags würde — so meint er — seinen völligen wirtschaftlichen Ruin herbeiführen. Durch den Gesellschaftsvertrag sei ferner ein Kartell im Sinne des § 1 KartVo. geschaffen. Der Kläger habe schon mit Schreiben vom 27. November und 10. Dezember 1925 gekündigt, ohne daß die Beklagte das Kartellgericht angerufen habe. Die Kündigung sei daher schon im Jahre 1925 wirksam geworden. Jedenfalls habe aber die von ihm am 20. April 1927 erneut erklärte Kündigung nach § 8 KartVo. den Streit der Zuständigkeit des Schiedsgerichts entrückt. Die in den §§ 10, 28, 29 der Satzung der Beklagten niedergelegten Bestimmungen enthielten Verpflichtungen über die Handhabung der Erzeugung und des Absatzes von Zuckerrüben. Zur Übernahme solcher Verpflichtungen sei nach § 1 KartVo. Schriftform erforderlich; daran fehle es. Endlich wandte der Kläger noch ein: das Schiedsgericht hätte seinen Spruch bis zur Entscheidung des Kartellgerichts über die Wirksamkeit der Kündigung gemäß § 12 KartVo. aussetzen müssen. Die Beklagte beantragte widerklagend Feststellung dahin, daß der Gesellschaftsvertrag und die nach ihm dem Kläger der Gesellschaft gegenüber obliegenden Verpflichtungen nicht unter § 1 KartVo. fielen.

Das kartellgerichtliche Verfahren wurde durch Beschluß des Kartellgerichts vom 23. November 1927 bis zur rechtskräftigen Erledigung der im vorliegenden Rechtsstreit erhobenen Widerklage ausgesetzt.

Das Landgericht wies die Klage ab und gab der Widerklage statt. Das Oberlandesgericht wies die Berufung des Klägers zurück und stellte auf die Anschlußberufung der Beklagten zur Widerklage fest, daß der Kläger noch Gesellschafter der Beklagten sei und daß seine Verpflichtungen aus den §§ 24, 27 flg. der Satzung weiterbeständen. Die Revision des Klägers hatte zur Widerklage teilweise Erfolg.

Aus den Gründen:

I. Der Kläger verlangt aus verschiedenen Gründen Aufhebung des Schiedsspruchs vom 16. Juli 1927 wegen Unzulässigkeit des Schiedsverfahrens.

1. Einmal meint er, der ganze Gesellschaftsvertrag der Beklagten oder wenigstens die Bestimmungen über die Sonderleistungspflichten, namentlich soweit sie sich mit der Rübenankaufs- und Ablieferungspflicht und den Strafgedingen sowie mit der Schiedsklausel befaßten, seien sittenwidrig und daher nichtig.

Gewiß wäre das Schiedsverfahren unzulässig, wenn die ihm zugrunde liegende Schiedsklausel selbst nichtig wäre, und dies träfe in aller Regel dann zu, wenn der Gesellschaftsvertrag selbst im ganzen nichtig wäre. Allein letztere Möglichkeit scheidet von vornherein aus. Der Versuch des Klägers, die Nichtigkeit der Schiedsklausel aus der Nichtigkeit des Gesellschaftsvertrags im ganzen herzuleiten, muß schon an der Eigenart des hier in Betracht kommenden Rechtsverhältnisses scheitern. Angesichts des § 75 GmbHG. könnte von einer Nichtigkeit des Gesellschaftsvertrags als solchen nur dann die Rede sein, wenn der Vertrag an einem der dort aufgeführten Mängel leiden würde. Dies trifft jedoch offensichtlich nicht zu. Insbesondere verstößt der in § 2 des Gesellschaftsvertrags genannte Gegenstand des Unternehmens weder gegen die guten Sitten noch sonst gegen ein gesetzliches Verbot. Dann kann aber von einer Nichtigkeit des Vertrags als solchen keine Rede sein. Die Anwendbarkeit des § 139 BGB. ist durch die Sonderregelung im § 75 GmbHG. ausgeschlossen (RGZ. Bd. 73 S. 431, Bd. 82 S. 288; für Aktiengesellschaften: JW. 1916 S. 745 Nr. 10; RGZ. Bd. 114 S. 77). Das Berufungsgericht lehnt indessen mit Recht auch die Annahme ab, daß der Gesellschaftsvertrag oder einzelne seiner Bestimmungen wegen Verstoßes gegen § 138 Abs. 1 BGB. nichtig seien. (Wird im einzelnen ausgeführt.)

2. Der Kläger will jedoch die Unzulässigkeit des Schiedsverfahrens auch darauf stützen, daß der Gesellschaftsvertrag Bindungen kartellrechtlicher Art enthalte, die er — Kläger — gemäß § 8 KartVo. rechtswirksam gekündigt habe mit der Folge, daß er damit auch nicht mehr der Schiedsklausel unterworfen gewesen sei; jedenfalls habe das Schiedsgericht nach § 12 KartVo. das Verfahren bis zur Entscheidung

des Kartellgerichts über die Rechtmäßigkeit seiner Kündigung vom April 1927 aussetzen müssen. Soweit die Unzulässigkeit des Schiedsverfahrens auf diese Kündigung gestützt werden soll, erledigt sich das Vorbringen des Klägers für die Aufhebungsklage ohne weiteres damit, daß eine solche Kündigung keine rückwirkende Kraft hätte, sondern, wenn sie vom Kartellgericht für zulässig erklärt würde (was bis heute noch nicht geschehen ist), erst mit dem Zeitpunkt ihres Zugehens an die Beklagte wirksam geworden wäre. Die im Schiedsverfahren erhobenen Ansprüche stützt aber die Beklagte auf Vorkommnisse und angebliche Verstöße des Klägers gegen seine gesellschaftlichen Pflichten von Ende 1925 und vom Jahr 1926, aus einer Zeit also, zu welcher der Kläger, soweit die Kündigung vom 20. April 1927 in Frage kommt, noch immer Vollgesellschafter gewesen wäre. Es muß auch angenommen werden, daß sich die Schiedsklausel auf solche Streitigkeiten der Gesellschaft mit den Gesellschaftern erstreckt, die in Tatumständen aus der Zeit vor dem Ausscheiden des Gesellschafters oder vor der Lösung etwaiger kartellrechtlicher Bindungen wurzeln (JW. 1926 S. 2576 Nr. 6). Diese Annahme ist vollends unbedenklich, wenn es sich wie hier in Wirklichkeit zunächst überhaupt nicht um ein Vollausscheiden des Gesellschafters, sondern nur um ein teilweises Freiwerden von einzelnen gesellschaftsrechtlichen Pflichten handeln könnte, wie es bei Wirksamkeit der Kündigung vom April 1927 unter dem Gesichtspunkt des § 8 KartVo. der Fall wäre. Auch ihres Vertragsstrafe-Anspruchs gegen den Kläger aus Verletzungen von Gesellschafterpflichten, die vor diesem Zeitpunkt vorgekommen sind, wäre die Beklagte nicht verlustig gegangen (RGZ. Bd. 114 S. 327flg. [332/333]).

Die Erklärungen der Beklagten aus der Zeit vom November und Dezember 1925 könnten keinesfalls als Kündigung nach § 8 KartVo. angesehen werden. Auf sie hat sich übrigens der Kläger im Schiedsverfahren überhaupt nicht berufen. Wollte er daraus für sich den Rechtsbehelf der Kündigung aus wichtigem Grunde — sei es im gewöhnlichen Sinne oder im Sinne des § 8 KartVo. — herleiten, so mußte er diesen Einwand schon im Schiedsverfahren geltend machen. Da er dies unterlassen hat und ein verzichtbarer Einwand in Frage steht, kann er hinterher im Zug der Aufhebungsklage nicht mehr darauf zurückgreifen. Insoweit kann vielmehr nur die Kündigung vom April 1927 in Betracht kommen. Damit erledigt sich auch dieser Klagegrund.

3. Ebensowenig kann der Kläger mit der Behauptung durchdringen, daß der Gesellschaftsvertrag oder der Beitritt des Klägers zur verklagten Gesellschaft dem Formerfordernis des § 1 KartVo. nicht genüge. Hieran soll es deshalb fehlen, weil zwischen dem Kläger und der Beklagten kein dem § 126 BGB. entsprechender Vertrag über den Bei- oder Eintritt des ersteren geschlossen worden sei. Der Kläger kann aber füglich nicht bestreiten, daß er in der vom Gesetz über die Gesellschaften mbH. vorgesehenen und der Satzung der Beklagten entsprechenden Rechtsform Gesellschafter geworden ist. Er selbst hat seinerzeit den Erwerb der Anteile unter Beifügung der Anteilscheine und des auf ihn lautenden notariellen Abtretungsvertrags der Beklagten zur „Genehmigung" schriftlich eingereicht, hat diese in gleicher Form anstandslos erhalten und sich dann nahezu ein Jahrzehnt als Gesellschafter betätigt. Etwaige kartellrechtliche Abreden wären derart schriftlich niedergelegt, daß jederzeit die sichere Feststellung ihres Inhalts, wie auch der Teilnehmer möglich ist. Denn der Gesellschaftsvertrag, der die angeblichen Kartellbindungen enthält, ist gerichtlich oder notariell beurkundet und der Kläger ist auf Grund seiner Anmeldung in der Gesellschafterliste der Beklagten verzeichnet. Die mit der Einführung der Formvorschrift des § 1 KartVo. verfolgten Zwecke wären deshalb in jeder Hinsicht zweifelsfrei sichergestellt. Damit wäre der Formvorschrift des § 1 KartVo. auf alle Fälle Genüge getan, da sie nach ihrer in der amtlichen Begründung erörterten Zweckbestimmung sowie nach ihrem Wortlaut und Zusammenhang („Verträge und Beschlüsse") nicht dahin ausgelegt werden kann, daß es schlechthin für den Beitritt zu einem Kartell, soweit es in die Rechtsform der Gesellschaft mbH. gekleidet ist, nebenher noch eines den Erfordernissen des § 126 BGB. entsprechenden Vertrags zwischen Gesellschafter und Gesellschaft bedürfe. Die gegenteilige Auffassung müßte gerade bei der Gesellschaft mbH. zu den erheblichsten praktischen Schwierigkeiten und Weiterungen führen, die durch den gesetzgeberischen Zweck der Formvorschrift des § 1 KartVo. in keiner Weise gerechtfertigt werden. Den hier eingenommenen Standpunkt vertritt, soweit ersichtlich, nunmehr ständig auch das Kartellgericht.

Damit erledigen sich die sämtlichen Revisionsangriffe, soweit sie sich gegen die Entscheidung über die Klage richten.

II. Mit der Widerklage hat die Beklagte schließlich Feststellung der fortdauernden Gesellschaftereigenschaft des Klägers verlangt mit der Folge, daß die §§ 24, 27 flg. der Satzung für ihn weiter verbindlich seien. Dementsprechend hat das Berufungsgericht auch erkannt. Verfahrensrechtliche Angriffe sind von der Revision gegenüber der Widerklage nicht erhoben worden. Da der Kläger seine Gesellschaftereigenschaft und die Bindung an die Nebenleistungspflichten im besonderen bestreitet, ist das Feststellungsinteresse der Beklagten für die Widerklage unbedenklich zu bejahen. . . .

1. Die Frage der kartellrechtlichen Bindung kann sich nur bei den Bestimmungen über den Rübenanbau, die Rübenablieferung und die Preisbemessung für gelieferte Rüben einschließlich der darauf bezüglichen Strafgedinge erheben. Soweit sie für die Aufhebungsklage in Betracht kommt, erledigt sie sich durch die Ausführungen unter I 2 und 3, ohne daß dazu Stellung genommen zu werden braucht, ob hier überhaupt Kartellverpflichtungen vorliegen. Ein sachliches Eingehen hierauf ist jedoch bei der Widerklage nötig, wenn auch nicht wegen des Streitpunkts, ob der Kläger noch Gesellschafter ist. Dies ist er noch auf alle Fälle; er wäre auch nach wie vor an solche Verpflichtungen gebunden, die nicht kartellmäßige sind oder nicht in regelmäßig wiederkehrenden Leistungen bestehen (s. unten Nr. 2).

2. Das Berufungsgericht ist nun zu dem Ergebnis gelangt, daß die Vorschriften der Kartellverordnung, insbesondere die des § 8, hier keine Anwendung finden könnten, weil der „Gesellschaftsvertrag" der Beklagten weder „ein Kartell noch sonst ein Gebilde" sei, auf das § 1 KartVo. zutreffe; damit entfalle die Anwendbarkeit des § 8. Zutreffend nimmt das angefochtene Urteil an, daß darüber, ob überhaupt kartellrechtliche Bindungen vorliegen, als Vorfrage bei der Entscheidung über die Feststellungswiderklage jetzt die Gerichte zu befinden haben, während im übrigen die Frage der Wirksamkeit der Kündigung vom April 1927, soweit § 8 in Betracht kommt, der ausschließlichen Zuständigkeit des Kartellgerichts unterliegt (§ 12 KartVo.). Werden aber kartellrechtliche Verpflichtungen im Sinne der §§ 1 flg. das. verneint, so erledigt sich damit ohne weiteres der Kündigungseinwand der Beklagten, soweit er auf § 8 das. gestützt wird. Die Kartellverordnung ist unzweifelhaft auch auf die vor ihrem Inkrafttreten abgeschlossenen Verträge anwendbar; das ist auch in der Rechtsprechung des Reichsgerichts allgemein anerkannt. Zur Begründung der Auffassung, daß hier keine kartellrechtlichen

Bindungen vorlägen, führt nun das Berufungsgericht aus: Die Kartellverordnung bezwecke, wie aus ihrer Überschrift, ihrem ganzen Inhalt und der amtlichen Mitteilung an die Presse bei der Bekanntgabe hervorgehe, nicht den Schutz der einzelnen Kartellmitglieder, sondern den der Allgemeinheit, d. h. der Verbraucher, gegen Ausbeutung seitens der Kartelle und ähnlicher Verbände durch zu hohe Preise. Aus dieser Zweckbestimmung sei zu folgern, daß unter § 1 KartVo. nur solche Vereinigungen fallen sollten, die mittelbar oder unmittelbar auf eine den Mitgliedern vorteilhafte Beeinflussung der Marktlage abzielten. Diesen Zweck verfolge die Beklagte mit den ihren Gesellschaftern auferlegten Verpflichtungen zum Rübenanbau und zur Rübenlieferung nicht. Sie wolle nicht die Preise für die Rüben in die Höhe treiben; die einschlägigen Bestimmungen des Gesellschaftsvertrags bezweckten vielmehr nur, der Beklagten die zum Betrieb des Gemeinschaftsunternehmens erforderlichen Rüben in ausreichender Menge und guter Beschaffenheit zu sichern. Die Beklagte sei nicht gegründet worden, um die Preise der Rüben im freien Handel zu beeinflussen, sondern um ihren Mitgliedern den Anbau von Zuckerrüben und deren Verarbeitung durch eine gemeinsam betriebene Zuckerfabrik zu ermöglichen und zu verbilligen. Mit diesen Zwecken sei die Annahme eines Kartells unvereinbar.

Die Revision rügt Verletzung der §§ 1, 8 KartVo. Sie macht unter Berufung auf die Ausführungen von Dr. Herzog im Zentralblatt für Handelsrecht 4. Jahrg. Nr. 10 S. 313 und in der Kart. Rundschau von 1929 Heft Nr. 7 S. 381 geltend: Die Unrichtigkeit der Auffassung des Berufungsgerichts ergebe sich gerade aus § 8 a. a. O., der den Schutz des einzelnen Kartellmitglieds gegen die wirtschaftliche Machtstellung des Verbandes im Auge habe. Die Ansicht, daß die Kartellverordnung nur den Schutz der Verbraucher bezwecke, sei längst aufgegeben; schon damit seien die Schlußfolgerungen des Berufungsrichters hinfällig. Die Beeinflussung der Marktlage sei zudem überhaupt nicht gesetzliches Begriffsmerkmal des § 1 KartVo. Tatsächlich liege aber hier eine solche Beeinflussung vor, da die Bindung so vieler Erzeuger an eine Stelle den Markt erheblich beeinflusse. Überdies komme es überhaupt nicht auf die Preisfrage an. § 1 spreche ausdrücklich von der Handhabung der Erzeugung oder des Absatzes. Beides sei aber hier in den Rahmen der Mitgliedschaft gespannt. Gleichgültig sei, ob damit Verbilligungs- oder Verteuerungsabsichten Hand in Hand gingen. Das einzelne Mitglied könne nach § 8 auch ausscheiden, wenn das Kartell „billige" Kampfpreise einführe, durch welche der Gesellschafter wirtschaftlich zugrunde gerichtet werde.

Der Revisionsangriff ist nicht begründet.

§ 1 KartVo. gibt allerdings keine Begriffsbestimmung, jedenfalls nicht ausdrücklich. Er spricht von Verträgen und Beschlüssen, welche Verpflichtungen über die Handhabung der Erzeugung oder des Absatzes, die Anwendung von Geschäftsbedingungen, die Art der Preisfestsetzung oder die Forderung von Preisen enthalten, und fügt dann in Klammern bei: „Syndikate, Kartelle, Konventionen und ähnliche Abmachungen". Im Schrifttum ist nun allerdings die Ansicht vertreten, daß hiernach auf jeden Vertrag gesellschaftlicher Natur, welcher Verpflichtungen der in § 1 bezeichneten Art begründe, die §§ 1 bis 9 das. anwendbar seien (z. B. Isay-Tschierschky KartVo. S. 123flg.). Demgegenüber wird von anderer Seite unter Berufung namentlich auf die Überschrift der Kartellverordnung, auf ihren Zweck und auf die in § 1 in Klammern beigefügten Worte die Auffassung vertreten, daß zu diesen Tatbestandsmerkmalen (Verträge und Beschlüsse über die Handhabung der Erzeugung oder des Absatzes, über die Anwendung von Geschäftsbedingungen, über die Art der Preisfestsetzung oder die Forderung von Preisen) noch ein weiteres Erfordernis hinzutreten müsse, sei es das der Eignung zu monopolistischer Marktbeherrschung oder wenigstens zur Marktbeeinflussung, sei es das Merkmal des hierauf gerichteten Zweckes (Goldbaum KartVo. S. 40, Haußmann-Hollaender KartVo. S. 19, Friedländer KartVo. S. 50, Staffel KartVo. Anm. 6 zu § 1). Der erkennende Senat hat sich im Urteil RGZ. Bd. 114 S. 262 dahin ausgesprochen, daß weder monopolistische Marktbeherrschung erforderlich sei, noch daß die getroffenen Abreden an und für sich geeignet sein müßten, den Markt tatsächlich zu beeinflussen. Daran ist festzuhalten. Offengeblieben ist damals die Frage, ob die Abmachungen in der Absicht und zum Zweck der Marktbeeinflussung getroffen sein müssen. Denn das Berufungsgericht hatte in jenem Fall einwandfrei festgestellt, daß die Beteiligten bestrebt gewesen seien, solche Ziele durch den Gesellschaftsvertrag zu verwirklichen.

Nach Ansicht des Senats ist allerdings, wie schon im Urteil des VI. Zivilsenats vom 1. Dezember 1925 VI 336/25 (Kart. Rundsch. 1926 S. 100) angenommen wird, die Absicht der Marktbeeinflussung weiteres notwendiges Erfordernis für das Vorliegen kartellrechtlicher Bindungen im Sinne der §§ 1 bis 9 KartVo. Das Kartellgericht hat, soweit ersichtlich, zu dieser Frage noch nicht Stellung genommen, jedenfalls nicht ausdrücklich; es hat sie vielmehr offen gelassen (vgl. Beschluß des Kartellgerichts vom 20. August 1927 abgedr. JW. 1927 S. 3029 Nr. 1). Wollte man von diesem Erfordernis absehen, so wäre die unabweisliche Folge die, daß schlechthin jeder Gemeinschaftsvertrag, worin die Beteiligten in der Handhabung der Erzeugung des Absatzes usw. irgendwelche Bindungen eingegangen sind, ohne weiteres unter die §§ 1 bis 9 KartVo. fiele, also insbesondere der Schriftform und der Kündigungsbefugnis des § 8 KartVo. unterworfen wäre. Eine solche Ausdehnung des Anwendungsgebiets der Kartellverordnung würde aber weit über die mit ihrer Erlassung verfolgten Zwecke und Ziele hinausgehen. Es würde sich dann auch nicht mehr nur um eine Bekämpfung des „Mißbrauchs wirtschaftlicher Machtstellungen" handeln, vielmehr wäre jede vertragliche Abmachung der bezeichneten Art schlechthin der Verordnung unterworfen, gleichgültig wie im übrigen die Beteiligten unter sich und Dritten gegenüber stehen und welche Zwecke sie mit der Abmachung verfolgen würden. Mit Recht weist z. B. Hollaender (Anm. zu JW. 1927 S. 3029 Nr. 1) darauf hin, daß dann auch Abreden zwischen mehreren Unternehmungen zur Verminderung der Selbstkosten („Nationalisierung, Typisierung, Verbilligung der Erzeugnisse") schlechthin unter die Kartellverordnung fielen, obwohl nicht abzusehen ist, warum für solche Verträge Sondernormen der Art geboten sein sollten, wie sie die Kartellverordnung aufstellt. Eine solche Auslegung müßte weiterhin die eingeklammerten Wörter des § 1 für völlig unerheblich erklären. Gerade die dort angeführten wirtschaftlichen Vereinigungen hatten aber wegen ihrer überragenden Bedeutung für Erzeuger, Abnehmer, Zugehörige, Außenseiter und für die Allgemeinheit schon lange vor Erlaß der Kartellverordnung im Brennpunkt der öffentlichen Erörterungen gestanden, insbesondere auch in der Richtung, ob und in welcher Weise ihretwegen ein Eingreifen der Gesetzgebung erforderlich sei. In ihnen waren im allgemeinen „wirtschaftliche Machtstellungen" verkörpert, die zum Schaden weiterer Kreise und der

Allgemeinheit wie auch des Einzelmitgliedes mißbraucht werden konnten.

Wenn der Gesetzgeber daher in § 1 KartVo. gerade auf jene Vereinigungen abstellt und den Syndikaten, Kartellen und Konventionen noch „ähnliche Abmachungen" an die Seite setzt, so muß angenommen werden, daß damit ein weiteres Tatbestandserfordernis aufgestellt werden sollte, dahingehend, daß die erwähnten Verträge auch wirtschaftlich als Kartelle usw. oder als „ähnliche Abmachungen" anzusehen sind. Allen diesen wirtschaftlichen Machtgebilden ist aber als bezeichnendes Merkmal gemeinsam der Zweck, wenn nicht der Beherrschung, so doch der Beeinflussung des Marktes, also einer Wirkung nach außen. Die eingeklammerten Wörter bedeuten in diesem Sinne eine Einschränkung des Anwendungsbereichs der §§ 1 bis 9. Daß eine solche Auslegung mit dem gesetzgeberischen Zweck der Kartellverordnung unvereinbar sei, kann nicht zugegeben werden. Zugunsten der hier vertretenen Auffassung spricht weiter, wie Hollaender a. a. O. bemerkt, der Aufbau der Kartellverordnung, die deutlich zwischen den in §§ 1 bis 9 geregelten Gebilden und den in § 10 genannten Verabredungen unterscheidet.

Überdies darf aber auch hier nicht außer Betracht bleiben, daß die Kartellverordnung nach den verschiedensten Richtungen tief in das allgemeine Recht eingreift und die von ihr erfaßten Verträge usw. sowie Verbände besonderen Beschränkungen unterwirft. Deshalb gilt auch hier der allgemeine Rechtsgrundsatz, daß das Anwendungsgebiet solcher Gesetze und Verordnungen nicht weiter gezogen werden darf, als dies bedenkenfrei geschehen kann.

Nach alledem ist bei der weiteren rechtlichen Beurteilung im Gegensatz zu der Ansicht der Revision davon auszugehen, daß nur solche Verträge und Beschlüsse über die Handhabung der Erzeugung usw. unter § 1 KartVo. fallen, mit denen marktpolitische Zwecke verwirklicht werden sollen. Darunter kann aber nur verstanden werden, daß durch die Eingehung der bezeichneten Bindungen die Absatzverhältnisse für die angeschlossenen Unternehmer auf dem allgemeinen Markt günstiger gestaltet werden sollen, als dies sonst der Fall wäre. Bei Prüfung der Frage, ob die hier in Betracht kommenden Bestimmungen des Gesellschaftsvertrags — und nur um diese kann es sich handeln, da zwischen den Gesellschaftern untereinander keinerlei Abmachungen bestehen — zu derartigen Zwecken getroffen worden sind, bedarf zunächst ihr Inhalt der Klarstellung. In Ansehung der Rübenanbaupflicht enthält die Satzung der Beklagten keine Beschränkung nach oben. Die Pflichtlieferung richtet sich nicht nach dem Umfang der Erzeugung oder nach den Erzeugungsmöglichkeiten des einzelnen Gesellschafters, sondern vorab nach der Höhe seiner geldlichen Beteiligung; er muß für je 250 RM. Kapitalanteil 200 Zentner Zuckerrüben anbauen und abliefern. Er kann aber über diesen Pflichtanbau hinaus beliebig mehr bauen und muß dabei nur gewisse anbautechnische Vorschriften der Beklagten einhalten, die mit dem Umfang der Erzeugung nichts zu tun haben, ihn insbesondere in ihrer Steigerung nicht behindern sollen und können. Es gilt also keine Kontingentierung der Erzeugung, sondern es besteht für den einzelnen Gesellschafter über den nach ganz anderem Maßstab als dem der Erzeugungsmöglichkeit sich richtenden Pflichtanbau hinaus völlige Freiheit; er kann so viel Rüben bauen, als er will. Angesichts dessen kann mit den hier in Rede stehenden Bestimmungen der Satzung unmöglich ein marktpolitischer Zweck verfolgt worden sein. Soweit der Gesellschafter sodann seine Pflichtrüben von dritter Seite anbauen läßt, hat er der Beklagten gegenüber in der Preisbestimmung für seinen Anbauer ganz freie Hand.

Eine weitere hierher gehörige Verpflichtung ist die der Ablieferung der Pflicht- und der sog. Überrüben, d. h. derjenigen Rüben, welche die Gesellschafter über die Anbauverpflichtung hinaus frei nach ihrem Gutdünken gebaut haben. Insoweit schreibt die Satzung vor, daß sich kein Gesellschafter während seiner Zugehörigkeit zur Gesellschaft an einer anderen Zuckerfabrik beteiligen oder ihr Rüben liefern dürfe, daß aber der Vorstand unter besonderen Umständen Ausnahmen gestatten und daß gegen dessen Entscheidung die Generalversammlung angerufen werden könne, die dann endgültig beschließe. Eine weitere Ausnahme sieht die Satzung beim Vorliegen gewisser Voraussetzungen für den Fall vor, daß einem Gesellschafter Aktien oder Geschäftsanteile einer anderen Zuckerfabrik im Wege des Erbgangs zufallen. Der Ablieferungspflicht steht eine Abnahmepflicht der Gesellschaft für die Gesamterzeugung der Gesellschafter ohne Unterschied zwischen Pflicht- und Überrüben mit der Maßgabe gegenüber, daß auch für diese Rüben von der Beklagten derselbe Preis zu zahlen ist wie für die Pflichtrüben. Die Beklagte muß also die gesamte Ernte ihrer Gesellschafter zu einem Einheitspreis abnehmen; sie kann nicht die Erzeugung und die Ablieferungen mit der Marktlage in Einklang bringen, insbesondere nicht durch Einschränkungen eine Verengung des Marktes herbeiführen. Die einzige Beschränkung ihrer Abnahmepflicht bei den Überrüben liegt darin, daß ihr die Gesellschafter jeweils bis zum 1. Juli die Überrüben anzumelden haben. Diese Bestimmung ist indessen auch nur verwaltungstechnischer Art; sie soll der Beklagten eine gewisse Übersicht über die in Aussicht stehenden Anlieferungen sichern und verfolgt offensichtlich wiederum nicht den Zweck einer Beeinflussung des Marktes. Gleiches gilt für die Ablieferungspflicht als solche. Stünde ihr keine entsprechende Abnahmepflicht der Beklagten gegenüber, wäre zwar das einzelne Mitglied zur ausschließlichen Lieferung an die Beklagte verpflichtet, diese aber frei in der Entschließung darüber, ob sie die Mehrerzeugung abnehmen will oder nicht, und dürften im Weigerungsfall die Rüben nicht auf den Markt gebracht werden, so wäre allerdings nicht von der Hand zu weisen, daß mit einer solchen Regelung auch Einfluß auf den Markt ausgeübt werden sollte, und zwar im Sinne seiner Verengung. So liegt aber der gegenwärtige Fall gerade nicht. Deshalb kann auch nicht angenommen werden, daß mit der Lieferklausel die allgemeine Marktlage beeinflußt werden sollte. Der Zweck der Bestimmung war vielmehr ersichtlich nur, der Beklagten auf alle Fälle eine möglichst umfangreiche Rüben-Lieferung, also das Roherzeugnis für das gemeinsame und in gemeinsamem Nutzen geführte Fabrikunternehmen aus der Mitte ihrer Gesellschafter zu sichern. Dabei mag noch darauf hingewiesen werden, daß satzungsmäßiger Gegenstand der Beklagten die Herstellung von Rübenzucker, nicht aber der Handel mit Zuckerrüben ist.

In diesem Zusammenhang ist nun aber auch die dritte der hier eine Rolle spielenden Satzungsbestimmungen zu würdigen, nämlich die über die Preisfestsetzung für die den Gesellschaftern obliegenden Lieferungen von Pflicht- und Überrüben. Auch diese Bestimmung hat im Rahmen der beiden anderen nicht den Zweck der Marktbeeinflussung in Richtung auf Steigerung und Hochhaltung der Zuckerrübenpreise im Auge, sondern sie will nur den Gesellschaftern für die nach einheitlichen Anbau- und Pflanzungsgrundsätzen gelieferten Roherzeugnisse nach Maßgabe der verfügbaren Mittel des Gemeinschaftsunternehmens auf Grundlage eines Einheitssatzes ein möglichst gleichmäßiges Entgelt sichern. Dabei darf nicht übersehen werden, daß die Rübenlieferungen rechtlich und wirtschaftlich die Erfüllung einer gesellschaftsrechtlichen Verpflichtung darstellen und daß die Gesellschaft in der Festsetzung des Entgelts freie Hand hat und nur die Preisfestsetzungen — von Entfernungsvergütungen abgesehen — einheitlich vornehmen muß. In Verbindung damit, daß die Rübenerzeugung über die Pflichtrüben hinaus grundsätzlich frei ist, fehlt auch hier jeder Anhalt dafür, daß die Entgeltsklausel etwa marktpolitischen Zwecken dienen sollte.

Das Berufungsgericht hat demnach mit Recht das Vorliegen kartellrechtlicher Bindungen verneint. Damit entfällt auch die Anwendung des Kündigungsrechts nach § 8 KartVo., welcher Bindungen im Sinne des § 1 das. voraussetzt und erfordert.

2. Wie das Berufungsgericht unter Bezugnahme auf die Urteile des erkennenden Senats RGZ. Bd. 73 S. 429 und JW. 1925 S. 1636 Nr. 8 zutreffend ausführt, ist dem Gesellschafter einer Gesellschaft mbH. ein Kündigungsrecht außerhalb der Kartellverordnung vom Reichsgericht bisher grundsätzlich nicht zugebilligt worden. Nur bei der Kartell-Gesellschaft mbH. ist anerkannt, daß für die kartellrechtlichen Bindungen, aber auch nur für sie, das Kündigungsrecht des § 8 KartVo. Platz greift. Dieses Kündigungsrecht kann — seine rechtswirksame Geltendmachung vorausgesetzt — schließlich zur Lösung auch des gesellschaftlichen Bandes als solchen zwischen der Gesellschaft und dem kündigenden Gesellschafter führen, wie in den Urteilen des Senats Bd. 114 S. 212 und Bd. 125 S. 114 dargelegt ist. Ist nun auch im allgemeinen an dem Grundsatz festzuhalten, daß sich der Gesellschafter einer Gesellschaft mbH. nicht durch Kündigung von der Gesellschaft freimachen kann (sofern nicht etwa Kündigung satzungsmäßiger Auflösungsgrund ist), so sind doch für den Fall der Nebenleistungs-Gesellschaft mbH. in Ansehung der Nebenleistungspflichten gewisse Ausnahmen zuzulassen.

Wie schon erwähnt, unterliegen solche Nebenleistungspflichten dann, wenn es sich um Kartell-Bindungen handelt, dem Rechte der Kündigung aus wichtigem Grund nach § 8 KartVo., und zwar ohne Rücksicht darauf, ob das Kartell selbständige Rechtspersönlichkeit ist oder nicht. Damit ist, wenn auch unter Beschränkung auf Kartelle, die Möglichkeit einseitiger Lösung gewisser gesellschaftsrechtlicher Verpflichtungen aus Gesellschaftsverträgen, die eine Gesellschaft mbH. betreffen, grundsätzlich anerkannt. Es ist sodann nicht zu verkennen, daß unter Umständen für eine Kündigungsmöglichkeit gerade bei der Nebenleistungsgesellschaft, auch soweit es sich nicht um Verpflichtungen kartellrechtlicher Art handelt, unabweisbare Gründe sprechen. Die in § 61 GmbHG. vorgesehene Auflösungsklage reicht schon um deswillen nicht aus, weil sie an den Besitz eines bestimmten Bruchteils vom Stammkapital geknüpft ist, über den der einzelne Gesellschafter vielfach nicht verfügt. Anderseits ist die Möglichkeit einer solchen Gestaltung der Verhältnisse denkbar, daß die Nebenleistungen mit der Zeit zur wirtschaftlichen Vernichtung oder wenigstens zu schwerster Gefährdung des wirtschaftlichen Fortkommens eines Gesellschafters führen, ohne daß er dieser Gefahr durch Abstoßung der Anteile selbst mit erheblichen geldlichen Opfern begegnen könnte, sei es, daß eben wegen der Nebenleistungen kein Abnehmer zu finden oder ein solcher zwar vorhanden ist, die Gesellschaft aber die zur Abtretung erforderliche Genehmigung verweigert. Für solche besonders liegende Fälle der Nebenleistungsgesellschaft kann den Gesellschaftern in Ansehung der Nebenleistungspflichten ein einseitiges Kündigungsrecht nicht schlechthin versagt werden. Der Gedanke, daß bei allen Dauerleistungsverhältnissen für den Verpflichteten unter Umständen eine einseitige Lösung der Bindung so oder so möglich sein muß, durchzieht das ganze heutige Privatrecht. Er hat, wenn auch in den verschiedensten Rechtsformen (Kündigung, Rücktritt, Preisgaberecht u. a. mehr), vielfach gesetzgeberischen Ausdruck gefunden und gilt namentlich auch im Gesellschaftsrecht, das den Grundsätzen von Treu und Glauben in besonderem Maße unterworfen ist. Im Gesetz über die Gesellschaften mbH. selbst hat er mit Zulassung der Auflösungsklage aus wichtigem Grund (§ 61), ebenso aber auch mit dem Preisgaberecht des § 27 ausdrücklich Anerkennung gefunden. Bei letzterem ist den Gesellschaftern im Fall der unbeschränkten Nachschußpflicht unter gewissen weiteren Voraussetzungen das Recht eingeräumt, ihre Geschäftsanteile der Gesellschaft zur Verfügung zu stellen und sich so von ihr frei zu machen. Dieses Recht kann bei unbeschränkter Nachschußpflicht den Gesellschaftern auch im Gesellschaftsvertrag nicht verkürzt werden. Der Gesellschafter kann dergestalt seine Haftung entsprechend dem Wesen der Gesellschaft mbH. auf die Stammeinlage beschränken, und zwar ohne Rücksicht darauf, ob er die Geschäftsanteile sonstwie durch Veräußerung, mit oder ohne Genehmigung der Gesellschaft abstoßen könnte. Dieses Preisgaberecht ist sogar von der geldlichen Leistungsfähigkeit des Gesellschafters unabhängig.

Nun ist nicht zu verkennen, daß auch die Nebenleistungen, wenn sie dauernder und regelmäßig wiederkehrender Natur sind, sachlich ebenfalls auf eine unbeschränkte Haftung des Gesellschafters hinauslaufen können und daß dies namentlich dann der Fall ist, wenn die Kapitalbeteiligung ihnen gegenüber überhaupt mehr oder weniger in den Hintergrund tritt. Würde in derartigen Fällen dem Gesellschafter die Möglichkeit der Lösung solcher Beziehungen grundsätzlich und schlechthin auch dann versagt, wenn er sich sonstwie nicht davon freimachen kann, so wäre das Ergebnis in der Tat eine ewige Bindung, wie sie als Verpflichtung zu fortlaufenden Leistungen oder zu dauernder Unterlassung mit den Grundgedanken des heutigen Rechts nicht vereinbar wäre und, wenn schon beim Vertragsabschluß als solche gewollt oder in Kauf genommen, dem Geschäft das Gepräge des Sittenwidrigen verleihen würde.

Wird dem Gesellschafter in solchen Fällen wegen der Nebenleistungspflichten unter gewissen Voraussetzungen ein Kündigungsrecht zugebilligt, so verstößt dies keineswegs gegen das Wesen der Gesellschaft mbH., sondern bedeutet im Hinblick auf die Vorschriften der §§ 27, 61 GmbHG. nur die folgerichtige Weiterführung eines schon im Gesetz niedergelegten Gedankens, wenn auch in rechtlich anderem Gewand. Dabei mag noch darauf hingewiesen werden, daß § 8 KartVo. nicht den einzigen Fall darstellt, wo nach geltendem Recht auch bei einer Gesellschaft mbH. Nebenleistungen gekündigt werden können. Bestehen nämlich die Nebenverpflichtungen in persönlichen Dienstleistungen, so muß insoweit ohnehin wegen der zwingenden, nicht bloß auf eigentliche Dienstverträge, sondern auch auf dienstvertragsähnliche Verhältnisse anwendbaren Vorschrift des § 624 BGB. den verpflichteten Gesellschaftern ein Kündigungsrecht zugestanden werden.

Immerhin kann aber das Kündigungsrecht entsprechend der festeren Bindung des Gesellschafters an die Gesellschaft mbH. nur den letzten und äußersten Rechtsbehelf bilden, wenn eine andere Art der Lösung des gesellschaftlichen Bandes auch unter erheblichen finanziellen Opfern für ihn nicht möglich ist und wenn anderseits das Fortbestehen der zeitlich unbeschränkt und regelmäßig wiederkehrenden Nebenleistungen sein wirtschaftliches Fortkommen ernstlich gefährden würde.

Das außerordentliche Kündigungsrecht darf keinesfalls dazu führen, die Folgen einer mehr oder weniger mißglückten Spekulation abzuschütteln. Deshalb muß bei Prüfung der Frage, ob ein solches Kündigungsrecht als gerechtfertigt angesehen werden kann, den berechtigten Belangen der Gesellschaft in vollem Umfang Rechnung getragen werden.

Unter diesem Gesichtspunkt hat das Berufungsgericht das Verteidigungsvorbringen des Klägers gegenüber der Widerklage noch nicht geprüft. Dies muß zur Aufhebung und Zurückverweisung insoweit führen, als mit der Widerklage die unveränderte Fortgeltung der in §§ 27 flg. des Gesellschaftsvertrags aufgeführten Nebenverpflichtungen verlangt wird. Dagegen ist das Widerklagebegehren dahin, daß der Kläger noch Gesellschafter der Beklagten und die Schiedsklausel noch für ihn verbindlich sei, auf alle Fälle schon jetzt begründet. So, wie die Widerklage lautet, kommen nur die §§ 27 flg. des Gesellschaftsvertrags in Betracht.

Streitigkeiten darüber, ob die Voraussetzungen des außerordentlichen Kündigungsbehelfs im Einzelfall vorliegen, mögen nach § 24 der Satzung an und für sich auch im schiedsgerichtlichen Verfahren auszutragen sein. Der Kläger als Widerbeklagter hat aber insoweit gegen die Zulässigkeit der Widerklage keine Einwendungen erhoben.

---

2. 1. Zum Begriff der sog. historischen Straße im preußischen Fluchtlinienrecht.

2. Enthält

a) das ortsstatutarische Verbot der Errichtung von Wohngebäuden an noch nicht fertig hergestellten Straßen,

b) die mit der Offenlegung des endgültig festgesetzten Fluchtlinienplans eintretende Beschränkung der Bebauung der in die Fluchtlinie fallenden Grundfläche

eine Enteignung?

3. Wieweit reicht die Befugnis der Landesgesetzgebung, den Anspruch des Eigentümers eines in eine Fluchtlinie fallenden Grundstücks auf angemessene Entschädigung für die mit der Fluchtlinienfestsetzung verbundene Bebauungsbeschränkung näher zu regeln? Ist insbesondere § 13 Abs. 1 des preuß. Fluchtliniengesetzes vom 2. Juli 1875 mit der Reichsverfassung vereinbar?

Preuß. Fluchtliniengesetz §§ 8, 11, 12, 13. RVerf. Art. 153.

III. Zivilsenat. Urt. v. 28. Februar 1930 i. S. M. als Verwalter im Konkurse B. (Kl.) w. Stadtgemeinde Berlin (Bekl.). III 87/29.

I. Landgericht I Berlin.
II. Kammergericht daselbst.

Der ursprüngliche Kläger B. (im folgenden als Kläger bezeichnet) ist Eigentümer eines Grundstücks in Berlin-Wannsee, das zwischen dem Kleinen Wannsee und dem Stölpchensee liegt und von dem diese beiden Seen verbindenden Prinz Friedrich Leopold-Kanal durchschnitten wird. Der südlich vom Kanal belegene Teil des Grundstücks stößt mit seiner Westseite in einer Breite von etwa 50 m an die Kohlhasenbrücker Straße. Im Südwesten wird er von dem der verklagten Stadt Berlin gehörigen Dauerwalde begrenzt. Die Stadt will den südlichen Teil des klägerischen Grundbesitzes ihrem Walde hinzuschlagen und betreibt deshalb seine Erklärung zur Freifläche. Sie hat einen Fluchtlinienplan aufgestellt, in dem jener Grundstücksteil als Freifläche ausgewiesen wird. Dem Plan haben das Bezirksamt Zehlendorf am 8. Dezember 1924, die Bezirksversammlung daselbst am 28. Januar 1925, der Magistrat Berlin am 17. Juli 1925 und endlich die Berliner Stadtverordnetenversammlung am 8. Oktober 1925 zugestimmt. Seine erste Offenlegung ist jedoch erst am 5. März 1928 erfolgt, als der gegenwärtige Rechtsstreit bereits schwebte.

Schon vor Aufstellung des neuen Fluchtlinienplans beabsichtigte der Kläger, auf seinem Grundstück ein Wohnhaus mit der Front zur Kohlhasenbrücker Straße zu errichten. Am 19. Juni 1925 reichte der Kaufmann L. in Berlin-Schöneberg — wie der Kläger behauptet, in seinem Auftrag — ein Baugesuch ein. Die städtische Baupolizei des Bezirks Zehlendorf lehnte jedoch durch Schreiben vom 16. Juli 1925 ab, die baupolizeiliche Genehmigung zur Errichtung des geplanten Einfamilienhauses zu erteilen, da das Bezirksamt die Zustimmung auf Grund des zur Ausführung (des § 12) des Fluchtliniengesetzes vom 2. Juli 1875 (GS. S. 561) erlassenen Ortsgesetzes vom 30. April 1924 versagt habe. Ein weiteres im Namen des Klägers durch einen Architekten gestelltes Baugesuch wurde am 25. August 1925 gleichfalls unter Berufung auf das genannte Ortsgesetz ablehnend beschieden, da das Gebäude an die noch unregulierte Kohlhasenbrücker Straße zu stehen kommen würde. Der Kläger, der die erste Ablehnungsverfügung unangefochten gelassen hatte, beschwerte sich über die zweite am 15. September 1925 beim Oberpräsidenten. Dieser eröffnete ihm am 28. November 1925, daß nach einem Berichte des Magistrats Berlin vom 11. November die Stadtverordnetenversammlung nunmehr der Festsetzung des Fluchtlinienplanes für das Gelände Pohlesee und Stölpchensee und an der Chaussee von Kohlhasenbrück nach Wannsee zugestimmt habe; da hierdurch der Geländeteil an der Kohlhasenbrücker Straße südlich des Prinz Friedrich Leopold-Kanals in Wannsee als Freifläche ausgewiesen werde, vermöge die Gemeinde für das Bauvorhaben des Klägers eine Ausnahme von dem ortsstatutarischen Bauverbot nicht zuzulassen. Ein drittes Baugesuch des Klägers vom 25. Juli 1927 wurde am 4. August abgelehnt, weil das Grundstück zur Freifläche erklärt sei. Gegen diesen Bescheid hat der Kläger im Verwaltungsstreitverfahren Klage erhoben.

Der Kläger hält die Ablehnung seiner Baugesuche sowie die Erklärung seines Grundstücks zur Freifläche für rechtswidrig und verlangt deshalb von der Beklagten Schadensersatz vom Gesichtspunkt der unerlaubten Handlung und der Amtshaftung aus, hilfsweise auch Entschädigung wegen Eingriffs in sein Eigentum vom Gesichtspunkt der Enteignung aus. Zunächst macht er geltend, daß nicht das Bezirksamt Zehlendorf, sondern nur die Stadtgemeinde Berlin berufen sei, eine Bauerlaubnis auf Grund des Ortsstatuts vom 30. April 1924 zu versagen. Die Versagung durch das Bezirksamt sei daher kein rechtlich genügender Grund gewesen, seine Baugesuche abzulehnen. Das Ortsstatut habe aber auch überhaupt nicht angewendet werden dürfen, da die Kohlhasenbrücker Straße als sog. historische Straße nicht dem Bauverbot des § 12 des Fluchtliniengesetzes unterliege. Wenn sich die Beamten der Beklagten gleichwohl auf dieses Bauverbot berufen hätten, so hätten sie das nur getan, um Zeit für die Aufstellung des Fluchtlinienplans zu gewinnen, der dem Kläger jede Bebauung seines Grundstücks unmöglich machen solle. Ein solches Verfahren enthalte einen unzulässigen Eingriff in das Eigentum des Klägers und eine gegen ihn begangene Amtspflichtverletzung. Die eilige Durchsetzung des Freiflächen-Beschlusses, der übrigens nicht einmal in formeller Beziehung den gesetzlichen Vorschriften entspreche, sei nur zu dem Zweck erfolgt, das Bauvorhaben des Klägers zu vereiteln und ihn zu zwingen, das Grundstück für einen unangemessen niedrigen Preis der Stadt zu überlassen.

Eine solche Benutzung öffentlicher Machtmittel verstoße gegen die guten Sitten, und zwar hier um so mehr, als man nachher die Auslegung des Fluchtlinienplans ohne Grund jahrelang hinausgezögert habe. Dadurch sei der Kläger verhindert worden, seine Einwendungen gegen den Plan im vorgeschriebenen Verfahren geltend zu machen, wodurch gleichfalls auf ihn ein Druck habe ausgeübt werden sollen, um ihn zu einem für die Stadt günstigen Verkauf des Grundstücks zu bewegen. Auch abgesehen von jedem Verschulden sei die Beklagte zur Entschädigung des Klägers dafür verpflichtet, daß sie seine Baugesuche vor Offenlegung, zunächst sogar vor Aufstellung des neuen Fluchtlinienplans abgelehnt habe. Ebenso müsse sie ihn für die Eigentumsbeschränkung entschädigen, die der neue Plan für sein ganzes südliches Grundstück bedeute. Von dem ihm durch das Vorgehen der Beklagten angeblich erwachsenen Schaden hat der Kläger zunächst einen Teilbetrag von 100000 RM. nebst Zinsen eingeklagt.

Die Beklagte hält den Rechtsweg für unzulässig, erklärt die Ansprüche des Klägers aber auch sachlich nach Grund und Höhe für ungerechtfertigt. Für die Erteilung von Befreiungen von dem Bauverbot des § 12 des Fluchtliniengesetzes seien nach den maßgebenden Grundsätzen die Bezirksämter zuständig. Das Bezirksamt Zehlendorf habe sich dem Kläger gegenüber mit Recht auf das nach § 12 erlassene Ortsstatut berufen, da die Kohlhasenbrücker Straße wenigstens dort, wo sie am Grundstück des Klägers vorbeiführe, noch nicht gemäß den baupolizeilichen Bestimmungen für den öffentlichen Verkehr und den Anbau fertiggestellt worden sei. Schadensersatz für die ersten beiden Versagungen der Baugenehmigung könne der Kläger außerdem deshalb nicht verlangen, weil er es unterlassen habe, das ihm offenstehende Verwaltungsstreitverfahren einzuleiten. Zur Feststellung des neuen Fluchtlinienplans, der den südlichen Grundstücksteil zur Freifläche mache, sei die Beklagte im Interesse der Allgemeinheit berechtigt, ja sogar verpflichtet gewesen, auch wenn dadurch Interessen eines einzelnen, des Klägers, verletzt worden seien. Die Auslegung des Fluchtlinienplans habe aus sachlichen Gründen nicht sofort erfolgen können. Das Verhalten der städtischen Behörde sei völlig einwandfrei und verstoße in keiner Weise gegen die guten Sitten. Eine Enteignungsentschädigung könne der Kläger nach den Vorschriften des Fluchtliniengesetzes erst bei Abtretung der fraglichen Fläche an die Stadt verlangen.

Beide Vorinstanzen haben die Klage abgewiesen. Der Kläger hat Revision eingelegt. Nach Einlegung des Rechtsmittels ist über sein Vermögen der Konkurs eröffnet worden. Der Konkursverwalter hat das unterbrochene Verfahren aufgenommen. Das Rechtsmittel führte zur Aufhebung und Zurückverweisung.

Gründe:

... Das Berufungsgericht hat die Klage, ohne ihre verschiedenen Begründungen im übrigen zu prüfen, lediglich deshalb abgewiesen, weil allen Schadensersatz- und Entschädigungsansprüchen des Klägers, gleichgültig auf welcher Rechtsgrundlage sie aufgebaut seien, die Grundlage dadurch entzogen werde, daß dem Kläger keinerlei Schaden durch öffentlichrechtliche Maßnahmen entstanden sei. Er besitze das Eigentum an seinem Grundstück unverändert in der Form, wie er es erworben habe und ohne daß eine Wertminderung eingetreten sei. Die erste Grundlage für diese Annahme bildet die Feststellung, daß die Kohlhasenbrücker Straße dort, wo sie am südlichen Grundstücksteil des Klägers vorbeiführt, keine sog. historische Straße sei und deshalb dem Bauverbot des auf Grund des § 12 FlLG. erlassenen Ortsstatuts unterliege. Der Berufungsrichter folgert das allein und ausschließlich aus der Tatsache, daß es hier an einer geschlossenen Ortslage fehle; diese ende 180 m nördlich des Prinz Friedrich Leopold-Kanals beim Grundstück Zinnow auf der Westseite und bei der Fabrikanlage auf der Ostseite der Straße. Diese Begründung wird von der Revision mit Recht bemängelt. Es geht allerdings auf der anderen Seite zu weit, wenn sie ausführt, Zweifel darüber, ob eine Straße als historische Straße anzusehen sei, begännen regelmäßig erst dann, wenn sie nicht in der geschlossenen Ortslage liege. Keineswegs zählen alle Straßen innerhalb des Ortsberinges ohne weiteres zu den historischen. Ebensowenig kann aber umgekehrt gesagt werden, daß die Grenze der geschlossenen Bauweise einer Ortschaft stets zugleich die genaue Grenze für das Vorkommen von historischen Straßen bilde.

Nach § 12 Abs. 1 FlLG. kann durch Ortsstatut festgestellt werden, daß an Straßen oder Straßenteilen, die noch nicht gemäß den baupolizeilichen Bestimmungen des Orts für den öffentlichen Verkehr und den Anbau fertig hergestellt sind, keine Wohngebäude errichtet werden dürfen, die nach diesen Straßen einen Ausgang haben. Diese

Vorschrift gilt aber nach der von den ordentlichen Gerichten gebilligten Rechtsprechung des Oberverwaltungsgerichts nicht für die bei Erlaß des ersten, auf Grund von § 12 FlLG. ergehenden Ortsstatuts bereits bestehenden älteren Straßen. Eine Straße unterliegt dem ortsstatutarischen Bauverbot nicht, wenn sie bereits bei seinem Inkrafttreten für den inneren Verkehr und den Anbau bestimmt und in ihrer Entwicklung als solche Ortsstraße in allen wesentlichen Beziehungen zum Abschluß gelangt war (vgl. OVG. Bd. 61 S. 404). Es kommt darauf an, ob die Straße schon in jenem Zeitpunkt mit Willen der Gemeinde als eine dem inneren Verkehr dienende Straße bestanden hat, ob sie damals in ihren — ausdrücklich oder stillschweigend auf den Willen der Gemeinde zurückzuführenden — Einrichtungen bereits so weit vorgeschritten war, daß sie nicht mehr als eine in der Anlage begriffene Straße anzusehen war (OVG. Bd. 55 S. 448, Bd. 62 S. 230, Bd. 65 S. 402). Da nur Ortsstraßen historische Straßen in diesem Sinne sein können, so rechnen zu ihnen nicht solche Straßen, die nicht für den inneren Ortsverkehr, den Verkehr von Haus zu Haus (OVG. Bd. 69 S. 378) bestimmt sind, sondern mehrere Ortschaften miteinander verbinden oder dem Durchgangsverkehr dienen. Insbesondere sind Chausseen keine Ortsstraßen. Trotzdem kann eine durch einen Ort führende Landstraße zugleich die Eigenschaft einer historischen Straße annehmen, sofern sie infolge der Entwicklung des Anbaus und des ihm folgenden inneren Verkehrs mit Willen der Ortsgemeinde zu einem den örtlichen Verhältnissen und Bedürfnissen entsprechenden Glied des Ortsstraßennetzes geworden ist (OVG. Bd. 29 S. 378 und Bd. 48 S. 99 Anm.).

Die Kohlhasenbrücker Straße war ursprünglich keine Ortsstraße, sondern ein Teil der Kreischaussee, die das Dorf Stolpe durchzog. Zu diesem Dorfe, das dann später in Wannsee eingemeindet und schließlich mit diesem zur Stadt Berlin gezogen worden ist, gehörte das jetzt im Eigentum des Klägers stehende Grundstück. Das erste Ortsstatut nach § 12 FlLG. ist hier am 18. November 1907 erlassen worden. Die Kohlhasenbrücker Straße ist also in dem hier in Frage kommenden Teile nur dann als historische Straße vom Bauverbot ausgenommen, wenn und soweit sie schon zu diesem Zeitpunkt trotz ihrer Eigenschaft als Chaussee mit Willen der Gemeinde durch Anbau und Ortsverkehr in allen wesentlichen Beziehungen zu einer Ortsstraße geworden war. Das kann, wie schon eingangs hervorgehoben worden ist, nicht allein deshalb verneint werden, weil dieser Teil der Straße außerhalb der geschlossenen Ortschaft liegt. Wenn auch die Zugehörigkeit zur eigentlichen Dorflage einen bedeutsamen Anhaltspunkt für die Eigenschaft einer Straße als Dorfstraße gibt (OVG. Bd. 29 S. 382), so genügt doch, daß sich bis zu ihr eine im wesentlichen abgeschlossene Bebauung erstreckt (OVG. Bd. 47 S. 389), wobei in Betracht zu ziehen ist, daß eine gegen den Dorfausgang zu eintretende Auflockerung der Bebauung keineswegs hindert, hier noch einen Ortsbering, eine zusammenhängend bebaute Ortslage anzunehmen. Für den vorliegenden Fall muß auch darauf hingewiesen werden, daß wenigstens nach der zunächst als wahr zu unterstellenden Behauptung des Klägers das bebaute Grundstück Zinnow, das der Berufungsrichter selbst noch zur geschlossenen Ortslage rechnet, dem Schul-, späteren Pfarrgrundstück, das nach seiner Ansicht schon außerhalb des Ortes liegt, unmittelbar benachbart sein soll, in welchem Falle bei Berücksichtigung ländlicher Verhältnisse nicht ohne weiteres eine die geschlossene Bauweise unterbrechende Baulücke vorhanden wäre. Auf der anderen Seite der Straße, auf dem jetzt dem Kläger gehörenden Grundbesitz, lagen, über die ganze Fläche verstreut, zu einem Unternehmen gehörende Fabrikgebäude. Der Berufungsrichter erklärt das für bedeutungslos, da sie, soweit sie sich auf dem für den gegenwärtigen Rechtsstreit in Betracht kommenden südlichen Stück befunden haben würden, nicht mehr an der Straße gelegen hätten. Nach den von ihm in Bezug genommenen Karten ist das zwar insofern richtig, als die Baulichkeiten nicht unmittelbar an der Straße errichtet waren. Für den Anbau an einer Straße sind aber alle die Gebäude wesentlich, die einen Ausgang zu ihr haben (§ 12 Abs. 1 FlLG.), was für die fraglichen Fabrikgebäude nach jenen Karten anscheinend bejaht werden muß, zum mindesten vom Berufungsgericht nicht unzweideutig verneint worden ist.

Die Begründung, mit der das Kammergericht der Kohlhasenbrücker Straße auf der streitigen Strecke den Charakter als historische Straße abgesprochen hat, genügt also rechtlich nicht. Insbesondere rechtfertigt sie nicht die völlige Außerachtlassung aller übrigen vom Kläger für seinen gegenteiligen Standpunkt angeführten Gesichtspunkte, wie Fehlen von Chausseegräben, Nachtwächterdienst, Straßenbeleuchtung. Hervorgehoben werden mag auch noch, daß der Verkehr zur Schule, später zum Pfarrhaus, einem für das dörfliche Leben wichtigen Gebäude, in der Hauptsache doch dem örtlichen Verkehr zugehört haben wird, auf den es bei Beantwortung der Frage, ob eine Straße eine historische ist, gerade besonders ankommt.

Bedarf danach die Frage, ob die Kohlhasenbrücker Straße beim südlichen Teil des Grundstücks des Klägers eine historische Straße ist oder nicht, noch der erneuten Erörterung, so ist damit auch dem zweiten Teil der Urteilsgründe einstweilen der Boden entzogen. Hier geht das Berufungsgericht davon aus, daß, weil der fragliche Grundstücksteil dem Bauverbot des § 12 FlLG. unterlegen habe, der Kläger kein Bauland erworben habe, von dem man nur sprechen könne, wenn ein Grundstück tatsächlich baureif sei; das Gelände stelle vielmehr lediglich „merkantiles" Bauland dar. Da keine weiteren Gründe gegen die Bebauungsfähigkeit des Grundstücks angegeben sind, so muß angenommen werden, daß es wirkliches Bauland wäre, wenn es an einer anbaufähigen Straße läge. Gerade das muß aber nach dem Gesagten vom Tatrichter nochmals geprüft werden.

Indessen auch abgesehen hiervon können die Ausführungen des Berufungsgerichts über die Eigenschaft des fraglichen Geländes als merkantiles Bauland nicht gebilligt werden. Zum mindesten ungenau ist es schon, wenn im Eingang dieses Teils der Urteilsgründe Wert darauf gelegt wird, daß der Kläger beim Erwerb des Grundstücks kein Bauland erworben habe. Für die Frage, ob die Beklagte ihm entschädigungspflichtig ist, kommt es nicht auf den Zeitpunkt des Grundstückserwerbs, sondern auf den Zeitpunkt an, in dem der Eingriff in sein Eigentum, worauf er seine Ansprüche stützt, von der Beklagten vorgenommen ist. Die Entwicklung, die das Gelände während der Besitzzeit des Klägers genommen hat, kommt ihm zugute.

Sodann legt der Berufungsrichter — in fast wörtlichem Anschluß an den im Jahrbuch der Bodenreform Bd. 25 (1929) abgedruckten Aufsatz von Hamelbeck „Landesrechtliche Grundeigentumsbeschränkung ohne Entschädigung" S. 210flg., insbes. S. 217 — dar, daß merkantiles Bauland abgesehen von seinem landwirtschaftlichen oder sonstigen Nutzwert keinen bestimmten wirtschaftlichen Wert, sondern nur eine wirtschaftliche „Chance" darstelle. Jeder Grundstücksspekulant wisse, daß er vor der Bekanntmachung des Fluchtlinienplans nur ein Spekulationsobjekt in Händen habe und daß er ein doppeltes Wagnis eingehe, einmal hinsichtlich der Richtigkeit seiner Berechnungen über die zukünftige Entwicklung der Bebauung und dann in bezug auf die Bestätigung seiner an sich richtigen Berechnungen durch den Fluchtlinienplan. Merkantiles Baugelände trage den Bauwert nicht in sich, sondern erhalte ihn allein durch einen günstigen Fluchtlinienplan. Wer sich an einer nicht geregelten Straße ankaufe, habe keinen Anspruch darauf, diese Wertsteigerung zu erhalten. Vielmehr stelle die eintretende Wertsteigerung einen ihm durch öffentlichrechtliche Maßnahmen zufließenden Eigentumsvorteil dar. Der ungünstige Fluchtlinienplan vermindere nicht den Wert der Grundstücke, sondern der günstige erhöhe ihn. Alle Berechnungen des Klägers beruhten auf der Annahme, daß das Grundstück einen Baustellenwert gehabt habe. Dieser Baustellenwert sei aber niemals wirklich vorhanden, sondern stets nur eine Hoffnung gewesen. Die Nichtverwirklichung seiner Berechnungen beruhe auf den Beschränkungen des Eigentums, denen auf Grund des Fluchtliniengesetzes alle die Grundstücke unterworfen seien, die, ohne bebaut zu sein, an nicht geregelten Straßen lägen. In der Festsetzung dieser Fluchtlinienpläne könne niemals eine Enteignung liegen.

Richtig an diesen Ausführungen ist allerdings die Unterscheidung zwischen Bauland, wirklichem Baustellenland und erst werdendem, sog. merkantilem Bauland. Auch die Rechtsprechung des Reichsgerichts (z. B. Urteile vom 7. Mai 1909 VII 358/08, abgedr. Recht 1909 Sp. 486 und Pr. VerwBl. Bd. 31 S. 262; vom 30. Mai 1911 VII 568/10, abgedr. JW. 1911 S. 726 Nr. 38, Gruchot Bd. 55 S. 1176 und Recht 1911 Sp. 524; vom 30. September 1913 VII 99/13, abgedr. Recht 1913 Sp. 809; vom 9. Dezember 1913 VII 350/13, abgedr. Recht 1914 Sp. 114, und vom 26. Januar 1915 VII 418/14, abgedr. Recht 1915 Sp. 202) behandelt verschieden das eigentliche Bauland, das zur sofortigen Bebauung geeignet ist, und das merkantile Bauland, auf das sich zwar nach der Verkehrsauffassung die Bebauung erst in absehbarer Zeit erstrecken wird, dessen erhoffte Entwicklung zum Bauland aber im Grundstücksverkehr bereits preiserhöhend wirkt. Das Berufungsgericht legt indessen diesem Unterschied eine ihm nicht zukommende Bedeutung bei, indem es annimmt, daß der Eigentümer keinen Anspruch auf die Werterhöhung seines Grundstücks habe, die sich auf die Erwartung seiner in nicht allzu ferner Zukunft eintretenden Bebauungsfähigkeit gründet, daß er ihm deshalb auf Grund der Vorschriften des Fluchtliniengesetzes ohne Entschädigung entzogen werden könne. Das ist unrichtig. § 12 FlLG. hat nur den Zweck, das vorzeitige Bauen an projektierten und zu projektierenden Straßen zu verhindern. Ein auf Grund dieser Vorschrift erlassenes ortsstatutarisches Bauverbot nimmt daher vorhandenem Bauland nicht diese Eigenschaft, hindert auch die durch das Verbot betroffenen Grundstücke nicht, Bauland zu werden. Es verschiebt lediglich den Zeitpunkt der Verwirklichung dieser Eigenschaft (Urteile des Reichsgerichts vom 1. März 1901 VII 1/01, abgedr. JW. 1901 S. 267 Nr. 40, und des Oberverwaltungsgerichts vom 4. November 1910, abgedr. Pr. VerwBl. Bd. 32 S. 435). Auf die Wertbemessung bei der Enteignung des Grundstücks hat es keinen Einfluß (RGZ. Bd. 53 S. 406).

Sollte das Berufungsgericht, was nicht ganz klar zutage tritt, bei seinen Ausführungen mehr das Bauverbot im Auge gehabt haben, das für die in eine Fluchtlinie fallenden Grundstücke und Grundstücksteile mit der Offenlegung des Planes nach § 7 FlLG. vorläufig (RGZ. Bd. 21 S. 212), mit seiner zweiten Offenlegung gemäß § 11 Abs. 1 das. endgültig eintritt, so könnte auch insoweit seiner Auffassung nicht zugestimmt werden. Mit Recht weist die Revision für den vorliegenden Fall darauf hin, daß für die Kohlhasenbrücker Straße bereits 1906, also ehe der Kläger das Grundstück erworben hatte, eine Fluchtlinie festgesetzt worden ist. Rechtlich bestand allerdings die Möglichkeit, sie durch eine für den Grundstückseigentümer ungünstigere zu ersetzen. Daß dieser damit hätte rechnen müssen, sein Grundstück werde durch eine es vollkommen umfassende Fluchtlinie als Platz (Freifläche) von der Bebauung ausgeschlossen werden, und daß er deshalb nur eine rechtlich unerhebliche Hoffnung auf eine Bebauungsmöglichkeit gehabt hätte, ist jedoch eine Annahme, die, von ihrer tatsächlichen Bedenklichkeit ganz abgesehen, jedenfalls in den genannten Vorschriften des Fluchtliniengesetzes keine Stütze findet.

Diese besondere Lage des zu entscheidenden Einzelfalles kann indessen ganz auf sich beruhen bleiben. Denn der Satz, in dem die Ausführungen des Berufungsrichters in ihrem zweiten Teile gipfeln, daß in der Festsetzung von Fluchtlinien niemals eine Enteignung liegen könne, trifft überhaupt nicht zu. Sie ist vielmehr eine Enteignung, anders allerdings als das ortsstatutarische Bauverbot auf Grund von § 12 FlLG.

Wird nach § 12 ein Ortsstatut erlassen, das bestimmt, daß an Straßen oder Straßenteilen, die noch nicht gemäß den baupolizeilichen Bestimmungen des Ortes für den öffentlichen Verkehr und den Anbau fertig hergestellt sind, Wohngebäude, die nach dieser Straße einen Ausgang haben, nicht errichtet werden dürfen, so tritt damit eine Änderung des in der Gemeinde geltenden öffentlichen Baurechts ein, dessen Bestandteil Ortsstatute des gedachten Inhalts bilden (RGZ. Bd. 63 S. 108). Ein solches Ortsstatut trägt nicht etwa den Charakter eines Verwaltungsakts, sondern ist Gesetz im weiteren Sinne (RGU. vom 30. April 1909 VII 230/08, abgedr. Pr. VerwBl. Bd. 31 S. 363). Es regelt den Inhalt des Eigentums an allen Grundstücken, bei denen die in § 12 FlLG. aufgestellten Voraussetzungen vorliegen. Die dem Eigentümer eines derartigen Grundstücks an sich zustehende Befugnis, darauf nach seinem Belieben zu bauen, wird in gewisser Hinsicht eingeengt. Die Regelung der Baubeschränkungen, die dem Eigentümer im öffentlichen Interesse aufzuerlegen sind, ist Sache der Landesgesetzgebung (Art. 111 EG. z. BGB.). Preußen hat niemals ein völlig unbegrenztes Baurecht des Eigentümers gekannt (vgl. §§ 65flg. ALR. I 8). Der Eigentumsinhalt hat in dieser Beziehung stets besonderer gesetzlicher Ordnung unterlegen. Glieder dieser Ordnung bilden nicht bloß § 12 FlLG., sondern ebenso die nach ihm erlassenen Ortsgesetze. Diese fallen auch nicht unter den Begriff der Enteignung im Sinne des Art. 153 RVerf. Ihre räumlich begrenzte Wirkung kann dafür nicht angeführt werden. Sie folgt aus der notwendig auf den eigenen Bezirk beschränkten Rechtsetzungsbefugnis der Gemeinden. Innerhalb dieses Bezirks trifft ein solches Ortsstatut aber sämtliche Grundstücke, die an einer unfertigen Straße liegen, nicht einzelne Grundstücke oder einen engen Kreis von ihnen, sondern eine unbeschränkte Zahl nach Lage und Umfang völlig unbestimmter Grundflächen. Ein solches Gesetz bringt eine allgemeine Regelung, enteignet nicht (Urteil des Staatsgerichtshofs für das Deutsche Reich vom 23. März 1929 StGH. 8/28, abgedr. RGZ. Bd. 124 Anh. S. 33). Das von der Revision angezogene Urteil RGZ. Bd. 116 S. 268 behandelt einen anders liegenden Fall. Damals war nicht eine Enteignung durch Gesetz, wie sie im Falle des § 12 FlLG. allein in Frage kommen könnte, sondern ein Verwaltungsakt (S. 270: Eintragung in die Denkmalsliste) auf seine rechtliche Bedeutung zu prüfen.

§ 13 Abs. 1 FlLG. versagt dem Eigentümer eine Entschädigung nicht bloß wegen der nach § 12 eintretenden Beschränkung der Baufreiheit, sondern auch wegen der Beschränkung des von der Festsetzung neuer Fluchtlinien betroffenen Grundeigentums, insoweit allerdings unter Festsetzung bestimmter, jedoch eng begrenzter Ausnahmefälle. Mit der Offenlegung eines Fluchtlinienplans gemäß § 8 FlLG. tritt nach § 11 das. die Beschränkung des Grundeigentums, daß Neubauten, Um- und Ausbauten über die Fluchtlinie hinaus versagt werden können, endgültig ein (vorläufig schon mit der ersten Offenlegung des Plans nach § 7). Die Auferlegung dieser Beschränkung ist — anders als die nach § 12 durch Ortsstatut erfolgende — rechtlich eine Enteignung.

Gegen diese Annahme scheint zu sprechen, daß § 13 Abs. 1 FlLG., wie schon bemerkt, beide Arten von Baubeschränkungen nebeneinander behandelt. Und aus den Vorarbeiten zum Fluchtliniengesetz ergibt sich auch, daß der preußische Gesetzgeber in der Verpflichtung des Eigentümers, gewisse künftighin zu Straßen und Plätzen bestimmte Flächen unbebaut zu lassen, ebenfalls eine gesetzliche Einschränkung des Eigentums gesehen hat, die deshalb keinen Entschädigungsanspruch auslösen dürfe (Motive zum Entwurf des Fluchtliniengesetzes in Drucks. des Abgeordnetenhauses 1875 Nr. 23 S. 12flg., deren Standpunkt von der Kommission des Abgeordnetenhauses gebilligt worden ist, das. Nr. 279 S. 6 zu II). Die Rechtsprechung des Reichsgerichts hat sich diese Auffassung aber nicht zu eigen gemacht. Nach ihr ist das Verfahren zur Festsetzung von Fluchtlinien ein Enteignungsverfahren. Das Fluchtliniengesetz hat sämtlichen Gemeinden ein allgemeines Enteignungsrecht für die Anlegung und Veränderung von Straßen und Plätzen verliehen (RGZ. Bd. 69 S. 73). Die Anwendung dieses allgemeinen Enteignungsrechts der Gemeinde auf einzelne bestimmte Grundstücke setzt deren Feststellung in einem besonderen Verfahren, — eben dem Verfahren zur Festsetzung von Fluchtlinien — voraus (S. 76 das.). Die in die festgesetzte Fluchtlinie fallende Grundfläche kann die Gemeinde für sich in Anspruch nehmen (§ 13 Abs. 1 Nr. 1 FlLG.), d. h. sie kann sie dem Eigentümer enteignen. Dieser Vollenteignung voraus geht aber die schon mit der Offenlegung des endgültig festgesetzten Plans eintretende Baubeschränkung nach § 11 FlLG. Das Grundstück wird bereits in diesem Augenblick zugunsten der Gemeinde mit der Dienstbarkeit der Unbebaubarkeit belastet. Diese Belastung ist, wie schon in RGZ. Bd. 63 S. 298 (300 unten) ausgesprochen wurde, ihrem Wesen nach nichts anderes als eine Teilenteignung. Es handelt sich bei der Pflicht des Eigentümers, das in eine Fluchtlinie fallende Gelände nicht zu bebauen, nicht um eine allgemeine, alle Eigentümer beim

Vorliegen gewisser Voraussetzungen treffende Pflicht. Ebensowenig trägt die Fluchtlinienfestsetzung polizeilichen Charakter. Eine solche Belastung einzelner oder mehrerer einzelner bestimmter Grundstücke (vgl. RGZ. Bd. 53 S. 407), die unmittelbar anknüpft an die Festsetzung des Fluchtlinienplans, also an einen Verwaltungsakt, und die für das öffentliche Unternehmen der Anlegung oder Änderung von Straßen und Plätzen erfolgt, ist vielmehr als Enteignung zu kennzeichnen. Dies galt schon vor Erlaß der Reichsverfassung nach dem damaligen preußischen Recht (ebenso Dernburg Preußisches Privatrecht 5. Aufl. Bd. 1 § 218 Nr. 1b S. 514 und neuestens Holstein Enteignungsrecht an Friedhöfen? in Verwaltungsarchiv Bd. 35 S. 113), das übrigens, wie noch näher dargelegt werden wird, unerachtet der Vorschrift des § 13 FlLG. den Eigentümer keineswegs ohne Entschädigung für diese Beschränkung ließ. Aber auch eine Enteignung im Sinne von Art. 153 Abs. 2 RVerf. ist im Falle des § 11 FlLG. gegeben. Die Tragweite des Enteignungsbegriffs der Reichsverfassung ist zwar lebhaft umstritten. Daß sie aber mindestens Grundstücksbelastungen der vorstehend beschriebenen Art umfaßt, ist unzweifelhaft.

Nach Art. 153 Abs. 2 Satz 2 RVerf. erfolgt eine Enteignung gegen angemessene Entschädigung, soweit nicht ein Reichsgesetz etwas anderes bestimmt. Es fragt sich, ob § 13 Abs. 1 FlLG., der nur eine beschränkte Entschädigung des Grundstückseigentümers für die mit der Offenlegung des festgesetzten Fluchtlinienplans eintretende Teilenteignung kennt, mit dieser Verfassungsvorschrift vereinbar ist. Ihre Anwendung kann nicht schon deshalb abgelehnt werden, weil das Fluchtliniengesetz bei Erlaß der Reichsverfassung bereits in Geltung stand. Die Ansicht, daß der Schutz des Privateigentums durch Art. 153 RVerf. grundsätzlich nach der Rechtslage des Jahres 1919 zu bestimmen sei, entbehrt der gesetzlichen Unterlage. Der Art. 153 Abs. 2 RVerf. enthält unmittelbar anwendbares Recht und greift daher auch älteren Landesgesetzen gegenüber Platz. Nur bei Inkrafttreten der Reichsverfassung schon vollzogene Enteignungen bemessen sich in ihren Wirkungen ausschließlich nach altem Recht (WarnRspr. 1924 Nr. 182). Zu ihnen gehören Fluchtlinienfestsetzungen, die in Plänen enthalten sind, welche vor dem 14. August 1919 zur zweiten Auslegung nach § 11 FlLG. gelangt sind. Die infolge solcher Auslegung beim Inkrafttreten der Reichsverfassung bereits vorhandenen Baubeschränkungen werden auch hinsichtlich der dafür zu zahlenden Entschädigung nicht mehr durch Art. 153 RVerf. berührt. Abs. 2 Satz 2 das. kann nur für spätere Fluchtlinienpläne in Frage kommen. Das trifft im vorliegenden Fall aber zu. Der Kläger stützt seine Ansprüche auf einen erst im Jahre 1925 aufgestellten Plan, über dessen endgültige Festsetzung das angefochtene Urteil allerdings nichts ersehen läßt.

Der Satz der Reichsverfassung, daß eine Enteignung gegen angemessene Entschädigung erfolgt, gilt nicht, soweit ein Reichsgesetz etwas anderes bestimmt. Die Beklagte will für diese Vorschrift Reichsgesetzen Landesgesetze gleichstellen, wenn ihnen die Regelung des einschlägigen Rechtsgebietes vom Reichsgesetzgeber überlassen worden ist, was für die Fluchtliniengesetzgebung durch Art. 109 EG. z. BGB. — und durch Art. 111 das. — geschehen sei. Diese Auffassung widerlegt sich schon dadurch, daß dann die Beschränkung der Zulassung anderweitiger Regelung durch Reichsgesetz in Art. 153 Abs. 1 Satz 2 Halbsatz 2 keinen Sinn hätte. Da die Landesgesetzgebung nur auf den ihr durch die Reichsgesetzgebung, insbesondere die Reichsverfassung, belassenen Gebieten überhaupt tätig werden kann, würde bei der von der Beklagten vertretenen Verfassungsauslegung „Reichsgesetz" an der angeführten Stelle dasselbe bedeuten wie „Gesetz". Wäre das gewollt, so würde dort zweifellos nicht von Reichsgesetz, sondern einfach von Gesetz gesprochen worden sein. Art. 153 enthält eben die reichsgesetzliche Regelung einzelner Punkte des nach Art. 7 Nr. 12 RVerf. überhaupt der Reichsgesetzgebung unterstehenden Enteignungsrechts, durch welche die den Ländern bis zum Erlaß eines umfassenden Enteignungsgesetzes des Reichs noch zustehende Gesetzgebungsbefugnis auf diesem Gebiete bereits eingeengt wird (ebenso RGZ. Bd. 116 S. 273). Die von der Beklagten angezogene, oben schon erwähnte Entscheidung des Staatsgerichtshofs vom 23. März 1929 erkennt nur an, daß die Landesgesetzgebung auf den ihr vorbehaltenen Rechtsgebieten Inhalt und Schranken des Eigentums regeln könne, lehnt aber ein Eingehen auf die Entschädigungsfrage ausdrücklich ab (RGZ. Bd. 124 Anh. S. 33, 34). Sie bezieht sich also nur auf Art. 153 Abs. 1 RVerf., nicht auch auf Abs. 2 das.

Nach § 13 FlLG. wird eine Entschädigung wegen der Beschränkung des von der Festsetzung neuer Fluchtlinien betroffenen Grundeigentums nur unter bestimmten Voraussetzungen gewährt (vgl. RGZ. Bd. 28 S. 273). Der nach dem Wortlaut dieser Vorschrift naheliegende Schluß, daß in anderen Fällen der Grundeigentümer für eine derartige Beschränkung überhaupt nicht entschädigt würde, ist indessen unrichtig. Die Entschädigung erfolgt auch sonst, aber erst mit der Abtretung der zu Straßen und Plätzen bestimmten Flächen an die Gemeinde. Unter Aufgabe seines früheren abweichenden Standpunkts hat das Reichsgericht (RGZ. Bd. 53 S. 133 und Bd. 74 S. 20) ausgesprochen, daß bei einer Enteignung von Grundstücksteilen, die nach einem veröffentlichten Fluchtlinienplan zu Straßenland bestimmt waren und daher nach § 11 FlLG. nicht mehr bebaut werden dürften, ihre Eigenschaft als Bauland nach dem Wert zu bemessen sei, den sie zur Zeit der Enteignung gehabt haben würden, wenn keine Fluchtlinienfestsetzung erfolgt wäre. Die Entschädigung für die zu enteignenden Flächen wird in einem Posten, der Enteignungsentschädigung, für das als unbelastet gedachte Grundstück gewährt (RGZ. Bd. 63 S. 300/301). Darin ist der Ersatz für die durch die Belastung mit der Unbebaubarkeit eingetretene Wertminderung mitenthalten. Die Ausgleichung dieses Nachteils wird dem Eigentümer also auch in den Fällen, die nicht zu den im Gesetz besonders genannten Ausnahmefällen gehören, nicht dauernd versagt. Sie wird aber hinausgeschoben bis zur Übernahme der Grundfläche selbst durch die Gemeinde. Eine solche Regelung tut indessen der Reichsverfassung nicht Genüge.

Art. 153 Abs. 2 Satz 2 RVerf. fordert die Gewährung einer angemessenen Enteignungsentschädigung. Die nähere Regelung der Angemessenheit liegt auf den der Landesgesetzgebung überlassenen Gebieten dieser ob. Ein gewisser Spielraum freien Ermessens muß ihr hierbei eingeräumt werden. Der Richter darf der landesrechtlichen Regelung nur dann die Gültigkeit versagen, wenn die Grenze solchen Ermessens offensichtlich überschritten ist, wenn das, was sie dem Enteigneten gewährt, unzweifelhaft nicht mehr als angemessenes Entgelt angesehen werden kann für das, was ihm genommen wird. Es ist deshalb nicht zu beanstanden, wenn der Grundstückseigentümer für die Beschränkung der Baufreiheit nur in der Art entschädigt wird, daß er sein Grundstück selbst hergeben muß, dessen Bewertung dann aber so erfolgt, als ob keine Fluchtlinie vorhanden wäre. Auch muß nicht schon jede Hinausschiebung der Zahlung der Entschädigung als reichsverfassungswidrig gelten. Genügen würde jedenfalls, wenn der Enteignete es in der Hand hätte, die Fälligkeit der zunächst versagten Gewährung einer Entschädigung dadurch herbeizuführen, daß er von der Gemeinde die Übernahme der in ihrer Bebaubarkeit beschränkten Grundfläche gegen Ersatz ihres Werts verlangte. Dieses Recht hat der Grundstückseigentümer aber nach dem preußischen Fluchtliniengesetz grundsätzlich nicht, auch nicht nach dem von der Revisionsbeklagten hierfür angezogenem Abs. 3 des § 13 das., der die Gemeinde nur unter gewissen Voraussetzungen zur Übernahme eines Restgrundstücks zwingt. Die Gemeinde ist lediglich in den Ausnahmefällen des Abs. 1 Nr. 2 und 3 des § 13 auf Verlangen des Eigentümers verpflichtet, ihm die zu Straßen und Plätzen bestimmte Grundfläche abzunehmen (RGZ. Bd. 63 S. 174). Im übrigen hängt es ausschließlich von ihrem Willen ab, ob sie sich eine derartige Fläche vom Eigentümer für die öffentliche Benutzung abtreten lassen will (§ 13 Abs. 1 Nr. 1). Von den erwähnten Ausnahmefällen abgesehen ist es ihrer eigenen Entschließung überlassen, ob sie den Eigentümer für die Dienstbarkeit der Unbebaubarkeit seines Grundstücks entschädigen will, welche Entschädigung sie erst mit der Entschädigung für die Grundfläche selbst zu zahlen braucht. Der Enteignete als Gläubiger ist regelmäßig völlig abhängig vom Belieben des Schuldners, der enteignenden Gemeinde. Er selbst hat in der weit überwiegenden Zahl der Fälle keine Möglichkeit, sie unabhängig von der in ihrer Hand liegenden Abtretung der Grundfläche zu zwingen, ihn wenigstens für deren Unbebaubarkeit zu entschädigen. Dieser Rechtszustand entspricht nicht der Reichsverfassung. Eine Entschädigung, deren Zahlungszeit vom freien Ermessen des Enteignenden abhängt, ist keine angemessene Entschädigung mehr. Als Grund für sie kann auch nicht das Wohl der Allgemeinheit angeführt werden, das nach Art. 153 RVerf. zwar eine Enteignung rechtfertigt, auf die Bemessung der Entschädigung dafür jedoch ohne Einfluß sein muß. Auch aus Art. 153 RVerf. läßt sich keine Rechtfertigung für die in § 13 FlLG. angeordnete Beschränkung der gemeindlichen Entschädigungspflicht gewinnen.

§ 13 FlLG. verstößt sonach deshalb gegen die Reichsverfassung, weil er dem Grundstückseigentümer in der Regel die Möglichkeit verschließt, für die mit der endgültigen Festsetzung der Fluchtlinie verknüpfte Belastung seines Grundstücks mit der Dienstbarkeit der Unbebaubarkeit, die eine Teilenteignung ist, eine Entschädigung zu erhalten, sei es auch nur auf dem Wege der Überlassung der belasteten

Grundfläche an die Gemeinde. Im Umfang dieses Verstoßes ist die Vorschrift ungültig seit Inkrafttreten der Reichsverfassung, die für jede Enteignung die Gewährung einer angemessenen Entschädigung vorschreibt. Daraus folgt, daß der Eigentümer, sofern weder die Gemeinde die Abtretung der in die Fluchtlinie fallenden Fläche beansprucht noch einer der Ausnahmefälle vorliegt, in denen er diese Abtretung fordern kann, unmittelbar einen Anspruch auf Entschädigung für die eingetretene Unbebaubarkeit erwirbt. Dieser nicht unter § 14 Abs. 1 FlLG. fallende Anspruch ist auch nicht etwa im Verfahren nach dem Enteignungsgesetz vom 11. Juni 1874 geltend zu machen. Sollte es später zur Hergabe der Grundfläche an die Gemeinde selbst kommen, so erhält der Eigentümer nur noch ihren durch die Unbebaubarkeit geminderten Wert ersetzt, da er für ihre Folgen schon früher entschädigt worden ist. Die Entschädigung zerfällt dann in zwei Teile, ganz ebenso, wie das in RGZ. Bd. 63 S. 301 für die Ausführung älterer Bebauungspläne dargelegt worden ist.

---

3. Über die Pflichtbeteiligung nach Staffeltarif bei eingetragenen Genossenschaften mit beschränkter Haftpflicht.

GenG. §§ 43, 134.

II. Zivilsenat. Urt. v. 11. März 1930 i. S. Graf von S. (Bekl.) w. Ein- und Verkaufsgenossenschaft des Kreislandbundes N. mbH. (Kl.). II 294/29.

I. Landgericht Neiße.
II. Oberlandesgericht Breslau.

Die klagende Genossenschaft ist im Herbst 1921 gegründet worden. Gegenstand ihres Unternehmens war und ist hauptsächlich der gemeinschaftliche Ein- und Verkauf landwirtschaftlicher Bedarfsgegenstände und Erzeugnisse. In den Zeiten der Geldentwertung ist der Geschäftsanteil von anfänglich 200 M. auf 5000 M., die Haftsumme von 1000 M. auf 50000 M., die Höchstzahl der Geschäftsanteile, mit der sich ein Genosse beteiligen konnte, von 50 auf 100 erhöht worden. Ferner bestimmte die Satzung in ihrer ursprünglichen Fassung, daß die Genossen zur Übernahme weiterer Geschäftsanteile verpflichtet seien, und zwar so, daß für je 5000 M. im Geschäftsjahr bezogene Waren ein Anteil zu zeichnen sei. Durch Generalversammlungs-Beschluß vom 3. Dezember 1922 wurde diese Bestimmung dahin geändert, daß für je „angefangene 10 Morgen landwirtschaftlich genutzter Fläche ein Geschäftsanteil zu erwerben sei". Eine weitere Änderung in der Pflichtbeteiligung brachte die Generalversammlung vom 18. März 1923, in welcher einstimmig die Annahme einer neuen Satzung beschlossen wurde. Danach mußte für je angefangene 50 Morgen landwirtschaftlich genutzter Fläche ein Anteil erworben werden. Durch Generalversammlungs-Beschluß vom 3. April 1924 wurde der Geschäftsanteil auf 5 RM., die Haftsumme auf 50 RM. umgestellt. Durch weitere solche Beschlüsse vom 14. November 1924, 28. Dezember 1925, 10. Juni 1926, 27. Dezember 1926 wurde der Geschäftsanteil auf 20, 100, 120 und schließlich auf 140 RM. erhöht; der Beschluß vom 3. April 1924 hatte die Haftsumme auf 200 RM. festgesetzt. Ein Generalversammlungs-Beschluß vom 17. März 1926 änderte die Fassung der sich auf die Pflichtbeteiligung beziehenden Klausel dahin, daß jedes Mitglied ausdrücklich die Verpflichtung übernehme, für je angefangene 50 Morgen landwirtschaftlich genutzter Fläche einen Geschäftsanteil zu erwerben; von den anwesenden 275 Genossen hatten 270 für, 5 gegen den Antrag gestimmt. Alle diese Beschlüsse sind im Genossenschaftsregister eingetragen worden, derjenige vom 27. Dezember 1926 unter dem 16. Februar 1927. Zu Satzungsänderungen war nach der ursprünglichen Satzung eine Mehrheit von drei Vierteln der erschienenen und an der Abstimmung teilnehmenden Genossen erforderlich. Die Kündigung der Mitgliedschaft ist unter Einhaltung einer Kündigungsfrist von 12 Monaten jeweils auf den Schluß des mit dem Kalenderjahr zusammenfallenden Geschäftsjahrs zulässig. Der Beklagte trat im Sommer 1923 der Genossenschaft bei und wurde am 17. Juli 1923 in die gerichtliche Liste der Genossen eingetragen. Unter dem 27. Juni 1924 wurde daselbst, entsprechend einer von ihm abgegebenen Erklärung, seine Beteiligung mit weiteren 30 Anteilen vermerkt. Durch Schreiben vom 24. Dezember 1926 kündigte er; mit Ablauf des 31. Dezember 1927 schied er, wie auch in der gerichtlichen Liste der Genossen eingetragen, aus der Genossenschaft aus. Die Klägerin beantragte mit der Klage unter Bezugnahme auf den Pflichtbeteiligungs-Tarif und die Größe des landwirtschaftlich genutzten Grundbesitzes des Beklagten dessen Verurteilung zur Abgabe einer unbedingten Beteiligungserklärung auf weitere 69 Anteile. In der Folge verlangte sie in erster Linie seine Verurteilung zur Zahlung von 7800 (65 × 120) RM. nebst 9% Zinsen seit 1. Januar 1928; den ursprünglichen Antrag hielt sie nur als Hilfsantrag aufrecht. Der Beklagte bestritt insbesondere die Gültigkeit der sich auf die Pflichtbeteiligung beziehenden Satzungsbestimmungen. Der erste Richter wies die Klage ab. Das Oberlandesgericht erklärte den Zahlungsanspruch dem Grunde nach für gerechtfertigt. Die Revision des Beklagten führte zur Wiederherstellung des ersten Urteils.

Gründe:

In sachlichrechtlicher Hinsicht rügt die Revision im besonderen Verletzung der §§ 134, 136 GenG. mit der Begründung, daß das Berufungsgericht die Frage der Gültigkeit der Satzungsbestimmungen über die Pflichtbeteiligung zu Unrecht nur unter dem Gesichtspunkt prüfe, ob den Genossen eine Beteiligungspflicht nach Staffeltarif von vornherein schon in der ursprünglichen Satzung habe auferlegt werden können. Dabei werde übersehen, daß § 4 der Satzung keine Verpflichtung zur Übernahme mehrerer Geschäftsanteile nach Maßgabe der Größe des landwirtschaftlichen Besitzes enthalten habe. Vielmehr sei ein dahingehender Beschluß erst in der Generalversammlung vom 17. März 1926 gefaßt worden, wobei aber im Protokoll ausdrücklich festgestellt worden sei, daß 5 Genossen dagegen gestimmt hätten. Der Beklagte sei schon im Jahre 1924, also vor jenem Beschluß, Genosse geworden; das Berufungsgericht hätte deshalb die Frage erörtern müssen, ob unter solchen Umständen jener Beschluß Rechtswirksamkeit erlangt habe, eine Frage, die im Anschluß an das Urteil des erkennenden Senats vom 23. April 1929 (RGZ. Bd. 124 S. 182) zu verneinen sei, da hierzu die Zustimmung sämtlicher Genossen erforderlich gewesen wäre. Hier sei nicht einmal festgestellt, daß der Beklagte zugestimmt habe. Demnach sei die Klage ohne weiteres abzuweisen.

Der Revisionsangriff ist begründet. Zwar ist dem Berufungsgericht darin beizutreten, daß durch die Satzung als mitgliedschaftsrechtliche Verpflichtung auch die Pflicht zum Erwerb mehrerer Geschäftsanteile nach Maßgabe eines Staffeltarifs eingeführt werden konnte. Insoweit genügt hier der Hinweis auf das schon erwähnte Urteil RGZ. Bd. 124 S. 182. Wie aber dort weiter dargelegt ist, bedarf es, wenn diese Verpflichtung nicht schon im „Urstatut" festgelegt ist, zu ihrer nachträglichen Einführung der Zustimmung aller Genossen, und ein gleiches gilt für die Einführung eines anderen Maßstabs oder für die Verschärfung der Pflichtstaffel, falls solche Veränderungen nicht von vornherein in der Satzung vorgesehen und ausdrücklich der Beschlußfassung einer erhöhten Mehrheit überlassen sind.

Hieran ist festzuhalten. In der ursprünglichen Satzung der Klägerin war unter den genossenschaftlichen Pflichten allerdings auch eine solche zur Beteiligung mit weiteren Geschäftsanteilen enthalten, aber gestaffelt nach der Höhe des jährlichen Warenbezugs. Dabei ist zunächst darauf hinzuweisen, daß dem Warenbezugsrecht des Genossen nicht etwa auch eine Bezugspflicht oder gar eine ausschließliche Bezugspflicht gegenüberstand. Insofern hatte es also jeder Genosse immer noch in der Hand, die Verpflichtung zum Erwerb weiterer Geschäftsanteile durch entsprechende Gestaltung seines Warenbezugs nicht zur Entstehung kommen zu lassen. Nun wurde durch Beschluß der Generalversammlung vom 3. Dezember 1922 der bisherige Maßstab der Pflichtbeteiligung durch einen völlig neuen ersetzt, sofern an Stelle des Tarifs nach der Höhe des Warenbezugs der nach der Morgenzahl der landwirtschaftlich genutzten Fläche trat, und zwar so, daß für angefangene je 10 Morgen solcher Fläche ein Geschäftsanteil zu erwerben war. Damit wurde die Pflichtbeteiligung von Grund aus neu gestaltet. Die Einführung dieser Art von Pflichtbeteiligung steht wirtschaftlich und rechtlich der einer Neueinführung der Pflichtbeteiligung als solcher völlig gleich. Gewiß wurde jener Antrag nach dem Generalversammlungs-Protokoll einstimmig zum Beschluß erhoben. Allein anwesend waren nur 46 Genossen, während damals die Zahl der Genossen — wie ein Blick in die gerichtliche Genossenliste zeigt — mehr als 200 betrug, von denen inzwischen mindestens 100 wieder ausgeschieden sind. Bei der Beschlußfassung selbst hat also nur eine verhältnismäßig kleine Minderheit mitgewirkt; die große Mehrzahl der Genossen hatte sich der Versammlung und damit der Abstimmung ferngehalten. Die Satzung enthält nichts darüber, daß die für Satzungsänderungen sonst erforderliche Mehrheit auch für solche Beschlüsse ausreiche. Es ist deshalb nach den in RGZ. Bd. 124 S. 182 entwickelten Grundsätzen die Zustimmung aller damals vorhandenen Genossen zu erfordern. Sie konnte allerdings von den einzelnen Genossen auch außerhalb der Generalversammlung, vor oder nach ihr erteilt werden, ohne daß es einer Form dazu bedurfte. Allein die Erbringung des Nachweises eines solchen allseitigen Einverständnisses ist jetzt nach aller Erfahrung völlig ausgeschlossen.

Auf den Beschluß der Generalversammlung vom 3. Dezember 1922 läßt sich demnach die Gültigkeit der Pflichtbeteiligungs-Klausel nach der Morgenzahl nicht stützen. Nicht anders verhält es sich mit dem Generalversammlungs-Beschluß vom 18. März 1923. Durch ihn sollte die Pflichtstaffel dahin geändert werden, daß für je angefangene 50 Morgen landwirtschaftlich genutzter Fläche ein Anteil zu erwerben war; die Pflichtbeteiligung nach der Morgenzahl sollte also gegenüber dem Staffeltarif vom Dezember 1922 erheblich gemildert werden. Zu einer solchen Milderung bedurfte es allerdings nicht der Zustimmung aller Genossen. Ganz anders verhält es sich aber mit der Frage, ob etwa dieser Beschluß eine gültige Einführung der Pflichtstaffel nach dem Morgentarif enthält. Dies ist wiederum zu verneinen. Wohl ist der Tarif in der Generalversammlung einstimmig genehmigt worden. Aber wieder waren von den über 200 damaligen Genossen nur 85 anwesend. Die Rechtslage ist mithin genau dieselbe wie beim Beschluß vom 3. Dezember 1922. Die einzige Generalversammlung, die sich dann später noch mit der Pflichtbeteiligung und dem Staffeltarif befaßt hat, war die vom 17. März 1926, wobei dahingestellt bleiben kann, ob es sich damals überhaupt um mehr als eine bloße Fassungsänderung der fraglichen Satzungsbestimmung gehandelt hat. Denn jedenfalls haben damals nach dem Protokoll 5 Genossen gegen den von der Mehrheit angenommenen Antrag gestimmt. Ferner waren auch in jener Generalversammlung nicht alle Genossen anwesend. Der Nachweis der Zustimmung aller nicht Anwesenden ist hier um so sicherer ausgeschlossen, als damals nach den Listeneinträgen schon eine außerordentlich starke Austrittsbewegung unter den Genossen eingesetzt und schon zu zahlreichen Kündigungen geführt hatte.

Demnach fehlte es an einem rechtsgültigen Beschluß über die Pflichtbeteiligung nach der Morgenzahl. Dieser Mangel konnte auch durch die Eintragung im Genossenschaftsregister nicht geheilt werden. Gewiß blieben und bleiben diejenigen Genossen gebunden, die etwa auf Grund der anscheinend gültigen, in Wirklichkeit aber unwirksamen Pflichtstaffel weitere Anteile gezeichnet haben. Das ändert aber nichts daran, daß eine rechtsgültige satzungsmäßige Verpflichtung insoweit nicht bestanden hat und nicht besteht. Ob der Beklagte diesem oder jenem Beschluß über die Pflichtbeteiligung nach der Morgenzahl zugestimmt hat, ist unerheblich.

Stimmen nicht alle Genossen der Einführung, Maßstabsveränderung oder Verschärfung der Pflichtbeteiligung zu, so ist der Beschluß auch für die Zustimmenden nicht verbindlich (RGZ. Bd. 90 S. 403 und Bd. 124 S. 182 [192]). Ebensowenig kann es darauf ankommen, ob die — nicht rechtsgültig gewordenen — Beschlüsse über die Pflichtbeteiligung zur Zeit des Eintritts des Beklagten schon gefaßt und im Genossenschaftsregister eingetragen waren. Dem Hinweis des Beklagten auf die Unwirksamkeit jener Beschlüsse kann die Klägerin auch nicht mit dem Gegeneinwand der Arglist begegnen; dazu fehlt es an jeder Grundlage.

Damit ist der Klage auf alle Fälle die Rechtsgrundlage entzogen.

---

4. Unter welchen Umständen kann ein durch einen Fehlschuß verletzter Jagdgast den Veranstalter und Leiter einer Treibjagd auf Schadensersatz in Anspruch nehmen?

BGB. §§ 254, 276, 662, 823, 831.

VI. Zivilsenat. Urt. v. 17. März 1930 i. S. B. (Kl.) w. M. (Bekl.). VI 418/29.

I. Landgericht Heidelberg.
II. Oberlandesgericht Karlsruhe.

Am 10. November 1926 veranstaltete der Beklagte auf seinem Jagdgebiet in R., einem hügeligen, mit Buschwerk bestandenen Gelände, eine Treibjagd, an der als seine Jagdgäste unter anderen der Kläger und der Landesökonomierat K., der zwar einen Jagdschein hatte, aber nicht gegen Haftpflicht versichert war, teilnahmen. Leiter der Treibjagd war der Beklagte. Beim 5. oder 6. Trieb verletzte K. den Kläger durch einen Schrotschuß derart, daß er die Sehkraft auf dem einen Auge verloren hat und rechtsseitig gelähmt ist. K. ist rechtskräftig verurteilt worden, dem Kläger allen ihm aus dem Unfall erwachsenden Schaden zu ersetzen. Mit der gegenwärtigen

Klage macht der Kläger den Beklagten aus dem Gesichtspunkt des Vertrags und ferner aus unerlaubter Handlung verantwortlich, indem er die Verurteilung des Beklagten zur Zahlung von 7463,95 RM. nebst Zinsen und die Feststellung der Verpflichtung des Beklagten zum Ersatz alles weiteren dem Kläger aus dem Unfall entstehenden Schadens beantragt.

Beide Vorinstanzen haben die Klage abgewiesen.

Die Revision des Klägers führte zur Aufhebung und Zurückverweisung.

Gründe:

Das Berufungsgericht hat seine Entscheidung wie folgt begründet.

Der Beklagte habe den Kläger neben anderen Personen zu seiner Jagd eingeladen und selbst die Jagdleitung übernommen. Die Teilnehmer hätten sich damit seiner Leitung unterstellt und ihm Jagddisziplin zugesagt; dem entspreche, daß er eben das Amt eines Jagdleiters innegehabt, so die gesellschaftliche Jagdpolizei auszuüben gehabt und den Jagdgästen damit zugesagt habe, sie nach den Regeln des Waidwerks vor Gefahr zu schützen. Dieses Rechtsverhältnis dürfe unbedenklich als ein von ihm übernommener Auftrag aufgefaßt werden, wobei aber nicht übersehen werden dürfe, daß es sich an der Grenze einer rein geselligen Veranstaltung, einer gesellschaftlichen Gefälligkeit halte. Derselbe Gesichtspunkt sei auch bei der Beurteilung nach § 823 BGB. zu beachten.

Unerheblich sei zunächst die bestrittene Behauptung des Klägers, der Beklagte habe keinen Jagdschein gehabt, weil dieser etwaige Mangel für den Unfall nicht ursächlich gewesen sei. Denn der Unfall wäre auch beim Vorhandensein eines Jagdscheines eingetreten. Eine Fahrlässigkeit des Beklagten liege sodann nicht deshalb vor, weil er den K. zur Jagd eingeladen habe. Wohl möge dieser als unangenehmer und unvorsichtiger Schütze bekannt gewesen sein. Dies sei aber kein Grund zu seiner Ausschließung gewesen, sondern habe nur Anlaß zur Beobachtung von Vorsichtsmaßregeln gegeben. K. sei übrigens auch von anderen Personen zur Jagd eingeladen worden.

Bedeutungsvoller sei, daß K. am Unfalltage seinen Ruf bewahrheitet habe. Er habe nämlich einen Hasen vor den Füßen des Zeugen H. so geschossen, daß diesem die Schrote um die Gamaschen geflogen seien und er sich die Nachbarschaft des K. beim Beklagten verbeten habe. Nun sei aber ein derartiges Vorkommnis nicht zu selten und es sei nicht üblich, solche Schützen dann von der Jagd auszuschließen. Daß jetzt, nach Eintritt des Unglücks, manche wie der Zeuge S. anders urteilten, entspreche der allgemeinen Erfahrung, ändere aber nichts an der Entscheidung des Gerichts. Der gesellschaftliche Charakter der Vergnügung, der allen Beteiligten bekannt sei, verhindere ein derartiges schroffes Vorgehen gegen einen Teilnehmer aus solchem Anlaß; es entspreche also nicht der Verkehrssitte der beteiligten Kreise, zu dieser Maßnahme zu schreiten; ihr Unterlassen finde vielmehr ihre Billigung. Nur soviel sei zuzugeben, daß ein solches Vorkommnis bei einem schon als unvorsichtig bekannten Schützen dem Jagdleiter Anlaß zu besonderer Vorsicht geben müsse. Der Jagdleiter habe dafür sorgen müssen, daß ähnliches sich nicht wiederhole, er habe aber nicht davon absehen müssen, den Täter in die Nähe eines anderen zu stellen, und habe auch keinen Anlaß gehabt, den Kläger besonders vor K. zu warnen oder diesen zu verwarnen. Die Weigerung des H. sei aus dessen Ärger zu verstehen, habe aber den Beklagten nicht zu veranlassen brauchen, nun auch alle anderen von K. fernzuhalten. Er habe diesen nur so aufstellen müssen, daß sich nach menschlichem Ermessen nichts Gefährliches ereignen konnte. Dies habe er aber getan, indem er dem K. etwa 40 m entfernt vom Kläger seinen Platz angewiesen habe, nachdem er den K. wie alle übrigen Schützen zu Beginn der Jagd gebeten gehabt habe, nicht in die Schlaglinie hineinzuschießen. Der Beklagte habe trotz seiner Kenntnis des K. nicht damit rechnen können, daß dieser all das in den Wind schlagen werde. Insbesondere habe der Beklagte nicht gewußt, daß K. an Doppelsehen leide und an jenem Tage nicht die erforderliche Ziel- und Standfestigkeit besessen habe. Diese Umstände seien aber die hauptsächliche Ursache des Fehlschusses gewesen. Unerheblich sei, ob der Beklagte dem K. etwas von dem „Nachflügeln" gesagt habe, da K. auch ohnedies hiervon gewußt habe. Die Abhaltung einer Treibjagd in dem in Frage kommenden Gelände sei unbedenklich, und auch die übrigen zu ihrer Durchführung vom Beklagten getroffenen Maßnahmen seien die gebräuchlichen gewesen und in keiner Weise zu beanstanden, wie das im Rechtsstreit des Klägers wider K. erhobene Gutachten des Sachverständigen Forstrats J. ergebe.

Hiernach sei nicht festgestellt, daß der Beklagte bei der Treibjagd, insbesondere dem Kläger gegenüber, die Vorsicht außer acht gelassen habe, die nach Ansicht der beteiligten Kreise im besonderen Verkehr der Jagd erforderlich sei.

Die Revision ist begründet. Zwar müssen die zum Teil vielleicht bedenklichen Feststellungen des Vorderrichters, insbesondere über die in Jägerkreisen herrschenden Anschauungen, vom Revisionsgericht gemäß § 561 Abs. 2 ZPO. hingenommen werden, aber das angefochtene Urteil enthält eine Reihe sachlichrechtlicher Verstöße, welche die Entscheidung beeinflußt haben und daher zu ihrer Aufhebung führen müssen.

Verfehlt ist schon der Ausgangspunkt des Oberlandesgerichts, es sei darin, daß der Jagdgastgeber die Leitung der Jagd übernimmt, die Erteilung eines Auftrags der Jagdgäste zu finden. Eine solche Auffassung trifft nicht zu. Nimmt der Gastgeber einer Treibjagd, wie üblich, an der Jagd teil, so pflegt er dem Herkommen entsprechend in der Regel ihre Leitung zu übernehmen und sich allerdings der Zustimmung seiner Gäste hierzu in geeigneter Form zu vergewissern. Aber der Abschluß eines Vertrags ist hierin nicht zu erblicken, so wenig wie darin, daß der Gastgeber einlädt und die Gäste annehmen, ein Vertragsschluß dahin zu finden ist, daß etwa der Veranstalter der Jagd seine Gäste im Sinne der §§ 662flg. BGB. mit dem Abschuß des Wildes beauftragt. Ob besondere Umstände, z. B. die Vereinbarung eines Entgelts, eine abweichende Beurteilung rechtfertigen können, ist hier nicht zu untersuchen, da für eine solche Sachgestaltung nichts vorliegt. Eine Treibjagd ist in aller Regel eine gesellschaftliche Veranstaltung, bei der es sich beiderseits um Gefälligkeiten ohne rechtlichen Charakter handelt. Sie ist auch nicht im Verhältnis zu den Jagdgästen ein Geschäft des Jagdherrn, dessen Gegenstand der Wildabschuß bilden würde, und es ist weder der Jagdherr insoweit der Geschäftsherr, noch sind die Jagdgäste seine Angestellten. Damit entfällt im Verhältnis zu den Jagdgästen die Haftung des Jagdherrn sowohl nach § 278 wie nach § 831 BGB. für die Schäden, die sich die Jagdgäste untereinander zufügen. Zur Erörterung der Frage, wie die Haftung des Jagdherrn dann zu beurteilen ist, wenn Jagdgäste Treiber oder dritte Personen verletzen, gibt der vorliegende Fall keinen Anlaß (vgl. dazu RGUrt. vom 1. und 22. November 1906 VI 59/06 und VI 140/06, auszugsweise abgedruckt in Dalcke-Delius Preuß. Jagdrecht 6. Aufl. Anhang VI S. 435; ferner Pollwein Bayerisches Jagdrecht 11. Aufl. S. 313 bis 318 mit

Nachw.). Demnach bleibt als einziger rechtlicher Gesichtspunkt, unter dem der Klaganspruch noch zu prüfen ist, der § 823 BGB., wie dies auch die Revision annimmt.

Die Vorwürfe, die der Kläger in dieser Richtung gegen den Beklagten erhoben hat, erachtet das Berufungsgericht zum größten Teil aus tatsächlichen Erwägungen ohne nachweisbaren Rechtsirrtum für unbegründet. Immerhin wird die erneute Verhandlung dem Vorderrichter Gelegenheit geben, die — übrigens bestrittene — Behauptung des Klägers, der Beklagte sei am 10. November 1926 nicht im Besitz eines Jagdscheins gewesen, nochmals auf ihre Erheblichkeit nachzuprüfen. Hierbei würde gegebenenfalls auch zu erörtern sein, ob die in Baden geltenden Bestimmungen über die Ausstellung von Jagdscheinen als Schutzgesetze im Sinne des § 823 Abs. 2 BGB. anzusehen sind. Rechtsirrtümlich sind dagegen die Gründe, aus denen das angefochtene Urteil die beiden folgenden Gesichtspunkte für ungeeignet erklärt hat, den Schadensersatzanspruch des Klägers zu rechtfertigen. Der eine bezieht sich auf die Einladung des K. zu der Jagd vom 10. November 1926, der andere auf deren Leitung durch den Beklagten.

Geständlich hat der Beklagte, schon bevor er den K. einlud, gewußt, daß dieser bei einer früheren Jagd beim Frühstück sein geladenes und gespanntes Gewehr neben sich hatte liegen lassen, obwohl ständig Treiber und Hunde in der Nähe vorbeikamen. Der Berufungsrichter unterstellt ferner als möglich, daß K. als unangenehmer und unvorsichtiger Schütze bekannt war; der Zeuge S. sagt unter anderem, daß K. „jagdtechnisch ein Schote" sei. Falls endlich der Aussage des Zeugen H. Glauben zu schenken sein sollte, hat S. noch kurz vor der Abfahrt zur Jagd zum Beklagten geäußert, dieser hätte doch den närrischen Kerl, den K., nicht auf die Treibjagd einladen sollen. Wenn das Oberlandesgericht bei solcher Sachlage kein Verschulden des Beklagten darin findet, daß er den K. zur Teilnahme an der Jagd aufgefordert hat, so liegt darin eine Verkennung der Verkehrs-Sorgfaltspflicht (§ 276 BGB.). Mit der Ausübung der Jagd ist eine gewisse Gefährdung untrennbar verbunden. Mit um so größerer Sorgfalt die Geeignetheit der Jagdteilnehmer zu prüfen, gehört zu den Pflichten des Veranstalters der Jagd. Erschwerend fällt hier noch ins Gewicht, daß es sich nicht nur um eine Treibjagd, sondern um eine solche auf schwierigem Gelände handelte, bei der dazu noch ein „Nachflügeln" in Aussicht genommen war, d. h. ein Vorrücken, also ein Platzwechsel der Schützen während der einzelnen Triebe. Ob sich freilich gerade der Kläger auf die hiernach dem Beklagten bei der Einladung des K. als Jagdgast zur Last fallende Fahrlässigkeit berufen kann, ist eine andere Frage, über die noch zu sprechen sein wird.

Bevor K. den Kläger anschoß, hatte er auf derselben Jagd vor den Füßen des Zeugen H. so unvorsichtig auf einen Hasen geschossen, daß dem H. die Schrote um die Gamaschen flogen; infolgedessen ersuchte H. den Beklagten, ihn nicht mehr neben K. aufzustellen. Wenn nach einem solchen Vorkommnis der Beklagte keine Veranlassung nahm, den schon ohnehin als leichtsinniger Schütze bekannten K. von der weiteren Teilnahme an der Jagd auszuschließen, so machte er sich einer groben Fahrlässigkeit schuldig. Vergeblich beruft sich das Oberlandesgericht für seine gegenteilige Auffassung auf die in Jägerkreisen herrschende Übung, bei solcher Sachlage den Schützen weiter an der Jagd sich beteiligen zu lassen. Denn sollte eine solche Verkehrsübung bestehen, so wäre sie deshalb unbeachtlich, weil dann eine Verkehrsunsitte vorläge und weil der § 276 BGB. nicht auf die verkehrsübliche, sondern auf die im Verkehr erforderliche Sorgfalt abstellt. Zum mindesten hätte sich der Beklagte des Einverständnisses seiner übrigen Jagdgäste damit, daß K. weiter an der Jagd teilnahm, nach Mitteilung des Falles H. versichern, jedenfalls hätte er aber den Kläger fragen müssen, ob er bereit sei, sich einen Platz neben K. anweisen zu lassen. Nichts von alledem hat der Beklagte getan. Wäre übrigens auch dem Vorderrichter darin beizutreten, daß der Vorfall mit H. dem Beklagten nur Anlaß zu besonderen Vorsichtsmaßnahmen gegeben hätte, so ist nicht einzusehen, wie solche geeignete Maßnahmen darin gefunden werden könnten, daß der Beklagte, ohne den Kläger unter Bekanntgabe des Falles H. vor K. zu warnen, ja ohne diesem auch nur entsprechende Vorhaltungen zu machen, ihn 40 m vom Kläger entfernt aufgestellt hat und ihn vorher gebeten hatte, nicht in die Schlaglinie zu schießen. Daß sich K. um das letztere, übrigens schon für Laien selbstverständliche Verbot nicht kümmerte, hatte er eben bewiesen, und eine Entfernung von 40 m, die sich zudem infolge des „Nachflügelns" jederzeit verringern konnte, schloß keineswegs die Gefahr aus, daß der Kläger von K. getroffen werden konnte. Dafür, daß etwa der Kläger dieser Gefahr weniger ausgesetzt gewesen wäre als H. oder ein anderer von den Schützen, ist kein Grund ersichtlich.

Aus alledem folgt an sich die Verantwortlichkeit des Beklagten für den dem Kläger erwachsenen Schaden. Der Würdigung des Verhaltens des Klägers bedarf es aber, bevor der Rechtsstreit zur Endentscheidung reif ist, noch unter zwei rechtlichen Gesichtspunkten, nämlich unter dem der stillschweigenden Vereinbarung des Haftungsausschlusses (vgl. Komm. v. RGR. 6. Aufl. Vorbem. 4b zu §§ 823flg. nebst Nachw.) und unter dem des § 254 BGB. sowohl hinsichtlich der Mitverursachung als auch des Mitverschuldens des Klägers an dem ihm erwachsenen Schaden. Denn nach der vom Kläger teilweise bestrittenen und im angefochtenen Urteil offengelassenen Behauptung des Beklagten ist es gerade der Kläger gewesen, welcher den Beklagten veranlaßt hat, den K. zu der Jagd vom 10. November 1926 einzuladen, obwohl dem Kläger die jagdliche Unzuverlässigkeit des K. bekannt war. Ferner aber hat der Kläger, falls die Aussage des H. zutrifft, zu einer Zeit, als er noch von der Teilnahme an der Jagd absehen konnte, davon Kenntnis erlangt, daß auch K. sich beteiligen werde.

Was nun zunächst die Frage des stillschweigenden Haftungsausschlusses anlangt, so kann eine solche Vereinbarung darin, daß ein Jagdgast die Einladung annimmt, sehr wohl für solche Schäden gefunden werden, die in geringfügigen Versehen des Jagdgastgebers ihre Ursache haben. Ob ein noch weitergehender Haftungsausschluß als stillschweigend vereinbart zu erachten ist, hängt von den besonderen Umständen des Falles ab. Ihre sorgfältige Ermittlung ist Aufgabe und ihre Beurteilung im wesentlichen Sache des Tatrichters.

Was sodann die Anwendbarkeit des § 254 BGB. betrifft, so würde der Kläger eine der Ursachen für den ihm erwachsenen Schaden dann gesetzt haben, wenn die Behauptung des Beklagten zuträfe, daß er ohne die Aufforderung des Klägers, den K. mit auf die Jagd zu nehmen, diesen zur Treibjagd vom 10. November 1926 nicht eingeladen hätte oder daß wenigstens jene Aufforderung für den Beklagten mitbestimmend gewesen sei, den K. einzuladen. Ein Verschulden des Klägers kann ferner darin erblickt werden, daß er den Beklagten veranlaßt hat, den dem Kläger als höchst leichtsinniger Schütze bekannten K. zur Teilnahme an einer Jagd oder gar an einer Treibjagd, wie der Beklagte behauptet, einzuladen. Die Beurteilung dieser Verursachungs- und Verschuldensfrage muß dem Tatrichter überlassen bleiben. Das gleiche gilt von der Abwägung der Verursachung und des Verschuldens der beiden Parteien, sofern solche auch dem Kläger zur Last fallen.

---

5. Fällt die Ausschlußfrist des § 1571 Abs. 1 Satz 2 BGB. unter § 8 des Gesetzes betr. den Schutz der infolge des Krieges an der Wahrnehmung ihrer Rechte behinderten Personen vom 4. August 1914 (RGBl. S. 328)?

VIII. Zivilsenat. Urt. v. 17. März 1930 i. S. Ehem. G. (Bekl.) w. Ehefr. G. (Kl.). VIII 502/29.

I. Landgericht Chemnitz.
II. Oberlandesgericht Dresden.

Der Sachverhalt und die Entscheidung ergeben sich aus den

Gründen:

Nach den Feststellungen des Berufungsgerichts fehlt es am Beweis dafür, daß die Klägerin noch nach August 1916 ehewidrigen oder ehebrecherischen Verkehr mit anderen Männern gepflogen hat Deshalb hat das Berufungsgericht vorsorglich geprüft, ob die Klage nach § 1571 BGB. nicht ausgeschlossen ist, da seit dem Eintritt des Scheidungsgrundes bis zur Erhebung der Klage oder bis zu der vorher, und zwar frühestens im August 1926, erfolgten Trennung der Parteien mehr als 10 Jahre verstrichen waren. Der Beklagte hat sich demgegenüber auf § 8 des Gesetzes vom 4. August 1914 betr. den Schutz der infolge des Krieges an der Wahrnehmung ihrer Rechte behinderten Personen berufen. Danach wurde für die in § 2 das. bezeichneten Personen, zu denen zweifellos auch der Beklagte für die Dauer seiner Teilnahme am Kriege gehörte, der Lauf der für die Beschreitung des Rechtswegs vorgeschriebenen Ausschlußfristen bis zur Beendigung des Kriegszustands oder des nach § 2 maßgebenden Verhältnisses gehemmt. Das Berufungsgericht verkennt nicht, daß auch die 10jährige Frist des § 1571 BGB. eine Ausschlußfrist ist. Es führt aber aus, diese Frist laufe trotz Unkenntnis des Scheidungsgrundes. Daraus sei zu entnehmen, daß der Gesetzgeber überhaupt das Zurückgreifen auf Scheidungsgründe, die so lange Zeit zurückliegen, habe ausschließen wollen. Hiermit würde es im Widerspruch stehen, wenn man die Vorschriften des § 8 a. a. O. auf die 10jährige Frist anwenden wollte. Daß dies so gewollt gewesen sei, nimmt das Berufungsgericht nicht an.

Dem kann nicht beigepflichtet werden.

§ 8 des Gesetzes vom 4. August 1914 spricht ganz allgemein von den „für die Beschreitung des Rechtswegs vorgeschriebenen Ausschlußfristen". Daß dabei irgendeine Ausnahme gemacht werden sollte, geht aus seinem Wortlaut nicht hervor. Die Zweifel, zu denen etwa die Begründung des Gesetzes (Verhandlungen des Reichstags 13. Legislaturperiode 2. Session Anl. Nr. 12 S. 16) Anlaß geben könnte, schlagen nicht durch.

Nach dem Gesetzesinhalt sollte nicht nur die Verjährung zugunsten der Kriegsteilnehmer gehemmt sein. Das gleiche sollte nach § 8 Abs. 2 auch gelten 1. von den gesetzlich für die Beschreitung des Rechtswegs vorgeschriebenen Ausschlußfristen, 2. von den Fristen, auf welche die Vorschriften des § 203 BGB. ganz oder teilweise Anwendung finden. Eine Ausschlußfrist hat zur Folge, daß eine Handlung mit Wirkung nur innerhalb der bestimmten Frist vorgenommen werden kann; eine Verjährungsfrist dagegen wirkt rechtsverändernd, sei es rechtsbegründend oder rechtszerstörend. Beide Fristen unterscheiden sich wesentlich dadurch, daß die Ausschlußfrist von Rechts wegen und unbedingt wirkt, sodaß das Recht regelmäßig auch dann verwirkt ist, wenn der Berechtigte die Handlung innerhalb der Frist gar nicht vornehmen konnte oder wenn er von seinem Rechte nicht unterrichtet war. Die vollendete Verjährung gibt nur eine Einrede, §§ 222, 813 BGB. Die zehnjährige Frist des § 1571 Abs. 1 Satz 2 BGB. ist eine Ausschlußfrist („die Klage ist ausgeschlossen, wenn . . ."), die vom Eintritt des Scheidungsgrundes läuft, ohne daß es auf die Kenntnis des Berechtigten ankommt (Denkschrift zum Entwurf eines BGB. S. 216). Im Gegensatz zur Verjährung sind bei der Ausschlußfrist Hemmungen und Unterbrechungen des Fristlaufs grundsätzlich ausgeschlossen. Nur ausnahmsweise erklärt das Gesetz den Hemmungsgrund, insbesondere den des Stillstands der Rechtspflege (§ 203 BGB.), auch auf die Ausschlußfrist für anwendbar. Nach § 203 ist die Verjährung durch Stillstand der Rechtspflege gehemmt. Voraussetzung ist, daß die Gerichtstätigkeit selbst eingestellt ist, nicht, daß der Berechtigte nur persönlich gehindert ist, das Gericht in Anspruch zu nehmen. Da aber naturgemäß Kriegsteilnehmer an der Wahrung ihrer Rechte gerade in gerichtlichen Angelegenheiten wesentlich gehindert sind — umgekehrt auch die Gegner von Kriegsteilnehmern —, so war es gerechtfertigt, abgesehen vom Schutz gegen die Verjährung von Ansprüchen im Sinne des § 194 BGB. zugunsten der Kriegsteilnehmer und ihrer Gegner noch besondere, über den § 203 hinausgehende Maßnahmen zu treffen. Dies sollte dadurch erreicht werden, daß, ebenso wie der Lauf der Verjährung, allgemein auch der Lauf der für die Beschreitung des Rechtswegs gesetzlich vorgeschriebenen Ausschlußfristen sowie außerdem der Lauf derjenigen Fristen gehemmt werden sollte, auf welche die Vorschriften des § 203 ohnehin schon ganz oder teilweise Anwendung finden. Die für die Beschreitung des Rechtswegs gesetzlich vorgeschriebenen Ausschlußfristen werden auch in der Begründung zu § 8 des Gesetzes vom 4. August 1914 besonders hervorgehoben, ohne daß man es für nötig gehalten hätte, diesen schon nach seinem Wortlaut klaren Begriff noch zu umschreiben und die Notwendigkeit dieser Ausnahmevorschrift besonders zu begründen. Der Zweck des Gesetzes war ja Begründung genug. Ausdrücklich bemerkt wurde dagegen, daß aus den gleichen Erwägungen, welche die Hemmung der Verjährung rechtfertigen, auch diejenigen Ausschlußfristen den Verjährungsfristen gleichgestellt werden sollten, deren Beginn und Lauf nach den Vorschriften des Bürgerlichen Gesetzbuchs — ebenso wie die Verjährung — durch höhere Gewalt gehindert werden (vgl. namentlich § 124 Abs. 2, §§ 210, 215 Abs. 2, § 477 Abs. 2, §§ 802, 1002, 1599, 1997 BGB.). In Klammern wurden so, abgesehen von der reinen Verjährungsvorschrift des § 477 BGB., als an diese Stelle der Begründung allein gehörig lediglich Ausschlußfristen als Beispiele angeführt, auf welche das Bürgerliche Gesetzbuch den § 203 für anwendbar erklärt. Hier auch die für die Beschreitung des Rechtswegs vorgeschriebenen Ausschlußfristen beispielsweise anzuführen, war nicht am Platze, da sich dieser Teil der Begründung nicht auf solche Ausschlußfristen bezieht. Wenn dann die Begründung allgemein fortfährt, eine weitere Ausdehnung auf die sonstigen Ausschlußfristen erscheine bedenklich, weil sie in das materielle Recht allzutief eingreifen würde, so wollte damit nur ausgeschlossen werden die Anwendbarkeit einmal auf gesetzliche Ausschlußfristen, die nicht für die Beschreitung des Rechtswegs vorgeschrieben sind (vgl. z. B. §§ 108, 416, 503, 510, 561, 2061 BGB.), sodann auf die richterlichen Ausschlußfristen, auf Parteifristen nach §§ 148, 326 BGB. und endlich auf alle vertraglich vereinbarten Ausschlußfristen, auch wenn sie sich auf die Beschreitung des Rechtswegs beziehen, wie dies z. B. auf dem Gebiete des Versicherungsrechts der Fall ist (vgl. Bendix Bürgerl. Kriegssonderrecht S. 22/33).

§ 1571 BGB. unterscheidet zwischen einer sechsmonatigen, einer dreimonatigen und einer zehnjährigen Ausschlußfrist. Nur auf den Lauf der beiden ersten Fristen findet nach Abs. 4 das. der § 203 Anwendung, nicht auch auf den Lauf der zehnjährigen Frist. Diese ist eine gesetzliche, zur Beschreitung des Rechtswegs vorgeschriebene Ausschlußfrist. Die Scheidungsklage ist ausgeschlossen, wenn seit dem Eintritt des Scheidungsgrundes zehn Jahre verstrichen sind. Die Frist fällt deshalb unter § 8 des Gesetzes vom 4. August 1914. Irreführend ist die Anm. 7 a. E. des RGRKomm. zu § 1571 BGB., wo ausgeführt wird, die Frist des § 1571 Abs. 2 gehöre zu denjenigen, auf welche die §§ 203, 206 Anwendung fänden. Dies trifft tatsächlich nur auf die sechsmonatige und die dreimonatige Frist zu.

Das Reichsgericht hat sich mit dieser Frage, soweit ersichtlich, noch nicht befaßt. Die Entscheidung des Oberlandesgerichts Dresden in JW. 1917 S. 660 Nr. 14 betrifft nur die kurzen Fristen des § 1571 BGB. Das Urteil RGZ. Bd. 106 S. 140 läßt den § 8 a. a. O. auf die zehnjährige Ausschlußfrist des § 12 des Anfechtungsgesetzes Anwendung finden. Auch bei der zehnjährigen Frist des § 1571 BGB. handelt es sich ihrem Wesen nach um eine verjährungsartige Ausschlußfrist. Ihre Hemmung, die im Urteil WarnRspr. 1910 Nr. 284 für die Dauer der Aufhebung der häuslichen Gemeinschaft mit Recht angenommen wurde, muß sinngemäß auch der Vorstellung des Gesetzgebers vom 4. August 1914 unterlegt werden. Damals konnte man noch nicht mit der langen Dauer des Krieges, also mit der Möglichkeit von Kriegsurlauben rechnen. Anderseits kann die weitere Revisionsrüge nicht durchgreifen, die Fernhaltung von Hause durch den mobilen Kriegsdienst erfülle nicht den Begriff der Aufhebung der häuslichen Gemeinschaft. Zudem hat das Berufungsgericht festgestellt, daß der Beklagte, wenn er in Urlaub war, mit der Klägerin wieder zusammengewesen ist, mit ihr die häusliche Gemeinschaft geteilt hat. Es geht nicht an, mit der Revision nur die Urlaubszeiten auszunehmen und für die übrige Dauer der Kriegszeit die häusliche Gemeinschaft für aufgehoben zu erachten. Gerade die wiederholte Heimkunft des Beklagten zeigt, daß auch der Krieg die häusliche Gemeinschaft nicht gelöst hat.

6. Ist die Befreiungsvorschrift der Tarifstelle 7 Abs. 9 Nr. 3 des preuß. Stempelsteuergesetzes auch auf Verträge anwendbar, welche eine von mehreren Industriewerken als Verkaufsstelle gegründete Gesellschaft mbH. über Erzeugnisse der Werke mit den Käufern abschließt?

Preuß. Stempelsteuergesetz vom 27. Oktober 1924 Tarifstelle 7 Abs. 9 Nr. 3.

VII. Zivilsenat. Urt. v. 18. März 1930 i. S. Gesellschaft f. e. Z. mbH. (Kl.) w. Preuß. Staat (Bekl.). VII 454/29.

I. Landgericht I Berlin.
II. Kammergericht daselbst.

Die Klägerin ist eine im Handelsregister eingetragene Gesellschaft mbH., die als einheitliche Verkaufs- und Abrechnungsstelle dreier Industriewerke gegründet worden ist. Die Anteile der Gesellschaft befinden sich zu je einem Drittel in den Händen der drei Werke. Nachdem die von der Klägerin abgeschlossenen Lieferungsverträge anfänglich für steuerfrei gehalten worden waren, wurde später die Stempelfreiheit verneint und vom Finanzamt Börse in Berlin für einen von der Klägerin mit der Reichsbahn-Gesellschaft am 30. Juni/5. Juli 1926 geschlossenen schriftlichen Vertrag über Lieferung einer größeren Menge von Akkumulatoren-Batterien durch Bescheid vom 12. September 1928 die Versteuerung mit 820 RM. angeordnet. Die Einziehung dieses Stempels ist bisher noch nicht erfolgt. Die Klägerin hält die Veranlagung für ungerechtfertigt, weil die bestellten Akkumulatoren als in ihrem Betrieb erzeugt anzusehen seien. Dies leitet sie daraus her, daß die Akkumulatoren vereinbarungsgemäß in der Akkumulatorenfabrik AG. herzustellen gewesen seien, die zu ihren Gesellschaftern gehört. Sie erachtet darum die Anwendung der Tarifstelle 7 Abs. 9 Nr. 3 preuß. StStG. für geboten und hat die Feststellung verlangt, daß der zwischen ihr und der Reichsbahn-Gesellschaft geschlossene Vertrag nicht stempelsteuerpflichtig sei. Der Beklagte bestreitet die Richtigkeit dieses Standpunkts und erklärt jene Befreiungsvorschrift im gegebenen Falle deshalb für nicht anwendbar, weil die Klägerin eine andere Rechtspersönlichkeit sei als die Akkumulatorenfabrik, in deren Betrieb die Akkumulatoren hergestellt worden seien.

Die Klage ist in den Vorinstanzen abgewiesen worden. Die Revision der Klägerin hatte keinen Erfolg.

Gründe:

Nach Tarifstelle 7 Abs. 9 Nr. 3 des preuß. Stempelsteuergesetzes sind vom Kaufvertragsstempel Kauf- und Lieferungsverträge über Mengen solcher Sachen oder Waren befreit, die im Deutschen Reich im Betrieb eines der Vertragschließenden erzeugt oder hergestellt sind. Das Berufungsgericht nimmt an, daß diese Vorschrift nicht auf Verträge anwendbar sei, die von einer durch mehrere Firmen zur besseren Verwertung ihrer Erzeugnisse begründeten Verkaufsstelle mit den Käufern geschlossen werden, sofern diese Stelle eine gesellschaftliche Vereinigung mit selbständiger Rechtspersönlichkeit sei. Dieser Standpunkt entspricht der Rechtsauffassung, die der erkennende Senat für die gleichlautende Tarifstelle 32 Abs. 10 Nr. 3 StStG. in der Fassung vom 30. Juni 1909 in der Entscheidung RGZ. Bd. 92 S. 274 ausgesprochen hat. Sie beruht auf dem Gedanken, daß, wenn die neue Rechtsperson im eigenen Namen, und sei es auch für Rechnung oder doch im Interesse eines einzelnen oder mehrerer Gesellschafter, den Kaufvertrag abschließt, hierdurch nur zwischen ihr und dem Käufer, nicht aber zwischen den die Waren erzeugenden Firmen und dem Käufer Rechtsbeziehungen entstehen und daß deshalb kein Vertrag über eigene Erzeugnisse des Verkäufers in Frage kommt. Von diesem Gesichtspunkt aus hat auch der 5. Senat des Reichsfinanzhofs in einer Entscheidung vom 10. Februar 1925 (Sammlung Bd. 15 S. 312) für die Erhebung der Umsatzsteuer angenommen, daß zwei steuerpflichtige Umsätze vorliegen, wenn ein einem Kartell angeschlossenes Werk an die als Gesellschaft mbH. eingerichtete Verkaufsstelle des Kartells eine Ware liefert und diese von der Verkaufsstelle von ihrem Betrieb aus weiter veräußert wird.

Vergebens versucht die Revision der sich aus dieser Rechtslage ergebenden Folge dadurch auszuweichen, daß sie behauptet, die drei Werke, die im gegebenen Falle zum Absatz ihrer Erzeugnisse die klagende Gesellschaft gegründet haben, stellten zusammen den eigenen Betrieb der Klägerin dar. Denn wenn auch besondere Feststellungen des Berufungsgerichts über das Verhältnis der Klägerin zur Akkumulatorenfabrik AG. und den anderen beiden Werken fehlen, so muß doch davon ausgegangen werden, daß die Klägerin nur eine Handelsstelle ist und als solche keinen Herstellungsbetrieb unterhält. Deshalb können aber die drei Hersteller-Werke auch nicht als ein Betrieb der Klägerin angesehen werden. Eher könnte in Frage kommen, ob die klagende Verkaufsstelle nicht bloß als eine Einrichtung der drei zusammengeschlossenen Werke anzusehen ist und deshalb ihre Geschäfte nur als deren Geschäfte zu gelten haben. Dafür könnte vielleicht der Umstand sprechen, daß die Klägerin nach ihrer Behauptung kein eigenes Personal beschäftigt, sondern die notwendigen Arbeiten und Geschäfte von Monteuren und Beamten der Akkumulatorenfabrik versehen werden. Aber es bleibt doch bestehen, daß die Klägerin rechtlich eine selbständige Rechtspersönlichkeit ist und daß bei den von ihr geschlossenen Kaufverträgen nur zwischen ihr und dem Käufer Rechtsbeziehungen entstanden sind. Und darum erfüllen die von ihr abgeschlossenen Kaufverträge die Voraussetzungen der Befreiungsvorschrift der Tarifstelle 7 Abs. 9 Nr. 3 StStG. nicht. Anders läge es, wenn sie das fragliche Geschäft als Bevollmächtigte der Akkumulatorenfabrik abgeschlossen hätte. Aber daß sie in deren Interesse oder für deren Rechnung gehandelt hat, ist dem Handeln in Vollmacht für die Fabrik nicht gleichzusetzen.

---

7. Muß sich der Gläubiger einer vor Inkrafttreten der Aufwertungsnovelle bestellten Hypothek einen zugunsten einer gelöschten Hypothek auf Grund des § 16 Abs. 2 AufwG. vorher eingetragenen Widerspruch auch dann entgegenhalten lassen, wenn der Wiedereintragung dieser Hypothek bis zum Inkrafttreten des § 14 AufwNov. die Vorschriften über den öffentlichen Glauben des Grundbuchs entgegenstanden?

V. Zivilsenat. Urt. v. 22. März 1930 i. S. Handels- u. Verkehrsbank AG. (Kl.) w. Erben K. (Bekl.). V 55/29.

I. Landgericht Hamburg.
II. Oberlandesgericht daselbst.

Für die Beklagten haftete auf einem Grundstück eine Hypothek von 70000 M. aus dem Jahre 1906, die sie laut Urkunde vom 26. März 1923 an die Tochter des damaligen Eigentümers A. abtraten und die auf deren Quittung und Löschungsbewilligung am 25. April 1925 im Grundbuch gelöscht wurde. Von A. hatte am 27. Februar 1925 der Schlächtermeister H. das belastete Grundstück gekauft. Im § 2 des

Vertrags war bestimmt, daß auf den Kaufpreis von 30000 Goldmark bis zum 15. März 1925 die Hälfte zu zahlen sei. Die eingetragenen Hypotheken, darunter die der Tochter des Verkäufers, sollten von diesem zur Löschung gebracht werden, die Erledigung etwaiger Aufwertungsansprüche der Vorinhaber dieser Hypotheken übernahm jedoch der Käufer. Als am 18. März 1925 die Auflassung stattfand und der Käufer H. seine Eintragung als Eigentümer beantragte, lag die Löschungsbewilligung der Gläubigerin vor. Das Grundstück wurde am 4. August 1925 auf H. umgeschrieben.

Nach Erlaß des Aufwertungsgesetzes meldeten die Beklagten ihre Aufwertungsansprüche an. Am 10. März 1926 wurde zu ihren Gunsten ein Widerspruch gegen die Löschung der Hypothek im Grundbuch vermerkt. Nachdem inzwischen am 4. März 1927 für die Klägerin unter Abt. III Nr. 14 und Nr. 16 zwei Hypotheken von 8000 RM. und 20000 GM. eingetragen worden waren, gelangte am 7. November 1927 für die Beklagten ein Aufwertungsbetrag von 17486,98 GM. zur Wiedereintragung im Range vor den beiden Hypotheken der Klägerin. Hiergegen wurde zwar am 23. Dezember 1927 ein Widerspruch von Amts wegen vermerkt; er wurde aber wieder gelöscht, nachdem die Beklagten gegen den Eigentümer H. ein rechtskräftiges Versäumnisurteil auf Einwilligung in die Löschung erstritten hatten.

Die Klägerin glaubt, sie brauche den Vorrang der Hypothek der Beklagten nicht zu dulden. Sie hat Klage auf Bewilligung des Vorrangs für ihre beiden Hypotheken erhoben, ist aber damit in den Vorinstanzen unterlegen. Ihre Revision hatte Erfolg.

Gründe:

Die Klägerin hat ihre Hypotheken erst nach dem 30. Juni 1925 erworben; die Berufung auf eigenen guten Glauben hätte ihr daher gegenüber dem Anspruch der Beklagten auf Wiedereintragung des Aufwertungsbetrags ihrer Hypothek an der alten Rangstelle auch beim Fehlen des damals im Grundbuch vermerkten Widerspruchs gegen die Löschung aus § 16 Abs. 2 AufwG. nicht zur Seite gestanden (§ 22 Abs. 2 AufwG.). Dagegen könnte sie auch für sich geltend machen, daß schon der Besteller ihrer Hypotheken, H., das Grundstück gutgläubig frei von der Hypothek der Beklagten erworben habe. Hierbei würde ihr wegen der beschränkten Wirkung der Rechtskraft auch nicht der Umstand entgegenstehen, daß durch rechtskräftiges Versäumnisurteil zwischen den Beklagten und H. dessen dingliche Aufwertungspflicht festgestellt und H. den Beklagten gegenüber zur Einwilligung in die Löschung des zu seinen Gunsten von Amts wegen eingetragenen Widerspruchs gegen die Wiedereintragung des Aufwertungsbetrags der Hypotheken der Beklagten mit dem früheren Range verurteilt worden ist.

Von dieser rechtlichen Beurteilung aus hat das Berufungsgericht an sich zutreffend geprüft, ob nicht die Klägerin ihren Vorrangsanspruch auf den gutgläubigen Grundstückserwerb des H. gründen könne. Wenn es hierbei als den im Sinne des § 20 Abs. 2 AufwG. maßgebenden Zeitpunkt den der Auflassung statt des Zeitpunkts des Umschreibungsantrags zugrunde legt, so handelt es sich dabei nur um eine unschädliche Ungenauigkeit. Denn in dem sowohl nach § 22 Abs. 2 wie nach § 20 Abs. 2 entscheidenden Zeitpunkt war, wie nicht streitig ist, eine dem § 29 GBO. entsprechende Löschungsbewilligung von der damaligen Hypothekengläubigerin, der Zessionarin der Beklagten, bereits erteilt. Rechtlich fehlsam hat nun aber der Berufungsrichter geglaubt, der Klägerin die nach § 20 Abs. 2 AufwG., § 892 BGB. an sich begründete Berufung auf die Vorschriften über den öffentlichen Glauben des Grundbuchs aus der Person des H. im Hinblick auf die Vorschrift des § 14 AufwNov. versagen zu müssen. Er hat dabei nicht beachtet, daß die Klägerin ihre Hypotheken von H. als dem Grundstückseigentümer vor dem Inkrafttreten der Aufwertungsnovelle erworben hat, zu einer Zeit also, als jener durch das damals geltende Recht gegen den Aufwertungsanspruch der Beklagten möglicherweise geschützt und dann nicht gehindert war, der Klägerin ihre Hypotheken mit dem jetzt von ihr beanspruchten Range zu bestellen. Solchem Erwerb in der Zwischenzeit gegenüber hat aber die Rechtsprechung des erkennenden Senats der Vorschrift des § 14 AufwNov. die Rückwirkung versagt (RGZ. Bd. 120 S. 352, Bd. 123 S. 87). Die Revision hat gegen die Anwendung des § 14 nur Bedenken anderer Art geltend gemacht. Einer Prüfung dieser Bedenken auf ihre Berechtigung bedurfte es nicht, weil die Anwendbarkeit des § 14 schon grundsätzlich zu verneinen ist. Dem steht auch nicht entgegen, daß schon am 10. März 1926, also bevor die Hypotheken der Klägerin bestellt wurden, ein Widerspruch aus § 16 Abs. 2 AufwG. zugunsten des Anspruchs der Beklagten auf Wiedereintragung ihrer Hypothek im Grundbuch vermerkt worden war. Zweck der Eintragung eines Widerspruchs ist es, einer Berufung auf den öffentlichen Glauben des Grundbuchs vorzubeugen (§§ 892, 894, 899 BGB.). Die Klägerin stützt sich aber, soweit ihr eigener Rechtserwerb in Frage kommt, nicht auf den öffentlichen Glauben des Grundbuchs. Sie beruft sich vielmehr mit Recht darauf, daß infolge der beschränkten Rückwirkung des § 14 AufwNov. ihre Rechtsstellung so beurteilt werden müsse, wie sie sich aus der Rechtslage zur Zeit der Begründung ihrer Hypotheken ergebe, d. h. so, als ob die Vorschrift des § 14 AufwNov. niemals erlassen worden wäre. Von der Rechtslage aus, wie sie bei Bestellung der Hypotheken am 4. März 1927, also vor Inkrafttreten der Aufwertungsnovelle, bestand, hätte aber H., sofern er nur selbst das Grundstück gutgläubig frei von der Hypothek erworben hatte, die von den Beklagten auf die Tochter A. übergegangen war, bei diesem Stande das Grundstück auch mit unanfechtbaren Hypotheken zugunsten der Klägerin belasten können. Seinen eigenen gutgläubigen Erwerb konnte der erst später eingetragene Aufwertungswiderspruch nicht beeinträchtigen. Dem Rechtserwerb der Klägerin konnte er aber nicht schädlich sein, weil er dieser gegenüber nach der damaligen Rechtslage unter der Voraussetzung gutgläubigen Erwerbs des Eigentums durch H. unbegründet und daher unwirksam war. Denn bis zum Inkrafttreten der Aufwertungsnovelle konnte dem Aufwertungsanspruch der Beklagten von H. und allen, die ihre dinglichen Rechte von diesem herleiteten, mit der Berufung auf die Vorschriften über den öffentlichen Glauben des Grundbuchs begegnet werden. Der hiernach zunächst gegen die wahre Rechtslage eingetragene Widerspruch hat dann zwar mit dem Inkrafttreten der Aufwertungsnovelle Bedeutung und Wirksamkeit erlangt, aber nur beschränkt, nämlich nicht denjenigen gegenüber, die, wie die Klägerin, in der Zwischenzeit Rechte von H. erworben hatten. Im § 892 Abs. 1 Satz 1 ist ein begründeter Widerspruch vorausgesetzt. Dem Widerspruch vom 10. März 1926 auch gegenüber der Klägerin Wirksamkeit zuzuerkennen, hieße ihr gegenüber dem § 14 AufwNov. doch wieder die Rückwirkung beilegen, welche die Rechtsprechung des erkennenden Senats dieser Vorschrift im Verhältnis zu einem Rechtserwerb der Zwischenzeit versagt.

Demnach kam es entscheidend darauf an, ob sich H. selbst gegenüber dem Aufwertungsanspruch der Beklagten auf den öffentlichen Glauben des Grundbuchs hätte berufen dürfen, als er am 4. März 1927 der Klägerin ihre Hypotheken bestellte. Das ist aber nach § 20 Abs. 2, § 22 Abs. 2 AufwG. zu bejahen. Er ist zwar erst am 4. August 1925 als Eigentümer eingetragen worden, hatte aber den Umschreibungsantrag bereits am 18. März 1925 gestellt. Behauptungen nach der Richtung, daß er damals, also unter der Herrschaft der Dritten Steuernotverordnung, gewußt habe, das Grundbuch werde durch die Löschung der Hypothek der Tochter A. ungeachtet vorbehaltloser Quittung und Löschungsbewilligung unrichtig werden, sind nicht aufgestellt. Er hätte daher bis zum Inkrafttreten der Aufwertungsnovelle den öffentlichen Glauben des Grundbuchs für sein freies Eigentum anrufen dürfen. Das Berufungsgericht hat nun zwar, hierin dem Landgericht beitretend, weiter ausgeführt, daß dem H. der Schutz des guten Glaubens auch deshalb abgesprochen werden müsse, weil er im Kaufvertrag vom 27. Februar 1925 die Verpflichtung übernommen hatte, etwaige Aufwertungsansprüche der Vorinhaber der Hypothek zu erledigen. Das Berufungsurteil spricht zwar nicht ausdrücklich aus, muß aber dahin verstanden werden, daß hiermit ein zweiter Entscheidungsgrund zuungunsten der Klägerin gegeben werden sollte. Jedoch beruht auch dieser Grund auf Rechtsirrtum. Zwar ist der Revision darin nicht zuzustimmen, daß bei dieser Vertragsbestimmung nur an persönliche Aufwertungsansprüche der Beklagten gedacht sein könne. Aber sie ergibt doch vom damaligen Rechtsstande der Dritten Steuernotverordnung aus nur eine vertragsmäßige Übernahme der Aufwertungsgefahr gegenüber dem Verkäufer A., nur ein Rechnen mit der Möglichkeit künftiger Aufwertungsansprüche der Beklagten, nicht aber eine den gutgläubigen Erwerb ausschließende Kenntnis des H. von einer Unrichtigkeit des Grundbuchs in betreff von Zedenten-Aufwertungsansprüchen, die das damals geltende Recht nicht kannte. Ebensowenig kann von einem Vertrag zugunsten der Beklagten im Sinne des § 328 BGB. die Rede sein, wie er auch in den Vorinstanzen gar nicht behauptet worden ist (RGUrt. vom 25. Januar 1928 V 278/27, AufwRspr. 1928 S. 138; JW. 1928 S. 1376 Nr. 39, S. 1790 Nr. 4).

Die Klägerin nimmt daher mit Recht für ihre Hypotheken vom 4. März 1927 den Vorrang vor der Aufwertungshypothek der Beklagten in Anspruch. Daraus ergab sich, daß die Vorentscheidungen im Sinne des Klagantrags abzuändern waren, wobei jedoch durch die Fassung der Entscheidung darauf hingewiesen werden mußte, daß es sich bei der von den Beklagten geschuldeten Bewilligung nicht um eine rechtsändernde Vorrangseinräumung, sondern nur um eine Grundbuchberichtigung handelt.

---

8. 1. Ist die Ruhegehaltskasse der Landbürgermeistereien und Landgemeinden der Rheinprovinz Beteiligte in dem Beschlußverfahren, das ein rheinischer Landbürgermeister auf Grund von § 7 des preuß. Kommunalbeamtengesetzes vom 30. Juli 1899 vor dem Kreisausschuß zur Feststellung seiner Pensionsansprüche anhängig macht?

2. Hat der in dem Verfahren ergehende Beschluß des Kreisausschusses materielle Rechtskraft gegenüber der Ruhegehaltskasse?

III. Zivilsenat. Urt. v. 25. März 1930 i. S. Bl. (Kl.) w. Ruhegehaltskasse der Landbürgermeistereien und Landgemeinden der Rheinprovinz (Bekl.). III 208/29.

I. Landgericht Düsseldorf.
II. Oberlandesgericht daselbst.

Der Kläger war früher Bürgermeister von B. (Rheinland) und ist mit Wirkung vom 1. Oktober 1926 in den Ruhestand getreten. Auf Grund eines Beschlusses des Bürgermeistereirates von B. vom 2. Juni 1921 war ihm vom 1. April 1920 ab das Gehalt der Gruppe XIII des preußischen Beamtendiensteinkommensgesetzes vom 17. Dezember 1920, ferner freie Wohnung, einschließlich Licht, Wasser, Heizung und Dienstgarten nach einem ruhegehaltsberechtigten Gesamtwert von 2500 M. zugesprochen. Durch weitere Beschlüsse des Bürgermeistereirates vom 5. Dezember 1922 und vom 1. Juni 1926 wurde bestimmt, daß es für den Kläger bei den bisherigen Festsetzungen bleiben sollte. Der Beschluß vom 1. Juni 1926 wurde vom Kreisausschuß des Landkreises D. am 15. Juli 1926 genehmigt. Am 16. Oktober 1926 setzte die verklagte Ruhegehaltskasse das Ruhegehalt des Klägers auf 10155 RM. jährlich fest. Hiergegen legte der Kläger Einspruch ein, weil die Beklagte bei der Festsetzung des Ruhegehalts den Wert der freien Dienstwohnung usw. im Betrage von 2500 RM. unberücksichtigt gelassen habe. Die Beklagte lehnte das Verlangen des Klägers ab. Dagegen stellte der Kreisausschuß nach Anhörung der Beklagten durch Beschluß vom 21. Januar 1927 die Berechtigung der Ansprüche des Klägers fest. Die Beklagte erhob gegen den Beschluß, der ihr zugestellt worden ist, keine Beschwerde, weigerte sich aber, dem Kläger vom Gesamtwert der Dienstwohnung usw. in Höhe von 2500 RM. ein Ruhegehalt von 2000 RM. zu zahlen. Der Kläger erhob daher Klage mit der Behauptung, die Beklagte sei verpflichtet, ihm auch das Ruhegehalt in Höhe von 80% vom Gesamtwert der freien Wohnung usw. im Betrag von 2500 RM. zu zahlen. Er beantragte demgemäß, die Beklagte zur Zahlung der rückständigen Pensionsbeträge zu verurteilen und ihre Zahlungspflicht für die Zukunft festzustellen. Die Beklagte bestritt die Berechtigung dieser Forderung. Landgericht und Oberlandesgericht wiesen die Klage ab. Die Revision des Klägers führte zur Verurteilung der Beklagten.

Gründe:

Den Gegenstand des Rechtsstreits bildet der Anspruch eines rheinischen Landbürgermeisters auf Festsetzung seines Ruhegehalts, soweit der Wert der freien Dienstwohnung usw. mit 2500 RM. jährlich in Frage kommt. Über einen derartigen Streit hatte gemäß § 7 des preuß. Kommunalbeamtengesetzes vom 30. Juli 1899 (GS. S. 141) zunächst der Kreisausschuß im Beschlußverfahren zu befinden. Wer als Beteiligter in einem solchen Verfahren zu gelten hat, ergibt sich nicht aus dem Gesetze. In Übereinstimmung mit der Rechtsprechung des preußischen Oberverwaltungsgerichts (OVG. Bd. 61 S. 25 und Pr. VerwBl. Bd. 38 S. 322) und der Auffassung des Berufungsgerichts sieht der erkennende Senat die Ruhegehaltskasse als Beteiligte an. Denn nach § 27 Abs. 2 der Kreisordnung für die Rheinprovinz vom 30. Mai 1887 (GS. S. 209) hat sie den in den Ruhestand versetzten besoldeten Beamten der Landbürgermeistereien und Landgemeinden die ihnen zustehenden Pensionen zu zahlen. Die Ruhegehaltskasse ist daher die Schuldnerin des in den Ruhestand getretenen Beamten für die Zahlung seiner Pension. Der Landeshauptmann hat als Vertreter der Kasse durch den Bescheid vom 16. Oktober 1926 den Betrag des dem Kläger zustehenden Ruhegehalts festgesetzt. Diese Festsetzung hat der Kläger durch eine Vorstellung beim Bürgermeister von B. beanstandet. Nachdem die verklagte Ruhegehaltskasse auf Anfrage des Bürgermeisters eine anderweitige Bemessung der Pension abgelehnt hatte, hat dieser die Angelegenheit dem zur Entscheidung zuständigen Kreisausschuß unterbreitet. Der Kreisausschuß hat die Beklagte an dem Verfahren dadurch beteiligt, daß er ihr Gelegenheit zur Äußerung gegeben und ihr dann seinen am 21. Januar 1927 ergangenen Beschluß zugestellt hat. Da durch den Beschluß die Verpflichtung der verklagten Ruhegehaltskasse festgestellt wurde, dem Kläger unter Anrechnung eines Einkommens, das sie nicht für pensionsfähig hielt, eine höhere Pension zu zahlen, so stand ihr das Recht zu, entweder gegen den Beschluß Beschwerde an den Bezirksausschuß einzulegen oder sofort binnen der Ausschlußfrist von 6 Monaten die Klage im ordentlichen Rechtsweg zu erheben. Die Beklagte hat indessen kein Rechtsmittel gegen den Beschluß eingelegt. Sie muß daher den Beschluß des Kreisausschusses gegen sich gelten lassen (vgl. RGZ. Bd. 122 S. 94). Es steht ihr gegenüber somit rechtskräftig fest, daß bei der Ruhegehaltsberechnung für den Kläger der Gegenwert für die freie Wohnung usw. mit 2500 RM. jährlich anzusetzen ist. Daß der Kläger 80% seines ruhegehaltsfähigen Diensteinkommens als Pension zu beanspruchen hat, ist unbestritten. Der Beschluß des Kreisausschusses ist danach sowohl dem Grund als dem Betrag nach hinreichend bestimmt, sodaß er als Vorentscheidung für die Eröffnung des ordentlichen Rechtswegs im Sinne des preuß. Kommunalbeamtengesetzes anzuerkennen ist. Damit ist, da die Beklagte den Beschluß nicht angefochten hat, auch für den ordentlichen Richter bindend festgestellt, daß dem Kläger gegen die Beklagte, soweit der Gegenwert für die freie Dienstwohnung usw. in Betracht kommt, ein Anspruch auf Pension in Höhe von 2000 RM. jährlich zusteht. Hiernach ist der Klaganspruch ohne weiteres gerechtfertigt. . . .

---

9. Ist die Anstellungsbehörde, die einem preußischen Kommunalbeamten (außerhalb des Falles einer vorläufigen Dienstenthebung im Dienststrafverfahren) die weitere Ausübung seines Amtes untersagt, ohne weiteres befugt, die Räumung und Herausgabe der ihm überlassenen Dienstwohnung zu verlangen?

BGB. §§ 985, 986. RVerf. Art. 129.

III. Zivilsenat. Urt. v. 25. März 1930 i. S. Stadtgemeinde X. (Kl.) w. Y. (Bekl.). III 21/30.

I. Landgericht Düsseldorf.
II. Oberlandesgericht daselbst.

Die Klägerin hat den Beklagten im Jahre 1922 als obersten Beamten (Direktor) ihrer gesamten Krankenanstalten auf Lebenszeit angestellt. Nach den Anstellungsbedingungen wurde ihm neben dem Gehalt freie Wohnung, Heizung und Beleuchtung sowie Gartenbenutzung gewährt. Der Geldwert dieser Nebenbezüge sollte im Falle der Pensionierung des Beamten in bestimmter Weise mitberücksichtigt werden. Dem Beklagten ist die Dienstwohnung in einem im Eigentum der Klägerin stehenden Gebäude der städtischen Krankenanstalten eingeräumt worden. Seit dem 19. Februar 1928 hat die Klägerin den Beklagten ohne seinen Antrag auf unbestimmte Zeit beurlaubt und auf die Entgegennahme seiner Dienste verzichtet. Weiter ist auf Antrag der Klägerin gegen den Beklagten ein Verfahren auf zwangsweise Zurruhesetzung eingeleitet worden mit der Begründung, der Beklagte sei infolge von Krankheit dauernd dienstunfähig. Dieses Verfahren ist noch nicht abgeschlossen.

Die Klägerin macht geltend, daß sie dem Beklagten im öffentlichen Interesse die weitere Ausübung seines Amtes habe untersagen müssen, und zwar nicht nur deshalb, weil er wegen seiner geschwächten Gesundheit das Amt nicht mehr ausfüllen könne, sondern auch, weil er durch seine Unverträglichkeit und besonders durch den von ihm ständig hervorgekehrten Oppositionsstandpunkt seine Entfernung aus dem Dienst verschuldet habe.

Mit der vorliegenden Klage beantragt die Klägerin, den Beklagten zur Räumung der ihm überlassenen Wohnung und zur Herausgabe der Wohnung und des Gartens zu verurteilen. Sie vertritt den Standpunkt, daß die Wohnung dem tatsächlichen Leiter der Direktionsgeschäfte, jetzt daher dem stellvertretenden Direktor, zustehe. Der Beklagte habe ein Recht auf die Dienstwohnung nur in Verbindung mit der Leistung seiner Dienste. Auf diese habe sie zulässigerweise verzichtet, und sie sei auch — selbst wenn das Zwangspensionierungsverfahren ergebnislos verlaufe — nicht gewillt, ihm die Ausübung seines Amtes wieder zu gestatten. Leiste er aber die Dienste nicht mehr, dann sei er verpflichtet, die ihm nur für die Zeit der tatsächlichen Dienstausübung überlassene Wohnung zurückzugeben.

Der Beklagte betrachtet sich dagegen nach wie vor als Direktor der Krankenanstalten, hält sich zur vollständigen Ausübung seiner

Dienstobliegenheiten für befähigt, bestreitet, irgendwelchen Anlaß zur Dienstenthebung gegeben zu haben, und erachtet sich nicht für verpflichtet, die einen Teil der Gegenleistung der Klägerin bildende Wohnung herauszugeben. Er erklärt jedoch, er werde ernsthafte Vorschläge auf Räumung der Wohnung gegen Zuweisung einer entsprechenden Ersatzwohnung nicht ablehnen.

Das Landgericht wies die Klage ab. Im Berufungsverfahren wiederholte die Klägerin den Klagantrag und erbat hilfsweise die Feststellung, daß der Beklagte verpflichtet sei, die Wohnung gegen die Gewährung einer angemessenen Ersatzwohnung oder eines angemessenen Entgelts zu räumen. Die Berufung der Klägerin wurde zurückgewiesen. Auch ihre Revision blieb ohne Erfolg.

Gründe:

Die Klägerin nimmt nicht etwa als Dienstvorgesetzte des Beklagten das Recht in Anspruch, von ihm unter Androhung von Zwangsstrafen die Räumung der ihm überlassenen Dienstwohnung zu verlangen, sondern sie klagt im ordentlichen Rechtsweg auf Verurteilung des Beklagten zur Räumung und Herausgabe der Wohnung, und zwar — wie das Berufungsgericht ausdrücklich feststellt — als Eigentümerin des Gebäudes auf Grund des § 985 BGB. Sie muß sich daher gefallen lassen, daß der Beklagte ihrer Klage auf Herausgabe der Sache mit dem auf § 986 BGB. gegründeten Einwand begegnet, er sei ihr gegenüber auf Grund des bestehenden Beamtenverhältnisses zum Besitz berechtigt. Die Zulässigkeit des Rechtswegs für die Klage unterliegt keinem Bedenken (RGZ. Bd. 100 S. 219, Bd. 105 S. 37 und Bd. 107 S. 376). Ob ein solcher Rechtsanspruch des Beklagten auf die weitere Innehabung der Dienstwohnung anzuerkennen ist, bedarf daher vorab der Prüfung. Dabei vermag dem Vorbringen der Revision, daß dem Beklagten kein Recht auf die Dienstwohnung zustehe, nicht zur Stütze zu dienen das preußische Regulativ über die Dienstwohnungen der Staatsbeamten vom 26. Juli 1880 (JMBl. S. 331), teilweise geändert durch die Ausführungsbestimmungen zum preußischen Besoldungsgesetz vom 17. Dezember 1927 (GS. S. 223) vom 19. Mai 1928 (preuß. BesBl. S. 157). Ebensowenig greift durch der Hinweis auf Nr. 4 und 21 der Vorschriften über Reichsdienstwohnungen (Dienstwohnungsvorschriften) vom 2. Dezember 1929 (RBesBl. S. 199), die auf Grund von Nr. 60 der Besoldungsvorschriften vom 12. März 1928 (RBesBl. S. 33) erlassen worden sind. Der Beklagte ist Kommunalbeamter und untersteht als solcher nicht den von Reich und Ländern für ihre Beamten erlassenen Dienstwohnungsvorschriften, sodaß es keiner Untersuchung bedarf, ob die erst nach Begründung des Beamtenverhältnisses erlassenen Vorschriften auf die zwischen den Parteien bestehenden Rechtsbeziehungen einwirken könnten. Für die Kommunalbeamten fehlen allgemeine Vorschriften über die Dienstwohnungen (Brand Das Beamtenrecht 3. Aufl. S. 222 Nr. 23). § 5 des preußischen Kommunalbeamtengesetzes vom 30. Juli 1899 (GS. S. 141) trifft — wie § 9 RBG. — lediglich Vorkehrungen für den Todesfall eines im Besitz einer Dienstwohnung befindlichen Beamten. Ein Regulativ oder Ortsstatut, aus dem sich das von der Klägerin in Anspruch genommene jederzeitige Verfügungsrecht über die dem Beklagten gewährte Dienstwohnung ergeben würde, besteht nicht, wie das Landgericht feststellt und das Berufungsgericht unbeanstandet läßt. Es kann sich daher nur darum handeln, wie die Anstellungsbedingungen des Beklagten auszulegen sind, und was sich hieraus für das Recht des Beklagten auf die Dienstwohnung als Anstellungswille der Klägerin ergibt. Die Vorinstanzen haben sich der Prüfung dieser Frage unterzogen und sind übereinstimmend zu der Feststellung gelangt, daß der Beklagte nach den Anstellungsbedingungen gerade Anspruch auf diejenige, gegenständlich bestimmte, Dienstwohnung habe, deren Räumung die Klägerin im Rechtsstreit fordert, und daß diese Dienstwohnung einen Teil des dem Beklagten von der Klägerin zu leistenden Entgelts für seine Dienste als Direktor der Krankenanstalten bildet, solange der Beklagte lebt und nicht durch Pensionierung aus dem Dienst ausgeschieden ist (vgl. Mittelstein Die Miete 3. Aufl. S. 38). Diese Willenserforschung und die darauf begründeten Feststellungen lassen keinen Rechtsirrtum erkennen. Wenn der Berufungsrichter von einem „Vertrag der Parteien", von einer Auslegung des „Anstellungsvertrags" spricht, so handelt es sich nur um ein Vergreifen im Ausdruck. Denn nach ständiger Rechtsprechung des Reichsgerichts in neuerer Zeit wird das Beamtenverhältnis nicht durch einen öffentlichrechtlichen Vertrag, sondern durch einen einseitigen Verwaltungsakt der Anstellungsbehörde begründet. Der Zusammenhang der Urteilsbegründung läßt unzweifelhaft erkennen, daß das Berufungsgericht den Beklagten als Kommunalbeamten und die beiderseitigen Rechtsbeziehungen richtig als Beamtenverhältnis ansieht, und es darf daher in dem, was das Berufungsgericht als Wille der angeblichen Vertragsparteien auslegt und feststellt, unbedenklich der Wille der Klägerin als anstellender Behörde gefunden werden.

Muß aber hiernach im Hinblick auf die festgestellte Sach- und Rechtslage die dem Beklagten gewährte Dienstwohnung, so wie sie in den Anstellungsbedingungen nach der Auslegung des Berufungsgerichts gekennzeichnet ist, als ein Bestandteil der dem Beklagten zugesicherten Besoldung angesehen werden, und stellt sich demgemäß das Recht auf sie als ein im Rechtswege verfolgbarer, vermögensrechtlicher Anspruch des Beamten dar (Art. 129 Abs. 1 Satz 4 RVerf.), so kann auch die Annahme des Berufungsgerichts nicht beanstandet werden, daß es sich insoweit um ein wohlerworbenes Recht des Beamten auf die Dienstwohnung handle, das nach Art. 129 Abs. 1 Satz 3 RVerf. unverletzlich sei.

Nicht beigepflichtet werden kann der Ansicht der Revision, daß auch beim Fehlen ausdrücklicher ortsgesetzlicher Vorschriften die Überlassung einer Dienstwohnung als Teil des Diensteinkommens der Klägerin nicht das Recht entziehe, im Interesse des Dienstes über die Wohnung anderweit zu verfügen und dem Beklagten eine vollwertige Ersatzwohnung anzubieten, und daß sich schon aus dem Begriff der Dienstwohnung eine dahingehende Befugnis der Anstellungsbehörde als Ausfluß ihrer Ämterhoheit ergebe, jedenfalls nicht in dieser Allgemeinheit und Unbeschränktheit. Die Frage, ob nicht dem von den Vorinstanzen festgestellten Anspruch des Beklagten auf die Dienstwohnung eine Beschränkung insofern innewohnt, als die Klägerin unter gewissen besonderen Umständen die Herausgabe der Wohnung zu verlangen berechtigt wäre, kann dahingestellt bleiben, da solche Gründe nicht dargetan sind.

Die Klägerin will aber einen besonderen Rechtsgrund für die Entziehung der Dienstwohnung aus der Tatsache ableiten, daß sie dem Beklagten im dienstlichen Interesse die weitere Ausübung seines Amtes untersagt und auf seine ferneren Dienstleistungen verzichtet habe. Diese Auffassung der Klägerin berührt eine der bestrittensten Fragen des gesamten Beamtenrechts, nämlich die Frage nach dem Recht des Beamten auf Belassung im Amt. In der reichsgerichtlichen Rechtsprechung ist diese Frage mehrfach gestreift (RGZ. Bd. 92 S. 431, Bd. 104 S. 58 und 66, Bd. 107 S. 6), aber nicht einheitlich entschieden worden. Auch im Schrifttum sind die Meinungen geteilt und wechselnd (vgl. die Zusammenstellung bei Brand a. a. O. 3. Aufl. S. 117flg. und bei Nischk Das Kommunalbeamtenrecht 2. Aufl. 1929 S. 213flg.; Urteil des Württembergischen Verwaltungsgerichtshofs vom 14. Juli 1925 in JW. 1925 S. 2512 Nr. 1). Jedenfalls ist die Bemerkung von Brand (a. a. O. S. 120) berechtigt, restlos sei die Streitfrage auch durch die Rechtsprechung des Reichsgerichts nicht geklärt. Für die Entscheidung des vorliegenden Rechtsstreits bedarf es keiner grundsätzlichen Stellungnahme zu der Streitfrage, wie sich auch das Berufungsgericht einer solchen enthalten hat. Denn hier ist lediglich die Frage zu beantworten, ob der Beklagte zur Herausgabe der ihm überlassenen Dienstwohnung verpflichtet ist, und dies hängt keineswegs notwendig davon ab, ob ihm ein Recht auf Belassung im Amt zusteht oder nicht. Wie immer man sich auch zu der grundsätzlichen Frage stellen mag, ob der Anstellungsbehörde vermöge ihrer Ämterhoheit das Recht zusteht, dem Beamten die Ausübung seiner Amtsverrichtungen zu untersagen, ihn zwangsweise zu beurlauben, so viel ist sicher, daß eine solche Anordnung immer eine Notmaßnahme darstellt, die sich nur aus wichtigen Gründen, aus dringenden Rücksichten auf das Staats- oder Gemeindewohl rechtfertigen läßt, die sich daher in engsten Grenzen zu halten hat und in den Rechtskreis des Beamten nur so weit eingreifen darf, als die Rücksichten auf das Staats- oder Gemeindeinteresse es als notwendig erscheinen lassen. Unter diesem Gesichtspunkt betrachtet ist es wohl denkbar, daß — die Zulässigkeit einer Dienstenthebung des Beamten außerhalb des Falles einer eigentlichen Suspension unterstellt — die Staatsnotwendigkeiten zwar gebieten, einen Beamten an der Weiterausübung seines Amtes zu hindern, daß sie aber der unveränderten Aufrechterhaltung seiner sonstigen Beamtenrechte, wie etwa des Rechts auf Weiterbenutzung der ihm überlassenen Dienstwohnung, nicht im Wege stehen. Um eine Entziehung auch solcher Rechte zu rechtfertigen, müßte der Nachweis geführt sein, daß wichtige Gründe, dringende Rücksichten auf das Staats- oder Gemeindewohl gerade mit dem Weitergenuß dieser Rechte im Widerstreit stehen, etwa, daß die Amtsausübung des mit der Stellvertretung des betreffenden Beamten Betrauten ohne Innehabung der Dienstwohnung schlechthin unmöglich oder doch wesentlich erschwert wäre. Dahingehende Feststellungen sind jedoch im vorliegenden Falle nicht getroffen, und eine Verletzung des § 286 ZPO. durch Nichterhebung angebotener

Beweise ist nicht gerügt. Im Berufungsverfahren hat die Klägerin selbst vortragen lassen, als der Beklagte im Jahre 1922 sein Amt angetreten habe, habe ihm die im „Vertrag" in Aussicht genommene Dienstwohnung mit Garten noch nicht eingeräumt werden können, weil sie noch von seinem Vorgänger bewohnt gewesen sei, es sei dem Beklagten daher einstweilen die Wohnung des Betriebsdirektors zur Verfügung gestellt worden. Erst im Jahre 1924 — sonach zwei Jahre nach seinem Dienstantritt — sei ihm die im „Vertrag" für ihn vorgesehene Wohnung seines Dienstvorgängers überlassen worden. Dieser Sachvortrag ergibt, daß eine Amtsausübung des Direktors der städtischen Krankenanstalten auch ohne Benutzung der für ihn vorgesehenen eigentlichen Dienstwohnung möglich ist, daß sich eine Zwischenregelung auch für längere Zeit sehr wohl treffen läßt, und es ist daher die von der Klägerin behauptete Eilbedürftigkeit der Entziehung auch der Dienstwohnung des Beklagten nicht einzusehen. Jedenfalls fehlt es an irgendwelchen Feststellungen, daß die etwa gebotene Ausnahmemaßregel, dem Beklagten die fernere Amtsausübung zu untersagen, deren Berechtigung und Zulässigkeit nicht zur Entscheidung steht, sich auch auf die Weiterbenutzung der mit dem Amt verbundenen Dienstwohnung zu erstrecken hätte.

Dahingestellt kann bleiben, ob § 32 des Gesetzes über Mieterschutz und Mieteinigungsämter in der Fassung der Bekanntmachung vom 17. Februar 1928 (RGBl. I S. 25), auf den sich die Klägerin gleichfalls beruft, auf das öffentlichrechtliche Beamtenverhältnis Anwendung findet. Auch wenn man dies annimmt (vgl. Hertel Mieterschutz und Wohnungszwangswirtschaft 4. Aufl. Bd. I S. 252flg. und S. 428), so unterliegt doch die Klägerin als Gemeinde der Beschränkung des § 32 Abs. 4, wonach die Vorschriften der Abs. 1 bis 3 nur insoweit entsprechende Anwendung finden, als die Gemeinde die Räume für eigene Zwecke dringend benötigt. Am Nachweis gerade dieser Voraussetzung fehlt es aber nach dem vorstehend Ausgeführten.

Ob das Angebot der Klägerin, dem Beklagten gegen Räumung der Dienstwohnung eine andere Wohnung zur Verfügung zu stellen oder ihn durch eine Geldsumme abzufinden, eine Verringerung seines Diensteinkommens darstellt (worauf das Berufungsurteil anscheinend Wert legt), ist nach der von den Vordergerichten festgestellten und hier erörterten Sach- und Rechtslage nicht von ausschlaggebender Bedeutung.

10. Sind in der Revisionsinstanz die sachlichrechtlichen Wirkungen der Aufhebung eines Konkursverfahrens zu berücksichtigen, die nach Verkündung des Berufungsurteils beschlossen wurde?

ZPO. § 561.

VII. Zivilsenat. Urt. v. 25. März 1930 i. S. Firma W. (Kl.) w. G. (Bekl.). VII 405/29.

I. Landgericht Oppeln.
II. Oberlandesgericht Breslau.

Gegen die persönliche und dingliche Klage aus einer auf einem Grundstück des Gemeinschuldners für die Klägerin eingetragenen Darlehenshypothek wendete der verklagte Konkursverwalter ein, daß die Bewilligung und die Eintragung der Hypothek gemäß § 30 Nr. 1 KO. den Konkursgläubigern gegenüber unwirksam sei, und erhob Widerklage auf Verurteilung der Klägerin zum Verzicht auf die Hypothek. Das Landgericht gab der Klage statt und wies die Widerklage ab; das Oberlandesgericht erkannte auf Abweisung der Klage und entsprach der Widerklage.

Nach Verkündung des Berufungsurteils wurde ein Zwangsvergleich geschlossen und das Konkursverfahren aufgehoben. Die Klägerin beantragte mit der Revision, nach dem Klagantrag zu erkennen, die Widerklage in der Hauptsache für erledigt zu erklären und dem Beklagten die Kosten des Rechtsstreits aufzuerlegen. Der frühere Gemeinschuldner, der an Stelle des Konkursverwalters in den Rechtsstreit als Beklagter eintrat, stellte den Antrag auf Zurückweisung der Revision. Das Rechtsmittel blieb ohne Erfolg.

Aus den Gründen:

Nach Verkündung des Berufungsurteils ist der Gemeinschuldner infolge der Aufhebung des Konkursverfahrens in den Rechtsstreit eingetreten (RGZ. Bd. 58 S. 371). Die Revision ist der Ansicht, die Beendigung des Konkurses müsse auch in materiellrechtlicher Hinsicht berücksichtigt werden; sie führe zur Zurückweisung des Anfechtungseinwandes, dessen Voraussetzungen weggefallen seien. Dieser Auffassung steht jedoch § 561 ZPO. entgegen, der die Berücksichtigung von Tatsachen, die dem Berufungsgericht nicht unterbreitet waren, in der Revisionsinstanz ausschließt. Gegenstand der Nachprüfung des Revisionsgerichts bildet grundsätzlich nur die Frage, ob der Sachverhalt, wie er zur Zeit der dem Urteil unmittelbar vorangegangenen mündlichen Verhandlung dem Berufungsgericht vorlag, dessen Entscheidung rechtfertigt (RGZ. Bd. 111 S. 242). Zur Begründung ihrer abweichenden Ansicht führt die Revision zunächst aus: Nach Aufhebung des Konkurses sei eine Rückgewähr zur Konkursmasse ausgeschlossen. Daraus folge, daß eine Entscheidung zur Hauptsache nicht mehr ergehen könne. Das müsse auch in der Revisionsinstanz beachtet werden, denn die Änderung der Rechtslage beruhe auf einem öffentlichrechtlichen Akte, der anders zu behandeln sei als der Eintritt einer Tatsache privatrechtlicher Natur. Allein § 561 ZPO. unterscheidet nicht zwischen öffentlichrechtlichen und privatrechtlichen Tatsachen, sondern verbietet schlechthin die Berücksichtigung neuer Tatsachen in der Revisionsinstanz. Auch in der Rechtsprechung des Reichsgerichts findet die Revision keine genügende Stütze für ihre Auffassung. Nur so viel ist richtig, daß das Reichsgericht in gewissen Fällen die Änderung der Gesetzgebung berücksichtigt hat, die nach Erlaß des Berufungsurteils eingetreten war. So dann, wenn sich das neue Gesetz rückwirkende Kraft beigelegt hatte (RGZ. Bd. 101 S. 147, Bd. 107 S. 373, Bd. 109 S. 164, Bd. 112 S. 172), wenn es die Handlung, zu der das Berufungsgericht verurteilt hatte, verbot (RGZ. Bd. 101 S. 115, Bd. 108 S. 143), oder wenn die neue Rechtsnorm dem öffentlichen Recht angehörte (RGZ. Bd. 97 S. 161). Die Aufhebung eines Konkursverfahrens kann in Ansehung der Frage, ob sie in der Revisionsinstanz trotz der Vorschrift des § 561 ZPO. zu berücksichtigen sei, der Änderung der Gesetzgebung nicht gleichgestellt werden. Ferner hat das Reichsgericht die Erklärung der Nichtigkeit und die endgültige Versagung von Patenten berücksichtigt, die nach Erlaß des Berufungsurteils eingetreten waren (RGZ. Bd. 63 S. 141, Bd. 65 S. 303). Auch aus diesen mit der rechtlichen Natur des Patents begründeten Entscheidungen ist für den gegenwärtigen Fall nichts zu folgern.

In RGZ. Bd. 88 S. 178 hat das Reichsgericht die nach Erlaß des Berufungsurteils eingetretene Fälligkeit der Klagforderung berücksichtigt, weil es der Ansicht war, daß es sich hierbei nicht um eine neue Tatsache handle, sondern um einen Umstand, den das Berufungsgericht in seiner Bedeutung für die Forderung bereits gewürdigt habe. Auch aus dieser Entscheidung kann die Revision nichts für ihre Auffassung herleiten; denn es unterliegt keinem Zweifel, daß die Konkursaufhebung eine neue Tatsache ist.

Wenn endlich die Revision aus RGZ. Bd. 58 S. 370 herauslesen will, daß das Reichsgericht die durch den Wegfall des Konkursverwalters beim Zwangsvergleich eintretende materielle Veränderung des Anspruchs für beachtlich erklärt und nach dem veränderten Antrag des Revisionsklägers erkannt habe, so hat sie die Entscheidung mißverstanden. Das Reichsgericht hat die Tatsache, daß nach Erlaß des Berufungsurteils ein Zwangsvergleich geschlossen war, nur benutzt, um festzustellen, daß der Gemeinschuldner in den Rechtsstreit eingetreten war; in der materiellrechtlichen Begründung findet sich kein Hinweis auf den Zwangsvergleich.

Schon im Urteil vom 25. November 1905 I 228/05 hat sich der I. Zivilsenat des Reichsgerichts auf den hier vertretenen Standpunkt gestellt und ausgesprochen, daß der materiellrechtliche Einfluß der Konkurseröffnung auf das zwischen den Parteien bestehende Streitverhältnis der Beurteilung des Revisionsgerichts durch § 561 ZPO. entzogen ist, wenn das Konkursverfahren nach Erlaß des Berufungsurteils eröffnet wurde. An dieser Auffassung hält der erkennende Senat fest.

Zuzugeben ist der Revision, daß infolge der Nichtberücksichtigung der Aufhebung des Konkursverfahrens eine Entscheidung des Revisionsgerichts ergeht, die mit der geänderten Rechtslage nicht im Einklang steht. Das geschieht aber in allen Fällen, in denen infolge der Vorschrift des § 561 ZPO. erhebliche Tatsachen nicht berücksichtigt werden dürfen, ist also eine Folge, die der Gesetzgeber wollte, indem er es für geboten erachtete, den Revisionsrichter auf die Prüfung des Sachverhalts zu beschränken, der dem Berufungsgericht vorgelegen hatte. Da die Klägerin die Möglichkeit hat, in einem neuen Rechtsstreit die Aufhebung des Konkursverfahrens geltend zu machen, erleidet sie keinen Rechtsverlust.

(Folgt die Zurückweisung von weiteren, hier nicht interessierenden Angriffen der Revision.)

---

11. 1. Welches ist der Zeitpunkt, in dem die Hypothek bestehen muß, damit die im § 416 BGB. bezeichneten Folgen der Mitteilung der Schuldübernahme eintreten?

2. Genügt es, wenn die nach § 20 AufwG. ausgeschlossene dingliche Haftung erst durch § 14 der Aufwertungsnovelle begründet wird, die Frist des § 416 BGB. aber beim Inkrafttreten der Novelle schon abgelaufen war?

BGB. §§ 416, 892. AufwG. § 20. Aufwertungsnovelle vom 9. Juli 1927 § 14.

IV. Zivilsenat. Urt. v. 27. März 1930 i. S. Ehel. V. (Bekl.) w. Stadt H. (Kl.). IV 341/29.

I. Landgericht Hannover.
II. Oberlandesgericht Celle.

Die verklagte Ehefrau war dingliche und persönliche Schuldnerin zweier Darlehen von 24000 und 36000 M., für die zugunsten der Gläubigerin, der klagenden Sparkasse, Briefhypotheken eingetragen waren. Am 22. März 1924 wurden die Hypotheken — für welche nach Zahlung der Nennbeträge Löschungsbewilligung erteilt war — gelöscht; gleichzeitig wurde der Fabrikant G. als Eigentümer des bisher belasteten Grundstücks eingetragen. Die Klägerin meldete am 12. Dezember 1925 die Hypotheken bei der Aufwertungsstelle in Hannover an und richtete dabei ihren Anspruch aus der persönlichen Schuld gegen die Ehefrau V., hilfsweise gegen den sonstigen persönlichen Schuldner. Die Aufwertungsstelle verwies sie auf den Prozeßweg. Sie erhob die vorliegende Klage mit dem Antrag, festzustellen, daß die verklagte Ehefrau die persönliche Schuldnerin sei, und den verklagten Ehemann zur Duldung der Zwangsvollstreckung in das eingebrachte Gut zu verurteilen.

Das Landgericht wies die Klage mit der Begründung ab, daß G. infolge Schuldübernahme gemäß § 416 BGB. persönlicher Schuldner geworden sei. Das Oberlandesgericht erkannte nach dem Klagantrag. Die Revision der Beklagten blieb ohne Erfolg.

Gründe:

Die Beklagten haben sich zur Abwehr des Klaganspruchs unter anderem auf § 416 BGB. berufen und ausgeführt, die verklagte Ehefrau habe durch Schreiben vom 4. Mai 1926 der Klägerin eine jener Vorschrift entsprechende Mitteilung von der Übernahme der Hypothekenschulden durch den jetzigen Grundstückseigentümer G.

gemacht; die Genehmigung der Schuldübernahme gelte als erteilt, da die Klägerin sie innerhalb der sechsmonatigen Frist des Gesetzes nicht verweigert habe. Das Berufungsgericht hat die Anwendbarkeit des § 416 zunächst mit der Begründung verneint: Die Klägerin habe bereits am 23. März 1923 Löschungsbewilligung erteilt; die Hypotheken seien dann auch gleichzeitig mit der Eintragung des G. als Eigentümers gelöscht worden, sodaß er infolge seines guten Glaubens nicht dinglicher Schuldner geworden sei. Der § 14 der Aufwertungsnovelle vom 9. Juli 1927 komme nicht in Betracht, denn die Novelle sei erst nach Fristablauf in Kraft getreten, für die Beurteilung des streitigen Rechtsverhältnisses sei aber der Rechtszustand bei Beginn und während des Laufs der Frist maßgebend.

Der Sachverhalt ist insoweit folgender. Durch notariellen Vertrag vom 8. August 1921 verkaufte die Beklagte das mit den erwähnten Hypotheken der Klägerin belastete Grundstück an die nicht ins Handelsregister eingetragene und auch später nicht zur Eintragung gelangte Aktiengesellschaft Niedersächsisches Industriewerk, bei der Verhandlung vertreten durch G. Die Käuferin übernahm die Hypotheken in Anrechnung auf den Kaufpreis. Der Besitz des Grundstücks wurde am 1. September 1921 auf G. übertragen. Dieser entrichtete vom 1. Januar 1922 ab die Zinsen und zahlte am 12. April 1923 das von der Klägerin gekündigte Kapital zurück. Inzwischen war eine neue Aktiengesellschaft Niedersächsisches Industriewerk in Hannover gegründet und in das Handelsregister eingetragen worden. Sie klagte mit der Behauptung, daß G. ihr die Rechte aus dem Kaufvertrag vom 8. August 1921 abgetreten habe, gegen die jetzigen Beklagten auf Auflassung des Grundstücks. Dieser Rechtsstreit endigte, nachdem G. als Mitkläger eingetreten war, mit einem Vergleich vom 10. Januar 1924. Nach dessen § 1 wird der Kaufvertrag von 1921 als mit G. persönlich abgeschlossen angesehen; alle Beteiligten erkennen an, daß dem G. die Rechte aus jenem Vertrag persönlich zustehen. Im § 2 heißt es, der Kaufgegenstand befinde sich im Besitz des G.; die Lasten und Abgaben gingen vom 1. Januar 1924 auf ihn über; wegen der Lasten und Abgaben seit Vertragsschluß verbleibe es bei den geleisteten Zahlungen, jedoch übernehme G. als Käufer etwaige noch ausstehende Lasten. Im § 4 ist beurkundet, G. übergebe den Beklagten die Briefe über die beiden noch eingetragenen Hypotheken der Sparkasse nebst Löschungsbewilligung zum

Zwecke der Löschung. Unter dem 22. Januar 1924 wurden sodann die Auflassung und der Löschungsantrag beurkundet. Die Eintragung des neuen Eigentümers G. und die Löschung der hier streitigen Sparkassenhypotheken erfolgten gleichzeitig am 22. März 1924.

Die Klägerin meldete im Dezember 1925 ihre Forderungen bei der Aufwertungsstelle an und bezeichnete dabei als persönliche Schuldnerin in erster Linie die verklagte Ehefrau V.; diese erhob hiergegen „vorsorglicherweise" am 7. April 1926 Einspruch. Nunmehr teilte die Ehefrau V. durch Schreiben vom 4. Mai 1926 der Klägerin die Übernahme der Schuld durch G. unter Bezugnahme auf den Kaufvertrag und den Prozeßvergleich mit und wies auf die Folge des § 416 Abs. 2 Satz 2 BGB. hin. Den Antrag der Klägerin vom 6. November 1926, die gelöschten Hypotheken wieder einzutragen, lehnte das Grundbuchamt durch Beschluß vom 26. dess. Monats mit der Begründung ab, daß die Antragstellerin vor Eintragung des G. als Eigentümers die Löschung der Hypotheken bewilligt und dieser das Grundstück im guten Glauben an die Hypothekenfreiheit erworben habe (§ 20 AufwG.). Nach Inkrafttreten der Novelle zum Aufwertungsgesetz wiederholte die Klägerin den Antrag unter Bezugnahme auf § 14 das. Die Hypotheken wurden darauf am 18. Oktober 1927 zum Aufwertungsbetrag wieder eingetragen. Ihre Löschung geschah auf Grund des im Zwangsversteigerungsverfahren erlassenen Zuschlagbeschlusses vom 1. Dezember 1927 unter gleichzeitiger Eintragung der neuen Eigentümerin. Die Anordnung der Zwangsversteigerung war am 3. März 1926 eingetragen worden.

Auf Grund dieses Sachverhalts ist der Auffassung des Berufungsgerichts beizutreten, daß keine wirksame Fristsetzung im Sinne des § 416 BGB. vorliege.

Soll an Stelle des bisherigen Schuldners ein anderer treten, so bedarf es dazu der Genehmigung des Gläubigers. Sie wird im allgemeinen nicht vermutet, sondern auch dann, wenn der Gläubiger unter Fristsetzung zur Erklärung aufgefordert worden ist, gemäß § 415 BGB. als verweigert angesehen, sofern der Gläubiger schweigt. Eine Ausnahme bildet der § 416. Besteht für die Schuld eine Hypothek, veräußert der Schuldner dann das Grundstück und übernimmt der Erwerber durch den Veräußerungsvertrag jene Schuld, so würde das bei Eintragung an und für sich ein Auseinanderfallen der dinglichen und der persönlichen Schuld im Gefolge haben. Um das nach Möglichkeit zu verhindern, wird hier dem Gläubiger zugemutet, sich zu entscheiden, wenn ihm der Veräußerer die Schuldübernahme nach Eintragung in das Grundbuch mitteilt. Entschließt er sich nicht, obwohl er auf die Folgen hingewiesen ist, so soll ausnahmsweise die Genehmigung nicht als verweigert, sondern als erteilt angesehen werden. Dieser Folge kann der Gläubiger nur dadurch entgehen, daß er die Annahme des neuen Schuldners ablehnt. Für eine ausdehnende Anwendung der im § 416 enthaltenen Ausnahmevorschrift ist kein Raum; die Anwendung hat sich auf den Fall des Zusammentreffens von dinglicher und persönlicher Schuld zu beschränken. Dabei erhebt sich die Frage, in welchem Zeitpunkt ein solches Zusammentreffen gegeben sein muß. Wenn auch der Wortlaut des Gesetzes scheinbar auf den Zeitpunkt der Schuldübernahme abstellt, so ist doch zu berücksichtigen, daß die zur Annahme der Genehmigung führende Mitteilung erst nach Eintragung des neuen Schuldners erfolgen kann. Nimmt man hinzu, daß diese Eintragung die Voraussetzung für die dingliche Haftung des neuen Schuldners bildet, so ergibt sich als Sinn des Gesetzes, daß es nicht genügt, wenn die Hypothek zur Zeit der Schuldübernahme bestand, daß sie vielmehr jedenfalls auch noch bei Eintragung des neuen Schuldners bestanden haben muß. Das war hier nicht der Fall. Das Grundbuch war zur genannten Zeit nach dem damaligen Stande der Gesetzgebung auch nicht etwa unrichtig. Der Erwerber befand sich nach der Feststellung des Berufungsgerichts in gutem Glauben über die Freiheit des Grundstücks von den Hypotheken der Klägerin. Eine Wiedereintragung der Hypothek kam daher nach § 20 AufwG. nicht in Betracht. Dieser Rechtszustand änderte sich erst mit der Novelle von 1927. Gemäß § 14 das. kann sich der Erwerber, da er die Hypothek selbst durch Zahlung abgelöst hat, nicht auf seinen guten Glauben berufen. Damit war nunmehr festgestellt, daß das Grundbuch beim Erwerb durch G. unrichtig war. Indes folgt daraus noch nicht, daß die Voraussetzung des § 416 BGB. erfüllt ist. Wie das Berufungsgericht zutreffend annimmt, kann hierbei nur der Rechtszustand in Betracht gezogen werden, der vorhanden war, bevor die Wirkung der Mitteilung von der Schuldübernahme eintrat. Bei Prüfung dieser Frage kommt es in erster Linie nicht darauf an, daß die Gesetzgebung — im Einklang mit den Forderungen der Billigkeit — nachträglich ihren Standpunkt zuungunsten des Schuldners geändert hat und dieser daher die

Mehrbelastung hinnehmen muß. Vielmehr handelt es sich im Rahmen des § 416 BGB. wesentlich um die Belange des Gläubigers. Er soll sich entschließen, ob er im Hinblick auf den Wechsel des dinglichen Schuldners den bisherigen Schuldner entlassen und an seiner Stelle den neuen dinglichen Schuldner auch als persönlichen annehmen will, und zwar wird der Gläubiger, wie bereits ausgeführt, insofern schlechter gestellt, als sein Schweigen die Genehmigung der Schuldübernahme bedeuten soll. Es geht nicht an, hierbei einem erst nach Ablauf der Frist des § 416, wenn auch rückwirkend, in Kraft getretenen Gesetz Bedeutung beizumessen, sofern nicht aus dem abändernden Gesetz selbst Abweichendes zu entnehmen sein sollte. Letzteres trifft hier nicht zu. § 14 der Novelle bestimmt nur, daß sich der Schuldner gegenüber dem Antrag auf Wiedereintragung des Rechts nicht auf guten Glauben berufen kann. Ob der Gläubiger im einzelnen Falle mit der Aufwertbarkeit der Hypothek gerechnet hat, ist dabei ohne entscheidende Bedeutung, da im § 416 das Bestehen der Hypothek vorausgesetzt wird und da die irrtümliche Annahme des Bestehens dem nicht gleichgestellt werden kann. Dasselbe gilt von der Tatsache, daß ein Hinzutreten der dinglichen Haftung die Stellung des Gläubigers in der Regel verbessern wird. Ebensowenig ist in diesem Zusammenhang von Bedeutung, ob der Wegfall der Hypothek oder die Eigentumsübertragung auf einen weiteren Erwerber nach Eintragung des Grundstückskäufers, aber vor Beginn oder doch vor Beendigung der Frist des § 416 die Anwendbarkeit dieser Vorschrift zu beseitigen vermag (RGZ. Bd. 56 S. 200; RG. in SeuffArch. Bd. 63 Nr. 61).

Die vorstehenden Ausführungen gehen von der Annahme des Berufungsgerichts aus, daß G. über das Nichtbestehen der Hypotheken beim Erwerb des Grundstücks im Sinne des § 20 AufwG. gutgläubig gewesen sei. Diese Annahme ist bei Zugrundelegung der in RGZ. Bd. 116 S. 161 und Bd. 117 S. 180 enthaltenen Rechtsausführungen nicht zu beanstanden. (Wird ausgeführt.)

Daß außerhalb des § 416 BGB. die Schuldübernahme des G. genehmigt worden sei, hat das Berufungsgericht gleichfalls ohne Rechtsirrtum verneint. (Wird ausgeführt.)

---

12. Inwieweit steht der Geltendmachung einer persönlichen Eigenschaft als Eheanfechtungsgrund der Umstand entgegen, daß der Kläger von dieser Eigenschaft schon während eines früheren Eheprozesses Kenntnis gehabt hatte?

BGB. § 1333. ZPO. § 616.

IV. Zivilsenat. Urt. v. 31. März 1930 i. S. Ehem. B. (Kl.) w. Ehefr. B. (Bekl.). IV 570/29.

I. Landgericht Stuttgart.
II. Oberlandesgericht daselbst.

Die Streitteile sind seit dem 3. September 1927 miteinander verheiratet. Im März 1928 erhob der Mann Scheidungsklage; diese sowie die Widerklage der Frau auf Scheidung wurden vom Landgericht durch Urteil vom 14. Juni 1928 abgewiesen; das Urteil wurde rechtskräftig. Im Juli 1928 erhob der Mann die jetzige Klage, mit der er die Ehe wegen Irrtums aus § 1333 BGB. anfocht. Er wurde in allen drei Rechtszügen abgewiesen.

Aus den Gründen:

Das Berufungsgericht sagt, der Kläger sei nach § 616 ZPO. mit gewissen Tatsachen im jetzigen Rechtsstreit ausgeschlossen, die er im vorausgegangenen Scheidungsprozeß durch Erhebung einer Anfechtungsklage hätte geltend machen können, weil er von ihnen schon vor der Schlußverhandlung in jenem Rechtsstreit Kenntnis gehabt habe. Es handelt sich dabei um folgende Behauptungen des Klägers: Die Beklagte, die früher mit einem Telegraphensekretär K. verheiratet war und nach Scheidung dieser Ehe eine Unterhaltsrente von ihrem früheren Ehemann bezog, habe von Juni 1925 bis Juli 1926 mit einem Kaufmann N. in wilder Ehe zusammengelebt und diesem gesagt, sie wollten von einer Eheschließung absehen, damit sie ihren Rentenanspruch gegen K. nicht verliere. Während ihrer Ehe mit K. habe sie im Jahre 1922 einen Ehebruch begangen, aus dem ihr jüngstes Kind stamme. Während der damaligen Schwangerschaft habe sie sich einem gewissen J. gegenüber damit gebrüstet, daß sie von einem anderen als ihrem Ehemann in der Hoffnung sei.

Die Revision meint, hier sei § 616 ZPO. unrichtig angewendet worden. Das Urteil des Vorprozesses sei erst am 22. Juli 1928 rechtskräftig geworden, die jetzige Klage sei am 13. Juli 1928 erhoben worden; der Kläger habe damals die Wahl gehabt, ob er die Anfechtungsgründe in dem damals noch schwebenden Verfahren geltend machen oder ob er jenes Urteil rechtskräftig werden lassen und eine neue Klage erheben wolle. Das ist nicht richtig; ein solches Wahlrecht wird durch § 616 ZPO. ausgeschlossen (vgl. auch JW. 1902 S. 633 Nr. 11). . . .

Das Berufungsgericht behandelt weiterhin andere der Beklagten zur Last gelegte Tatsachen, bei denen der Ausschließungsgrund des § 616 ZPO. nicht vorliegt, und bezeichnet diese als nicht ausreichend zur Anfechtung der Ehe.

Die Revision macht hierzu geltend, das Berufungsgericht sei unrichtig verfahren, indem es die ausgeschlossenen und die nicht ausgeschlossenen Tatsachen getrennt behandelt habe; auch im Anfechtungsprozeß müsse der für den Scheidungsprozeß in § 1573 BGB. ausgesprochene Rechtsgedanke gelten, daß beim Hinzutreten weiterer, wenn auch weniger erheblicher Anfechtungsgründe das Zurückgreifen auf solche Tatsachen gestattet sei, deren Geltendmachung an sich durch § 616 ZPO. ausgeschlossen wäre.

Diesen Ausführungen liegt eine unrichtige Betrachtungsweise zugrunde. Bei der Anfechtung der Ehe aus § 1333 bilden den Anfechtungsgrund nicht einzelne Tatsachen, sondern die persönlichen Eigenschaften des Ehegatten. Diese werden allerdings regelmäßig nur aus äußeren Vorkommnissen gefolgert werden können; aber das ändert nichts an der rechtlichen Grundlage. Wenn also dem Anfechtungskläger Umstände bekannt waren, die auf eine gewisse Eigenschaft des anderen Eheteils schließen ließen, und wenn er im früheren Eheprozeß unterlassen hat, diese Eigenschaft als Anfechtungsgrund geltend zu machen, so kann er für die Regel nicht in einem neuen Prozeß die Anfechtung darauf stützen, daß er nun neue Tatsachen erfahren habe, die gleichfalls einen Schluß auf jene Eigenschaft rechtfertigten.

Dieser Satz bedarf aber einer Einschränkung nach folgender Richtung. Es können verschiedene Grade der zur Grundlage der Anfechtung gemachten üblen Eigenschaft in Frage kommen Waren die dem Anfechtungskläger zunächst bekannt gewordenen Umstände von der Art, daß sie nur den Schluß auf eine geringfügige, für ihn noch erträgliche Neigung zu Unsittlichkeiten gestatteten, so wäre zuzulassen, daß er eine nachträgliche Anfechtungsklage dann erhebt, wenn ihm Umstände bekannt werden, die auf ein ihm bisher unbekanntes, besonders hohes Maß unsittlicher Neigungen schließen lassen. Die Sache liegt hier anders als bei § 1573; neu hinzukommende Umstände von geringer Bedeutung können niemals die Heranziehung früher bekannter Vorkommnisse zur Unterstützung rechtfertigen. Nur wenn neue Dinge hinzukommen, die an sich die Anfechtung rechtfertigen könnten und schwerwiegender sind als die früher bekannten, kann von der Ausschlußwirkung des § 616 ZPO. gegenüber der den Klagegrund bildenden persönlichen Eigenschaft des anderen Ehegatten abgesehen werden. Im vorliegenden Fall kann von einer solchen Ausnahme keine Rede sein.

Wenn die oben erwähnten, dem Kläger schon im Vorprozeß bekannten Umstände der Wahrheit entsprechen sollten, würden sie ein so hohes Maß von Neigung zu unsittlichem Verhalten bei der Beklagten dartun, daß das Bild auch durch die ihr weiter zur Last gelegten Vorkommnisse keine wesentliche Änderung erführe. (Wird ausgeführt.)

Deshalb hindert § 616 ZPO. den Kläger nicht nur daran, die ihm früher bekannt gewesenen Tatsachen zur Unterstützung der jetzigen Klage heranzuziehen, sondern schon daran, die aus jenen Tatsachen zu folgernde persönliche Eigenschaft der Beklagten überhaupt als Anfechtungsgrund geltend zu machen. . . .

---

13. 1. Wann beginnt die Verjährung eines Anspruchs auf Schadensersatz wegen Nichterfüllung?
2. Auf wie lange Zeit erstreckt sich die Unterbrechung der Verjährung durch Vornahme einer Vollstreckungshandlung?

BGB. §§ 196 flg.

VII. Zivilsenat. Urt. v. 4. April 1930 i. S. F.-Werke AG. (Kl.) w. S. (Bekl.). VII 437/29.

I. Landgericht Wiesbaden, Kammer für Handelssachen.
II. Oberlandesgericht Frankfurt a. M.

Durch schriftlichen Vertrag mit dem Beklagten vom 19./28. Mai 1922 hatte die klagende Aktiengesellschaft die Lieferung einer in Charbin (Mandschurei) zu errichtenden Ölhärtungsanlage für Sojabohnen von 50000 kg täglicher Verarbeitung zum Gesamtpreis von 48000 £ übernommen. Im Vertrag war bestimmt, daß die gesamte Anlage am 1. Juni 1923 betriebsfertig montiert sein sollte und daß die Zahlungen des Bestellers mit 18000 £ bis zum 10. Juni 1922, mit weiteren 20000 £ entsprechend der Versendung und mit den restlichen 10000 £ binnen 14 Tagen nach Inbetriebsetzung der Anlage und nach Erfüllung der von der Klägerin übernommenen Garantieverpflichtung zu erfolgen hätten.

Durch eine schriftliche Sondervereinbarung vom 28. Mai 1922 bestätigte die Klägerin, daß der Ingenieur Z. des Beklagten, der sich mit der Betriebsweise einer von der Klägerin bereits fertiggestellten Ölhärtungsanlage vertraut machen sollte, vom 5. Juni 1922 ab 14 Tage lang im Betrieb der Firma K. in Ka. werde tätig sein können und daß, wenn ihm die Möglichkeit hierzu nicht gegeben werde, der Vertrag vom 19./28. Mai 1922 verfalle. Es stellte sich danach heraus, daß die Anlage für die Firma K. am 5. Juni 1922 noch nicht fertig war, sodaß Z. in Ka. nicht in Tätigkeit treten konnte. Die Klägerin brachte als Ersatz eine gleichartige Anlage in Holland in Vorschlag; der Beklagte erklärte aber durch Schreiben vom 7. Juni 1922 der Klägerin seinen Rücktritt vom Vertrag, da die in der Sondervereinbarung gegebene Zusage nicht eingehalten worden sei.

Die Klägerin hält den Rücktritt für unberechtigt und behauptet, es sei ihr durch ihn ein Schaden im Gesamtbetrag von etwa 10000 £ entstanden. Zur Sicherung ihrer Ansprüche erwirkte sie im August 1922 sowie im Januar und Februar 1923 beim Landgericht Bremen Arrestbefehle gegen den Beklagten, auf Grund deren sie mehrere Pfändungen gegen ihn vornehmen ließ; die letzte Pfändung erfolgte am 14. Februar 1923.

Mit der am 12. November 1927 beim Landgericht Wiesbaden eingereichten Klage machte die Klägerin einen Teilbetrag ihrer Forderung in Höhe von 51000 RM. mit Zinsen geltend. Das Landgericht entsprach dem Klagantrag. Der Beklagte legte Berufung ein und wandte im zweiten Rechtsgang Verjährung ein. Auf Grund dieses Einwands wies das Oberlandesgericht die Klage ab. Die Revision der Klägerin wurde zurückgewiesen.

Aus den Gründen:

Das Oberlandesgericht nimmt auf Grund der Vereinbarung der Parteien über den Gerichtsstand im Vertrag vom Mai 1922 an, daß sie deutsches Recht als für ihre Vertragsbeziehungen maßgebend anerkennen wollten. Rechtliche Bedenken sind dagegen nicht geltend zu machen.

Die Verjährungseinrede erachtet der Berufungsrichter für durchschlagend, indem er erwägt: Der Klaganspruch gehe auf Schadensersatz und werde auf eine positive Vertragsverletzung des Beklagten gestützt. Dieser Anspruch sei spätestens im August 1922 entstanden, als die Klägerin den ersten Arrestantrag gestellt und dabei unzweideutig zu erkennen gegeben habe, daß sie nicht mehr Vertragserfüllung, sondern Schadensersatz wegen Nichterfüllung fordere. Gemäß § 196 Abs. 1 Nr. 1 und Abs. 2 BGB. in Verbindung mit § 201 das. sei mithin die vierjährige Verjährungsfrist an sich am 31. Dezember 1926 abgelaufen. Wolle man aber zugunsten der Klägerin unterstellen, daß die Arrestpfändungen nach § 209 Abs. 2 Nr. 5 BGB. die Verjährung unterbrochen hätten, so sei dies im Ergebnis ohne Belang, weil die letzte Vollstreckungshandlung am 14. Februar 1923 stattgefunden habe, der Anspruch daher unter allen Umständen am 15. Februar 1927, also vor der erst im November 1927 erfolgten Klagerhebung verjährt gewesen sei. Endlich sei die von der Klägerin der Verjährungseinrede entgegengesetzte Gegeneinrede der Arglist ungerechtfertigt, da das Verhalten des Beklagten nicht geeignet sei, sie zu begründen.

Die Revision führt zunächst aus, der mit der Klage verfolgte Anspruch sei der im Vertrag vom Mai 1922 begründete Erfüllungsanspruch, der jetzt nur infolge des Rücktritts des Beklagten und seiner Erfüllungsweigerung die äußere Form des Schadensersatzanspruchs habe. Der Anspruch auf Zahlung der Vergütung aus dem Werkvertrag sei nicht verjährt, jedenfalls nicht der auf Zahlung der letzten Rate von 10000 £, deren Fälligkeit erst nach der für den 1. Juni 1923 vorgesehenen Inbetriebsetzung des Werkes eingetreten wäre.

Diesem Vorbringen ist nicht zu folgen. Das Wesen des Anspruchs auf Schadensersatz wegen Nichterfüllung eines Vertrags besteht darin, daß an die Stelle der ursprünglichen Vertragspflichten beider Teile eine einseitige reine Geldforderung des Ersatzberechtigten tritt, die sich nach der Verschlechterung bemißt, welche seine wirtschaftliche Stellung durch das Unterbleiben des Vertragsvollzugs erfahren hat (vgl. RGZ. Bd. 102 S. 62, Bd. 127 S. 248). Die hier maßgebende Klagschrift ergibt zweifelsfrei, daß die Klägerin nur einen solchen an die Stelle der ursprünglichen Vertragspflichten gesetzten Geldanspruch hat verfolgen wollen. (Wird näher ausgeführt.) Unbedenklich ist auch die Annahme des Berufungsgerichts, daß die Klägerin schon mit ihrem Arrestantrag vom 30. August 1922 den Schadensersatzanspruch verfolgt und daß dieser mithin als damals entstanden zu gelten hat; auch der Arrestbefehl des Landgerichts Bremen von demselben Tage war schon in diesem Sinne abgefaßt.

Die Revision wendet sich, indem sie sich nunmehr dem Standpunkt anpaßt, daß ein Schadensersatzanspruch in Rede steht, weiter dagegen, daß dessen Verjährung sich früher vollendet haben könne, als die Verjährung des vertraglichen Vergütungsanspruchs eingetreten sei. Der Vorderrichter führt hierzu aus: Der Beginn der Verjährung des Schadensersatzanspruchs stehe in keiner Abhängigkeit von dem für den ursprünglichen Vertragsanspruch maßgebenden Zeitpunkt. Denn es liege ein neuer, selbständiger Anspruch vor, für den eine eigene Verjährung beginne; deren Anfang bestimme sich völlig unabhängig allein nach den Grundsätzen der §§ 198, 201 BGB. Dieser Auffassung ist beizutreten; sie wird auch vom RGR.-Kommentar Anm. 2 Abs. 1 a. E. zu § 198 geteilt. Als Ersatz für den Erfüllungsanspruch in dem von der Revision behaupteten Sinne, daß die für diesen geltenden Verjährungsvorschriften ohne Unterschied darauf zu übertragen seien, läßt sich der Schadensersatzanspruch nicht betrachten. Er bewahrt vielmehr seine selbständige Natur gerade auch im Hinblick auf die Zeit seiner Entstehung. Darin liegt keine Unbilligkeit für den Gläubiger; denn es hängt ja von ihm ab, ob er beim Anspruch auf Vertragserfüllung stehen bleiben oder zum Schadensersatzanspruch übergehen will. Die Vorteile, die ihm der letztere durch seine alsbaldige Fälligkeit bietet, werden in der Regel den Nachteil eines etwaigen früheren Ablaufs der Verjährungsfrist aufwiegen.

Des weiteren meint die Revision, die Arrestpfändung gegen den

Beklagten habe die Verjährung unterbrochen und diese Unterbrechung habe so lange angedauert, als die Vollstreckungshandlung bestehen geblieben sei. Der Berufungsrichter geht, ohne die Frage zu entscheiden, zugunsten der Klägerin davon aus, daß auch eine Arrestpfändung geeignet sei, die Verjährung gemäß § 209 Abs. 2 Nr. 5 BGB. zu unterbrechen, bezeichnet es aber als unbestritten, daß eine derartige Unterbrechung nicht so lange währe, als die Vollstreckung überhaupt dauert, sondern immer nur eine augenblicklich wirkende sei. Auch hierin ist dem Berufungsgericht beizustimmen; die Richtigkeit seiner Ansicht ergibt sich schon aus dem Gesetze selbst. Daraus, daß im § 211, im § 214 Abs. 1 und im § 215 Abs. 1 BGB. für verschiedene Unterbrechungsfälle des § 209 BGB. die Fortdauer der Unterbrechung bis zu bestimmten Zeitpunkten besonders angeordnet ist, folgt ohne weiteres, daß in den anderen Fällen, so namentlich bei der Unterbrechung durch Vornahme einer Vollstreckungshandlung (§ 209 Abs. 2 Nr. 5) und auch im Falle des § 208, die Unterbrechung nicht fortdauert. Insbesondere enthält § 216 BGB., der sich mit der Unterbrechung durch Vornahme einer Vollstreckungshandlung beschäftigt, keine Vorschrift von der Art der §§ 211, 214 Abs. 1, § 215 Abs. 1.

Sodann bekämpft die Revision noch die Annahme des Berufungsgerichts, die nach Beendigung der Unterbrechung gemäß § 217 BGB. beginnende neue Verjährung setze alsbald ein, und nicht erst mit dem Schlusse des Jahres, in dem die Unterbrechung eintrat. Diese Ansicht steht aber in Übereinstimmung mit der Rechtsprechung des Reichsgerichts (RGZ. Bd. 65 S. 268), von der abzugehen keine Veranlassung vorliegt.

Nach alledem ist die Meinung des Oberlandesgerichts, daß die Verjährung des eingeklagten Schadensersatzanspruchs schon vor Klagerhebung vollendet gewesen sei, rechtlich nicht zu beanstanden. Auch bei der Ablehnung der Gegeneinrede der Arglist, auf welche die Revision nicht zurückkommt, tritt kein Rechtsirrtum zutage (vgl. RGZ. Bd. 87 S. 281, Bd. 109 S. 309, Bd. 115 S. 135).

---

14. Wie weit erstrecken sich die Wirkungen der Anordnung des Prozeßgerichts, daß die Zwangsvollstreckung eingestellt werde?

ZPO. §§ 769, 836 Abs. 2.

VII. Zivilsenat. Urt. v. 28. Februar 1930 i. S. A.-GmbH. (Kl.) w. Einkaufskommission für Beamte usw. GmbH. (Bekl.). VII 645/29.

I. Landgericht I Berlin.
II. Kammergericht daselbst.

Der Kaufmann Johannes Be. in Berlin hatte der Beklagten auf Grund von Verträgen aus November 1924 und August 1925 Waren zum kommissionsweisen Verkauf überlassen. Aus dieser Geschäftsverbindung waren dem Be. Ansprüche gegen die Beklagte erwachsen, welche die Klägerin auf Grund eines von ihr gegen Be. erwirkten Vollstreckungsbefehls vom 5. August 1926 über 16140 RM. nebst Zinsen und Kosten pfänden und sich zur Einziehung überweisen ließ. Der Pfändungs- und Überweisungsbeschluß wurde vom Amtsgericht Berlin-Mitte am 26. Oktober 1926 erlassen und der Beklagten am 29. Oktober, dem Be. am 30. Oktober zugestellt. Die Höhe der Ansprüche des Be. gegen die Beklagte wird von dieser auf 68822,75 RM. angegeben, während die Klägerin behauptet, es seien über 80000 RM. gewesen.

Die Klägerin nimmt diese Forderung auf Grund des Beschlusses vom 26. Oktober 1926 teilweise für sich in Anspruch. Im ersten Rechtszuge beantragte sie, die Beklagte zur Zahlung von 2000 RM. mit 10% Zinsen seit dem 1. August 1926 zu verurteilen. Die Beklagte wendet ein, ihre Schuld gegenüber Be. sei in der von ihr anerkannten Höhe bereits anderweit getilgt, und zwar zum Betrage von 4296,13 RM. durch eine von ihr unter Verzicht auf Rücknahme beim Amtsgericht Berlin-Mitte bewirkte Hinterlegung zugunsten der Klägerin und anderer Gläubiger des Be., zum Betrage von 35331,62 RM. durch Aufrechnung mit einer ihr gegen Be. aus dem Kommissionsverhältnis erwachsenen Gegenforderung, zum Restbetrage von 29195 RM. endlich durch Befriedigung einer anderen Pfändungsgläubigerin des Be., nämlich der Firma Be. & Ba. GmbH.

Der letztgenannten Firma stand aus einer notariellen Schuldurkunde vom 12. Juli 1926 gegen Be., ihren früheren Geschäftsführer, eine vollstreckbare Forderung von 75000 RM. zu. Sie erwirkte wegen eines Teilbetrags ihrer Forderung von 30 000 RM. einen Pfändungs- und Überweisungsbeschluß des Amtsgerichts Berlin-Mitte vom 6. August 1926, durch den in dieser Höhe die Forderung des Be. gegen die Beklagte aus den Kommissionsverträgen für die Firma Be. & Ba. gepfändet und ihr zur Einziehung überwiesen wurde. Demnächst erhob Be. gegen die Firma eine Klage aus § 767 ZPO. mit dem Antrag, die Zwangsvollstreckung aus der notariellen Urkunde vom 12. Juli 1926 für unzulässig zu erklären. Er erwirkte einen Beschluß des Landgerichts vom 12. Oktober 1926, durch den angeordnet wurde, daß die Zwangsvollstreckung aus jener Urkunde bis zur Erlassung des Urteils auf die Vollstreckungsgegenklage einzustellen sei. Der Beschluß wurde der Beklagten des gegenwärtigen Rechtsstreits als Drittschuldnerin am 16. Oktober 1926 zugestellt. Im Rechtsstreit Be. gegen Firma Be. & Ba. kam es dann am 14. März 1927 zu einem gerichtlichen Vergleich dahin, daß die verklagte Firma auf die Vollstreckung aus der notariellen Urkunde vom 12. Juli 1926 verzichtete und der Kläger Be. seinen Klaganspruch damit für erledigt erklärte. Auf Mitteilung von diesem Vergleich hob das Amtsgericht Berlin-Mitte durch Beschluß vom 31. Mai 1927, der Beklagten des gegenwärtigen Rechtsstreits zugestellt am 3. Juni 1927, den Pfändungs- und Überweisungsbeschluß vom 6. August 1926 auf. Die Beklagte räumt ein, daß sie auf Grund des letztgenannten Beschlusses auch nach der Zustellung des Einstellungsbeschlusses noch für Rechnung des Be. eingezogene Außenstände der Firma Be. & Ba. als Pfandgläubigerin zugeleitet hat, und behauptet, sie sei dazu auch der Klägerin gegenüber berechtigt gewesen.

Das Landgericht verurteilte die Beklagte nach Klagantrag. Die Beklagte legte Berufung ein. Die Klägerin schloß sich der Berufung an, indem sie ihren Anspruch um 3000 RM. mit Zinsen erweiterte; ferner stellte sie den Hilfsantrag, die Beklagte zur Hinterlegung der eingeklagten 5000 RM. zu verurteilen. Das Kammergericht wies unter Zurückweisung der Anschlußberufung die Klage ab.

Auf die Revision der Klägerin wurde durch Versäumnisurteil vom 22. November 1929[1]) das Urteil des Kammergerichts aufgehoben und die Sache an das Berufungsgericht zurückverwiesen. Auf den Einspruch der Beklagten erhielt das Reichsgericht das Versäumnisurteil aufrecht.

[1]) Abgedr. in JW. 1930 S. 551 Nr. 12. D. E.

Gründe:

Die Revisionsbeklagte greift die im Versäumnisurteil des Senats niedergelegten Erwägungen nach mehreren Richtungen an.

1. Zunächst sucht sie aus der Vorschrift des § 836 Abs. 2 ZPO. herzuleiten, daß sie wegen der an die Firma Be. & Ba. als Pfändungs- und Überweisungsgläubigerin des Kaufmanns Be. geleisteten Zahlungen unbedingt, auch der Klägerin gegenüber, geschützt sei. Dem kann jedoch nicht gefolgt werden. Es kann unerörtert bleiben, ob etwa der Meinung beigetreten werden könnte, daß § 836 Abs. 2 den Drittschuldner auch gegenüber Pfändungsgläubigern des Schuldners schützen soll. Denn auch bei dieser weiteren Auffassung der Vorschrift müßte es doch dabei bleiben, daß deren Zweck sich darin erschöpft, den guten Glauben des Drittschuldners zu schützen. Im vorliegenden Falle war aber der Beklagten der gute Glaube an ihre Befugnis, an die Firma Be. & Ba. weiter zahlen zu dürfen, dadurch genommen worden, daß ihr am 16. Oktober 1926 der landgerichtliche Einstellungsbeschluß vom 12. dess. Mon. zugestellt wurde. Von diesem Zeitpunkt ab — und nur der spätere Zeitraum kommt für den Rechtsstreit in Frage — kann der Beklagten die Schutzvorschrift des § 836 Abs. 2 keinesfalls mehr zustatten kommen.

2. Die Revisionsbeklagte bestreitet allerdings in dieser Hinsicht und auch im übrigen jede Wirkung des Einstellungsbeschlusses zu ihrem Nachteil. Sie führt aus, ein solcher Beschluß stelle nur eine Anweisung an das Vollstreckungsgericht dar, das infolgedessen seinerseits keine weitere Vollstreckungshandlung mehr vornehmen dürfe; auf die Durchführung von Vollstreckungsmaßnahmen, die schon vorher angeordnet waren, habe der Einstellungsbeschluß keinen Einfluß. Diese Auffassung von der rechtlichen Tragweite eines die einstweilige Einstellung der Zwangsvollstreckung verfügenden Beschlusses ist aber als viel zu eng abzulehnen. Sie kann unmöglich der Absicht des Gesetzgebers entsprechen; denn mit ihr würden die berechtigten Belange der Partei nicht gewahrt, die nach § 769 ZPO. (der im gegebenen Falle anzuwenden war) oder nach den sonstigen einschlagenden Vorschriften der Zivilprozeßordnung eine Einstellung der Zwangsvollstreckung erwirkt. Wenn bei der Zwangsvollstreckung in Forderungen nach dem Erlaß eines Pfändungs- und Überweisungsbeschlusses nicht auch dem Drittschuldner verboten werden könnte, weiter an den Pfändungsgläubiger zu zahlen, dann wäre

eine solche Einstellung für den Antragsteller wertlos. Die gerichtlichen Handlungen, welche die Zwangsvollstreckung in Forderungen zum Gegenstand haben, sollen zwar nach § 828 ZPO. durch das Vollstreckungsgericht erfolgen; diese Regelung schließt aber die nach § 769 das. begründete Befugnis des Prozeßgerichts nicht aus, in die Durchführung einer jeden Zwangsvollstreckung einzugreifen. Aus den Vorschriften im 1. und 2. Absatz des § 769 ist auch klar ersichtlich, daß hier in erster Reihe das Prozeßgericht zum Einschreiten berufen und nur hilfsweise für dringende Fälle eine Zuständigkeit des Vollstreckungsgerichts angeordnet ist. Eine ausreichende Wirkung einer solchen Einstellung der Zwangsvollstreckung kann aber nur dann als verbürgt gelten, wenn angenommen wird, daß sich der Einstellungsbeschluß an alle Behörden, Beamten und Privatpersonen wendet, die an der Durchführung der einzustellenden Zwangsvollstreckung irgendwie beteiligt sind, und daß sie alle den Beschluß gegen sich gelten lassen müssen, wenn er ihnen zur Kenntnis gebracht ist. Demnach handelt der Drittschuldner, der nach der Zustellung des Einstellungsbeschlusses an ihn dennoch weiter an den Pfändungsgläubiger zahlt, auf eigene Gefahr. Mit Recht wurde sonach diese — übrigens auch vom Berufungsgericht geteilte — Auffassung der weiteren Erörterung in dem angegriffenen Versäumnisurteil zugrunde gelegt.

3. Die Revisionsbeklagte vertritt weiter — hier in Übereinstimmung mit dem Kammergericht — die Meinung, daß sie befugt sei, sich auch der Klägerin gegenüber auf den Vergleich zu berufen, der am 14. März 1927 im Rechtsstreit Be. wider Be. & Ba. geschlossen wurde. Den Inhalt dieses Vergleichs stellt der Berufungsrichter dahin fest, daß die Firma ihren Anspruch gegen Be. aus der notariellen Schuldurkunde vom 12. Juli 1926 nur in Zukunft nicht mehr sollte verfolgen dürfen, daß ihr aber die vorher in Kenntnis des Be. bereits eingezogenen Beträge verbleiben sollten. Daß bei dieser tatrichterlichen Auslegung des Vergleichs kein rechtlicher Verstoß hervortritt, hat der Senat schon in seinem Versäumnisurteil angenommen; er hält hieran fest.

Die Revisionsbeklagte will nun zunächst eine völlig freie Verfügungsbefugnis der Firma Be. & Ba. damit begründen, daß der Firma die Rechtsstellung des neuen Gläubigers im bürgerlichen Recht zukomme, für welche die §§ 398flg. BGB. maßgebend seien. Diese

Ansicht ist aber irrig. Schon in RGZ. Bd. 18 S. 399, Bd. 20 S. 421, Bd. 27 S. 294 hat das Reichsgericht dargelegt, daß die Überweisung einer gepfändeten Forderung an den Gläubiger zur Einziehung nicht der Forderungsabtretung gleichsteht und auch nicht deren Wirkungen hat. Es besteht kein Anlaß, hiervon abzuweichen. Demnach richtet sich der Umfang der Befugnisse eines Pfändungsgläubigers, dem die Forderung zur Einziehung überwiesen wurde, ausschließlich nach den Vorschriften des Zwangsvollstreckungsrechts.

Hier ist aber an erster Stelle zu beachten, daß die Zwangsvollstreckung, wie sie in der Zivilprozeßordnung geregelt ist, Staatstätigkeit ist, und deshalb in allen ihren Teilen ausschließlich dem öffentlichen Recht angehört (Stein-Jonas ZPO. 13. Aufl., Vorbem. II vor § 704). Nur soweit der Staat dem Gläubiger gestattet, im Vollstreckungswege gegen den Schuldner vorzugehen, ist der Gläubiger befugt, sich auf diese Weise zu befriedigen. Soweit ihm aber der Staat durch einen gerichtlichen Einstellungsbeschluß Einhalt gebietet, entfällt jedes Recht des Gläubigers, die Zwangsvollstreckung weiter zu betreiben, vorbehaltlich der Möglichkeit, daß durch einen späteren staatlichen Willensakt dieses Recht wiederhergestellt wird. Durch Parteivereinbarung in diese Regelung einzugreifen, ist unstatthaft; denn die Voraussetzungen und die Grenzen der staatlichen Vollstreckungshandlungen sind begrifflich den Abmachungen der Parteien entzogen (Stein-Jonas Vorbem. VI 6 vor § 704). Der Abschluß des Vergleichs vom 14. März 1927 zwischen Be. und der Firma Be. & Ba. konnte also die durch den Einstellungsbeschluß vom 12. Oktober 1926 in Ansehung der Vollstreckungsbefugnisse geschaffene Rechtslage nicht verändern, vielmehr mußte ihr auch danach von allen Beteiligten Rechnung getragen werden, ohne Rücksicht auf den Inhalt des Vergleichs. Eine Änderung der Lage konnte nur durch neuen staatlichen Willensakt erfolgen. Als solcher kam, da eine Aufhebung des Einstellungsbeschlusses nicht beantragt wurde, nur der auf Antrag des Klägers Be. vom Amtsgericht Berlin-Mitte als Vollstreckungsgericht am 31. Mai 1927 erlassene Beschluß in Betracht. Dieser spricht aus, daß der Pfändungs- und Überweisungsbeschluß vom 6. August 1926 aufgehoben werde, weil die Gläubigerin (Firma Be. & Ba.) auf die Zwangsvollstreckung aus der dem ebengenannten Beschluß zugrunde liegenden notariellen Urkunde vom 12. Juli 1926 im gerichtlichen Vergleich vom

14. März 1927 verzichtet habe. Dieser Ausspruch, der sich an den Wortlaut des im Verhandlungstermin vom 14. März 1927 beurkundeten Vergleichs anlehnt, kann nur dahin verstanden werden, daß der Beschluß vom 6. August 1926 ohne jeden Vorbehalt von Vollstreckungswirkungen zugunsten der Gläubigerin aufgehoben werden sollte. Das Kammergericht meint allerdings, die Aufhebung, die auf dem Vergleich beruht habe, sei daher auch nur so zu verstehen, daß sie für die Zukunft wirken sollte. Damit wird aber in unstatthafter Weise dem Beschlusse des Vollstreckungsgerichts ein Sinn beigelegt, den er unmöglich haben kann. Die Absichten, welche die Parteien des Rechtsstreits Be. wider Be. & Ba. bei dem vergleichsweise ausgesprochenen Verzicht nach der Auslegung des Berufungsgerichts verfolgt haben, konnten dem Vollstreckungsrichter nicht bekannt sein und durften daher bei der Würdigung seines Aufhebungsbeschlusses nicht herangezogen werden. Dieser läßt sich vielmehr nur in dem Sinn auffassen, daß er — nicht nur für die Zukunft, sondern überhaupt — jeder Vollstreckungshandlung entgegentrat, welche die Firma Be. & Ba. auf Grund des Pfändungs- und Überweisungsbeschlusses etwa vorgenommen hätte oder vornehmen würde. Insofern bestätigte also der Beschluß endgültig denjenigen Rechtszustand, der als einstweiliger schon durch den Einstellungsbeschluß des Landgerichts vom 12. Oktober 1926 geschaffen worden war. Demnach konnten nach der Zustellung des letzterwähnten Beschlusses wirksame Vollstreckungsmaßnahmen zugunsten der Firma Be. & Ba. überhaupt nicht mehr stattfinden, und diese Rechtslage muß auch die Beklagte gegen sich gelten lassen, da ihr die sämtlichen in Frage kommenden Beschlüsse zugestellt worden sind. An dem Eintritt dieser Wirkungen konnte weder Be. noch die Firma Be. & Ba. noch die Beklagte durch Vereinbarungen irgend etwas ändern; es ist mithin unerheblich, welche Abmachungen durch den Vergleich vom 14. März 1927 in Wirklichkeit getroffen werden sollten. Wollten die Beteiligten jene Rechtswirkungen nicht eintreten lassen, so wäre es ihre Sache gewesen, beim Prozeßgericht oder beim Vollstreckungsgericht den Erlaß von Beschlüssen anderen Inhalts zu erwirken.

4. Schließlich weist die Revisionsbeklagte noch darauf hin, daß sich die Firma Be. & Ba. kraft ihres durch den Beschluß vom 6. August 1926 begründeten Pfandrechts auch dann wegen ihrer Forderungen gegen Be. hätte befriedigen können, wenn die Beklagte, statt an

die Firma zu zahlen, die eingehenden Gelder für sie hinterlegt hätte. Hierzu meint die Revisionsbeklagte, es komme entscheidend darauf an, in welcher Höhe die Forderung von Be. & Ba. gegen Be. zu Recht bestanden habe. Auch dieses Vorbringen geht fehl. Hätte die Beklagte die Gelder hinterlegt, so würde das Ergebnis kein anderes sein. Denn die Firma Be. & Ba. wäre nur dann berechtigt gewesen, sich aus den hinterlegten Beträgen zu befriedigen, wenn sie befugt war, auf Grund des Pfändungs- und Überweisungsbeschlusses vom 6. August 1926 gegen Be. im Zwangsvollstreckungsverfahren vorzugehen. Wie gezeigt, hatte sie aber diese Befugnis durch den Einstellungsbeschluß vom 12. Oktober 1926 verloren und auch später nicht wiedererlangt. Deshalb ist es unerheblich, welche Beträge die Firma Be. & Ba. von Be. zu fordern hatte.

5. Die Klägerin als der Firma Be. & Ba. nachfolgende Pfändungsgläubigerin kann, gerechnet vom Tag der Zustellung des am 26. Oktober 1926 von ihr erwirkten Pfändungs- und Überweisungsbeschlusses (29. dess. Mon.), beanspruchen, daß die Beklagte die vorstehend erörterte Rechtslage gegen sich gelten läßt. Auch dies ist in Übereinstimmung mit der im Versäumnisurteil des Senats kundgegebenen Auffassung auszusprechen. Ebenso ist die Annahme aufrechtzuerhalten, daß nach den Ergebnissen der Prüfung die Beklagte dem Grunde nach sachfällig ist. Mithin war das zu ihren Gunsten erlassene Berufungsurteil aufzuheben und die Sache an die Vorinstanz zurückzuverweisen.

---

15. Welche Bedeutung hat die Eintragung des Ausschlusses eines Genossen in die gerichtliche Genossenliste für seinen Auseinandersetzungsanspruch gegenüber der Genossenschaft?

GenG. §§ 68, 70, 73.

II. Zivilsenat. Urt. v. 21. März 1930 i. S. L. (Kl.) w. Ostdeutsche Brotfabrik, eingetr. Genossenschaft mbH. i. Liqu. (Bekl.). II 374/29.

I. Landgericht Königsberg, Kammer für Handelssachen.
II. Oberlandesgericht daselbst.

Die verklagte Genossenschaft wurde im August 1918 gegründet. Das Geschäftsjahr lief ursprünglich vom 1. Oktober bis zum

30. September. Neben den gesetzlichen Ausschließungsgründen konnte nach der Satzung ein Mitglied u. a. auch dann ausgeschlossen werden, wenn es durch „feindselige Bestrebungen" die Interessen der Genossenschaft schädigte oder zu schädigen versuchte; die Ausschließung geschah durch den Aufsichtsrat auf Antrag des Vorstands. Der Geschäftsanteil war auf 500 M., die Höchstbeteiligungsziffer ursprünglich auf 100 Geschäftsanteile festgesetzt. Der Kläger war bei der Gründung der Genossenschaft beteiligt und mit 25 Geschäftsanteilen in der gerichtlichen Liste der Genossen eingetragen; er war auch zum ersten Vorstandsmitglied gewählt worden. Durch Beschluß des Aufsichtsrats der Beklagten vom 29. Oktober 1918 wurde er jedoch wegen einer angeblich gegen die Genossenschaft begangenen Untreue seines Vorstandsamtes enthoben und durch die Beschlüsse vom 16. Dezember 1918/6. März 1919 aus der Genossenschaft ausgeschlossen; sein Ausscheiden wurde zum 30. September 1919 in der gerichtlichen Liste der Genossen vermerkt. Im Februar 1920 erhob der Kläger auf Grund der Behauptung, der Ausschließungsbeschluß sei aus formellen und sachlichen Gründen unwirksam, gegen die Genossenschaft Klage mit dem Antrag, festzustellen, daß er noch ihr Genosse sei; unter dem 1. Februar 1924 erwirkte er ein obsiegendes landgerichtliches Urteil. Die Berufung der Beklagten hiergegen wurde durch Urteil vom 5. Oktober 1925 als unbegründet zurückgewiesen. Das oberlandesgerichtliche Urteil erlangte demnächst Rechtskraft. Auf Grund dieses Urteils und eines vom Kläger im registergerichtlichen Beschwerdeverfahren zu seinen Gunsten erzielten Beschlusses des Kammergerichts vom 1. Juli 1926 vermerkte dann der Registerrichter in der gerichtlichen Liste der Genossen berichtigend, daß der gegen den Kläger ergangene Ausschließungs-Beschluß rechtsunwirksam gewesen sei.

Im April 1920 hatte der Kläger in einer weiteren Klage von der Beklagten Auszahlung seines von ihm auf 12 500 M. berechneten Auseinandersetzungsguthabens nebst 5 % Zinsen seit dem 1. April 1920 verlangt. Die Beklagte trat der Klage entgegen. Das Verfahren wurde schließlich bis zur rechtskräftigen Erledigung des Rechtsstreits über die Wirksamkeit des Ausschlusses des Klägers ausgesetzt, nachher aber nicht weiterbetrieben. In jenem Rechtsstreit wurde bis zuletzt nur der Anspruch auf den Papiermarkbetrag nebst Zinsen geltend gemacht.

Im März 1928 hat nun der Kläger gegen die Beklagte die gegenwärtige Klage angestrengt, mit der er als Teilbetrag weitergehender Ansprüche zunächst Zahlung von 5000 RM. forderte. Er hält diesen Anspruch in tatsächlicher und rechtlicher Hinsicht aus mehreren Gründen für gerechtfertigt, und zwar vorab unter dem Gesichtspunkt der Aufwertung und des Schadensersatzes wegen Zahlungsverzugs in Ansehung seines Auseinandersetzungsguthabens von 12500 M. vom Jahre 1919. Er meint, die Beklagte hätte ihm zufolge des Ausschließungs-Beschlusses dieses Guthaben auf alle Fälle bis spätestens zum 1. April 1920 auskehren müssen, ohne Rücksicht darauf, daß er die Gültigkeit dieses Beschlusses bestritten und zwar nach dem Ausgang des Rechtsstreits mit Erfolg bestritten habe.

Der erste Richter wies die Klage ab. Die Berufung des Klägers wurde zurückgewiesen, nachdem dieser seinen Anspruch im zweiten Rechtszug auf 6100 RM. nebst Zinsen erweitert hatte. Die Revision des Klägers führte zur Aufhebung und Zurückverweisung.

Aus den Gründen:

1. Die Revision rügt zunächst Verletzung der §§ 68, 70, 73 GenG. Sie vertritt im Gegensatz zum Berufungsgericht den Standpunkt, daß der Kläger auf Grund des gegen ihn ergangenen Ausschließungs-Beschlusses in Verbindung mit dessen Eintragung in die Liste der Genossen Anspruch auf Auskehrung seines bilanzmäßigen Auseinandersetzungsguthabens vom 30. September 1919 gehabt habe und daß dieser Anspruch spätestens am 31. März 1920 fällig gewesen, der Anspruch auf Ersatz des Verzugsschadens demnach von Anfang an gerechtfertigt sei. Der Umstand, daß der Kläger die Wirksamkeit des Ausschließungs-Beschlusses bekämpft und schließlich insoweit ein obsiegliches Urteil erlangt habe, vermöge hieran nichts zu ändern. Denn nach § 70 Abs. 2 GenG. scheide ein Genosse infolge der Eintragung zu dem in der Liste vermerkten Jahresschluß aus der Genossenschaft aus. Dies sei hier der 30. September 1919 gewesen. Auf diesen Zeitpunkt laute auch der Eintrag in der gerichtlichen Liste der Genossen. Die Anfechtung des Ausschlusses durch Klage habe keine aufschiebende Wirkung; werde die Ausschließung durch Richterspruch aufgehoben, so sei der ausgeschlossene Genosse wieder in seine Rechte einzusetzen. Das einzige Recht, welches das Genossenschaftsgesetz dem infolge Ausschließung ausgeschiedenen Genossen einräume, sei der Anspruch auf das Aus-

einandersetzungsguthaben; irgendwelche sonstigen Rechte stünden dem Genossen gegen die Genossenschaft für die Zeit zwischen dem Wirksamwerden der Ausschließung und der Rechtskraft des Urteils über die Frage der Gültigkeit des Ausschließungs-Beschlusses nicht zu. § 68 Abs. 4 GenG. besage nicht, daß der ausgeschlossene Genosse in jeder anderen Hinsicht Genosse bleibe; er entziehe ihm vielmehr nur mit sofortiger Wirkung gewisse Rechte, die er sonst nach § 70 Abs. 2 das. erst in einem späteren Zeitpunkt verlieren würde. Ein Genosse, der infolge der Eintragung des Ausschließungs-Beschlusses in die Genossenliste ausgeschieden sei, habe keinen Anteil am Gewinn der späteren Geschäftsjahre, auch wenn sich der Ausschluß hinterher als ungerechtfertigt erweise. Es sei deshalb nur folgerichtig, daß ein solcher Genosse befugt sein müsse, die Auszahlung des Geschäftsguthabens zu fordern.

Dieser Angriff ist nicht begründet. Nach dem rechtskräftig gewordenen Urteil im Vorprozeß war der gegen den Kläger erlassene Ausschließungsbeschluß unwirksam; der Kläger ist daher nach wie vor Mitglied der verklagten Genossenschaft. Nun knüpft zwar § 68 Abs. 4 GenG. schon an die durch den Vorstand bewirkte Absendung des Einschreibebriefs mit der Mitteilung des Ausschließungs-Beschlusses gewisse Rechtsfolgen, aber nur die, daß der Genosse, obwohl er noch nicht ausgeschieden ist (§ 70 GenG.), bestimmte Rechte verliert, nämlich das Teilnahme- und Stimmrecht in der Generalversammlung und damit in gewissem Umfang auch das Anfechtungsrecht aus § 51 GenG. Ferner geht er der Fähigkeit verlustig, weiterhin Mitglied von Vorstand und Aufsichtsrat zu sein; möglicherweise können sich an denselben Tatbestand satzungsgemäß noch weitere Nachteile knüpfen (RGZ. Bd. 74 S. 4). Diese Folgen treten ein, gleichviel ob und in welchem Zeitpunkt die Eintragung im Genossenschaftsregister geschieht und ob die Eintragung zu Recht oder Unrecht erfolgt ist und hinterher im Prozeßweg rechtliche Anerkennung findet oder nicht. Sie sind vom tatsächlichen Vorliegen eines Ausschließungsgrundes unabhängig und werden auch nicht etwa nach rückwärts wieder beseitigt, wenn der Ausschließungs-Beschluß mit Erfolg angefochten wird (RGZ. Bd. 72 S. 10). § 68 Abs. 4 GenG. enthält aber nur eine zugunsten der Genossenschaft getroffene, im übrigen nach Inhalt und Umfang beschränkte Sondervorschrift, aus welcher der Kläger keinerlei Rechte herleiten kann. Ebensowenig kann er sich mit Erfolg auf § 70 Abs. 2 vergl. mit § 73 GenG. berufen. Gewiß ist in der gerichtlichen Liste der Genossen auf Grund des Ausschließungs-Beschlusses sein Ausscheiden zum 30. September 1919 eingetragen worden. Indessen ist auch hierdurch die Beendigung der Mitgliedschaft weder zu dem in der Liste angegebenen noch zu einem späteren Zeitpunkt bewirkt worden. Dem Listeneintrag als solchem kommt insoweit keine formale Rechtskraft zu. Weitere sachliche Voraussetzung für die Lösung des genossenschaftlichen Bandes war und ist vielmehr die materielle Wirksamkeit des der Eintragung zugrunde liegenden Tatbestands, hier also die Gültigkeit und Rechtswirksamkeit des Ausschließungs-Beschlusses. Fehlt es hieran, ist der Beschluß ungültig und wird seine Unwirksamkeit hinterher vollends im Prozeß festgestellt, so steht damit zugleich von allem Anfang an fest, daß der fragliche Genosse ununterbrochen Mitglied war und geblieben ist. Ebenso wie im Falle der Kündigung das Ausscheiden neben der Eintragung eine materiell wirksame Kündigung voraussetzt, verhält es sich auch bei der Ausschließung. Ist der Ausschließungs-Beschluß unwirksam, gleichviel aus welchem Grunde, so dauert die Mitgliedschaft des betreffenden Genossen auch im Fall der Eintragung des Ausschlusses nach wie vor fort (vgl. Rieß bei Ehrenberg Bd. III 2 S. 96/97; Waldecker S. 184/185; Deumer S. 162; Crecelius-Citron Anm. 4 zu § 70 GenG. und § 37 der Vo. über das Genossenschaftsregister). So aber verhält es sich hier. War demgemäß die Mitgliedschaft des Klägers in Wirklichkeit nicht erloschen, so stand ihm, nachdem dies gerichtlich klargestellt ist, in Wahrheit niemals ein Anspruch auf Auszahlung seines Guthabens zu, wie es sich aus der Bilanz für 1918/19 ergab. Denn dieser Anspruch hatte, was die Revision übersieht, ein rechtsgültiges Ausscheiden des Klägers zur Voraussetzung, zu dem es eben nicht gekommen war.

Die Vorschrift des § 70 Abs. 2 GenG. bezweckt vorab den Schutz der Gläubiger der Genossenschaft. Wer in der Liste der Genossenschaft noch eingetragen steht, ist noch Genosse und wird als solcher behandelt. Daraus folgt aber noch nicht, daß derjenige, dessen Mitgliedschaft in der Liste gelöscht ist, nicht mehr Genosse ist und sein kann. Gewiß brauchte der Kläger zur Begründung seines Auszahlungsanspruchs nicht die Gültigkeit des Ausschließungs-Beschlusses zu beweisen; vielmehr war es gegenüber der erfolgten

Eintragung des Ausscheidens des Klägers in der gerichtlichen Liste der Genossen umgekehrt Sache der Beklagten, die Unwirksamkeit jenes Beschlusses darzutun. Hätte die Beklagte im Rechtsstreit über die Gültigkeit des Ausschlusses obgesiegt, so hätte sich der Kläger allerdings ohne weiteres auf § 70 Abs. 2 GenG. berufen und Auskehrung seines Geschäftsguthabens vom 30. September 1919 nebst etwaigen Verzugsschäden seit 31. März 1920 fordern können. Nun hat aber der Kläger in jenem Rechtsstreit gesiegt; deshalb muß er gegen sich gelten lassen, daß er dauernd Genosse geblieben ist und darum auch keinen Anspruch auf Zahlung seines Geschäftsguthabens zum 31. März 1920 hatte. Gewiß war er seit dem in der Liste angegebenen Zeitpunkt seines Ausscheidens bis zur Rechtskraft des Urteils über die Unwirksamkeit der Ausschließung an der Ausübung der Genossenrechte rechtlich verhindert. Es ist aber unzutreffend, daß ein solcher Genosse, wenn sich hinterher diese Maßnahme ihm gegenüber als ungültig herausstellt, z. B. keinen Anspruch auf Dividendenbezug der Zwischenzeit hätte. Ebenso, wie er in diesem Fall an dem zwischenzeitlichen Verlust mitzutragen hat und für Schulden aus dieser Zeit haftet, hat er auch Anrecht am Gewinn. Damit scheitert dieser Revisionsangriff.

(Das Urteil unterlag jedoch aus anderen — hier nicht mitgeteilten — Gründen der Aufhebung.)

---

16. 1. Kann auf Feststellung eines Rechtsverhältnisses der einen Prozeßpartei zu einem Dritten geklagt werden?

2. Liegt ein Verstoß gegen die guten Sitten darin, daß der deutsche Bühnenverein seinen Mitgliedern die Einhaltung von Höchstsätzen bei Vergütungen an Dirigenten, Opernsänger und Opernsängerinnen vorschreibt?

ZPO. § 256. BGB. § 138. RVerf. Art. 142, 152.

VI. Zivilsenat. Urt. v. 24. März 1930 i. S. A.-O. u. Gen. (Kl.) w. Deutschen Bühnen-Verein (Bekl.). VI 383/29.

I. Landgericht I Berlin.
II. Kammergericht daselbst.

Dem Beklagten, einem eingetragenen Verein, gehören alle bedeutenden Bühnen Deutschlands und Österreichs an, insbesondere sämtliche Opernhäuser, an denen Sänger von Rang, sei es als Mitglieder, sei es als Gäste auftreten. In einer Arbeitsausschußsitzung vom 17. Juni 1926 hat der Verwaltungsrat des Beklagten auf Grund der Vereinssatzung beschlossen, alle ihm angeschlossenen Opernbühnen zu verpflichten, die Bestimmungen eines von den Bühnenvorständen beschlossenen, von ihm durch Rundschreiben vom 26. Juni 1926 mitgeteilten Abkommens einzuhalten. Das Abkommen betrifft die den künstlerischen Vorständen und den Einzelmitgliedern zu gewährenden Vergütungen und bestimmt unter anderem: Das Gesamteinkommen für das Jahr darf den Betrag von 30000 RM. nicht übersteigen (§ 1). Die Gastspielvergütungen für Dirigenten, Opernsänger und Opernsängerinnen dürfen für ein Auftreten den Betrag von 500 RM. nicht übersteigen. In Ausnahmefällen dürfen sie bis zum Betrage von 1000 RM. erhöht werden, keinesfalls aber diesen Betrag übersteigen (§ 3). Abweichungen von diesen Bestimmungen (§§ 1 bis 3) bedürfen der Vereinbarung zwischen der Bühne und dem Vorstand des Beklagten. Die Unterlagen für ihren Antrag hat die Bühne vorzulegen (§ 7). Die Kläger, die sich als hervorragende Opernsänger bezeichnen, die an Berliner Opernhäusern zum Teil auf Dauervertrag, zum Teil auf Gastspielvertrag tätig sind und eine nach den Tagen ihres Auftretens bestimmte Vergütung erhalten, behaupten: die Bestimmung des § 3 des Abkommens verstoße gegen die Art. 142 und 152 RVerf. und enthalte eine unzulässige Ausnutzung der Monopolstellung des Beklagten ihnen gegenüber, verstoße sonach gegen die guten Sitten, schädige sie, die Kläger, sehr und sei nichtig. Sie haben daher mit der Klage die Feststellung begehrt, der Beklagte sei nicht berechtigt, seinen Mitgliedern vorzuschreiben, daß keiner der Kläger eine höhere Gage als 1000 RM. für den Abend erhalten dürfe. Der Beklagte hat eingewendet: Die Voraussetzungen der Feststellungsklage seien nicht gegeben. Von einem Verstoß des § 3 gegen die guten Sitten könne keine Rede sein. Das Landgericht erkannte nach dem Klagantrag. Dagegen wies das Berufungsgericht die Klage ab. Die Revision der Kläger wurde zurückgewiesen.

Gründe:

Mit Recht hat das Berufungsgericht in Übereinstimmung mit dem Landgericht die Voraussetzungen einer Feststellungsklage nach

§ 256 ZPO. für gegeben erachtet. Ihrem Wesen nach ist die Klage auf die Feststellung gerichtet, daß ein aus dem Beschluß des Verwaltungsrates des Beklagten herzuleitendes Recht, seinen Mitgliedern die Zahlung einer höheren Vergütung als 1000 RM. für jeden Abend an die Kläger zu verbieten, nicht bestehe. Es soll also das Nichtbestehen eines entsprechenden Rechtsverhältnisses zwischen dem Beklagten und seinen Mitgliedern festgestellt werden, nicht eines solchen zwischen den Parteien.

Um das Bestehen eines Rechtsverhältnisses der letzteren Art braucht es sich aber im Falle des § 256 ZPO. auch nicht zu handeln; es können vielmehr auch Rechtsbeziehungen des Beklagten zu einem Dritten den Gegenstand einer Feststellungsklage bilden, wenn nur ein rechtliches Interesse des Klägers an der alsbaldigen Feststellung gegeben ist (Stein-Jonas ZPO. 14. Aufl. § 256 A. II 3; Sydow-Busch ZPO. 18. Aufl. § 256 Bem. 2; RGU. bei Gruch. Bd. 68 S. 333). Ein solches Interesse hält das Berufungsgericht mit Recht für vorliegend. Allerdings schafft das in dieser Sache ergehende Urteil keine Rechtskraft zwischen dem Beklagten und seinen Mitgliedern. Aber es ist ohne weiteres anzunehmen, daß sich diese in ihrem Verhältnis zueinander dem Urteil beugen und ihre Beziehungen dementsprechend gestalten werden. Die Kläger haben auch ein sehr wesentliches wirtschaftliches Interesse an der Feststellung, ob jene Bestimmung rechtswirksam ist oder nicht und ob sie daher bei ihren künftigen Vertragsverhandlungen mit den Mitgliedern des verklagten Vereins darauf Rücksicht zu nehmen haben oder ob sie diese auf die richterliche Feststellung der Nichtigkeit jener Bestimmung hinweisen und so das Hindernis einer höheren Vergütung ausschalten können. Ein solches Interesse genügt für die Anwendung des § 256 ZPO. (Sydow-Busch § 256 Bem. 2 und 4). Es braucht daher nicht erörtert zu werden, welche Rechtsbeziehungen sich zwischen den Parteien ergäben, wenn der Beklagte einem rechtskräftigen Urteil zuwider seinen Mitgliedern die Zahlung einer höheren Vergütung als der vorgesehenen verbieten würde. Daß aber im übrigen die Kläger nach ihren persönlichen Verhältnissen und nach Lage der Umstände dieses Interesse haben, hat das Berufungsgericht rechtlich einwandfrei dargelegt. Angriffe hiergegen sind auch von der Revision nicht erhoben worden. Die von Amts wegen anzustellende Nachprüfung, ob die Voraussetzungen des § 256 ZPO.

gegeben sind, führte aus den dargelegten Gründen zu dem auch vom Berufungsgericht gefundenen Ergebnis.

In der Sache selbst geht das Berufungsgericht zutreffend davon aus, daß die vom Beklagten beschlossene Bestimmung schon dann hinfällig sei und ihm keine Befugnis zu einem entsprechenden Verbot gegenüber seinen Mitgliedern gebe, wenn sie gegen die guten Sitten verstoße und daher nichtig sei (§ 138 BGB.). Daß diese Bestimmung auf die Hervorbringung eines rechtlichen Erfolgs, nämlich auf die Bindung der Vereinsmitglieder gerichtet, also ein Rechtsgeschäft im Sinne des Bürgerlichen Gesetzbuchs ist, kann nicht zweifelhaft sein. Es kann sich also nur fragen, ob darin ein Verstoß gegen die guten Sitten liegt. Diese Frage ist insoweit eine Rechtsfrage, als zu prüfen ist, ob nach den festgestellten Umständen ein Verstoß gegen die guten Sitten vorliegt (vgl. RGZ. Bd. 48 S. 129, Bd. 67 S. 101, Bd. 81 S. 41, Bd. 86 S. 191 u. a., ferner das Schrifttum zu § 138 BGB.). Nur in dieser Richtung bewegen sich auch die Angriffe der Revision. Würde die Bestimmung in eines der in der Reichsverfassung gewährleisteten Grundrechte der Kläger eingreifen, so wäre wohl damit, wie das Berufungsgericht angenommen hat, gegen die guten Sitten verstoßen. Denn die maßgebende sittliche Anschauung aller Recht und Sitte achtenden Volksgenossen verlangt, daß diese Grundrechte im menschlichen Verkehr geachtet werden. Solche Grundrechte, insbesondere die in Art. 142 und 152 RVerf. bezeichneten, sind aber gar nicht verletzt worden. Art. 142 bestimmt, daß die Kunst, die Wissenschaft und ihre Lehren frei sind. Er hat den Zweck, grundsätzlich die Kunst vor Eingriffen der Staatsorgane zu schützen und nur die in den allgemeinen Gesetzen vorgesehenen Schranken zuzulassen. Dagegen liegt darin nicht die Bestimmung, die Kunst solle auch im übrigen in voller Unabhängigkeit von allen sie einengenden Lebensverhältnissen, insbesondere solchen materieller Art, schaffen können, und jeder Volksgenosse habe ohne Rücksicht auf seine Belange sein Verhalten den Künstlern gegenüber dementsprechend einzurichten. Vielmehr bleibt in dieser Beziehung alles dem freien Spiel der Kräfte überlassen, soweit nicht Gesetz oder gute Sitte etwas anderes gebieten. Insbesondere kann die Bemessung der Vergütung für Kunstleistungen nur diesen Schranken unterliegen; nicht aber kann auf Grund des Art. 142 RVerf. verlangt werden, daß sich die Vertragsgenossen der Künstler aller gemeinsamen Maßnahmen zur

Ermäßigung der Forderungen der Künstler enthalten. Nur um letzteres handelt es sich aber hier. Ebensowenig wird durch die Bestimmung der in Art. 152 RVerf. aufgestellte Grundsatz der Vertragsfreiheit verletzt. Dieser besagt nur, daß die Parteien es in den Schranken der Gesetze völlig in der Hand haben, ihre Beziehungen durch Verträge so zu gestalten, wie es ihrer Willenseinigung entspricht, und daß sie nicht durch sonstige Forderungen allgemeiner Art daran gehindert werden können. Dagegen ist darin nicht die Bestimmung enthalten, es müsse jede Vertragspartei die Verhandlungen so führen und den Vertrag so schließen, wie es ihrem völlig freien, durch nichts beeinflußten Willen entspricht. Eine freie Entschließung in diesem Sinne kann es im Leben gar nicht geben. Jeder Vertragschließende wird auf die besonderen Verhältnisse und auf die Bindungen Rücksicht zu nehmen haben, die sich aus ihnen oder aus anderen Abreden für ihn ergeben. Der Art. 152 steht daher keineswegs der Vereinigung von Interessentengruppen und der dadurch herbeigeführten Bindung an gewisse Schranken bei Vertragsverhandlungen mit Dritten entgegen. Daß dem so ist, ergibt klar der Art. 159 RVerf., der ausdrücklich die Vereinigungsfreiheit zur Wahrung und Förderung der Arbeits- und Wirtschaftsbedingungen gewährleistet. Die Revision will denn auch die Art. 142 und 152 RVerf. nur „unterstützend" heranziehen, um die Sittenwidrigkeit der Bestimmung aus anderen Gründen darzulegen. Sie können aber nach ihrem wahren Inhalt auch dafür nicht in Betracht kommen.

Die Frage, ob die Bestimmung sonst gegen die guten Sitten verstößt, ist vom Berufungsgericht unter dem zutreffenden Gesichtspunkt geprüft worden, ob sie dem Anstandsgefühl der Volksgenossen mit einer dem Durchschnitt entsprechenden billigen, gerechten und anständigen Gesinnung widerspricht. Dabei sind die gesamten Umstände, insbesondere der Inhalt der Bestimmung, der Beweggrund, der den Beklagten dazu veranlaßt hat, und der Zweck, den er damit verfolgt hat, berücksichtigt worden. Diese Betrachtung entspricht der ständigen Rechtsprechung des Reichsgerichts und wird auch von der Revision nicht angegriffen. Sie will vielmehr im wesentlichen darlegen: Der Beklagte habe in unzulässiger und die Kläger wie die Kunst schwer schädigender Weise seine Alleinstellung (Monopolstellung) ausgenutzt. Seine Maßnahme sei unwirtschaftlich und nicht geeignet, den von ihm erstrebten Erfolg, die Beseitigung der ungünstigen wirtschaftlichen Lage der Theater, zu erreichen. Darunter leide die Kunst, da die bedeutenden Künstler durch die niedrige Vergütung gezwungen würden, zu anderen Erwerbsmöglichkeiten, insbesondere zur Operette, zum Film, zum Rundfunk überzugehen oder im Ausland aufzutreten. Den Ausführungen der Revision kann nicht beigetreten werden. Richtig ist, daß der verklagte Verein eine Alleinstellung gegenüber den darstellenden Künstlern und insbesondere gegenüber den Klägern insofern einnimmt, als ihm alle bedeutenden Theater Deutschlands und Österreichs angehören, darunter alle Opernhäuser, die für ein Auftreten der Kläger in Betracht kommen. Das verkennt auch das Berufungsgericht nicht. Es braucht nicht näher untersucht zu werden, ob die Grundsätze, die über die Ausnutzung einer Alleinstellung für Verkehrsgewerbe und gewerbliche Anstalten aufgestellt sind, auf die hier in Betracht kommenden Verhältnisse anzuwenden sind, obwohl hier nicht die — wenn auch in gewisser Weise beschränkte — Allgemeinheit, sondern nur ein ganz gesonderter Personenkreis dem Beklagten gegenübersteht. Denn auch wenn man diese Grundsätze hier zugrunde legt, können die Ausführungen des Berufungsgerichts nicht als rechtsirrtümlich bezeichnet werden. Entscheidend ist dabei, ob die Alleinstellung dazu mißbraucht ist, um dem anderen Teil Vertragsbedingungen aufzuerlegen, die eine übermäßige Ausnutzung der gegebenen Machtstellung enthalten. Derselbe Gesichtspunkt liegt übrigens auch der Rechtsprechung zugrunde, welche die übermäßige Ausnutzung der Lage des wirtschaftlich Schwächeren durch den wirtschaftlich Stärkeren zum Schaden des ersteren oder Dritter für einen Verstoß gegen die guten Sitten erklärt. Schließlich bewegt sich in ähnlicher Richtung auch der ebenfalls hier in Betracht kommende Gedankengang: Im Wirtschaftskampfe kann es niemand verwehrt werden, seine eigenen Belange auch dann zu verfolgen, wenn dadurch ein anderer geschädigt wird. Gegen die guten Sitten verstößt ein solches Vorgehen nur beim Hinzutritt besonderer Umstände, insbesondere wenn unlautere Mittel angewendet werden oder das Verhalten die wirtschaftliche Vernichtung der anderen zur Folge hat oder doch eine übermäßige wirtschaftliche Schädigung, die in keinem Verhältnis zum Vorteil des Schädigers steht, oder eine übermäßige Einschränkung der wirtschaftlichen Freiheit. Alle diese Grundsätze sind im wesentlichen für das Wirtschaftsleben entwickelt worden. Sie werden aber auch unter Beachtung der besonderen Art und Stellung des Künstlers und der besonderen Verhältnisse der Verwertung seiner Kunstleistungen auf die wirtschaftlichen Beziehungen anzuwenden sein, die zum Zwecke und in Durchführung dieser Verwertung zwischen dem Künstler und dem anderen Vertragsteil entstehen. Hier handelt es sich auf der einen Seite um darstellende Künstler, die nach ihrer Angabe vermöge ihrer hervorragenden Leistungen eine besondere Stellung einnehmen, und anderseits um die Vorstände der Bühnen, die für ihr Auftreten in Frage kommen, sowie um den Verein, in dem diese zur Wahrung ihrer Belange zusammengeschlossen sind. Wie das Berufungsgericht feststellt und nach den allgemein bekannt gewordenen Erfahrungen der letzten Jahre zweifellos ist, befinden sich fast alle Bühnen, welche ernsten künstlerischen Aufgaben dienen, besonders die Opernhäuser, in einer sehr schwierigen wirtschaftlichen Lage. Ihre Unkosten übersteigen meist erheblich die Einnahmen. Soweit sie von öffentlichen Verbänden — Staat, Gemeinden — betrieben werden, und das ist die Mehrzahl, können die großen Opernhäuser nur durch erhebliche Zuschüsse dieser Verbände aufrecht erhalten werden, da die immer weitere Kreise, besonders die kunstfreudigen und kunstverständigen, ergreifende Verarmung der Erhöhung der Eintrittspreise enge Schranken setzt. Nun gebieten aber die ungeheuren öffentlichen Lasten, die infolge der aufgezwungenen Friedensbedingungen und der sich daran anschließenden Verträge Deutschland obliegen, größte Sparsamkeit in der Wirtschaft aller öffentlichen Verbände. Und daraus ergibt sich wieder, daß fast überall die den Opernhäusern gewährten Unterstützungen entweder ganz oder doch zu einem erheblichen Teil gestrichen werden. So können die Opernhäuser ihren Betrieb wieder nur aufrecht erhalten, wenn sie ihre Ausgaben entsprechend vermindern. Nach der Feststellung des Berufungsgerichts schränken sie aus solchen notwendigen, rein wirtschaftlichen Erwägungen auch die in erheblichem Maße in Betracht kommenden Ausgaben für die hervorragenden, teils auf Dauer, teils auf Gastspielvertrag angenommenen Einzel-Sänger und -Sängerinnen ein. Um das durch gleichmäßige Handhabung angemessen erreichen zu können und gleichzeitig ungesunde Überbietungen der Bühnen zu verhindern, schreibt der ihre Belange wahrnehmende Verein, der Beklagte, eine Höchstvergütung vor, insbesondere auch für Gastspiele. Mit dem Berufungsgericht kann jedenfalls in dem Beweggrund zu diesem Vorgehen und in dessen Zweck an sich nichts Sittenwidriges gefunden werden. Aber auch der Inhalt der Bestimmung verstößt bei Würdigung aller Umstände nicht gegen die guten Sitten. Es kann dabei nicht, wie die Revision will, darauf entscheidend ankommen, ob nun wirklich die Maßregel des Beklagten zu dem erstrebten Ziel führt oder ob sie verfehlt ist und ob „etliche Bühnenleiter" sie auch für verfehlt halten oder darunter leiden. Es ist dem Beklagten zuzugestehen, daß er am besten die Mittel und Wege kennen muß, die er zur Erzielung von Ersparnissen einzuschlagen hat, und daß er jedenfalls die Mittel anwenden darf, die er für die geeigneten hält. Sollte er darin auch wirklich irren, so wird damit doch noch nicht die ergriffene Maßregel zu einer solchen, die den sittlichen Anschauungen der Volksgenossen widerspricht. Der Beklagte würde ja auch unwirtschaftlich und den Belangen seiner Mitglieder zuwider handeln, wenn er eine sie angeblich schädigende Maßnahme zu Ersparniszwecken ergriffe, und es kann ohne weiteres angenommen werden, daß die Mehrheit seiner Mitglieder das bald erkennen und auf dem satzungsmäßigen Wege eine Änderung herbeiführen würde. Wenn nach dem Vorbringen der Kläger einige Bühnenleiter, darunter auch hervorragende, anderer Ansicht sind, so handelt es sich dabei eben um Meinungsverschiedenheiten. Der Beweis für die objektive Wahrheit kann durch derartige Gutachten nach Lage der Umstände nicht erbracht werden. Höchstens etwa dann, wenn das zur zweifellosen Gewißheit festgestellt werden könnte und wenn auch der Beklagte bei hinreichender Prüfung das hätte erkennen müssen, würde diese Tatsache für die Frage eines Verstoßes gegen die guten Sitten überhaupt in Betracht kommen. Der Umstand, daß der Beklagte in besonderen Fällen Abweichungen von der vorgeschriebenen Höchstvergütung gestatten darf und gestattet, kann nicht dazu benutzt werden, um die Bestimmung über die Höchstvergütung an sich als sittenwidrig erscheinen zu lassen. Denn sie dient gerade den Belangen der Künstler und gestattet bei besonderer Sachlage Ausnahmen zu ihren Gunsten. Wenn die tatsächliche Handhabung dieser Ausnahmebestimmung im Einzelfall Anlaß zu Beanstandungen bietet, insbesondere wenn sie als unlauter erscheint, so muß es im Einzelfall dem Geschädigten überlassen bleiben, mit den gesetzlichen Mitteln dagegen vorzugehen.

Keinesfalls kann daraus ein Schluß auf das Sittenwidrige der ganzen Bestimmung gezogen werden.

Aber auch wenn man die Wirkung der Bestimmung auf die Verhältnisse der Kläger hinzunimmt, kann aus den gesamten Umständen in ihr kein Verstoß gegen die guten Sitten gefunden werden. Daß von einer wirtschaftlichen Vernichtung der Kläger keine Rede sein kann, wenn sie für das Auftreten an einem Abend 1000 RM. erhalten können, ist ohne weiteres klar. Das behauptet auch die Revision nicht. Man kann auch nicht sagen, daß der vom Beklagten erstrebte und nach seiner Ansicht erzielte Vorteil in einem unbilligen Mißverhältnis zu dem Nachteil steht, den die Kläger dadurch erleiden. Denn was der Beklagte erspart, das büßen die Kläger ein. Es kann sich also nur fragen, ob die Kläger etwa aus anderen Gründen einen übermäßigen Schaden erleiden und ob sie insbesondere in unzulässiger Weise in ihrer wirtschaftlichen oder künstlerischen Freiheit beschränkt werden. Abzulehnen ist die Erwägung der Revision, daß es schon etwas Sittenwidriges sei, einen Künstler überhaupt an einen Tarif zu binden, da er darauf Anspruch habe, in entsprechender Weise an dem durch seine Kunstleistung erzielten Betrag teilzunehmen. Das letztere ist nicht richtig und auch allgemein nicht üblich, liegt übrigens auch nicht im Interesse des Künstlers, da seine Vergütung dann stets von den Einnahmen der Bühne abhinge und unter Umständen ganz gering oder ein Nichts wäre und er gegebenenfalls sogar am Verlust teilnehmen müßte. Überdies wäre es ja gerade auch bei Opernaufführungen ganz unmöglich, festzustellen, welcher Teil der Einnahmen auf jeden der zahlreichen Mitwirkenden entfällt. Man kann aber auch nicht sagen, daß die Festsetzung einer Höchstvergütung, wenn sie sonst nach den besonderen Umständen nichts Unzulässiges enthält, notwendig mit der Kunstleistung, jedenfalls mit der eines darstellenden Künstlers, unvereinbar sei und den Künstler in unzulässiger Weise einschränke. Sie kann es sein, wenn sie sich in unangemessenen Grenzen bewegt, dem Künstler nicht eine seiner Leistung und Stellung im Verhältnis zu anderen Berufen entsprechende Lebensführung gestattet, wobei stets auch die Verhältnisse des anderen Teils zu berücksichtigen sein werden. Es ist aber dem Berufungsrichter aus Rechtsgründen nicht entgegenzutreten, wenn er in den hier vorgesehenen Höchstvergütungen keine Überschreitung dieser Grenze findet. Er hat die besonderen Verhältnisse der Opernsänger berücksichtigt. Wenn er dabei zu anderen Ergebnissen kommt als die Revision, so handelt es sich doch um bloße Tatsachenwürdigung. Aus Gesichtspunkten des Rechts oder der allgemeinen Erfahrung sind dagegen keine Bedenken zu erheben. Wenn die Künstler sich trotzdem von der Oper abwenden und Beschäftigung in anderen Zweigen der Kunstausübung suchen und finden oder ins Ausland gehen, weil ihnen dort weit größere Verdienstmöglichkeiten winken, so ist das gewiß im Interesse eines hohen Standes der Opernkunst zu bedauern. Aber die Künstler können nicht sagen, daß sie dazu durch die Maßnahmen des Beklagten gezwungen seien, daß sie nicht anders handeln könnten und daß sie daher in unzulässiger Weise in der Freiheit ihrer Kunstausübung beschränkt seien. Gerade in einem niedergedrückten und verarmten Lande wie Deutschland haben die darstellenden Künstler die Aufgabe, ihre Volksgenossen durch vollkommene Verkörperung der großen Gestalten einer hohen Kunst zu erheben. Schon in dieser Wirkung liegt ein ideeller Lohn für ihre Begabung und ihre Arbeit. Ihre materielle Entlohnung mag wegen der gedrückten allgemeinen Lage nicht derjenigen in anderen, reicheren Ländern oder in Kunstzweigen entsprechen, die wegen ihrer anders gearteten Verhältnisse zur Gewährung höherer Vergütungen in der Lage sind. Immerhin bietet sie ihnen aber, wie das Berufungsgericht annimmt, ein gutes und auch ihr Alter sicherndes Auskommen, selbst wenn sie keine verdienstbringenden Nebenbeschäftigungen haben, wie sie das angefochtene Urteil für die Mehrzahl der Kläger feststellt. Es liegt dann in ihrer Hand, ob sie die höhere künstlerische Betätigung und eine solche in ihrem Vaterland bei hinreichendem Auskommen vorziehen oder ob sie das höhere Einkommen wählen und dafür eine andere Art der Betätigung in Kauf nehmen. Man kann somit nicht sagen, daß sie durch die Bestimmung der Höchstvergütung in der Freiheit ihrer künstlerischen Betätigung in unzulässiger Weise eingeschränkt werden, wenn man auf der anderen Seite in Betracht zieht, daß sich die Bühnen durch die Verhältnisse zur größten Sparsamkeit gezwungen sehen.

17. 1. Grundsätzliche Ausschließlichkeit der urheberrechtlichen Befugnis.
2. Folgerungen daraus für Sammlungen von Werken, die bei Gesangsvorträgen benutzt werden sollen.

LitUrhG. §§ 11, 19 Nr. 3.

I. Zivilsenat. Urt. v. 26. März 1930 i. S. des Verlags Br. (Kl.) w. B., Buch- u. Musikverlag (Bekl.). I 260/29.

I. Landgericht I Berlin.
II. Kammergericht daselbst.

Die Beklagte gibt Schlager-Liederbücher heraus. Unter diesen kommen hier drei in Betracht, die üblicherweise nach ihrer Zahl in der Reihe und nach der Überschrift ihres Anfangs-Schlagers bezeichnet werden: Nr. 24 „Sonja, deine Lippen sind wie Rosen" mit 54, Nr. 25 „Ich küsse Ihre Hand, Madame" mit 56 und Nr. 26 „O Mädchen, mein Mädchen" mit 49 Liedern Die Beklagte verkauft die Heftchen für je 10 Pfennig. An den in den drei Heften enthaltenen Stücken „Ich küsse Ihre Hand, Madame" (Nr. 25 S. 1 und Nr. 26 S. 31), „Sündig und süß" (Nr. 25 S. 15) und „Natascha" (Nr. 24 S. 16) steht dem Kläger das Verlagsrecht zu. Er sieht in der Vervielfältigung und Verbreitung der drei Schlager eine Verletzung dieses seines Rechtes, durch die er geschädigt werde. Mit der vorliegenden Klage begehrt er deshalb Unterlassung, Auskunfterteilung und Vernichtung. Die Beklagte vertritt die Ansicht, daß die Schlagerbücher Sammlungen mit den Merkmalen des § 19 Nr. 3 LitUrhG. seien, die Vervielfältigung und Verbreitung ihr mithin freistehe.

Das Landgericht hat dem Klagantrag entsprochen. Auf Berufung der Beklagten hat das Kammergericht die Klage abgewiesen. Die Revision des Klägers führte zur Aufhebung und Zurückverweisung, soweit Auskunfterteilung verlangt ist, im übrigen zur Wiederherstellung des ersten Urteils.

Gründe:

I. Für die von der Revision bemängelte Auslegung des § 19 Nr. 3 (LitUrhG.) ist der Aufbau dieses Gesetzes wesentlich.

1. In seinem zweiten Abschnitte (§§ 11 bis 28) regelt es die Befugnisse des Urhebers. Voran schickt es dabei den allgemeinen

Grundsatz (§ 11), daß dem Urheber eine umfassende, ausschließliche Befugnis zukommt, das Werk zu vervielfältigen und gewerbsmäßig zu verbreiten; bei Bühnen- und Musikwerken, es öffentlich aufzuführen. Diese ausschließlichen Befugnisse erstrecken sich, wie dann (§ 12) näher bestimmt wird, auch auf die Bearbeitungen des Werkes. Unbeschadet der ausschließlichen Urheberrechte ist aber unter bestimmten Voraussetzungen freie Benutzung des Werkes zulässig (§ 13). Die Ausschließlichkeit wiederum zeigt sich dadurch, daß bei Überlassung des Urheberrechts gewisse Befugnisse dem Urheber verbleiben, wenn nichts anderes bedungen ist (§ 14).

2. Vervielfältigung ohne Einwilligung des Berechtigten ist, wie es der vorangestellten Regel (§ 11) entspricht, grundsätzlich unzulässig (§ 15 Abs. 1). Doch sieht das Gesetz eine Reihe von Ausnahmen vor, die solche Vervielfältigung gestatten.

a) Vervielfältigung zum persönlichen Gebrauch ist zulässig, sofern damit keine Einnahme bezweckt wird (§ 15 Abs. 2).

b) Abdruck amtlicher, zum amtlichen Gebrauch hergestellter Schriften (Gesetze, Verordnungen, Erlasse, Entscheidungen), die sich ihrer Bestimmung gemäß an die breiteste Öffentlichkeit wenden, ist ebenfalls gestattet (§ 16).

c) Desgleichen unter gewissen Voraussetzungen die Wiedergabe von Vorträgen und Reden, die bei öffentlichen Verhandlungen (der Gerichte, der Volks-, Gemeinde- oder Kirchenvertretungen) gehalten werden (§ 17).

d) Ferner mit gewissen Einschränkungen Zeitungsartikel und Nachrichten tatsächlichen Inhalts (§ 18).

e) Sodann Vervielfältigungen, bei denen es sich um bloße Belegstücke, um geistige Verarbeitung und um Blütenlese oder Auswahl verschiedener Art handelt (§ 19):

(1.) Unter den hier gestatteten Ausnahmen steht die voran, welche man unter den Sammelnamen Zitat zu bringen pflegt: Kleinzitat bei Anführung einzelner Stellen oder kleiner Teile in einer selbständigen literarischen Arbeit (Nr. 1); Großzitat bei Aufnahme nicht umfänglicher Aufsätze oder einzelner Gedichte in eine selbständige wissenschaftliche Arbeit (Nr. 2).

(2.) Einzelne Aufsätze von geringem Umfang, einzelne Gedichte oder kleinere Teile eines Schriftwerks dürfen in eine Sammlung aufgenommen werden, welche Werke einer größeren Anzahl von

Schriftstellern vereinigt und ihrer Beschaffenheit nach für den Kirchen-, Schul- oder Unterrichtsgebrauch oder zu einem eigentümlichen literarischen Zwecke bestimmt ist (Nr. 4).

(3.) Zwischen diese beiden letztgenannten Ausnahmen wurde — vom Reichstag in der dritten Lesung — diejenige eingefügt, um deren Auslegung es sich hier handelt (§ 19 Nr. 3): „Zulässig ist die Vervielfältigung, wenn einzelne Gedichte nach dem Erscheinen in eine Sammlung aufgenommen werden, die Werke einer größeren Zahl von Schriftstellern vereinigt und ihrer Beschaffenheit nach zur Benutzung bei Gesangsvorträgen bestimmt ist."

f) Der Textauslese für neue Tonkunstwerke wird ebenfalls eine Vergünstigung eingeräumt (§ 20).

g) Entsprechend wie bei anderen Schriftwerken (§ 19 Nr. 1, 2, 4) sind aus Musikwerken Zitat (Klein- und Großzitat) und in gewissem Umfang Blütenlese für den Schulunterricht freigegeben (§ 21).

h) Für die mechanische Wiedergabe von Werken der Tonkunst ist unter bestimmten Voraussetzungen Zwangslizenz gesichert (§§ 22, 22a bis c).

i) Zugelassen ist endlich die Entnahme einzelner erläuternder Abbildungen (Bildzitat) aus einem erschienenen Werke (§ 23).

3. Diesen erlaubten Ausnahmen, welche die Regel des ausschließlichen Urheberrechts durchbrechen, sind wiederum

a) durch das Verbot der Änderung (§ 24) und das Gebot der Quellenangabe (§ 25) Grenzen gesetzt.

b) Der Vervielfältigung, die innerhalb solcher Schranken ausnahmsweise gestattet ist, schließen sich Verbreitung, öffentliche Aufführung und öffentlicher Vortrag an (§ 26). Für gewisse Arten und Anwendungsfälle öffentlicher Aufführung folgen etliche nähere erleichternde Vorschriften (§ 27).

II. Bei der Auslegung der in Nr. 3 des § 19 LitUrhG. gegebenen Vorschrift ist zu prüfen, 1. was unter Eingriff in fremde Urheberbefugnis erlaubterweise entnommen werden darf, und 2. welche Eigenschaften für den Gegenstand geboten sind, in dessen Rahmen das Entnommene eingefügt wird.

A. Einzelne Gedichte dürfen nach dem Erscheinen (in eine Sammlung....) aufgenommen werden.

Die drei Lieder, um die es sich hier handelt — „Ich küsse Ihre Hand, Madame", „Sündig und süß" und „Natascha"—sind „Gedichte".

Zwar bestreitet der Kläger, daß ein Schlager nach Entstehungsweise, Gedankeninhalt und sittlichem wie künstlerischem Wert unter die Gedichte gehöre. Jedoch kann der sittliche und künstlerische Wert hier unerörtert bleiben. Es genügt, daß die drei Lieder die Ausdrucksform gebundener Rede aufweisen. Dadurch allein schon kennzeichnen sie sich nach dem Sprachgebrauch des Lebens, von dem das Gesetz nicht abweicht, als Gedichte (Kohler Urheberrecht (1907) S. 189 Nr. II 1.) Gestattet ist Aufnahme „einzelner" Gedichte, also etlicher Probestücke aus dem, was ein Verfasser geschaffen hat; nicht gestattet wäre die Aufnahme einer großen Anzahl, eines beträchtlichen Teils der Gedichte eines und desselben Verfassers. Daß der Gesetzesvorschrift insofern genügt ist, bedarf hier, wo es sich nur um drei Lieder, je von verschiedenen Urhebern, handelt, keiner Ausführung. Auch darüber besteht kein Streit, daß die Aufnahme in das Liederbuch der Beklagten bei allen drei hier in Betracht kommenden Gedichten erst stattgefunden hat, nachdem sie erschienen waren.

B. Der Rahmen, in den die Gedichte zulässigerweise eingefügt werden dürfen, wird vom Gesetze bezeichnet als „eine Sammlung, die Werke einer größeren Zahl von Schriftstellern vereinigt und ihrer Beschaffenheit nach zur Benutzung bei Gesangsvorträgen bestimmt ist" (§ 19 Nr. 3 LitUrhG.).

1. Daß die Hefte 24, 25 und 26 der Beklagten (ein jedes) die Werke einer größeren Anzahl von Schriftstellern in sich vereinigen, zeigt die Durchsicht ohne weiteres. Im Heft 24 sind 34, im Heft 25 sind 25, im Heft 26 sind 27 verschiedene Urheber der Liedtexte genannt.

2. Das Kammergericht nimmt an, auf die Liederbücher der Beklagten (Nr. 24, 25, 26) sei der Begriff „Sammlung" im Sinne der Gesetzesvorschrift anzuwenden. Ob er wirklich zutrifft, läßt sich auf Grund des Berufungsurteils nicht entscheiden, weil in wesentlichen Punkten teils dessen Feststellungen selbst, teils die daraus gezogenen Folgerungen zu Bedenken Anlaß geben.

a) Außer in § 19 Nr. 3 LitUrhG. wird der Ausdruck „Sammlung" noch in dessen § 17 Abs. 2, § 19 Nr. 4, § 21 Nr. 3, § 24 Satz 3 und § 62 Satz 2 verwendet. Bestehen keine Anzeichen dafür, daß an diesen Stellen mit dem Wort ein durch besondere Begriffsmerkmale gekennzeichneter, vom allgemeinen Sprachgebrauch abweichender Sinn verbunden werde, so ist festzustellen, welches der gebräuchliche

Sprachsinn des Wortes Sammlung sei. Das Kammergericht führt aus: Der allgemeine Sprachgebrauch setze bei „Sammlung" keinen Gedankenplan, keine Ordnung nach bestimmten Gesichtspunkten voraus. Man spreche z. B. von Gemäldesammlung auch dann, wenn Bilder ohne Rücksicht auf Urheber, Zeit und Land lediglich nach Gefallen zusammengekauft und wahllos nebeneinander gehängt worden seien; das Ergebnis dieser sammelnden Tätigkeit werde nicht durch nachträgliches Ordnen aus Gesichtspunkten des Stils oder der geschichtlichen Entwicklungsstufen zur „Sammlung"; es verliere das Wesen der Sammlung auch nicht dadurch, daß die einmal hergestellte Ordnung, etwa bei einem Umzuge, wieder verloren gehe. Ganz allgemein erkenne man ferner in bunter Unordnung aneinandergereihte Märchen, Anekdoten, Aphorismen als „Sammlung" an.

Diese Aussage über den Sprachgebrauch trifft so allgemein nicht zu; sie kann deshalb nicht als eine Feststellung verwendet werden, die der Gesetzesauslegung zur Grundlage diente. Geht einer planmäßig geordneten Menge von Gegenständen die Ordnung nur vorübergehend verloren, so beweist es für den Sprachgebrauch wenig, wenn sie auch dann noch mit ihrem sonst gebräuchlichen Namen „Sammlung" belegt wird. Von Belang könnte für den gegenwärtigen Fall, wo es sich um Liederhefte handelt, vorzugsweise der bei Zusammenstellungen von Gedichten obwaltende Gebrauch sein. Derartige Zusammenstellungen aber pflegen, zumal soweit sie sich in Titel oder Vorwort selbst als Sammlungen bezeichnen, nach bestimmten Gesichtspunkten ausgewählt und gegliedert zu sein. Zwar enthält „Des Knaben Wunderhorn" hunderte verschiedenartiger Lieder aus vielen Zeitaltern in willkürlich bunter Folge; und die Kinder- und Hausmärchen der Brüder Grimm sind ohne besondere Stoffordnung aneinandergereiht. Aber Sammelarbeiten wie diese beiden bedeuten nach Gegenstand, Ziel und Ergebnis schon für sich allein hervorragende geistige Taten; sie müßten um deswillen als Sammlungen anerkannt werden, auch wenn die Anwendung dieses Begriffes eine beträchtliche geistige Leistung voraussetzte. Ganz Entsprechendes mag an jüngeren Sammlungen beobachtet werden. Daher bezeichnet das Grimmsche Wörterbuch (im 8. Bande, den im Jahre 1893 Moriz Heyne herausgegeben hat) den gewöhnlichen Sinn der „Sammlung" als eines Tätigkeits-Ergebnisses wie folgt: „eine nach bestimmten Gesichtspunkten, zu wissenschaftlichen, künstlerischen Zwecken oder aus Liebhaberei zusammengebrachte und geordnete Menge von Gegenständen (wie Gemälde, Münzen, Marken, Minerale, Altertümer, Vasen, Porzellan, Predigten, Briefe, Novellen, Gedichte....)". Festzustellen, ob der so bezeugte gewöhnliche Sprachgebrauch (sofern das Zeugnis zutreffend) sich seitdem geändert habe, ist nicht Aufgabe des Revisionsgerichts. Hier genügt darum der Hinweis, daß gegen die Ausführungen des Berufungsurteils zu diesem Punkt aus den angedeuteten Gründen Bedenken bestehen.

b) Das Kammergericht führt jedoch — für den Fall, daß zur „Sammlung" ein gewisser Gedankenplan gehören sollte — weiterhin aus: Auf die vorliegenden Schlagerhefte sei ein erhebliches Maß ordnender Geistestätigkeit verwendet worden; daher müsse der Begriff „Sammlung", wenn man höhere Ansprüche an seinen Inhalt stelle, hier doch Anwendung finden. Es bemerkt: „Wenn aus der unendlichen Fülle der vorhandenen Gedichte aller Zeiten Gruppen von beliebten Schlagern der Gegenwart zu Heften zusammengestellt werden, so liegt dieser Zusammenstellung ein mindestens so hoher Grad ordnender Tätigkeit zugrunde, wie der Zusammenstellung eines Kommersbuchs, bei dem erfahrungsgemäß mehr oder weniger willkürlich schon vorhandene Kommersbücher in umfassendster Weise verwendet werden".

Diese Beurteilung ist in wesentlichen Punkten tatsächlich irrig und rechtfertigt deshalb die aus ihr für die Gesetzesauslegung gezogenen Folgerungen nicht. Eine Durchsicht der drei Hefte 24, 25, 26 auf ihren Inhalt erweist, daß die Annahme, es sei „aus der unendlichen Fülle der vorhandenen Gedichte aller Zeiten" ausgewählt und auf solche Weise seien „Gruppen von beliebten Schlagern der Gegenwart . . . zusammengestellt worden", der tatsächlichen Grundlagen ermangelt. Es handelt sich fast durchweg nur um Lieder von augenblicklicher Beliebtheit in der Gegenwart, und ihr Ursprung liegt zumeist in verhältnismäßig naher Vergangenheit. Wie eine dergestalt für den heutigen Tag vornehmlich aus Schlagern jüngster Zeit veranstaltete Zusammenstellung aus Stoff „aller Zeiten" hätte gewonnen werden müssen, ist nicht dargelegt; es konnte auch nicht dargelegt werden, weil es nicht zutrifft. Außer Betracht gelassen ist ferner, daß eine erhebliche Anzahl der aufgenommenen Stücke in allen drei hier streitigen Heften wiederkehrt. Hierdurch vermindert sich bei näherem Zusehen das Maß geistiger Arbeit, das zur Zusammenfügung gehörte, noch mehr. Die Auffassung des Berufungsurteils, die in den Heften niedergelegte Auslese zeuge von einem erheblichen Maß ordnender Geistestätigkeit, ist also nicht gerechtfertigt. Die Anwendung des Begriffes „Sammlung" könnte somit auf sie nicht begründet werden, wenn ihm das Erfordernis einer solchen Tätigkeit eignete.

c) Der Kläger beruft sich für seine Ansicht auf eine Entscheidung des österreichischen Obersten Gerichtshofes (vom 26. März 1926, Entsch. Bd. 6 S. 76 bis 80 Nr. 36), in der es heißt: „Die Sammlung selbst muß ein ursprüngliches, schöpferisches Geisteswerk darstellen. Dadurch unterscheidet sie sich von einer bloßen Geschäftsmethode.... Die Sammlung muß einen selbständigen, erkennbaren Zweck verfolgen, der sich von der Wirkung des Einzelwerkes auf denjenigen, der sie aufnimmt, unterscheidet und in der Regel in anderer Richtung laufen wird" (S. 78). ... „Lediglich eine Sammlung von allgemein und leicht zugänglichen Tageserzeugnissen kann nicht ohne weiteres als eine von einem literarischen oder künstlerischen Zwecke geleitete schöpferische Sammeltätigkeit angesehen werden" (S. 80). So beachtenswert diese Ausführungen für die Ermittlung eines herrschenden Sprachgebrauchs sein mögen, es muß doch bei ihrer Verwertung bedacht werden, daß sie sich auf österreichisches Recht (§ 25 Nr. 2 des österreichischen Urheberrechtsgesetzes vom 26. Dezember 1895) beziehen; sie können nicht kurzweg auf die Auslegung des deutschen übertragen werden, schon weil die beiden Gesetze nicht gleichförmig aufgebaut sind und das österreichische keine dem § 19 Nr. 3 LitUrhG. genau entsprechende besondere Vorschrift enthält.

3. Muß also die Möglichkeit offengelassen werden, daß die Liederhefte 24, 25 und 26 der Beklagten zu den Sammlungen im Sinne des § 19 Nr. 3 LitUrhG. gehören, so fragt sich, ob sie „ihrer Beschaffenheit nach zur Benutzung bei Gesangsvorträgen bestimmt" sind.

a) Das Landgericht verneinte dies. Es ging — wie in einem früheren Rechtsstreit, der durch unmittelbar eingelegte Revision zu einem Urteile des Reichsgerichts führte (RGZ. Bd. 122 S. 66) — von der Auffassung aus: „Unter Gesangsvorträgen sind gesellige Veranstaltungen zu verstehen, bei denen eine größere Anzahl von Personen mitsingt. Demgegenüber sind in die Liederbücher hauptsächlich Tanzschlager aufgenommen worden, die kurze Zeit populär sind und sehr bald in Vergessenheit geraten. Die Hefte enthalten zwar die Angabe, daß die Lieder ‚zum Mitsingen bestimmt‘ sind; die aufgedruckte Zweckbestimmung ist aber nicht entscheidend. Im vorliegenden Tatbestand kommt noch hinzu, daß das Liederbuch selbst als wesentlich hervorhebt, es enthalte ‚Rundfunk-Texte‘. Es will also den Benutzern die Möglichkeit geben, die Hefte beim Rundfunkhören zu verwenden, hauptsächlich in ihnen den Wortlaut der bei den Übertragungen von Tanzmusik durch den Rundfunk gespielten Schlager nachzulesen, weil hierbei der Text überhaupt nicht angegeben, sondern nur die Überschrift mitgeteilt wird. Ähnlich liegt es bei dem Hinweise, daß die Texte ‚passend für Grammophon‘ seien, da auch hier bisweilen die Platten nur die Melodie, nicht aber den Text enthalten".

Das Kammergericht lehnt — unter vergleichendem Hinweis auf die Fassung der §§20, 27 LitUrhG. — die Ansicht des Landgerichts ab und führt aus: Es könne für die Abmessung der im § 19 Nr. 3 eingeräumten Befugnisse nicht auf die Art der Veranstaltung (Vereins- oder Volksfest oder häusliche Feier, engerer oder weiterer Kreis der Beteiligten) ankommen, bei der die Gesangsvorträge stattfinden. Entscheiden müsse das Übergewicht des musikalischen Zweckes gegenüber dem literarischen. Überdies sei die Familie im Aufbau der Volksgemeinschaft ein Gebilde viel höherer Ordnung als etwa ein Wanderverein oder eine Reisegesellschaft. Also müsse eine Auslegung des § 19 Nr. 3 abgelehnt werden, durch die das Familienleben gegenüber der sonstigen Geselligkeit hintangesetzt würde. Zu den Gesangsvorträgen im Sinne des § 19 Nr. 3 gehöre mithin das Singen im engsten Familienkreis ebensowohl wie das Singen einer größeren Anzahl von Menschen bei Ausflügen oder Volksfesten und das Singen in Kaffeehäusern oder an sonstigen Vergnügungsstätten. Diesen Ausführungen des Berufungsurteils ist nicht beizustimmen. Sie geben schon darum Grund zu Bedenken, weil die zur Auslegung des § 19 Nr. 3 herangezogenen anderen Vorschriften des Gesetzes vom 19. Juni 1901 nach dessen vorhin gekennzeichneter Grundlage ausdrücklich besonderen Zwecken gewidmet sind. Im § 27 handelt es sich um Beschränkungen des Ausführungsrechts zugunsten öffentlicher Aufführungen eines erschienenen Werkes der Tonkunst für gewisse nicht dem Erwerb dienende Zwecke. Der § 20 betrifft die Textauslese für neue Werke der Tonkunst. Durch den § 19 Nr. 3 dagegen soll unter Ersparung von Weiterungen und Kosten die Sammlung einzelner Gedichte zur Benutzung bei Gesangsvorträgen ermöglicht werden. Der § 20 setzt also voraus, daß eine Schöpfung auf dem Gebiete der Tonkunst neu entstanden ist; im § 19 Nr. 3 wird keine musikalische Neuschöpfung erfordert. Auch der § 27 hat ein einzelnes Werk der Tonkunst zum Gegenstand und verstattet dessen öffentliche Aufführung, sofern damit kein dem Urheber entgehender Vermögensvorteil erstrebt wird; im § 19 Nr. 3 handelt es sich um mehrere Gedichttexte, die in einer zu geselligem Singen bestimmten Sammlung vereinigt werden. Es geht also nicht an, so, wie das Berufungsurteil es vertritt, lediglich das Übergewicht des musikalischen Zweckes gegenüber dem literarischen entscheiden zu lassen.

b) Während in dem vorhin erwähnten früheren Prozesse das Landgericht angenommen hatte, die damals im Streit befindlichen Schlager würden nur verhältnismäßig selten von größeren Gesellschaften bei ihren Veranstaltungen gesungen, trifft im vorliegenden Rechtsstreit das Kammergericht eine Feststellung anderen Inhalts. Es bemerkt: „Erfahrungsgemäß werden gegenwärtig Schlager wie die in den Heften 24, 25 und 26 enthaltenen auch bei Festen, Ausflügen, Reisen, Wanderungen von Vereinen und Gesellschaften in weitestem Ausmaße gesungen. Die gegenteilige Feststellung im früheren Rechtsstreite wird den wirklichen Tatsachen nicht gerecht". Und an späterer Stelle fügt es als seine aus tatsächlichen Erfahrungen gewonnene Überzeugung hinzu, daß „die Benutzung der Schlagerhefte bei Vereinsveranstaltungen und ähnlichen Gelegenheiten auf der einen Seite und in öffentlichen Lokalen auf der anderen Seite eine wesentlich größere Rolle spielt als die Benutzung im engsten Familienkreise".

Hiernach liegt kein Rechtsirrtum darin, daß das Berufungsurteil annimmt, die Liederhefte 24, 25 und 26 der Beklagten seien ihrer Beschaffenheit nach zur Benutzung bei Gesangsvorträgen bestimmt. Auf den in ihm aufgeworfenen rechtlichen Zweifel, ob nicht Gesang im Familienkreise genügen, ja sogar dem Gesang in Vereinen, Wandergesellschaften und sonstigen größeren Kreisen grundsätzlich vorgehen müsse, braucht nicht eingegangen zu werden, weil eigens festgestellt ist, daß aus den Liederheften auch in solchem großen Kreise vielfach gesungen werde. Keiner Untersuchung bedarf deshalb die naheliegende Frage, was dergleichen Liederhefte ihrem weit überwiegenden Inhalt nach dem Familienleben bieten.

Unbeschadet der vom Berufungsgericht getroffenen Feststellungen ergibt übrigens schon der augenfällige Aufdruck der Heft-Umschläge, daß neben der Bestimmung „zum Mitsingen", also zur Benutzung bei (eigenen) Gesangsvorträgen, die Aufgabe, als „Rundfunk-Texte", also zur Verfolgung der Darbietungen im Rundfunk, zu dienen, stark hervortritt. Mit dieser vorwaltenden Zweckbestimmung erwächst aber zugleich im einzelnen Fall — und bei fortschreitender Entwicklung immer mehr — der Zweifel, ob die Benutzung für Gesangsvorträge noch den Hauptzweck ausmache und der Zusammenstellung ihr Gepräge verleihe. Bereits im vorliegenden Streitfall ist dieser Zweifel berechtigt. Mitsingen zum Rundfunk gehört nicht unter die „Gesangsvorträge"; noch weniger ist die bloße Verfolgung des durch Rundfunk übermittelten Gesanges an der Hand des Liederhefts eine „Benutzung bei Gesangsvorträgen".

4. Aus dem schon (oben I) erwähnten Grundgedanken des Gesetzes, daß in der Regel dem Urheber die ausschließliche Befugnis gebührt, sein Werk zu vervielfältigen und zu verbreiten (§ 11 Abs. 1 Satz 1 LitUrhG.), und aus der Fassung des § 19 Nr. 3 ist bereits bei früherer Gelegenheit gefolgert worden: eine Zusammenstellung nur allerneuester Gedichte darf nicht ohne Erlaubnis der Urheberberechtigten veranstaltet werden; durch § 19 Nr. 3 LitUrhG. wird sie nicht zugelassen (RGZ. Bd. 122 S. 69). Diese Auslegung, die aus der Entstehungsgeschichte des § 19 Nr. 3 keineswegs allein oder hauptsächlich entnommen, durch sie aber bestätigt wird, ist aufrechtzuerhalten.

a) Daß Vorarbeiten eines Gesetzes für dessen Auslegung immer nur mit einer gewissen Zurückhaltung, in der Regel bloß unterstützend, zu verwerten sind, ist auch in der Rechtsprechung seit geraumer Zeit anerkannt (RGZ. Bd. 11 S. 433/434, Bd. 14 S. 72, Bd. 16 S. 102, 194, 298, Bd. 20 S. 162, Bd. 21 S. 437, Bd. 27 S. 72, 410, Bd. 51 S. 274, Bd. 113 S. 416/417, Bd. 123 S. 314). Die Beachtung dieser Erkenntnis schließt jedoch nicht aus, daß im einzelnen Falle Vorkommnisse und Erklärungen aus der Entstehungsgeschichte, weil sie besonders zuverlässig auf den Grund und Zweck der Gesetzesvorschrift schließen lassen, größeres Gewicht beanspruchen dürfen, als es sonst im allgemeinen derartigen Vorgängen zukommen mag. Die Entstehungsweise des § 19 Nr. 3 LitUrhG. beleuchtet Anlaß und Absicht dieser Bestimmung (RGZ. Bd. 122 S. 68, 69). Man wollte geselligen Vereinigungen aller Art die Möglichkeit sichern, bei Festen, Ausflügen usw. Sammlungen gebräuchlicher und geeigneter Lieder zu benutzen und aus ihnen zu singen. Als bekannte anschauliche Sammlung solcher Art wurde bei der Gesetzesberatung mehrmals das Kommersbuch genannt. In ihm und in anderen Liederbüchern, die man sich als Beispiele vor Augen hielt, nahmen den breitesten Raum Gedichte ein, deren Urheber (wie bei Volksliedern) unbekannt war oder an denen, weil der bekannte Verfasser schon längst gestorben, kein Urheberrecht mehr bestand. Nur verhältnismäßig wenige Lieder standen darin, für die beim Inkrafttreten des Gesetzes vom 19. Juni 1901 die Schutzfrist noch lief. Wurde für diesen geringen Bruchteil des Gesamtinhalts die Vervielfältigung ohne Erlaubnis der Verfasser freigegeben, so war gewiß, daß den Urhebern damit kein großes Opfer auferlegt werde.

Das Kammergericht geht nun bei der Auslegung des § 19 Nr. 3 LitUrhG. von dem an sich zutreffenden, auch in der Rechtsprechung oftmals betonten Gedanken aus, wie sehr sich in den drei Jahrzehnten seit der Vorbereitung des Urheberrechtsgesetzes von 1901 die geistigen Strömungen, das Empfindungsleben, der Geschmack, die Liebhaberei für Erscheinungen der Kunst aller Zweige, die Gewohnheiten und Neigungen der verschiedenen Gesellschaftsschichten gewandelt haben. An diese allgemeine Beobachtung anknüpfend weist es auf den Unterschied des heutigen Liederbestandes von früheren hin. Unter Bezugnahme auf Ausführungen eines Literaturforschers in einer Tageszeitung deutet es die Möglichkeit an, daß der Schlager der Gegenwart dereinst in ähnlichem Sinne gewürdigt werde wie etwa das bäuerliche Volkslied zur Zeit Goethes; ja, daß er vielleicht den Anfang einer neuen volkstümlichen Kunstdichtung bedeute und das Streben nach einer solchen betätige. In weitestem Umfange gesungen, tue er heute dem geistigem Leben des Volkes gleichen oder ähnlichen Dienst wie früher das Volkslied. Wenn er aber die geschichtliche Erbschaft des Volksliedes angetreten habe, so sei es folgerichtig, daß er die nämlichen urheberrechtlichen Vergünstigungen genieße, die jenem zugedacht waren. Habe also bei Beratung des Gesetzes der Gedanke obgewaltet, daß die „Sammlungen" des § 19 Nr. 3 LitUrhG. überwiegend aus Volksliedern und sonstigen älteren, urheberrechtlich nicht geschützten Gedichten bestünden, so sei später in einer veränderten Umwelt mit anderen Bestrebungen und anderem Geschmack der Schlager an die Stelle des abgelebten Volksliedes getreten. Einschränkende Auslegung des § 19 Nr. 3 wäre nur angebracht, wenn zwischen ungeschützten und geschützten Werken hier ein maßgebender Unterschied anerkannt werden müßte. Der bestehe aber nicht. Also sei die einschränkende Deutung der Vorschrift abzulehnen.

Dieser Ansicht des Berufungsgerichts ist nicht beizustimmen, weil sie auf eine Verkürzung des Urhebers zugunsten der Allgemeinheit hinausliefe, die dem Grundgedanken des Urheberrechtsgesetzes nicht entspricht. In der Regel kommt, wie schon erwähnt, dem Urheber die ausschließliche Befugnis zu, sein Werk zu vervielfältigen und zu verbreiten (§ 11 LitUrhG.). Zutreffend erläutert die Revision diesen Grundsatz in seiner praktischen Anwendung auf das Verkehrsleben dahin, daß überall, wo aus dem Geisteswerke geldwerter Gewinn gezogen werden kann, dem Urheber (oder dem kraft Urheberrechts Befugten) grundsätzlich die Möglichkeit gewährt sein soll, daran teilzunehmen. Ausnahmen von der damit gegebenen Regel in Gestalt von Beschränkungen der Urheberbefugnisse dürfen in Zweifelsfällen nicht erweiternd gedeutet werden (RGZ. Bd. 118 S. 285, Bd. 122 S. 68). Die Entstehungsgeschichte des § 19 Nr. 3 LitUrhG. bestätigt eindringlich, was ohnedies schon aus dem leitenden Gedanken des Gesetzes zu entnehmen wäre: daß mit dieser Ausnahmevorschrift für Gedichtsammlungen zur Benutzung bei Gesangsvorträgen den Urhebern kein beträchtliches Opfer zugemutet werden sollte. Sammlungen der Art, wie man sie damals im Sinne hatte (verdeutlicht am Beispiel des Kommersbuches), brachten den Urhebern keine nennenswerte Einbuße, weil die in ihnen enthaltene Zahl urheberrechtlich geschützter Gedichte im Vergleich zum Gesamtbestande gering zu sein pflegte. Dieses Verhältnis würde sich bei Zusammenstellungen, die nur, oder bloß mit wenigen Ausnahmen, allerneueste Gedichte enthalten, geradezu in das Gegenteil verkehren. Es liefe somit dem Zwecke des Gesetzes zuwider und gestaltete die Stellung des Urhebers in den hier wesentlichen Beziehungen zur Allgemeinheit ganz anders, als es der Hauptgrundsatz des Urheberschutzes erstrebt.

b) Mit Recht betont die Revision den bereits erwähnten unstreitigen Umstand, der aus dem Aufdruck „Rundfunk-Texte" auf der ersten Umschlagseite der Liederhefte zu ersehen ist: daß sie hauptsächlich dazu dienen sollen, bei Darbietungen, die durch Rundfunk übermittelt werden, die Musik an Hand des im Heft enthaltenen Textes zu verfolgen. Entsprechendes gilt für Schallplattenmusik. Es liegt auf der Hand, daß auf solche Weise großer Absatz der wohlfeilen Liederheftchen ermöglicht werden kann. Der wirtschaftliche Erfolg der von der Beklagten verfochtenen, im Berufungsurteil gebilligten Gesetzesauslegung käme also darauf hinaus, daß Veranstalter solcher Sammlungen als erfolgreiche geschäftliche Wettbewerber wider den Urheber oder den sonst auf Grund von Urheberrecht Befugten auftreten könnten. Dem Zwecke des § 19 Nr. 3 LitUrhG. entspricht es nicht, dazu den Weg zu eröffnen.

c) Nicht zu billigen ist die Meinung der Beklagten, daß es ausreiche, wenn sie von einem großen Teil der urheberrechtlich Befugten die Erlaubnis erhalte, deren Gedichte in ihre Liederbücher aufzunehmen, weil dann ja der unbewilligt aufgenommene Rest gering an Zahl sei und unter das gesetzliche Erfordernis „einzelne Gedichte" falle. Auf solche Weise wäre es der Willkür des Veranstalters einer Sammlung anheimgegeben, welche Berechtigten er um Erlaubnis angehen und entsprechend dafür entlohnen wolle. Er gewänne so die Möglichkeit, eine große Anzahl Gedichte mit Erlaubnis der Verfasser unentgeltlich oder ohne beträchtliche Gegenleistung in die Zusammenstellung aufzunehmen, etwa weil die Aufnahme den noch wenig oder gar nicht bekannten Urhebern als willkommene Empfehlung gilt, einige wenige besonders beliebte, zugkräftige Schlager dagegen, die vielleicht den Erfolg des Ganzen verbürgen, ohne Zustimmung der Berechtigten einzufügen. Dieses Verfahren wäre weder mit den Anforderungen der Billigkeit zu vereinigen noch vertrüge es sich mit den Grundgedanken des Urheberschutzes. Denn es benutzte eine buchstäbliche Auslegung der Gesetzesworte, um das als umfassende, ausschließliche Befugnis gedachte Urheberrecht zu durchlöchern. Unerheblich wäre es, wenn einige der aufgenommenen Gedichte sich nicht als „allerneueste Schlager" kennzeichneten. Den an Zahl überwiegenden, für den geschäftlichen Zweck und Erfolg wirksamen Teil des Inhalts bilden jedenfalls Schlager, die noch im Schwange sind oder es in naher Vergangenheit waren.

5. Die Beklagte schützt vor, daß es in jahrzehntelanger Übung unverwehrt geblieben sei, solche Liederbücher wie die vorliegenden zusammenzustellen und an die Öffentlichkeit zu bringen; sie vertritt die Meinung, damit habe sich ein allgemeines Gewohnheitsrecht gebildet, das nunmehr als befestigt anerkannt werden müsse. Ferner wendet sie ein, die Entscheidungen im früheren Rechtsstreit,

in dem das Urteil des Reichsgerichts vom 22. September 1928 (RGZ. Bd. 122 S. 66) erging, seien auf Grund eines von den Parteien vereinbarten unrichtigen Tatbestandes in einem Scheinprozeß erwirkt worden. Auch diese Einwendungen greifen nicht durch.

a) Im Vergleich zum Tatbestande des früheren Rechtsstreits ist allerdings der gegenwärtige insofern anders, als das Berufungsgericht nunmehr festgestellt hat, die Liederhefte seien ihrer Beschaffenheit nach zur Benutzung bei Gesangsvorträgen bestimmt. Aber die jetzige Feststellung beseitigt damit — wie im Anschluß an die Bezeichnung „Rundfunk-Texte" vermerkt wurde — nicht jeden Zweifel. Und auch wenn sie unangetastet bleibt, so führen doch grundsätzliche Erwägungen über das Wesen und die Schranken des Urheberrechts im Ergebnis zu der nämlichen Entscheidung wie früher. Somit versagt der Einwand, das Urteil im früheren Streite sei auf Grund eines fälschlich vereinbarten Tatbestandes erschlichen worden.

b) Ein Gewohnheitsrecht des von der Beklagten behaupteten Inhalts könnte angesichts der vorhin dargelegten Leitgedanken des Gesetzes schon aus grundsätzlichen Rechtsbedenken nicht anerkannt werden. Ihm stünden aber auch Bedenken tatsächlicher Art entgegen. Die Beklagte selbst macht in anderem Zusammenhang geltend, daß das geistige Leben überhaupt, der Kunstgeschmack weiter Volkskreise und der Bestand der in breiten Gesellschaftsschichten bevorzugten Lieder gerade während der letzten Jahre starken Veränderungen unterworfen gewesen sind. Schon hat sich mit diesen Wandlungen die Wissenschaft beschäftigt, um, vergleichend mit entsprechenden Vorgängen anderer Zeitalter, die Gründe, Wege und Ziele zu erforschen (vgl. z. B. Karl Viëtor, Geschichte der deutschen Ode, München 1923; im Reallexikon der deutschen Literaturgeschichte, herausgegeben von Paul Merker und Wolfgang Stammler, die Artikel „Literarischer Geschmack" (II S. 241 bis 255, namentlich S. 251 § 7), „Lied" (A. Literargeschichtlich II S. 210 bis 225, B. Musikgeschichtlich II S. 225 bis 228), „Gesellschaftslied", „Dörperliche Dichtung", „Schamperlied", „Volkslied", „Volksliedersammlungen", „Soziale Dichtung" und die Schriftennachweise in ihnen; Gustav Jungbauer Das deutsche Volkslied, in der Zeitschrift für Deutsche Bildung V (1929) S. 333 bis 342). Einflußreiche technische Neuerungen wie Lichtspiel und Rundfunk stehen mit jenen Veränderungen in Wechselbeziehung und vermehren ihre Wirkung. Daraus folgt aber notwendig, daß auch Liederzusammenstellungen, als deren Beispiele die Hefte 24, 25, 26 der Beklagten hier im Streite sind, nach Gegenstand, Zweck und Auswahlgrundsätzen mannigfachem Wechsel unterlegen haben müssen. Sie bildeten also während der Zeit, in der sich nach der Rechtsansicht der Beklagten ein Gewohnheitsrecht oder wenigstens eine ständige Übung gestaltet haben soll, keinen im Wesen so gleichbleibenden Gegenstand, wie er dafür vorauszusetzen wäre.

III. Nach allem dem kann sich die Beklagte, um die Aufnahme der drei streitigen Schlager in ihre Liederhefte (24, 25, 26) zu rechtfertigen, nicht auf § 19 Nr. 3 LitUrhG. berufen. Sie hat durch die Vervielfältigung der Schlager in diesen Heften das dem Kläger übertragene Urheberrecht verletzt . . . (Es wird ausgeführt, daß die Sache wegen der bisher nicht geprüften Frage des Verschuldens an das Berufungsgericht zurückverwiesen werden müsse.)

---

18. 1. Liegt eine Verletzung der Anzeigepflicht durch Verschweigen oder unrichtige Angabe eines gefahrerheblichen Umstands nur dann vor, wenn der Versicherungsnehmer oder sein Vertreter diese Umstände gekannt hat, und läuft deshalb auch die Frist für den Rücktritt des Versicherers vom Versicherungsvertrag erst dann, wenn dieser weiß, daß der Versicherungsnehmer oder sein Vertreter jene Kenntnis gehabt hat?

2. Ist eine Bestätigung des Versicherungsvertrags durch den Versicherer, der bei dessen Abschluß über einen gefahrerheblichen Umstand arglistig getäuscht wurde, nur dann anzunehmen, wenn der Versicherer gewußt oder doch mit der Möglichkeit gerechnet hat, der Versicherte oder sein Vertreter habe von dem gefahrerheblichen Umstand Kenntnis gehabt?

3. Kann der Versicherer einen für den Versicherten ohne Vertretungsmacht geschlossenen Vertrag wegen arglistiger Täuschung oder wegen Irrtums über die Person des Vertragschließenden dann nicht anfechten, wenn er infolge der Genehmigung des Vertrags durch den Geschäftsherrn nicht schlechter steht, als wenn dieser selbst den Versicherungsantrag gestellt und den Vertrag abgeschlossen hätte?

Gesetz über den Versicherungsvertrag §§ 16, 17, 19, 20. BGB. §§ 119, 123, 144, 166.

VII. Zivilsenat. Urt. v. 28. März 1930 i. S. Provinzial-Lebensversicherungsanstalt B. (Bekl.) w. N. (Kl.). VII 436/29.

I. Landgericht I Berlin.
II. Kammergericht daselbst.

Der Kläger war auf Grund Vertrags vom 19. Januar 1927 bei der Beklagten gegen Unfall versichert. Die Versicherungssumme war für den Fall des Todes oder der vollständigen Erwerbsunfähigkeit auf 50000 RM. bestimmt; bei vorübergehender Erwerbsunfähigkeit sollte dem Versicherten eine Tagesentschädigung gezahlt werden.

Am 11. August 1927 erlitt der Kläger einen Unfall. Eine von ihm benutzte Kraftwagendroschke wurde von einem Wagen angefahren und der Kläger aus dem Kraftwagen auf die Straße geschleudert. Dadurch erlitt er eine Gehirnerschütterung; es stellte sich aber infolge des Unfalls auch eine Schädigung des inneren Ohres und eine Minderung der Sehkraft ein. Die Beklagte hat ihm für die Zeit vom 11. August 1927 bis zum 11. August 1928 die vereinbarte Tagesentschädigung entsprechend der jeweils festgestellten Erwerbsminderung gezahlt. Weitere Leistungen hat sie jedoch abgelehnt, weil sie sich an den Versicherungsvertrag nicht für gebunden hält. Sie behauptet, bei seinem Abschluß arglistig getäuscht worden zu sein, einmal, weil ihr verschwiegen worden sei, daß der Kläger seit dem Jahre 1916 oder noch länger an einer lues cerebrospinalis leide, aus der auch die im Anschluß an den Unfall eingetretene Verschlechterung des Sehvermögens und überhaupt die größere Schwere der Unfallsfolgen zu erklären gewesen sei, und sodann, weil die Ehefrau des Klägers ohne sein Wissen den Versicherungsantrag mit seinem Namen unterzeichnet habe, ohne dies der Beklagten mitzuteilen. Auf Grund dieser angeblichen Täuschungen hat die Beklagte den Vertrag angefochten und wegen der Falschangaben im Versicherungsantrag auch den Rücktritt vom Vertrag erklärt. Der Kläger hält dies nicht für gerechtfertigt und verlangt daher mit der Klage die Feststellung, daß der Versicherungsvertrag zu Recht bestehe. Er bestreitet die von der Beklagten behauptete Arglist, sieht aber auch den Vertrag durch die an ihn geleisteten Zahlungen als bestätigt an. Den Rücktritt der Beklagten bezeichnet er als verspätet. Die Beklagte verblieb im Rechtsstreit bei ihrem Standpunkt. Ihre Anfechtung will sie schlimmstenfalls als Anfechtung wegen Irrtums betrachtet wissen, soweit sie auf die Unterzeichnung des Versicherungsantrags durch die Frau des Klägers gestützt ist. In den Vorinstanzen wurde der Klage stattgegeben. Die Revision der Beklagten führte zur Aufhebung und Zurückverweisung.

Gründe:

Das Recht des Versicherers, vom Versicherungsvertrag zurückzutreten, ist im § 16 VVG. nur wegen der unterlassenen Anzeige gefahrerheblicher Umstände und im § 17 wegen der positiven Falschanzeige solcher Umstände vorgesehen. Deshalb konnte die Beklagte den Rücktritt überhaupt nicht darauf stützen, daß die Ehefrau des Klägers den Versicherungsantrag ohne sein Wissen mit seinem Namen unterschrieben habe und daß sie dies nicht habe erkennen lassen. Denn daß der Begriff des erheblichen Umstands im § 17 VVG. — der hier in Frage kommt, weil über den Gesundheitszustand des Klägers positiv unrichtige Angaben gemacht worden sind — nicht anders zu nehmen ist als im § 16, also im Sinne eines gefahrerheblichen Umstands, kann nicht zweifelhaft sein.

Hiernach kam es nur auf das Rücktrittsrecht wegen der unrichtigen Angaben über den Gesundheitszustand des Klägers an. Das Berufungsgericht hält den Rücktritt wegen dieses Umstands für verspätet, weil die Beklagte durch das Gutachten der Augenklinik schon im Dezember 1927 von der luetischen Erkrankung des Klägers Kenntnis bekommen habe und der Rücktritt erst im Schriftsatz vom 11. Januar 1929, also nicht innerhalb der im § 20 VVG. vorgeschriebenen Frist, erklärt worden sei. Hiergegen wendet sich die Revision, indem sie geltend macht, daß die Frist nicht mit der Erlangung der Kenntnis von der objektiven Unrichtigkeit der Anzeige zu laufen beginne, sondern mit der Kenntnis von der Verletzung der Anzeigepflicht, und daß diese Verletzung nur vorliege, wenn der Anzeigende sich bewußt war, daß seine Angabe falsch sei.

Das letztere mag zwar zu weit gehen, weil es nicht auf die subjektive Auffassung des Anzeigenden über die Richtigkeit seiner Anzeige ankommt, es vielmehr genügt, daß die Anzeige der objektiven Wahrheit nicht entspricht (Bruck Gesetz über den Versicherungsvertrag Bem. 3 zu § 17). Aber richtig ist, daß der Versicherungsnehmer oder sein Vertreter nur ihm bekannte gefahrerhebliche Umstände dem Versicherer anzuzeigen hat und daß deshalb eine Verletzung der Anzeigepflicht nur vorliegt, wenn der Anzeigende ihm bekannte Umstände anzugeben unterlassen oder über ihm bekannte Umstände unrichtige Angaben gemacht hat. Allerdings ist nur im § 16 VVG. das Bekanntsein der anzeigepflichtigen Umstände ausdrücklich hervorgehoben, während § 17 darüber nichts enthält. Aber der erste Absatz des § 16 bezieht sich auf beide Fälle und ist deshalb sowohl für die negative wie für die positive Verletzung der Anzeigepflicht von Bedeutung (vgl. die bei Gerhard-Manes abgedruckte Begründung zu §§ 16 bis 22 des Entwurfs zum Gesetz über den Versicherungsvertrag). Demgemäß setzt auch das Rücktrittsrecht aus § 17 voraus, daß der Versicherungsnehmer oder sein Vertreter über ihm bekannte gefahrerhebliche Umstände unrichtige Angaben gemacht hat. Hieraus ist zu entnehmen, daß auch die Frist für die Ausübung des Rücktrittsrechts für die Beklagte erst zu laufen begann, wenn sie zuverlässige Anhaltspunkte dafür hatte, daß der Kläger oder seine Frau die luetische Erkrankung, um die es sich handelt, gekannt habe.

Erst recht aber setzte die arglistige Täuschung eine Kenntnis des gefahrerheblichen Umstands beim Versicherungsnehmer oder bei seinem Vertreter voraus. Denn wenn sie ihn nicht kannten, so können sie auch nicht die Absicht verfolgt haben, den Versicherer mit der unrichtigen Angabe zu täuschen. Aus diesem Grunde rügt die Revision mit Recht, daß das Berufungsgericht bei der Frage der Bestätigung des Vertrags auf die Notwendigkeit dieser Kenntnis hätte Rücksicht nehmen müssen und sich darum nicht mit der Feststellung hätte begnügen dürfen, daß die Beklagte, obwohl sie wußte, daß der Kläger zur Zeit des Versicherungsabschlusses und auch bei Stellung des Versicherungsantrags luetisch krank gewesen sei, doch die im Versicherungsvertrag vereinbarten Zahlungen geleistet habe. Richtigerweise konnte in diesen Zahlungen nur dann eine Bestätigung gefunden werden, wenn die Beklagte gewußt oder mindestens für möglich gehalten hat, daß dem Kläger oder seiner Frau die luetische Erkrankung bekannt war. Denn da in der Bestätigung der Wille liegt, bei dem Rechtsgeschäft ungeachtet seiner Anfechtbarkeit stehen zu bleiben, und da die Bestätigung sachlich einem Verzicht auf das Anfechtungsrecht gleichkommt, so erfordert sie, daß der Bestätigende sein Anfechtungsrecht kennt oder zum mindesten doch aus der Vorstellung heraus handelt, es könne ihm ein solches Recht zustehen (RGZ. Bd. 68 S. 398, Bd. 69 S. 411). Dazu mußte aber die Beklagte auch wissen oder mit der Möglichkeit rechnen, daß der Kläger oder seine

Vertreterin die luetische Erkrankung gekannt habe. Aus ihrem Schriftsatz vom 11. Dezember 1928 geht nicht hervor, daß dies der Fall war; denn aus ihm ist nur zu entnehmen, daß die Beklagte durch die ärztlichen Gutachten Kenntnis von der luetischen Erkrankung des Klägers bekommen hat.

Sowohl für die behauptete Verspätung des Rücktritts wie für die Bestätigung des Vertrags wäre der Kläger beweispflichtig. Er würde an sich also auch zu beweisen haben, die Beklagte habe gewußt oder habe es, soweit die Bestätigung in Betracht kommt, mindestens für möglich gehalten, daß er oder seine Frau von der luetischen Erkrankung Kenntnis gehabt habe. Ob er dabei nicht in Widerspruch geraten könnte mit seiner Behauptung, daß er selber von dieser Erkrankung nichts gewußt habe, ist hier nicht zu entscheiden. Denn jedenfalls hat die Beklagte zunächst ihrerseits die Voraussetzungen sowohl ihres Rücktrittsrechts wie auch des Anfechtungsrechts zu beweisen. Deshalb wird es zur Begründung beider Rechte vorerst ihr obliegen, den Beweis dafür zu erbringen, daß der Kläger oder seine Frau tatsächlich gewußt hat, die Augenkrankheit des Klägers sei auf eine Lues zurückzuführen. Für das Rücktrittsrecht genügt nach § 19 VVG. die Kenntnis einer dieser Personen; für die arglistige Täuschung ist insoweit § 166 BGB. entscheidend, da diese Vorschrift auch auf die Vertretung ohne Vertretungsmacht Anwendung findet, und zwar Abs. 2 mit der Maßgabe, daß an Stelle der Vollmacht und der bestimmten Weisungen die Genehmigung des Geschäftsherrn tritt (RGZ. Bd. 68 S. 376, Bd. 76 S. 107).

Die Anfechtungs- und die Rücktrittserklärung der Beklagten mögen vielleicht zu der Annahme berechtigen, daß sie diese Kenntnis vermutet habe. Aber sie beweisen nicht, daß die Kenntnis wirklich vorhanden war, worauf es für das Bestehen sowohl des Anfechtungsrechts wie des Rücktrittsrechts ankommt. Eine Klarstellung hierüber wird erst durch eine weitere Beweisaufnahme erzielt werden können. Dabei wird aber auch zu erwägen sein, ob der Kläger das Anfechtungs- und Rücktrittsrecht der Beklagten etwa damit abwehren kann, daß seit mehreren Jahren vor dem Versicherungsabschluß keine frischen Erkrankungen des Auges mehr bei ihm hervorgetreten sind. Denn dies könnte zur Widerlegung der Arglist oder, soweit der Rücktritt vom Vertrag in Frage kommt, zum Nachweis des mangelnden Verschuldens dienen (§ 17 Abs. 2, § 19 VVG.).

Wenn die Beklagte die Anfechtung wegen arglistiger Täuschung auch darauf gestützt hat, daß die Frau des Klägers ohne dessen Wissen und ohne ihr dies bekannt zu geben, den Versicherungsantrag mit dem Namen ihres Mannes unterzeichnet habe, so hat das Berufungsgericht diesem Anfechtungsgrund mit Recht die Anerkennung versagt, mag auch seiner Begründung nicht durchweg beizustimmen sein. Denn das Berufungsgericht übersieht, daß § 19 VVG. für die Anfechtung wegen arglistiger Täuschung gar nicht in Betracht kommt, sondern nur für den Rücktritt, und es würdigt auch nicht genügend, daß die Genehmigung des ohne Vertretungsmacht abgeschlossenen Vertrags das Rechtsverhältnis nicht so gestaltet, als wenn der Geschäftsherr selbst den Vertrag abgeschlossen hätte, sondern nur so, wie wenn ihn der Vertreter ohne Vertretungsmacht kraft Auftrags und mit Vollmacht geschlossen hätte. Aber da sich der Kläger durch die Genehmigung des Versicherungsvertrags auch zu den Erklärungen seiner Frau im Versicherungsantrag bekannt hat (auf den der Versicherungsschein ausdrücklich Bezug nimmt) und da er, wie bereits ausgeführt, infolge der Genehmigung nach § 166 Abs. 2 BGB. für seine eigene Kenntnis einzustehen haben würde, so steht die Beklagte in Wirklichkeit nicht schlechter, als wenn der Kläger selbst den Versicherungsvertrag mit ihr geschlossen und auch selbst den Versicherungsantrag gestellt hätte. Damit entfällt der Grund und das Recht zur Anfechtung. Dies gilt auch, soweit die Anfechtung auf Irrtum gestützt ist. Denn wenn die Beklagte trotz ihres Irrtums nicht schlechter gestellt ist, als wenn das, was sie geglaubt hat, richtig gewesen wäre, und wenn auch die Arglist ihre Rechtslage nicht beeinträchtigt hat, so kann sie nach Treu und Glauben nicht gegen den Bestand des Versicherungsvertrags ankämpfen.

---

19. Zur Beweislastverteilung und Beweiswürdigung in Arztprozessen.

BGB. §§ 276, 611 flg., 823; ZPO. §§ 286, 287.

III. Zivilsenat. Urt. v. 28. März 1930 i. S. Eheleute D. (Kl.) w. M. (Bekl.). III 236/29.

I. Landgericht Hamburg.
II. Oberlandesgericht daselbst.

Am 1. Juni 1926 erlitt die klagende Ehefrau beim Turnen einen Unfall. Ein sofort zugezogener Arzt stellte einen Bluterguß im rechten Knie fest. Am Tag darauf übernahm der Beklagte die ärztliche Behandlung der Klägerin. Auch er stellte einen Bluterguß fest, nahm eine Verstauchung an und behandelte die Klägerin demgemäß; eine Röntgenuntersuchung wurde nicht vorgenommen oder veranlaßt. Erst am 1. November 1926 fand im Krankenhaus eine solche statt. Sie zeigte, daß der Kopf des Schienbeins gebrochen und der Bruch unter Knorpelbildung und Deformierung des Beins verheilt war. Es wurde nun im Krankenhaus eine Operation, vorgenommen, die ein dauerndes Steifwerden des Beins zur Folge hatte. Die Klägerin und der mitklagende Ehemann halten ihre Behandlung durch den Beklagten für fehlerhaft und fordern Schadensersatz. Sie verlangen teils bezifferte Beträge, teils die Feststellung der Ersatzpflicht des Beklagten wegen desjenigen Schadens, der ihnen durch die weitere Behandlung des verletzten Beins und infolge der geminderten Erwerbsfähigkeit im Zusammenhang mit der Gebrauchsunfähigkeit des Beins entstehen wird.

Das Landgericht erklärte den Klaganspruch im ganzen dem Grunde nach für gerechtfertigt. Auf die Berufung des Beklagten erkannte das Oberlandesgericht durch Teilurteil die bezifferten Beträge teilweise zu, zu einem kleinen Teil sprach es sie ab und zum Teil behielt es sie dem Schlußurteil vor; im übrigen wies es die Klage ab. Die Revision der Kläger führte zur Aufhebung und Zurückverweisung.

Gründe:

Das Berufungsurteil wird nur von den Klägern und nur in beschränktem Umfang angefochten, insoweit nämlich, als der Berufungsrichter den mit dem Feststellungsanspruch verfolgten Antrag der Kläger abgewiesen hat, der Beklagte habe ihnen auch dafür zu haften, daß als Folge seiner nicht glücklichen ärztlichen Behandlung eine Versteifung des Beins der klagenden Ehefrau zurückgeblieben ist. Für den Rechtszug der Revision bedeutet das, daß von einem Verschulden des verklagten Arztes auszugehen und nur der ursächliche Zusammenhang zwischen dem Verschulden des Beklagten und der besonderen nachteiligen Folge, der Versteifung, nachzuprüfen ist.

Der Berufungsrichter führt aus: Halte man die Ergebnisse der beiden Sachverständigen, des Professors Dr. R. im ersten und des Professors Dr. A. im zweiten Rechtszug, nebeneinander, so könne nicht als erwiesen gelten, daß der Klägerin die Beweglichkeit des Beins erhalten geblieben wäre, wenn unmittelbar nach dem Unfall eine Röntgenaufnahme stattgefunden hätte und die Operation, die später vorgenommen worden ist, damals alsbald vorgenommen worden wäre. Nicht einmal eine erhebliche Wahrscheinlichkeit spreche dafür, daß das Knie nicht steif geworden wäre, wenn die Klägerin sofort sachgemäß behandelt worden wäre. Die Möglichkeit, ja Wahrscheinlichkeit, daß trotz gelungener sofortiger Operation später Komplikationen eingetreten und infolge dieser Komplikationen später das Knie versteift wäre, sei nach dem Gutachten des Professors Dr. A. so groß, daß nicht gesagt werden könne, das Knie wäre wahrscheinlich beweglich geblieben. Auch diese möglichen späteren Komplikationen wären unmittelbare Unfallsfolgen gewesen. Daher könnten die Kläger wegen der Versteifung des Beins keinen Schadensersatz vom Beklagten verlangen.

Diese Erwägungen liegen im Rahmen des § 287 ZPO. Die Revision untersteht zwar nicht mehr der zeitlichen Herrschaft des Entlastungsgesetzes, aber § 287 ZPO. gewährt dem Richter ein besonders freies Ermessen. Die Revision kann nur gehört werden, soweit sie dem Berufungsrichter einen angesichts des § 287 ZPO. beachtlichen Rechtsverstoß nachweisen kann.

An erster Stelle rügen die Revisionskläger Verkennung der Beweislast. Die Verteilung der Beweislast in solchen Prozessen mag nicht unzweifelhaft sein, soweit das Verschulden des Arztes in Frage steht. Soweit der Kläger den Anspruch aus unerlaubter Handlung herleitet, hat zwar ohne weiteres er selbst das Verschulden des Arztes darzutun. Soweit aber der Kläger als Dienstvertragsberechtigter dem Arzte gegenübersteht, läßt sich darüber streiten, ob nicht der Arzt sich über die mangelfreie Erfüllung seiner ärztlichen Vertragspflichten auszuweisen hat (§ 282 BGB.). In RGZ. Bd. 78 S. 432 hat der erkennende Senat die Frage nach ihrer grundsätzlichen Seite dahingestellt gelassen und nur für den Fall, daß sich bei einem operativen Eingriff der ursächliche Verlauf nicht mehr aufklären läßt, der zur Schädigung des Kranken führte, ausgesprochen, daß der Arzt die Gefahr der völligen Unaufklärbarkeit des Ursachenverlaufs nicht trägt. Hieran hat der Senat seitdem stets festgehalten (JW. 1913 S. 32 Nr. 10 und 1928 S. 2213 Nr. 10; WarnRspr. 1922 Nr. 7 und 1926 Nr. 155; Gruch. Bd. 69 S. 86, sowie die Urteile vom 14. Mai 1929

III 390/28 und vom 8. Oktober 1929 III 541/28). Diese gefestigte Rechtsprechung steht auch hier der Revision entgegen, und zwar um so mehr, als sie sich vorwiegend auf die Frage bezieht, ob dem Arzt ein Verschulden zur Last fällt. Hier steht dieses Verschulden fest; nur der ursächliche Zusammenhang zwischen dem Verschulden und einer ganz bestimmten schweren Schädigung ist in Frage. Die Beweispflicht des Schadenersatzklägers für den ursächlichen Zusammenhang ist aber schon nach den allgemeinen Grundsätzen nicht in Zweifel zu ziehen.

Darin also, daß der Berufungsrichter von der Beweispflicht der Kläger ausgegangen ist, tritt kein Rechtsirrtum zutage. Die Revision hat denn auch ihre Behauptung, daß der Berufungsrichter die Beweislast verkannt habe, nicht weiter begründet. Wie der übrige Inhalt der Revisionsbegründung erkennen läßt, rügt sie in Wahrheit vielmehr, daß der Berufungsrichter die Anforderungen an das Maß der Beweisführungspflicht überspannt habe. Sie führt aus: das Berufungsgericht gehe zu weit, wenn es im Beweisbeschluß dem Sachverständigen die Frage unterbreitet habe, ob bei richtiger Behandlung mit Sicherheit die völlige Bewegungsfreiheit des Beins erhalten geblieben wäre; richtigerweise hätte der Richter fragen müssen, wie sich der Verlauf bei richtiger Behandlung im Regelfalle abgespielt haben würde; mehr als den Verlauf im Regelfall, „in der Mehrzahl der Fälle", hätten die Kläger nicht zu beweisen. Indessen sagt der Beweisbeschluß zunächst nicht „mit Sicherheit", sondern „mit einer an Sicherheit grenzenden Wahrscheinlichkeit". Aber auch sonst ist die Rüge nicht begründet. Eine Verletzung des Rechtsbegriffs des ursächlichen Zusammenhangs ist im Berufungsurteil nicht enthalten. Wer für eine Tatsache beweispflichtig ist, hat grundsätzlich vollen Beweis zu erbringen. Das kann für die beweispflichtige Partei schwere Nachteile im Gefolge haben, wenn sich der Ursachenablauf nicht mehr endgültig aufklären läßt. Um dieser Gefahr einigermaßen zu begegnen, hat das Gesetz dem Richter in der Beurteilung des ursächlichen Zusammenhangs eine besonders freie Stellung eingeräumt (§ 287 ZPO.). Der Richter kann sich sonach mit einer überwiegenden Wahrscheinlichkeit begnügen. Keinesfalls kann es aber, wie die Revision will, genügen, daß bloß die ziffermäßige Mehrzahl der Fälle maßgebend ist, also z. B. auch die Mehrheit von 51 unter 100. Dem Gedanken, daß eine stark überwiegende Wahrscheinlichkeit schon

Aussicht habe, als Beweis zu gelten, hat der Berufungsrichter mit der Fassung des Beweisbeschlusses Rechnung getragen. Seine Befugnisse aus § 287 ZPO. hat er damit nicht überschritten. Als eine denkgesetzliche (logische) Abschwächung des Begriffs des ursächlichen Zusammenhangs darf die richterliche Befugnis des § 287 ZPO. nicht gedeutet werden. Übrigens entscheidet schließlich nicht sowohl die Fassung des gerichtlichen Beweisbeschlusses als vielmehr das darauf erstattete Gutachten des Sachverständigen und die Würdigung, die das Gericht dem Sachverständigengutachten zuteil werden läßt. Hier ist nicht ersichtlich und nicht behauptet, daß sich der Sachverständige oder das Gericht durch die etwa zu weit gehende Fassung des Beweisbeschlusses zu einer den Klägern gegenüber unbillig strengen Beurteilung des Sachverhalts hätte bestimmen lassen.

Nicht ungerechtfertigt ist dagegen die letzte Rüge, welche die Revision in diesem Zusammenhang erhoben hat. Sie weist darauf hin, daß es gerade der Beklagte war, der durch seinen Kunstfehler, nämlich das monatelange Hinausschieben der Röntgendurchleuchtung, die Feststellung der anderweitigen Heilungsmöglichkeiten erschwert hat. Diese Behauptung findet ihre Stütze in dem Gutachten des Professors Dr. A. Der Sachverständige nimmt an, daß bei alsbaldiger Röntgendurchleuchtung und bei der dem Röntgenbefund entsprechenden richtigen ärztlichen Behandlung eine Versteifung des Beins als unmittelbare Folge nicht eingetreten wäre. Dagegen läßt er die Möglichkeit offen, daß die Versteifung als mittelbare Folge doch eingetreten wäre, nämlich als Folge späterer Komplikationen, wie sie bei derlei Verletzungen erfahrungsgemäß zuweilen eintreten. Gerade in diesem entscheidenden Punkt vermag der Sachverständige, wie er sagt, eine bindende Antwort nicht zu geben; „denn es fehlt ein Röntgenbild, welches uns einen Einblick gibt über die Schwere des Schienbeinkopfbruches und seine Verschiebungen unmittelbar nach dem Unfall". Gerade diese Lücke in der Beweisführung hat der Beklagte selbst zu vertreten, und zwar als Folge seines ärztlichen Mißgriffs. Es entspricht der ständigen Rechtsprechung, daß der Richter befugt ist, aus einem solchen Sachverhalt Folgerungen für die Beweiswürdigung zuungunsten desjenigen Teils zu ziehen, der die Unaufklärbarkeit schuldhaft herbeigeführt hat. Das ist allerdings nur eine aus dem Grundsatz des § 286 ZPO. abzuleitende richterliche Befugnis. Hätte der Berufungsrichter diesen rechtlichen

Gesichtspunkt erwähnt, es aber trotzdem abgelehnt, daraus nachteilige Folgen für den Beklagten zu ziehen, so wäre die Revision gemäß §§ 286, 287 ZPO. nicht imstande, daraus die Rüge einer Rechtsverletzung abzuleiten. Der Berufungsrichter hat aber diesen Gesichtspunkt überhaupt nicht in den Kreis seiner Erwägungen gezogen. Es besteht die Möglichkeit, daß er sich rechtsirrigerweise dieser ihm zustehenden Befugnis gar nicht bewußt geworden ist. Aus diesem Grunde muß das Berufungsurteil aufgehoben und die Sache an das Berufungsgericht zurückverwiesen werden. Dieses wird nun zu prüfen haben, ob sich unter Beachtung des hervorgehobenen Gesichtspunkts eine den Klägern günstigere Beurteilung ermöglichen läßt.

---

20. 1. Zur Auslegung des § 6 des preußischen Gesetzes über die Bahneinheiten vom 8. Juli 1902.

2. Welches ist der Unterschied zwischen einer Privatanschlußbahn und einer Kleinbahn?

Preuß. Gesetz über die Bahneinheiten vom 8. Juli 1902 §§ 1, 6.
Preuß. Kleinbahngesetz vom 28. Juli 1892 §§ 1, 43.

VI. Zivilsenat. Urt. v. 31. März 1930 i. S. Stadtgemeinde K. (Bekl.). w. N. (Kl.). VI 271/29.

I. Landgericht Königsberg i. Pr.
II. Oberlandesgericht daselbst.

Die Klägerin ist seit dem 1. April 1926 als Eigentümerin eines Grundstücks in K. auf Grund 44jährigen Besitzes vor dem 1. Januar 1900 eingetragen. Das Grundstück besteht aus einem Damm, der früher Stauzwecken diente. Von Süden münden auf ihn drei Triften, deren östlichste als erste Trift bezeichnet wird. Zu Anfang des Jahres 1924 legte die Beklagte eine zu ihrer Hafenbahn gehörige eingleisige Bahn über den Dammteil östlich der ersten Trift. Die Klägerin verlangt im Klageweg auf Grund ihres Eigentums Verurteilung der Beklagten zur Entfernung des Eisenbahngleises. Die Beklagte hat unter anderem mit Bezugnahme auf § 6 des preuß. Gesetzes über die Bahneinheiten vom 8. Juli 1902 (GS. S. 238) Unzulässigkeit des Rechtswegs eingewendet; sie ist in allen drei Rechtszügen unterlegen.

Aus den Gründen:

Den Einwand der Unzulässigkeit des Rechtswegs hat das Berufungsgericht im wesentlichen mit folgender Begründung zurückgewiesen. Voraussetzung für die Anwendbarkeit des § 6 des Gesetzes vom 8. Juli 1902 sei, daß die in Frage stehende Eisenbahn dem preuß. Gesetz über die Eisenbahnunternehmungen vom 3. November 1838 (GS. S. 505) unterliege. Das sei bei der Hafenbahn der Beklagten nicht der Fall; denn diese sei eine Privatanschlußbahn. Bahnen letzterer Art unterlägen dem Gesetze vom 8. Juli 1902 nicht. Die zur Begründung eines solchen Bahnunternehmens erforderliche staatliche Genehmigung bedeute die Feststellung der Tatsache, daß der Ausübung der dem Eigentümer eines Geländes zustehenden Rechte kein polizeiliches Interesse, gleichviel welcher Art, entgegenstehe (Fritsch Das deutsche Eisenbahnrecht 2. Aufl. S. 84). Die Hafenbahn diene dem ebenfalls ein Unternehmen der Beklagten darstellenden Hafenbetrieb. Wenn auch die von der Hafenbahn zu erfüllenden Aufgaben vielleicht im öffentlichen Interesse lägen oder sogar öffentlichen Zwecken dienten, so könnten doch sie allein den Verkehr auf der Hafenbahn nicht zu einem öffentlichen machen (Fritsch a. a. O. S. 85). Für die Hafenbahn fielen daher wie für die Privatanschlußbahnen eines Industrieunternehmens alle Beschränkungen in der Rechtsverfolgung fort.

Demgegenüber macht die Revision folgendes geltend. Nach § 1 des Gesetzes vom 8. Juli 1902 sei als Bahneinheit das gesamte Vermögen einer dem Gesetze vom 3. November 1838 unterliegenden Eisenbahn oder einer Kleinbahn anzusehen, deren Unternehmer verpflichtet sei, für die Dauer der ihm erteilten Genehmigung das Unternehmen zu betreiben. Mit der Verneinung der Zugehörigkeit der Hafenbahn zu den dem Gesetze von 1838 unterliegenden Eisenbahnen sei daher die Anwendbarkeit des § 6 des Gesetzes von 1902 noch nicht ausgeschlossen. Das Berufungsgericht hätte daher prüfen müssen, ob die Hafenbahn nicht eine Kleinbahn der in § 1 das. bestimmten Art sei. Es sei aber auch unrichtig, daß das Oberlandesgericht die Unterwerfung der Hafenbahn unter das Gesetz von 1838 deshalb ausschließe, weil die Bahn eine Privatanschlußbahn sei. Freilich könnten zu Privatanschlußbahnen auch Hafenbahnen gehören, wenn sie lediglich dem Betrieb der Beklagten dienten. Hierüber sei aber nichts festgestellt; es sei nicht einmal von der Klägerin behauptet, daß dies der Fall sei. Es sei sehr wohl möglich, daß die Hafenbahn auch dem öffentlichen Personenverkehr diene oder sonst dem Publikum zugänglich sei. Davon, daß sie öffentlichen Zwecken diene, gehe das angefochtene Urteil aus. Gerade dieser Umstand nehme ihr aber das Merkmal einer Anschlußbahn. Diese Erörterungen und Ermittlungen hätten von Amts wegen angestellt werden müssen (§ 274 ZPO.).

Die Rüge ist im Ergebnis unbegründet. Nach § 6 Abs. 1 des Gesetzes vom 8. Juli 1902 findet die Verfolgung dinglicher Rechte, wozu auch die sich aus dem Eigentum ergebenden Ansprüche (§§ 985, 1004 BGB.) zu rechnen sind (RGZ. Bd. 72 S. 356), an einzelnen zur Bahneinheit gehörigen Grundstücken, insbesondere an denen, auf welchen der Bahnkörper ruht (§ 4 Abs. 1 Satz 1 das.), nur nach Beibringung eines Unschädlichkeitszeugnisses der Bahnaufsichtsbehörde statt, das hier unstreitig nicht vorliegt; bei Versagung der Bescheinigung ist der Berechtigte auf Entschädigungsansprüche angewiesen (§ 6 Abs. 2 das.). Das Gesetz vom 8. Juli 1902 findet aber nach § 1 nur auf solche Privateisenbahnen Anwendung, die entweder dem Gesetze vom 3. November 1838 unterliegen oder Kleinbahnen sind, deren Unternehmer verpflichtet ist, für die Dauer der ihm erteilten Genehmigung das Unternehmen zu betreiben. Daß es sich bei der Hafenbahn der Beklagten nicht um eine Großbahn im Sinne des Gesetzes von 1838 handelt, ergibt sich aus der Sachlage ohne weiteres und ist vom Vorderrichter ausdrücklich festgestellt. In Frage kann also nur kommen, ob die Hafenbahn eine betriebspflichtige Kleinbahn ist. Wäre sie überhaupt eine Kleinbahn im Sinne des § 1 des preuß. Gesetzes über Kleinbahnen und Privatanschlußbahnen vom 28. Juli 1892 (GS. S 225), so würde, da dies zum mindesten der Regel entspricht (Eger Gesetz über die Bahneinheiten 3. Aufl. Anm. 3 zu § 1 S. 4), davon auszugehen sein, daß der Beklagten bei Erteilung der Genehmigung auch die Betriebspflicht auferlegt wäre. Eine Kleinbahn ist aber die Hafenbahn nicht, sondern eine Privatanschlußbahn im Sinne des § 43 des Gesetzes vom 28. Juli 1892, wie das angefochtene Urteil mit dem Bemerken feststellt, daß die Hafenbahn dem ebenfalls ein Unternehmen der Beklagten darstellenden Hafenbetrieb diene. Wenn der Vorderrichter hinzufügt, es könne unterstellt werden, daß die Hafenbahn im öffentlichen Interesse liegende Aufgaben zu erfüllen habe oder sogar öffentlichen Zwecken diene, so gewährt dies keinen Anhaltspunkt dafür, daß etwa der Rechtsbegriff der Privatanschlußbahn verkannt worden wäre. Denn mit dem Begriff der Privatanschlußbahn ist es sehr wohl vereinbar und wird bei Privatanschlußbahnen öffentlichrechtlicher Körperschaften und gerade bei Hafenbahnen, auch soweit sie nicht dem öffentlichen Personen- oder Frachtverkehr dienen (Eger Kleinbahngesetz 3. Aufl. Anm. 148 zu § 43 S. 496), in aller Regel der Fall sein, daß sie den Belangen der Allgemeinheit zu dienen bestimmt sind. Aber dadurch verlieren sie noch nicht den Charakter als Privatanschlußbahnen und werden noch nicht zu Kleinbahnen. Das tritt erst dann ein, wenn die Bahnanlage dem öffentlichen Verkehr dient, also für die öffentliche Benutzung des Publikums bestimmt und genehmigt ist derart, daß der Unternehmer mit jedermann Transportverträge einzugehen und letztere zu erfüllen verpflichtet ist (Eger a. a. O. S. 495). Daß für die in Rede stehende Hafenbahn ein solcher Kontrahierungszwang (§§ 453, 471 HGB.) bestände und die Bahnanlage mit dieser Maßgabe genehmigt worden wäre, hat die Beklagte in den Vorinstanzen nicht behauptet oder gar, was nahe gelegen hätte, durch Vorlegung der Genehmigungsurkunde nachgewiesen. Auch die Revision beschränkt sich darauf, es als „möglich" zu bezeichnen, daß die Hafenbahn dem öffentlichen Personenverkehr diene oder sonst der Allgemeinheit zugänglich sei. Läßt aber hiernach die Feststellung des Vorderrichters, daß die Hafenbahn der Beklagten eine Privatanschlußbahn ist, keinen Rechtsirrtum erkennen, so findet auf sie das Gesetz vom 8. Juli 1902 und insbesondere der § 6 das. keine Anwendung (Fritsch a. a. O. S. 415; Eger Gesetz über die Bahneinheiten 3. Aufl. Anm. 3 zu § 1 S. 5).

---

21. Kann der frühere Gläubiger auch dann Aufwertung fordern, wenn erst nach der Abtretung des Anspruchs die Hypothek zugleich mit dem Rechtsübergang eingetragen und der Hypothekenbrief dem neuen Gläubiger ausgehändigt worden ist?

AufwG. §§ 9, 17.

VI. Zivilsenat. Urt. v. 31. März 1930 i. S. B. (Kl.) w. N. (Bekl.). VI 380/29.

I. Landgericht III Berlin.
II. Kammergericht daselbst.

Durch notarielles Angebot vom 14. Juli 1921, das am 16. September 1921 angenommen wurde, verkaufte die Klägerin ihr Grundstück in Ch. an den Beklagten für 775000 M. Hiervon wurden 150000 M. unter näheren Bedingungen gestundet und der Käufer bewilligte und beantragte dafür die Eintragung einer Hypothek auf dem erkauften Grundstück. Am 1. Oktober 1923 trat die Klägerin „ihre Hypothek" von 150000 M. an eine Gesellschaft mbH. ab gegen 450 Dollar, gezahlt in Papiermark nach dem Kurse vom 27. September, und erklärte sich damit für endgültig abgefunden, auch für den Fall, daß späterhin gesetzliche Bestimmungen eine andere Aufwertung derartiger Hypotheken vorschreiben oder zulassen sollten. Wie sich im Berufungsverfahren herausstellte, stand damals die Hypothek noch nicht im Grundbuch; sie ist erst am 24. Januar 1924 auf den Namen der Klägerin eingetragen worden, gleichzeitig mit der Eintragung der Abtretung und des Eigentumswechsels. Die Klägerin meldete ihren Aufwertungsanspruch rechtzeitig an, wobei sie das Abtretungsentgelt auf 1890 GM. und ihre Restforderung zu 100 % auf 4575 GM. berechnete. Nachdem sich die Parteien außergerichtlich auf sofortige Zahlung von 2000 RM. verglichen hatten, nahm die Klägerin im August 1926 ihren Aufwertungsantrag zurück. Auf Grund des § 15 AufwNov. glaubt sie weitere 15000 bis 20000 RM. fordern zu dürfen und meldete diesen Anspruch mit Schreiben vom 7. September 1927 an. Da der Beklagte auch den Grund der neuen Forderung bestritt, setzte die Aufwertungsstelle das Verfahren aus. Nunmehr beantragt die Klägerin mit der Klage die Feststellung, daß ihr ein persönlicher Aufwertungsanspruch gegen den Beklagten auf Grund des § 15 AufwNov. zustehe.

Das Landgericht gab der Klage statt, das Kammergericht wies sie ab. Die Revision der Klägerin war erfolglos.

Gründe:

Das Kammergericht läßt dahingestellt, ob der Vergleich vom August 1926 an sich unter den § 17 AufwNov. fallen würde. Denn tatsächlich abgetreten worden sei am 1. Oktober 1923 eine ungesicherte Forderung der Klägerin, da die Hypothek erst am 24. Januar 1924 eingetragen worden sei. Zur Zeit der Abtretung sei der Anspruch der Klägerin kein solcher gewesen, der unter das Aufwertungsgesetz falle. Nachträglich könne die Abtretung nicht einen andern Sinn und Umfang erhalten. Es finde daher freie Aufwertung statt. Diese sei jedoch unbegründet, wie näher dargelegt wird.

Die Revision rügt namentlich die Verletzung des § 9 AufwG., bei dessen richtiger Anwendung ein durch Hypothek gesicherter Anspruch anzuerkennen sei.

Im Ergebnis ist dem Kammergericht beizutreten. Zutreffend ist zwar, daß eine durch Hypothek gesicherte Forderung im Sinne des § 9 AufwG. jedenfalls dann vorliegt, wenn die Hypothek zur Zeit des Inkrafttretens sowohl der Dritten Steuernotverordnung wie des Aufwertungsgesetzes eingetragen war (Mügel Aufwertungsrecht Anm. 3 zu § 9 mit Nachw.; RGZ. Bd. 121 S. 76). Hier ist die Hypothek seit dem 24. Januar 1924 zugunsten der Abtretungsempfängerin eingetragen. Zur Entscheidung steht indessen der Sonderfall, ob eine Aufwertung für den Abtretenden auf Grund des § 17 AufwG. zulässig ist, obwohl die Hypothek zur Zeit der Abtretung noch nicht im Grundbuch eingetragen war. Daß die schon im Kaufvertrag erklärte dingliche Einigung über die Bestellung der Hypothek für sich allein die Hypothek nicht zur Entstehung brachte, ergibt sich aus § 873 BGB. Nun heißt es im § 17 AufwG.: „Hat der Gläubiger die Hypothek abgetreten und die Gegenleistung nach dem 14. Juni 1922 oder unter Vorbehalt der Rechte angenommen, so wird die Hypothek und die persönliche Forderung auf der Grundlage des für ihn maßgebenden Goldmarkbetrags (§§ 2, 3), unbeschadet der Aufwertung zugunsten des Erwerbers, auch zu seinen Gunsten aufgewertet ..." Dieser Wortlaut und namentlich die Unterscheidung zwischen der Hypothek und der persönlichen Forderung im zweiten Halbsatz nötigt zu der Auslegung, daß die Beteiligung des ursprünglichen Gläubigers an der Aufwertung nur stattfinden soll, wenn schon in seiner Hand eine durch Hypothek gesicherte Forderung bestanden hatte. Dem entspricht die Entstehungsgeschichte. Im § 11 Abs. 1 des Entwurfs, der von der Aufwertung kraft Vorbehalts handelt, ist auf § 1 Abs. 2 Nr. 1 bis 4 verwiesen. Dort werden die unter das Gesetz fallenden Ansprüche aufgeführt, und zwar unter Nr. 1 und 4 die Hypotheken und die durch sie gesicherten Forderungen. Hieran knüpft Abs. 7 unmittelbar an mit den Worten: „Wird dasselbe Recht auf Grund der Vorschriften der Abs. 1, 2 nicht nur für den jetzigen, sondern auch für einen früheren Gläubiger aufgewertet ..." Im Abs. 5 ist bestimmt: „Die Vorschriften des Abs. 4 (über die Wiedereintragung in Höhe der Aufwertung nach Löschung des Rechts) finden entsprechende Anwendung, wenn das aufgewertete Recht, ohne gelöscht worden zu sein, nicht mehr für den Gläubiger eingetragen ist oder die Berechtigung eines Dritten sich aus § 1155 des Bürgerlichen Gesetzbuches ergibt". Hiernach kann kein Zweifel sein, daß schon die Regierungsvorlage an die Aufwertung zugunsten des Abtretenden nur denkt im Zusammenhang mit einer für ihn eingetragenen oder eingetragen gewesenen Hypothek. Dieser Gedanke ist aufrecht erhalten und eher noch verstärkt worden durch die zwischen der ersten und zweiten Lesung erfolgte Neufassung des Entwurfs, der in den hier wesentlichen Teilen unverändert Gesetz geworden ist. Nunmehr sind die Vorschriften über die Aufwertung der Hypotheken in den besonderen Abschnitt 2 eingeordnet und die §§ 4 flg., 9 flg. stellen klar, daß lediglich die Hypotheken und die durch solche gesicherten persönlichen Forderungen den Gegenstand der gesetzlichen Aufwertung bilden. Aus diesem Rahmen des Gesetzes würde die Aufwertung einer rein persönlichen Forderung des Abtretenden herausfallen. Deshalb würde die hier vertretene Auslegung selbst dann geboten sein, wenn der Wortlaut des § 17 Zweifel übrig ließe, was nicht zutrifft. Hinzu kommt folgende Erwägung. Nach bürgerlichem Recht erlöschen durch die uneingeschränkte Abtretung die Rechte des bisherigen Gläubigers (Komm. von RGR. Bem. 3 zu § 398 BGB.). Das wurde vom Reichsgericht auch für das Aufwertungsrecht wiederholt anerkannt (RGZ. Bd. 113 S. 32, Bd. 116 S. 184, Bd. 117 S. 306, 309, Bd. 119 S. 48, 315; JW. 1930 S. 818 Nr. 16), und daraus wurde die Folgerung gezogen, daß ein wirksamer Vergleich zwischen dem neuen Gläubiger und dem Schuldner den durch § 17 AufwG. erst geschaffenen Aufwertungsanspruch des Abtretenden nicht zur Entstehung kommen läßt. Stellt sich somit der § 17 AufwG. als eine vom bürgerlichen Recht abweichende Ausnahmevorschrift dar, so kann sie nach allgemeinen Grundsätzen nicht ausdehnend ausgelegt werden. Der V. Zivilsenat hat dieselbe Auslegung des § 17 AufwG. vertreten (RGZ. Bd. 119 S. 54 und Bd. 127 S. 160, 168); die letztere Entscheidung ist allerdings nicht auf die ausgesprochene Anschauung gestützt (vgl. auch

RGZ. Bd. 119 S. 316, Bd. 121 S. 292. Wie hier Simonson Deutsche Steuerzeitung 1928 S. 1122; Quassowski Bem. I G zu § 9 AufwG. und anscheinend auch Mügel Bem. 4 zu § 9 S. 589 oben; a. M. Schlegelberger-Harmening Bem. 1 zu § 9 AufwG.)

Im vorliegenden Falle bestand zur Zeit der Abtretung vom 1. Oktober 1923 keine Hypothek für die Klägerin; sie konnte daher eine solche nicht abtreten. Daß die Beteiligten damals glaubten, die Hypothek sei schon eingetragen, kann an der wirklichen Rechtslage nichts ändern. Die Klägerin hat auch niemals eine Hypothek erlangt. Denn an demselben Tage, an dem die Hypothek eingetragen wurde, ist auch die Abtretung eingetragen und der Hypothekenbrief unmittelbar der neuen Gläubigerin ausgehändigt worden, sodaß die Klägerin in keinem Augenblick Inhaberin der Hypothek und zur Verfügung darüber befugt war (§ 879 Abs. 1 Schlußsatz, § 1117 BGB.). Das entsprach nicht nur der formellen, sondern auch der sachlichen Rechtslage, da die Abtretung nur die Deutung zuläßt, daß die Hypothek schon bei ihrer Entstehung vom Abtretungsempfänger erworben werden sollte. Bei solcher Sachlage ist ein besonderer Erwerbstag der Hypothek nicht feststellbar und eine darauf gestützte Goldmarkberechnung zugunsten des Abtretenden nicht möglich; sodaß auch aus diesem Grunde die Anwendbarkeit des § 17 und der darin angezogenen §§ 2, 3 (vgl. § 5) AufwG. entfällt (RGZ. Bd. 117 S. 431). Ebensowenig kommt ein Gewinn für den Eigentümer in Betracht (§ 18 Abs. 2 AufwG.).

Die Aufwertung nach allgemeinen Grundsätzen hält das Kammergericht an sich für möglich; es kommt aber zu dem Ergebnis, daß nach den besonderen Abmachungen bei der Abtretung auch die Aufwertungsansprüche der Klägerin mit abgetreten worden seien und daß diese Abrede nach § 328 BGB. auch zugunsten des Beklagten wirke. Diese Darlegungen sind rechtlich nicht zu beanstanden, auch von der Revision nicht angegriffen. Es kann deshalb dahingestellt bleiben, ob sich der Klagantrag überhaupt auf die Aufwertung außerhalb des Aufwertungsgesetzes und der Novelle dazu erstreckt hat, und ferner, ob, wenn man dies annimmt, nicht noch andere Gründe der Zulassung der freien Aufwertung entgegenstehen. Ob der Abtretungsempfängerin Aufwertungsansprüche zustehen, ist hier nicht zu erörtern.

22. 1. Ist der Rechtsweg zulässig für eine Klage, mit der ein privates Versicherungsunternehmen vom Sächsischen Staat auf Grund des Wettbewerbsgesetzes und der §§ 823, 826, 1004 BGB. auf dem Gebiet der Schüler-Unfallversicherung die Unterlassung und Zurücknahme gewisser Anordnungen sowie die Kündigung eines zwischen dem Staat und öffentlichrechtlichen Versicherungsverbänden abgeschlossenen Mantelversicherungsvertrags fordert?

2. Stellt die Erlassung der Verordnung des Sächsischen Volksbildungsministeriums vom 19. März 1927 und der Durchführungsbestimmungen dazu sowie der Abschluß des Mantelversicherungsvertrags vom 17. März 1927 eine unzulässige Beschränkung der Vertragsfreiheit oder einen Mißbrauch behördlicher Machtbefugnisse zum Nachteil privater Versicherungsunternehmungen dar?

UnlWG. § 1. BGB. §§ 823, 826, 1004. RVerf. Art. 152. Sächs. Verf. Art. 32 Abs. 2.

II. Zivilsenat. Urt. v. 4. April 1930 i. S. L. Lebensvers. AG. (Kl.) w. Sächs. Staat (Bekl.). II 277/29.

I. Landgericht Dresden.
II. Oberlandesgericht daselbst.

Das Sächsische Ministerium für Volksbildung hat unter dem 19. März 1927 die in seinem Verordnungsblatt vom 23. März 1927 abgedruckte Verordnung über die Schüler-Unfallversicherung für Schüler höherer Schulen erlassen. Von dem dort abgedruckten umfangreichen Wortlaut stellt Abs. 1 Satz 2 die eigentliche Verordnung dar. Sie lautet: „Das Ministerium ordnet an, daß jeder Schüler einer höheren Schule auf Kosten des Unterhaltspflichtigen gegen Unfälle, die mit der Schule im Zusammenhang stehen, zu versichern ist". Zur Durchführung dieser Vorschrift hat das Ministerium, wie es dort weiter heißt, mit den Gemeindeversicherungsverbänden in Leipzig und Dresden am 17. März 1927 einen sog. Mantelversicherungsvertrag abgeschlossen, durch den diese Verbände die Unfallversicherung der Schüler der staatlichen und der unter staatlicher Verwaltung stehenden höheren Schulen übernehmen. Dieser Vertrag ist der Verordnung und ihren Durchführungsbestimmungen beigefügt. Die Teilnahme an der am 1. April 1927 in Kraft getretenen Versicherung ist für alle nicht anderweit ausreichend gegen Unfälle versicherten Schüler der genannten Schulen verbindlich. Einer besonderen Beitrittserklärung der Schüler oder ihrer Erziehungsberechtigten bedarf es nicht. Ausgenommen von der Versicherung bei den Gemeindeversicherungsverbänden sind nach § 3 Abs. 2 des Vertrages nur diejenigen Schüler, für die der Direktor der Schule den Verbänden gegenüber anerkennt, daß sie bei einem anderen Versicherungsunternehmen vertraglich ausreichend gegen Unfall versichert sind. Die Direktoren der Schulen werden, wie es in § 3 Abs. 2 a. a. O. weiter heißt, angewiesen werden, von diesen Schülern sich rechtzeitig vor dem 15. Mai jedes Jahres den Nachweis anderweitiger Versicherung erbringen zu lassen. Dieser Bestimmung entsprechend werden in den Durchführungsbestimmungen die Direktoren der staatlichen und der unter staatlicher Verwaltung stehenden höheren Schulen angewiesen, sich von den anderweit versicherten Schülern jenen Nachweis rechtzeitig erbringen zu lassen. Als Versicherungsbeitrag sind alljährlich bis zum 5. Mai 1,20 RM. für das Jahr an den Versicherungsverband zu entrichten; die Einziehung des Beitrags hat durch die einzelne Schule zu geschehen. Weiter werden die Schuldirektoren in den Durchführungsbestimmungen beauftragt, im Einvernehmen mit den Lehrerversammlungen für pünktliche Zahlung der Beiträge besorgt zu sein und die Schüler sowie tunlichst auch ihre Eltern über den Inhalt, insbesondere über die Anzeigepflicht und über die Vorteile der Schülerunfallversicherung, zu unterrichten und dabei jedem Schüler ein Stück der Versicherungsbedingungen auszuhändigen. Endlich empfiehlt das Ministerium den Unterhaltsträgern der nichtstaatlichen und der nicht unter staatlicher Verwaltung stehenden höheren Schulen und den Inhabern von Privatschulen dringend den Anschluß an das Versicherungsverhältnis der höheren staatlichen Schulen mit den Gemeindeversicherungsverbänden.

Die Klägerin ist der Ansicht, die Verordnung einschließlich der Durchführungsbestimmungen und des Mantelversicherungsvertrags sei rechtsungültig. Sie stelle, da sie den Unterhaltspflichtigen Verpflichtungen auferlege, eine Rechtsverordnung dar. Als solche hätte sie aber im Gesetz- und Verordnungsblatt des Freistaates Sachsen veröffentlicht werden müssen, was nicht geschehen sei. Weiter verstoße der Inhalt der Verordnung — gemeint sind hier die Durchführungsbestimmungen — gegen § 1

UnlWG., § 823 Abs. 2, § 826 BGB., Art. 152 RVerf. und Art. 32 Abs. 2 SächsVerf., soweit die den Gegenstand der Klaganträge zu 1a bis c bildenden Anweisungen des Ministeriums an die Direktoren der höheren Schulen in Betracht kämen; dasselbe gelte vom Mantelversicherungsvertrag. Denn es handle sich um eine sittenwidrige, unter Mißbrauch behördlicher Machtbefugnisse geschehene einseitige Förderung der Gewerbebetriebe der Gemeindeversicherungsverbände zum Nachteil der privaten Versicherungsunternehmungen, u. a. der Klägerin. Art. 152 RVerf. und Art. 32 Abs. 2 SächsVerf. seien als Schutzgesetze im Sinne des § 823 Abs. 2 BGB. anzusehen.

Die Klägerin beantragt, daß der Sächsische Staat verurteilt werde:

1. er habe zu unterlassen:

a) die Direktoren der staatlichen und unter staatlicher Verwaltung stehenden sächsischen höheren Schulen anzuweisen, daß sie die Versicherungsbeiträge der bei den Gemeindeversicherungsverbänden in Dresden und Leipzig gegen Unfall versicherten höheren Schüler durch die Lehrer und Schüler der höheren Schulen oder sonst im Rahmen des Schulbetriebes oder der Verwaltung einziehen;

b) diese Direktoren anzuweisen, daß sie bei Belehrung der Schüler über die Vorteile der Schüler-Unfallversicherung empfehlend auf die Gemeindeversicherungsverbände in Dresden und Leipzig hinweisen und den Schülern bei dieser Gelegenheit die Versicherungsbedingungen dieser Verbände einhändigen;

c) den Unterhaltsträgern der nicht staatlichen und nicht unter staatlicher Verwaltung stehenden höheren Schulen und den Inhabern von Privatschulen den Anschluß an die Schüler-Unfallversicherung der Gemeindeversicherungsverbände in Dresden und Leipzig zu empfehlen.

2. Die unter 1a und 1b genannten Anweisungen und die unter 1c genannten Empfehlungen binnen einer Frist von 14 Tagen vom Eintritt der Rechtskraft des Urteils zurückzunehmen.

3. Den Mantelversicherungsvertrag vom 17. März 1927 binnen einer Frist von 14 Tagen vom Eintritt der Rechtskraft des Urteils ab fristlos zu kündigen.

Der Beklagte bestritt in erster Linie die Zulässigkeit des Rechtswegs und die Sachbefugnis der Klägerin und trat dem Klagebegehren auch sachlich entgegen.

Die Klage wurde in allen drei Rechtszügen abgewiesen.

Gründe:

I.

Ob der Rechtsweg zulässig ist, muß von Amts wegen auch noch in der Revisionsinstanz geprüft werden. Diese Frage ist nur insoweit, als einzelne Reichsgesetze die Zulässigkeit des Rechtswegs aussprechen oder ausschließen, nach Reichsrecht, im übrigen aber nach den Landesgesetzen zu beurteilen. Da eine reichsgesetzliche Vorschrift darüber nicht besteht, ob und inwieweit gegenüber landesrechtlichen Verordnungen der Rechtsweg zulässig ist, so entscheidet sich die Frage hier nicht nach Reichsrecht, sondern nach Landesrecht. Für den Freistaat Sachsen ist hierfür maßgebend das sächsische Gesetz über Kompetenzverhältnisse zwischen Justiz- und Verwaltungsbehörden vom 28. Januar 1835 (sächs. Gesetz- und Verordnungsblatt S. 55). Das Berufungsgericht stellt nun — gemäß § 549 ZPO. bindend für die Revisionsinstanz — fest, daß nach § 7 Nr. 3 jenes Gesetzes der Rechtsweg stattfindet, wenn jemand unter der Behauptung, eine Verwaltungsbehörde habe ihre Amtspflicht überschritten oder mißbraucht und es sei für ihn daraus Schaden entstanden, Entschädigung („nach Befinden Herstellung des vorigen Standes der Sache, Sachsenbuße") verlangt. Die Klaganträge zu 1a bis c und zu 2 laufen, wie das Berufungsgericht mit Recht annimmt, auf die Wiederherstellung des früheren Zustandes hinaus. Denn sie sind darauf gerichtet, daß diejenigen Anweisungen und Empfehlungen, die nach Behauptung der Klägerin Überschreitungen oder Mißbräuche der Amtsgewalt verkörpern, künftig nicht mehr vorgenommen und, soweit sie bereits erfolgt sind, zurückgenommen werden sollen. Diese Voraussetzungen treffen ohne weiteres auch auf den Klagantrag Nr. 3 zu, mit dem die Klägerin Kündigung des vom Beklagten mit den Versicherungsverbänden geschlossenen Mantelversicherungsvertrags, also ebenfalls Wiederherstellung des Zustandes verlangt, der vor Vertragsschluß bestanden hat. Im übrigen ist für diesen Anspruch der Rechtsweg unbeschränkt zulässig, wie beide Vorinstanzen zutreffend annehmen. Denn die Tätigkeit, die das Sächsische Ministerium für Volksbildung durch den Abschluß dieses Vertrags entwickelt hat, liegt ganz auf dem Gebiet des bürgerlichen Rechts. Es hat zugunsten der einzelnen Schüler Versicherungsverträge zwischen ihren Erziehungsberechtigten und den beiden Gemeindeversicherungsverbänden abgeschlossen. Der

Staat hat durch den Abschluß dieser Verträge keine öffentliche Gewalt und kein Hoheitsrecht ausgeübt. Er steht den beiden Versicherungsunternehmen wie eine Privatperson gegenüber, die sich entschlossen hat, einen solchen Vertrag abzuschließen. Der Umstand, daß sich das Ministerium für Volksbildung als oberste Schulbehörde zum Abschluß dieses Vertrags veranlaßt gesehen hat, um den Versicherungszwang so schnell wie möglich und lückenlos praktisch durchzuführen, ist hier ohne Bedeutung. Betätigungen auf privatrechtlichem Gebiet verändern nicht dadurch ihren Charakter, daß sie von einer Behörde oder einer Körperschaft des öffentlichen Rechts ausgeübt werden. Für den Klaganspruch zu 3 ist der Rechtsweg daher unbeschränkt, d. h. unabhängig von den oben wiedergegebenen beschränkenden Vorschriften des sächsischen Gesetzes vom 28. Januar 1835 zulässig. Praktisch ist das hier ohne Bedeutung. Denn die Begründung ist für alle Klagansprüche die gleiche. Sie geht dahin, daß der Beklagte mit seinen Anweisungen und Empfehlungen und mit dem Abschluß des Mantelversicherungsvertrags die öffentlichrechtlichen Gemeindeversicherungsverbände zum Nachteil der privaten Versicherungsunternehmer und damit auch der Klägerin begünstige und daß diese einseitige Förderung des Wettbewerbs der Gemeindeversicherungsverbände zum Nachteil der privaten Versicherungsunternehmer die Grundsätze des Wettbewerbsgesetzes und des § 826 BGB. sowie die Vorschrift des § 823 Abs. 2 das. in Verbindung mit Art. 32 Abs. 2 SächsVerf. und mit Art. 152 Abs. 1 RVerf. verletze. Die Klägerin führt hiermit Tatsachen an, die an sich geeignet sein können, eine Überschreitung oder einen Mißbrauch der Amtsgewalt zu begründen.

Danach ist der Rechtsweg für die Anträge zu 1a, b, c und zu 2 insoweit zulässig. Daß er für den Antrag zu 3 unbeschränkt zulässig ist, ist schon dargelegt.

Da nach § 7 Nr. 3 in Verbindung mit § 8 des sächsischen Gesetzes vom 28. Januar 1835 der Rechtsweg nicht gegeben ist für die Geltendmachung der Rechtsungültigkeit einer Verordnung mit der Begründung, sie sei nicht an der richtigen Stelle bekannt gemacht worden, so kommt es für die Entscheidung nicht auf die Behauptung der Klägerin an, die fragliche Verordnung sei entgegen dem § 1 des sächs. Gesetzes betr. die Bekanntmachung von Gesetzen und Verordnungen vom 1. Mai 1884 (sächs. Gesetz- und Verordnungsblatt S. 134) nicht im Gesetzblatt veröffentlicht worden. Daß in der beschränkten Art, in der die Verordnung tatsächlich veröffentlicht wurde, ein Mißbrauch oder eine Überschreitung der Amtsgewalt liege, durch den für die Klägerin ein Schaden entstanden sei, hat diese selbst nicht einmal behauptet. Das gleiche wie für die eigentliche Verordnung, die nur aus der Anordnung besteht, „daß jeder Schüler einer höheren Schule auf Kosten des Unterhaltspflichtigen gegen Unfälle, die mit der Schule im Zusammenhang stehen, zu versichern ist", gilt auch für die Durchführungsbestimmungen, die im unmittelbaren Anschluß an die Verordnung selbst und ohne besondere äußere Kennzeichnung als solche an derselben Stelle bekannt gemacht worden sind.

Auch in diesem Punkte war daher der Auffassung des Berufungsgerichts beizutreten. Die Revision erhebt insoweit keinen Angriff.

II.

Für die Prüfung der Frage, ob die Klagansprüche zu 1a, b, c und zu 2 begründet sind, ist nach den für die Revisionsinstanz bindenden Darlegungen des Berufungsgerichts über die beschränkte Zulassung des Rechtswegs gegenüber landesrechtlichen Verordnungen im Freistaat Sachsen allein entscheidend, ob in dem Erlaß der Verordnung selbst und ihrer Durchführungsbestimmungen eine Überschreitung oder ein Mißbrauch der Amtsgewalt des Sächsischen Volksbildungsministeriums zu erblicken ist. Die Verordnung selbst betrifft lediglich die Einführung des Versicherungszwangs für Schüler höherer Lehranstalten auf Kosten der Unterhaltspflichtigen gegen Unfälle, die mit der Schule im Zusammenhang stehen. Die Durchführungsbestimmungen betreffen die den Gegenstand der Klaganträge zu 1a und b und zu 2 bildenden Anweisungen des Ministers an die Direktoren der staatlichen und der unter staatlicher Verwaltung stehenden höheren Schulen, und zwar a) zur Einziehung der Versicherungsbeiträge im Rahmen des Schulbetriebs, soweit es sich um Versicherungen bei den Gemeindeversicherungsverbänden Leipzig und Dresden handelt; b) zur Empfehlung der Gemeindeversicherungsverbände für den Abschluß der Unfallversicherung der Schüler und zur Aushändigung der Versicherungsbedingungen dieser Verbände an die Schüler bei Gelegenheit dieser Empfehlung und Belehrung. Außerdem handelt es sich in den Durchführungsbestimmungen um die Empfehlung dieser Verbände zum gleichen Zweck durch das Ministerium selbst gegenüber den Unterhaltsträgern der nichtstaatlichen und der nicht unter staatlicher Verwaltung stehenden höheren Schulen und den Inhabern von Privatschulen.

Die Prüfung der Frage, ob der Erlaß der Verordnung oder der Durchführungsbestimmungen eine Überschreitung oder einen Mißbrauch der Amtsgewalt des Sächsischen Volksbildungsministeriums enthält, erleidet, wie das Berufungsgericht ebenfalls in bindender Auslegung des § 7 Nr. 3 Abs. 2 des sächsischen Gesetzes vom 28. Januar 1835 festgestellt hat, insofern eine Einschränkung, als „Justizbehörden nicht über die Notwendigkeit und Zweckmäßigkeit der betreffenden Verwaltungsmaßregel in bezug auf das allgemeine Beste urteilen dürfen, soweit eine rechtliche Erörterung darüber nicht ausdrücklich in den Gesetzen nachgelassen wird". Da das Berufungsgericht weiter, und zwar wiederum bindend, feststellt, daß eine solche Ermächtigung in den sächsischen Gesetzen nicht erteilt ist, so scheidet die Frage ohne weiteres aus, ob die Einführung des Versicherungszwanges für die Schüler höherer Lehranstalten und die dazu erlassenen Durchführungsbestimmungen notwendig oder auch nur zweckmäßig sind. Dagegen ist zu erörtern, ob die Einführung des Unfallversicherungszwanges und der Inhalt der Durchführungsbestimmungen innerhalb des Rahmens der Aufgaben des Sächsischen Volksbildungsministeriums liegt oder ob dieses damit seine Amtspflicht verletzt hat. Wäre das der Fall, so wäre die Klägerin, soweit sie durch solchen Inhalt der Verordnung oder ihrer Durchführungsbestimmungen Schaden erleidet, zur Forderung der Wiederherstellung des früheren Zustands berechtigt. Die Rechtsfolge würde dann die sein, daß die Bestimmungen, soweit sie zu Unrecht erlassen wären und der Klägerin Schaden verursachen, ihr gegenüber als rechtsunwirksam zu behandeln wären, da sie nach den das Revisionsgericht bindenden Ausführungen des Berufungsgerichts auf Grund des sächs. Gesetzes vom 28. Januar 1835 nicht für ungültig erklärt werden dürften (vgl. die schon vom Berufungsgericht angezogene Entscheidung des Sächsischen Kompetenzgerichtshofs in Fischers Zeitschrift Bd. 51 S. 186).

Das Sächsische Volksbildungsministerium übt nach der bindenden Auslegung, die das Berufungsgericht dem § 4 des sächs. Gesetzes über die Gymnasien, Realschulen und Seminare vom 22. August 1876 (sächs. Gesetz- und Verordnungsblatt S. 317) gegeben hat, als oberste Schulbehörde das Oberaufsichtsrecht über diese Anstalten aus und bildet für ihre inneren und äußeren Angelegenheiten die oberste Instanz, und zwar ohne Unterschied, ob die Anstalten Staatsanstalten oder ob sie Gemeinde-, Stiftungs- oder ständische Anstalten sind. Zu den Aufgaben der höheren Schulen und daher auch des Volksbildungsministeriums kraft seines Oberaufsichtsrechts über sie gehört auch die Pflege der Wohlfahrt der Schüler, wie das Berufungsgericht feststellt. Das gilt nach den heutigen gesteigerten sozialen Anforderungen und unter Berücksichtigung der Zunahme der Gefahren, welche die außerordentliche Vermehrung des Verkehrs, der Ausbau der Leibesübungen und die sonstigen sportlichen und gesundheitlichen Veranstaltungen der höheren Schulen mit sich bringen, heute mehr, als es früher erforderlich erschien. Diesem Zweck dient der durch die Verordnung eingeführte Versicherungszwang für Schüler höherer Schulen gegen Unfälle, die mit der Schule im Zusammenhang stehen. Nur hierin besteht der Inhalt der Verordnung; alle anderen Anordnungen sind Durchführungsbestimmungen. Zur Einführung dieses Versicherungszwanges war daher das Volksbildungsministerium in Ausübung der Oberaufsicht über die höheren Schulen Sachsens befugt. Der Erlaß der Verordnung — von den Durchführungsbestimmungen vorläufig abgesehen — hielt sich daher innerhalb der Grenzen der Zuständigkeit des Ministeriums. Deshalb liegt auch keine Verletzung des Art. 32 Abs. 2 SächsVerf. vor, auf den sich die Klägerin in Verbindung mit § 823 Abs. 2 BGB. ebenfalls berufen hat. Nach diesem Artikel der Sächsischen Verfassung, auf den das Berufungsgericht nicht eingeht und den die Revision auch nicht erwähnt, ist der Minister nur berechtigt, diejenigen Verordnungen zu erlassen, zu denen er nach Gesetz oder Gewohnheitsrecht ermächtigt ist. Im übrigen ist aber auch der Klägerin durch die Verordnung — für sich betrachtet — gar kein Schaden entstanden. Denn diese führt ja nur den allgemeinen Versicherungszwang für die Schüler höherer Schulen auf Kosten der Unterhaltspflichtigen ein. Schon an diesem Umstand — dem Mangel einer Schädigung der Klägerin durch den Erlaß der eigentlichen Verordnung — muß der Versuch der Revision scheitern, im Erlaß der Verordnung eine Verletzung der Amtspflicht des Sächsischen Volksbildungsministeriums deshalb zu erblicken, weil die Einführung des Versicherungszwangs in Wahrheit nicht die Schüler, sondern die Eltern treffe und daher nicht in Ausübung der dem Ministerium zustehenden Oberaufsicht über die höheren Schulen, sondern nur unter Mißbrauch seiner Amtsgewalt angeordnet sein könne. Im übrigen ist, wie hier bemerkt werden mag, auch nicht ersichtlich, wie der erstrebte Schutz der Schüler gegen die Folgen von Unfällen auf den Schulwegen, beim Unterrichtsbetrieb und bei allen Veranstaltungen der Schule in anderer Weise als durch Anordnung des Versicherungszwangs der Schüler geschaffen werden sollte.

In Wahrheit leitet ja auch die Klägerin die Annahme einer Schadenszufügung gar nicht aus der eigentlichen Verordnung, d. i. aus der Einführung des Unfallversicherungszwanges her, sondern aus den Durchführungsbestimmungen und aus dem Mantelversicherungsvertrag. Dabei bestreitet sie dem Ministerium nicht das Recht, Durchführungsbestimmungen zu der Verordnung zu erlassen, vorausgesetzt, daß es zu deren Erlaß befugt war (was, wie dargelegt, der Fall ist). Insofern verkennt das Berufungsgericht den Standpunkt der Klägerin. Sie erblickt im Abschluß des Mantelversicherungsvertrags mit den beiden Gemeindeversicherungsverbänden und in den dem Inhalt dieses Vertrags entsprechenden Durchführungsbestimmungen zu der Verordnung einen Mißbrauch der Amtsgewalt des Ministeriums. Dieses nutze — so meint die Klägerin — seine Machtstellung dazu aus, den Wettbewerb der privaten Versicherungsunternehmen mit den Gemeindeversicherungsverbänden für die Schülerunfallversicherung auszuschalten oder zum mindesten einzuengen. Darin liege ein Verstoß gegen die guten Sitten und daher eine Verletzung des § 1 UnlWG. und des § 826 BGB. Weiter verletze der Beklagte durch dieses Verhalten den Art. 152 Abs. 1 RVerf. insofern, als er die dort zugesicherte Vertragsfreiheit im Wirtschaftsverkehr beschränke. Zum mindesten erblickt die Klägerin in dem Vorgehen des Ministeriums einen objektiv widerrechtlichen Eingriff in das Recht des freien Wettbewerbs der privaten Unfall-Versicherungsunternehmen und damit auch ihres eigenen Unternehmens, der den Anspruch auf Unterlassung nach § 1004 BGB. rechtfertige. Sollte § 1 UnlWG. oder § 826 BGB. vom Beklagten verletzt sein — Art. 152 Abs. 1 RVerf., der die Vertragsfreiheit im Wirtschaftsverkehr verkündet, ist wegen der einschränkenden Klausel „nach Maßgabe der Gesetze" hier nicht als selbständige Norm verwendbar —, so wären sämtliche Klagansprüche begründet. In Ansehung der Durchführungsbestimmungen, für deren Beanstandung nach dem Gesagten der Rechtsweg nach dem Gesetze vom 28. Januar 1835 nur beschränkt zulässig ist, wäre dann der Anspruch auf Wiederherstellung des vor dem Erlaß der Bestimmungen bestehenden Zustands gegeben. Gegenüber dem Mantelversicherungsvertrag ist dagegen nach den obigen Ausführungen der Rechtsweg unbeschränkt zulässig. Die Anwendung des § 1004 BGB. würde aber nur zum Anspruch auf Unterlassung berechtigen; der Klagantrag zu 3 auf Kündigung des Mantelvertrags durch den Beklagten wäre dann nicht begründet.

Der Berufungsrichter nimmt weder einen Verstoß des Beklagten gegen die guten Sitten noch einen solchen gegen Art. 152 Abs. 1 RVerf. an; über die Anwendbarkeit des § 1004 BGB. äußert er sich nicht. Er weist zunächst darauf hin, daß die privaten Versicherungsunternehmen und insbesondere die Klägerin durch den Mantelvertrag nicht von der Schülerunfallversicherung ausgeschlossen würden, da nach § 3 Abs. 2 des Vertrags diejenigen Schüler von der Versicherung durch die Verbände ausgenommen seien, für die der Rektor der Schule den Verbänden gegenüber anerkenne, daß sie vertraglich bei einem anderen Versicherungsunternehmen ausreichend gegen Unfall versichert seien. Das Berufungsgericht lehnt danach die Annahme einer gegen Art. 152 RVerf. verstoßenden Beschränkung der Vertragsfreiheit ab, da jeder einzelne Schüler von seinem Unterhaltspflichtigen auch bei einem anderen Versicherungsunternehmen versichert werden könne. Es wurde bereits bemerkt, daß der Satz in Art.152 Abs. 1 RVerf. „Im Wirtschaftsverkehr gilt Vertragsfreiheit" wegen der beigefügten Klausel „nach Maßgabe der Gesetze" nicht geeignet ist, als selbständige Norm für die Begründung von Unterlassungs- und Schadensersatzansprüchen im Falle unzulässiger Beschränkung der freien Willensbetätigung auf dem Gebiete des Vertragsrechts zu dienen, weil die Vorschrift infolge jener Klausel darauf angewiesen ist, ihren Inhalt selbst erst von der gewöhnlichen Gesetzgebung zu empfangen. Entscheidend ist deshalb allein, ob ein unlauteres Verhalten des Ministeriums im Sinne des § 1 UnlWG. und des § 826 BGB. oder ein auch nur objektiv rechtswidriger Eingriff dieser Behörde in den freien Gewerbebetrieb privater Versicherungsunternehmen als gegeben anzusehen ist (§ 1004 BGB.). Das Berufungsgericht verneint das erstere, und aus der Art seiner Begründung ist zu entnehmen, daß es auch die Voraussetzungen des § 1004 BGB. verneint haben würde, wenn es sich mit der Frage der Anwendbarkeit dieser Vorschrift beschäftigt hätte. Das angefochtene Urteil gibt zu, daß der Mantelversicherungsvertrag — und daher auch, wie hinzuzufügen ist, die nur seinen wesentlichen Inhalt wiedergebenden Durchführungsbestimmungen — den Gemeindeversicherungsverbänden insofern einen Vorteil vor anderen Versicherungsunternehmen gewährt, als bei den Verbänden ohne weiteres alle Schüler versichert sind, die sich nicht anderweit versichern. Dem kann (in Übereinstimmung mit einem von der Revision betonten und schon in der Berufungsbegründung geltend gemachten Gesichtspunkt) unbedenklich hinzugefügt werden, daß für ein privates Versicherungsunternehmen die Möglichkeit, zum Abschluß einer Schüler-Unfallversicherung zu gelangen, unter den obwaltenden Umständen nur gering ist. Denn ein derartiges Unternehmen, das so, wie die Dinge liegen, immer nur einzelne Versicherungsverträge abschließen würde, könnte nicht annähernd so günstige Prämiensätze bewilligen, wie dies den Verbänden bei der Kollektivversicherung möglich ist. Die Jahresversicherungsprämie beträgt bei ihnen nach § 4 Abs. 2 des Mantelversicherungsvertrags nur 1,20 RM. Anderseits bleibt aber dem Unterhaltspflichtigen die Möglichkeit des freien eigenen Abschlusses eines allgemeinen Unfallversicherungsvertrags, durch den auch Unfälle des Schülers getroffen werden, die mit der Schule im Zusammenhang stehen.

Diese Besserstellung der Verbände kann jedoch, wie das Berufungsgericht annimmt, nach Lage der Sache dem Gefühl der beteiligten Verkehrskreise für Lauterkeit und Billigkeit nicht zuwiderlaufen. Dabei geht der Vorderrichter davon aus, daß das Ministerium, wenn es einmal den Versicherungszwang anordnete, auch für seine Durchführung Sorge tragen mußte. Er führt aus, das Ministerium habe dies in zweckmäßiger und wirksamer Weise nur dadurch erreichen können, daß es alle Schüler, deren Unterhaltspflichtige diese nicht selbst ausreichend versicherten, unter einen Zwangsversicherungsvertrag fallend erklärt habe und daß es die Voraussetzungen und die Grundlagen für einen solchen Vertrag nur durch den Abschluß eines Mantelversicherungsvertrags mit einem der vorhandenen Versicherungsunternehmen habe schaffen können. Denn nur so habe das Ministerium es erreichen können, daß dem Gebote der Gerechtigkeit und Billigkeit entsprechend alle diejenigen Schüler, deren Unterhaltspflichtige nicht selbst für den Abschluß einer Unfallversicherung Sorge trugen, zu den nämlichen Bedingungen versichert worden seien.

Vergebens wendet sich die Revision gegen diese Begründung, mit der das Berufungsgericht einen Verstoß des Ministeriums gegen die Grundsätze des lauteren Wettbewerbs verneint. Der Vorderrichter stellt in tatsächlicher, für die Revisionsinstanz bindender Würdigung fest, daß das Ministerium, wenn es einmal den Unfallversicherungszwang für Schüler anordnete, auch für seine Durchführung sorgen mußte, und daß diese Durchführung schlechterdings nicht anders als durch den Abschluß eines solchen Mantelversicherungsvertrags möglich war, durch den eben von selbst alle Schüler bei demjenigen Versicherungsunternehmen versichert wurden, mit dem dieser Vertrag abgeschlossen war, sofern nicht der Unterhaltsverpflichtete eine anderweitige Versicherung des Schülers vorzog. Daß der Versicherungszwang nur auf diese Weise praktisch durchgeführt werden kann, gibt ja auch die Klägerin insofern selbst zu, als sie erklärt, es wären schon wegen der Niedrighaltung der Prämien keine Einzelversicherungen, sondern nur ein Kollektiv-Versicherungsvertrag in Frage gekommen, der 90 bis 95% aller Schüler der betreffenden Schule umfaßte. Dann ist aber das Mittel, dessen sich das Ministerium bediente, der Abschluß eines Mantelversicherungsvertrags mit einem bestimmten Versicherungsunternehmen, auch nach Ansicht der Klägerin keinesfalls unlauter, sondern der einzig gegebene Weg, um das durchaus berechtigte Ziel zu erreichen. Es fragte sich dann nur, mit welchem Versicherungsunternehmen das Ministerium den Mantelvertrag abschließen sollte. Gewiß hätte es dies auch mit einem der dazu bereiten privaten Unternehmen tun können, z. B. mit der Klägerin. Es fehlt aber an jedem Anhalt dafür, daß es den Wettbewerb der öffentlichrechtlichen Versicherungsunternehmen zum Nachteil von privaten unter Mißbrauch seiner behördlichen Machtbefugnisse gefördert hat, indem es den Mantelvertrag mit den Versicherungsverbänden abschloß und entsprechende Anweisungen an die Rektoren der höheren Schulen zur Belehrung, Einziehung der Versicherungsprämien im Schulbetrieb usw. in den Durchführungsbestimmungen ergehen ließ. Das Ministerium hat nur in Ausübung der auch ihm zustehenden Vertragsfreiheit gehandelt, und zwar — wie nicht widerlegt ist — nach bester Überzeugung in Ausübung seiner Pflicht. Zu Unrecht beruft sich die Revision auf die Entscheidung des erkennenden Senats in RGZ. Bd. 116 S. 128. Damals wurde ein Verstoß gegen § 1 UnlWG. darin erblickt, daß sich eine öffentlichrechtliche Versicherungsanstalt in der Absicht, Kunden zu gewinnen, der Landjäger bediente, um Drucksachen (Vordrucke) zu verbreiten, die ihr vermöge des hierdurch begründeten vermeintlichen behördlichen Zwangs zur Ausfüllung ein Eindringen in die Verhältnisse von privaten Versicherungsgesellschaften ermöglichten. Jener Fall liegt tatsächlich und rechtlich ganz anders als der gegenwärtige. Dort handelte es sich um bewußt widerrechtliche Inanspruchnahme von behördlichen Organen zu Wettbewerbszwecken durch eine öffentlichrechtliche Versicherungsanstalt unter bewußter Überschreitung ihrer Befugnisse und in Ausnutzung ihrer öffentlichen Stellung. Von alledem ist hier keine Rede; nicht einmal ein ähnlicher Sachverhalt liegt vor. Danach fehlt es auch an der Voraussetzung eines objektiv rechtswidrigen Eingriffs in den Gewerbebetrieb privater Versicherungsunternehmen.

---

23. Ist der Rechtsweg zulässig für eine Klage auf Feststellung, daß eine Stadtgemeinde vertragsmäßig verpflichtet sei, die Leitung einer höheren Lehranstalt einem Angehörigen eines bestimmten Glaubensbekenntnisses zu übertragen?

GVG. § 13.

IV. Zivilsenat. Urt. v. 7. April 1930 i. S. Stadtgemeinde D. (Bekl.) w. H. u. Gen. (Kl.). IV 370/29.

I. Landgericht Duisburg.
II. Oberlandesgericht Düsseldorf.

Die Kläger sind die Erben des im Jahre 1868 verstorbenen H. in R. Dieser hat der — inzwischen mit der verklagten Stadtgemeinde vereinigten — Stadt R. laut Schenkungsurkunde vom 14. Juli 1856 10000 Taler geschenkt, von denen 5000 Taler zum Bau einer Realschule verwendet werden sollten. Wegen dieser Schule hat er in der Schenkungsurkunde u. a. bestimmt: „Der Dirigent der Realschule muß der evangelischen Konfession angehören". Im Jahre 1866 hat er der Stadt zum Besten der Schule weitere 5000 Taler geschenkt.

Beide Schenkungen wurden von der Stadt angenommen und landesherrlich genehmigt. Für die neugeschaffene, seit 1862 als Realschule erster Ordnung anerkannte Lehranstalt wurde im Jahre 1863 ein Statut erlassen. Darin war bestimmt: Die Verwaltung der Schule liege einem Kuratorium ob; dieses habe die Wahlen der Lehrer zu vollziehen und sei dabei nur insoweit durch Konfessionsrücksichten gebunden, als der Dirigent der Schule gemäß der Schenkungsurkunde vom 14. Juli 1856 der evangelischen Konfession angehören solle. An Stelle des Statuts gilt jetzt die „Verwaltungsordnung der städtischen höheren Knaben- und Mädchenlehranstalten in D." von 1924. Danach werden die Direktoren und Lehrkräfte durch den Oberbürgermeister nach Anhörung des Schulausschusses berufen. Davon, daß die Direktorstelle an der inzwischen zu einem Realgymnasium entwickelten Anstalt nur mit einem Evangelischen besetzt werden dürfe, ist in der Verwaltungsordnung nicht die Rede. Im Jahre 1926 wurde von der Beklagten zum erstenmal ein Katholik mit der Leitung der Anstalt betraut.

Die Klage begehrt in erster Linie die Feststellung, daß die von H. in der Schenkungsurkunde vom 14. Juli 1856 festgelegte, oben wiedergegebene Bestimmung noch heute für die Beklagte verbindlich und daß die Beklagte demnach verpflichtet sei, die Direktion des Realgymnasiums in D.-R. einem Angehörigen der evangelischen Konfession zu übertragen. Hilfsweise verlangt sie Verurteilung der Beklagten, die Direktorstelle am Realgymnasium in D.-R. einem Angehörigen der evangelischen Konfession zu verleihen. Das Landgericht wies die Klage wegen Unzulässigkeit des Rechtswegs ab. Das Oberlandesgericht verwarf die Einrede der Unzulässigkeit des Rechtswegs. Auf die Revision der Beklagten wurde das erste Urteil wiederhergestellt.

Gründe:

Der Erblasser der Kläger und die Rechtsvorgängerin der Beklagten, die Stadt R., haben nach dem Klagevortrag beabsichtigt, durch die dem Schenkungsvertrag von 1856 eingefügte Auflage (nach der Ausdrucksweise des preußischen Allgemeinen Landrechts I 11 § 1053: durch den von der Geschenknehmerin zu erfüllenden Endzweck) „eine Bindung der Stadt bei der jeweiligen Berufung des Leiters der mit Hilfe des geschenkten Kapitals neu zu gründenden städtischen höheren Lehranstalt herbeizuführen". Die Stadt sollte verpflichtet werden, zum Leiter der Anstalt immer nur einen Angehörigen des evangelischen Glaubensbekenntnisses zu bestellen.

Die Bestellung eines Anstaltsleiters ist eine Amtshandlung obrigkeitlicher Art, mag die Anstellung des Direktors durch die Stadt (RGZ. Bd. 84 S. 34) für die bestimmte einzelne Anstalt oder allgemein an eine höhere Lehranstalt im Bereich des städtischen Schulpatronats erfolgen, wie dies nach den übereinstimmenden Parteiangaben und der Feststellung des Berufungsgerichts — entsprechend den ein solches Anstellungsverfahren empfehlenden Ministerialerlassen — in D. geschieht, damit der Direktor im Bedarfsfall auch an anderen höheren Lehranstalten der Stadt verwendet werden kann. In diesem Falle schließt sich an die Anstellung als Direktor einer höheren Lehranstalt der Stadt noch die Bestellung zum Leiter einer bestimmten Anstalt als eine besondere verwaltungsrechtliche Amtshandlung an. In die Tätigkeit der Beklagten auf diesem öffentlichrechtlichen Gebiet kann auf dem ordentlichen Rechtsweg weder durch ein Gebot oder Verbot noch durch die Feststellung einer Verpflichtung eingegriffen werden. Der Streit um die Art der Betätigung der obrigkeitlichen Macht zur Ämterbesetzung ist kein bürgerlicher Rechtsstreit im Sinne des § 13 GVG. Er wird es auch nicht dadurch, daß die Kläger den Erwerb eines das Ämterbesetzungsrecht der Stadt beschränkenden Rechtes durch ihren Erblasser auf einen im Privatrecht ausgebildeten Vertrag, eine Schenkung unter einer Auflage, gründen.

Auf den Boden dieser Rechtsauffassung hat sich das Reichsgericht schon in wiederholten Entscheidungen gestellt, so insbesondere der jetzt erkennende Senat in RGZ. Bd. 59 S. 5, 7flg.; vgl. auch RGZ. Bd. 109 S. 294, Bd. 111 S. 48 sowie die Urteile vom 2. Oktober 1924 IV 221/24 (LZ. 1925 Sp. 599) und vom 28. Juni 1928 VI 65/28 (JW. 1928 S. 2705 Nr. 2). Soweit in dem vom Berufungsgericht angezogenen Urteil vom 11. Oktober 1928 IV 827/27 (JW. 1928 S. 3246 Nr. 15) etwas Abweichendes zum Ausdruck gekommen sein sollte, wird daran nicht festgehalten.

Von diesem Standpunkt aus kann der Rechtsweg zunächst nicht für den Hilfsantrag zugelassen werden, wonach die Beklagte verurteilt werden soll, die Direktorstelle an dem Realgymnasium einem evangelischen Bewerber zu übertragen. Der Hauptantrag richtet sich allerdings nur auf eine Feststellung, er bezweckt nach der Erklärung der Kläger keineswegs einen Eingriff in die Verwaltungshoheit der Beklagten. Diese Erklärung steht nicht im Einklang mit dem Inhalt des Antrags selbst, namentlich seines zweiten Teiles, wonach die Feststellung begehrt wird, daß die Beklagte „demnach" (nämlich wegen der fortdauernden Verbindlichkeit der vom Erblasser der Kläger in der Schenkungsurkunde von 1856 festgelegten Bestimmung) verpflichtet sei, die Direktion des Realgymnasiums einem Angehörigen der evangelischen Konfession zu übertragen. Ebensowenig steht die Erklärung im Einklang mit der Begründung, die für das rechtliche Interesse der Kläger an der alsbaldigen Feststellung (§ 256 ZPO.) gegeben wird, daß es sich nämlich um eine dauernde Verpflichtung handle, die jeden Augenblick aufs neue praktisch werden könne. Die Kläger begehren danach nicht eine Feststellung, die ihnen als Grundlage eines etwaigen Anspruchs auf Rückgabe des Geschenkes wegen Nichterfüllung des Endzwecks (§§ 153flg. ALR. I 4) dienen soll, sondern sie wollen die Verpflichtung zur Erfüllung des Endzwecks festgestellt sehen, und zwar, weil sie, wie es in der vorgetragenen Berufungsbegründung wörtlich heißt, der Überzeugung sind, daß die Beklagte, wenn sie durch das Gericht über das Bestehen ihrer Verpflichtung belehrt worden sei, dieser auch nachkommen werde. Es ist aber nicht Aufgabe des ordentlichen Richters, eine Stadtgemeinde über eine für sie bei Ausübung ihres obrigkeitlichen Ämterbesetzungsrechts bestehende Schranke zu belehren, und die Kläger sind nicht in der Lage, durch die Herbeiführung einer solchen „Belehrung" einen Druck auf die Beklagte auszuüben, daß sie die ihrer obrigkeitlichen Befugnis vom Geschenkgeber gesetzte Schranke einhalte (vgl. wiederum RGZ. Bd. 111 S. 48, 49; JW. 1928 S. 2705 Nr. 2).

---

24. 1. Zur Auslegung des § 8 Nr. 2 des Kraftfahrzeuggesetzes.
2. Kann die Aufsichtspflicht des Kraftfahrzeughalters gegenüber dem Führer auch auf § 831 BGB. gestützt werden?
3. Zur Auslegung des §17 Abs. 3 der Kraftfahrzeugverordnung. Pflichten des durch einen Scheinwerfer geblendeten Wegbenutzers.

4. Verkehrssorgfaltspflichten des Eigentümers einer Landstraße bei Vornahme von Straßenbauarbeiten.

BGB. §§ 254, 276, 823, 831. KFG. § 8 Nr. 2. KFVo. § 17 Abs. 1 und 3, § 18 Abs. 2.

VI. Zivilsenat. Urt. v. 7. April 1930 i. S. Provinz H. u. Gen. (Bekl.) w. G. (Kl.). VI 400/29.

I. Landgericht Stade.
II. Oberlandesgericht Celle.

Am 13. Oktober 1926 zwischen 19 und 20 Uhr fuhr der Kläger auf seinem Kraftrad die im Eigentum der verklagten Provinz H. (Erstbeklagten) stehende Chaussee C.—H. entlang, und zwar in der Richtung von We. nach Wi. Dort führte zwischen den Kilometersteinen 72,9 und 72,5 die mitverklagte Straßenbau-Firma (Zweitbeklagte) im Auftrag der Provinz Arbeiten aus. Beim ersteren Kilometerstein stand auf der Grenze zwischen dem Fußweg und der gepflasterten Fahrbahn, von der Fahrtrichtung des Klägers aus gesehen, zunächst ein Wasserwagen, der quer gestellt war, und zwar so, daß er ein beträchtliches Stück der Fahrstraße versperrte; hinter dem Wasserwagen stand der Wohnwagen des Unternehmers und hinter diesem Wagen ein weiterer Wohnwagen. Auf der linken Straßenseite befindet sich der Sommerweg. Ein Sperrbock stand, vom Kläger aus gesehen, an jenem Abend nicht vor, sondern hinter den Wagen. Als sich der Kläger dieser Stelle näherte, kam ihm aus der entgegengesetzten Richtung auf dem Sommerweg ein Lastkraftwagen der mitverklagten Brauerei (Drittbeklagten) entgegen, und zwar mit unabgeblendeten Scheinwerfern. Zwar hatte der Kläger, der am selben Tage nachmittags die Strecke bereits in umgekehrter Richtung befahren hatte, schon vorher einen aus dem Wohnwagen des Unternehmers dringenden Lichtschimmer wahrgenommen. Gleichwohl fuhr er auf den Wasserwagen auf und zog sich beim Sturz vom Kraftrad Verletzungen und Sachschaden zu.

Der Kläger nimmt die drei Beklagten als Gesamtschuldner auf Ersatz des ihm erwachsenen Schadens in Anspruch. Zur Begründung macht er geltend, daß die Provinz keinerlei Warnungstafeln oder Sperrböcke aufgestellt habe, die überdies zur Zeit der Dunkelheit hätten beleuchtet werden müssen. Das Verschulden der Baufirma bestehe darin, daß sie den Wasserwagen auf die Fahrbahn der Landstraße gestellt habe, ohne dieses Hindernis durch vorschriftsmäßige Beleuchtung kenntlich zu machen. Die Haftung der Brauerei endlich ergebe sich daraus, daß ihr Kraftwagen mit nicht abgeblendeten, grellen Scheinwerfern gefahren sei, sodaß der Kläger geblendet worden sei und den Wasserwagen nicht habe sehen können.

Die Beklagten haben eigenes Verschulden des Klägers eingewendet, da dieser vom Vorhandensein der Hindernisse Kenntnis gehabt habe. Die Provinz hat ferner geltend gemacht, daß sie bei der Auswahl der Baufirma die nötige Sorgfalt angewendet habe; der Chausseewärter, dessen Aufgabe die Anbringung der Lampen gewesen sei, sei plötzlich krank geworden und habe daher den Zeugen A. mit dieser Aufgabe betraut; aus der geöffneten Tür des Wohnwagens des Unternehmers sei ein Lichtkegel über den davorstehenden Wasserwagen hinweg nach der Richtung geworfen worden, aus welcher der Kläger gekommen sei. Den letzteren Einwand hat auch die Baufirma erhoben; zur Vornahme von Absperrmaßnahmen sei diese Beklagte nicht verpflichtet gewesen; der Unfall sei darauf zurückzuführen, daß der Kläger durch die Scheinwerfer des Lastkraftwagens geblendet worden und zu schnell gefahren sei. Die Brauerei stellt ihre Haftung auf Grund des Kraftfahrzeuggesetzes in Abrede, da ihr Wagen eine Geschwindigkeit von 20 km in der Stunde nicht überschreiten könne; eine Abblendung der Scheinwerfer sei während der Fahrt auf dem schlechten Sommerweg untunlich gewesen; der Lichtkegel der Scheinwerfer habe überdies den Kläger gar nicht treffen können; der Kläger sei verpflichtet gewesen, sein Fahrzeug zum Halten zu bringen.

Das Landgericht hat die Klage abgewiesen, und zwar der Provinz und der Baufirma gegenüber deshalb, weil der Kläger den unbeleuchteten Wasserwagen wahrgenommen hätte, wenn er nicht durch die Scheinwerfer des Lastkraftwagens geblendet worden wäre, und der Brauerei gegenüber deshalb, weil der Unfall in jedem Fall durch das eigene Verschulden des Klägers herbeigeführt worden sei, der hätte anhalten müssen. Dagegen hat das Oberlandesgericht unter Zurückweisung der Berufung im übrigen den Leistungsanspruch des Klägers dem Grunde nach für gerechtfertigt erklärt und seinem Feststellungsbegehren willfahrt, beides jedoch der Provinz und der Baufirma gegenüber nur zu je zwei Dritteln. Die Revisionen der drei Beklagten führten zur Aufhebung und Zurückverweisung.

Aus den Gründen:

A. Zur Revision der Drittbeklagten:

1. Diese Revision führt in erster Linie darüber Beschwerde, daß der Berufungsrichter den § 7 KFG. als Haftungsgrund angenommen habe, obwohl ihr Lastkraftwagen unter § 8 Nr. 2 das. falle. Die Rüge geht fehl. Der Ausnahmetatbestand dieser Vorschrift, dessen Voraussetzungen der Halter zu beweisen hat (RGU. vom 2. Januar 1928 VI 207/27, abgedr. Recht 1928 Nr. 626; Heucke Verkehr mit Kraftfahrzeugen 3. Aufl. Anm. 1 zu § 8 S. 58 nebst Nachweisungen; vgl. auch RGZ. Bd. 124 S. 115), setzt voraus, daß der Unfall durch ein Fahrzeug verursacht wurde, das auf ebener Bahn eine auf 20 km begrenzte Stundengeschwindigkeit nicht übersteigen kann. Demnach kann die Vergünstigung des § 8 Nr. 2 nur dann in Anspruch genommen werden, wenn entweder die Bauart des Fahrzeugs schlechthin die Überschreitung einer solchen Höchstgeschwindigkeit ausschließt oder wenn doch wenigstens solche Vorrichtungen angebracht sind, welche die Erhöhung der Geschwindigkeit über 20 km in der Weise verhindern, daß der Führer die Vorrichtungen überhaupt nicht oder nur in längerer oder schwieriger Arbeit beseitigen kann (RGZ. Bd. 86 S. 72; RGU. vom 28. Januar 1929 VI 279/28, abgedr. Recht 1929 Nr. 555; Müller Automobilgesetz 5. Aufl. Bem. A III d 2 S. 276/277 nebst Nachweisungen). Ein Fall dieser Art liegt hier nicht vor. Denn nach der von der Drittbeklagten überreichten Bescheinigung der Herstellerin des Wagens ist dieser zwar für eine Höchstgeschwindigkeit von etwa 16 km eingestellt, die Geschwindigkeit läßt sich jedoch bis auf 25 km dadurch steigern, daß man den Regulator durch Entfernung des Gestänges gänzlich ausschaltet. Demnach kommt es nicht darauf an, ob der Führer B. am Unfallabend den Regulator nicht ausgeschaltet hatte.

2. Sodann wendet sich die Revision gegen die Anwendung der §§ 823flg. BGB. Die Frage, ob die Beklagte den in § 831 das. zugelassenen Entlastungsbeweis betreffend die Auswahl des Kraftwagenführers B. geführt habe, hat das angefochtene Urteil offengelassen; dagegen erachtet es nicht als dargetan, daß die Beklagte ihrer Pflicht zur allgemeinen Überwachung des B. genügt habe. Die hiergegen gerichteten Revisionsangriffe versagen. Verfehlt ist

schon ihr Ausgangspunkt, daß die allgemeine Aufsichtspflicht nur aus § 823 abgeleitet werden könne. In der Regel kann zwar die allgemeine Überwachungspflicht des Geschäftsherrn nur aus § 823 BGB. gefolgert, nicht aber auf § 831 das. gestützt werden (RGZ. Bd. 53 S. 56, 125; JW. 1907 S. 674 Nr. 9, 1911 S. 403 Nr. 16, 1913 S. 203 Nr. 15; RGRKomm. Erl. 6e zu § 823); allein die feste Rechtsprechung des Reichsgerichts geht dahin, daß sich jene Pflicht zur allgemeinen Beaufsichtigung des Angestellten auch aus § 831 ergeben kann (RGZ. Bd. 78 S. 107, Bd. 79 S. 105, Bd. 87 S. 1; JW. 1920 S. 492 Nr. 4; RGU. vom 9. Januar 1928 VI 222/27; RGRKomm. Erl. 5b und 6 zu § 831). Denn da der Angestellte nicht nur zur Zeit seiner Anstellung die Befähigung und Eignung zur Ausführung der ihm übertragenen Verrichtungen besessen und der Geschäftsherr nicht nur zu dieser Zeit die ihm in § 831 auferlegte Sorgfaltspflicht geübt haben muß, so folgt aus dem Grundsatz, daß nur ein wohlbeaufsichtigtes Personal als ein wohlausgewähltes gelten darf, bei längerer Dauer der Anstellung die Pflicht des Geschäftsherrn, sich über die allgemeine Dienstführung seiner Angestellten auf dem laufenden zu erhalten. Diese Pflicht besteht zum mindesten dann, wenn sich Bedenken gegen die Tauglichkeit der Angestellten ergeben oder bei gehöriger Aufmerksamkeit hätten ergeben müssen, oder wenn die besondere Gefährlichkeit der den Angestellten übertragenen Verrichtungen im allgemeinen öffentlichen Interesse eine ständige Überwachung der Angestellten erheischt. In solchen Fällen hat sich also, zumal wenn zwischen Anstellung und Schadenszufügung ein längerer Zeitraum — im vorliegenden Falle etwa 20 Jahre, wie die Beklagte behauptet — verstrichen ist, der dem Geschäftsherrn obliegende Entlastungsbeweis von selbst auf eine regelmäßige Überwachung des Angestellten zu erstrecken. Diese Grundsätze müssen, wie der erkennende Senat schon wiederholt betont hat (vgl. u. a. Urteil vom 15. November 1928 VI 76/28), auf das Verhältnis zwischen Halter und Führer von Kraftfahrzeugen Anwendung finden. Denn die Art, wie der Kraftfahrzeugführer seinen Dienst verrichtet, berührt einerseits sehr wesentlich die öffentliche Verkehrssicherheit, anderseits lehrt aber die Erfahrung des täglichen Lebens, daß die Führer von Kraftfahrzeugen, auch wenn sie als zuverlässig bezeugt sind, sobald sie sich unbeaufsichtigt wissen, leicht dazu neigen, die gebotene Rücksichtnahme auf die Ordnung im öffentlichen Verkehr und auf die Gesundheit ihrer Mitmenschen in besonders hohem Maße außer acht zu lassen. Diese Betriebsgefahr, die bei Unterlassung der dem Halter obliegenden Aufsicht noch erhöht wird, muß im Interesse der Verkehrssicherheit dazu führen, die größte Sorgfalt des Halters bei Erfüllung der Aufsichtspflicht — nach Umständen auch in technischer Beziehung — zu verlangen, z. B. wenn der Halter zu gewerblichen Zwecken eine größere Anzahl von Kraftfahrzeugen besitzt. Verfügt in Fällen der letzteren Art der Halter selbst nicht über die erforderlichen technischen Kenntnisse, so muß ihm angesonnen werden, eine geeignete Aufsichtsperson anzustellen. Daß die Drittbeklagte irgend etwas getan habe, um den B. in diesem Sinne zu überwachen, hat sie in den Vorinstanzen nicht vorgetragen; im Gegenteil stellt sich ihre Revision auf den Standpunkt, daß eine Verpflichtung hierzu für sie nicht vorgelegen habe.

Hat aber hiernach der Vorderrichter den § 831 mit Recht angewendet, so wäre es Sache der Drittbeklagten gewesen, zu behaupten und zu beweisen, daß der Unfall des Klägers auch dann eingetreten wäre, wenn sie ihre Pflicht zur allgemeinen Überwachung des B. erfüllt hätte (RGU. vom 9. Januar 1928 VI 222/27 und vom 16. Januar 1930 VI 124/29; JW. 1904 S. 471 Nr. 10, 1907 S. 333 Nr. 12). In dieser Richtung hat es die Drittbeklagte an jeder Darlegung fehlen lassen.

Bei dieser Sachlage kann es auf sich beruhen, ob nicht der Tatrichter je nach Würdigung des Beweisergebnisses schon auf Grund des § 823 und ohne Heranziehung des § 831 nach den in der Rechtsprechung anerkannten Regeln vom Beweis des ersten Anscheins (RGZ. Bd. 119 S. 62 und 353, Bd. 120 S. 161 nebst Nachweisungen) sowohl zur Frage des Verschuldens der Drittbeklagten wie auch des ursächlichen Zusammenhangs zwischen diesem Verschulden und dem Unfall des Klägers zu einem der Drittbeklagten ungünstigen Ergebnis hätte gelangen können.

3. Weiter rügt die Revision Verletzung des § 17 Abs. 3 KFVo. in der zur Zeit des Unfalls geltenden Fassung vom 5. Dezember 1925/28. Juli 1926 (RGBl. 1925 I S. 439 und 1926 I S. 425). Diese Rüge ist, wenn auch keineswegs in allen Einzelheiten, so doch im Ergebnis begründet. Der § 17 Abs. 3 schreibt zwingend vor, daß stark wirkende Scheinwerfer innerhalb beleuchteter Ortsteile — ausgenommen bei starkem Nebel — abgeblendet werden müssen, und ferner da, wo die Sicherheit des Verkehrs es erfordert, insbesondere beim Begegnen mit

anderen Fahrzeugen (gleichlautend die jetzige Fassung der KFVo. vom 16. März 1928, RGBl. I S. 91). Daß der Wagen der Beklagten mit stark wirkenden Scheinwerfern versehen war, stellt der Berufungsrichter fest. Da B. um die Unfallzeit außerhalb beleuchteter Ortsteile fuhr, so durfte er an sich mit ungeblendeten Scheinwerfern fahren. Er mußte jedoch — und zwar schlechthin — abblenden, sobald die Sicherheit des Verkehrs es erforderte. Diese Pflicht wurde nicht dadurch beseitigt, daß, wie die Beklagte behauptet hat, dunstiges Wetter herrschte und der Sommerweg schlecht war. Ein näheres Eingehen hierauf erübrigt sich; denn das angefochtene Urteil stellt ohne Rechtsirrtum fest, daß B. auch mit abgeblendeten Scheinwerfern sicher hätte fahren können, zumal wenn er seine Fahrgeschwindigkeit entsprechend mäßigte. Auch darin kann entgegen der Ansicht der Revision kein Rechtsverstoß erblickt werden, daß der Berufungsrichter eine Verpflichtung des B. zum Abblenden angenommen hat, obwohl er, wie die Beklagte behauptete, noch 100 bis 150 m vom Kläger entfernt war. Denn der Zweck des § 17 Abs. 3 KFVo. geht dahin, es zu verhindern, daß andere Wegebenutzer durch das grelle Licht der Scheinwerfer geblendet und dadurch unsicher werden und daß auf diese Weise Unglücksfälle entstehen (vgl. RGU. vom 7. November 1929 VI 58/29). Dieser Zweck der Verordnung kann nur erreicht werden, wenn die Abblendung in dem Zeitpunkt vorgenommen wird, wo der andere Wegebenutzer in den Lichtkegel der Scheinwerfer gelangt. Wann dies der Fall ist, hängt von den Umständen ab und ist daher Sache der tatsächlichen Feststellung, die das Berufungsgericht dahin getroffen hat, daß der Kläger geblendet worden ist. Mit Recht vermißt jedoch die Revision eine Feststellung dahin, daß B. den Kläger schon vor dem Unfall bemerkt hat oder daß er ihn bei gehöriger Aufmerksamkeit, wie sie die Führung eines Kraftfahrzeugs, insbesondere bei Dunkelheit, erfordert und wie sie der § 17 Abs. 1 a. a. O. dem Kraftfahrzeugführer zur besonderen Pflicht macht, hätte bemerken müssen. Die Drittbeklagte hatte behauptet, B. habe den Kläger gar nicht sehen können, weil dieser durch die drei Wagen verdeckt gewesen sei.

4. Begründet ist endlich auch die Rüge, welche die Beurteilung des Verhaltens des Klägers unter dem Gesichtspunkt des § 254 BGB. beanstandet. In dieser Beziehung führt das angefochtene Urteil folgendes aus. Der Kläger habe seine Geschwindigkeit herabgesetzt.

Aus Anlaß der Blendwirkung habe für ihn keine Verpflichtung zum Anhalten bestanden. Das Urteil des Reichsgerichts vom 16. November 1928 (Verkehrsrechtl. Rundschau Bd. 7 S. 532) stelle nicht den Grundsatz auf, daß der durch die Scheinwerfer eines entgegenkommenden Kraftwagens geblendete Kraftwagenführer stets anhalten müsse, sondern verlange entweder Verringerung der Geschwindigkeit oder, wenn die Sachlage es erfordere, Anhalten. Daß der Kläger im vorliegenden Falle hätte anhalten müssen, sei nicht dargetan. In bezug auf das Verhältnis zwischen dem Kläger und der Drittbeklagten sei die alleinige Ursache des Unfalls das Nichtabblenden der Scheinwerfer des Lastkraftwagens. Wäre abgeblendet worden, so wäre der Zusammenstoß des Klägers mit dem Wasserwagen überhaupt nicht erfolgt. Er wäre also auch nicht vermieden worden, wenn der Kläger seine Geschwindigkeit noch mehr herabgesetzt hätte.

In diesen Ausführungen gibt die nicht näher begründete Annahme des Vorderrichters, eine Pflicht des Klägers zum Anhalten sei nicht dargetan, nach dem festgestellten Sachverhalt zu rechtlichen Bedenken sowohl aus § 276 BGB., wie auch aus § 17 Abs. 1 KFVo. Anlaß. Dem Kläger war schon von der Hinfahrt bekannt, daß in jener Gegend Straßenbauarbeiten vorgenommen wurden; den aus dem Wohnwagen des Unternehmers dringenden Lichtschimmer hatte er wahrgenommen und es war ihm dadurch in Erinnerung gebracht, daß sich vor ihm Fahrthindernisse befanden; durch die Scheinwerfer des Lastkraftwagens war er geblendet. Schon von einem Fußgänger, um so mehr aber von einem Kraftfahrzeugführer — und zwar nicht nur zu seiner eigenen Sicherheit, sondern auch zur Vermeidung der Gefährdung etwaiger anderer vor ihm befindlicher und ebenfalls geblendeter Wegebenutzer — muß man unter solchen Umständen ein Anhalten bis zu dem Zeitpunkt fordern, wo mit dem Aufhören der Blendwirkung der Überblick über die Fahrbahn frei geworden ist. Wenn der Kläger gleichwohl weiterfuhr, so ist hierin ein Verschulden zu finden, sofern nicht anderweitige, bisher nicht einmal behauptete Umstände eine abweichende Beurteilung rechtfertigen. Wollte man aber der Ansicht sein, daß der Kläger hätte weiterfahren dürfen, so hat das Oberlandesgericht an anderer Stelle seines Urteils eine Verletzung der Verkehrssorgfaltspflicht (vgl. überdies § 18 Abs. 2 KFVo.) zutreffend darin erblickt, daß der Kläger seine Fahrgeschwindigkeit nur auf 20 km herabgesetzt hat.

B. Zur Revision der Erstbeklagten.

Das Oberlandesgericht geht davon aus, daß die Erstbeklagte verpflichtet sei, für den verkehrssicheren Zustand ihrer dem öffentlichen Verkehr übergebenen Chausseen entsprechend deren Zweckbestimmung zu sorgen, und daß diese — wenn auch auf öffentlichem Recht beruhende — Unterhaltungspflicht eine privatrechtliche Haftung begründe. Dieser Ausgangspunkt ist zutreffend (RGZ. Bd. 91 S. 275; RGU. vom 13. Februar 1930 VI 218/29) und wird von der Revision nicht beanstandet.

Die Erstbeklagte sei, so fährt das angefochtene Urteil fort, verpflichtet gewesen, geeignete Maßnahmen zu treffen, um auch während der Zeit der Ausbesserung der Chaussee C.—H. einen verkehrssicheren Zustand zu schaffen und damit Gefahren vorzubeugen. Diese Maßnahmen hätten darin bestehen müssen, die Benutzer der Landstraße in geeigneter Weise und in angemessener Entfernung auf die in der Ausbesserung begriffene Stelle hinzuweisen. Das habe durch Sperrböcke geschehen können, die während der Dunkelheit zu beleuchten gewesen seien. Ob außerdem noch die Anbringung von Warnungstafeln geboten gewesen sei, könne dahingestellt bleiben. Nun habe nach der Richtung, aus welcher der Kläger gekommen sei, nur ein unbeleuchteter Sperrbock gestanden, und zwar noch hinter der Wagenkolonne. Folglich habe die Erstbeklagte ihrer Verkehrssicherungspflicht nicht genügt. Sie könne sich nicht damit entschuldigen, daß der mit Anbringung der Sperrlampen betraute Chausseewärter krank geworden sei und mit der Verrichtung seiner Obliegenheiten den Zeugen A. beauftragt habe. Denn A. habe nur von dem Unternehmer M., dem die Ausbesserungsarbeiten von der Zweitbeklagten weiterübertragen gewesen seien, einen Auftrag zur Beleuchtung der Sperren erhalten, und zwar ohne daß eine nähere Regelung getroffen worden sei. Die Lampe sei ungeeignet gewesen; denn nach der Aussage des A. sei sie infolge des stürmischen Wetters ausgegangen; außerdem sei sie nicht gehörig mit Petroleum gefüllt gewesen. Nicht nur am Unfalltage, sondern auch sonst sei nicht für gehörige Beleuchtung gesorgt worden. Der Zeuge N. sei nämlich drei Tage vor dem Unfalltag nachts dieselbe Strecke gefahren und habe erst an lose dort liegenden Brettern gemerkt, daß er sich an einer Baustelle befinde. Die Erstbeklagte habe es an jeglicher Überwachung in der Richtung fehlen lassen, ob für gehörige

Beleuchtung der Sperrböcke gesorgt worden sei. Sie hafte daher wegen Vernachlässigung dieser Pflicht aus § 823 BGB. Sie könne sich nicht damit entlasten, daß die Zweitbeklagte, an die sie die Arbeiten vergeben habe, eine seit Jahren bewährte zuverlässige Gesellschaft sei. Denn darauf komme es nicht an; sie habe sich der Erfüllung ihrer Verkehrssicherungspflicht nicht dadurch entledigen können, daß sie der Zweitbeklagten die erforderlichen Maßnahmen überlassen habe.

1. Die Revision rügt zunächst Verletzung der §§ 823 und 276 BGB. deshalb, weil das Berufungsgericht zu Unrecht ein Verschulden der Erstbeklagten angenommen habe. Dieser Angriff wird nach doppelter Richtung erhoben.

a) Die Zweitbeklagte, eine von der Erstbeklagten sorgfältig ausgewählte Firma, habe die Walzarbeiten selbständig ausgeführt und nach dem Werkvertrag unter anderem auch die Verpflichtung zur Beleuchtung des Walzenzuges übernommen. Mit Recht hat das angefochtene Urteil dieses Vorbringen für unerheblich erachtet. Die Erstbeklagte war es, der gesetzlich die Verkehrssicherungspflicht auf der Landstraße oblag. An sich war es also ihre Sache, für die Beleuchtung von Verkehrshindernissen Sorge zu tragen, die mit ihrer Zustimmung auf der Straße aufgestellt waren. Daß sie diese Pflicht auf die Zweitbeklagte übertrug, war an sich zulässig (RGZ. Bd. 102 S. 269); dadurch bestellte sie als Geschäftsherrin diese Beklagte zur Erfüllung der Beleuchtungspflicht. Aber im Verhältnis zu dritten Personen konnte sie sich von dieser Pflicht als von einer gesetzlichen Verpflichtung nicht befreien (RGU. vom 19. Januar 1928 VI 251/27 und vom 16. Januar 1930 VI 124/29). Demnach haftet die Erstbeklagte grundsätzlich nach § 831 BGB. für alle Handlungen und Unterlassungen der Zweitbeklagten, durch welche dritten Personen in Ausführung der Verrichtung der Beleuchtung des Walzenzuges ein Schaden entstand. Ihre Sache war es daher, den in § 831 nachgelassenen Entlastungsbeweis zu führen. Nun ist es zwar richtig, daß den gesetzlichen Vertretern der Erstbeklagten nicht zugemutet werden konnte, die verhältnismäßig einfache Verrichtung des Beleuchtens in jedem Einzelfalle zu beaufsichtigen. Aber bei den sehr erheblichen Gefahren, die dem öffentlichen Verkehr aus der Nichterfüllung der Beleuchtungspflicht drohten, ist auch hier aus den oben unter A 2 erörterten Gründen die Verpflichtung der Erstbeklagten zur allgemeinen Beaufsichtigung der Zweitbeklagten bei

Erfüllung der Beleuchtungspflicht aus § 831 abzuleiten und an diese Pflichterfüllung ein strenger Maßstab anzulegen. Dafür aber, daß sie dieser Verpflichtung nachgekommen wäre, hat die Erstbeklagte nichts angeführt; im Gegenteil bestreitet ihre Revision das Bestehen einer solchen Aufsichtspflicht.

b) Die Revision zieht zwar die rechtlich nicht zu beanstandende Auffassung des Vorderrichters nicht in Zweifel, daß es Sache der Erstbeklagten gewesen sei, die Benutzer der Landstraße durch nachts zu beleuchtende Sperrböcke in angemessener Entfernung auf die in der Ausbesserung befindliche Stelle aufmerksam zu machen und dadurch zur Vorsicht zu mahnen. Sie macht jedoch geltend, das Berufungsgericht halte zu Unrecht die Behauptung der Erstbeklagten für unerheblich, daß der mit dem Anbrennen der Sperrlampen beauftragte Chausseewärter am Unfalltage plötzlich erkrankt sei und daher den Zeugen N. mit der Erfüllung dieser Verrichtung betraut habe; die Erstbeklagte habe sich hierzu dritter Personen bedienen dürfen. Auch in diesem Punkt ist jedoch dem Oberlandesgericht im Ergebnis beizutreten. Für den sehr wohl im Bereich der Voraussehbarkeit liegenden Fall, daß ein Beamter infolge plötzlicher Krankheit zur Verrichtung der ihm aufgetragenen Obliegenheiten unfähig wird, muß die Behörde, zumal wenn es sich um Verrichtungen handelt, deren Erfüllung die öffentliche Verkehrssicherheit erfordert, einen Vertreter bereit halten, zum mindesten aber ihren Beamten mit sachdienlichen Anweisungen darüber versehen, was er zu veranlassen hat, damit seine dienstlichen Obliegenheiten rechtzeitig erfüllt werden; sie darf aber nicht ihrem Beamten überlassen, das zu tun, was er für gut befindet. Daß die Erstbeklagte für den Fall der Erkrankung ihres Chausseewärters geeignete Vorkehrungen getroffen hätte, hat sie nicht einmal behauptet. Das weitere neue Vorbringen der Revision, die Zweitbeklagte sei dafür verantwortlich, daß die am Sperrbock angebrachte Lampe durch den Sturm ausgelöscht und nicht gehörig mit Petroleum gefüllt gewesen sei, ist schon mit Rücksicht auf die Vorschrift des § 561 Abs. 1 ZPO., ferner aber auch deshalb unbeachtlich, weil die Erstbeklagte nicht behauptet hat, daß sie die Beleuchtung des Sperrbocks überwacht habe (§ 831 BGB.). Sie will vielmehr, wie die Revision jetzt neu vorbringt (§ 561 Abs. 1 ZPO.), diese Überwachung der Zweitbeklagten „überlassen" haben. Durch diese „Überlassung" konnte sie sich ihrer Beaufsichtigungspflicht nicht entziehen. Daß der Unfall auch dann eingetreten wäre, wenn die Erstbeklagte ihrer Überwachungspflicht gehörig nachgekommen wäre, hätte sie nachweisen müssen, wie sich aus § 831 ergibt, der auch auf die Verrichtung der Beleuchtung der Sperrböcke anzuwenden ist; nicht aber ist der Kläger, wie die Revision annimmt, für das Gegenteil beweispflichtig. (Es folgt die Erörterung weiterer Revisionsrügen.)

---

25. Zur Frage des den Finanzbehörden, Finanz- und ordentlichen Gerichten nach § 29 des Reichssiedlungsgesetzes vom 11. August 1919 in der Fassung des Ergänzungsgesetzes vom 7. Juni 1923 zustehenden Prüfungsrechts.

VII. Zivilsenat. Urt. v. 8. April 1920 i. S. Preuß. Staat (Bekl.) w. Schlesische Landgesellschaft mbH. (Kl.). VII 402/29.

I. Landgericht Breslau.
II. Oberlandesgericht daselbst.

Die Klägerin ist ein gemeinnütziges Siedlungsunternehmen im Sinne des Reichssiedlungsgesetzes. Sie hat die Jagd auf dem Siedlungsgut S. an den Landwirt R. und die Jagd auf dem Siedlungsgut H. an den Generaldirektor P. verpachtet. In beiden Fällen hat sie versichert, daß ein Siedlungsverfahren im Sinne des Reichssiedlungsgesetzes vorliege und daß die Verträge der Durchführung dieses Verfahrens dienten. Der Beklagte hat für den Vertrag mit R. 6,50 RM. und für den Vertrag mit P. 29,50 RM. Stempel gefordert. Mit der gegenwärtigen Klage verlangt die Klägerin die gezahlten 36 RM. zurück. Das Landgericht hat der Klage stattgegeben, das Oberlandesgericht hat die Berufung des Beklagten zurückgewiesen. Seine Revision blieb ohne Erfolg.

Gründe:

1. Der Streit der Parteien knüpft an den § 29 des Reichssiedlungsgesetzes an. Dieser lautete in der Fassung des Gesetzes vom 11. August 1919:

(1.) „Alle Geschäfte und Verhandlungen, die zur Durchführung von Siedlungsverfahren im Sinne dieses Gesetzes dienen, sind .... von allen Gebühren, Stempelabgaben und Steuern des Reichs, der Bundesstaaten .... befreit.

(2.) Die Gebühren-, Stempel- und Steuerfreiheit ist durch die zuständigen Behörden ohne weitere Nachprüfung zuzugestehen, wenn das gemeinnützige Siedlungsunternehmen ...... versichert, daß der Antrag oder die Handlung zur Durchführung eines solchen Verfahrens erfolgt."

Unter der Herrschaft dieser Vorschrift hielten sich die Finanzbehörden mit Billigung des Reichsfinanzhofes zwar an die tatsächlichen Angaben der „Versicherung" für gebunden, sie prüften jedoch die Rechtsfragen selbständig nach, namentlich die Frage, ob wirklich ein Siedlungsverfahren im Sinne des Gesetzes durchgeführt werde. Dabei wurde ein unmittelbarer Zusammenhang zwischen dem „Geschäft" oder der „Verhandlung" und der Siedlungstätigkeit erfordert, bei den Geschäften der Zwischenwirtschaft wurde aber ein solcher nicht als gegeben angesehen. Es wurde ferner Wert darauf gelegt, daß das Gesetz eine steuerliche Belastung nur der Siedler ausschließe, nicht aber eine solche von dritten Personen, die mit dem Siedlungswerk nichts zu tun hätten, vgl. Entsch. des Reichsfinanzhofs Bd. 10 S. 285, 289, Bd. 11 S. 77. Nach der letzteren Entscheidung war deshalb die Umsatzsteuer von Geschäften der Zwischenwirtschaft zu erheben.

Mit derartigen Auffassungen war man in dem für das Siedlungswesen zuständigen Reichsarbeitsministerium nicht einverstanden. Wie Ponfick-Wenzel in der 2. Auflage ihres Reichssiedlungsgesetzes (1922) in Anm. 1 zu § 29 mitteilen, war man bestrebt, in neuen Ausführungsbestimmungen u. a. festzustellen, daß auch die Geschäfte und Verhandlungen der Zwischenwirtschaft zur Durchführung des Siedlungsverfahrens dienten, und die nach § 29 Abs. 2 des Gesetzes abzugebenden Versicherungen der Siedlungsunternehmen einer Nachprüfung durch die Finanzbehörden im Steuerverfahren völlig zu entziehen. Es wurde dann aber unter dem 7. Juni 1923 das Gesetz betr. Ergänzung des Reichssiedlungsgesetzes vom 11. August 1919 erlassen (RGBl. I S. 364). Dadurch erhielt der streitige § 29 folgende Fassung:

(1.) „Alle Geschäfte und Verhandlungen, die zur Durchführung von Siedlungsverfahren im Sinne dieses Gesetzes dienen, sind ...... von allen Gebühren, Stempelabgaben und Steuern des Reiches, der Bundesstaaten ...... befreit. Die Befreiung erstreckt sich insbesondere auch auf Umsatz- und Wertzuwachssteuern jeder Art ......

(2.) Die Gebühren-, Stempel- und Steuerfreiheit ist durch die zuständigen Behörden ohne weitere Nachprüfung zuzugestehen, wenn das gemeinnützige Siedlungsunternehmen versichert, daß ein Siedlungsverfahren im Sinne des Reichssiedlungsgesetzes vorliegt und daß der Antrag oder die Handlung zur Durchführung eines solchen Verfahrens erfolgt. Die Versicherung unterliegt nicht der Nachprüfung durch die Finanzbehörden."

Von dieser Vorschrift, die im gegenwärtigen Fall unstreitig schon anwendbar ist, sagt der Reichsfinanzhof (RFH. Bd. 13 S. 37):

durch sie habe unbedenklich die in der bisherigen Rechtsprechung des Reichsfinanzhofs anerkannte Befugnis der Finanzbehörden, die fraglichen Versicherungen der Siedlungsunternehmen in rechtlicher Hinsicht nachzuprüfen, beseitigt werden sollen.

In einer etwas jüngeren Entscheidung (RFH. Bd. 13 S. 40) konnte die Frage offen bleiben, doch heißt es auch hier:

„mag man auch davon ausgehen, daß der Gesetzgeber nach der abgeänderten Fassung des § 29 Abs. 2 die Finanzbehörden entgegen der bisherigen Rechtsprechung des Reichsfinanzhofs nicht nur in tatsächlicher, sondern auch in rechtlicher Beziehung an die Versicherung des Siedlungsunternehmens hat binden wollen".

Die spätere Entscheidung (RFH. Bd. 19 S. 339) sagt aber wiederum ausdrücklich:

„Es wäre daher zu ermitteln gewesen, ob die streitige Rohrlegung der Durchführung eines Siedlungsverfahrens im Sinne des Reichssiedlungsgesetzes gedient hat. Dabei wäre zu beachten gewesen, daß nach dem Ergänzungsgesetze die Umsatzsteuerfreiheit zuzugestehen ist, wenn das gemeinnützige Siedlungsunternehmen versichert, daß ein Siedlungsverfahren im Sinne des Gesetzes vorliege, und daß die Rohrlegung zur Durchführung eines solchen Verfahrens erfolgt sei, sowie daß die Versicherung auch der Nachprüfung durch die Steuergerichte nicht unterliegt."

Von einem Vorbehalt, wenigstens die Rechtsfragen nachzuprüfen, ist hier nicht mehr die Rede.

2. Das Landgericht hat im Abschluß von Jagdpachtverträgen rechtsgeschäftliche Handlungen gesehen und hat sich im übrigen jeder weiteren Nachprüfung für überhoben erachtet, weil das Gesetz die Entscheidung der Frage, ob eine Rechtshandlung des Siedlungsunternehmens zum Siedlungsverfahren gehöre, in die eigene Verantwortung des Siedlungsträgers gestellt habe. Dabei hat es als unvereinbar mit dem Gesetze den Standpunkt des Beklagten abgelehnt, daß die Nachprüfung durch die Finanzbehörden nur unzulässig sei, wenn es sich um zweifelhafte Fälle handle, daß sie aber zulässig sei bei Urkunden, die nach pflichtmäßigem Ermessen des Finanzamts ohne jeden Zweifel nicht der Durchführung des Siedlungsverfahrens dienten und daß die Versicherung des Siedlungsunternehmens dann nicht beachtlich sei, wenn sie einen Geschäftsvorgang betreffe, für den das Gesetz eine solche Versicherung gar nicht vorgesehen habe. Das Oberlandesgericht hat die grundsätzliche Frage offen gelassen, hat aber angenommen, daß sich die Steuerfreiheit auch auf die Zwischenverwaltung der Siedlungsunternehmen erstrecke, daß die Jagdverpachtungen der Zwischenverwaltung zuzuzählen seien und also auch zum Siedlungsverfahren gehörten. Die Tatsache, daß vielleicht die Pächter vertragsmäßig zum Tragen der Stempel verpflichtet seien, hat es dabei für unerheblich erachtet.

3. In der grundsätzlichen Frage ist dem Reichsfinanzhof und dem Landgericht unbedenklich beizutreten. Es mag unerörtert bleiben, ob nicht schon die ältere Fassung des Gesetzes zu dieser Ansicht zwang; jedenfalls tut es die neuere Fassung, die noch ausdrücklich hervorhebt, daß die Versicherung des Siedlungsunternehmens nicht der Nachprüfung durch die Finanzbehörden unterliegt. Diese dürfen jetzt also nur noch prüfen, ob überhaupt ein „Geschäft" oder eine „Verhandlung", ein „Antrag" oder eine „Handlung" gegeben ist und ob die Versicherung des Siedlungsunternehmens den vom Gesetz vorgeschriebenen Inhalt hat. Was für die Finanzbehörden gilt, muß, wie der Reichsfinanzhof mit Recht angenommen hat, auch für die Finanzgerichte gelten und gilt dann entsprechend auch für die ordentlichen Gerichte, soweit diese noch mit Steuersachen befaßt sind. Die Finanz- und die ordentlichen Gerichte haben ja nur zu entscheiden, ob die Finanzverwaltungsbehörden gesetzmäßige Steueransprüche erhoben haben. Nur das und alles das, was für die Finanzverwaltungsbehörden gesetzmäßig ist, kann und muß also

auch für die Finanz- und die ordentlichen Gerichte gesetzmäßig sein. Ein weitergehendes Nachprüfungsrecht der Gerichte läßt sich nicht begründen.

4. Es ist also richtig, was das Landgericht ausgesprochen hat, daß die Siedlungsunternehmen ihre „Versicherungen" unter eigener Verantwortung ausstellen. Für die vom Beklagten versuchten Unterscheidungen ist kein Raum. Die Revision hat noch das Bedenken angeregt, ob wirklich die Annahme möglich sei, daß das Gesetz einer rein privaten Gesellschaft wie der Klägerin so schwerwiegende Befugnisse beigelegt habe. Indessen ist die Klägerin zwar als Gesellschaft mbH. begründet worden, ihre Hauptgesellschafter sind aber der Beklagte selbst, vertreten durch den Oberpräsidenten der Provinz Niederschlesien, der Provinzialverband Niederschlesien, vertreten durch den Landeshauptmann, und die Schlesische Landschaft. Am Stammkapital von 3879000 RM. sind sie beteiligt mit Einlagen von 1399000, 1014000 und 257000 RM., für den aus 28 Personen bestehenden Aufsichtsrat ernennen sie 14, 4 und 2 Mitglieder (§§ 1, 3 und 7 des Gesellschaftsvertrags der Klägerin). Zu den Befugnissen des Aufsichtsrats gehört nach § 8 a. a. O. die Aufsicht über die gesamte Geschäftsführung der Klägerin, also auch über ihre Tätigkeit beim Ausstellen der Versicherungen nach § 29 des Reichssiedlungsgesetzes. Außerdem kann sich der Beklagte in den Aufsichtsratssitzungen noch durch besondere Kommissare mit beratender Stimme vertreten lassen, die jederzeit gehört werden müssen (§ 9 a. a. O.). Durch diese Vorschriften ist ausreichend dafür gesorgt, daß die Klägerin beim Ausstellen der fraglichen Versicherungen keinen Mißbrauch treiben kann. Die Möglichkeit, daß der Gesellschaftsvertrag geändert wird, worauf die Revision hinweist, besteht natürlich, doch werden die Rechte des Beklagten dabei kaum gegen seinen Willen beeinträchtigt werden können.

5. Auch die Ausführungsanweisung VI des preußischen Landwirtschaftsministers vom 13. Oktober 1920 (Haack Preußische Agrargesetzgebung Teil II S. 170flg.) steht dem Beklagten nicht zur Seite. Der Wortlaut der abzugebenden Versicherung bestimmt sich jetzt allerdings nach der am 15. Juni 1923 ergangenen Ausführungsanweisung zum Ergänzungsgesetz vom 7. Juni 1923 (Haack a. a. O. Nachtrag II S. 29); in der sonst in Geltung gebliebenen Ausführungsanweisung VI heißt es aber unter III auch jetzt noch:

„Mit der Abgabe der Versicherung übernehmen die Siedlungsgesellschaften ...... die volle Verantwortung für die Richtigkeit der in ihr enthaltenen Angaben."

Wenn dann unter Nr. III 4 a. a. O. gesagt wird:

„Für die durch § 29 des Reichssiedlungsgesetzes vermittelte Befreiung von der preußischen Stempelsteuer ...... haben vornehmlich folgende Rechtsvorgänge Bedeutung",

so hat damit keine erschöpfende Aufzählung gegeben werden sollen, und es ist also nicht entscheidend, daß unter den anschließend aufgezählten Rechtsvorgängen die Jagdpachtverträge nicht mit angeführt sind. Wenn nach Nr. III Abs. 1 a. a. O. die Anführung der einzelnen Rechtsvorgänge dazu beitragen soll, die Entscheidung im einzelnen Fall zu erleichtern und Anhaltspunkte für die Behandlung ähnlich liegender Rechtsvorgänge zu geben, so läßt sich das Wort „ähnlich" nicht pressen und es läßt sich nicht sagen, wie der Beklagte will, daß ein Jagdpachtvertrag keinem der einzeln aufgeführten Rechtsvorgänge ähnlich sei. Ähnlich ist alles, was im Siedlungsverfahren vorkommt und seiner Durchführung dient. Nur bei dieser Auffassung bleibt die preußische Ausführungsanweisung im Einklang mit dem maßgebenden Reichsrecht, namentlich mit § 29 des Reichssiedlungsgesetzes.

---

26. Verstößt das Reichsgesetz betr. die Aussetzung von Rechtsstreitigkeiten über ältere staatliche Renten vom 6. Juli 1929 (RGBl. I S. 131) gegen eine Vorschrift der Reichsverfassung?

RVerf. Art. 105 Satz 2, Art. 109 Abs. 1, Art. 153.

VII. Zivilsenat. Beschl. v. 3. Dezember 1929 in den verb. Sachen Fürst zu S.-H. u. Gen. (Kl.) w. Preuß. Staat (Bekl.) VII 257/29, 258/29, 259/29.

I. Landgericht Münster i. W.
II. Oberlandesgericht Hamm.

Die Frage wurde verneint aus folgenden

Gründen:

Die Rechtsvorgänger der Kläger haben durch die politischen Ereignisse der Jahre 1806 und 1810 die Landeshoheit über gewisse westfälische Gebiete verloren, die sie im Jahre 1803 als Reichsstände zur

Entschädigung für linksrheinische Gebietsverluste erhalten hatten. Demnächst waren jene Gebiete durch die Wiener Kongreßakte vom 9. Juni 1815 dem Beklagten zugeteilt und die Rechte der Kläger und der anderen „Standesherren" durch die deutsche Bundesakte vom 8. Juni 1815 und das preußische Edikt vom 21. Juni 1815 geregelt worden. Für den Verzicht auf einen Teil von diesen standesherrlichen Vorrechten, zum Teil auch als Ersatz für die den Rechtsvorgängern der Kläger Fürst zu S.-S. und Herzog von A. in den Jahren 1811 und 1813 von Frankreich zur Entschädigung für die verlorene Landeshoheit gewährten französischen Staatsrenten, zum Teil endlich als Ersatz für gewisse Privatrechte hat der Beklagte sodann dem Fürsten zu S.-H. durch Vertrag vom 8. Februar/31. Oktober 1829 eine jährliche Rente von 20000 Taler preuß. Courant, dem Herzog von A. durch Vertrag vom 29. November 1824/12. und 16. Januar 1825 eine solche von 13500 Taler, dem Fürsten zu S.-S. durch Vertrag vom 16. November 1826/13. Januar 1827 eine solche von 13390 Taler und dem in der Folge durch S.-S. beerbten Fürsten zu S.-K. durch Vertrag vom 28. Juni/15. August 1831 eine solche von 6000 Taler gleicher Währung bewilligt.

Über die Aufwertung der in den letzten Jahren der Geldentwertung und den ersten Jahren nach der Wiederbefestigung der Währung aufgelaufenen Rückstände dieser Renten entstanden zwischen den Parteien Rechtsstreitigkeiten, in deren Verlauf das Oberlandesgericht Hamm am 28. Februar 1929 den Beklagten unter Zugrundelegung eines Aufwertungssatzes von 60% zur Nachzahlung von 159834 RM. an den Fürsten zu S.-H., von 101760 RM. an den Herzog von A. und von 198842 RM. an den Fürsten zu S.-S. verurteilte. Der Beklagte legte Revision ein mit dem Antrag auf Aufhebung dieser Urteile und Abweisung der Klagen; nach dem Erlasse des Reichsgesetzes betr. die Aussetzung von Rechtsstreitigkeiten über ältere staatliche Renten vom 6. Juli 1929 beantragte er jedoch in erster Linie Aussetzung des Verfahrens. Die Kläger widersprachen der Aussetzung, indem sie das Gesetz vom 6. Juli 1929 als verfassungswidrig bezeichneten.

Das Reichsgericht beschloß, das Verfahren auszusetzen bis zum Inkrafttreten einer reichsgesetzlichen Regelung der im Gesetz vom 6. Juli 1929 bezeichneten Staatsrenten, längstens bis zum Außerkrafttreten dieses Gesetzes.

Die Renten, die den Gegenstand der drei Rechtsstreitigkeiten bilden, gehören nach ihrem geschilderten Ursprung zu denen, die im § 1 Abs. 1 des Sperrgesetzes vom 6. Juli 1929 unter 1a sowie unter 3a und im § 1 Abs. 2 bezeichnet sind. Es greift bei ihnen auch die im § 1 Abs. 3 zugunsten von gewissen Rentenberechtigten vorgesehene Ausnahme nicht Platz. Das über jene Renten anhängige gerichtliche Verfahren ist daher gemäß § 2 des Gesetzes bis zum Inkrafttreten einer reichsgesetzlichen Regelung über die Renten auszusetzen, sofern nicht die Bedenken durchgreifen, welche gegen die Verfassungsmäßigkeit des nur mit einfachen Mehrheiten vom Reichstag beschlossenen Gesetzes erhoben werden.

Der Art. 105 Satz 2 RVerf., aus dem diese Bedenken vornehmlich hergeleitet werden, steht der Gültigkeit des Sperrgesetzes jedenfalls dann nicht entgegen, wenn er sich, wie von manchen Rechtslehrern angenommen wird, ebenso wie Art. 105 Satz 1, nur gegen die Vertauschung des „gesetzlichen Richters" mit einem andern richtet; denn die Überweisung der Rechtsstreitigkeiten über die Renten an eine andere Stelle ist im Sperrgesetz nicht verfügt. Aber auch auf Grund der anderen, weiteren Auslegung, von der das Reichsgericht im Beschluß der Vereinigten Zivilsenate RGZ. Bd. 107 S. 323/324 (vgl. auch RGZ. Bd. 101 S. 426, Bd. 102 S. 202) ausgeht und nach welcher die Vorschrift die Hinwegziehung vom „gesetzlichen Richter" auch dann verbietet, wenn keine Verweisung an eine andere Behörde stattfindet, widerstreitet das Sperrgesetz der Vorschrift nicht. Denn der „gesetzliche Richter" ist nicht in der Verfassung selbst, sondern in den Prozeß- und Gerichtsverfassungsgesetzen bestimmt, deren Änderung nicht an die für Verfassungsänderungen geltenden erschwerenden Bedingungen geknüpft ist. Welches Gericht oder welche sonstige Stelle über gewisse Ansprüche zu entscheiden hat und ob für sie überhaupt ein Rechtsweg eröffnet ist, kann also jederzeit durch einfaches Gesetz bestimmt werden; eine solche Vorschrift hat als verfahrensrechtliche auch für die bereits anhängigen Rechtssachen bindende Kraft, wie das Reichsgericht in seinen Entscheidungen über die Abgeltungsverordnung (RGZ. Bd. 101 S. 426, Bd. 102 S. 202, Bd. 107 S. 317) anerkannt hat. Um so weniger kann es als ein Verstoß gegen Art. 105 Satz 2 RVerf. angesehen werden, wenn für gewisse anhängige oder demnächst anhängig werdende Rechtsstreitigkeiten nicht der Rechtsweg verschlossen, sondern nur die verfahrensrechtliche Maßnahme einer Aussetzung auf bestimmte kurze Zeit angeordnet wird. Erforderlich ist bei alledem nur, daß die Anordnung generellen, nicht speziellen Inhalt hat, daß sie sich als eine allgemeine Regelung für alle Streitfälle einer nach der Beschaffenheit der Sachen oder der Stellung der Beteiligten bezeichneten Gattung, nicht als ein nur auf einen bestimmten Einzelfall oder auf mehrere bestimmte Einzelfälle abzielender Eingriff darstellt (Anschütz Reichsverfassung, 7. Aufl., Bem. 5 in Verb. mit 3 a u. b zu Art. 105; Kern Der gesetzliche Richter, Heft 8 der öffentlichrechtlichen Abhandlungen, herausg. von Triepel, Kaufmann und Smend, Berlin 1927, S. 206). In der Tat sind denn auch Sperrvorschriften solcher Art wiederholt im Wege der einfachen Reichsgesetzgebung erlassen worden, ohne daß darin, soweit bekannt, von irgendeinem höheren Gericht eine Verletzung des Art. 105 RVerf. gefunden worden wäre. So das Gesetz zum Schutze der Kriegsteilnehmer gegen Zwangsvollstreckungen vom 22. Dezember 1920 (RGBl. S. 2162) und das Gesetz betr. Aussetzung des Verfahrens vor Gerichten und Aufwertungsstellen vom 17. Februar 1925 (RGBl. I S. 15). Auch für Privatklagesachen, bei denen vielfach mindestens gleichwertige Rechtsschutzinteressen in Frage stehen, wurde durch § 45 der Verordnung über Gerichtsverfassung und Strafrechtspflege vom 4. Januar 1924 (RGBl. I S. 15) ein Ruhen des Verfahrens für nahezu drei Monate verfügt, obgleich das der Verordnung zugrunde liegende Ermächtigungsgesetz keine Abweichungen vom Art. 105 RVerf. gestattete.

Um eine nach diesen Gesichtspunkten zulässige allgemeine Regelung, nicht um einen unstatthaften Sondereingriff handelt es sich bei dem jetzt umstrittenen Sperrgesetz vom 6. Juli 1929. Nicht nur betrifft es nach seiner Überschrift allgemein die Aufwertung älterer staatlicher Renten, sondern auch in seinen einzelnen Vorschriften sind die Ansprüche, die getroffen werden sollen, nach Art und Gattungsmerkmalen allgemein bestimmt, nicht etwa aus ihrer Gattung durch Einzelbezeichnung besonders herausgenommen. Demgegenüber kann es nicht auf die aus den Vorverhandlungen zum Sperrgesetz nicht hinreichend zu klärende Frage ankommen, wie viele Renten und welche Rentenbeträge bei Berücksichtigung der im § 1 Abs. 3 bestimmten Ausnahme von dem Sperrgesetz tatsächlich betroffen werden, und welche von diesen Renten und Rentenbeträgen den Klägern oder ihren Standesgenossen zustehen. Denn die Entscheidung, ob ein unstatthafter Sondereingriff oder eine zulässige allgemeine Regelung vorliegt, hängt nicht von der größeren oder geringeren Zahl der unter die Vorschrift fallenden Rechtsverhältnisse ab, sondern nur davon, ob diese Rechtsverhältnisse in der Vorschrift einzeln und individuell oder in der angegebenen allgemeinen Weise nach Gattungsmerkmalen bezeichnet worden sind (vgl. Kern a. a. O. S. 342; Leibholz Die Gleichheit vor dem Gesetz, 6. Heft der öffentlichrechtlichen Abhandlungen, herausg. von Triepel, Kaufmann und Smend, S. 106).

Die allgemeine Fassung der Tatbestandsmerkmale würde das Sperrgesetz allerdings dann nicht vor dem Vorwurf schützen, daß es einen verfassungswidrigen Sondereingriff in die gesetzliche Regelung des Rechtsschutzes darstelle, wenn diese Fassung nur zu dem Zwecke gewählt wäre, einen nur auf bestimmte Einzelfälle gerichteten Zugriffswillen zu verdecken. Zur Begründung einer solchen Annahme genügt aber nicht der Umstand, daß die Einbringung des Gesetzes durch bestimmte Klagen einzelner ehemaliger Standesherren veranlaßt worden ist, die vor dem Abschluß der Beratungen über eine gesetzliche Regelung der alten staatlichen Rentenverpflichtungen ein rechtskräftiges Urteil zu erlangen suchten. Denn der Gesetzgeber hat das Vorgehen dieser Gläubiger nicht zum Anlaß genommen, ein gerade auf ihre Ansprüche gerichtetes Gesetz zu erlassen. Er hat vielmehr mit den Vorschriften in § 1 Abs. 1 Nr. 3 und Abs. 2 rein sachliche Merkmale aufgestellt, die auf Renten von Personen der verschiedensten Herkunft zutreffen können, und auch mit der Vorschrift in § 1 Abs. 1 Nr. 1 hat er die Renten einer ganzen Gruppe von Familien und zugleich die Renten ihrer, möglicherweise ganz anderen Bevölkerungskreisen angehörenden, jedenfalls ganz unbestimmten Rechtsnachfolger getroffen. Zum Nachweis der Behauptung, daß der Wille des Gesetzgebers im Widerspruch zu dieser allgemeinen Fassung nur auf bestimmte einzelne Rentenansprüche ziele, haben aber die Kläger nichts weiteres als den Hinweis auf jenen Anlaß des Gesetzes beigebracht.

Nicht begründet ist es ferner, wenn in der unterschiedlichen Behandlung der Rechtsstreitigkeiten über die im Sperrgesetz bezeichneten Renten ein Verstoß gegen den im Art. 109 Abs. 1 RVerf. ausgesprochenen Grundsatz der Gleichheit aller Deutschen vor dem Gesetze gefunden wird. Ob diese Vorschrift überhaupt, wie ein Teil der Rechtslehrer annimmt, eine Richtschnur für den Gesetzgeber aufstellt oder vielmehr, wie der Staatsgerichtshof für das Deutsche Reich im Urteil vom 17. November 1928 (RGZ. Bd. 122 Anhang S. 35/36) — übrigens in einem für seine Entscheidung belanglosen Satze — in Übereinstimmung mit anderen Schriftstellern ausgesprochen hat, nur eine Anweisung an die Gerichte und Verwaltungsbehörden enthält, ist vom Reichsgericht bis jetzt nicht entschieden worden (RGZ. Bd. 111 S. 329, Bd. 113 S. 13). Das kann auch hier dahingestellt bleiben. Denn selbst wenn man mit der strengeren Auffassung in der Vorschrift eine Bindung auch für den Gesetzgeber sieht, kann man ihr mit den eben erwähnten Entscheidungen des Reichsgerichts nur die Bedeutung beilegen, daß das Gesetz solche Tatbestände gleich zu behandeln hat, die ungleich zu behandeln Willkür, durch keinen auf vernünftigen Erwägungen beruhenden Grund zu rechtfertigen wäre (vgl. Triepel Goldbilanzverordnung S. 30; Kern a. a. O. S. 342; Leibholz a. a. O. S. 98). Die vom Sperrgesetz angeordnete verfahrensrechtliche Sonderbehandlung gewisser Rentenansprüche beruht nun, wie in der Begründung zum Regierungsentwurf (Reichstagsdrucks. Nr. 1131) ausgeführt, übrigens auch offensichtlich ist, auf der Erwägung, daß über die Voraussetzungen und das Maß der Aufwertung dieser Gruppe von Ansprüchen gesetzgeberische Verhandlungen schweben und daß eine gleichmäßige gesetzgeberische Lösung erschwert würde, wenn für einzelne von diesen Ansprüchen vor dem Abschluß der Verhandlungen rechtskräftige Urteile erwirkt würden. Man kann über die Notwendigkeit, Zweckmäßigkeit und Billigkeit der Zwischenmaßnahme streiten; daß aber der für sie angeführte Grund unvernünftig wäre, läßt sich nicht aufstellen. Die ganze Aufwertungsgesetzgebung und zahlreiche andere Teile der geltenden Gesetzgebung bestehen aus einer Anzahl von Sonderregelungen für einzelne Gruppen von Ansprüchen und aus einer größeren Anzahl von Ausnahmen und Unterausnahmen für gewisse Untergruppen. Die Notwendigkeit, Zweckmäßigkeit und Billigkeit mancher von diesen Sondervorschriften läßt sich vielleicht mit annähernd gleichem Recht oder Unrecht in Zweifel ziehen wie die Notwendigkeit, Zweckmäßigkeit und Billigkeit der hier bestrittenen Sonderregelung. Es würde eine völlige Verkennung der Aufgabe der Gerichte und ihrer Stellung zum Gesetzgeber bedeuten, wenn von ihnen eine Nachprüfung der Gesetze aus diesen Gesichtspunkten unternommen oder wenn man eine solche von ihnen verlangen würde. Vielmehr muß es zur Rechtfertigung gesetzlicher Sondervorschriften gegenüber dem Grundsatz des Art. 109 RVerf.

genügen, wenn für die ihnen zugrunde liegenden Unterscheidungen vernünftiger Erörterung zugängliche Erwägungen beigebracht werden, und dies trifft nach dem Gesagten im vorliegenden Falle zu.

Endlich verletzt das Sperrgesetz auch nicht den die Enteignung und ihre Voraussetzungen regelnden Art. 153 RVerf. Eine dauernde Entziehung des Klagerechts, in der zugleich eine Wegnahme oder Aufhebung der Forderungsrechte zu sehen wäre (RGZ. Bd. 107 S. 322), ist im Sperrgesetz nicht verfügt. Die zeitweilige Beeinträchtigung des Rechtsschutzes durch die Aussetzung des Verfahrens auf bestimmte kurze Dauer erhält auch nicht dadurch den Charakter einer Enteignung, daß sie zur Vorbereitung einer Regelung der Ansprüche dient, die möglicherweise die Aufhebung eines Teils der Ansprüche mit sich bringen wird. Denn der Inhalt der künftigen Regelung war zur Zeit des Erlasses des Sperrgesetzes und ist auch jetzt noch unbestimmt; es ist keineswegs ausgeschlossen, daß sie sich, insbesondere für Ansprüche von der Art der jetzt eingeklagten, auf eine Aufwertung und Ablösung beschränkt, wie dies der Reichsminister der Justiz bei der zweiten Lesung der Vorlage im Reichstag (Sitzungsbericht S. 2839 C) als mögliches Ergebnis der Beratungen bezeichnete. Wollte man aber auch schon in der vorübergehenden Beschränkung des Rechtsschutzanspruchs für sich allein oder wegen ihrer Zweckbeziehung auf eine künftig etwa eintretende Wegnahme der Forderung eine Beeinträchtigung des Forderungsrechts sehen, die den Anforderungen des Enteignungsbegriffs genügte, so würde dennoch keine Enteignung im Sinne des Art. 153 RVerf. vorliegen, und zwar deshalb nicht, weil diese nur die durch Sondereingriffe erfolgende Entziehung oder Beschränkung von Vermögensrechten umfaßt, nicht dagegen die allgemeine Regelung ihres Inhalts. Enteignungen im Sinne des Art. 153 RVerf. können allerdings, wie das Reichsgericht anerkannt hat (RGZ. Bd. 103 S. 201 u. a.), nicht nur durch Verwaltungsmaßnahmen, sondern auch durch Gesetze vorgenommen werden. Eine Enteignung durch Gesetz im Sinne des Art. 153 liegt aber, wie das Reichsgericht gleichfalls ausgesprochen hat (RGZ. Bd. 107 S. 375, Bd. 111 S. 324/25), nur dann vor, wenn das Gesetz einen Einzeleingriff in bestehende Rechte vornimmt, nicht dagegen dann, wenn es ihren Inhalt allgemein neu regelt (vgl. auch die Entsch. des Staatsgerichtshofs für das Deutsche Reich vom 23. März 1929, RGZ. Bd. 124 Anhang S. 33). Die Befugnis, den Inhalt und die Schranken der gegen Enteignung geschützten Rechte zu bestimmen, ist dem Gesetzgeber im Art. 153 Abs. 1 Satz 2 RVerf. ausdrücklich vorbehalten, und diese Befugnis umfaßt — selbstverständlich — auch die Auferlegung neuer Schranken und die Einengung des Inhalts der Rechte. Erforderlich ist lediglich — ebenso wie bei der Bestimmung des „gesetzlichen Richters" im Sinne des Art. 105 —, daß die Regelung durch eine allgemein gültige Vorschrift, nicht durch ein Sondergesetz für einzelne bestimmte Rechtsverhältnisse erfolgt. Daß aber diese Voraussetzung beim Sperrgesetz erfüllt ist, wurde bereits bei der Erörterung über den Art. 105 dargelegt.

Ob etwa die Einbeziehung der bei Schiedsgerichten anhängigen Streitigkeiten über ältere Staatsrenten in das Sperrgesetz mit der Verfassung unvereinbar ist, wie der VI. Zivilsenat des Reichsgerichts in seiner Eigenschaft als vertragliches Schiedsgericht zwischen Preußen und der landgräflich hessischen Familie für diesen Sonderfall angenommen hat, kann hier dahingestellt bleiben. Für die hier zu treffende Entscheidung ist diese Frage nicht von Belang. Jedenfalls kommt eine Anrufung der Vereinigten Zivilsenate gemäß § 136 GVG. schon deshalb nicht in Betracht, weil der VI. Zivilsenat damals als Schiedsgericht erkannt hat.

Die demnach gemäß dem Sperrgesetz auszusprechende Aussetzung der hier anhängigen Rechtsstreitigkeiten ist mit Rücksicht auf die im § 3 des Gesetzes bestimmte Begrenzung seiner Geltungsdauer auf die Zeit bis zu seinem Außerkrafttreten zu beschränken.

---

27. 1. Wie vollzieht sich bei den Personal-Gesellschaften des Handelsgesetzbuchs der Eintritt eines neuen Gesellschafters?
2. Über die Voraussetzungen der Kommanditisten-Haftung gemäß § 176 Abs. 2 HGB.
3. Wie erbringt der Kommanditist den Beweis dafür, daß seine Kommanditisten-Beteiligung dem Gläubiger bekannt war?

HGB. §§ 130, 173, 176. BGB. §§ 182flg., 736.

II. Zivilsenat. Urt. v. 4. März 1930 i. S. Graf v. P.-B. (Bekl.) w. K.-AG. (Kl.). II 207/29.

I. Landgericht Breslau.
II. Oberlandesgericht daselbst.

Die Klägerin fordert vom Beklagten Zahlung einer nach Entstehung und Betrag nicht bestrittenen Schuld der im Januar 1926 zusammengebrochenen Kommanditgesellschaft M. & Co., Bankhaus in B., im Betrag von 12148 RM. die sich auf Darlehensgewährungen und fremde Einzahlungen auf ihr Konto aus dem Jahr 1925 nebst den hieraus erwachsenen Zinsansprüchen gründet. Die Inanspruchnahme des Beklagten wird darauf gestützt, daß er der Kommanditgesellschaft vor Entstehung der Schuld auf Grund Vertrags mit dem persönlich haftenden Gesellschafter N. vom 13./21. September 1924 als Kommanditist beigetreten sei und der Geschäftsführung auch für ihn — den Beklagten — als Gesellschafter zugestimmt habe, ohne jemals als Kommanditist ins Handelsregister eingetragen worden zu sein (§ 176 Abs. 2 HGB.). Der Beklagte bestreitet den Eintritt der Voraussetzungen dieser gesetzlichen Haftung.

Das Landgericht hat die Klage abgewiesen, weil der Beklagte nicht rechtswirksam als Kommanditist eingetreten sei. Auf die Berufung der Klägerin hat das Oberlandesgericht der Klage mit Abzug dreier kleiner Abzahlungen der Kommanditgesellschaft stattgegeben. Die Revision des Beklagten führte zur Aufhebung und Zurückverweisung.

Gründe:

Die Revision rügt Verletzung des sachlichen Rechts, insbesondere des § 176 HGB. und der §§ 125, 145, 151, 154, 164 Abs. 2, §§ 182, 184 BGB.

1. Die Vorschrift des § 176 Abs. 2 HGB., auf die sich die Klage allein stützt, stellt mit der Anordnung der entsprechenden Anwendung des Abs. 1 Satz 1 das. für den Fall, daß ein Kommanditist „in eine bestehende Handelsgesellschaft" eintritt, für die zwischen seinem Eintritt und dessen Eintragung in das Handelsregister begründeten Verbindlichkeiten zwei Erfordernisse auf: den rechtswirksamen Eintritt in die Handelsgesellschaft und die Zustimmung des Kommanditisten zum Geschäftsbeginn für die erweiterte Gesellschaft. Nach der Ausnahme des Abs. 1 Satz 1 gilt auch hier die Vollhaftung „gleich einem persönlichen Gesellschafter" nicht, wenn „seine Beteiligung als Kommanditist dem Gläubiger bekannt war". Diese beiden Grundlagen der Vollhaftung bestimmen sich nur nach dem inneren Verhältnis zu der bestehenden Handelsgesellschaft. Nicht zur Erörterung steht die Frage, ob in Fällen, wo eines der positiven

gesetzlichen Erfordernisse aus Gründen, die in diesem inneren Verhältnis liegen, nicht erfüllt ist, sonst eine gesetzliche Haftung des scheinbar oder — wenn es am zweiten Erfordernis liegt — wirklich in ein Kommanditistenverhältnis Getretenen deshalb besteht, weil er sich im Geschäftsverkehr den Anschein einer Beteiligung als Gesellschafter oder der Zustimmung zum Geschäftsbeginn gegeben hat. Denn es ist nicht behauptet, daß der Beklagte im Laufe des Jahres 1925, in welchem die eingeklagten Forderungen gegenüber der Firma M. & Co. begründet worden sind, irgendwie und insbesondere der Klägerin gegenüber als Kommanditist dieser Firma hervorgetreten sei. Es ist im Gegenteil darüber zu befinden, ob die bestrittene Tatsache, daß die Klägerin von einer Beteiligung des Beklagten überhaupt nichts gewußt hat, die Ausnahme von der Haftung nach § 176 zu begründen vermag.

Im Schrifttum hat Jacobi in Iherings Jahrb. Bd. 70 S. 320 Anm. 1 im Zusammenhang mit seiner Auffassung vom Rechtsgrund der Vorschriften des § 176 HGB. die Ansicht vertreten, der Abs. 2 das. finde auf den Eintritt in eine eingetragene Kommanditgesellschaft keine Anwendung, und vielleicht könnte diese Meinung auch daraus abgeleitet werden, daß sich Abs. 1 das. nur auf nicht eingetragene Gesellschaften bezieht. Dem kann jedoch nicht beigepflichtet werden. Auch die Kommanditgesellschaft ist eine Handelsgesellschaft, wie sie der Abs. 2 bezeichnet. In den Denkschriften zum Entwurf des geltenden Handelsgesetzbuchs (I S. 118 und II S. 125), der diese Vorschrift neu einführte, nachdem die Rechtsprechung (ROHG. Bd. 12 S. 14) schon bisher den im Abs. 1 wiedergegebenen Abs. 3 des Art. 163 ADHGB. auf den Fall des nachträglichen Eintritts eines Kommanditisten übertragen hatte, ist nur von Eintritt „in eine bestehende Gesellschaft" die Rede, womit nach dem Zusammenhang in erster Linie eine Kommanditgesellschaft gemeint sein muß, die vom Abs. 1 allein betroffen ist. § 176 Abs. 2 nimmt im Eingang die Ausdrucksweise der auch für eingetragene Kommanditgesellschaften geltenden Vorschriften in § 162 Abs. 3 und § 173 auf. Unter der bestehenden Gesellschaft muß daher ohne Rücksicht auf ihre Eintragung sowohl eine offene Handelsgesellschaft als auch eine Kommanditgesellschaft verstanden werden; die Notwendigkeit der Vorschrift bei einer eingetragenen offenen Handelsgesellschaft macht eine Unterscheidung wegen der Eintragung auch bei der Kommanditgesellschaft unmöglich.

2. Das Erfordernis des Eintritts des Beklagten in die Kommanditistenstellung wird von der Revision nicht mehr unter dem in den Vorinstanzen geltend gemachten Gesichtspunkt beanstandet, daß ein Willenszwiespalt zwischen dem Beklagten und seinem Vertragsgegner N. vorhanden sei. Der Vorderrichter stellt fest, der Beklagte habe gewußt, daß er vom Gesellschaftsanteil des N. nur einen Teil von 10000 GM. erwerbe, dafür aber an N. einen Preis von 25000 RM. zahlen solle, es habe also kein Willenszwiespalt vorgelegen. Diese Vereinbarung, die den Hauptinhalt des nach Annahme des Vorderrichters zwischen beiden wirksam zustande gekommenen mündlichen Vertrags bildet, muß nach Maßgabe der übrigen Vertragsbestimmungen ausgelegt werden, wie sie nach der Annahme des Vorderrichters in Übereinstimmung mit dem mündlichen Vertrag in der privatschriftlichen Urkunde vom 13./21. September 1924 niedergelegt sind, und zwar an Hand der gesetzlichen Vorschriften über die Kommanditgesellschaft, soweit sie nicht nachgiebigen Rechts und durch die besonderen Abmachungen ausgeschaltet sind. Die Kommanditgesellschaft M. & Co. weist insofern eine rechtliche Besonderheit auf, als sie die für Kapitalanteile von Kommanditisten geltende Vorschrift des § 167 Abs. 2 HGB. über das Zuschreiben von Gewinn zulässigerweise auf alle Kapitalanteile, auch diejenigen der persönlich haftenden Gesellschafter, übertragen hat. Dadurch ist eine Begrenzung der Kapitalanteile nach oben und, wenn die Einlagen geleistet sind, ihre Feststellung auf einen vorbehaltlich der Einwirkung von Verlust gleichbleibenden Betrag erreicht und schon während Bestehens der Gesellschaft ein schärferes Bild von der Bedeutung des auf der geleisteten Einlage aufgebauten Kapitalanteils für die allenfalls eintretende Vermögensverteilung gewonnen. Zugleich sind die festgesetzten Einlagen von insgesamt 150000 GM. so, wie sie den einzelnen Gesellschaftern zugeschrieben oder von ihnen erworben worden sind, vertraglich als Maßstab für die Verteilung von Gewinn und Verlust verwendet. Daher hat die im Vertrag zwischen dem Beklagten und N. verabredete Abtretung eines Teils im Nennbetrag von 10000 GM. von der damaligen eingezahlten Gesamteinlage des letzteren von 40000 GM. zu bedeuten, daß dem Beklagten vom Kapitalkonto des N. 10000 GM., die der Gesellschaft gegenüber als Neueinlage des Beklagten in gleicher Höhe anzusehen waren, sowie das Recht auf $^1/_{15}$ am Gewinn und am Liquidationsreinergebnis zu über-

tragen waren. Dafür hatte der Beklagte an N. 25 000 RM. zu zahlen, und er zahlte sie auch in der Weise, daß die Gesellschaft an seinem ihm als Bankkunden zustehenden Konto 25 000 RM. abbuchte und diese Summe auf einem zu Lasten des N. und des zweiten persönlich haftenden Gesellschafters M. bestehenden Konto gegenüber der Gesellschaft für den teilweise auf den Beklagten übergegangenen „Beteiligungszuwachs" durch Übernahme der Gesellschaftsanteile zweier früher ausgeschiedener Kommanditisten gutbrachte.

Der Angriff der Revision auf die Wirksamkeit dieses Rechtsvorgangs kann zunächst insoweit keinen Erfolg haben, als er sich auf das Erfordernis der Schriftlichkeit für den Vertrag zwischen N. und dem Beklagten und für die im Vertrag geforderte Zustimmung der übrigen Gesellschafter gründet. (Wird ausgeführt.)

Wie schon der Vorderrichter dargelegt hat, bewirkte der trotz seiner Formlosigkeit gültige Vertragsschluß mit N., der hierbei nicht als gesetzlicher Vertreter der Gesellschaft, sondern für seine Person als Gesellschafter gehandelt hat, noch nicht den Eintritt des Beklagten in die Gesellschaft. Vielmehr mußten, da nicht bloß eine Unterbeteiligung am Gesellschaftsanteil des N. gewollt war, alle Gesellschafter zu ihm in ein Gesellschaftsverhältnis treten. Während bei den Kapitalgesellschaften die rechtsgeschäftliche Übertragung der Mitgliedschaft — vom Fall der Neuschaffung von Mitgliedsrechten durch Kapitalerhöhung abgesehen — durch den einzelnen Gesellschafter im Wege der Abtretung von Aktien oder Geschäftsanteilen, gegebenenfalls mit Genehmigung der Gesellschaft, geschehen muß, bedarf es bei den Personalgesellschaften zur Aufnahme von Gesellschaftern auf rechtsgeschäftlicher Grundlage stets eines Vertragsschlusses zwischen den neueintretenden und den bisherigen Gesellschaftern (RGZ. Bd. 54 S. 161, Bd. 92 S. 164; JW. 1921 S. 1239 Nr. 17; RGRKomm. BGB. § 736 Anm. 2; Staudinger BGB. § 736 Anm. II 1a und 2; Staub-Pinner HGB. § 163 Anm. 10, § 173 Anm. 1; Flechtheim in Düringer-Hachenburg HGB. § 173 Anm. 2). Daran ändert der Umstand nichts, daß die Gesellschafter schon im Gesellschaftsvertrag sich im voraus gegenüber einem oder mehreren Mitgesellschaftern zur Aufnahme der von diesen vorgeschlagenen weiteren Personen verpflichten können und daß ihnen die Ermächtigung zur Aufnahme selbst schon dort erteilt oder die Aufnahme dem Mehrheitsbeschluß der Gesellschafter überlassen werden kann.

Das Urteil dieses Senats vom 26. März 1914 (WarnRspr. 1914 Nr. 179) hält zwar die Mitwirkung sämtlicher Gesellschafter nicht für erforderlich zum Abschluß eines neuen Gesellschaftsvertrags und spricht bei vertraglicher Übertragbarkeit eines Gesellschaftsanteils mit Zustimmung der übrigen Gesellschafter von einer Zustimmung im Sinne der §§ 182flg. BGB., die rechtlich als Zustimmung zu einem fremden Rechtsgeschäft erscheint. Aber es ist doch auch dort anerkannt, daß sich der Wechsel der Mitgliedschaft erst mit der nachträglichen Zustimmung (Genehmigung) vollzieht, und diese enthält in Wirklichkeit zugleich den eigenen Vertragsschluß mit dem Neueintretenden. Der eigene Beitritt als Mitkontrahent zu dem zwischen anderen vereinbarten Vertrag braucht nicht in einem Akt mit deren Handlung vor sich zu gehen, sondern kann sich ihr auch anschließen, solange die Einigung der Handelnden bestehen bleibt, und zwar auch wieder in mehreren besonderen Akten, wenn es sich um den Beitritt mehrerer handelt. Maßgebend für die Aufnahme bleibt die Handlung des letzten Beteiligten. Damit entfällt die rechtlich nicht haltbare Unterscheidung zwischen Beitritt und Zustimmung der Gesellschafter zum Vertrag des Aufnehmenden, und es bleibt auch kein Raum für eine Anwendung der §§ 182, 184 BGB., soweit nicht die rechtliche Verfügungsmacht über den zu übertragenden Gesellschaftsanteil beim Verfügenden selbst in Frage steht. Beitritt und Zustimmung können, anders als im Falle des § 182 Abs. 1, nur dem Neueintretenden gegenüber erklärt werden. Rückwirkung kommt nur im inneren Verhältnis der Beteiligten nach Maßgabe der vertraglichen Festsetzung zur Geltung, entsprechend der schuldrechtlichen Rückwirkung, wie sie § 159 BGB. für die Fälle des Vertragsschlusses unter einer aufschiebenden Bedingung anerkennt. Erst vom letzten Akt der Aufnahme an kann die hier allein streitige Außenhaftung des Kommanditisten eintreten, bei der jede Rückwirkung nach dem Gesetz ausgeschlossen ist. Denn sie besteht nur für die zwischen Eintritt und Eintragung begründeten Verbindlichkeiten, und vor dem Eintritt ist die Eintragung nicht möglich. So betrachtet fällt auch der vom Vorderrichter angenommene Unterschied zwischen den alten, an einem sog. Nachtragsvertrag vom 12. Juni 1924 beteiligten Gesellschaftern und den später eingetretenen Kommanditisten von Sch. und Graf B. Jene haben in dem Nachtragsvertrag den beiden persönlich haftenden Gesellschaftern N. und M. gestattet, ihren Beteiligungszuwachs von je

20000 GM. ohne Zustimmung der übrigen Gesellschafter — in Wahrheit aber mit deren unwiderruflicher Vollmacht auch mit Rechtswirkung für sie — ganz oder in Teilen an Dritte zu übertragen. Auf dieser Grundlage haben dann von Sch. und Graf B. vom Gesellschafter M. je 10000 GM. seiner Beteiligung in genau den gleichen Verträgen, wie der schriftliche Vertrag des Beklagten, erworben. Unerheblich wird auch die Frage, ob diese später eingetretenen Kommanditisten deshalb, weil ihr Gesellschaftsanteil aus dem dem M. zugefallenen Beteiligungszuwachs stammt oder weil die mit Bezug hierauf getroffene, in ihren Verträgen aber nicht erwähnte Bestimmung über das Sonderrecht des N. und des M. überhaupt Inhalt des Gesellschaftsvertrags geworden sein soll, auch für ihre Person ohne weiteres dem Vorrecht des N. unterworfen waren. Der Vorderrichter hat angenommen, N. habe nach dem Inhalt seines Vertrags mit dem Beklagten von dem Vorrecht, den Beteiligungszuwachs ohne Zustimmung der übrigen Gesellschafter zu übertragen, keinen Gebrauch gemacht, bei den alten Gesellschaftern genüge aber die einfache, formlose Zustimmung (die als unstreitig bezeichnet wird), dagegen habe mit den zuletzt beigetretenen Kommanditisten von Sch. und Graf B. ein Gesellschaftsvertrag abgeschlossen werden müssen, und erst mit dessen Zustandekommen habe der Beklagte Gesellschafter werden können.

Die rechtliche Konstruktion, die der Vorderrichter für diesen nach seiner Annahme schon im September 1924 zustande gekommenen Vertrag gewählt hat, ist allerdings nicht haltbar. Bei aller Angreifbarkeit der Ausführungen des Vorderrichters in diesem Punkt und damit auch seiner Schlußfolgerung, die Aufnahme des Beklagten sei schon im September 1924 zustande gekommen, bleibt doch die Feststellung bestehen, daß der Beklagte am 5. Juni 1925, bis wohin der Vertrag des N. und des Beklagten mit dem festgestellten mündlich verabredeten Inhalt aufrecht erhalten blieb, mit den übrigen Gesellschaftern (und zwar Graf B. vertreten durch von Sch., dessen Vollmacht nach dem Zeugnis des Vollmachtgebers nicht auf ein Handeln vor Gericht beschränkt war) an einer Bilanzsitzung teilgenommen hat und dabei namens aller als Kommanditist begrüßt wurde und sich dies gefallen ließ. In diesem Vorgang, an den sich unter Umständen eine jahrelange Teilnahme des Beklagten an der Gesellschaft hätte anschließen können, ehe mit einer Zahlungsunfähigkeit der Gesellschaft und einem Rückgriff auf seine Haftung die Frage der Gültigkeit seines Eintritts strittig wurde, muß der wirksame

Vertragsschluß mit allen übrigen Gesellschaftern gefunden werden. Dieser kann sich auch in der bloßen Zustimmung zu einem zwischen anderen festgesetzten Vertrag vollziehen; es bedarf dabei nicht notwendig der eingehenderen Bekanntgabe des Inhalts dieser Festsetzungen und ihrer Billigung im einzelnen. Namentlich in einem Falle wie hier, wo die Vereinbarungen mit den zuletzt eingetretenen Kommanditisten in gleicher Gestalt getroffen und im Verhältnis zu den älteren Gesellschaftern schon vertraglich vorgesehen und umgrenzt waren, und wo das durch den Vertragsschluß mit dem Beklagten selbst gerechtfertigte Vertrauen auf Einhaltung der gesteckten Grenzen bestand, genügt ein derartiger Vorgang als schlüssige Willenserklärung für den Eintritt in ein Gesellschaftsverhältnis mit dem beigebrachten neuen Gesellschafter zu den mit ihm verabredeten Bedingungen. Der Umstand, daß der Beklagte auf den ihm abgetretenen Kapitalkontoteil ein Aufgeld von 150% zu zahlen hatte, kann kein Bedenken erwecken gegen seine Zustimmung zum Vertrag, wie er mündlich abgesprochen war. Auch die beiden Kommanditisten von Sch. und Graf B. haben für ihren gleich großen Gesellschaftsanteil an M. ein ähnliches Aufgeld gezahlt, und der Vorderrichter stellt ausdrücklich fest, daß es den übrigen Gesellschaftern nur auf die Person des Beklagten ankam. Sein Beitritt war der Gesellschaft förderlich; es tritt aber nirgends etwas davon hervor, daß sie sich ihm gegenüber wegen der Zahlung des Aufgelds einer besonderen Verantwortung bewußt geworden wären und daraus ein Bedenken gegen seine Aufnahme entnommen hätten. Wenn die Gesellschaft als günstig stehend und durch seinen Beitritt noch mehr gefördert galt, so mochte ein Anteil am Gewinn und am etwaigen Liquidationsergebnis in Höhe von $^1/_{15}$ einen völlig ausreichenden Gegenwert für die Zahlung des Einlagebetrags samt Aufgeld darstellen, selbst wenn dabei die zeitliche Rückbeziehung der Beteiligung im inneren Verhältnis nach der vertraglichen Festsetzung keine Rolle für die Höhe des Aufgelds spielte. Daß mit dieser Rückbeziehung der Beteiligung am wirtschaftlichen Ergebnis der Gesellschaft keine Haftung für die vor der Vollendung des Eintritts begründeten Verbindlichkeiten verbunden ist, wurde schon gesagt. Nach dem Vorbringen der Klägerin soll sich aber auch dann, wenn der Eintritt des Beklagten erst auf den 5. Juni 1925 (Tag der Bilanzsitzung) zu verlegen ist, an der Berechtigung des Klaganspruchs nichts ändern, weil noch für die Zeit nach dem 19. Juni

1925 in dem der Klageschrift beigegebenen Rechnungsauszug Sollposten vorhanden sind, die den Klagantrag übersteigen, und weil alle späteren Leistungen der Gesellschaft nach den gesetzlichen Verrechnungsvorschriften zunächst auf die älteren Sollposten verrechnet werden müssen. Ein weiteres Eingehen hierauf ist jedoch nicht erforderlich. Denn wenn der Beklagte wenigstens im Laufe des Zeitraums Kommanditist wurde, in dem die mit der Klage verfolgten Forderungen gegen die Gesellschaft begründet worden sind, und wenn kein Anhalt dafür besteht, daß gerade die nach seinem Eintritt begründeten Verbindlichkeiten gedeckt worden sind, so ist es nicht möglich, die Klage unter dem Gesichtspunkt des bisher behandelten Haftungserfordernisses abzuweisen. Ein noch zu erörternder Grund führt aber zur Aufhebung des angefochtenen Urteils im ganzen.

3. Die Revision vermag auch damit nicht durchzudringen, daß der Beklagte seine Zustimmung zum Geschäftsbeginn, d. h. zur Fortsetzung der Geschäftsführung, auch mit Wirkung für sich selbst nicht gegeben habe. Der Beklagte hat sich nicht nur an der Bilanzsitzung vom 5. Juni 1925 beteiligt, sondern hat nachher auch den ihm zugewiesenen Gewinnanteil für das Jahr 1924 angenommen. Dieses Verhalten ist schon für sich allein schlüssig dafür, daß er vom Zustandekommen seines Eintritts ab der Führung der Geschäfte der Gesellschaft auch für seine Rechnung zugestimmt hat. Überdies war aber im Vertrag vom 13./21. September 1924 vereinbart, daß der Beklagte „mit Wirkung vom 1. September 1924 ab“ als Kommanditist eintrete. Gewiß darf nicht schon im Abschluß des Vertrags über den Eintritt als Kommanditist die Zustimmung zum Beginn des Geschäftsbetriebs auch mit Wirkung für den Kommanditisten, für seine Rechnung, gefunden werden. Es ist vielmehr zum Schutze des Kommanditisten gegen die Härte der Haftung nach § 176 HGB. seine positive Zustimmung zum Geschäftsbeginn für die erweiterte, mit der Veränderung umgewandelte, wenn auch nicht neue Gesellschaft zu fordern (RGZ. Bd. 55 S. 126; RGU. v. 2. Februar 1926 II 161/25; Staub-Pinner HGB. § 162 Anm. 6; Flechtheim bei Düringer-Hachenburg HGB. § 161 Anm. 9, § 162 Anm. 7). Aber diese Zustimmung kann gleichfalls nicht nur mit ausdrücklichen Worten, sondern auch in schlüssiger Weise erteilt werden. Der Geschäftsbeginn im Sinne des § 176 HGB. ist eine Tatsache, die sich als äußeres Geschehnis gegenüber Dritten vollzieht und auf dessen Früher- oder Später-

legung im Verhältnis zu Dritten die Beteiligten keinen Einfluß haben. Die Bestimmung, die Beteiligung „gelte“ mit Wirkung von einem früheren Zeitpunkt an, hat daher nur für das innere Rechnungsverhältnis Bedeutung (RGZ. Bd. 119 S. 64 [67]). Wenn aber der Kommanditist beim Eintritt in eine Handelsgesellschaft in den Vertrag keinen Vorbehalt dahin aufnehmen läßt, daß der Geschäftsbeginn für die erweiterte Gesellschaft erst mit seiner Eintragung als begrenzt haftender Kommanditist beginnen dürfe, wenn im Gegenteil vereinbart wird, die Beteiligung solle schon von einem vor dem Vertragsschluß liegenden Zeitpunkt an gelten, so ist damit deutlich der Wille zum Ausdruck gebracht, daß sofort mit dem Zustandekommen des Vertrags die Geschäftsführung auch im Namen und für Rechnung des Kommanditisten einzusetzen habe. Wer in ein Kommanditistenverhältnis tritt und sich um die Bekanntmachung seines auf beschränkte Haftung gerichteten Willens gar nicht kümmert, ist nicht berechtigt, über Härte des Gesetzes zu klagen. Nach dem in dieser Richtung verschärften geltenden Recht (§ 163 Abs. 3, § 161 Abs. 2, § 108 HGB.) ist der Eintritt eines neuen Kommanditisten — wie schon nach Art. 156flg., Art. 151 Abs. 5 ADHGB. — von sämtlichen Gesellschaftern, also auch von dem neuen Komanditisten selbst, zum Handelsregister anzumelden. Nach geltendem Recht (HGB. § 14) findet, abweichend von Art. 156 ADHGB., bei Nichtbefolgung auch gegen den Kommanditisten, nicht bloß gegen die persönlich haftenden Gesellschafter, das Ordnungsstrafverfahren statt. Daneben dienen die Vorschriften des § 176 HGB., wie in den Denkschriften a. a. O. und in ROHG. Bd. 25 S. 117 schon für Art. 163 Abs. 3 ADHGB. gesagt ist, als gesetzliches Mittel, um auf die Erfüllung hinzuwirken (Staub-Pinner § 161 Anm. 4, § 162 Anm. 1, 16; Flechtheim in Düringer-Hachenburg § 176 Anm. 2). Sie wirken als zivilrechtliche Strafe der Nichtbefolgung. Es handelt sich nicht bloß um den Schutz Gutgläubiger oder um die Folgen der Hervorrufung eines Rechtsscheins nach Maßgabe der Ausführungen von Jacobi a. a. O. Auch bei der allgemeinen Vorschrift des § 15 Abs. 1 HGB. gehen Schrifttum und Rechtsprechung dahin, daß dem Gläubiger sein völliges Nichtwissen von den einzutragenden Vorgängen nicht entgegengehalten werden kann (Staub-Bondi HGB. § 15 Anm. 2; Düringer-Hachenburg HGB. § 15 III 2b und 3; RGZ. Bd. 40 S. 146, Bd. 50 S. 428, Bd. 60 S. 416, Bd. 70 S. 272, Bd. 125 S. 228).

4. Unrichtig ist also, daß § 176 HGB. deshalb nicht zugunsten der Klägerin angewendet werden kann, weil sie vom Eintritt des Beklagten in die Gesellschaft nichts gewußt hat. Dagegen muß das Urteil aufgehoben und die Sache zurückverwiesen werden, weil das Berufungsgericht verneint, daß die gesetzliche Ausnahme von der Haftung nach § 176 HGB. zutreffe. Der vom Beklagten zu beweisende Ausnahmetatbestand ist im Gesetz deutlich dahin bestimmt, daß die Beteiligung als Kommanditist, also mit Haftungsbeschränkung, dem Gläubiger bekannt sein muß. Bloßes Nichtwissen von den inneren Verhältnissen der Gesellschaft, insbesondere vom Vorhandensein des nicht eingetragenen Kommanditisten, genügt also nicht. Noch deutlicher war das im Allg. Deutschen Handelsgesetzbuch gesagt, dessen Art. 163 Abs. 3 das Vorbild des jetzigen § 176 Abs. 1 geworden ist. Im alten Art. 163 Abs. 3 war die Ausnahme dahin bestimmt: „wenn er (der Kommanditist) nicht beweist, daß denselben (dritten Personen) seine beschränkte Beteiligung bei der Gesellschaft bekannt war.“ Die Unbekanntschaft mit irgendwelcher Beteiligung kann dem insbesondere auch deshalb nicht gleichgestellt werden, weil sonst die Wirkung der Vorschrift, die auf den Kommanditisten einen Druck zur Erfüllung der Anmeldepflicht ausüben soll, in weitem Umfang ausgeschaltet wäre. Die wenigsten Gläubiger pflegen sich des näheren um die inneren Verhältnisse einer Handelsgesellschaft zu kümmern, bevor diese notleidend geworden ist. Denjenigen, die sich äußerlich an den Kredit der Gesellschaft gehalten haben, kann dabei nicht einmal der Vorwurf der Fahrlässigkeit im Handel und Verkehr gemacht werden. Ein solcher wäre allenfalls dem Gläubiger gegenüber begründet, der über die Beteiligung einer bestimmten Person unterrichtet ist und hierauf Gewicht legt, sich aber dann doch nicht auch davon Kenntnis verschafft, ob er es mit einem voll oder mit einem nur beschränkt haftenden Gesellschafter zu tun hat. Auf all das braucht jedoch nach dem Inhalt des Gesetzes nicht eingegangen zu werden. Es bleibt Sache des Kommanditisten, seine beschränkte Haftung entweder allgemein durch Eintragung im Handelsregister oder durch unmittelbare Bekanntmachung im Kreise derer in Erscheinung treten zu lassen, die mit der Gesellschaft im Geschäftsverkehr stehen. Dabei kommt es anderseits nicht darauf an, auf welche Weise der Gläubiger von der Kommanditisten-Eigenschaft Kenntnis erlangt (RGZ. Bd. 12 S. 135). Das Gesetz sagt auch nicht, wie diese Kenntnis zu beweisen sei. Denkbar ist daher sowohl ein unmittelbar auf das Wissen von der Komman-

ditisten-Eigenschaft gerichteter Beweis (wobei die Höhe der Einlage und die damit gegebene Haftungsgrenze keine Bedeutung hat), als auch ein mittelbarer, d. h. der Beweis dafür, daß dem Gläubiger eine bestimmte Kenntnis von der Zusammensetzung der persönlich haftenden Gesellschafter nach Zahl und Personen innegewohnt hat, woraus sich dann für ihn der notwendige Schluß ergab, daß jeder andere Gesellschafter in der Haftung beschränkt sei (RGZ. Bd. 70 S. 272; Staub-Bondi § 15 Anm. 2). In letzterer Richtung hat der Beklagte Beweis angetreten durch Eideszuschiebung dahin: der gesetzliche Vertreter der klagenden Aktiengesellschaft habe gewußt, daß „zur Zeit der Begründung des Schuldverhältnisses von M. & Co." nur M. und N. persönlich haftende Gesellschafter dieser Firma gewesen seien. Diesen Eid erklärt das Berufungsurteil für unerheblich, weil der Rückschluß auf die Kommanditisten-Eigenschaft aller übrigen Gesellschafter für die Person eines bestimmten Kommanditisten nur dann zulässig wäre, wenn der Gläubiger auch Kenntnis vom Bestand (Gesamtbestand) der Gesellschafter hätte oder wüßte, daß seit Gewinnung jener Kenntnis kein Wechsel im Bestand der Gesellschafter stattgefunden habe, während gerade bei der Firma M. & Co. ein häufiger Wechsel im Bestand der Gesellschafter eingetreten sei. Dem kann nicht beigetreten werden. Abgesehen davon, daß im Parteivortrag nur von einem Wechsel der Gesellschafter bis zum Eintritt des Beklagten als letzten Kommanditisten die Rede ist, besteht doch die Möglichkeit, daß sich der Gläubiger einer Kommanditgesellschaft über Zahl und Zusammensetzung ihrer persönlich haftenden Gesellschafter ständig auf dem laufenden hält. Denn auf deren Vollhaftung legt er beim Geschäftsverkehr mit der Kommanditgesellschaft das entscheidende Gewicht, während ihm Zahl und Zusammensetzung der nur beschränkt haftenden Kommanditisten Nebensache ist. Bei diesen unterstellt er die volle Leistung ihrer Einlage beim Eintritt mit der Folge der Erschöpfung ihrer Haftung nach § 171 Abs. 1 HGB.

---

28. Fließt die Vergütung, welche die Reichs-Kredit-Gesellschaft den in ihrem Dienst stehenden früheren Beamten gewährt, aus öffentlichen Mitteln?

Reichsbeamtengesetz §§ 30, 57 Nr. 2.

III. Zivilsenat. Urt. v. 18. März 1930 i. S. St. (Kl.) w. Deutsches Reich (Bekl.). III 300/29.

I. Landgericht I Berlin.
II. Kammergericht daselbst.

Der Kläger, früher Regierungsrat beim Statistischen Reichsamt und jetzt Regierungsrat im einstweiligen Ruhestand, ist bei der Reichs-Kredit-Gesellschaft Aktiengesellschaft angestellt und bezieht von ihr ein Gehalt, das seinem letzten Diensteinkommen als Regierungsrat mindestens gleichkommt. Die Reichs-Kredit-Gesellschaft ist eine Aktiengesellschaft im Sinne des Handelsgesetzbuches. Gegenstand des Unternehmens ist nach § 2 der Satzung die Durchführung von Bank- und Börsengeschäften und damit zusammenhängenden Geschäften aller Art. Am Ende des Geschäftsjahrs wird, wie bei anderen Aktiengesellschaften, der sich aus der Gewinn- und Verlustrechnung für das abgelaufene Geschäftsjahr ergebende Überschuß aufgeteilt. Nach dem Geschäftsbericht für 1927 ist die Verteilung in der Weise erfolgt, daß vom Überschuß — der sich nach Abzug der Handlungsunkosten, darunter auch der Personalausgaben, ergeben hatte — 2 Millionen RM. dem gesetzlichen Reservefonds, die Summe von 250000 RM. dem Angestellten-Unterstützungsfonds überwiesen, der satzungsmäßige Gewinnanteil an den Aufsichtsrat ausgezahlt, eine Dividende von 8 % auf das 40 Millionen RM. betragende Aktienkapital ausgeschüttet und die dann verbleibende Summe von 932319,61 RM. auf neue Rechnung vorgetragen wurde. Die Dividende fließt der „Viag" (Vereinigte Industrie-Unternehmungen Aktiengesellschaft) zu, in deren Händen sich das gesamte Aktienkapital der Reichs-Kredit-Gesellschaft befindet. Einziger Aktionär der Viag ist wiederum das Deutsche Reich. Das Versorgungsamt VI Berlin-Schöneberg hat gemäß § 57 Nr. 2, § 30 RBG. das Ruhen des Wartegelds des Klägers angeordnet, weil er aus öffentlichen Mitteln ein seinem früheren Diensteinkommen gleiches Gehalt beziehe. Die vom Kläger gegen diese Anordnung erhobene Beschwerde hat der Reichswirtschaftsminister abschlägig beschieden.

Der Kläger erhob nunmehr fristgerecht Klage auf Zahlung des rückständigen Wartegelds und auf Feststellung der Zahlungspflicht des Reiches für die Zukunft.

Das Landgericht gab der Klage statt, das Kammergericht wies

sie ab. Die Revision des Klägers führte zur Wiederherstellung des landgerichtlichen Urteils unter Wegfall des Zinsanspruchs.

Gründe:

Die Kürzung des Wartegelds eines in den einstweiligen Ruhestand versetzten Reichsbeamten tritt nach §§ 30, 57 Nr. 2 RBG. in folgenden zwei Fällen ein:

1. wenn der Beamte aus Verwendung im öffentlichen Dienst ein Diensteinkommen bezieht;

2. wenn er ohne Rücksicht auf die Art und Dauer der Beschäftigung eine Vergütung erhält, die auch nur mittelbar oder teilweise aus öffentlichen Mitteln fließt.

Der erste Fall scheidet aus, da die Reichs-Kredit-Gesellschaft eine Aktiengesellschaft im Sinne des Handelsgesetzbuches ist. Aber auch die Voraussetzungen des zweiten Falles sind nicht gegeben. In Frage kommen könnte nur, ob die Bezüge des Klägers bei der Reichs-Kredit-Gesellschaft um deswillen als „mittelbar aus öffentlichen Mitteln" fließend angesehen werden können, weil das gesamte Aktienkapital der Reichs-Kredit-Gesellschaft sich in den Händen der Viag befindet und deren einziger Aktionär das Deutsche Reich ist. Im Gegensatz zum Berufungsgericht ist die Frage zu verneinen. Das Gesetz selbst gibt keine Erklärung, was unter „mittelbar aus öffentlichen Mitteln" fließend zu verstehen ist. Nach der Begründung zur neunten Ergänzung des Reichsbesoldungsgesetzes (Reichstagsdrucks. Nr. 5897 I. Wahlperiode 1920/23 S. 8) soll der Begriff „öffentliche Mittel" nicht zu eng gefaßt werden dürfen, um dem Gedanken der Versorgungsgesetzgebung mehr als bisher Geltung zu verschaffen. Maßgebend soll bleiben, ob es sich um öffentliche Einrichtungen handelt, deren Betriebsmittel ganz oder zum Teil, wenn auch nicht als reine Reichs-, Landes- oder Gemeindegelder, so doch ihrer Natur nach als öffentliche Mittel angesehen werden können. Wie bereits in der Entscheidung des erkennenden Senats vom 9. April 1929 III 322/28, abgedr. Zeitschr. f. Beamtenrecht. Bd. 2 S. 31 u. Höchstr. Rspr. 1929 Nr. 1509, ausgeführt, ist damit die Grenze, bis zu der bei der Entscheidung über die mittelbare Herkunft aus öffentlichen Mitteln zurückgegriffen werden darf, auch nicht entfernt bezeichnet. Wenn das Zurückgehen nicht uferlos werden soll, so muß im Rahmen der gesetzlichen Vorschrift durch die Rechtsprechung eine feste Grenze gezogen werden. Das ist durch die Entscheidungen des erkennenden Senats geschehen.

Aus dem vorgenannten wie aus den Urteilen vom 16. November 1928 (RGZ. Bd. 122 S. 295) und vom 22. Oktober 1929 III 139/29 ergibt sich der Grundsatz, daß eine „Vergütung" dann nicht mehr als aus öffentlichen Mitteln fließend anzusehen ist, wenn die Mittel zwar anfänglich öffentliche waren, aber für die Zwecke der „Vergütung" erst durch einen privatrechtlichen Rechtsakt, dessen Gegenstand sie bildeten, verwendbar geworden sind. Dies trifft aber zu, wenn sie die Gegenleistung für den Erwerb von Mitgliedschaftsrechten an einer Aktiengesellschaft in Form von Aktien waren, sei es, daß die öffentliche Hand die Aktiengesellschaft mitgegründet oder die Aktien einer schon bestehenden Aktiengesellschaft erst nachträglich erworben hat, was für den vorliegenden Rechtsstreit nicht festgestellt ist. Von diesem Rechtsstandpunkt abzugehen, bieten die Ausführungen des Berufungsgerichts keinen Anlaß. Es trifft zwar zu, wenn das angefochtene Urteil ausführt, daß die öffentlichen Körperschaften seit dem Weltkrieg vielfach für ihre werbenden Anlagen die Form selbständiger Personen des Privatrechts wählen, und daß sich die Stellung der für diese Betriebe „Angestellten" derjenigen der Beamten annähert. Diese Entwicklung kann aber nicht dazu führen, die Vorschrift des § 57 RBG. in dem vom Berufungsgericht gewollten Sinne ausdehnend auszulegen. Wenn auch der Auslegung der Vorschrift durch den mit der Vorbereitung des Gesetzes betrauten Ministerialreferenten nicht die Bedeutung einer authentischen Interpretation beizulegen ist, so kann doch die Erklärung des Vertreters der Reichsregierung im Haushaltsausschuß des Reichstags nicht außer acht gelassen werden, daß Vergütungen der Deutschen Werke an ihre Angestellten keine Kürzung von Versorgungsgebührnissen herbeiführen würden, weil es sich bei den Deutschen Werken um eine Gesellschaft des Privatrechts handle. Offensichtlich hat die Reichsregierung im Sommer 1923 nicht daran gedacht, den Angestellten der mit Reichsmitteln gegründeten privatwirtschaftlichen Betriebe ihre Wartegelder und Pensionen auf Grund des § 57 RBG. zu kürzen (Erlaß des Reichsministers der Finanzen vom 22. August 1923, Reichsbesoldungsblatt S. 279 Nr. 412). Wenn später bei den Finanzverwaltungen der Gedanke aufgetaucht ist, die Vorschrift auch auf derartige Fälle anzuwenden, so kann dies keinen Anlaß zu einer Änderung der Rechtsprechung geben. Der Wortlaut des Gesetzes bietet keinen hinreichenden Anhaltspunkt für eine ausdehnende Auslegung. Eine solche muß abgelehnt werden, wie bereits in RGZ. Bd. 122 S. 295 für die gleichlautende Vorschrift des § 27 Abs. 2 des preuß. Pensionsgesetzes ausgeführt ist. Die Kürzungsvorschrift des § 57 RBG. kann auch nicht, wie das Berufungsgericht will, mit der Erwägung herangezogen werden, daß die Reichs-Kredit-Gesellschaft sich wirtschaftlich im Alleinbesitz des Reiches befinde, also als Ganzes zu den öffentlichen Mitteln des Reiches gehöre, weil sie selbst Reichsvermögen sei, und daß deshalb die von ihr geschuldeten Dienstvergütungen Zahlungen aus öffentlichen Mitteln seien. Für die Beurteilung der Rechtslage müssen in erster Linie die rechtlichen Beziehungen zwischen dem Dienstherrn und dem Dienstverpflichteten, sowie zwischen dem Dienstherrn und der öffentlichen Körperschaft, hier dem Deutschen Reich, maßgebend sein. Das Deutsche Reich hätte es in der Hand gehabt, die Reichs-Kredit-Gesellschaft bei der Gründung als eine Persönlichkeit des öffentlichen Rechts aufzubauen. Dieser Weg ist bewußt nicht beschritten, sondern es ist unter Einschiebung eines Zwischengliedes, der Viag, eine privatrechtliche Aktiengesellschaft gegründet worden, also ein selbständiges, vom Staate losgelöstes, privatrechtliches Rechtssubjekt. Nur zu dieser Aktiengesellschaft steht der Kläger als Angestellter in Rechtsbeziehungen. Seine Dienstvergütung erhält er aus den Gewinnen der Aktiengesellschaft, die sich satzungsgemäß mit der Durchführung von Bank- und Börsengeschäften und damit zusammenhängenden Geschäften befaßt. Sie fließt, wie dargelegt, nicht aus öffentlichen Mitteln. Die Entlohnung des Klägers bedeutet, wie der Senat in einer rechtlich gleichliegenden Sache, in dem schon genannten Urteil vom 22. Oktober 1929 III 139/29, ausgeführt hat, für das verklagte Deutsche Reich nur eine Herabminderung des schließlichen Endergebnisses. Dieser Sachverhalt kann rechtlich nicht als ein „Fließen aus öffentlichen Mitteln" beurteilt werden.

---

29. Inwieweit ist für den Anspruch auf Ergänzung des Pflichtteils nach § 2325 BGB. der Umstand zu berücksichtigen, daß der Erblasser einen Lebensversicherungsvertrag zugunsten eines Dritten abgeschlossen hat?

VII. Zivilsenat. Urt. v. 25. März 1930 i. S. Elisabeth M. (Bekl.) w. Marianne M. (Kl.). VII 440/29.

I. Landgericht Magdeburg.
II. Oberlandesgericht Naumburg a. S.

Die Klägerin ist die Witwe zweiter Ehe, die Beklagte die ersteheliche Tochter des am 31. März 1928 verstorbenen Mühlenbesitzers Wilhelm M. Dieser hatte im Februar und April 1925 zwei Lebensversicherungsverträge mit der A.-Lebensversicherungsbank abgeschlossen über zusammen 100000 GM., zahlbar am 1. September 1949 an den Versicherten, bei seinem früheren Ableben an die Klägerin. Die Versicherungssumme ist nach seinem Tode nach gewissen Abzügen auf gemeinsamen Antrag der Parteien in Höhe von 83295,20 RM. bei einer Bank in M. hinterlegt worden.

Mit der Klage verlangt die Klägerin Verurteilung der Beklagten zur Einwilligung, daß die hinterlegte Summe an sie (Klägerin) ausgezahlt werde. Die Beklagte hat den Klaganspruch in Höhe von 20823,80 RM. anerkannt und ist dementsprechend durch Anerkenntnisteilurteil verurteilt worden. Im übrigen begehrt sie unter verschiedenen rechtlichen Gesichtspunkten widerklagend die Verurteilung der Klägerin zur Einwilligung in die Auszahlung der restlichen 62471,40 RM. an sie (Beklagte). Das Landgericht verurteilte die Beklagte zur Einwilligung in die Auszahlung auch des Restes der hinterlegten Summe und wies die Widerklage ab. Mit der Berufung beantragte die Beklagte nur noch, die Klägerin zu verurteilen, darein zuwilligen, daß aus der hinterlegten Streitmasse ein Teilbetrag von 6100 RM. an sie (Beklagte) ausgezahlt werde; in gleicher Höhe bat sie um Abweisung der Klage. Das Oberlandesgericht wies die Berufung zurück. Die Revision der Beklagten führte zur Aufhebung und Zurückverweisung.

Gründe:

(Nach Billigung verschiedener Ausführungen des Berufungsurteils wird fortgefahren):

Dagegen ist das Urteil insoweit nicht frei von Rechtsirrtum, als es das von der Beklagten geltend gemachte Pflichtteils-Ergänzungsrecht nach § 2325 BGB. völlig verneint, auf Grund dessen diese die 6100 RM. als Teilbetrag ihres Anspruchs aus der hinterlegten Streitmasse gleichfalls fordert. Dieses Pflichtteils-Ergänzungsrecht ist zwar nicht in Ansehung der gesamten Versicherungssumme begründet, wohl aber in Ansehung der von dem Verstorbenen gezahlten Prämien.

Wenn § 2325 BGB. eine Schenkung des Erblassers voraussetzt, so kann damit nach dem Sprachgebrauch des Bürgerlichen Gesetzbuchs nur eine solche nach § 516 Abs. 1 gemeint sein, dagegen nicht allgemein schon jede unentgeltliche Zuwendung. Erfordernis ist daher sowohl, daß der Zuwendende und der Zuwendungsempfänger über die Unentgeltlichkeit der Zuwendung einig sind, als auch, daß der letztere aus dem Vermögen des ersteren bereichert wird.

Schließt jemand unter Bezeichnung eines Dritten als Bezugsberechtigten einen Lebensversicherungsvertrag ab, so will er ihm damit — falls der Dritte dafür kein Entgelt gewährt — eine unentgeltliche Zuwendung machen, indem die Versicherungssumme nach seinem Tode dem Dritten ohne Aufwendungen von dessen Seite ausgezahlt werden soll. Gemäß §§ 328, 330, 331 BGB. handelt es sich dabei um einen Vertrag zugunsten eines Dritten, aus dem dieser unmittelbar das Recht erwerben soll, die Leistung zu fordern, und zwar tritt dieser Erwerb im Zweifel erst mit dem Tode des Versicherungsnehmers ein. Die für die Schenkung erforderliche Einigung über die Unentgeltlichkeit der Zuwendung liegt darin, daß der Versicherungsnehmer mit dem Abschluß des Vertrags zugunsten des Dritten zugleich diesem das Angebot macht, er solle nach dem Tode des Versicherungsnehmers die ihm aus dem Vertrag zugedachten unentgeltlichen Vorteile ziehen, daß dem Dritten dieses Angebot mit seiner Kenntnisnahme von der Bezugsberechtigung zugeht, gleichviel wie es im einzelnen Falle zu seiner Kenntnis kommt, und daß er dann entsprechend dem Willen des Versicherungsnehmers die Versicherungssumme nach dessen Tode in Anspruch nimmt. Eine Annahmeerklärung des Bezugsberechtigten gegenüber dem Versicherungsnehmer selbst oder gegenüber seinen Erben wird dagegen nach allgemeiner Lebenserfahrung vom Versicherungsnehmer nicht erwartet und ist daher für das Zustandekommen der Einigung nicht zu verlangen (§ 151 BGB.). Da den Gegenstand der Zuwendung der Anspruch auf die Versicherungssumme bildet und dieser Anspruch vom Bezugsberechtigten, wie schon erwähnt, mit dem Tode des Versicherungsnehmers unmittelbar gegen den Versicherer erworben wird, so ist damit die dem Dritten zugedachte Leistung bereits bewirkt und dadurch nach § 518 Abs. 2 BGB. ein etwa vorhandener Formmangel des Schenkungsversprechens geheilt. Es kann also dahingestellt bleiben, ob das Erfordernis des § 518 Abs. 1 BGB. auch für Lebensversicherungsverträge gilt, die zugunsten eines Dritten in Schenkungsabsicht geschlossen werden. Dem Ausgeführten steht auch nicht entgegen, daß gemäß § 333 BGB. das Recht auf die Versicherungssumme als nicht erworben gilt, wenn der Bezugsberechtigte aus irgendeinem Grunde die Entgegennahme der Versicherungssumme ablehnen würde. Ebensowenig, daß der Versicherungsnehmer im Zweifel — nämlich dann, wenn die Versicherung nicht nachweislich unwiderruflich zugunsten des Dritten genommen und deshalb eine Verfügung des Versicherungsnehmers über den Anspruch auf die Versicherungssumme nur noch mit Zustimmung des Dritten zulässig ist (RGZ. Bd. 71 S. 324) — zu Lebzeiten über den Anspruch anderweit verfügen darf, insbesondere ihn abtreten oder verpfänden oder das Bezugsrecht widerrufen kann. Denn im Falle der Widerruflichkeit des Bezugsrechts besteht für den Dritten bis zum Tode des Versicherungsnehmers nur eine Hoffnung oder Anwartschaft, und das Schenkungsangebot des zudem bedingten und befristeten Anspruchs auf die Versicherungssumme muß schon als mit jenen Beschränkungen gemacht angesehen werden und kann auch nur so angenommen werden, wie es sich zur Zeit des Todes des Versicherungsnehmers darstellt.

Das weitere Erfordernis der Schenkung, daß durch die Zuwendung die Bereicherung des Bezugsberechtigten aus dem Vermögen des Versicherungsnehmers erfolgen muß, ist aber nicht hinsichtlich der Versicherungssumme als solcher, sondern nur in Ansehung der gezahlten Prämien erfüllt. Der Versicherungsnehmer will allerdings dem Bezugsberechtigten durch seine Aufwendungen an Prämienzahlungen die Versicherungssumme verschaffen, und so bildet den Gegenstand der Schenkung der Anspruch des Versicherungsnehmers auf die Gegenleistung des Versicherers aus dem Versicherungsvertrag, also auf Zahlung der Versicherungssumme. Aber diese selbst hat gemäß §§330, 331 BGB. niemals zum Vermögen des Versicherungsnehmers gehört; sie fällt mit dessen Tode dem Bezugsberechtigten unmittelbar aus dem Vermögen des Versicherers zu (RGZ. Bd. 51 S. 403; Bd. 61 S. 217 u. a.). Dagegen ist infolge der Zahlung der Prämienbeträge aus Mitteln des Versicherungsnehmers der Bezugsberechtigte, wenn es zur Auszahlung der Versicherungssumme an ihn kommt, um die aufgewendeten Prämienbeträge mittelbar aus dem Vermögen des Versicherungsnehmers bereichert, und zwar um den gesamten Betrag der gezahlten Prämien, nicht nur um das Deckungskapital des Versicherers, weil der Anspruch auf die Gegenleistung des letzteren den Gegenstand der Schenkung bildet. Freilich ist die Bereicherung nach oben begrenzt durch den Betrag der Versicherungssumme. Der Umstand, daß den Prämienzahlungen im Verhältnis zum Versicherer die Bedeutung der Erfüllung eines gegenseitigen entgeltlichen Vertrags zukommt, steht ihrer gleichzeitigen Eigenschaft als einer unentgeltlichen Zuwendung im Verhältnis zum Bezugsberechtigten nicht entgegen. Die Berücksichtigung nur der gezahlten Prämienbeträge für den Pflichtteils-Ergänzungsanspruch, nicht dagegen der Versicherungssumme, entspricht auch dem § 2325 BGB. insofern, als danach der Pflichtteilsberechtigte nur so gestellt werden soll, wie wenn die aus dem Vermögen des Erblassers herausgegangenen Werte noch zum Nachlaß gehörten. Anderseits steht die hier vertretene Ansicht, daß wenigstens die gezahlten Prämienbeträge aus dem Vermögen des Versicherungsnehmers mittelbar in das des Bezugsberechtigten geflossen sind, im Einklang mit der schon erwähnten Entscheidung RGZ. Bd. 61 S. 217; sie wird auch dem dringenden Bedürfnis gerecht, zu verhindern, daß durch den Abschluß von Lebensversicherungsverträgen auf hohe Versicherungssummen und demgemäß mit entsprechend hohen Prämien zugunsten Dritter die Rechte der Pflichtteilsberechtigten willkürlich geschmälert werden könnten.

---

30. 1. Zum Begriff des Stillstands des Rechtsstreits im Sinne des § 211 BGB. in Verbindung mit §§ 251, 251a ZPO.

2. Kann die Unterbrechung der Verjährung während eines Sühneverfahrens endigen?

BGB. §§ 211 558. ZPO. §§ 251, 251a.

VIII. Zivilsenat. Urt. v. 27. März 1930 i. S. v. K. (Bekl.) w. W. (Kl.). VIII 560/29.

I. Landgericht Prenzlau.
II. Kammergericht Berlin.

Durch Vertrag vom 17. August 1904 hatte der Beklagte das Gut D. einschließlich des toten und lebenden Inventars bis zum 1. Juli 1922 an den Kläger verpachtet. Der Wert des Inventars wurde bei der Übergabe des Gutes auf 113 802 M. abgeschätzt; dabei wurde vereinbart, es solle bei der Rückgabe ein der Taxe entsprechender, gleich hoher Wert zurückgegeben werden. Werterhöhungen der einzelnen Stücke gegenüber der Taxe, sowie etwaige Mehrsaaten und Bestellungen sollten dem Pächter erstattet werden.

Über die Berechnung des Mehr- oder Minderwertes bestehen zwischen den Parteien Meinungsverschiedenheiten. Da man sich bei der Rückgabe über sie nicht einigen konnte, weil der Kläger die Zahlung der neuen Taxsumme unter Abzug der ursprünglichen mit 113 802 M. forderte und sein gesetzliches Pfandrecht am Inventar geltend machte, der Beklagte aber die Verpflichtung zur Zahlung bestritt, traf man folgendes Abkommen:

> Die Beteiligten vereinbaren, daß bis zur Beendigung des schwebenden Rechtsstreites dem abziehenden Pächter von dem Verpächter eine Sicherungshypothek an der Substanz des Fideikommißrittergutes D. an der jetzt offenen Stelle von 12000000 M. in besonderer Urkunde bestellt werden soll. Bis zur Eintragung dieser Sicherungshypothek bleibt das gesetzliche Pfandrecht des Pächters an dem Inventar dadurch bestehen, daß der Pächter das Inventar nicht dem Verpächter, sondern den Rittergutspächtern Gustav S., Julie S. und Walter S., erstere beide in P., letzterer in D. wohnhaft, übergibt, welche sich bereit erklärt haben, den Pfandbesitz an dem Inventar für den Pächter W. auszuüben. Sobald die Eintragung der Sicherungshypothek erfolgt ist, erlischt das Pfandrecht an dem Inventar...

Die Sicherungshypothek ist nicht bestellt worden.

Schon im Jahre 1920 hatte der Kläger eine Feststellungsklage dahin erhoben, daß ihm der Unterschied zwischen der ursprünglichen und der bei Rückgabe des Gutes aufgestellten Taxe auszuzahlen sei. Am 27. Juni 1922 wurde ein zugunsten des Klägers ergangenes Urteil vom Reichsgericht aufgehoben und die Sache an die Vorinstanz zurückverwiesen, wo sie zurzeit ruht.

Ende des Jahres 1922 erhob der Kläger vier getrennte Leistungsklagen, die, vom Landgericht abgewiesen, infolge Berufung vor den Senat des Kammergerichts gelangten, bei dem auch die Feststellungsklage wieder anhängig geworden war. Die letztere suchte der Senat durch Vergleich zu erledigen. Am 23. April 1923 ordnete er einen Sühnetermin vor dem Berichterstatter an. Im ersten Termin vom 3. Juni 1923 erschien der Kläger nicht, im zweiten vom 19. November 1923 erschien niemand. Im Juni 1925 nahm das Verfahren durch den Wechsel von Schriftsätzen seinen Fortgang; am 10. Juni 1925 fand ein Sühnetermin statt. Der Berichterstatter holte Gutachten ein und hielt am 8. Mai 1926 einen neuen Sühnetermin ab. Einen in diesem Termin gemachten Vergleichsvorschlag lehnte der Beklagte am 28. Oktober 1926 ab. Weitere Verhandlungen blieben erfolglos und am 21. September 1927 erklärte der Beklagte jeden ferneren Versuch für aussichtslos. Am 13. Februar 1928 wurde das Ruhen des Verfahrens angeordnet.

Die übrigen Sachen waren zum Termin angesetzt, und zwar O 670/22 und 671/22 auf 14. Juni 1923, 669/22 auf 11. Juni 1923 und 3 AO 114/28 auf 14. April 1924. Es erschien niemand. Nur der Urkundsbeamte fragte am 8. Dezember 1924 noch an, ob das Verfahren fortgesetzt werden solle oder ob es durch Vergleich erledigt sei. Auf eine Ladung des Klägers vom 9. Juni 1927 hin wurde in sämtlichen vier Sachen neuer Termin auf den 17. Oktober 1927 anberaumt. Die Sachen 669/22, 670/22 und 671/22 wurden verbunden (3 AO 113/28) und es wurde Urteil dahin erlassen, daß diese Sache ebenso wie 3 AO 114/28 an das Landgericht zurückverwiesen werde. Dieses verband auch die Sachen 3 AO 113 und 3 AO 114/28. Dem Antrag auf Zahlung stellte der Beklagte nunmehr die Einrede der Verjährung entgegen, die durch wiederholten Stillstand im Rechtsstreit gemäß § 558 BGB. eingetreten sei. Das Landgericht wies die Klage ab; es wurde angenommen, der persönliche Anspruch des Klägers sei verjährt; soweit dieser aber den dinglichen, ihm auf Grund des Pfandrechts zustehenden Anspruch geltend mache, liege Klagänderung vor. Auf die Berufung des Klägers erklärte das Kammergericht durch Teilurteil den persönlichen Anspruch dem Grunde nach für gerechtfertigt. Die Revision des Beklagten blieb ohne Erfolg.

Gründe:

Das Kammergericht weist die Einrede der Verjährung in Ansehung des persönlichen Anspruchs zunächst deshalb zurück, weil die Verjährungsfrist des § 558 BGB. noch nicht zu laufen begonnen habe. Für den Pächter beginne die Verjährung mit der Beendigung des Pachtverhältnisses, für den Verpächter mit dem Zeitpunkt, in dem er die Sache zurückerhalte. Für den Pächter komme es also auf den Besitz als Tatsache nicht an. Im vorliegenden Falle werde aber der Besitz vom Pächter auf Grund der Vereinbarung bei Übergabe des Gutes fortgesetzt, wenn auch nur an einem Teil der Pachtsache und zur Ausübung bestimmter Rechte. Darin liege eine Erstreckung des Pachtverhältnisses, das also noch nicht in vollem Umfang beendet sei. Eine andere Annahme würde eine Ungleichheit schaffen. Daß die Verjährung nur gegen den Pächter, nicht aber gegen den Verpächter zu laufen beginne, sei nur gerechtfertigt, wenn der Pächter die Sache gegen den Willen des Verpächters nicht zurückgebe. Sonst seien beide gleichzustellen. Das Pachtverhältnis sei sonach im Sinne des § 558 BGB. noch nicht beendet.

Damit verkennt das Berufungsgericht die Bedeutung dieser Vorschrift. Wenn sie die Verjährung für den Verpächter mit dem Zeitpunkt beginnen läßt, in dem er die Sache zurückerhält, so stellt sie auf die Zeit ab, zu der er von den Mängeln und Veränderungen der Sache sichere Kenntnis erlangt oder erlangen kann, von der ab er also erst in der Lage ist, seine Rechte nach dieser Richtung hin wahrzunehmen. Damit wird allerdings eine unterschiedliche Behandlung der beiden Vertragsparteien begründet; sie schafft aber keine Ungleichheit, sondern ist durchaus billig, da der Pächter, der sich im Besitz der Sache befindet, spätestens bei Beendigung des Pachtverhältnisses die Mängel und Veränderungen kennt und geltend machen kann. Die Erwägung des Berufungsgerichtes ist hiernach rechtsirrig.

Dasselbe hat aber für die Annahme zu gelten, das Pachtverhältnis sei bezüglich des Inventars fortgesetzt worden, weil der Kläger den Pfandbesitz durch die neuen Pächter mittelbar ausübe; darin sei die Vereinbarung der Erstreckung des Pachtverhältnisses zu erblicken. Dieser Auffassung steht schon der Umstand entgegen, daß ein solches Pachtverhältnis eine rechtliche Unmöglichkeit darstellen würde. Es mag dahinstehen, ob sich der Grund und Boden vom Inventar in der Weise trennen läßt, daß sie in der Hand desselben Eigentümers Gegenstand von Rechten verschiedener Pächter sein können. Jedenfalls kann ein Pachtverhältnis nicht fortdauern, wenn der bisherige Pächter, wie im vorliegenden Falle, Grund und Boden samt Inventar aus der Hand gibt und sich so außerstande setzt, weitere Früchte davon zu ziehen. Damit entfallen die wesentlichen Merkmale eines Pachtvertrags, die gerade in der Fruchtziehung durch den Pächter und in der Zahlung des Pachtzinses bestehen. Hier hat aber der Kläger den Grund und Boden an den Beklagten, das Inventar an die neuen Pächter abgegeben. Für letzteres zahlt er weder an den Beklagten einen Pachtzins, noch erhält er von den neuen Pächtern ein Entgelt.

Von einem Fortbestand des ursprünglichen Pachtverhältnisses kann unter diesen Umständen keine Rede sein. Für eine in einem Pachtgrundstück liegende Drainage, an der das Pachtrecht fortbestehen sollte, hat der erkennende Senat dasselbe ausgesprochen (Urt. vom 13. Februar 1930 VIII 529/29), weil die Auseinanderreißung eines Grundstücks und der in ihm liegenden Drainage in der Weise, daß dem neuen Pächter die Rechte am Grundstück, dem früheren Pächter die Rechte an der Drainage zuständen, rechtlich unmöglich sei. Sonach ist das Pachtverhältnis zwischen den Parteien beendet und dem Beginn des Laufes der Verjährungsfrist aus § 558 BGB. stand insoweit kein Hindernis entgegen.

Es fragt sich aber, ob nicht die Geltendmachung der Verjährungseinrede deshalb unzulässig ist, weil eine Verjährung nach Lage des Verfahrens überhaupt nicht Platz greifen konnte.

Die beiden Zeiträume, innerhalb deren sich die Verjährung vollzogen haben soll, sind die Zeiten vom 14. April 1924 bis 10. Juni 1925 und vom 8. Mai 1926 bis 1. April 1927. Vor Beginn des ersten Zeitraums war die Verordnung über das Verfahren in bürgerlichen Rechtsstreitigkeiten vom 13. Februar 1924 (RGBl. I S. 135) in Kraft getreten. Sie führte den jetzigen § 251a ZPO. neu ein und schränkte im neugefaßten § 251 Abs. 1 die Befugnis der Parteien, durch Vereinbarung oder durch Nichterscheinen in einem Termin das Verfahren zum Ruhen zu bringen (§ 251 a. F.), dahin ein, daß nur das Gericht das Ruhen anordnen kann, wenn beide Parteien es beantragen und die Anordnung zweckmäßig erscheint. Vor Ablauf von drei Monaten kann das Verfahren nur mit Zustimmung des Gerichts aufgenommen werden (§ 251 Abs. 2 ZPO.). Im § 251a ist diese Befugnis dahin erweitert, daß beim Nichterscheinen beider Parteien im Termin oder dann, wenn beim Ausbleiben einer Partei die erschienene Partei keine Anträge zur Sache stellt, der Richter nach Lage der Akten entscheiden kann. Tut er dies nicht, so hat er die Wahl, neuen Termin zu bestimmen oder das Ruhen des Verfahrens anzuordnen. Danach ist die Möglichkeit, das Verfahren zum Ruhen zu bringen, den Parteien entzogen und allein in die Hand des Gerichts gelegt, das selbst bei einem dahin gehenden Antrag beider Parteien hierüber zu entscheiden hat.

Diese Neuregelung konnte auch für die Auslegung des § 211 BGB. nicht ohne Einfluß bleiben. Der im Abs. 1 das. aufgestellte Grundsatz, daß die durch Klagerhebung eingetretene Unterbrechung der Verjährung bis zur rechtskräftigen Entscheidung oder anderweitigen Erledigung des Rechtsstreits andauere, ist im Abs. 2 durchbrochen. Vereinbaren die Parteien den Stillstand des Rechtsstreits oder führen sie den Stillstand durch Nichtbetreiben herbei, so endet die Unterbrechung mit der letzten Prozeßhandlung der Parteien oder des Gerichts. Dem Stillstand des Rechtsstreits ist nach der früheren und nach der jetzigen Gesetzeslage u. a. das Ruhen des Verfahrens gleichzustellen. Tritt aber das Ruhen durch Untätigkeit oder Vereinbarung der Parteien nicht mehr von selbst ein, sondern nur noch auf Anordnung des Gerichts, so kann es — und damit die Beendigung der Unterbrechung der Verjährung — auch im Sinne des § 211 Abs. 2 BGB. nicht mehr durch Vereinbarung oder Untätigkeit der Parteien herbeigeführt werden. Insoweit ist dieser Vorschrift die Wirksamkeit genommen.

Nun ist allerdings nicht zu verkennen, daß es infolge des Verhaltens der Parteien, insbesondere des Nichtbetreibens eines Rechtsstreits, auch ohne Anordnung des Gerichts zu einem tatsächlichen Stillstand des Verfahrens kommen kann, der eine Wirkung im Sinne des § 211 Abs. 2 BGB. auszuüben vermag (vgl. die bei Stein-Jonas vor § 239 ZPO. I 3 Abs. 2 angeführten Beispiele). Dies wird aber bloß dann der Fall sein können, wenn das Betreiben des Verfahrens nur von den Parteien abhängig ist.

In RGZ. Bd. 97 S. 126 hat das Reichsgericht ausgesprochen: Das Beweisverfahren sei ein besonders gearteter Abschnitt des Prozesses, bei dem die Leitung ausschließlich in den Händen des Gerichts oder des mit seiner Erledigung betrauten Richters liege. In dieses Verfahren könnten die Parteien nicht in entscheidender Weise eingreifen, die Angabe von Zeugen-Anschriften stelle sich nicht als Wiederaufnahme des Prozeßbetriebs, sondern nur als Beihilfe zur Durchführung des vom Gericht in die Hand genommenen Offizialbetriebs dar. Weder die Unterlassung solcher Angaben noch die Nichtvornahme anderer ihnen während des Beweisverfahrens zu Gebote stehender Maßnahmen, wie die Stellung von Anträgen aus § 256 ZPO. oder auf Anberaumung eines Termins zur mündlichen Verhandlung, seien als Nichtbetreiben im Sinne des § 211 BGB. anzusehen. Im Hinblick auf die prozeßleitende Stellung des Gerichts könnten sie keinen entscheidenden Einfluß auf den Gang des Verfahrens haben. Ihre

Vornahme sei kein Parteibetrieb im Sinne des § 211 und ihre Unterlassung führe nicht zu einem die Unterbrechung der Verjährung beseitigenden Stillstand des Rechtsstreits.

Diese Grundsätze haben im allgemeinen auch für das Sühneverfahren zu gelten. Es ist zwar zuzugeben, daß es kein Offizialverfahren ist, wie das Beweisverfahren. Während bei diesem die prozeßleitende Mitwirkung der Parteien vollständig ausgeschaltet und ihnen die Beendigung ganz aus der Hand genommen ist, kommt beim Sühneverfahren ihrer Mitwirkung immerhin eine nicht unerhebliche Bedeutung zu. Sie können insbesondere durch eine ablehnende Erklärung auf die Beendigung dieses Verfahrens hinwirken und das Gericht zur Fortsetzung des ordentlichen Streitverfahrens bringen. Aber diese Maßnahmen haben auch hier keine entscheidende Wirkung; es bedarf immer noch einer ausdrücklichen Anordnung des Gerichts oder des beauftragten Richters, um das Sühneverfahren zu beendigen und den Übergang zum ordentlichen Verfahren herbeizuführen. Solange sie nicht ergeht, dauert eben das Sühneverfahren fort. Während seiner Dauer liegt also die eigentliche Leitung des Verfahrens in der Hand des Gerichts, wenn auch nicht in demselben Umfang wie beim Beweisverfahren, und die Mitwirkung der Parteien tritt gegenüber der gerichtlichen Leitung so weit zurück, daß etwaige von ihnen ausgehende Unterlassungen von Maßnahmen, die auf eine Förderung des Verfahrens oder des Rechtsstreits überhaupt hinzielen, nicht zum Stillstand im Sinne des § 211 BGB. führen können. Dem steht eben die Leitung durch das Gericht entgegen. Diese Auffassung liegt auch im Interesse der Rechtssicherheit. Hat das Gericht einmal die Leitung des Verfahrens den Parteien aus der Hand genommen und betreibt es das Verfahren selbst, haben anderseits die Parteien sich dem gefügt und im Vertrauen auf eine entsprechende Leitung diese dem Gericht überlassen, so darf das nicht zu ihrem Nachteil ausschlagen und zu einer Verwirkung ihrer Ansprüche führen. Hiernach ist insoweit kein Stillstand im gegenwärtigen Rechtsstreit eingetreten; die durch die Klagerhebung eingetretene Unterbrechung der Verjährung dauert daher fort.

31. Zum Rechtsbegriff des Gutsüberlassungsvertrags im Sinne des § 10 Abs. 1 Nr. 2 AufwG.

V. Zivilsenat. Beschl. v. 9. April 1930 in der Aufwertungssache B. (Antragsteller) u. Gen. w. N. u. Gen. (Antragsgegner). V B 33/29.

I. Aufwertungsstelle Erfurt.
II. Landgericht daselbst.

Der Sachverhalt und die Entscheidung ergeben sich aus den Gründen:

Der Möbelfabrikant A. N. in E., alleiniger Inhaber eines Möbelgeschäfts daselbst, war Eigentümer eines im Grundbuch von E. eingetragenen Grundstücks. Er überließ durch Verträge vom 18. März 1919 seinen Söhnen Paul und Hans Geschäft und Firma und verkaufte ihnen das Grundstück. Der Kaufvertrag über das Grundstück wurde am 18. März 1919 notariell beurkundet. Die Käufer übernahmen in Anrechnung auf den Kaufpreis von 600000 M. Hypotheken der Fr. Hypothekenbank im Gesamtbetrag von 330 000 M. Der Kaufpreisrest von 270 000 M. wurde ihnen gegen hypothekarische Sicherstellung gestundet. Von diesem Kaufpreisrest überwies A. N. den Betrag von 150 000 M. an seine beiden Töchter Klara verwitwete L. und Marie verehelichte F. zu gleichen Teilen. Dementsprechend wurden am 7. Mai 1919 Paul und Hans als Grundstückseigentümer je zur Hälfte eingetragen und am gleichen Tage wurde in Abt. III unter Nr. 21 im Grundbuch vermerkt:

„270 000 M. mit 5% jährlich seit dem 1. April 1919 verzinsliches Restkaufgeld, bestehend aus:

a) 150 000 M. abgetretenes Restkaufgeld für die Witwe Klara L. geb. N. und Frau Marie F. geb. N. zu gleichen Anteilen.

b) 120 000 M. für den Möbelfabrikanten A. N. in E.

Die Erteilung eines Briefes ist ausgeschlossen".

Alleinige Erbin der inzwischen verstorbenen Tochter Klara L. geb. N. ist ihre Tochter Marianne verehelichte B. (Antragstellerin zu 1) geworden. Antragstellerin zu 2 ist die Tochter Marie verehelichte F. Auch A. N. ist verstorben; seine alleinigen Erben sind die beiden Antragstellerinnen geworden. Sie begehren von ihren Brüdern Paul und Hans N. als ihren persönlichen Schuldnern gemäß § 10 Abs. 1 Nr. 2 AufwG. Aufwertung der der Hypothek zugrunde liegenden Forderungen von 150000 und 120000 M. auf mindestens 270000 GM.

Die Aufwertungsstelle hat beide Forderungen auf über 100% ihres Goldmarkbetrags aufgewertet, und zwar die Forderung von 150 000 M. auf 88 888,89 GM. und die Forderung von 120 000 M. auf 71 111,11 GM. Sie hat angenommen, daß der notarielle Vertrag vom 18. März 1919 eine vorweggenommene Erbauseinandersetzung im Sinne des § 10 Abs. 1 Nr. 2 AufwG. enthalte, die nach Abs. 3 eine Aufwertung über 100% zulasse.

Auf die sofortige Beschwerde der Antragstellerinnen hat das Landgericht den Beschluß der Aufwertungsstelle aufgehoben, soweit er die Forderung von 150 000 M. betrifft. Diese Forderung hat das Landgericht, statt auf 88 888,89 GM., auf 130 000 GM. aufgewertet. Im übrigen hat es die Beschwerde zurückgewiesen. Die außergerichtlichen Kosten des Beschwerdeverfahrens wurden gegeneinander aufgehoben, die Gerichtskosten den Antragsgegnern auferlegt. Das Landgericht ist davon ausgegangen, daß die 120 000 M. des A. R. eine reine Restkaufgeldforderung darstellten, die der Aufwertungsschranke nach § 10 Abs. 3 unterliege. Sie sei nicht höher als auf 48 000 M. aufzuwerten. An die Festsetzung des Aufwertungsbetrags dieser Forderung auf 71 111,11 GM. sei das Landgericht gebunden, weil von den Antragsgegnern keine Beschwerde eingelegt worden, eine Höheraufwertung aber ausgeschlossen sei. Dagegen beruhe die Forderung von 150 000 M. auf einer vorweggenommenen Erbauseinandersetzung. Sie sei daher unbeschränkt aufwertbar. Es handle sich nicht um einen Gutsüberlassungsvertrag, sondern um einen Auseinandersetzungs-Kaufvertrag.

Gegen diesen Beschluß haben die Antragstellerinnen und die Antragsgegner sofortige weitere Beschwerde eingelegt. Das Kammergericht möchte die weitere Beschwerde der Antragstellerinnen zurückweisen, der weiteren Beschwerde der Antragsgegner stattgeben. Es ist aber der Ansicht, daß es hieran durch den in RGZ. Bd. 118 S. 20 abgedruckten Beschluß des Senats vom 9. Juli 1927 gehindert sei. Es hat deshalb die Sache gemäß § 74 Abs. 1 AufwG. und § 28 Abs. 2, 3 FGG. dem Reichsgericht vorgelegt. Im Vorlegungsbeschluß führt das Kammergericht aus:

Der Senat erblicke im Gegensatz zum Landgericht in dem über das Grundstück abgeschlossenen Vertrag vom 18. März 1919 einen Gutsüberlassungsvertrag im Sinne des § 10 Abs. 1 Nr. 2 AufwG. Nach dem Beschluß des Reichsgerichts vom 9. Juli 1927 verstehe man unter einem Gutsüberlassungsvertrag einen Vertrag, wodurch Eltern ihr Vermögen, insbesondere ihren Grundbesitz, bei Lebzeiten mit Rücksicht auf die künftige Erbfolge an einen ihrer Abkömmlinge übergeben und dabei für sich einen ausreichenden Lebensunterhalt — Leibzucht, Leibgedinge, Altenteil, Auszug, Ausgedinge — und für die außer dem Übernehmer noch vorhandenen weiteren Abkömmlinge eine Abfindung ausbedingen. Der Senat trage zunächst kein Bedenken, wenn sich auch der Begriff des Gutsüberlassungsvertrags hauptsächlich bei bäuerlichen Gutsübernahmen ausgebildet habe, auch in der Überlassung eines städtischen Grundstücks einen Gutsüberlassungsvertrag im Sinne des § 10 Abs. 1 Nr. 2 AufwG. zu erblicken (vgl. auch RGZ. Bd. 81 S. 311). Die vom Reichsgericht erforderten Tatbestandsmerkmale eines solchen Vertrags seien im übrigen gegeben, abgesehen von einem. Der Vater der Parteien habe seinen Grundbesitz, und wenn man, wie es geboten sei, die gleichzeitige Übertragung des Geschäfts als mit der Überlassung des Grundstücks zusammengehörend betrachte, sein Vermögen auf die Antragsgegner, seine beiden Söhne, übertragen. Die Aufwertungsstelle habe ausdrücklich festgestellt, daß das Grundstück nebst Geschäft den Hauptvermögensgegenstand des Überlassers dargestellt habe, und das Landgericht habe sich diese Feststellung stillschweigend zu eigen gemacht. Daß der Vater Grundstück und Geschäft seinen Söhnen mit Rücksicht auf die künftige Erbfolge übertragen habe, sei vom Landgericht einwandfrei festgestellt. Das Reichsgericht verlange weiter, daß sich der Überlasser einen ausreichenden Lebensunterhalt — Leibzucht usw. — und für die weiteren Abkömmlinge eine Abfindung ausbedinge. Während die zweite Voraussetzung gegeben sei, fehle es an der ersten. Der Vater der Parteien habe zwar einen Teilbetrag der „Kaufgelder" von 120 000 M. für sich selbst ausbedungen. Darin liege aber nicht die Ausbedingung eines ausreichenden Lebensunterhalts im Sinne des Beschlusses des Reichsgerichts. Denn wie die beigefügten Beispiele Leibzucht, Altenteil usw. deutlich erkennen ließen, habe das Reichsgericht die unmittelbare Gewährung des Lebensunterhalts, nicht dagegen Geldleistungen im Auge, mit denen sich der Übertragende das zum Unterhalt Erforderliche anschaffen könne. Der Senat müßte deshalb, wenn er sich dem Reichsgericht anschließen wollte, das Vorliegen eines Gutsüberlassungsvertrags verneinen, er wolle jedoch von der Entscheidung des Reichsgerichts insofern abweichen, als er es zur Annahme eines solchen Vertrags für ausreichend erachte, daß das eine oder das andere jener beiden weiteren Tatbestandsmerkmale zutreffe, die nach dem Beschlusse des Reichsgerichts beide gegeben sein müßten. In zahlreichen Fällen begnüge sich der Überlasser, welcher einen Teil des Überlassungspreises seinen anderen Kindern zuwende, mit einem Teil dieses Preises, von dessen Zinsen er seinen Lebensunterhalt bestreiten wolle, und nehme von der Ausbedingung eines Altenteils oder eines ähnlichen Rechts Abstand. Ebenso oft lasse sich zwar der Übertragende neben der Ausbedingung eines Altenteils oder eines ähnlichen Rechts einen Teil des Überlassungspreises versprechen, überweise aber diesen oder einen Teil davon noch nicht den anderen Abkömmlingen. Dazu kämen dann noch die Fälle, wo weitere Abkömmlinge, denen eine Abfindung überwiesen werden könnte, überhaupt nicht vorhanden seien. Alle diese Fälle würden in der Praxis als Gutsüberlassungsvertrag bezeichnet und behandelt, und es sei in der Tat kein Grund ersichtlich, wegen dieser geringfügigen Unterschiede eine verschiedene rechtliche Behandlung eintreten zu lassen. Das Wesentliche und allen diesen Fällen Gemeinsame sei die Übertragung des Vermögens und des Grundbesitzes auf einen der Abkömmlinge mit Rücksicht auf die künftige Erbfolge, und wenn man dann, dem Reichsgericht folgend, noch ein weiteres fordere, so müsse es jedenfalls genügen, daß entweder der ausreichende Lebensunterhalt oder eine Geschwisterabfindung ausbedungen sei.

Die Annahme eines Gutsüberlassungsvertrags lasse sich aber — führt das Kammergericht weiter aus — auch dann rechtfertigen, wenn das Reichsgericht daran festhalten sollte, daß der Begriff des Gutsüberlassungsvertrags das Vorhandensein der beiden oben erörterten Tatbestandsmerkmale voraussetze. Nach dem Beschluß des Reichsgerichts vom 9. Juli 1927 genüge es nicht, daß sich der Überlasser Geldleistungen versprechen lasse, mit denen er sich das zum Lebensunterhalt Erforderliche anschaffen könne, es sei vielmehr zu verlangen, daß er sich die unmittelbare Gewährung des Lebensunterhalts in Gestalt eines Altenteils oder eines ähnlichen Rechts ausbedinge. Der Senat könne dem Reichsgericht hierin nicht beitreten. Er sei der Auffassung, daß die Sicherstellung des künftigen Lebensunterhalts des Überlassers bei dem Vertrag das Entscheidende sei und daß es nicht darauf ankomme, in welcher Weise der Lebensunterhalt gewährt werde. Wenn auch die unmittelbare Gewährung des Lebensunterhalts, insbesondere bei bäuerlichen Gutsüberlassungsverträgen, die Regel sei, so zeige doch die gerade in solche Verträge häufig aufgenommene Verpflichtung zur Zahlung einer Geldrente, daß die Gewährung einer Geldleistung zur Bestreitung des Unterhalts nach Auffassung der Praxis mit dem Begriffe des Gutsüberlassungsvertrags durchaus vereinbar sei. In erhöhtem Maße müsse das aber bei städtischen Gutsübertragungsverträgen gelten. Die städtischen Verhältnisse brächten es naturgemäß mit sich, daß das, was in bäuerlichen Verhältnissen die Regel sei, hier die Ausnahme sein werde, und umgekehrt. Das Kammergericht sei hiernach der Ansicht, der Überlasser könne sich, ohne daß der Vertrag dadurch die Eigenschaft eines Gutsüberlassungsvertrags verliere, den ausreichenden Lebensunterhalt in der Weise ausbedingen, daß er sich die Zahlung eines Teils des verzinslichen Überlassungspreises versprechen lasse. Der gleichen Auffassung scheine übrigens auch der VI. Zivilsenat des Reichsgerichts in dem Urteil vom 22. April 1929 VI 640/28 (AufwRspr. 1929 S. 667) zu sein. Nach dem Vertrag vom 18. März 1919 habe dem Erblasser der Parteien eine mit 5% verzinsliche Restkaufgeldforderung von 120 000 M. zugestanden. Damit sei der ausreichende Lebensunterhalt des Überlassers sichergestellt gewesen.

Soweit sich das Kammergericht mit dem Beschluß RGZ. Bd. 118 S. 20 auseinandersetzt, ist der Konfliktsfall nicht gegeben.

Die Annahme des Kammergerichts, es genüge nach diesem Beschlusse nicht, daß sich der Überlassende Geldleistungen versprechen lasse, mit denen er sich das zum Lebensunterhalt Erforderliche anschaffen könne, ist unzutreffend. In jenem Beschluß ist der Gutsüberlassungsvertrag als ein Vertrag gekennzeichnet, durch welchen Eltern ihr Vermögen, insbesondere ihren Grundbesitz, bei Lebzeiten mit Rücksicht auf die künftige Erbfolge an einen ihrer Abkömmlinge übergeben und dabei für sich einen ausreichenden Lebensunterhalt — Leibzucht, Leibgedinge, Altenteil, Auszug, Ausgedinge — und für die außer dem Übernehmer noch weiter vorhandenen Abkömmlinge eine Abfindung ausbedingen. Daß dieser dem Übergebenden ausbedungene ausreichende Lebensunterhalt nicht in einer Geldleistung bestehen dürfe, ist in dem Beschluß in keiner Weise hervorgehoben worden.

Die gegenteilige Annahme des Kammergerichts beruht auf einer Verkennung der als Beispiele hinzugefügten Rechtsbegriffe „Altenteil, Leibzucht" usw. Denn unter Altenteil — und das gleiche gilt von den anderen erwähnten gleichbedeutenden Rechtseinrichtungen — versteht man keineswegs lediglich Naturalleistungen, sondern den Inbegriff aller Vorteile, die dem Übergebenden zum lebenslänglichen Unterhalt überwiesen werden (Runde Die Rechtslehre von der Leibzucht oder dem Altenteil S. 3, 383, 400; Crusen-Müller PrAusfG. z. BGB. zu Art. 15 S. 203). Daß zu diesem Inbegriff der dem Überlassenden für den Unterhalt überwiesenen Vorteile nicht nur Naturalleistungen aller Art, sondern auch Geldleistungen gehören können, ist ganz allgemein anerkannt und auch vom Reichsgericht niemals in Zweifel gezogen worden. Solche Geldleistungen pflegen nicht nur neben den für den Überlassenden ausbedungenen Naturalleistungen gewährt zu werden, sondern es sind auch Altenteile gebräuchlich, bei denen sich der Übergebende allein oder doch in der Hauptsache die Gewährung von Naturalleistungen ausbedingt, und wo zugleich eine Schätzung dieser Naturalleistungen in Geld erfolgt und dem Altenteiler die Wahl zwischen dem Bezug der Naturalien und ihrem Geldbetrag überlassen bleibt. Es ist aber auch vielfach üblich, dem Überlassenden lediglich einen Geldbetrag als Altenteil zu überweisen. Die letztere Art der Gewährung eines Altenteils ist sogar in einzelnen Gegenden Deutschlands, z. B. im Cleveschen, in Braunschweig und in Baden jetzt die fast allein gebräuchliche (vgl. v. Miaskowski [Wygodzinski] im Handwörterbuch der Staatswissenschaften unter „Altenteil, Altenteilsverträge"). Daß eine solche Ausbedingung eines ausschließlich in Geld bestehenden Altenteils gerade auch bei städtischen Gutsüberlassungsverträgen die Regel bildet, hat das Kammergericht zutreffend hervorgehoben.

Im übrigen ist aber auch im Beschluß RGZ. Bd. 118 S. 20 ausgesprochen worden, daß kein Raum sei für eine unterschiedliche Behandlung, wonach zwar das vom Übergebenden für sich selbst ausbedungene Entgelt, jedoch nicht der für den zukünftigen Erben vereinbarte Anspruch der beschränkten Aufwertung nach § 10 Abs. 3 AufwG. unterliegen solle. Da der Aufwertung nach § 10 AufwG. nur Geldansprüche unterliegen, so ergibt sich auch hieraus mit voller Deutlichkeit die Auffassung des beschließenden Senats, daß auch der vom Übergebenden für sich selbst ausbedungene Lebensunterhalt in Geld bestehen kann. Das gleiche folgt aber auch aus dem Beschluß des Senats vom 20. Juni 1928 (RGZ. Bd. 121 S. 307), in dem ausdrücklich hervorgehoben ist, daß die im Beschluß vom 9. Juli 1927 ausgesprochenen Erwägungen auch dann ausschlaggebend sein müßten, wenn die aufzuwertende Forderung ganz oder teilweise die Gewährung des Lebensunterhalts für den Übergeber bezweckt. Endlich sei auch noch auf das Gesetz vom 18. August 1923 über die anderweitige Festsetzung von Geldbezügen aus Altenteilsverträgen hingewiesen, das gleichfalls die Zulässigkeit der Ausbedingung von Geldleistungen als Altenteilsleistungen voraussetzt.

Hiernach hat das Reichsgericht weder im Beschluß vom 9. Juli 1927 noch sonst jemals die Ansicht vertreten, daß eine Altenteilsleistung nicht in Geld bestehen könne. Vielmehr stimmen Kammergericht und Reichsgericht darin völlig überein, daß das für den Überlassenden ausbedungene Altenteil auch in Geld gewährt werden kann.

Auch darin irrt das Kammergericht, daß es dem Beschluß des Reichsgerichts vom 9. Juli 1927 weiter entnehmen zu können glaubt, ein Gutsüberlassungsvertrag könne nur bei Vorliegen der beiden Tatbestandsmerkmale — Ausbedingung eines ausreichenden Lebensunterhalts für den Übergebenden und Ausbedingung einer Abfindung für die weiteren Abkömmlinge — gegeben sein. Auch das ist weder in jenem Beschluß noch sonst jemals vom Reichsgericht ausgesprochen worden.

Die Unrichtigkeit der Auffassung des Kammergerichts ergibt sich schon aus der Erwägung, daß nach der von ihm dem Reichsgericht unterstellten Ansicht ein Gutsüberlassungsvertrag dann niemals vorliegen könnte, wenn außer dem Übernehmer keine anderen Abkömmlinge des Übergebenden vorhanden sind, weil es dann am zweiten Erfordernis — Abfindung der weiteren Abkömmlinge — fehlen würde. Daß das Reichsgericht eine solche Ansicht niemals vertreten hat, bedarf keiner weiteren Begründung.

Im übrigen handelt es sich aber in dem RGZ. Bd. 118 S. 20 erörterten Falle um einen Gutsüberlassungsvertrag, in dem für den Übergebenden ein Altenteilsrecht und für einen anderen Abkömmling eine Hypothek „als Abfindung" bestellt worden war. Bei dieser Gestaltung hatte der damals beschließende Senat keinen Anlaß, sich mit anders gearteten Fällen eines Gutsüberlassungsvertrags zu befassen. Es ist aber in jenem Beschluß auch noch ausdrücklich hervorgehoben worden, daß gerade diese Auseinandersetzung zwischen dem Übergebenden und dem Übernehmer und zugunsten der übrigen Abkömmlinge den „typischen Inhalt" solcher Verträge bilde. Damit wurde zum Ausdruck gebracht, daß damals nur ein solcher typischer Fall zur Entscheidung stand und daß es im übrigen auch Gutsüberlassungsverträge gibt, die keinen solchen „typischen Inhalt" aufweisen. In der Tat ist auch stets allgemein anerkannt worden, daß die Ausbedingung eines Altenteils in einem Gutsüberlassungsvertrag zwar die Regel bilde, aber keineswegs einen wesentlichen Bestandteil eines derartigen Vertrags darstelle (Roth System Teil III S. 485; Beseler System § 188 S. 774/775; Gerber System 17. Aufl. S. 531; Puchta Über die rechtliche Natur der bäuerlichen Gutsabtretung S. 19/20; Pfeifer Praktische Abhandlungen Bd. 4 S. 132; Mittermaier Grundsätze des gemeinen deutschen Privatrechts S. 53, 54, 58).

Auch in diesem Punkte hat hiernach das Kammergericht den Beschluß vom 9. Juli 1927 mißverstanden. Es ist daher in der Lage, die Frage, ob ein Gutsüberlassungsvertrag vorliegt, zu entscheiden, ohne dabei von einer Ansicht des Reichsgerichts abweichen zu müssen. Im Gegenteil: die Rechtsansicht des Kammergerichts über die Voraussetzungen eines Gutsüberlassungsvertrags stimmt mit der des beschließenden Senats des Reichsgerichts durchaus überein.

Der Konfliktsfall ist somit zu verneinen. Demnach ist das Reichsgericht nicht in der Lage, auf die sofortige weitere Beschwerde zu entscheiden. Diese Entscheidung gebührt vielmehr allein dem Kammergericht.

---

32. **1. Zur Auslegung einer Gebrauchsmuster-Anmeldung.**

2. Welche Anforderungen sind an die Offenbarung des Erfindungsgedankens bei einem Gebrauchsmuster zu stellen?

3. Zum Begriff der neuen Gestaltung in § 1 GebrMG., insbesondere in dem Falle, daß sie das Ergebnis eines neuen Verfahrens ist.

4. Genügt eine geringe Verschiedenheit gegenüber Vorbekanntem? Muß sie nach außen hin in die Erscheinung treten? Muß sie durch die menschlichen Sinne ohne weitere Hilfsmittel wahrnehmbar sein?

Gesetz betr. den Schutz von Gebrauchsmustern vom 1. Juni 1891 (Bek. v. 7. Dezember 1923, RGBl. II S. 444) § 1.

I. Zivilsenat. Urt. v. 9. April 1930 i. S. P. (Bekl.) w. M. (Kl.). I 283/29.

I. Landgericht I Berlin.
II. Kammergericht daselbst.

Die Klägerin ist Inhaberin des am 8. April 1925 angemeldeten Gebrauchsmusters 908 935 betreffend verstärkte Rotgußlagerschalen. Der Schutzanspruch lautet: „Lagerschale (b) aus Rotguß und dergl., dadurch gekennzeichnet, daß sie zur Erhöhung der Festigkeit außen mit einem eisernen Mantel (a) umgeben ist, mit dem sie durch Verschweißung verbunden ist". Die Beklagte hat, zunächst im Auftrag der Klägerin, dann aber auch ohne solchen für andere Besteller, stahlarmierte Rotgußschalen hergestellt, indem sie die Rotgußeinlagen mit dem Stahlmantel der Lagerschale durch Verschweißung vereinigt hat in der Art, daß sie die fertige Rotgußeinlage mit der Öffnung nach oben in die Gußform gehängt und den flüssigen Stahl von unten ansteigend an die Rotgußeinlage hat herantreten lassen. Die Klägerin erblickt darin eine mindestens grob fahrlässige Verletzung ihrer Rechte aus dem Gebrauchsmuster und hat auf Unterlassung, Rechnungslegung und Feststellung der Schadensersatzpflicht Klage erhoben. Die Beklagte hat eingewendet, daß das Gebrauchsmuster der Klägerin der Rechtsgültigkeit entbehre; sie hat um Abweisung der Klage gebeten und Widerklage erhoben mit dem Antrag auf Verurteilung der Klägerin zur Einwilligung in die Löschung ihres Gebrauchsmusters. Das Landgericht hat die Klage abgewiesen und auf die Widerklage die Klägerin zur Einwilligung in die Löschung des Gebrauchsmusters verurteilt. Das Kammergericht hat die Beklagte zur Unterlassung und Rechnungslegung verurteilt, ihre Schadensersatzpflicht festgestellt und die Widerklage abgewiesen. Die Revision der Beklagten hatte keinen Erfolg.

Gründe:

1. Das Kammergericht hat den Gegenstand des Gebrauchsmusters der Klägerin entsprechend den in der Rechtsprechung des Reichsgerichts entwickelten Grundsätzen beim Fehlen eines Modells auf Grund der bei der Anmeldung eingereichten Zeichnung unter Heranziehung der Beschreibung und des Schutzanspruchs zu ermitteln gesucht. Es ist dabei zu dem Ergebnis gelangt, als Gegenstand des Gebrauchsmusters eine Lagerschale aus Rotguß oder dergleichen zu betrachten, die durch eine scharf

begrenzte, durch Diffusion entstandene Verschweißungsschicht im Sinne des Monnot-Patents 208 769 unter Vermeidung einer Verschmelzung mit einem außen herumgelegten eisernen Mantel verbunden ist.

Die Revision beanstandet dies ohne zureichenden Grund. Daß der in den Urteilsgründen in aller Ausführlichkeit und zum Teil fast wortgetreu wiedergegebene Inhalt der Beschreibung nur teilweise berücksichtigt worden sei, muß als ausgeschlossen gelten. Ebensowenig liegt etwas dafür vor, daß Anführungen der Beklagten, bei denen es sich im wesentlichen um technische Fragen, insbesondere um die Begriffe der Verschmelzung und der Verschweißung handelt, ungewürdigt geblieben sein sollten ... (Wird dargelegt.) Ob das Kammergericht dem hierüber gehörten Sachverständigen folgen wollte, stand in seinem freien Ermessen. Daß es dies getan hat, enthält keine Gesetzesverletzung.

Der gerichtliche Sachverständige und mit ihm das Kammergericht unterscheiden zwei Arten der Gußverschweißung. Bei der einen befindet sich zwischen den zusammengeschweißten Schichten zweier Metalle nur so wenig Metall aus beiden Schichten, nur eine so dünne, durch Diffusion entstandene Verschweißungsschicht (Haut), daß räumlich nur zwei unmittelbar aneinander stoßende Schichtkörper zu unterscheiden sind, wenn auch im Querschnitt eine sich strichförmig andeutende feine Zwischenschicht sichtbar wird. Bei der zweiten Art stoßen die verschweißten Metalle räumlich nicht aneinander, sondern zwischen ihnen und stofflich mit ihnen verbunden befindet sich eine Zwischenschicht von einer gewissen Stärke, eine Verschmelzungsschicht. Nach dem Gebrauchsmuster der Klägerin soll, wie das Kammergericht annimmt, die Rotgußlagerschale mit dem eisernen Mantel in der ersten Art verschweißt sein. Die Bedenken, welche die Beklagte gegen diese Unterscheidung vorgebracht hat, sind, wie in den Urteilsgründen ausdrücklich bemerkt wird, gewürdigt worden, das Kammergericht hat sie aber auf Grund der schriftlichen Gutachten des Sachverständigen und seiner Erläuterungen in der mündlichen Verhandlung nicht für begründet erachtet. Das muß für das Revisionsgericht maßgebend sein. Daß die physikalischen Vorgänge beim metallurgischen Schweißen und beim Löten gleichartig seien, sagt auch der Sachverständige. Daraus folgt aber nicht, daß es sich bei dem Gebrauchsmuster der Klägerin um keine Schweißung handelt. Von einem dritten zur Verbindung des Rotgusses mit dem Eisen dienenden Metall, wie es nach der Revisionsbegründung beim Löten benutzt wird, ist dort nicht die Rede. Sind hiernach die Begriffe der Verschweißung und Verschmelzung und die beiden Arten der Gußverschweißung einwandfrei festgestellt, so ist auch die Auslegung der Gebrauchsmusteranmeldung nicht zu beanstanden. Dann konnte, wenn auch in dem Schutzanspruch nur von Verschweißung die Rede ist, der Beschreibung unbedenklich entnommen werden, daß Gußverschweißung ohne Verschmelzung — also mit einer sog. Diffusionsschicht — gemeint ist, obgleich sich der Ausdruck „Diffusionsschicht" dort nicht findet.

2. Daraus ergibt sich auch schon, daß es nicht an einer genügenden Offenbarung des Erfindungsgedankens fehlt und daß die Ausführungen der Revision, durch die das Gegenteil dargetan werden soll, unbegründet sind. Insbesondere ist es nicht erforderlich, daß der Gegenstand des Gebrauchsmusters aus der Zeichnung allein mit aller Deutlichkeit zu entnehmen ist, wenn er nur aus ihr in Verbindung mit der Beschreibung hervorgeht. Das aber ist nach der auf Grund des Gutachtens des Sachverständigen einwandfrei getroffenen Feststellung des Kammergerichts der Fall. Denn danach zeigt die Zeichnung dem Fachmann unzweideutig die Verbindung der beiden Schichten einer einstückigen Lagerschale, von denen die innere zur Aufnahme des Lagermetalls bestimmt ist, durch Gußverschweißung; und aus der Beschreibung, insbesondere aus ihrem Hinweis auf das Monnot-Patent, ersieht er, welche der beiden Arten von Gußverschweißung gemeint ist. Deshalb ist es auch verfehlt, wenn die Revision geltend macht, daß die Zeichnungen der Patentschrift 295 618 ebenso aussähen wie die des Gebrauchsmusters Denn nach dem Gutachten des Sachverständigen zeigt das Patent 295 618 ebenso wie das Gebrauchsmuster eine Gußverschweißung, stimmt also insoweit mit dem Gebrauchsmuster überein, und die verschiedene Art der Gußverschweißung (beim Patent 295 618 mit Verschmelzungszwischenschicht, beim Gebrauchsmuster ohne solche) ergibt sich nicht aus den Zeichnungen, sondern aus den Beschreibungen. Zu weit gehende Anforderungen stellt die Revision, wenn sie in der Beschreibung des Gebrauchsmusters eine Angabe darüber vermißt, wie die Verbindung der Rotgußschale mit dem eisernen Mantel räumlich in Erscheinung treten und erkennbar sein soll, z. B. durch Röntgenometrie oder Röntgenographie; denn diese Kenntnis wohnt jedem Fachmann ohne weiteres inne, wie aus dem Gutachten des Sachverständigen entnommen werden muß. Der

Fachmann weiß offenbar auch, wie er verfahren muß, um eine dem Gebrauchsmuster entsprechende Verschweißung zu erzielen.

3. Die Revision vertritt ferner die Meinung, daß das Gebrauchsmuster der Klägerin nicht schutzfähig sei; denn es fehle an einer Raumform im Sinne des Gesetzes, weil das Ergebnis des darin behandelten Verfahrens im Raum nicht in die Erscheinung trete und nicht unmittelbar durch die menschlichen Sinne, sondern erst nach Zerstörung der Vorrichtung und nur unter Zuhilfenahme anderer Naturkräfte wahrgenommen werden könne. Die Schutzfähigkeit ist indessen vom Kammergericht mit Recht bejaht worden.

Ein Gebrauchsgegenstand ist des Gebrauchsmusterschutzes fähig, wenn er die im Raum verkörperte Darstellung eines dem Gebrauchszweck dienenden Erfindungsgedankens ist (RGZ. Bd. 115 S. 280 [285]). Lagerschalen aus Eisen mit Rotgußeinlage waren bekannt, wie sich aus der Gebrauchsmusteranmeldung der Klägerin selbst ergibt. Neu ist die Art der Verbindung der beiden Teile durch Gußverschweißung ohne Verschmelzung. Die Frage ist, ob dieses Neue in einer den Anforderungen des Gesetzes entsprechenden Weise räumlich in die Erscheinung tritt. Das kann nicht schon deshalb geleugnet werden, weil es sich dabei um eine gegenüber den vorbekannten Lagerschalen nur sehr geringe Verschiedenheit handelt. Denn, wie der Senat bereits in RGZ. Bd. 71 S. 195 (198) anerkannt hat, braucht die Verschiedenheit jedenfalls dann nicht eine in die Augen springende zu sein, wenn sie von einem neuen Verfahren herrührt und eine Steigerung des Gebrauchswertes des Gegenstands zur Folge hat, weil in einem solchen Falle die Besonderheiten des Verfahrens auch im Ergebnis zum Ausdruck gelangen. So liegt die Sache hier. Gußverschweißung ohne Verschmelzung war zwar an sich bekannt, neu ist sie aber in ihrer Anwendung bei Lagerschalen, und hier hat sie zur Folge, daß die Lagerschalen dadurch für ihren Zweck brauchbarer werden.

Die Schutzfähigkeit des Gebrauchsmusters der Klägerin ist auch nicht deshalb zu verneinen, weil die Art der Verbindung der beiden Lagerschalenteile erst nach Zerstörung der Lagerschale erkannt werden kann. Denn das Gesetz verlangt nur eine neue Gestaltung, Anordnung oder Vorrichtung, ohne das Erfordernis aufzustellen, daß sie nach außen sichtbar sein müsse. Ob in einem Fall wie dem vorliegenden der Vorschrift in § 2 Abs. 3 GebrMG. nach ihrem Zweck nur durch ein Modell oder eine Abbildung genügt wird, welche die neue Gestaltung der Vorrichtung in ihrem Inneren ersichtlich macht, braucht nicht entschieden zu werden, da hier dieser Anforderung genügt wäre. Demgemäß hat der Senat in seinem Urteil vom 24. Januar 1914 I 212/13 die Musterschutzfähigkeit eines Wagenrades nicht deshalb verneint, weil das dort offenbarte Neue zum Teil die inneren, bei nur äußerer Besichtigung nicht erkennbaren, verborgenen Teile betraf.

Wenn auch nach dem Gesagten der neue Erfindungsgedanke bei einem Gebrauchsmuster in einer Raumform verkörpert sein muß, so ist es doch nicht erforderlich, daß sie gerade durch die Augen wahrzunehmen ist; es genügt vielmehr auch die durch einen anderen Sinn vermittelte Wahrnehmbarkeit. Dies ist in RGZ. Bd. 84 S. 65 allerdings nur für den dort behandelten Fall ausgesprochen worden, daß eine neue Anordnung im Sinne des § 1 GebrMG. durch Anwendung eines neuen Stoffes gegeben ist, hat aber allgemeine Gültigkeit, da das Gesetz eine Unterscheidung nicht rechtfertigt. Grundsätzlich kann es für die Frage der Gebrauchsmusterschutzfähigkeit auch nicht darauf ankommen, ob die menschlichen Sinne für sich allein zur Wahrnehmung hinreichen, oder ob dies nur unter Zuhilfenahme von Erfahrungstatsachen und Schlußfolgerungen möglich ist, oder ob die Sinne dazu andere ihre Leistungsfähigkeit erhöhende Hilfsmittel brauchen, oder ob man sich wissenschaftlich ausgearbeiteter Verfahrens- und Erkenntnisweisen bedienen muß. Es genügt daher den gesetzlichen Erfordernissen, daß die schmelzungsfreie Verschweißung zwischen den beiden Teilen des Gebrauchsmusters der Klägerin mit Hilfe der Röntgenometrie oder der Röntgenographie zu erkennen ist.

4. Die Revision rügt ferner, daß über den Einwand der fehlenden Neuheit des Gebrauchsmusters unrichtig entschieden sei. Soweit sie hierbei auf das DRP. 295 618 zurückkommt, geht sie von der Annahme aus, daß das Kammergericht den Erfindungsgedanken des Gebrauchsmusters unzutreffenderweise auf die Verschweißung ohne Verschmelzung beschränkt habe. Da dies nach dem Gesagten unrichtig ist, erledigen sich damit ihre Ausführungen ohne weiteres; denn nach der auf dem Gutachten des Sachverständigen fußenden rechtsirrtumsfrei getroffenen Feststellung des Kammergerichts offenbart das Patent 295 618 nur eine Verschweißung mit Verschmelzungs-Zwischenschicht.

Den entgegengehaltenen Aufsatz des Oberregierungsrats S. beurteilt das Kammergericht wie der von ihm zugezogene Sachverständige.... Der Nachdruck ist auf das Endergebnis der Erörterungen des

Kammergerichts in diesem Punkt zu legen; es ist dahin zusammengefaßt, daß der Fachmann durch jene Literaturstelle nicht dazu angeregt worden sei, die metallurgische Gußverschweißung ohne Verschmelzungs-Zwischenschicht im Sinne des Gebrauchsmusters der Klägerin zu versuchen. Diese Beurteilung ist frei von Rechtsirrtum und trägt die Entscheidung.

---

33. 1. Wie lange ist die Verjährung des Wandlungsanspruchs gehemmt, wenn der Verkäufer einer Maschine für gewisse Zeit eine Garantie mit der Verpflichtung zur Nachbesserung übernommen hat und wiederholte Instandsetzungen erforderlich werden?

2. Kann der Käufer, der zwar rechtzeitig einen Mangel der Ware gerügt, aber nicht rechtzeitig Wandlungsklage erhoben hat, den vorausgezahlten Kaufpreis unter dem Gesichtspunkt der ungerechtfertigten Bereicherung zurückfordern?

BGB. §§ 205, 477, 478, 639 Abs. 2, § 813.

II. Zivilsenat. Urt. v. 22. November 1929 i. S. H. W. AG. (Kl.) w. K. (Bekl.). II 148/29.

I. Landgericht Hannover.
II. Oberlandesgericht Celle.

Laut Auftragsbestätigung vom 29. Januar 1925 verkaufte die Klägerin an die Beklagte ein Hava-Kraftfeldzeug (einen Traktor) zum Preise von 8270 GM. und ein Schutzdach zum Preise von 210 GM. Nach den dem Abschluß zugrunde liegenden Verkaufs- und Lieferungsbedingungen übernahm die Klägerin eine Garantie von 6 Monaten, gerechnet vom Versandtag an. Sie verpflichtete sich danach, die Teile, die innerhalb dieser Zeit nachweislich durch schlechtes Material oder fehlerhaften Bau unbrauchbar werden sollten, auszubessern oder nach ihrer Wahl zu ersetzen, ohne zu einer Entschädigung irgendwelcher Art verpflichtet zu sein. Mit der Klage verlangte die Klägerin Zahlung des restlichen Kaufpreises von 6164,80 RM. nebst Zinsen. Die Beklagte erhob Widerklage mit dem Antrag, die Klägerin zur Rückzahlung der geleisteten Teilzahlung von 2400 RM. nebst Zinsen zu verurteilen. Sie machte geltend, die gelieferte Maschine habe nicht die zugesicherten Eigenschaften und sei zu dem vorgesehenen Verwendungszweck untauglich; deshalb habe sie — Beklagte — die Wandlung erklärt. Das Landgericht wies die Klage und die Widerklage ab. Beide Teile legten Berufung ein. Das Oberlandesgericht wies das Rechtsmittel der Klägerin zurück und verurteilte sie auf die Widerklage zur Zahlung von 2400 RM. nebst Zinsen Zug um Zug gegen Herausgabe des Kraftfeldzeugs. Ihre Revision wurde zurückgewiesen.

Gründe:

Der Berufungsrichter hält den von der Beklagten geltend gemachten Wandlungsanspruch für begründet, weil durch die Beweisaufnahme feststehe, daß der Traktor schon zur Zeit seiner Versendung mit Fehlern behaftet gewesen sei, die seinen Wert und seine Tauglichkeit zu dem gewöhnlichen und auch nach dem Vertrag vorausgesetzten Gebrauch minderten, ohne daß die Minderung als unerheblich bezeichnet werden könne. Er geht davon aus, daß zur Zeit der Erhebung der Widerklage (19. Dezember 1925) die sechsmonatige Verjährungsfrist des § 477 BGB. bereits abgelaufen gewesen sei, denn der Traktor sei am 23. oder 24. April 1925 abgeliefert worden. Dies möge auch dann zutreffen, wenn man mit der Entscheidung RGZ. Bd. 96 S. 267 annehme, daß die Verjährung, solange Ausbesserungsarbeiten im Gange waren, jedesmal gehemmt gewesen sei. Es greife jedoch gegenüber der Verjährungseinrede der Einwand der Arglist durch. Dieser sei dann begründet, wenn der Schuldner, sei es auch unabsichtlich, den Gläubiger durch sein Verhalten von der rechtzeitigen Geltendmachung der Wandlung abgehalten habe (RGZ. Bd. 115 S. 135). Die Beklagte habe die Wandlung mit Schreiben vom 29. Oktober 1925 begehrt. Damals sei bei Hinzurechnung der Zeiten, in denen die Verjährung deshalb gehemmt war, weil die Klägerin an dem Traktor Ausbesserungsarbeiten vornahm, die Verjährung auf keinen Fall vollendet gewesen. Bis dahin habe die Klägerin durch ihre Ausbesserungen die Beklagte ständig abgehalten, zu wandeln. Am 5. November habe die Klägerin die Zurücknahme des Traktors abgelehnt. Bis zum 11. November 1925 sei dann noch weiter verhandelt worden. Jetzt habe der Standpunkt der Klägerin der Beklagten allerdings klar sein müssen. Von nun an sei sie nicht mehr durch das Verhalten der Klägerin von der Geltendmachung der Wandlung abgehalten worden. Um jene Zeit sei der Beklagten aber auch die Klage zugestellt worden. Die Beklagte habe der Klägerin bei den ständig sich zeigenden Fehlern großes Entgegenkommen gezeigt. Unter diesen Umständen liege ein Verstoß gegen Treu und Glauben darin, daß die Klägerin einwende, die Wandlung hätte schon Anfang November 1925 geltend gemacht werden müssen. Eine gewisse Überlegungsfrist habe sie der Beklagten zugestehen müssen.

Die Revision wendet ein: Der Wandlungsanspruch solle — nach Ansicht der Beklagten — von vornherein bestanden haben. Dann habe sich die Beklagte innerhalb der für seine Geltendmachung bestimmten Frist darüber schlüssig werden müssen, welche Rechtsbehelfe sie ergreifen wollte. Von dieser Notwendigkeit habe sie weder der Umstand entbunden, daß die Klägerin einen abweichenden Rechtsstandpunkt eingenommen habe, noch deren Nachbesserungsangebote.

Die Entscheidung hängt davon ab, ob der Wandlungsanspruch der Beklagten zur Zeit der Erhebung der Widerklage verjährt war.

Nicht beizutreten ist der Auffassung der Beklagten, die Verjährungsfrist habe erst nach Ablauf der Garantiefrist von 6 Monaten begonnen, sei also aus diesem Grunde bei Erhebung der Widerklage noch nicht abgelaufen gewesen. Nach der Rechtsprechung des Senats (RGZ. Bd. 65 S. 121, Bd. 91 S. 306), von der abzugehen kein Anlaß vorliegt, wird durch Vereinbarung einer Garantiefrist am Beginn und Ablauf der Verjährungsfrist des § 477 BGB. nicht ohne weiteres etwas geändert. Beide Fristen können nebeneinander herlaufen. Nur dann, wenn die vereinbarte Garantiefrist länger ist als die kurze Verjährungsfrist, muß als vereinbart gelten, daß die Verjährungsfrist verlängert ist, weil andernfalls der Käufer nicht in der Lage wäre, die später als 6 Monate nach der Ablieferung der Ware sich zeigenden, unter die Garantie fallenden Mängel geltend zu machen.

Da die Maschine spätestens am 24. April 1925 abgeliefert wurde, wäre der Wandlungsanspruch mit Ablauf des 24. Oktober 1925 verjährt, wenn nicht der Ablauf der Verjährung durch Hemmung hinausgeschoben worden wäre. Nach der auch vom Berufungsrichter angezogenen Entscheidung RGZ. Bd. 96 S. 267 ist die für den Werkvertrag gegebene Vorschrift des § 639 Abs. 2 BGB. auf den Kaufvertrag entsprechend anzuwenden. Danach ist, wenn sich der Verkäufer im Einverständnis mit dem Käufer der Beseitigung des Mangels unterzieht, die Verjährung so lange gehemmt, bis der

Verkäufer dem Käufer gegenüber den Mangel für beseitigt erklärt oder die Fortsetzung der Beseitigung verweigert. Der Berufungsrichter rechnet danach mit der Möglichkeit, daß „jedesmal, solange Ausbesserungen im Gange waren", die Verjährung gehemmt gewesen sei; er rechnet aber auch damit, daß trotz dieser Hemmung die Verjährungsfrist abgelaufen war. Er nimmt dazu keine bestimmte Stellung, weil er auf Grund der Entscheidung RGZ. Bd. 115 S. 135 glaubt, die Beklagte könne der Einrede der Verjährung mit dem Gegeneinwand der Arglist begegnen. Es ist aber zweifelhaft, ob im vorliegenden Falle durch die Berufung hierauf das Zuwarten der Beklagten mit der Erhebung der Widerklage gerechtfertigt werden kann. Die zuletzt erwähnte Entscheidung führt (S. 139) aus: Eine Hemmung der Verjährung mit der im § 205 BGB. bestimmten Wirkung, daß die Hemmungsdauer nicht in die Verjährungsfrist eingerechnet wird, finde nur in den im Gesetz bestimmten Fällen statt, und zu diesen gehöre nicht die Einrede der Arglist oder ein sie begründendes Verhalten des Schuldners. Auch der Beginn einer neuen Frist, wie nach einer Unterbrechung der Verjährung, komme nicht in Frage. Vielmehr müsse die Frist, innerhalb deren nach Aufhören der den Arglisteinwand rechtfertigenden Verhältnisse der Anspruch durch Klage oder in anderer zur Unterbrechung der Verjährung geeigneter Weise geltend zu machen sei, nach dem Grundsatz von Treu und Glauben, auf dem der Einwand der Arglist beruhe, unter Berücksichtigung der Anforderungen des anständigen Geschäftsverkehrs und der Umstände des einzelnen Falles bestimmt werden. Nun hatte die Klägerin auf die letzten Bemängelungen der Beklagten dieser schon am 23. September 1925 geschrieben, daß sie sich die Beschädigungen und Schwierigkeiten nur mit einer nicht ganz sachgemäßen Behandlung des Kraftfeldzeugs erklären könne, und im Schreiben vom 1. Oktober 1925 hatte sie ihr mitgeteilt, eine Zurücknahme des Traktors komme auf keinen Fall in Frage. Nach Empfang des letzteren Schreibens konnte die Beklagte nicht mehr damit rechnen, daß die Klägerin ihren Belangen ohne Klagerhebung Rechnung tragen werde. Wenn sie dann noch bis zum 19. Dezember mit der Erhebung der Widerklage wartete, so hat sie die angemessene Frist überschritten. Es kommt daher darauf an, ob nicht durch Vornahme der Nachbesserungsarbeiten in entsprechender Anwendung des § 639 Abs. 2

BGB. eine Hemmung der Verjährung mit der Wirkung des § 205 das. eingetreten ist. Diese Frage ist zu bejahen. Dabei ist nicht erheblich, an wievielen Tagen Instandsetzungen vorgenommen wurden. Entscheidend ist vielmehr, innerhalb welcher Zeit die Frage in Schwebe war, ob der Mangel durch Instandsetzungsarbeiten beseitigt werden könne. Nach dem Verhalten der Parteien, wie es im Schriftwechsel zum Ausdruck kommt, sollte nicht bloß ein einzelner äußerlich zutage getretener Mangel beseitigt werden, sondern die Tätigkeit der Klägerin sollte so lange fortgesetzt werden, bis sie zum Ziele führte oder bis ihre Ergebnislosigkeit feststand. Die gesamte Zeit, innerhalb deren Instandsetzungen vorgenommen wurden, ist also als eine einheitliche Zeitdauer zu betrachten; denn die Notwendigkeit der Instandsetzungen beruhte auf Mängeln im Bau der Maschine und des verwendeten Stoffes. Dieser Zustand dauerte nach dem vorhandenen Schriftwechsel vom 30. April bis in den September hinein. War hiernach die Verjährung um mindestens 4 Monate gehemmt, so fiel die am 19. Dezember 1925 erfolgte Erhebung der Widerklage noch in die Verjährungsfrist.

Die Revision war demnach zurückzuweisen, ohne daß es noch darauf ankäme, ob die Beklagte den gezahlten Teil des Kaufpreises unter dem Gesichtspunkt der ungerechtfertigten Bereicherung nach § 813 BGB. zurückfordern könnte. Diese Frage wäre übrigens zu verneinen. § 477 das. unterwirft die Gewährleistungsansprüche des Käufers wegen Mangelhaftigkeit der übergebenen Sache der kurzen Verjährung, um im Interesse der Rechtssicherheit möglichst bald klare Verhältnisse unter den Vertragschließenden zu schaffen. Aus dem Zweck der Verjährung folgt, daß Ansprüche, die sich gegen den Bestand des Geschäfts richten, als erloschen gelten sollen, wenn sie nicht innerhalb der Verjährungsfrist verfolgt werden. Das Kauf- und Erfüllungsgeschäft soll also nach unbenutztem Ablauf der Verjährungsfrist so angesehen werden, als ob ihm ein Mangel nicht anhaftete. Demgegenüber stellt die Vorschrift des § 478 BGB. eine Ausnahme dar. Nach ihrer Fassung sollte dem Käufer, der seinerseits noch nicht erfüllt hatte, lediglich eine Einrede gegen den Kaufpreisanspruch des Verkäufers gewährt werden, wenn er noch innerhalb der Verjährungsfrist dem Verkäufer den Mangel angezeigt oder wenigstens die Anzeige an ihn abgesandt hatte. Irgendein anderer Anspruch steht dem Käufer nicht mehr zu. Er könnte danach auch den gezahlten Kaufpreis nicht unter dem Gesichtspunkt der ungerechtfertigten Bereicherung zurückfordern. Ein solcher Anspruch würde dem Grundgedanken der Vorschrift des § 477 BGB. widersprechen, die für das Kaufrecht eine besondere Regelung enthält (RGZ. Bd. 74 S. 292).

---

34. Liegt schon dann eine Verletzung der Vorschriften über die Öffentlichkeit des Verfahrens vor, wenn der Grund der Ausschließung der Öffentlichkeit bei Verkündung des die Ausschließung anordnenden Beschlusses nicht angegeben worden ist?

GVG. §§ 170, 174. ZPO. § 551 Nr. 6.

VIII. Zivilsenat. Urt. v. 7. April 1930 i. S. Ehefr. K. (Kl.) w. Ehem. K. (Bekl.). VIII 45/30.

I. Landgericht II Berlin.
II. Kammergericht daselbst.

Die Klägerin hatte gegen ihren Mann Klage auf Scheidung der Ehe erhoben; der Beklagte verlangte widerklagend gleichfalls Scheidung. Nachdem der erste Richter der Klage stattgegeben und die Widerklage abgewiesen hatte, legte der Beklagte Berufung ein. Die Klägerin schloß sich der Berufung an und erhob hilfsweise, d. h. für den Fall, daß ihre Scheidungsklage abgewiesen werden sollte, Ehe-Anfechtungsklage aus § 1333 BGB. Das Kammergericht schied die Ehe auf Klage und Widerklage. Im Sitzungsprotokoll des Kammergerichts vom 13. Dezember 1929 heißt es zur Frage des Ausschlusses der Öffentlichkeit lediglich: „Beschlossen und verkündet: die Öffentlichkeit wird für die Dauer der Verhandlung ausgeschlossen". Davon, daß eine Partei den Ausschluß der Öffentlichkeit beantragt hätte, sagt das Protokoll nichts. Die Revision der Klägerin rügte, von anderen Angriffen abgesehen, Verletzung der Vorschriften über die Öffentlichkeit des Verfahrens. Diese Rüge führte zur Aufhebung und Zurückverweisung.

Aus den Gründen:

In § 174 GVG. ist in einer dem Ermessen keinen Raum lassenden Form vorgeschrieben, daß bei Verkündung des Beschlusses, der die Öffentlichkeit ausschließt, anzugeben ist, ob die Ausschließung wegen Gefährdung der öffentlichen Ordnung, insbesondere wegen Gefährdung der Staatssicherheit, oder wegen Gefährdung der Sittlichkeit erfolgt. Diese durch Gesetz vom 5. April 1888 (RGBl. S. 133) geschaffene Vorschrift hat ihren gesetzgeberischen Grund darin, daß bei Ausschließung der Öffentlichkeit wegen Gefährdung der Staatssicherheit und wegen Gefährdung der Sittlichkeit jeweils besondere Folgen eintreten können (Schweigegebot, Verbot von Presseberichten einerseits, StGB. § 184b anderseits; vgl. hierzu den Kommissionsbericht zu § 175, 2. Anlageband zu den stenographischen Berichten über die Verhandlungen des Reichstags 7. Legislaturperiode II. Session 1887/88, S. 589, 591). Diese Wirkungen treten dagegen nicht ein, wenn in Ehesachen die Öffentlichkeit nach § 170 GVG. auf den Antrag einer Partei ausgeschlossen wird. Es besteht demnach ein zwingendes Interesse an der Klarstellung des Grundes der Ausschließung. Fehlt seine Angabe in dem für den Beschlußinhalt beweiskräftigen Sitzungsprotokoll, so bleibt im Dunkeln, welche Rechtslage gegeben ist. Durch die Vermutung, daß nach Lage der Sache der eine oder der andere Grund vorliegen werde, kann die Angabe schon deshalb nicht ersetzt werden, weil in vielen Fällen die Möglichkeit des Vorhandenseins mehrerer Gründe gegeben, von ihnen aber nur einer maßgebend gewesen sein kann. Im gegenwärtigen Ehestreit kann der Beschluß ebensowohl von Amts wegen aus dem Grunde der Gefährdung der Sittlichkeit, wie auch auf Antrag einer Partei erlassen worden sein. Es entspricht aber auch nicht der Wichtigkeit, die der Öffentlichkeit der Gerichtsverhandlungen zukommt, den Grund ihrer Ausschließung im Unklaren zu lassen. Ebensowenig kann die vom Revisionsbeklagten geltend gemachte Erwägung gebilligt werden, mangels Widerspruchs der Parteien sei deren Einverständnis anzunehmen und dadurch ein Antrag nach § 170 GVG. als ersetzt anzusehen. Denn die Vorschriften über Öffentlichkeit der Gerichtsverhandlungen und ihre ausnahmsweise eintretende Ausschließung gehören dem öffentlichen Recht an (Begr. z. GVG. § 140 des Entwurfs, Hahn Materialien S. 174). Sie beruhen auf dem Interesse der Allgemeinheit an der Rechtspflege und am Schutze der gefährdeten Güter, in Ehesachen insbesondere an der „dem noch bestehenden Eheverbande schuldigen Pietät" (Begr. a. a. O.; vgl. ferner Kommissionsprotokoll bei Hahn Materialien S. 330, 332, 336). Die Rücksicht auf die Ehe als solche, nicht das Interesse der einzelnen Partei, ist der Grund der Ausschließung nach § 170 GVG. auch geblieben, nachdem sie, abweichend vom Entwurf, dem Parteiantrag überlassen worden ist. Demgemäß hat die Rechtsprechung des Reichsgerichts zu § 174 (früher § 175) GVG. sowohl in Zivilsachen wie in Strafsachen nie daran gezweifelt, daß die Angabe des Grundes der Ausschließung ohne Rücksicht auf die Sachlage im einzelnen Fall vom Gesetz zwingend vorgeschrieben ist (RGZ. Bd. 16 S. 394, RGSt. Bd. 25 S. 248, 249; JW. 1908 S. 359 Nr. 2) und daß die Unterlassung der Angabe einen absoluten Revisionsgrund nach § 551 Nr. 6 ZPO. oder nach § 338 Nr. 6 StPO. darstellt.

---

35. Zum Umfang der Hinterbliebenen-Rente im Sinne von § 3 Abs. 2 des Reichshaftpflichtgesetzes.

VI. Zivilsenat. Urt. v. 14. April 1930 i. S. Deutsche Reichsbahn-Gesellschaft (Bekl.) w. J. (Kl.). VI 486/29.

I. Landgericht Halle a. S.
II. Oberlandesgericht Naumburg a. S.

Nachdem der Klaganspruch des bei einem Eisenbahnunfall getöteten Ehemannes der Klägerin dem Grunde nach rechtskräftig für gerechtfertigt erklärt war, hat das Landgericht die Beklagte verurteilt, an die Klägerin vom 1. Mai 1926 an bis zum 5. Februar 1967 eine monatliche Rente von 50 RM. zu zahlen. Das Oberlandesgericht hat ihr die Rente auch über den 5. Februar 1967 hinaus bis zu ihrem Tode zugesprochen. Die Revision der Beklagten führte zur Aufhebung und Zurückverweisung.

Gründe:

Das Berufungsgericht geht davon aus, daß, nachdem die Klägerin die Erweiterung ihrer Ansprüche über eine monatliche Rente von 50 RM. hinaus nicht weiter aufrecht erhalten habe, nur noch geprüft werden müsse, ob ihr die Rente in dieser Höhe auch über den 5. Februar 1967 hinaus zuzusprechen sei. In Anbetracht dessen, daß der am 5. Februar 1902 geborene Ehemann der Klägerin von der Vollendung seines 65. Lebensjahres an Invalidenbezüge von 156 RM. monatlich erhalten und die Klägerin, wenn sie am 5. Februar 1967 Witwe geworden wäre, von da an Witwenbezüge von monatlich 78 RM. erhalten haben würde, erachtet das Berufungsgericht ihren Rentenanspruch bis an ihr Lebensende für begründet.

Die Revision rügt mit Recht, daß die der Klägerin zu gewährende Rente nicht auf die mutmaßliche Lebensdauer ihres getöteten Ehemanns abgestellt worden ist. Denn wenn auch die am 20. November 1899, also reichlich 2 Jahre vor ihrem Ehemann, geborene Klägerin diesen vermutlich nicht überlebt haben würde — eine Erwägung, auf die übrigens das Berufungsgericht seine Entscheidung nicht einmal gründet —, so stände es dennoch mit der Vorschrift des § 3 Abs. 2 HaftpflG. nicht im Einklang, die Dauer der Rente nicht auf die mutmaßliche Lebensdauer des getöteten Unterhaltspflichtigen zeitlich zu begrenzen. Denn da diese Vorschrift ausdrücklich dahin lautet, daß der Schadensersatz insoweit zu leisten sei, als der Getötete während der mutmaßlichen Dauer seines Lebens zur Gewährung des Unterhalts verpflichtet gewesen wäre, so würde es eine Benachteiligung der ersatzpflichtigen Beklagten bedeuten, wenn sie, anstatt ihre Unterhaltspflicht auf eine bestimmt begrenzte Zeit geregelt zu sehen, zur Zahlung der Rente auf eine ungewisse Zeitdauer hinaus verurteilt würde (RGUrt. vom 25. Juni 1906 VI 557/05; zu § 844 BGB. vgl. auch RGZ. Bd. 90 S. 226; JW. 1908 S. 109 Nr. 7). Vielmehr hört nach dem klaren Wortlaut des Gesetzes jede Entschädigung mit dem Zeitpunkt auf, in dem der Getötete ohne den Unfall mutmaßlich gestorben wäre.

Auf Grund der neuen Verhandlung wird das Berufungsgericht daher durch Feststellung und Schätzung gemäß § 287 ZPO. die mutmaßliche Lebensdauer des unterhaltspflichtigen getöteten Ehemanns der Klägerin zu ermitteln und danach die Dauer der ihr zuzusprechenden Rente zu begrenzen haben.

---

36. 1. Kann den an einer städtischen mittleren Schule in Preußen einstweilig angestellten Lehrkräften das Dienstverhältnis durch den Magistrat als Anstellungsbehörde ohne Mitwirkung der Schulaufsichtsbehörde gekündigt werden?

2. Über Inhalt und Umfang des staatlichen Schulaufsichtsrechts in Preußen.

RVerf. Art. 144. Preuß. Verf.-Urk. 1850 Art. 24. Preuß. Ges. betr. die Beaufsichtigung des Unterrichts- und Erziehungswesens v. 11. März 1872 (GS. S. 183).

III. Zivilsenat. Urt. v. 15. April 1930 i. S. Stadtgemeinde O. (Kl.) w. H. (Bekl.). III 228/29.

I. Landgericht Wiesbaden.
II. Oberlandesgericht Frankfurt a. M.

Die Beklagte ist durch Anstellungsurkunde des Magistrats der Klägerin, einer preußischen, im Regierungsbezirk Wiesbaden belegenen Stadtgemeinde, vom 27. Dezember 1919 mit Wirkung vom 1. Januar 1920 ab als wissenschaftliche Lehrerin bei der höheren Mädchenschule der Stadt, einer Mittelschule, einstweilig angestellt worden. Am 2. Februar 1920 hat die Regierung diese Anstellung bestätigt. Durch Schreiben vom 29. Dezember 1922 teilte der Magistrat der Klägerin der Beklagten mit, die Umgestaltung der höheren Mädchenschule zum 1. April 1923 zwinge ihn, das Anstellungsverhältnis zu diesem Termin zu kündigen. Die Beklagte wurde aber demnächst gegen besondere Honorarvereinbarung von der Klägerin anderweit im Schuldienst beschäftigt.

Im Jahre 1927 gelangte die Beklagte zu der Überzeugung, daß die Kündigung des Magistrats rechtsunwirksam gewesen sei, da die Schulaufsichtsbehörde dabei nicht mitgewirkt habe, daß sie daher Beamtin der Klägerin geblieben sei und Anspruch auf Weitergewährung ihrer Dienstbezüge auch für die Zeit nach dem 1. April 1923 habe. Auf Antrag der Beklagten erklärte der Bezirksausschuß durch Beschluß vom 20. Mai 1927 die klagende Stadtgemeinde für verpflichtet, der Antragstellerin das ihr gemäß ihrer Anstellungsurkunde vom 27. Dezember 1919 nach den Besoldungsvorschriften zustehende Gehalt als wissenschaftliche Lehrerin bei der städtischen höheren Mädchenschule unter Anrechnung der Dienstbezüge, die sie in anderweitiger Verwendung erhalten habe, auch über den 1. April 1923 hinaus zu zahlen. Die von der Klägerin hiergegen eingelegte Beschwerde wurde durch Beschluß des Provinzialrats vom 27. April 1928 als unbegründet zurückgewiesen. Die Klägerin erhob daraufhin im August 1928 die vorliegende Klage, mit der sie zunächst die Feststellung erstrebte, daß die der Beklagten gegenüber ausgesprochene Kündigung zu Recht erfolgt sei und daß die Beschlüsse des Bezirksausschusses vom 20. Mai 1927 und des Provinzialrats vom 27. April 1928 sonach rechtsunwirksam seien. Die Klägerin vertritt den Standpunkt, daß sie als Anstellungsbehörde der Beklagten allein berechtigt sei, dieser zu kündigen, und bezeichnet das Verlangen der Schulaufsichtsbehörde zur Mitwirkung bei der Dienstentlassung als eine unzulässige, im Gesetz nicht begründete Ausdehnung des staatlichen Aufsichtsrechts. Die Beklagte hält dagegen die Kündigung des Magistrats ohne Mitwirkung der Schulaufsichtsbehörde für unzulässig.

Das Landgericht hat die Klage abgewiesen. Im Berufungsverfahren hat die Klägerin noch hilfsweise beantragt, festzustellen, daß sie nicht verpflichtet sei, der Beklagten auf Grund des zwischen den Parteien abgeschlossenen, in der Anstellungsurkunde vom 27. Dezember 1919 festgelegten Anstellungsvertrags über den 1. April 1923 hinaus Gehalt zu zahlen. Ihre Berufung wurde zurückgewiesen. Auch die Revision der Klägerin blieb ohne Erfolg.

Gründe:

1. Zutreffend geht das Berufungsgericht davon aus, daß für den ursprünglichen Klagantrag auf Feststellung der Rechtswirksamkeit der ausgesprochenen Kündigung der Rechtsweg verschlossen war, da nach Art. 129 Abs. 1 Satz 4 RVerf. und § 15 des Gesetzes über die Besoldung der Lehrer und Lehrerinnen an den öffentlichen mittleren Schulen — Mittelschullehrer-Diensteinkommensgesetz (MDG.) — vom 14. Januar 1921 (GS. S. 325)/14. Januar 1924 (GS. S. 61) der Rechtsweg nur stattfindet für die vermögensrechtlichen Ansprüche (Gehaltsansprüche) der Beamten und demgemäß auch für die Klage der Anstellungsbehörde, daß den Beamten solche Ansprüche nicht zustehen. Das gleiche gilt übrigens nach § 17 des Gesetzes über die Dienstbezüge der Lehrer und Lehrerinnen an den öffentlichen nichtstaatlichen mittleren Schulen — Mittelschullehrer-Besoldungsgesetz (MBG.) — vom 30. April 1928 (GS. S. 149). Mit Recht hat daher der Berufungsrichter seiner Entscheidung lediglich den im Berufungsverfahren gestellten Hilfsantrag auf Feststellung des Nichtbestehens einer Verpflichtung der Klägerin zur Weiterzahlung von Dienstbezügen über den 1. April 1923 hinaus zugrunde gelegt. Im Rahmen

dieser Klage kann und muß nach ständiger Rechtsprechung die Rechtswirksamkeit der erfolgten Kündigung als einer für die Entscheidung des Rechtsstreits wesentlichen Vorfrage selbstverständlich nachgeprüft werden. Die Zulässigkeit der Feststellungsklage als solcher kann keinem Zweifel unterliegen (RGUrt. vom 25. Juni 1926 III 293/25, auch vom 9. März 1926 III 143/25, abgedr. JRsch. 1926 Nr. 1557.) Auch die Aktivlegitimation der Klägerin an Stelle der Landesmittelschulkasse (§ 15 Abs. 1 Satz 2, §§ 16flg. MDG., § 17 Abs. 1 Satz 2 MBG.) ist in den vorderen Rechtszügen mit Grund bejaht worden, nachdem die Mittelschule der Klägerin aufgelöst und die Beitragspflicht des Unterhaltsträgers zu der Landesmittelschulkasse erloschen ist (RGUrt. vom 16. März 1928 III 331/27, abgedr. RuPrVerwBl. Bd. 49 S. 639 und JRsch. 1928 Nr. 1353).

2. Nach der Entscheidung des erkennenden Senats vom 17. Mai 1927 III 335/26 (JW. 1927 S. 2194 Nr. 10 und LZ. 1927 Sp. 1477 Nr. 8) ist der Rechtsweg für Gehaltsklagen von Lehrpersonen an öffentlichen mittleren Schulen auf Grund des § 15 MDG. ohne vorgängige Anrufung einer Verwaltungsbehörde zulässig. Das gleiche muß nach § 17 MBG. gelten (Jaeckel-Schneider Die Besoldungsgesetze für Volksschul- und Mittelschullehrer Anm. 1 zu § 17). Die Beklagte hätte daher die Klage auf Weiterzahlung ihrer Dienstbezüge gegen die Klägerin erheben können, ohne daß es der von ihr herbeigeführten Vorentscheidungen der Verwaltungsinstanzen bedurft hätte; ebenso wäre umgekehrt die Erhebung der negativen Feststellungsklage auch ohne Erwirkung der Vorentscheidungen statthaft gewesen. Das steht jedoch, wie der Berufungsrichter zutreffend annimmt, der sachlichen Entscheidung des Rechtsstreits nicht im Wege; denn es handelt sich um bloße Vorentscheidungen, welche die ordentlichen Gerichte nicht binden.

3. In der Sache selbst hat die Beklagte dem Klaganspruch in erster Reihe den Einwand entgegengesetzt, daß die ihr gegenüber ausgesprochene Kündigung — von wem immer sie ausgegangen sei — unter allen Umständen rechtsunwirksam gewesen sei, da einstweilige Anstellung keinesfalls gleichbedeutend sei mit Anstellung auf Kündigung oder auf Probe, sondern eine Anstellung im vollen Sinne des Wortes darstelle. Es ist der Beklagten zuzugeben, daß in der älteren und neueren preußischen Schulgesetzgebung, wo der Begriff der einstweilig Angestellten öfter vorkommt, nirgends eine zweifelfreie

Umschreibung der Rechtsstellung dieser Beamtengruppe zu finden ist. Es fehlt namentlich an einer Bestimmung darüber, ob sie den auf Probe, auf Kündigung oder sonst auf Widerruf angestellten Beamten gleich zu achten sind (vgl. Brand Das Beamtenrecht, 3. Aufl., S. 47 unten). Vor allem enthält aber die Anstellungsurkunde der Beklagten keinen Vorbehalt eines Kündigungsrechts, was in Ermanglung positiver gesetzlicher Vorschriften im Interesse der Beamten in ständiger Rechtsprechung mit der Begründung gefordert wird, die sich aus dem Beamtenverhältnis ergebenden Rechte und Pflichten müßten klar, zweifelsfrei und ohne Notwendigkeit einer Auslegung für den Beamten erkennbar sein. Wenn der Berufungsrichter meint, jedem nur einstweilig angestellten Beamten müsse ohne weiteres bekannt sein, daß das Beamtenverhältnis nicht lebenslänglich, also endgültig, sondern nur einstweilig, also vorübergehend, bestehe und infolgedessen aufgehoben werden könne, so bedarf es zur Widerlegung dieser Ansicht nur des Hinweises auf die Begründung, die der Provinzialrat seinem Beschluß vom 27. April 1928 gibt. Dort wird ausgeführt, die einstweilige Anstellung sei nicht gleichzusetzen einer nur auftragsweisen oder probeweisen Übertragung der Stelle; sie sei eine Anstellung im vollen Sinne des Wortes und unterliege nicht dem jederzeitigen Widerruf, wie der Auftrag zur Versehung einer Lehrerinnenstelle. Den schon vom Landgericht in dieser Beziehung geäußerten Bedenken braucht indessen nicht weiter nachgegangen zu werden, einmal weil die Stellungnahme des Berufungsrichters hierzu der Klägerin, die allein Revision eingelegt hat, günstig ist, und zum andern, weil dieser Punkt hinter der alsbald zu erörternden Frage an Bedeutung erheblich zurücktritt.

4. Die Beklagte ist durch den Magistrat der Klägerin angestellt worden, die Regierung hat die Anstellung nur bestätigt. Nach der Rechtsprechung des erkennenden Senats sind die an den nichtstaatlichen öffentlichen mittleren Schulen angestellten Lehrkräfte im Gegensatz zu den als unmittelbare Staatsbeamte anzusehenden Volksschullehrern (RGZ. Bd. 85 S. 24) Beamte der Gemeinde, die sie angestellt hat, Kommunalbeamte im Sinne des Gesetzes vom 30. Juli 1899 (RGUrt. vom 30. April 1920 III 327/19, abgedr. JW. S. 786 Nr. 14 und PrVerwBl. Bd. 42 S. 242; vgl. auch das Senatsurteil RGZ. Bd. 97 S. 312, das sich in der Hauptsache mit den Rechtsverhältnissen der Lehrer an städtischen Fortbildungsschulen be-

faßt, sowie RGZ. Bd. 84 S. 31 und Bd. 108 S. 345). Ob hierin durch das Mittelschullehrer-Diensteinkommensgesetz von 1921/24 eine Änderung eingetreten ist, kann für den vorliegenden Rechtsstreit dahingestellt bleiben, weil, wie noch darzulegen sein wird, die staatliche Unterrichtsverwaltung in Preußen als Schulaufsichtsbehörde das Recht für sich in Anspruch nimmt, bei der Kündigung und Entlassung an mittleren Schulen einstweilig angestellter Lehrkräfte unter allen Umständen mitzuwirken, auch wenn es sich um Gemeindebeamte handelt. Aus dem gleichen Grunde bedarf es zur Entscheidung des gegenwärtigen Falles auch keiner wiederholten, allgemeinen Stellungnahme zu dem vielerörterten Problem des Beamtencharakters der Lehrer an den öffentlichen höheren Lehranstalten in Preußen (vgl. hierzu aus neuerer Zeit zwei Rechtsgutachten von Anschütz und von Giese, veröffentlicht vom preuß. Philologenverband 1925, und die darin angezogene Rechtsprechung sowie das dort verzeichnete Schrifttum). Den Hauptstreitpunkt der Parteien und den Kernpunkt der zu treffenden Entscheidung bildet die Frage, ob die Klägerin allein oder die Schulaufsichtsbehörde berechtigt war, das Dienstverhältnis der Beklagten zu beenden, und damit fällt zusammen die Streitfrage, wieweit in die der richterlichen Beurteilung unterbreiteten Rechtsverhältnisse das staatliche Schulaufsichtsrecht eingreift und inwieweit hierdurch das kommunale Selbstverwaltungsrecht eine Einschränkung erfährt.

5. Auch mit Begriff und Umfang der staatlichen Schulaufsicht hatte sich der erkennende Senat in mehreren Entscheidungen zu befassen (RGZ. Bd. 80 S. 344/346 und Bd. 84 S. 32/34; ähnlich schon das Urteil des II. Zivilsenats RGZ. Bd. 53 S. 184). Er hat dieser Rechtseinrichtung unter Darlegung ihrer geschichtlichen Entwicklung weitreichende Bedeutung beigemessen. In der Entscheidung Bd. 80 ist (S. 345 unten) zusammenfassend gesagt: „Dem Staate steht also unter der Bezeichnung „Schulaufsicht" neben anderen Obliegenheiten auch die Verwaltung der inneren Angelegenheiten der gesamten Volksschulen zu, streng genommen nicht eine Aufsicht, weil es an einer selbstverwaltenden Tätigkeit eines dem Staate untergeordneten Gemeinwesens auf dem Gebiete der inneren Schulangelegenheiten fehlt, sondern Führung und Leitung der Verwaltung selbst". Damit übereinstimmend wird im Urteil Bd. 84 S. 33 ausgeführt: Die staatliche Schulaufsicht bedeute nicht nur eine Aufsicht im gewöhnlichen

Sinne, die wesentlich negativ sei und die Aufgabe habe, die Innehaltung der für eine Verwaltung gesetzlich gezogenen Grenzen zu überwachen und sicherzustellen. Denn es fehle an der notwendigen Voraussetzung für den Begriff einer solchen Aufsicht, nämlich der selbstverwaltenden Tätigkeit eines dem Staat untergeordneten Gemeinwesens auf dem Gebiete der inneren Schulangelegenheiten. Die sog. Schulaufsicht des Staates sei vielmehr Führung und Leitung der Verwaltung selbst auf dem Gebiete des inneren Schulwesens. Im wesentlichen auf dem gleichen Standpunkt steht die Rechtsprechung des preuß. Oberverwaltungsgerichts (OVG. Bd. 58 S. 191, Bd. 66 S. 264, Bd. 72 S. 239) und auch das Schrifttum (vgl. namentlich Anschütz Die Verfassungsurkunde für den Preuß. Staat vom 31. Januar 1850 Bd. I S. 409 flg., wo auf S. 412 von einem „unbedingten Überwiegen des Staatswillens in der Verwaltung des öffentlichen Unterrichtswesens" die Rede ist).

Den Erwägungsgründen der beiden Urteile RGZ. Bd. 80 S. 344 und Bd. 84 S. 32 über Inhalt und Umfang des staatlichen Schulaufsichtsrechts und der Wiedergabe seiner historischen Entwicklung ist noch folgendes hinzuzufügen: Das preuß. Gesetz betr. die Beaufsichtigung des Unterrichts- und Erziehungswesens vom 11. März 1872 bestimmt in § 1 unter Aufhebung aller in einzelnen Landesteilen entgegenstehenden Vorschriften, die Aufsicht über alle öffentlichen und Privatunterrichts- und Erziehungsanstalten stehe dem Staat zu. § 3 erklärt, unberührt durch dieses Gesetz bleibe die den Gemeinden und ihren Organen zustehende Teilnahme an der Schulaufsicht, sowie der Art. 24 der Verfassungsurkunde vom 31. Januar 1850. Abs. 3 Satz 2 dieses Artikels bestimmt, der Staat stelle unter gesetzlich geordneter Beteiligung der Gemeinden aus der Zahl der Befähigten die Lehrer der öffentlichen Volksschulen an. Nach § 4 des Gesetzes vom 11. März 1872 wird der Minister der geistlichen, Unterrichts- und Medizinalangelegenheiten mit der Ausführung dieses Gesetzes beauftragt; der Minister erhält sonach eine weitreichende Delegation.

Mit Beziehung auf die besonderen Umstände des Falles ist aus der preußischen Schulgesetzgebung noch folgendes zu erwähnen: Das Gesetz betr. das Ruhegehalt der Lehrer und Lehrerinnen an den öffentlichen nichtstaatlichen mittleren Schulen usw. vom 11. Juni 1894 (GS. S. 109) gibt in § 2 den an mittleren Schulen definitiv angestellten Lehrern und Lehrerinnen einen Anspruch auf Ruhegehalt nach den für die Lehrer an öffentlichen Volksschulen geltenden Gesetzesvorschriften. Nach den gleichen Bestimmungen regeln sich die Zuständigkeit und das Verfahren bei Versetzung dieser Lehrer (Lehrerinnen) in den Ruhestand und bei Festsetzung ihres Ruhegehalts. Die hier einschlagenden Gesetzesvorschriften für die Lehrkräfte an Volksschulen finden sich in dem Gesetz betr. die Pensionierung der Lehrer und Lehrerinnen an den öffentlichen Volksschulen vom 6. Juli 1885 (GS. S. 298). Nach § 13 das. erfolgt die Bestimmung darüber, ob und zu welchem Zeitpunkt dem Antrag eines Lehrers auf Versetzung in den Ruhestand stattzugeben ist, durch die Schulaufsichtsbehörde, und nach § 14 gebührt ebenso der Schulaufsichtsbehörde die Entscheidung darüber, ob und welche Pension einem Lehrer bei seiner Versetzung in den Ruhestand zusteht (vgl. auch §§ 16 und 25 des Gesetzes vom 6. Juli 1885).

Nach § 10 Abs. 2 des Gesetzes vom 11. Juni 1894 blieb zwar dessen Einführung im Regierungsbezirk Wiesbaden einer Kgl. Verordnung vorbehalten. Diese ist aber am 9. Mai 1901 ergangen (GS. S. 123) und hat das Gesetz vom 11. Juni 1894 vom 1. April 1900 ab mit einigen, hier nicht interessierenden Maßgaben im genannten Regierungsbezirk eingeführt.

Diese gesetzlichen Bestimmungen lassen keinen Zweifel darüber, daß die preußische Gesetzgebung über das Unterrichtswesen in der Ausgestaltung des staatlichen Aufsichtsrechts zwischen den Lehrkräften an Volksschulen und an mittleren Schulen keinen Unterschied macht, und daß sie auch bei den nichtstaatlichen mittleren Schulen ein weitgehendes Recht der Schulaufsichtsbehörde zur Mitwirkung an der Beendigung des Dienstverhältnisses selbst der endgültig angestellten Lehrkräfte in Anspruch nimmt. Durch das Mittelschullehrer-Diensteinkommensgesetz ist an dieser Rechtslage nichts geändert worden.

Es erhebt sich nunmehr die Frage, ob durch Inkrafttreten der Reichsverfassung von 1919, insbesondere durch Art. 143 und 144 das., das staatliche Aufsichtsrecht über das Schulwesen in Preußen eine Beeinträchtigung erfahren hat. Auch diese Frage muß verneint werden. Art. 144 bestimmt: „Das gesamte Schulwesen steht unter Aufsicht des Staates; er kann die Gemeinden daran beteiligen. Die Schulaufsicht wird durch hauptamtlich tätige, fachmännisch vorgebildete Beamte ausgeübt". Nach dem Vorgang von Anschütz (Kommentar zur RVerf. 1919, 10. Aufl. Anm. 1 zu Art. 144) wird der

Begriff der „Schulaufsicht" von der Rechtslehre und im sonstigen Schrifttum überwiegend ebenso weit ausgelegt wie in der Zeit vor dem Inkrafttreten der Reichsverfassung. Die Schulaufsicht wird namentlich — entgegen ihrer Bezeichnung — nicht als Aufsicht im engeren Sinne, nicht als bloße Überwachung der Staatsverwaltung, sondern als Leitung und Verwaltung der inneren Schulangelegenheiten durch den Staat angesehen (Anschütz a. a. O.; Giese Kommentar zur RVerf. 7. Aufl. Anm. II 1 zu Art. 144 und Gutachten S. 32 und 33; Poetzsch-Heffter Kommentar zur RVerf. 3. Aufl. Anm. 2 zu Art. 144; Kühn Schulrecht in Preußen 1926 S. 16, 44flg., 89, 159; Peters Grenzen der kommunalen Selbstverwaltung in Preußen S. 135flg., 143; Jaeckel-Schneider a. a. O. S. 152; vgl. auch RGZ. Bd. 118 S. 1). Dieser in der ganzen Entwicklung der Schulaufsicht begründeten Rechtsauffassung ist auch für die neue Zeit beizutreten, wie sie die Rechtsprechung bereits für die Zeit vor der Reichsverfassung ausgebildet hat.

6. Der Fachminister des preußischen Unterrichtswesens hat von dem der Regierung hiernach zustehenden, im umfassendsten Sinne auszulegenden Aufsichtsrecht und von der ihm durch § 4 des Gesetzes vom 11. März 1872 erteilten Delegation Gebrauch gemacht und hat die Rechtsverhältnisse der Lehrkräfte an Volksschulen und mittleren Schulen in einer Reihe von Ministerialerlassen geregelt, die teils vor, teils nach dem Inkrafttreten der Reichsverfassung ergangen sind. So bestimmt ein Ministerialerlaß vom 12. September 1870 (ZentrBl. f. d. ges. Unterrichtsverwaltung in Preußen S. 611), die Kündigung und die Entlassung provisorisch angestellter Elementarlehrer könne nur durch die Aufsichtsbehörde erfolgen. Ein Ministerialerlaß vom 26. März 1918 (ZentrBl. S. 386) verordnet das gleiche für die Anstellung von Lehrkräften an den Volksschulen. Ein Runderlaß vom 10. November 1898 (ZentrBl. S. 798) verfügt, daß einstweilig angestellte Lehrer durch die zuständige Kgl. Regierung jederzeit von ihren Stellen bedingungslos abberufen werden können. Der Ministerialerlaß vom 11. Mai 1922 (ZentrBl. S. 230) führt aus: Das Recht der Schulverbände auf Mitwirkung bei der Anstellung von Lehrpersonen an öffentlichen Volksschulen, soweit ihnen überhaupt ein solches Recht zustehe, erschöpfe sich in der Ausübung der Wahl. Zur Entlassung von einstweilig angestellten Lehrern und Lehrerinnen seien die Schulverbände nicht berechtigt, sondern nur die Schulauf-

sichtsbehörde. Auch ihre Befugnis beschränke sich naturgemäß auf Fälle, in denen die Abberufung des Lehrers aus Gründen erforderlich werde, die in seiner Person lägen. Eine Abberufung lediglich deshalb, weil die von dem Lehrer bekleidete Stelle durch den Schulverband eingezogen werde solle, sei nicht angängig. In einem Ministerialerlaß vom 11. September 1922 (abgedr. bei Liese-Gildemeister Schulbestimmungen usw. für die der Regierung in Wiesbaden unterstellten Schulen S. 376) ist die gleiche Bestimmung für die einstweilig angestellten Lehrkräfte an mittleren Schulen getroffen. Endlich bestimmen zwei Ministerialerlasse vom 5. Juni 1922 und vom 1. Mai 1924 (Liese-Gildemeister a. a. O. S. 376 und S. 373), die Anstellung der Lehrkräfte an öffentlichen mittleren Schulen erfolge ohne Mitwirkung der Stadtverordneten; die Entscheidung über die Entlassung und Pensionierung habe die Schulaufsichtsbehörde; im Streitfall entscheide der Oberpräsident.

Sind diese Erlasse der Ministerialinstanz im Rahmen ihrer Zuständigkeit und auf Grund der bestehenden Gesetzgebung erlassen — und daran ist nach dem Entwicklungsgang des staatlichen Aufsichtsrechts über das Schulwesen in Preußen und nach den vorstehend erörterten Gesetzesvorschriften kein Zweifel möglich —, dann war die Klägerin nicht befugt, der Beklagten ohne Genehmigung der Schulaufsichtsbehörde zu kündigen und ihr Beamtenverhältnis zu beendigen. Die Klage, die auf Feststellung des Nichtbestehens einer Zahlungspflicht der Klägerin über den 1. April 1923 hinaus gerichtet ist, erweist sich danach, wie keiner Ausführung bedarf, ohne weiteres als unbegründet und ist mit Recht abgewiesen worden. Wenn die Klägerin unter Bezugnahme auf die Ausführungen von Preuß Das städtische Amtsrecht in Preußen S. 237flg. in den vorderen Rechtszügen geltend gemacht hat, die verschiedenen in die Selbstverwaltung der Gemeinden eingreifenden Ministerialerlasse beruhten auf keinem Gesetz und auf keiner mit Gesetzeskraft ausgerüsteten Kgl. Verordnung, sondern stellten Ministerwillkür dar, so kann ihr darin nach dem vorstehend Ausgeführten nicht beigepflichtet werden.

Die in der Hauptsache auf die Entscheidung RGZ. Bd. 97 S. 312 gestützten Revisionsangriffe finden durch die erwähnten Ausführungen ohne weiteres ihre Widerlegung. Ergänzend ist noch darauf hinzuweisen, daß auch das neuere Schrifttum, soweit es sich mit der Frage überhaupt befaßt, annimmt, bei Volksschullehrern und Mittelschullehrern habe nicht die Gemeindebehörde, sondern die staatliche Schulaufsichtsbehörde Kündigung und Widerruf auszusprechen (Brand Das Beamtenrecht 3. Aufl. S. 44 Anm. 4 unter Bezugnahme auf Schütz im PrVerwBl. Bd. 40 S. 26, ferner Brand a. a. O. S. 47 Nr. 4 unten).

Fehl geht auch die Rüge, § 83 des preuß. Gesetzes betr. die Dienstvergehen der nichtrichterlichen Beamten usw. vom 21. Juli 1852 (GS. S. 465) sei verletzt. Zwar wird nach der Rechtsprechung des erkennenden Senats (RGZ. Bd. 117 S. 156; vgl. auch Bd. 121 S. 352) eine bestehende Kündigungsbefugnis nicht dadurch eingeschränkt, daß die Dienstentlassung der Beklagten nicht aus einem in ihrer Person gelegenen Grunde, also an Stelle eines förmlichen Dienststrafverfahrens erfolgt ist, sondern, wie die Klägerin selbst vorgetragen hat, wegen Abbaues der Vorschule und demnächstiger Auflösung der Mittelschule und der dadurch veranlaßten Aufhebung der von der Beklagten versehenen Lehrerstelle. Allein § 83 a. a. O. will der Anstellungsbehörde nicht etwa erst ein Recht verleihen, den Beamten auch im Wege der Kündigung zu entlassen, sondern er setzt das Bestehen eines solchen Rechtes voraus (v. Rheinbaben Kommentar zu den preuß. Disziplinargesetzen 2. Aufl. S. 354). Ist das Kündigungsrecht gar nicht vorhanden oder ist seine Ausübung durch rechtsgültige Bestimmungen, hier durch die Maßnahmen der staatlichen Schulaufsichtsbehörde, eingeschränkt, so behält es hierbei sein Bewenden.

---

37. Kann auf dem Gebiet der unerlaubten Handlung im Sinne des § 823 Abs. 1 BGB. die Haftung für Fahrlässigkeit durch stillschweigende Vereinbarung ausgeschlossen werden?

BGB. §§ 31, 276 Abs. 2, §§ 823, 846.

VI. Zivilsenat. Urt. v. 14. April 1930 i. S. S. (Kl.) w. D.-GmbH. u. Gen. (Bekl.). VI 415/29.

I. Landgericht Mannheim.
II. Oberlandesgericht Karlsruhe.

Die Erstbeklagte, eine Webwarenhandlung, besaß im Sommer 1927 einen Personenkraftwagen, der nach Vornahme einer allgemeinen Ausbesserung am Nachmittag des 2. Juli 1927 auf einer Fahrt in die Rheinpfalz ausprobiert werden sollte. Ihre Gesellschafter und Geschäftsführer waren damals außer einem Dritten der etwa 46 Jahre alte Zweitbeklagte und der etwa 31 Jahre alte Th. Letzterer hatte einen Führerschein für Kraftwagen und ihm unterstand der Personenkraftwagen der Erstbeklagten; der Zweitbeklagte war des Fahrens unkundig. Die Probefahrt wurde auf Sonnabend angesetzt, weil sich an sie ein unterhaltender Teil in pfälzischen Weinorten anschließen sollte. Deshalb lud der Zweitbeklagte seinen etwa 16 Jahre alten Neffen B. ein, der in Berlin wohnte, bei ihm zu Besuch war und am Morgen des 3. Juli dorthin zurückreisen wollte. Ferner war ein Sohn des Klägers, der etwa 27 Jahre alte Willy S., ein Freund des Th., von letzterem und vielleicht auch vom Zweitbeklagten zur Teilnahme an der Fahrt eingeladen worden. S. hatte schon früher zwei Fahrten mitgemacht und gebeten, gelegentlich wieder zu einer Fahrt eingeladen zu werden. Die vier Teilnehmer fuhren etwa $4^1/_2$ Uhr ab und erreichten etwa 1 Stunde später die Ortschaft Forst, wo sie in der Wirtschaft zum A. einkehrten. Dort wurden unter anderem 2 Flaschen Wein und 13 halbe Liter offener Wein getrunken und es wurde zu Abend gegessen. Gegen 11 Uhr brachen die vier Teilnehmer auf und hielten unterwegs im Römerkeller in Dürkheim an. Der Zweitbeklagte, der eingeschlafen war, und B., der mit Rücksicht auf seine beabsichtigte Rückreise nach Berlin frühzeitig heimkommen wollte, blieben im Wagen, dagegen gingen Th. und S. in die Wirtschaft und tranken dort Wein mit Wasser. Erst gegen 1 Uhr, nachdem B. wiederholt zum Aufbruch gedrängt, den Zweitbeklagten geweckt und sein Eingreifen bewirkt hatte, fuhren die vier Teilnehmer von Dürkheim ab. Dabei saß Th. am Steuer, neben ihm B. und hinter ihnen die beiden anderen. Der Wagen fuhr mit ziemlicher Geschwindigkeit durch die gewundenen Gassen von Dürkheim am Kurgarten und am Bahnhof vorüber in die sanft abfallende Mannheimer Straße. Diese hat anfänglich auf der Südseite einen erhöhten Fußweg, der dann durch Prellsteine zum Schutz gegen einen neben der Straße herlaufenden Graben ersetzt wird. Hier sah Th. einige Pferdefuhrwerke entgegenkommen, blendete daher die Scheinwerfer ab und steuerte so stark nach rechts, daß der Kraftwagen an die Prellsteine stieß und sich überschlug. Hierdurch wurden Th. und S. sofort getötet und der Zweitbeklagte schwer, B. nur leicht verletzt.

Der Kläger macht die beiden Beklagten für den Schaden verantwortlich, der ihm nach seiner Behauptung durch den Tod seines Sohnes erwachsen ist. Er hat daher Klage auf gesamtschuldnerische Verurteilung der Beklagten zur Zahlung einer Abfindungssumme von 10000 RM. nebst Zinsen erhoben. Das Landgericht erklärte den Klaganspruch dem Grunde nach für gerechtfertigt. Dagegen wies das Oberlandesgericht die Klage ab. Die Revision des Klägers hatte keinen Erfolg.

Gründe:

Dem Berufungsgericht ist im Ergebnis und im wesentlichen auch in der Begründung beizutreten.

S. war zu einer unentgeltlichen Gefälligkeitsfahrt eingeladen worden. Demnach kommt eine Haftung der Beklagten auf vertraglicher Grundlage, etwa auf der eines Beförderungsvertrags, nicht in Frage. Auch auf Grund der Vorschriften des Kraftfahrzeuggesetzes kann der Kläger keine Ansprüche erheben; denn sein Sohn war Insasse des Kraftwagens (§ 8 Nr. 1 KFG.). Mithin bleibt als Klagegrund nur der § 823 BGB.

Das Berufungsgericht erachtet den auf diese Vorschrift gestützten Klaganspruch beiden Beklagten gegenüber schon deshalb für unbegründet, weil aus den besonderen Umständen des Falles die stillschweigende Vereinbarung der Beteiligten zu entnehmen sei, daß S. auf alle Ersatzansprüche für solche Schäden verzichtet habe, welche ihm etwa während der Fahrt infolge der Fahrlässigkeit eines Beteiligten erwachsen würden. Die Revision ist dagegen der Meinung, daß die Umstände eine solche Annahme nicht rechtfertigten.

Die Rechtslage ist folgende. Daß für Gefährdungshaftung, die hier jedoch nicht in Betracht kommt (§ 8 Nr. 1 KFG.), der Ausschluß auch stillschweigend im voraus vereinbart werden kann, ist anerkannten Rechtens (RGZ. Bd. 65 S. 313, Bd. 67 S. 431). Aber es ist im Hinblick auf die allgemeine Vorschrift des § 276 Abs. 2 BGB. und den Grundsatz, daß Verträge auch durch schlüssige Handlungen geschlossen werden können, kein Grund ersichtlich, der das Zustandekommen einer stillschweigenden Vereinbarung dahin unmöglich erscheinen ließe, daß dem Schuldner auch die Haftung auf Ersatz für solche Schäden im voraus erlassen werde, die durch Fahrlässigkeit des Schuldners verursacht würden (RGZ. Bd. 65 S. 17; JW. 1911 S. 28 Nr. 5, 1915 S. 275 Nr. 3; RGUrteile vom 16. November 1912 VI 212/12 und vom

15. April 1926 IV 647/25; RGRKomm. 6. Aufl. Erl. 4 b vor § 823; Soergel BGB. 4. Aufl. Erl. 4 vor § 823 nebst Nachweisungen). Handelt es sich bei der vom Schuldner übernommenen Leistung um eine Gefälligkeit, so wird der Gesichtspunkt der Unentgeltlichkeit als ein für den Ausschluß der Haftung auch für Fahrlässigkeitsschäden sprechender Umstand zwar keineswegs, wie besonders betont werden mag, der Regel nach, wohl aber beim Hinzutreten weiterer Umstände gewertet werden können. Handelt es sich dagegen um einen entgeltlichen Vertrag, so werden an die Annahme eines stillschweigenden Haftungsausschlusses auch für Fahrlässigkeitsschäden strenge Anforderungen zu stellen sein. Die Würdigung der Umstände im Einzelfall ist Sache des Tatrichters.

Prüft man auf dieser rechtlichen Grundlage den vorliegenden Fall, so ergibt sich folgendes. Wie schon in zwei früheren Fällen war S. zu der Fahrt vom 2. Juli 1927 seiner Bitte entsprechend eingeladen worden. Er zahlte für die Fahrt kein Entgelt; er verdankte die Einladung dem mit ihm befreundeten Th. Er wußte oder nahm zum mindesten vor der Abreise wahr, daß Th. den Wagen steuerte. Es war ihm bekannt, daß die Fahrt, nachdem auf ihrem ersten Teil zunächst der Wagen ausprobiert sein würde, nach pfälzischen Weinorten führen und daß dann erst der Hauptteil der Reise, der „gemütliche Teil", beginnen sollte, zu dem allein man im Grunde die Mitfahrenden eingeladen hatte, wie das angefochtene Urteil sagt. S. sah, daß in Forst nicht unerhebliche Mengen Wein von den Fahrtteilnehmern genossen wurden und daß Th., der den Wagen zur Nachtzeit nach Mannheim in einer etwa eine Stunde dauernden Fahrt steuern sollte, sich an dem Weintrinken beteiligte. Dabei wußte S. oder mußte es wissen, daß der Genuß von Alkohol selbst in kleinen Mengen wegen der damit verbundenen Nervenerschlaffung für einen Kraftfahrzeugführer, der noch eine Fahrt, vor sich hat, schlechthin unzulässig ist und erfahrungsgemäß die größten Gefahren für die Wageninsassen wie für dritte Personen herbeiführen kann. Aber mit den Weinmengen, die sie in Forst zu sich genommen hatten, waren Th. und S. noch nicht zufrieden. Sie stiegen in Dürkheim aus und setzten in einer dortigen Wirtschaft das Gelage fort. Gerade auf den angetrunkenen Zustand, worin sich Th. befunden habe, führt der Kläger das jenem bei der Steuerung des Wagens zur Last fallende Versehen zurück, das zum Umschlagen des Wagens und dadurch zum Tod des S. geführt hat.

Wenn der Vorderrichter bei solcher Sachlage zur Annahme eines stillschweigenden Verzichtsvertrags wegen aller dem S. etwa erwachsenden Fahrlässigkeitsschäden gelangt ist, so kann dem aus Rechtsgründen nicht entgegengetreten werden. An diese Vereinbarung ist aber auch der Kläger nach dem dem § 846 BGB. zugrunde liegenden allgemeinen Rechtsgedanken (RGZ. Bd. 65 S. 315, Bd. 69 S. 187) gebunden. Demnach kann es auf sich beruhen, ob das Oberlandesgericht nicht auch noch aus einem anderen rechtlichen Gesichtspunkt zur Versagung jedes Schadenersatzes hätte gelangen können, auf Grund der Erwägung nämlich, daß S. bewußt die Gefahr auf sich genommen habe, die mit der Rückfahrt verbunden war, weil der Leiter des Kraftwagens unter dem Einfluß des Alkohols stand (RGRKomm. Anm. 7 c zu § 833).

Das Berufungsgericht hat dann ferner noch erwogen, daß je ein weiterer selbständiger Grund zur Abweisung der Klage gegenüber der Erstbeklagten und dem Zweitbeklagten führen müsse. Auch diesen Gründen ist entgegen den Ausführungen der Revision beizutreten.

Was die Erstbeklagte anlangt, so ist der erste Teil der Fahrt, welcher der Ausprobierung des Wagens diente, in ihrem Interesse erfolgt; insoweit war Th. als Geschäftsführer der Erstbeklagten tätig. Aber bei diesem Teil der Fahrt hat sich der Unfall nicht ereignet, sondern bei dem zweiten, der Vergnügungsreise. An dieser aber war die Erstbeklagte nur insofern beteiligt, als sie die Halterin des Kraftwagens war und blieb. Für Unfälle dritter Personen hätte sie daher nach den Vorschriften der §§ 7 flg. KFG. auch insoweit aufkommen müssen, als sich solche Unfälle etwa auf dem zweiten Teil der Fahrt ereignet haben würden; ob sich ihre Haftbarkeit auch aus §§ 823 flg. BGB. ableiten ließe, kann unerörtert bleiben. Dagegen hatte die Erstbeklagte im Verhältnis zu S. mit der Vergnügungsreise nicht das mindeste zu tun; sie ist eine Webwarenhandlung und hatte kein Interesse daran, daß ein Teil ihrer Gesellschafter und Geschäftsführer und der in einer Auskunftei beschäftigte S. als Freund des Th. Weine probierten und zu diesem Zwecke ihren Wagen zu einer Fahrt nach Forst und Dürkheim benutzten. Dieser Teil der Reise war eine rein private Angelegenheit des Zweitbeklagten und des Th., und es lag außerhalb des Rahmens der diesem zustehenden Geschäftsführertätigkeit, wenn er hierbei die Steuerung des Wagens übernahm. Damit entfällt die Haftung der Erstbeklagten nach § 31 BGB. für den

Unfall. Vergeblich wendet demgegenüber die Revision ein, Th. habe als Geschäftsführer den Wagen wieder nach Mannheim zurückbringen müssen und auf der Rückfahrt sei der Unfall geschehen. Die Probefahrt hatte in Forst ihr Ende erreicht; von da ab war der Wagen dem Zweitbeklagten und dem Th. für ihre privaten Zwecke überlassen worden. In einer Rückfahrt von Forst nach Mannheim im unmittelbaren Anschluß an die Probefahrt könnte wohl noch eine Betätigung für die Gesellschaft gesehen werden, nicht aber in der Vergnügungsreise und in der Rückfahrt von dieser.

Was weiter den Zweitbeklagten betrifft, so ist nicht ersichtlich, aus welchem Rechtsgrund er haftbar gemacht werden könnte. Als Verletzung der Verkehrssorgfaltspflicht (§ 276 BGB.) kann es ihm nicht angerechnet werden, falls er den S. zu der Fahrt miteingeladen hat, was das angefochtene Urteil offen läßt. Denn wenn auch eine Reise, die in der Hauptsache dem Proben von Weinen dienen sollte, unter der Leitung des Th., der den Wagen steuern, sich gleichwohl aber am Weingenuß beteiligen sollte, erhebliche Gefahren für die Teilnehmer mit sich bringen konnte, so war doch S. von den Umständen, unter denen die Fahrt vor sich gehen sollte, unterrichtet, und einer 27 Jahre alten Person gegenüber war es nicht nötig, auf jene Gefahren besonders hinzuweisen. Eine Betätigung des Zweitbeklagten als Geschäftsführers der Erstbeklagten kam nach dem Gesagten beim zweiten Teil der Reise nicht in Frage. Inwiefern weiter eine Rechtspflicht für den Zweitbeklagten als den ältesten der Reiseteilnehmer bestanden haben könnte, den 31 Jahre alten Th. vor übermäßigem Genuß von Wein, noch dazu auf einer für Weinproben bestimmten Fahrt, zu warnen, ist nicht einzusehen. Endlich ist auch nicht ersichtlich, daß der Zweitbeklagte, zumal da er des Fahrens unkundig war, das Unglück durch rechtzeitige Mahnung an Th., nicht zu weit nach rechts zu steuern, hätte abwenden können. Überdies bestand keine Verpflichtung für ihn, die Fahrweise des Th. ständig zu beobachten; eine solche Pflicht wäre auch zur Nachtzeit schwerlich erfüllbar gewesen.

38. In welcher Weise ist der Wert des Gegenstandes bei einer von einem Konkursgläubiger ausgestellten Vollmacht zur „Empfangnahme des Streitgegenstandes" zu ermitteln?

Preuß. Stempelsteuergesetz vom 27. Oktober 1924, Tarifstelle 19.

VII. Zivilsenat. Urt. v. 15. April 1930 i. S. 1. Gewerkschaft P., 2. P. Akt-Ges. (Kl.) w. Preuß. Staat (Bekl.). VII 372/29.

I. Landgericht I Berlin.
II. Kammergericht daselbst.

Im Verfahren zur Abwendung des Konkurses über das Vermögen der E.-AG. meldete die Zweitklägerin eine Forderung von 208783 RM. an und reichte dazu dem Gericht eine für drei Berliner Rechtsanwälte auf vorgedrucktem Muster ausgestellte „Prozeß-Vollmacht" vom 10. Februar 1925 ein. In dem danach eingeleiteten Konkursverfahren über das Vermögen derselben Aktiengesellschaft meldete die Erstklägerin eine Forderung von 394650,07 RM. und die Zweitklägerin eine solche von 1000000 RM. an. Die Klägerinnen reichten hierzu dem Gericht eine „Prozeß-Vollmacht" vom 5. Mai 1925 ein, die auf demselben Muster für dieselben drei Anwälte ausgestellt und von ihnen beiden unterzeichnet war. Im Text der beiden Vollmachtsurkunden ist unter den Befugnissen, zu denen die Bevollmächtigten ermächtigt sein sollten, auch die bezeichnet: „von der Gegenpartei und aus der Konkursmasse den Streitgegenstand selbst.... in Empfang zu nehmen". Mit Rücksicht hierauf erforderte die Gerichtskasse des Amtsgerichts den Vollmachtstempel zum Steuersatze von $^1/_{10}$% (Tarifst. 19 Abs. 1 des preuß. Stempelsteuergesetzes vom 27. Oktober 1924), und zwar von der Zweitklägerin für die erste Vollmacht 209 RM. und für die zweite Vollmacht 1000 RM., sowie von der Erstklägerin für die zweite Vollmacht 395 RM. Die Klägerinnen bestreiten die Berechtigung zur Erhebung dieser Stempel. Sie verlangen mit der Klage Freistellung von den Stempelbeträgen. Die Vorinstanzen haben die Klage abgewiesen. Die Revision der Klägerinnen führte zur Aufhebung des Berufungsurteils und zur Zurückverweisung der Sache.

Gründe:

Das Berufungsgericht geht davon aus, die Vollmachten vom 10. Februar und 5. Mai 1925 seien als ordnungsgemäß erteilt anzusehen und berechtigten auch zur Empfangnahme des Streitgegenstandes. Diese Auffassung wird von der Revision mit Unrecht bekämpft. Soweit sie vorträgt, die Urkunden ließen den Gegenstand der Bevollmächtigung nicht klar und unzweideutig erkennen, weil es im Geschäftsaufsichtsverfahren wie auch im Konkursverfahren begrifflich überhaupt keinen Streitgegenstand gebe, so ist dem, jedenfalls bei der Beurteilung der hier vorliegenden Urkunden, nicht zu folgen. Diese sprechen von einer Empfangnahme des Streitgegenstandes aus der Konkursmasse und meinen damit unzweifelhaft denjenigen Vermögenswert, mit dem der Vollmachtgeber am Konkursverfahren — oder am Geschäftsaufsichtsverfahren — beteiligt ist. Demnach ist in beiden Fällen der Gegenstand der Bevollmächtigung hinreichend bestimmt.

Des weiteren nimmt das Kammergericht an, daß Prozeßvollmachten zwar auch im Konkursverfahren gemäß Tarifst. 19 Abs. 7a StStG. stempelfrei, der Befreiung aber nur dann teilhaftig sind, wenn sie sich im Rahmen einer Prozeßvollmacht (§ 81 ZPO.) halten. Dies sei hier nicht der Fall, da die Vollmachten auch zur Entgegennahme des Streitgegenstandes berechtigten; sie unterlägen deshalb der Verstempelung. Diese Ausführungen stehen mit der reichsgerichtlichen Rechtsprechung im Einklang (RGZ. Bd. 54 S. 275 und S. 427/428) und werden auch von der Revision nicht beanstandet.

Dagegen wendet sich diese gegen die Art, wie der Vorderrichter den Vollmachtstempel berechnet. Er legt, in Übereinstimmung mit der Auffassung des Beklagten, den Nennbetrag der Forderungen zugrunde, welche die Klägerinnen in den Verfahren, um die es sich handelte, angemeldet hatten. Die Revision beruft sich demgegenüber auf die abweichende, vom Berufungsgericht ausdrücklich abgelehnte Meinung, welche Heinitz in JW. 1928 S. 2788 (in einer Anmerkung zu einem auf dem Standpunkt des Berufungsgerichts stehenden Beschlusse des Kammergerichtspräsidenten vom 5. Juni 1928) ausgeführt hat. Heinitz legt dar, Gegenstand einer Vollmacht zur Empfangnahme von Geldern oder des Streitgegenstandes in einem Konkursverfahren sei nicht eine Geldforderung, sondern die Vertretung des Vollmachtgebers bei Empfangnahme der aus der Konkursmasse auf die Forderung zur Hebung gelangenden Geldbeträge, und somit werde hier der stempelpflichtige Gegenstand durch den Stand der Konkursmasse zur Zeit der Ausstellung der Vollmacht bestimmt; nach diesem Stande müsse also schätzungsweise festgestellt werden, wie hoch die Geldbeträge seien, die der Bevollmächtigte auf Grund der Vollmacht voraussichtlich in Empfang nehmen werde. Das Berufungsgericht erwägt demgegenüber, eine Vollmacht der hier vorliegenden Art berechtige nicht nur zur Empfangnahme der Konkursdividende, sondern zu der des Streitgegenstandes in voller Höhe, gegebenenfalls auch zur Empfangnahme von Abschlagszahlungen bei Zwangsvergleichen.

Bei der Entscheidung der Frage ist von dem in Urteilen des erkennenden Senats mehrfach, namentlich in RGZ. Bd. 122 S. 145 und Bd. 125 S. 90, ausgesprochenen Satze auszugehen, daß es für die Wertbemessung bei der Vollmacht darauf ankommt, welche Berechtigungen und welche Möglichkeiten des rechtlichen Handelns sie dem Bevollmächtigten verleiht. Demnach ist hier darauf abzustellen, welche Möglichkeiten des Tätigwerdens den von den Klägerinnen bevollmächtigten Rechtsanwälten dadurch eröffnet wurden, daß ihnen die Berechtigung zur „Empfangnahme des Streitgegenstandes" beigelegt wurde. Die rein theoretische Möglichkeit, daß es in jedem Konkurs- oder Geschäftsaufsichtsverfahren zur hundertprozentigen Auszahlung der angemeldeten Forderungen kommen könnte, kann hier nicht entscheiden. Vielmehr sind stets die besonderen Umstände des Einzelfalles zu berücksichtigen, und es können nur die Möglichkeiten der Befriedigung der Gläubiger in Betracht kommen, auf die nach der wirtschaftlichen Lage des Gemeinschuldners — oder des Aufsichtsschuldners — mit einiger Bestimmtheit zu rechnen ist. Dabei wird das Verhältnis der Teilungsmasse zur Schuldenmasse maßgebend sein müssen, wie es auch die — sonst hier nicht anwendbare — Vorschrift des § 148 KO. im Auge hat. Nach diesem Maßstab, bei Mitberücksichtigung der Verfahrenskosten, wird abzuschätzen sein, zu welchem Hundertsatze der Forderungen eine Befriedigung der nicht bevorrechtigten Gläubiger in Aussicht steht. Ist ein Zwangsvergleich vorgeschlagen, so wären auch der Inhalt des Vorschlags und die Aussichten seiner Annahme zu berücksichtigen. Maßgebender Zeitpunkt für die Schätzung muß jeweils der Tag der Ausstellung der Empfangnahme-Vollmacht sein; denn die Stempelsteuerpflicht entsteht regelmäßig mit der Vollendung der Beurkundung.

Im Ergebnis stimmt hiernach der erkennende Senat der von Heinitz a. a. O. vertretenen Ansicht zu. Das auf abweichender Rechtsauffassung beruhende Urteil des Kammergerichts ist deshalb aufzuheben und die Sache an die Vorinstanz zurückzuverweisen. Das Kammergericht wird nunmehr auf die Behauptungen der Klägerinnen einzugehen haben, die sich in der Richtung bewegen, daß ihre Forderungen gegen die E.-AG. von vornherein nicht mehr als vollwertig anzusehen gewesen seien.

---

39. 1. Hat sich durch Art. 131 RVerf. etwas geändert an dem durch Art. 77 EG. z. BGB. geschaffenen Rechtszustand, wonach sich der durch die Amtspflichtverletzung eines deutschen Beamten geschädigte Ausländer insoweit an den schuldigen Beamten persönlich halten kann, als keine Haftung des Staates besteht?

2. Kann sich, seitdem laut Bekanntmachung des Preußischen Staatsministeriums vom 12. Dezember 1928 in Ansehung der Staatshaftung für Beamtenverschulden die Gegenseitigkeit im Verhältnis zu den Niederlanden verbürgt ist, ein geschädigter niederländischer Staatsangehöriger an den Preußischen Staat auch wegen solcher Amtspflichtverletzungen preußischer Beamten halten, die vor Inkrafttreten jener Bekanntmachung begangen worden sind?

BGB. § 839. Preuß. Staatshaftungsgesetz vom 1. August 1909 § 7. RVerf. Art. 131.

III. Zivilsenat. Urt. v. 15. April 1930 in S. Preuß. Staat (Streitgehilfe des Kl.) w. B. (Bekl.). III 219/29.

I. Landgericht Elberfeld.

Der Kläger ist niederländischer Staatsangehöriger. Nach seiner Behauptung hat der Beklagte, damals amtsgerichtlicher Vollstreckungsrichter in W., durch Beschluß vom 2. Februar 1926 in der Zwangsvollstreckungssache des Klägers gegen seinen Schuldner Cl. in W. die ihm gegen den Kläger obliegenden Amtspflichten schuldhaft (fahrlässig) verletzt und diesen dadurch geschädigt. Mit der Klage fordert der Kläger Schadensersatz in Höhe von 11000 RM. nebst Zinsen. Der Beklagte hat u. a. eingewendet, der Kläger hätte die Klage nicht gegen ihn, den Richter, sondern gegen den Preußischen Staat erheben müssen. Diesem Einwand stattgebend, hat das Landgericht die Klage abgewiesen. Hiergegen hat der Preußische Staat, dem Kläger als Streitgehilfe beitretend, mit Zustimmung des Beklagten unter Übergehung der Berufungsinstanz Revision eingelegt. Die Revision ist zurückgewiesen worden.

Gründe:

Der Kläger, ein Niederländer, hat seine auf § 839 BGB. gestützte Klage gegen den Beklagten, den angeblich schuldigen Beamten, persönlich gerichtet. Man könnte zweifeln, ob nicht dieser Klage schon die Vorschrift des Art. 131 RVerf. entgegensteht. Der Senat hält jedoch diesen Zweifel nicht für begründet. Vor dem Inkrafttreten der Reichsverfassung von 1919 haftete der deutsche Beamte gemäß § 839 BGB. dem geschädigten Dritten, gleichviel ob Inländer oder Ausländer, unmittelbar, d. h. in eigener Person. Nach Art. 77 EG. z. BGB. waren jedoch die landesgesetzlichen Vorschriften unberührt geblieben, welche das Recht des Geschädigten, von dem Beamten Schadenersatz zu verlangen, insoweit ausschlossen, als der Staat haftete. Hatte das Land von dem Vorbehalt des Art. 77 keinen Gebrauch gemacht, so bewendete es schlechthin bei der persönlichen Haftung des Beamten. Hatte das Land die Staatshaftung zwar an sich eingeführt, sie aber irgendwie beschränkt, so verblieb es bei der persönlichen Haftung des Beamten insoweit, als die Staatshaftung beschränkt war. Dies galt z. B. insoweit, als — wie in Preußen (§ 7 des preuß. Staatshaftungsgesetzes vom 1. August 1909, GS. S. 691) — die Staatshaftung Ausländern gegenüber versagte, wenn nicht die Gegenseitigkeit verbürgt und dies gehörig bekannt gemacht worden war.

Es fragt sich, ob in diesem Rechtszustand kraft des Art. 131 RVerf. ein Wandel eingetreten ist. Nach dieser Vorschrift trifft im Falle einer Amtspflichtverletzung, die, wie hier, in Ausübung öffentlicher Gewalt begangen worden ist, die Verantwortlichkeit „grundsätzlich" den Staat, vorbehaltlich seines Rückgriffs gegen den Beamten. Man könnte dies dahin deuten, daß die persönliche Haftung des Beamten gegenüber dem Geschädigten stets ausgeschlossen sein soll, auch in den Fällen, in denen ausnahmsweise die Staatshaftung versagt. Allein dieser Auffassung ist nicht beizutreten. Nach Art. 131 Abs. 2 RVerf. liegt die nähere Regelung der zuständigen Gesetzgebung ob. Nach der ständigen Rechtsprechung des Reichsgerichts nehmen die bisher schon erlassenen Landesgesetze die Stelle der „zuständigen Gesetzgebung" ein; sie bleiben als eine Art vorweggenommener Ausführungsgesetzgebung bestehen, soweit sie nicht dem Art. 131 RVerf. zuwiderlaufen. Eine Beschränkung der Staatshaftung gegenüber Ausländern läuft dem Art. 131 RVerf. nicht zuwider (vgl. RGZ. Bd. 111 S. 294, ferner RGUrteile vom 30. Oktober 1925 III 645/24, abgedr. JW. 1926 S. 1332 Nr. 1 und Recht 1925 Nr. 2426, und vom 12. Februar 1926 III 103/25). Dem Grundsatz des Art. 131 RVerf. läuft es aber auch nicht zuwider, wenn, falls die Staatshaftung im Hinblick auf eine Ausländerklausel versagt, nun wiederum die persönliche Haftung des Beamten gegenüber dem geschädigten Ausländer Platz greift. Sonst wäre der Ausländer gegenüber Amtspflichtverletzungen deutscher Beamter gänzlich rechtlos gestellt. Das kann nicht die Absicht der Reichsverfassung gewesen sein, die mit der Vorschrift des Art. 131 dem Geschädigten eine größere Rechtssicherheit verschaffen wollte, als sie der Anspruch gegen den Beamten persönlich gewährt. Daß der „Grundsatz" des Art. 131 Abs. 1 überhaupt Ausnahmen zuläßt, erhellt aus dem Vorbehalt des Abs. 2 das. Das erörterte Bedenken greift mithin nicht durch.

Das Landgericht nimmt an, der Kläger könne sich jedenfalls darum nicht an den Beklagten selbst halten, weil nach einer inzwischen am 12. Dezember 1928 erlassenen Bekanntmachung des Preußischen Staatsministeriums (GS. 1929 S. 1) im Verhältnis zu den Niederlanden die Gegenseitigkeit verbürgt ist. Hiergegen wendet sich die Revision des Preußischen Staates, der dem Kläger als Streitgehilfe beigetreten ist. Nach der Meinung der Revision kann ein Niederländer auf Grund der genannten Ministerialbekanntmachung in Verb. mit § 7 preuß. StaatshaftungsG. nur dann Ansprüche gegen das Land Preußen erheben, wenn die Amtspflichtverletzung nach Inkrafttreten der Bekanntmachung, dem 22. Januar 1928, begangen worden ist, nicht aber auch wegen schon früher begangener Amtspflichtverletzungen, wie der Kläger eine solche in dem Beschluß des Beklagten vom 2. Februar 1926 erblickt. Der Auffassung der Revision ist nicht zu folgen. Das Urteil des Senats RGZ. Bd. 111 S. 294 spricht nicht für sie. Dort war ein Inländer durch Amtspflichtverletzung geschädigt; er hatte den Anspruch an eine dänische Firma abgetreten; der Senat hat die Klage des Dänen für zulässig erachtet, mit der Begründung, daß auf den Fall der Abtretung eines Inländeranspruchs an einen Ausländer § 7 a. a. O. keine Anwendung finde, da diese Vorschrift eine materielle Voraussetzung des

Ersatzanspruchs aufstelle, nicht aber dessen Geltendmachung regle. An dieser Entscheidung ist festzuhalten. Aber sie dient der Revision nicht zur Stütze. Denn sofern es sich damals um einen Anspruch handelte, der in der Person eines inländischen Geschädigten entstanden war, waren in der Tat die sachlichrechtlichen Voraussetzungen für den Anspruch gegeben. Im übrigen lautet die Bekanntmachung des Staatsministeriums allgemein. Sie deckt alle Fälle und beseitigt ein Hindernis, das bis dahin der Durchführung des Anspruchs entgegengestanden hatte. Folgeweise muß mit der Beseitigung des Hindernisses die Bahn frei sein für die Durchführung aller Ansprüche, denen bisher das Hindernis im Wege gestanden hatte. Nichts spricht dafür, daß das Hindernis nur für zukünftige Amtspflichtverletzungen beseitigt sein, d. h. die Gegenseitigkeit nur als für die Zukunft gewährleistet erklärt werden sollte. Wäre das die Absicht des Staatsministeriums bei Erlassung der Bekanntmachung gewesen, so hätte es deutlich zum Ausdruck gebracht werden müssen. Um eine „rückwirkende Kraft" im Sinne der Revision handelt es sich dabei nicht. Den von der Revision hervorgehobenen Bedenken könnte und müßte durch diplomatische Verhandlungen oder durch geeignete Fassung des Staatsvertrags begegnet werden.

---

40. 1. Betrifft § 4 Abs. 2 Satz 2 der Aufwertungs-Novelle auch Einreden des Eigentümers aus §§ 1137, 1169 BGB.?

2. Begründet bei einer hypothekarisch gesicherten Forderung die Vereinbarung zwischen dem Gläubiger und dem persönlichen Schuldner, daß sich jener nur an den Grundstückseigentümer halten dürfe, für den Eigentümer eine Einrede aus §§ 1137, 1169 BGB.?

V. Zivilsenat. Urt. v. 30. April 1930 i. S. L. (Bekl.) w. K. (Kl.). V 84/29.

I. Landgericht III Berlin.
II. Kammergericht daselbst.

Auf einem Hause in Charlottenburg waren seit 1903 für die Beklagte zwei Darlehenshypotheken von 50000 M. und 125000 M. eingetragen. Im August 1909 erwarben die Brüder G. das Grundstück und wurden persönliche Schuldner der Darlehensforderungen der Beklagten. Sie verkauften am 6. Oktober 1922 das Grundstück an K., mit dem die Klägerin damals verheiratet war. Der Erwerber übernahm die Hypotheken der Beklagten in Anrechnung auf den Kaufpreis, wurde am 23. Juni 1923 als Eigentümer eingetragen und zahlte die Hypotheken am 2. Juli 1923 zurück. Die Beklagte erteilte ihm löschungsfähige Quittung. Auf Antrag des Eigentümers wurden die Hypotheken am 28. März 1924 gelöscht.

Im Oktober 1925 meldete die Beklagte die gelöschten Hypotheken und die ihnen zugrunde liegenden Forderungen zur Aufwertung in Höhe von 25% an. Als dinglichen Schuldner nahm sie den Eigentümer K., als persönliche Schuldner die Brüder G. in Anspruch. Alle Anspruchsgegner erhoben Einspruch mit Abwertungsanträgen nach § 15 Satz 2 AufwG. Während das Verfahren bei der Aufwertungsstelle schwebte, teilten die Brüder G. der Beklagten die im Vertrag vom 6. Oktober 1922 vereinbarte Schuldübernahme des K. mit. Die Beklagte verweigerte die Genehmigung zum Schuldnerwechsel. Die Aufwertungsstelle setzte daraufhin die Aufwertung der persönlichen Forderungen auf 15% fest und begrenzte demgemäß (§ 4 AufwG.) auch die dingliche Aufwertung auf diesen Betrag, bemerkte aber in den Gründen, daß der Einspruch des Eigentümers K. an sich unbegründet sei. Die Beklagte legte sofortige Beschwerde ein. Während das Verfahren beim Landgericht schwebte, setzte sie sich mit den Brüdern G. in Verbindung, um sie zur Aufgabe ihrer Abwertungsanträge zu veranlassen, und schrieb ihnen am 14. Januar 1927: Sie sollten aus der persönlichen Schuldverpflichtung hinsichtlich der Hypotheken nicht in Anspruch genommen werden, sondern seien mit Rücksicht auf die Vorschriften des Aufwertungsgesetzes lediglich formell als persönliche Schuldner aufgeführt. Die Gläubigerin begnüge sich mit der Sicherheit des Pfandgrundstücks und werde die Empfänger des Briefes aus der persönlichen Schuldverpflichtung nicht in Anspruch nehmen, was praktisch der Genehmigung der Schuldübernahme gleich komme. Ein Bruder G. nahm daraufhin den Einspruch gegen die Anmeldung der Beklagten zurück und erkannte die Aufwertung in Höhe von 25% als berechtigt an. Der Eigentümer K. machte aber nunmehr geltend, daß die Beklagte mit der Preisgabe der persönlichen Forderungen auch die dinglichen Ansprüche einer vernichtenden Einrede unterworfen habe (§ 1137 BGB.).

Das Landgericht setzte die Aufwertung der persönlichen Forderungen und der Hypotheken auf 25% fest, indem es in der Begründung ausführte, daß die Einrede des Eigentümers aus § 1137 BGB. nicht durchgreife. Das Kammergericht wies die sofortige weitere Beschwerde des K. zurück. Es betonte in den Gründen, daß das Landgericht als Beschwerdegericht mangels einer Zuständigkeitsvereinbarung aus § 71 AufwG. keine sachliche Entscheidung über die Einrede aus § 1137 BGB. habe treffen dürfen und daß die vom Gericht der weiteren Beschwerde erlassene Entscheidung über die Höhe der Aufwertung nicht das Recht des Eigentümers berühre, im Prozeßweg mit jener Einrede den Anspruch dem Grunde nach zu bekämpfen. Inzwischen hatte K., nachdem seine Ehe mit der Klägerin geschieden worden war, das Grundstück ihr als eingebrachtes Gut überwiesen und aufgelassen. Sie war am 19. Mai 1927 als Eigentümerin eingetragen worden. Unter Berufung auf den erwähnten Beschluß des Kammergerichts und auf § 4 AufwNov. beantragte die Beklagte im November 1927 die Wiedereintragung der gelöschten Hypotheken unter Umwandlung in Grundschulden in der vom Kammergericht festgesetzten Höhe. Diesem Antrag gemäß wurden am 17. Dezember 1927 für sie zwei Grundschulden von 12485 GM. und 31164 GM. eingetragen. Die Klägerin begehrt nunmehr, gestützt auf die bereits im Beschwerdeverfahren erhobene Einrede aus § 1137 BGB., die Verurteilung der Beklagten zur Löschung der Grundschulden. Der Klage wurde beim Landgericht teilweise, beim Kammergericht in vollem Umfang stattgegeben. Die Revision der Beklagten führte zur Abweisung der Klage aus folgenden

Gründen:

Das Berufungsgericht geht davon aus, daß die Beklagte mit den persönlichen Schuldnern G. im Januar 1927 folgenden Vertrag geschlossen hat: Die Beklagte sollte auf die Geltendmachung der persönlichen Forderungen gegen die Schuldner G. verzichten; diese sollten dafür im Aufwertungsverfahren ihre Abwertungsanträge fallen lassen und die Aufwertung in Höhe von 25% anerkennen; damit sollte unter Beseitigung der Klippe des § 4 AufwG. den dinglichen Aufwertungsansprüchen der Beklagten gegen den Grundstückseigentümer in Höhe von 25% freie Bahn geschaffen werden. Der in diesem Vertrag enthaltene Verzicht der Beklagten auf die Inanspruchnahme der persönlichen Schuldner begründe, so meint das Berufungsgericht weiter, auch für den Grundstückseigentümer nach §§ 1137, 1169 BGB. eine die Aufwertungsansprüche aus den Hypotheken vernichtende Einrede, kraft deren die Klägerin den Verzicht der Beklagten auf die Hypotheken verlangen könne. Die Einrede wirke nach § 4 Abs. 2 Satz 2 AufwNov. auch gegen die jetzt für die Beklagte eingetragenen Grundschulden.

Die Revision rügt Verkennung der soeben erwähnten Vorschrift. Sie meint, diese Vorschrift finde keine Anwendung bei Einwendungen, die auf den „spezifisch aufwertungsrechtlichen" Beziehungen zwischen dem Gläubiger und dem persönlichen Schuldner beruhen. Zweck der §§ 4flg. AufwNov. sei, die Unzuträglichkeiten zu beseitigen, die sich aus der Verknüpfung der dinglichen mit der persönlichen Aufwertung im § 4 AufwG. ergeben hätten; insbesondere wolle das neue Gesetz den zwangsläufigen Wirkungen begegnen, die bisher eine erfolgreiche Geltendmachung der Härteklauseln durch den persönlichen Schuldner für die Haftung des einer herabgesetzten Aufwertung nicht würdigen Eigentümers gezeitigt hätten. Das im Januar 1927 zwischen der Beklagten als Gläubigerin und den persönlichen Schuldnern G. getroffene Abkommen habe lediglich demselben Zweck gedient, könne also der Anwendung des § 4 Abs. 1 und Abs. 2 Satz 1 AufwNov. nicht entgegenstehen, zumal da nach § 6 das. der Gläubiger die gewöhnliche Aufwertung gegen den Eigentümer selbst dann noch durchsetzen könne, wenn der persönliche Schuldner die Herabsetzung bereits erzielt habe. Der § 4 Abs. 2 Satz 2 müsse deshalb dahin ausgelegt werden, daß die Klägerin der Beklagten nur solche Einreden entgegensetzen dürfe, die den persönlichen Schuldnern schon vor dem Abkommen vom Januar 1927 zugestanden hätten.

Es mag dahingestellt bleiben, ob der Zweck der Aufwertungsnovelle dem Gesetzgeber eine Beschränkung der Einreden des Eigentümers aus dem persönlichen Schuldverhältnis heraus hätte nahe legen können. Im Gesetz hat diese Beschränkung keinen Ausdruck gefunden. Sowohl § 4 Abs. 2 Satz 2 als auch § 6 Abs. 4 Satz 2 AufwNov. hält vielmehr dem Eigentümer alle Einreden offen, die er zur Zeit der Eintragung der Umwandlung gegen die aufgewertete Hypothek geltend machen konnte. Für die Einreden aus § 1137 BGB. ist keine Ausnahme gemacht. Die Gesetzesbegründung läßt diese Einreden ausdrücklich ausnahmslos bestehen. Dem folgt das Schrifttum

(Mügel S. 433; Quassowski S. 875; Schlegelberger-Harmening S. 720 unter 6). Auch der erkennende Senat ist dieser Ansicht beigetreten. Die Klägerin darf hiernach den Grundschulden der Beklagten alle Einreden entgegensetzen, die etwa den persönlichen Schuldnern G. am 17. Dezember 1927 aus dem Abkommen mit der Beklagten gegen die Hypothekenforderungen zustanden, und könnte den Verzicht der Beklagten auf die Grundschulden verlangen, wenn jene Einreden die Geltendmachung der Hypotheken dauernd ausschlössen (§§ 1137, 1169 BGB.). Die Entscheidung des Rechtsstreits hängt also von der Beurteilung der Rechtsfolgen des im Januar 1927 geschlossenen Abkommens ab. Hier konnte aber die Ansicht des Berufungsgerichts nicht gebilligt werden, daß durch das Abkommen für die Klägerin eine Einrede aus den §§ 1137, 1169 BGB. begründet worden sei.

Der Rechtsirrtum des angefochtenen Urteils liegt darin, daß es unter Verletzung der gesetzlichen Auslegungsregeln der §§ 133, 157 BGB. in dem zu würdigenden Abkommen einseitig die Erklärungen der Vertragsparteien über den Verzicht der Beklagten auf die Geltendmachung der Forderungen gegen die persönlichen Schuldner betont und die ebenso wichtigen, den eigentlichen Vertragszweck zum Vertragsinhalt erhebenden Erklärungen über die Aufrechterhaltung der Ansprüche gegen den dinglichen Schuldner vernachlässigt. Der Vertrag darf nur als Ganzes betrachtet werden und zeigt dann, daß sein Inhalt nicht etwa auf die Beseitigung der dinglich geschützten Forderungen gerichtet war, sondern nur auf die Beschränkung ihrer Befriedigung aus dem verpfändeten Grundstück. Ob eine solche Vereinbarung zwischen dem Gläubiger und dem persönlichen Schuldner bei einer Hypothek rechtlich zulässig ist, kann freilich zweifelhaft sein. Die Motive zum Bürgerlichen Gesetzbuch (Bd. 3 S. 611) möchten sie ausschließen, um die klare Grenzziehung zwischen Hypothek und Grundschuld nicht zu verdunkeln und zu verwischen. Die Wissenschaft (vgl. Planck-Strecker 4. Aufl. Bd. 3 S. 771 unter 5a) neigt aber zur entgegengesetzten Ansicht und hält eine Vereinbarung zwischen Gläubiger und Schuldner, wonach sich der Gläubiger nur an das belastete Grundstück halten darf, mit dem Bestehen einer hypothekarisch sicherungsfähigen Forderung und mit dem Wesen der Hypothek nicht für unvereinbar. In der Rechtsprechung — insbesondere der des Reichsgerichts — scheint die Frage bisher nicht zum Austrag gelangt zu sein. Sie braucht auch hier nicht entschieden zu werden. Denn wenn das Abkommen zwischen der Beklagten und den persönlichen Schuldnern rechtlich zulässig und deshalb wirksam ist, so begründet es für die Schuldner doch keine Einrede, mit der sie der Geltendmachung der Forderungen schlechthin widersprechen könnten, sondern gibt ihnen nur das Recht, die Beklagte als Gläubigerin einredeweise auf die Rechtsverfolgung gegen die Klägerin zu verweisen. Eine Einrede dieses Inhalts nützt der Klägerin nichts; eine inhaltlich über das Einrederecht der Schuldner G. hinausgehende Einrede kann sie aus dem Vertrag zwischen den Schuldnern und der Beklagten nicht für sich herleiten. Wenn aber das Abkommen mit dem vereinbarten Inhalt rechtlich unzulässig ist, so begründet es für die Schuldner G. und damit auch für die Klägerin überhaupt kein Einrederecht. Es läuft dann auf den vergeblichen Versuch hinaus, den Hypotheken vertraglich einen Inhalt zu geben, den sie gesetzlich nicht haben können. Ein derartiger Vertrag ist auf eine unmögliche Leistung gerichtet und deshalb nichtig (§ 306 BGB.), kann also weder für die Vertragsparteien noch für den Grundstückseigentümer Rechtsfolgen haben. Aus ihm erwachsen für den Grundstückseigentümer keine Einreden nach §§ 1137, 1169 BGB. Hiernach kann die Klägerin, gleichviel ob das Abkommen der Beklagten mit den persönlichen Schuldnern gültig oder ungültig ist, aus ihm keine Einrede der soeben erwähnten Art gegen die beim Vertragsschluß noch als Hypotheken bestehenden, jetzt in Grundschulden umgewandelten Grundstücksrechte der Beklagten herleiten.

---

41. Kann der Anspruch auf Auflassung eines Grundstücks auch zugunsten des jeweiligen Eigentümers eines anderen Grundstücks vorgemerkt werden?

BGB. § 883.

V. Zivilsenat. Beschl. v. 3. Mai 1930 in einer Grundbuchsache. V B 6/30.

I. Amtsgericht (Grundbuchamt) Militsch.
II. Landgericht Oels.

Das Reichsgericht hat die Frage bejaht aus folgenden

Gründen:

In notariellen Verträgen von 1929 haben Käufer von Trennstücken des Ritterguts P. die Eintragung von Vormerkungen zugunsten des jeweiligen Eigentümers dieses Ritterguts zur Sicherung bedingter Rückauflassungsansprüche bewilligt und beantragt. Das Grundbuchamt hat eine Eintragung zugunsten des jeweiligen Eigentümers als unzulässig beanstandet und gemäß § 18 GBO. zur Hebung des Hindernisses eine Frist von zwei Wochen gesetzt. Die hiergegen gerichtete Beschwerde des Eigentümers von P. und Verkäufers der Trennstücke ist vom Landgericht zurückgewiesen worden. Der weiteren Beschwerde möchte das Kammergericht stattgeben; es sieht sich aber an eigener Entscheidung gehindert durch frühere Beschlüsse des Oberlandesgerichts Dresden vom 3. August 1919 (ROLG. Bd. 40 S. 35) und des Obersten Landesgerichts München vom 13. März 1926 (JFG. Bd. 4 S. 347). Das Oberlandesgericht Dresden hat die Versagung einer Auflassungsvormerkung zugunsten des jeweiligen Eigentümers eines anderen Grundstücks gebilligt mit der Ausführung, daß ein Anspruch auf Auflassung in dieser Art nicht begründet werden könne, weil er rechtlich nichts anderes als ein mit dem Eigentum am berechtigten Grundstück verbundenes Recht (§ 96 BGB.) darstellen würde, der Kreis dieser subjektiv-dinglichen Rechte aber geschlossen und nicht erweiterungsfähig sei. Das Oberste Landesgericht München hat die Frage erwogen, ob die Umdeutung eines nicht gültig bestellbaren dinglichen Vorkaufsrechts mit fest bestimmtem Kaufpreis in ein durch Auflassungsvormerkung für den jeweiligen Eigentümer zu sicherndes schuldrechtliches Vorkaufsrecht möglich sei, ist aber zur Verneinung gelangt. Denn das schuldrechtliche Vorkaufsrecht unterstehe den allgemeinen Rechtssätzen über Schuldverhältnisse, wonach diesen eine Rechtsbeziehung zwischen zwei bestimmten Personen wesentlich sei, während im gegebenen Fall, abgesehen vom Vertragsgegner, eine unübersehbare Reihe von gegenwärtig noch ganz unbestimmten Personen als weitere Gläubiger hätten berechtigt werden sollen. Beide Entscheidungen halten demnach die Vormerkung eines Anspruchs zugunsten einer Reihe von noch unbestimmten, sich ablösenden Personen für unzulässig. Mit ihnen würde die vom Kammergericht beabsichtigte Zulassung der Eintragung einer Auflassungsvormerkung zugunsten des jeweiligen Eigentümers eines Grundstücks in Widerspruch treten. Da es sich auch um eine das Grundbuchrecht betreffende reichsgesetzliche Vorschrift, nämlich um die des § 883 Abs. 1 BGB. handelt, bei deren Auslegung das Kammergericht von zwei auf weitere Beschwerde ergangenen oberlandesgerichtlichen Entscheidungen abweichen will, so ist die Vorlegung gemäß § 79 GBO. zu Recht erfolgt und die Zuständigkeit des Reichsgerichts begründet.

Die streitige Frage muß im Sinne des Kammergerichts bejaht werden. Mit dem vorlegenden Gericht ist davon auszugehen, daß es sich bei der Vormerkung gemäß § 883 BGB. um die Sicherung eines schuldrechtlichen Anspruchs handelt, und daß deshalb auch die Frage nach der Zulässigkeit der beantragten Vormerkung in erster Linie nicht nach sachenrechtlichen Grundsätzen zu beurteilen ist, sondern nach denen des Rechts der Schuldverhältnisse, die für den zu sichernden Anspruch maßgebend sind. Dem Oberlandesgericht Dresden kann nicht darin beigetreten werden, daß der Auflassungsanspruch des jeweiligen Eigentümers eines Grundstücks rechtlich nichts anderes sei als ein mit dem Eigentum an einem Grundstück verbundenes Recht im Sinne des § 96 BGB., dessen Begründbarkeit an der Geschlossenheit des Kreises der subjektiv-dinglichen Rechte scheitern müsse. Die wirtschaftlichen Wirkungen mögen sich vielleicht decken. Das ist aber kein Grund und keine Rechtfertigung dafür, den rechtlichen Unterschied zwischen dem subjektiv-dinglichen Recht und dem durch Vormerkung nur in bestimmter Richtung dinglich gesicherten, sonst aber bloß persönlichen Anspruch des jeweiligen Eigentümers eines Grundstücks zu leugnen oder abzulehnen. Hier steht lediglich zur Entscheidung, ob das Recht der Schuldverhältnisse es zuläßt, einen persönlichen Auflassungsanspruch so zu begründen, daß die Person des Gläubigers jeweils durch ein sachliches Merkmal bestimmt wird, nämlich durch die Eigenschaft als Eigentümer eines anderen Grundstücks. Wenn, wie im vorliegenden Falle, der Eigentümer eines Landguts Trennstücke zu Siedlungszwecken veräußert, so liegt es nahe, daß er sich für den Fall der Nichterreichung des Siedlungszwecks den Rückerwerb zum Stammgut nicht nur überhaupt, sondern gerade in der besonderen Gestaltung sichern will, daß dem jeweiligen Eigentümer des Stammguts der Anspruch auf Rückauflassung zustehen soll. Besteht also kein Grund, das Vorliegen eines rechtlichen Bedürfnisses zu bezweifeln, so kann die Geschlossenheit des Kreises der subjektiv-dinglichen Rechte im Sachenrecht kein Grund gegen die Zulassung einer schuldrechtlichen Ersatzform sein.

Kraft des das Schuldrecht beherrschenden Grundsatzes der Vertragsfreiheit ist aber die Begründung eines Auflassungsanspruchs für den jeweiligen Eigentümer eines anderen Grundstücks als möglich anzuerkennen (Planck-Strecker 4. Aufl. § 883 BGB. A 1 d S. 179). Wenn jener Grundsatz der Parteivereinbarung freigibt, was ihr nicht ausdrücklich entzogen ist, so muß entscheidend sein, daß ein Verbot der Schaffung eins (bedingten) Anspruchs in der Weise, daß die Person des Gläubigers jeweils durch ein sachliches Merkmal bestimmt wird, im Gesetz weder ausdrücklich ausgesprochen, noch den Vorschriften des Rechts der Schuldverhältnisse mittelbar zu entnehmen ist. Für die Zulässigkeit zieht vielmehr das Kammergericht mit Recht die Vorschriften über die Verträge zugunsten Dritter heran. Allerdings unterscheiden sich Fälle der vorliegenden Art von der regelmäßigen Gestaltung solcher Verträge insofern, als hier der an erster Stelle Begünstigte nicht ein Dritter, sondern der Vertragsgegner und Versprechensempfänger selbst ist, und als ferner nicht bloß ein begünstigter Dritter, sondern möglicherweise eine Reihe von solchen in Betracht kommt, die, durch ein sachliches Merkmal im voraus bestimmt, aufeinander folgen. Aber das begründet keinen Unterschied, der zu abweichender rechtlicher Beurteilung nötigt. Dem Bedenken, welches das Kammergericht selbst daraus herleitet, daß seine Begründung zur Annahme einer Mehrheit von Vormerkungen für eine Mehrheit von Ansprüchen führe, kann kein Gewicht beigemessen werden. Denn in Wahrheit handelt es sich nur um eine Vormerkung, die einen Anspruch sichert, nur mit der Maßgabe, daß das Subjekt dieses Anspruchs nach einer bestimmten Eigenschaft, hier nach dem Eigentum an einem anderen Grundstück, wechselt. Es ist deshalb auch nicht stichhaltig, wenn das Oberste Landesgericht München entgegenhält, daß § 241 BGB. nur von „dem" Gläubiger spreche und daß das Bürgerliche Gesetzbuch nur im Gesamtschuldverhältnis eine Mehrheit von Gläubigern kenne. Auch daraus, daß der Regelfall des Gesetzes nur einen bestimmten Gläubiger kennt, läßt sich unter dem Grundsatz der Vertragsfreiheit kein durchschlagender Einwand gegen die Zulässigkeit der Begründung von Ansprüchen zugunsten eines Gläubigers entnehmen, der nicht von vornherein individuell endgültig bestimmt, dessen Bestimmung vielmehr der ablaufenden Zeit überlassen, aber durch ein sachliches Merkmal gesichert ist.

Der Anspruch auf Auflassung eines Grundstücks ist an sich ein schuldrechtlicher Anspruch, der nach § 883 Abs. 1 BGB. durch Vormerkung gesichert werden kann, auch wenn er nur bedingt besteht. Ergeben sich aber vom Standpunkt des Schuldrechts aus keine Bedenken gegen die Begründung eines Anspruchs dieses Inhalts zugunsten des jeweiligen Eigentümers eines anderen Grundstücks, so könnte sich nur noch fragen, ob der Sicherung eines solchen Anspruchs durch Vormerkung im Grundbuch etwa Grundsätze des Grundbuchrechts hindernd im Wege stehen. Hier käme der Grundsatz der Spezialität in Frage. Etwaige Bedenken aus dieser Richtung werden aber dadurch entkräftet, daß das Merkmal, nach dem sich hier der jeweils Berechtigte bestimmt, zugleich dessen Erkennung in demselben Maße sicherstellt, wie dies das Grundbuch überhaupt ermöglicht. Denn da der Auflassungsanspruch zugunsten des jeweiligen Eigentümers eines Grundstücks vorgemerkt werden soll, ist auch dessen Feststellung aus dem Grundbuch — wennschon nicht desselben Grundstücks, aber aus einem nach denselben Grundsätzen geführten Grundbuch — in demselben Maße gewährleistet, wie dieses über die Person des jeweiligen Grundstückseigentümers Auskunft gibt.

Es darf noch darauf hingewiesen werden, daß der III. Zivilsenat des Reichsgerichts im Urteil vom 30. Juni 1911 (SeuffArch. Bd. 67 Nr. 174) die Möglichkeit, bei Grundstücksverkäufen Baubeschränkungen zugunsten künftiger Käufer anderer Trennstücke, also noch ungewisser, aber durch den Eintritt in einen gewissen Zustand — nämlich den Erwerb und Besitz eines Grundstücks — bestimmter Personen zu begründen, als dem Recht des Bürgerlichen Gesetzbuchs nicht fremd anerkannt hat. Die Rechtsprechung zu § 1179 BGB. heranzuziehen, hat das Kammergericht zwar abgelehnt, da es sich hier um eine Sondervorschrift handle. Immerhin kann jedoch erwähnt werden, daß das Reichsgericht kein Bedenken getragen hat, die Löschungsvormerkung des § 1179 zugunsten des jeweiligen Gläubigers einer anderen Hypothek zuzulassen (RGZ. Bd. 63 S. 152; RGUrt. vom 11. Juni 1910 V 610/09 und sonst).

Die Zwischenverfügung des Grundbuchamts und der sie billigende Beschluß des Landgerichts waren hiernach aufzuheben.

42. Sittenwidriger Darlehensvertrag.

BGB. § 138.

II. Zivilsenat. Urt. v. 15. Februar 1929 i. S. K. (Kl.) w. F. D.-AG. (Bekl.). II 400/28.

I. Landgericht I Berlin.
II. Kammergericht daselbst.

Der Kläger kaufte durch Vertrag vom 23. Januar 1926 von den H.-Automobilwerken AG. eine Expreßdroschke für 12800 RM. Davon hatte er $^1/_4$ mit 3200 RM. anzuzahlen, was geschehen ist; der Rest war in Raten abzutragen. Bis zur vollständigen Zahlung des Kaufpreises behielten sich die H.-Werke das Eigentum an der Droschke vor. Sie wurde dem Kläger noch im Januar 1926 übergeben. Schon vorher hatte dieser mit der Beklagten, welche gewerbsmäßig Automobilkäufe finanziert, einen vom 22. Dezember 1925 datierten „Darlehensvertrag" geschlossen, wonach ihm die Beklagte zur Zahlung des Restkaufpreises ein Darlehen von 9600 RM. gewährte. Diesen Betrag (die restliche Kaufpreissumme) zahlte die Beklagte an die H.-Werke, worauf diese ihr Eigentum an dem Wagen an sie übertrugen.

Der Kläger hat die Januar- und die Februar-Rate 1926 mit je 637,30 RM. an die Beklagte entrichtet. Die Raten für März, April und Mai wurden nach Behauptung der Beklagten ohne rechtfertigenden Grund nur teilweise gezahlt. Am 8. Juni 1926 setzte sich die Beklagte in den Besitz des Wagens. Am 16. Juli 1926 bestimmte sie zur Zahlung der ganzen, einschließlich 4% Vertragsstrafe auf 9103,15 RM. berechneten restlichen Darlehenssumme dem Kläger eine Frist bis zum 23. Juli 1926 unter Hinweis darauf, daß er mit der Zahlung der Ende Mai verfallenen Rate länger als 2 Tage im Verzug geblieben sei. Nach fruchtlosem Ablauf der Frist werde sie — so heißt es in dem Schreiben weiter — den Wagen entweder freihändig, nicht unter dem von einem Sachverständigen anzugebenden Schätzungspreis, verwerten oder ihn öffentlich versteigern lassen. Am 23. Juli teilte sie dem Kläger mit, daß sie den Wagen zu dem vom Sachverständigen Ingenieur F. angesetzten Preise von 4500 RM. verwertet habe; nach Abzug dieses Betrags von ihrer

Forderung von 9103,15 RM. blieben noch 4603,15 RM., die sie gegen den Kläger geltend machen werde.

Im gegenwärtigen Rechtsstreit beantragt der Kläger einmal Feststellung dahin, daß die Beklagte aus dem Darlehensvertrag vom 22. Dezember 1925 keine Forderung gegen ihn habe, und weiterhin Verurteilung der Beklagten zur Zahlung von 500 RM. Schadensersatz. Er machte geltend: Der Darlehensvertrag sei wucherisch und verstoße gegen die guten Sitten; durch die Wegnahme des Wagens sei ihm ein Verdienstausfall in viel höherem Betrage als 500 RM. entstanden. Die Beklagte bestritt die Sittenwidrigkeit des Darlehensvertrags und ihre Verpflichtung zum Schadensersatz.

Der erste Richter gab der Klage statt, das Berufungsgericht wies sie ab. Die Revision des Klägers führte zur Aufhebung und Zurückverweisung.

Gründe:

Der Berufungsrichter hält den Darlehensvertrag vom 22. Dezember 1925 für rechtsgültig. Er nimmt an, es handle sich dabei wirklich um ein Darlehen (in Höhe von 9600 RM.), das die Beklagte dem Kläger gewährt habe, und zwar in der Weise, daß sie den vom Kläger den H.-Werken geschuldeten Restkaufpreis im Betrag von 9600 RM. an diese Werke gezahlt habe. Nach der Auffassung des Vorderrichters liegt also ein Kaufgeschäft vor, das der Kläger mit den H.-Werken abgeschlossen hat. Damit verwirft das angefochtene Urteil die Beurteilung der Sachlage dahin, daß der Kaufvertrag über den Kraftwagen in Wirklichkeit zwischen dem Kläger und der jetzigen Beklagten abgeschlossen worden sei und diese sich nur der H.-Werke als vorgeschobener Person — angeblicher Verkäuferin — bedient habe. Infolgedessen könne, so führt das Urteil weiter aus, das Reichsgesetz betr. die Abzahlungsgeschäfte vom 16. Mai 1894 auf die Rechtsbeziehungen zwischen den Prozeßparteien keine Anwendung finden. Davon, daß sich die Beklagte die vom Kläger an die H.-Werke geleistete Anzahlung von 3200 RM. auf ihre Forderung an ihn anrechnen lassen müsse, könne unter diesen Umständen keine Rede sein. Dagegen müsse sie sich den Betrag anrechnen lassen, den sie bei der Verwertung des streitigen Wagens erlöst habe und den sie auf 4500 RM. angebe. Wenn man aber auch den vom Kläger angegebenen Wertbetrag von 7000 RM. absetze, so bleibe immer noch zugunsten der Beklagten ein Rest von 2329,55 RM. Die Angriffe, die der Kläger aus § 138 BGB. gegen die Rechtsbeständigkeit des Darlehensvertrags erhoben hat, weist der Berufungsrichter zurück; es liege weder ein wucherliches (§ 138 Abs. 2) noch ein sonst gegen die guten Sitten verstoßendes Rechtsgeschäft (§ 138 Abs. 1) vor.

Weiterhin erklärt das Berufungsgericht die Schadensersatzforderung, die sich der Kläger in Höhe von 9250 RM. zuschreibt und mit der er aufrechnen will, für unbegründet. Allerdings habe sich die Beklagte bei der Art und Weise, wie sie sich in den Besitz des Wagens setzte, einer verbotenen Eigenmacht und insofern einer unerlaubten Handlung (§ 823 Abs. 2 in Verb. mit § 855 BGB.) schuldig gemacht. Dem Kläger stehe aber trotzdem kein Schadensersatzanspruch zu, weil er nicht dargetan habe, daß ihm aus der Wegnahme des Wagens ein Schaden erwachsen sei. Letzteres könne deshalb nicht angenommen werden, weil der Kläger wegen seines am 8. Juni 1926 schon eingetreten gewesenen Zahlungsverzugs (von mehr als 2 Tagen) nach §§ 5 und 6 des Darlehensvertrags den Wagen doch nicht hätte behalten dürfen. Denn die Beklagte habe nach diesen Bestimmungen das Recht gehabt, die ganze Restforderung fällig zu machen und den Wagen ohne Anrufung des Gerichts an sich zu nehmen. Die Vorschrift des § 4 Abs. 2 des Gesetzes über die Abzahlungsgeschäfte stehe dem nicht entgegen, weil dieses Gesetz auf die Beziehungen zwischen dem Kläger und der Beklagten keine Anwendung finde. Seien aber am 8. Juni 1926 die Voraussetzungen für die Wegnahme des Wagens durch die Beklagte gegeben gewesen, so sei der Kläger durch die Wegnahme nicht geschädigt. Damit entfalle der Schadensersatzanspruch des Klägers und die Möglichkeit der Aufrechnung.

Die erste Rüge der Revision wendet sich gegen die Annahme, daß das Gesetz über die Abzahlungsgeschäfte hier nicht anwendbar sei. Dieser Angriff kann keinen Erfolg haben. Es ist zwar richtig, daß der mit den H.-Werken abgeschlossene Kaufvertrag und der Darlehensvertrag im engsten Zusammenhang miteinander stehen. Dies ergibt sich schon daraus, daß der Darlehensvertrag einige Zeit *vor* dem Kaufvertrag geschlossen und daß jeder der beiden Verträge im andern in Bezug genommen ist (der Darlehensvertrag im Kaufvertrag durch die Bemerkung „Rest über Indag", wonach der Restkaufpreis nach Anzahlung von 1/4 gemäß den Bestimmungen des Darlehensvertrags zu tilgen war). Aller Wahrscheinlichkeit nach wäre es überhaupt nicht zum Abschluß des Kaufvertrags gekommen, wenn sich der Kläger nicht vorher auf die Darlehensgewährung durch die Beklagte unter den Bedingungen des Vertrags vom 22. Dezember 1925 eingelassen hätte. Das Darlehen von 9600 RM. hat der Kläger dadurch erhalten, daß unstreitig die Beklagte den Restkaufpreis in dieser Höhe (3/4 von 12800 RM.) für ihn an die H.-Werke gezahlt hat. Gerade daraus aber in Verbindung mit der Tatsache, daß auch der Kläger seine Anzahlung von 3200 RM. an die H.-Werke gemacht hatte, ergibt sich die rechtliche Beurteilung, daß als Verkäuferin des Wagens dem Kläger gegenüber die Firma H.-Werke und nicht die Beklagte anzusehen ist. Hieran vermag der Umstand nichts zu ändern, daß im Darlehensvertrag (§ 5) von vornherein das Einrücken der Beklagten in die durch den Eigentumsvorbehalt für die Verkäuferin zu begründende Rechtsstellung vorgesehen war. Die Beziehungen zwischen den H.-Werken und der Beklagten sind zu wenig geklärt, als daß angenommen werden könnte, die Beklagte habe sich der H.-Werke nur als Strohmanns bedient (um den Schein hervorzurufen, als wäre diese Firma die Verkäuferin), in Wirklichkeit habe es sich um ein Kaufgeschäft zwischen den Prozeßparteien gehandelt. Was der Kläger über die Beziehungen der beiden Firmen zueinander vorgetragen hat, reicht, auch wenn es durchweg als richtig unterstellt wird, nicht aus, um gegenüber den angeführten Umständen darzutun, daß die Firma H.-Werke bei derartigen Automobilverkäufen nur im Auftrag und für Rechnung der Beklagten tätig zu werden pflege und daß sie auch den hier fraglichen Kaufvertrag in diesem Sinne abgeschlossen habe. Die Annahme, der Darlehensvertrag sei ein verstecktes Kaufgeschäft gewesen, ist daher vom Berufungsgericht ohne Rechtsirrtum abgelehnt worden. Daraus folgt, daß das Gesetz über die Abzahlungsgeschäfte keine Anwendung findet.

Begründet ist dagegen die Auffassung der Revision, daß der Darlehensvertrag gegen § 138 Abs. 1 BGB. verstoße. Der Vertragsgegner der Beklagten war, wie dieser nicht verborgen bleiben konnte, ein sog. kleiner Mann, der sich durch Ankauf und Betrieb der Droschke einen Erwerb verschaffen wollte und nur wenig mehr an Mitteln zur Verfügung hatte, als nötig war, um die Anzahlung von 3200 RM. zu leisten. Wenn einem solchen Manne die Verpflichtung auferlegt wurde, 1 1/2 Jahre hindurch monatliche Abschlagszahlungen von je 637,30 RM. zu leisten (auf den einzelnen Tag kommen hierbei rund 21 RM.), so war es von vornherein klar, zum mindesten aber in hohem Grade wahrscheinlich, daß diese Verpflichtung bestenfalls für einige wenige Monate pünktlich werde erfüllt werden können, daß aber über kurz oder lang der Verzugsfall eintreten werde. In die 18 Raten von 637,30 RM. (macht zusammen 11471,40 RM.) waren 19,5% „Provision" aus 9600 RM. eingerechnet. In Wirklichkeit war dieser „Provisionssatz" (richtiger vielleicht „Zinssatz") dann, wenn man den jeweils geschuldeten Betrag zugrunde legt, wesentlich höher als 19,5%, weil bei dieser Berechnung auf die nach dem Vertrag zu leistenden monatlichen Abzahlungen keine Rücksicht genommen, die Provision vielmehr einheitlich aus dem ursprünglichen Schuldbetrag von 9600 RM. berechnet ist. Nach Angabe des Klägers soll die Provisionsvergütung tatsächlich, d. h. bei Rücksichtnahme auf die vorgesehene allmonatliche Verminderung der Schuld, 30% betragen; die Beklagte bestreitet dies, gibt aber für diesen Fall eine Provisionshöhe von immerhin 26% zu. Das Berufungsgericht meint, es fehle im übrigen, auch wenn man die zum Teil allerdings harten sonstigen Vertragsbedingungen in Betracht ziehe, an Umständen, die den Kläger über Gebühr in seiner Freiheit zu beschränken geeignet gewesen seien und damit den Vertrag zu einem sog. Knebelungsvertrag gemacht hätten. Dem vermag der Senat nicht beizutreten.

Zunächst macht § 3 dem Kläger zur Pflicht, den Wagen mit der Sorgfalt eines gewissenhaften Kraftwagenführers zu benutzen und zu pflegen, der Beklagten als Zessionarin der H.-Werke jederzeit den Verbleib des Wagens anzuzeigen, seine Besichtigung zu ermöglichen, ihn nicht ohne Erlaubnis der Beklagten nach dem Ausland zu verbringen, eine Zwangsvollstreckung in den Wagen oder „ihre Besorgnis" sofort mitzuteilen und die Kosten eines etwaigen Interventionsprozesses zu tragen. Der Kläger darf außerdem den Wagen weder veräußern noch verpfänden noch sonst irgendwie über ihn verfügen und hat die Steuern, die auf ihm ruhen, gegenwärtige und zukünftige, zu tragen; endlich hat er der Beklagten jede Wohnsitzveränderung binnen 24 Stunden anzuzeigen. Nach § 4 hat der Darlehensnehmer den Wagen bei einer von der Beklagten zu bestimmenden Gesellschaft gegen alle versicherbaren Gefahren bis zum Betrag des Kaufpreises und sich selbst gegen Haftpflicht für Personenschäden bis zu 100000 RM., sowie gegen Sachschäden bis zu

10000 RM. zu versichern, wobei die Beklagte die Versicherungsgesellschaften bestimmt und die Versicherungen vermittelt. Ferner hat er die Ansprüche aus den Versicherungsverträgen an die Beklagte abzutreten und ihr die Versicherungsscheine sowie die für die Versicherungsgesellschaften bestimmten Anzeigen der Abtretung zu übergeben. Besonders streng ist die Bestimmung des § 5, wonach das ganze Darlehen fällig wird, wenn der Darlehensnehmer mit der Zahlung einer Rate länger als 2 Tage im Verzug ist oder wenn er „gegen eine der Verpflichtungen der §§ 3 und 4" verstößt oder „auch nur den Versuch macht, gegen eine dieser Verpflichtungen zu verstoßen". Dazu bestimmt § 5 noch weiter: Die Verzugszinsen betrügen 4% über dem jeweiligen Reichsbankdiskont und daneben sei eine Vertragsstrafe in Höhe von 4% des noch nicht getilgten Teils des Darlehens zu zahlen. Zu erwähnen ist endlich noch der Inhalt von § 6. Danach hat die Beklagte in den Fällen des § 5 neben den dort genannten Ansprüchen das Recht, den Wagen sofort selbst oder durch Bevollmächtigte an sich zu nehmen. Der Darlehensnehmer gestattet — so heißt es im § 6 weiter — „die Fortnahme ohne Anrufung des Gerichts und erkennt an, daß die Wegnahme keine verbotene Eigenmacht darstellt". Die Ansprüche der Beklagten sollen aber trotz der Wegnahme, die nur zur Sicherung erfolge, bestehen bleiben. Die Kosten der Wegnahme trägt der Darlehensnehmer. Die Beklagte darf insbesondere ihre Ansprüche auf Vertragserfüllung wegen der nach § 5 eingetretenen Fälligkeit der Restschuld sofort in voller Höhe geltend machen. Sie kann aber auch eine Frist setzen unter der Androhung, daß sie nach Fristablauf Schadensersatz wegen Nichterfüllung fordern, den Wagen freihändig verwerten oder öffentlich versteigern, den Erlös gegen die Restschuld verrechnen und den ihr etwa noch zustehenden Unterschied auf Grund der vom Kläger auszustellenden Wechsel geltend machen werde. Die freihändige Verwertung wird — so heißt es am Schlusse von § 6 — nicht unter einem Preis erfolgen, den ein Sachverständiger als Schätzungspreis ansetzt.

Die Auferlegung so harter Vertragsbedingungen, insbesondere einem Mann gegenüber, der ohne Stellung und Erwerb und für die Erfüllung der Ratenverpflichtungen im wesentlichen auf den Verdienst aus dem Betrieb der damals gekauften Autodroschke angewiesen war, verstößt gegen das Anstandsgefühl billig und gerecht denkender Leute. Sittenwidrig sind namentlich, abgesehen von den nach den Verhältnissen des Darlehensnehmers ganz außerordentlich drückenden Rückzahlungsauflagen und von den ungewöhnlich strengen Versicherungsverpflichtungen im § 4, die Bestimmungen der §§ 5 und 6, wonach die Fälligkeit des ganzen Darlehens u. a. auch dann eintritt, wenn der Kläger „auch nur den Versuch" eines Verstoßes gegen §§ 3 und 4 macht, und wonach der Beklagten neben den durch § 5 gewährten Ansprüchen das Recht der Wegnahme des Wagens zusteht, wegen deren, wie sie auch vor sich gehen möge, dem Kläger von vornherein die Berufung auf verbotene Eigenmacht versagt wird. Nimmt man hinzu, daß die Ansprüche der Beklagten trotz der etwaigen Wegnahme des Wagens bestehen bleiben und daß dessen Verwertung durch die Beklagte auf Grund der Schätzung eines von ihr allein ausgewählten Sachverständigen zu geschehen hat, so handelt es sich um Bindungen, durch welche der Darlehensnehmer der Willkür der Beklagten in einem Maße preisgegeben ist, das sich mit der herkömmlichen Auffassung von Anstand im Geschäftsverkehr nicht verträgt. In seiner Gesamtheit stellt der Vertrag vom 22. Dezember 1925 eine so weitgehende Beeinträchtigung der wirtschaftlichen Freiheit des Klägers dar, und die ihm auferlegten Verpflichtungen sind im Vergleich mit den Leistungen der Beklagten so schwerwiegend und drückend, daß der Vertrag im ganzen als gegen die guten Sitten verstoßend angesehen werden muß. Das angefochtene Urteil betont besonders das Wagnis, das die Beklagte auf sich genommen habe und wegen dessen sie sich durch strenge Bestimmungen habe schützen müssen. Allein die Gefahr, welche die Beklagte lief, war schon im Hinblick auf die vom Kläger in Ansehung der Versicherung des Wagens und seiner Person übernommenen Verpflichtungen nicht so groß, daß sie eine auch nur annähernd so drückende Beschränkung der wirtschaftlichen Freiheit zu rechtfertigen vermöchte, wie sie dem Kläger auferlegt worden ist. Im übrigen darf vom Gesichtspunkt der guten Sitten aus ein auch noch so weitgehendes Risiko nicht durch so harte, die Bewegungsfreiheit des Schuldners so stark einengende Vertragsbedingungen ausgeschaltet oder herabgemindert werden.

Der Prozeßbevollmächtigte der Beklagten hat in der mündlichen Verhandlung die volkswirtschaftliche Wichtigkeit des hier zur Beurteilung stehenden Vertragstypus betont und dargelegt, man habe diese Art von Verträgen und im Zusammenhang damit die

Finanzierung von Automobilkäufen durch Banken erst vor verhältnismäßig kurzer Zeit in Deutschland eingeführt, um einerseits die Automobilindustrie neu zu beleben und zu fördern und anderseits auch weniger bemittelten Leuten den Ankauf von Kraftwagen zu ermöglichen. Die Automobilfabrikanten und -Händler seien natürlich nicht in der Lage, Ratenzahlung auf längere Zeit hinaus zu gewähren; deshalb hätten sich Bankgeschäfte damit befaßt, den Käufern im Wege des Darlehens Kredit zu geben. In Deutschland werde diese Art von Finanzierung schon durch eine Reihe von Banken ausgeübt; die Beklagte betreibe ausschließlich solche Geschäfte. Der neue Vertragstypus sei zuerst in den Vereinigten Staaten von Amerika aufgenommen worden und spiele in der dortigen Wirtschaft eine sehr große Rolle. England sei dann dem Vorgang von Amerika gefolgt, und nunmehr scheine sich diese Art von Verträgen auch in Deutschland immer mehr einzubürgern.

Soweit hier neue, dem Gericht nicht schon aus eigener Erfahrung bekannte Tatsachen vorgetragen sind, können sie in diesem Rechtszuge nicht berücksichtigt werden. Im übrigen vermag das neue Vorbringen, auch wenn es durchweg als richtig unterstellt wird, an der oben wiedergegebenen Beurteilung des Darlehensvertrags nichts zu ändern. Welchen Inhalt die in Amerika und in England gebräuchlichen und als rechtswirksam angesehenen Verträge im einzelnen haben, ist dem Reichsgericht nicht bekannt. Darauf kommt es auch nicht an. Denn die Frage, ob der hier vorliegende Darlehensvertrag Rechtsbestand hat, ist nur nach deutschem Recht, im besonderen nach deutscher Verkehrsanschauung, zu entscheiden. Nach dieser ist er aber mit dem Anstandsgefühl billig und gerecht denkender Leute nicht vereinbar. Und dabei muß es auch dann bleiben, wenn — wie die Beklagte behauptet — der Abschluß von Verträgen mit solchem Inhalt in Deutschland schon in ziemlich weitem Umfang Übung geworden ist.

Da hiernach Nichtigkeit des Darlehensvertrags nach § 138 Abs. 1 BGB. vorliegt, kann dahinstehen, ob nicht auch der Gesichtspunkt des Wuchers (§ 138 Abs. 2) zu diesem Ergebnis führen müßte. Ohne weiteres zu verneinen ist diese Frage keinesfalls. Das Berufungsgericht hat sie verneint, aus Gründen übrigens, die der rechtlichen Nachprüfung nicht standhalten. Einmal ist nicht einzusehen, warum der Vorderrichter die Sachlage nur unter dem Gesichtspunkt der Notlage und nicht auch unter dem der Ausbeutung der Unerfahrenheit betrachtet hat. Der Kläger hatte sich ganz allgemein auf Bewucherung im Sinne des § 138 Abs. 2 berufen, wie denn auch der erste Richter die Frage der Ausbeutung der Unerfahrenheit geprüft (und bejaht) hat. Sodann stimmt die Annahme, der Kläger hätte auch ohne Inanspruchnahme der Beklagten, d. h. durch einen Abschluß mit den H.-Werken allein, zur beabsichtigten Gründung seiner Erwerbstätigkeit kommen können, nicht damit überein, daß der Darlehensvertrag einige Zeit vor dem Kaufvertrag abgeschlossen und daß in diesem wegen der restlichen 9600 RM. „Zahlung über Indag" ausbedungen ist. Bei dem engen Zusammenhang, der zwischen den beiden Firmen (der Beklagten und den H.-Werken) besteht, kann nicht davon ausgegangen werden, daß der Kläger den Wagen von den H.-Werken (auf gewöhnliche Abzahlung) bekommen hätte, wenn er nicht auf die Klausel „Zahlung über Indag" eingegangen wäre. Endlich zieht das Berufungsgericht bei der Frage des auffälligen Mißverhältnisses zwischen Leistung und Gegenleistung zugunsten der Beklagten den Umstand heran, daß sie bei Diskontierung der vom Kläger hingegebenen Wechsel 16,5% Spesen habe zahlen müssen. Hierbei handelt es sich aber um eine erst nach Vertragsschluß eingetretene, am 22. Dezember 1925 in dieser Höhe kaum in Aussicht genommene Belastung der Beklagten. Solche nachträglich aufgetretenen Zahlungs-Notwendigkeiten sind bei der Frage des Mißverhältnisses nur zu berücksichtigen, wenn feststeht, daß sie in der vorhandenen Höhe schon bei Vertragsabschluß in Rechnung gezogen worden sind.

Die Annahme der Nichtigkeit des Darlehensvertrags hat die Aufhebung des angefochtenen Urteils und die Zurückverweisung der Sache zur Folge. Auf dieser Grundlage werden nunmehr die beiderseitigen Ansprüche zu prüfen sein. Dabei wird das Berufungsgericht insbesondere auch darüber (nach Anhörung der Parteien) zu befinden haben, welche Folgen sich aus der Nichtigkeit des Darlehensvertrags für den Rechtsbestand des Kaufvertrags mit den H.-Werken ergeben und ob dem Kläger gegenüber der Beklagten ein Anspruch auf Schadloshaltung wegen seiner Zahlungen an sie und wegen des den H.-Werken gezahlten Angelds von 3200 RM. zusteht.

---

43. Inwieweit können beim Übergang einer Schuld auf einen neuen Schuldner die Verhältnisse des letzteren bei Ermittlung des Aufwertungsbetrags berücksichtigt werden, wenn sich der Schuldübergang durch Vollverschmelzung zweier Aktiengesellschaften vollzieht?

BGB. § 242.

II. Zivilsenat. Urt. v. 13. Dezember 1929 i. S. V.werke-AG. (Bekl.) w. Firma H. O. (Kl.). II 158/29.

I. Landgericht Stettin.
II. Oberlandesgericht daselbst.

Im Herbst 1922 übertrug die Firma V.werke-AG. der Klägerin die Herstellung und Lieferung von 18 Rettungsbooten. Die Boote wurden im August 1923 geliefert. Mit der im Jahre 1925 erhobenen Klage verlangte die Lieferantin Aufwertung des in Papiermark gezahlten Preises. Im Laufe des Rechtsstreits ging die verklagte Gesellschaft durch Vollverschmelzung in der D. Sch. u. M.-AG. auf. In der Berufungsinstanz wurde diese Aktiengesellschaft als nunmehrige Beklagte zur Zahlung eines Teils des eingeklagten Betrags verurteilt. Ihre Revision hatte keinen Erfolg.

Gründe:

Im Anschluß an das Gutachten des vernommenen Sachverständigen kommt der Berufungsrichter zu dem Schluß, daß unter Berücksichtigung der geleisteten Zahlungen eine Papiermarksumme aufzuwerten sei, die am Stichtag, dem 4. August 1923, dem Betrag von 15400 Goldmark entsprach (die Aufstellung der Rechnung zunächst in Goldmark geschah in Übereinstimmung mit der Beklagten). Das Berufungsgericht erwägt dann an Hand der in der reichsgerichtlichen Rechtsprechung ausgebildeten Grundsätze für die Aufwertung von Leistungen aus gegenseitigen Verträgen, die von einer Seite voll erfüllt sind: Die ursprüngliche Beklagte, die V.werke-AG., habe sich bis zu ihrer Fusion mit der D. Sch. u. M.-AG. in großen wirtschaftlichen Schwierigkeiten befunden, die auf die Brachlegung ihres Haupttätigkeitszweigs (des Baues von Kriegsschiffen) durch den Versailler Vertrag zurückzuführen sei. Die schlechte Wirtschaftslage der V.werke-AG. hätte zweifellos in einem Konkurs dieser Firma ihr Ende gefunden, wenn ihr Vermögen nicht von der D. Sch. u.

M.-AG. übernommen worden wäre. Unter Berücksichtigung aller anderen Umstände wäre — so wird weiter ausgeführt — bei gerechter Abwägung und Ausgleichung der beiderseitigen Interessen ein Aufwertungsbetrag von 50% der noch streitigen Summe von 15400 RM., d. h. ein Betrag von 7700 RM. nebst den vom Landgericht zugesprochenen Zinsen ausreichend und angemessen gewesen. Dieser Betrag müsse jedoch zugunsten der Klägerin eine Änderung erfahren. Denn unstreitig sei im Laufe des Rechtsstreits das Vermögen der V.werke-AG. als ganzes unter Ausschluß der Liquidation auf die D. Sch. u. M.-AG. übertragen worden. Der dieser Vollverschmelzung zugrunde liegende Beschluß der Generalversammlung sei in das Handelsregister eingetragen worden. Damit sei an die Stelle der V.werke-AG. die sie übernehmende D. Sch. u. M.-AG. getreten. Zwar könnten sich die Gläubiger der V.werke-AG. während des Sperrjahres gemäß §§ 304, 306 Abs. 2 bis 5 HGB. vor den Gläubigern der D. Sch. u. M.-AG. an das so lange getrennt verwaltete Vermögen der V.werke-AG. halten; jedoch hafte schon von der Rechtswirksamkeit des Verschmelzungsbeschlusses an auch das Vermögen der D. Sch. u. M.-AG. uneingeschränkt für die Schulden der übernommenen Gesellschaft. Als Übernehmerin hafte damit die D. Sch. u. M.-AG. für den zur Zeit der Schuldübernahme bestehenden Aufwertungsbetrag. Die Frage, inwieweit sich die Höhe der Schuld infolge der weiteren Entwicklung ändere, insbesondere inwieweit der Schuldbetrag wegen der Gestaltung der Vermögenslage des Schuldners nach dem Zeitpunkt der Vermögensübernahme eine Veränderung erfahre, richte sich jedoch nach den Verhältnissen des neuen Schuldners. Die Umstände des einzelnen Falles könnten, wie Mügel Das gesamte Aufwertungsrecht 5. Auflage § 14 bei II zutreffend bemerke, eine andere Vereinbarung ergeben. So habe das Reichsgericht in einem Falle, wo die Schuld eines vor dem Konkurs stehenden Unternehmens von einer Aktiengesellschaft übernommen und alsbald bezahlt worden sei, eine Ausnahme von obigem Grundsatz und einen Verzicht auf weitergehende Ansprüche angenommen (RGUrt. v. 7. Januar 1926 in DJZ. 1926 Sp. 515). Gerade dieses Beispiel zeige, daß hier der Aufwertungsbetrag mit Rücksicht auf die wirtschaftlichen Verhältnisse der neuen Schuldnerin erneut festgesetzt werden müsse. Denn die D. Sch. u. M.-AG. habe nach Übernahme des gesamten Vermögens der V.werke-AG. den Rechtsstreit fortgeführt, ohne von ihrem Recht auf Aussetzung des Verfahrens (§ 246 ZPO.) Gebrauch zu machen, und die Sache liege auch nicht so, daß sich die aufnehmende Gesellschaft bei diesem Rechtsakt etwa nur die Übernahme der hier streitigen Schuld und deren alsbaldige Begleichung zum Ziel gesetzt habe. Unter Hinweis auf die im Gegensatz zur V.werke-AG. besonders günstige Lage der D. Sch. u. M.-AG. und — wie es im Urteil weiter heißt — unter Berücksichtigung aller vor und nach ihrem Eintritt in den Rechtsstreit hervorgetretenen besonderen Umstände des Falles hält der Berufungsrichter eine Aufwertung auf 75%, also auf 11550 RM., für angemessen.

Die Revision meint, die Vermögensverhältnisse der D. Sch. u. M.-AG. hätten nicht berücksichtigt werden dürfen. Diese habe die Schuld erst übernommen, nachdem sie als Aufwertungsschuld entstanden gewesen sei. Eine schon entstandene Aufwertungsforderung könne sich aber ihrem Inhalt nach durch die Schuldübernahme nicht ändern. Anders wäre es, wenn die D. Sch. u. M.-AG. die Schuld übernommen hätte, bevor diese als Aufwertungsforderung entstanden war.

Der Angriff ist nicht begründet. Es kann dahingestellt bleiben, ob im Falle des Übergangs einer einzelnen Schuld auf einen neuen Schuldner durch Einzelrechtsnachfolge oder im Falle des Schuldnerwechsels durch Erbgang die Vermögensverhältnisse des neuen Schuldners bei der Aufwertung berücksichtigt werden dürfen. Vollzieht sich der Schuldnerwechsel durch Vollverschmelzung zweier Aktiengesellschaften, so ist es nach dem das Aufwertungsrecht beherrschenden Grundsatz von Treu und Glauben jedenfalls nicht ausgeschlossen, den Gesamterfolg der Verschmelzung für die aufnehmende Gesellschaft auch bei Beantwortung der Frage in Rechnung zu ziehen, was der neuen Schuldnerin als Aufwertung zugemutet werden kann. Die Verschmelzung zweier Aktiengesellschaften ist eine Finanzoperation beider Gesellschaften. Für die aufzunehmende Aktiengesellschaft handelt es sich dabei meist um eine außerordentliche Gelegenheit, ihr Vermögen als ganzes günstig zu verwerten und dadurch ihren Aktionären einen Teil des in die Gesellschaft eingebrachten Kapitals zu retten, während dieses voraussichtlich verloren gegangen wäre, wenn die Gesellschaft — ohne die Verschmelzung — in Konkurs geraten wäre. Für die aufnehmende Gesellschaft aber geht die Bedeutung der Aufnahme häufig über den Wert der ausgetauschten Vermögenswerte (Aktivvermögen der übergebenden Aktiengesellschaft einerseits, deren Passiva und die neuen Aktien für die Aktionäre der aufnehmenden Gesellschaft anderseits) hinaus. In der Hand der aufnehmenden Gesellschaft hat das übernommene Vermögen, insbesondere weil es als Gesamtheit vereinigt bleibt und die Kapitalmacht erhöht, häufig einen größeren Wert als in der Hand der übergebenden. Durch die Aufnahme kann Konkurrenz beseitigt und die Stellung der aufnehmenden Gesellschaft im Wettbewerb mit anderen Unternehmern verstärkt werden. Erweist sich unter solchen Umständen die Verschmelzung für die aufnehmende Gesellschaft als ein vorteilhaftes Geschäft, so ist es auch gerechtfertigt, die Verbesserung der Lage des neuen Schuldners bei Bemessung des Aufwertungsbetrags der übernommenen Schuld zu berücksichtigen.

Wie der Berufungsrichter als tatsächlich feststehend annimmt, war nicht nur die wirtschaftliche Lage der aufnehmenden Gesellschaft schon zur Zeit der Übernahme der V.werke-AG. sehr günstig, sondern es war auch die Fusion für sie ein vorteilhaftes Geschäft und ein Glied in einer fortgesetzten Kette von Maßnahmen zur Stärkung ihrer wirtschaftlich überragenden Stellung. Denn sie hat nicht nur die V.werke-AG., sondern noch eine Reihe sonstiger Werke durch Verschmelzung oder auf andere Weise in sich aufgenommen. Danach konnte die durch die Verschmelzung eingetretene Erhöhung des Wertes des übernommenen Vermögens und die sich daran anschließende weitere günstige Entwicklung der aufnehmenden Gesellschaft bei Festsetzung des der neuen Schuldnerin zuzumutenden Aufwertungsbetrags unbedenklich mit berücksichtigt werden. Der Berufungsrichter läßt auch keinen Zweifel darüber, daß er seine Entscheidung unter Berücksichtigung aller derartigen besonderen Umstände getroffen hat, mochten sie vor oder nach dem Eintritt der D. Sch. u. M.-AG. in den Rechtsstreit hervorgetreten sein.

Bedenken hiergegen sind auch nicht daraus zu entnehmen, daß der Schuldnerwechsel erst erfolgt ist, als der Rechtsstreit schon in der Berufungsinstanz anhängig war. Denn nach ständiger Rechtsprechung des Reichsgerichts (vgl. RGZ. Bd. 123 S. 371) verändert sich ein Aufwertungsanspruch seinem Betrag nach mit der weiteren Entwicklung der Verhältnisse des Gläubigers und des Schuldners. Zum Abschluß kommt die Entwicklung erst, wenn die Art der Leistung durch Vertrag oder Urteil bestimmt ist. Maßgebend ist der Zeitpunkt der mündlichen Verhandlung der letzten Tatsacheninstanz, auf die das Urteil ergeht. Nach allgemeinen Prozeßgrundsätzen sind alle bis zu diesem Zeitpunkt eingetretenen Veränderungen des sachlichen Inhalts des zur Entscheidung stehenden Anspruchs zu berücksichtigen.

---

44. 1. Wann ist anzunehmen, daß sich die Umbildung eines allgemeinen Sprachgebrauchs für die Bedeutung einer Beschaffenheitsangabe, z. B. Seide, vollzogen hat?

2. Wird die täuschende Wirkung einer der Ware nicht zukommenden Beschaffenheitsangabe, z. B. Seide, dadurch beseitigt, daß dieser Angabe ein Name oder eine Phantasiebezeichnung beigefügt und für die so bezeichnete Ware eine umfangreiche Reklame gemacht wird?

UnlWG. § 3.

II. Zivilsenat. Urt. v. 25. März 1930 i. S. G. & Co. u. Gen. (Kl.) w. B. AG. u. Gen. (Bekl.). II 393/29.

I. Landgericht I Berlin.
II. Kammergericht daselbst.

Die Klägerinnen, die sich zu einem Verband Deutscher Schappseidenspinner zusammengeschlossen haben, betreiben Seidenfabriken. Die Beklagten sind Fabrikanten von Kunstseide; sie stellen den Kunstseidenfaden her, den sie in großen Mengen zur Weiterverarbeitung an die Fabrikanten der Textilindustrie liefern; diese fertigen daraus nicht nur Stoffe im allgemeinen, sondern auch Krawatten, Strümpfe, Unterwäsche und Nähzwirn in großen Mengen an. Die Erzeugnisse werden im Handel mit den genannten Fertigwaren in der Regel unter den ihnen von den Beklagten gegebenen Bezeichnungen als „Bemberg-Seide", „Agfa-Seide", „Azetat-Seide" angeboten und verkauft. Die Beklagten machen für diese Waren unter den angegebenen Bezeichnungen in mehr oder weniger weitgehendem Umfang durch öffentliche Anzeigen in Zeitungen und Zeitschriften Reklame. Darin erblicken die Klägerinnen einen Verstoß gegen § 3 UnlWG., weil in den Bezeichnungen nicht zum Ausdruck gelange, daß es sich um Kunstseide handle, und weil deshalb das Publikum getäuscht werde, da es annehme, ihm werde eine aus echter Seide hergestellte Ware angeboten.

Mit der Klage beantragten die Klägerinnen, jeder der Beklagten die Bezeichnung ihrer Erzeugnisse als Seide (statt Kunstseide) bei öffentlichen Ankündigungen zu verbieten und den Klägerinnen die Veröffentlichungsbefugnis zuzusprechen. Die Beklagten wandten ein: Aus der Entwicklung der tatsächlichen Verhältnisse, die durch die ungeahnte Steigerung des Verbrauchs kunstseidener Erzeugnisse bedingt sei, ergebe sich, daß die Bezeichnung „Seide" in neuerer Zeit zu einem Oberbegriff geworden sei, der nicht nur solche Gewebe umfasse, die aus reiner Seide beständen oder solche enthielten, sondern auch unter dem Namen Kunstseide zusammengefaßte Erzeugnisse der chemischen Industrie. Deshalb sei es zulässig, die angegriffenen Bezeichnungen entsprechend dem Sprachgebrauch zu benutzen, zumal da man sich daran gewöhnt habe, die aus dem Kokon des Seidenspinners gewonnene Seide als reine Seide zu bezeichnen. Die Beanstandung der Bezeichnungen der Beklagten sei um so weniger gerechtfertigt, als bisher nirgends die Bezeichnung der auf dem Markt befindlichen großen Mengen minderwertiger Seide als Seide beanstandet worden sei. Dazu gehöre in erster Linie die aus Abfällen hergestellte Schappseide der Klägerinnen selbst, ferner aber die vorwiegend auf dem Markt befindliche, durch chemische Behandlung mit Zinnphosphat „erschwerte" Seide, die mit dem ursprünglichen Fabrikat nur noch den Glanz, aber nicht mehr die Haltbarkeit gemein habe. Im einzelnen wiesen die Beklagten noch auf folgendes hin: Die Erstbeklagte habe durch ihre großzügige Reklame und durch die Güte ihrer Waren erreicht, daß sich die Bezeichnung Bemberg-Seide im Verkehr durchgesetzt habe und daß — mindestens in Deutschland — das kaufende Publikum mit verschwindenden Ausnahmen wisse, Bembergseide sei Kunstseide, und zwar eine besonders gute. Die Zweitbeklagte berief sich ebenfalls auf ihre umfangreiche Reklame. Außerdem sei das Wort Agfa — schon früher für ihre photographischen Erzeugnisse allgemein bekannt — ein in weitesten Kreisen richtig verstandener Hinweis darauf, daß es sich um ein Erzeugnis der chemischen Industrie handle. Auch hätten sich die angegriffenen Anzeigen der Zweitbeklagten vorwiegend an Fachkreise gewandt, die über die Herstellung der Agfa-Seide genau unterrichtet seien, während jeder Leser schon aus der Beifügung der Firma J.G. Farben-Industrie entnehmen müsse, daß es sich um ein chemisches Erzeugnis handle. Die Drittbeklagte machte geltend, ihre beanstandete Anzeige enthalte nicht nur die Bezeichnung Azetat-Seide, sondern gebe deutlich an, daß dieses Erzeugnis, „Setilose" genannt, die wesentlichen Eigenschaften wirklicher Seide besitze und deshalb ihr vollkommenster Ersatz sei. Dadurch werde jede Möglichkeit einer Täuschung des Publikums ausgeschlossen; Sicherheit biete in dieser Richtung noch die Hinzufügung der unmißverständlichen Bezeichnung „fabrique de soie artificielle de Tubize".

Das Landgericht wies die Klage gegen die Erstbeklagte ab; den beiden anderen Beklagten gegenüber sprach es den Unterlassungsanspruch zu, jedoch unter Versagung der Veröffentlichungsbefugnis. Beide Teile legten Berufung ein. Das Kammergericht schloß sich der grundsätzlichen Auffassung der Beklagten an, daß Seide nur ein Oberbegriff sei, erklärte die Berufung der Klägerinnen für unbegründet und wies auf die Berufung der Zweit- und der Drittbeklagten die Klage vollständig ab. Die Revision der Klägerinnen führte zur Verurteilung der drei Beklagten nach dem Klagantrag.

Gründe:

1. Das angefochtene Urteil beruht im wesentlichen auf dem Ergebnis der Erörterungen über die Frage, ob sich in Deutschland im Laufe der Jahre, besonders durch die unerwartet hohe Entwicklung der Kunstseide-Industrie und durch den unerwartet großen Verbrauch ihrer Erzeugnisse, ein Sprachgebrauch herausgebildet hat, wonach das Wort Seide nur noch ein Oberbegriff ist, der sowohl reinseidene, wie halbseidene, wie auch schließlich kunstseidene Erzeugnisse umfaßt. Das Berufungsgericht erörtert eingehend die ganze Entwicklung der Seidenindustrie und den Einfluß der Kunstseide-Industrie auf die herrschende Auffassung der Gegenwart und kommt zu dem Schluß, daß heute der Durchschnittskäufer, wenn er „seidene" Waren zu verhältnismäßig billigen Preisen angeboten erhalte, von vornherein annehme, es handle sich um Kunstseide; wolle man ausnahmsweise wirkliche Seide haben, so werde „rein seidene" Ware verlangt. Aber auch diese Bezeichnung sei objektiv unrichtig, weil der größte Teil der Ware, die unter diesem Namen auf dem Markt erscheine, durch chemische Zusätze „erschwert" werde und deshalb ein minderwertiges Erzeugnis von geringer Haltbarkeit darstelle. Auch das wisse das Publikum und es habe sich deshalb daran gewöhnt, daß unter der

Gesamtbezeichnung Seide nicht nur reine Seide und Mischgewebe (z. B. aus Seide und Wolle) angeboten würden, sondern auch Erzeugnisse mit erheblichen Mengen chemischer Bestandteile (erschwerte Seide) und schließlich auch Kunstseide. Deshalb könne der Ausdruck Seide für ein kunstseidenes Erzeugnis nicht täuschend wirken.

Diese Ausführungen beanstandet die Revision mit Recht. Bei dem vom Berufungsgericht festgestellten Sprachgebrauch handelt es sich in Wahrheit um die Ermittlung einer allgemeinen Verkehrsauffassung über die Bedeutung der Bezeichnung Seide im deutschen Sprachgebiet, insbesondere im Deutschen Reich. Die Feststellung des Berufungsgerichts ist das Ergebnis einer eingehenden Betrachtung der wirtschaftlichen Entwicklung, gesehen sowohl von der Seite der beteiligten Industrie wie von seiten des Verbraucherpublikums. Insofern liegen tatsächliche Feststellungen vor, die mit der Revision nicht anfechtbar sind. Diese Betrachtungen sind jedoch untermischt mit Schlußfolgerungen, die der Vorderrichter als allgemeine Erfahrungssätze aufstellt. Insbesondere gilt das von dem letzten Schluß, den das Berufungsgericht aus der Fülle der Erscheinungen im Handel mit seidenartigen Geweben und sonstigen Erzeugnissen zieht, daß nämlich das Publikum, abgesehen von einer verschwindenden und deshalb unbeachtlichen Minderheit, beim Angebot einer Ware aus Seide auch erwarte, es handle sich möglicherweise um Kunstseide. Insoweit hat der Berufungsrichter keine Beweise erhoben, sondern das vorgelegte Beweismaterial im wesentlichen durch seine eigene Erfahrung ergänzt. Deshalb ist es zulässig, diese Ansicht in Übereinstimmung mit der sonstigen Rechtsprechung des Reichsgerichts (RGZ. Bd. 99 S. 71, Bd. 103 S. 142, Bd. 105 S. 419) in der Revisionsinstanz nachzuprüfen. Dabei kommt es besonders darauf an, klarzustellen, ob die vom Berufungsgericht dargelegte Entwicklung des Sprachgebrauchs wirklich schon in der angegebenen Weise zum Abschluß gelangt ist.

Mit Grund rügt die Revision, daß das Berufungsgericht hier Schlüsse gezogen habe, für die es an tatsächlichen Unterlagen fehle, daß es eine Entwicklung vorweggenommen habe, die tatsächlich noch nicht zum Abschluß gelangt sei.

Geht man, wie es auch der Berufungsrichter mit Recht tut, vom bisherigen Sprachgebrauch aus, so lassen sich aus diesem allein keinerlei Schlußfolgerungen ziehen. Es ist Tatsache, daß die chemischen Erzeugnisse der Beklagten nicht unter einem besonderen Wort, z. B. Glanzstoff, bekannt sind, sondern als Kunstseide in der deutschen Sprache bezeichnet werden. Daraus folgt aber nichts für die Frage, ob man solche Erzeugnisse als Seide bezeichnen darf. Die deutsche Sprache kennt ähnliche Wortbildungen, z. B. Baumwolle, Obstwein, ohne daß daraus etwa die Berechtigung hergeleitet worden wäre, diese Waren als Wolle oder Wein zu bezeichnen, und ohne daß das Publikum das Bestreben gezeigt hätte, die genannten Bezeichnungen als einen Oberbegriff in den Verkehr einzuführen. Der Sprachgebrauch des deutschen Volkes neigt also keineswegs dazu, sprachlich anerkannte Unterscheidungsmerkmale für die Beschaffenheit verschiedenartiger Waren zu verwischen; zum mindesten hält ein nicht unerheblicher Bruchteil des Volkes, sowohl als Verbraucher wie als Verkäufer, an den bisher im Gebrauch befindlichen unmißverständlichen Beschaffenheitsangaben für vielgebrauchte Waren fest. Das schließt natürlich eine Umbildung des Sprachgebrauchs im einzelnen Falle nicht aus. Aber es muß beachtet werden, daß sich bei dem Mangel einer Neigung des deutschen Volkes zu solcher Umbildung ein Wandel nur sehr langsam und zögernd vollziehen kann. Man darf dabei nicht die Sprache der leicht zu beeinflussenden und anpassungsfähigen Bevölkerung der Großstädte allein berücksichtigen; man muß vielmehr beachten, daß eine Umbildung des deutschen Sprachgebrauchs nur festgestellt werden kann, wenn die ganz überwiegende Menge des Volkes und aller Schichten der Bevölkerung das betreffende Wort, z. B. Seide, in der angeblichen neuen Bedeutung versteht.

Das Berufungsgericht hat mit starker Betonung einzelne Teile aus den Verhandlungen des Industrie- und Handelstags vom 17. August 1926 verwertet, aber nur soweit, als sie mit seinen Ansichten übereinstimmen. Auffallend ist ferner die verschiedene Bewertung des Gutachtens der Handelskammer Elberfeld (Ansicht der Beklagten) und des Gutachtens der Industrie- und Handelskammer Berlin (Ansicht der Klägerinnen). Dabei zeigt sich zum mindesten die für die Revision erhebliche Tatsache ganz deutlich, daß der Vorderrichter die Bedeutung der von ihm selbst anerkannten Minderheit für die Bildung eines allgemeinen Sprachgebrauchs rechtlich nicht richtig gewertet hat. Mehr als in anderen Fällen muß bei der Umbildung eines Sprachgebrauchs — ähnlich wie bei der Umbildung einer Individualbezeichnung zur Beschaffenheitsangabe — von der bisher herrschenden Auffassung ausgegangen und daran festgehalten werden, daß sich die Wandlung in der Auffassung mit der für die Frage einer täuschenden Wirkung wesentlichen Vollständigkeit noch nicht vollzogen hat, solange noch ein irgendwie beachtlicher Teil der in Betracht kommenden Käuferkreise am alten Wortsinn festhält. In dieser Richtung haben die Klägerinnen wichtiges Material beigebracht, das nicht damit abgetan werden kann, daß es sich um Äußerungen der geschäftlich im Sinne der Klägerinnen beteiligten Kreise oder um völlig urteilslose oder gleichgültige Personen handle. In dieser Richtung ist in erster Linie das Gutachten der Berliner Handelskammer beachtlich. Ferner ist zu berücksichtigen, daß das Protokoll des Handelstags von 1926 sehr deutlich zwei grundverschiedene Auffassungen oder Richtungen erkennen läßt. Es kommt aber hinzu, daß sich das Wort Kunstseide im deutschen Sprachgebrauch tatsächlich als Bezeichnung für das allein auf chemischem Wege hergestellte Erzeugnis durchgesetzt hat, daß also auch die durch chemische Stoffe „erschwerte" wirkliche Seide niemals als Kunstseide bezeichnet wird. Das Berufungsgericht meint nun, dem Erzeuger und Händler könne die Bezeichnung Kunstseide nicht zugemutet werden, weil das Publikum das Wort nicht hören wolle, sondern die Bezeichnung Seide wünsche, obwohl es ganz genau wisse, daß es sich um Kunstseide handle und allein darum handeln könne. Auch hier wird eine Erfahrungstatsache verwertet, die mindestens für einen recht beachtlichen Teil des Publikums nicht zutrifft. Die im angefochtenen Urteil erwähnten Unwägbarkeiten, diese im Unterbewußtsein des Publikums wirksamen Kräfte, mögen vielfach im gesellschaftlichen Verkehr der Menschen aller Gesellschaftsschichten dazu führen, einen zweifellos aus Kunstseide bestehenden Gegenstand als „seiden" zu bezeichnen. Im Verkehr des kaufenden Publikums mit dem Verkäufer der Ware genügt es aber dem Käufer nicht, zu erfahren, daß er entweder eine der vielen verschiedenen Seidenarten oder ein Kunstseide-Erzeugnis vor sich habe, zumal da er nach dem eigenen Vortrag der Beklagten selbst bei guter Warenkenntnis kaum in der Lage ist, gute Kunstseide von gleichguter Naturseide zu unterscheiden. Die zarte Rücksicht auf die herabsetzende Wirkung des Wortes Kunstseide, von der das angefochtene Urteil spricht, fällt beim eigenen Einkauf weg, weil es dann auf die wirklichen, nach Ansicht der weitesten Kreise verschiedenen Eigenschaften der Ware ankommt, je nachdem diese aus Naturseide oder aus Kunstseide gefertigt ist. Es scheint, daß sich das Berufungsgericht hier zu sehr durch die von ihm angenommene Wirkung der Zusammensetzung Bemberg-Seide hat beeinflussen lassen. Es hat übersehen, daß bisher weder eine der Beklagten noch eine sonstige Kunstseidefabrik es gewagt hat, ihre Ware einfach als Seide anzupreisen. Es hat ferner übersehen, daß die Rechtsprechung bis in die neueste Zeit derartige im Handel vereinzelt aufgetauchte Bezeichnungen stets als täuschend angesehen hat, wenn die Ware tatsächlich aus Kunstseide bestand. Es darf auch nicht unbeachtet bleiben, daß aus der Verkehrsgeltung einer zusammengesetzten Bezeichnung, z. B. Bemberg-Seide, nichts für die Entscheidung der hier zu beantwortenden Frage folgt. Unter diesen Umständen ist die vom Berufungsgericht gezogene Schlußfolgerung nicht haltbar. Es läßt sich nicht verkennen, daß die Entwicklung des Sprachgebrauchs dazu führen kann, den Ausdruck Seide nur noch als Oberbegriff anzusehen; abgeschlossen ist diese Entwicklung aber nicht.

Dabei darf nicht unberücksichtigt bleiben, daß der reichsdeutsche Sprachgebrauch durch einen Sprachgebrauch in anderen Ländern des deutschen Sprachgebietes (Österreich, Schweiz) oder vielleicht auch durch fremdsprachige Übung in der Verkehrssprache hätte beeinflußt werden können. Nun mag es allerdings richtig sein, daß bloß in Spanien eine ausdrückliche gesetzliche Vorschrift besteht, wonach Kunstseide nur als solche, niemals als Seide schlechthin bezeichnet werden darf. Die Klägerinnen haben aber unwidersprochen vorgetragen, daß auch im französischen und englischen Sprachgebiet die Benutzung der dem Wort Kunstseide entsprechenden Bezeichnungen „soie artificielle" und „artificial silk" allein und ganz allgemein gebräuchlich sind. Ebenso wird in den deutsch sprechenden Ländern außerhalb des Reiches an der Bezeichnung Kunstseide festgehalten. Von einer Beeinflussung des deutschen Sprachgebrauchs durch internationale Beziehungen kann also keinesfalls in einem dem Standpunkt der Beklagten günstigen Sinne die Rede sein; eher könnte man schon das Gegenteil annehmen.

2. Das genügt allerdings noch nicht, um eine Verurteilung der Beklagten zu rechtfertigen. Denn die Beklagten bieten ihre Waren nicht einfach als Seide an, sondern jede von ihnen hat zur Kennzeichnung der Erzeugnisse des eigenen Betriebs Sonderbezeichnungen

gewählt, die mit dem Wort Seide verbunden werden. Es kommt deshalb darauf an, ob das genügt, um dem kaufenden Publikum verständlich zu machen, daß es sich um Kunstseide handelt.

Aus den vorstehenden Darlegungen folgt, daß die Unterlassung einer auf Naturseide hinweisenden Bezeichnung nicht genügt, um Täuschungsgefahr beim Publikum auszuschließen. Ferner hat der Vorderrichter selbst zutreffend ausgeführt, daß die Verbindung eines Namens oder eines Phantasiewortes mit dem Wort Seide nicht allgemein ausreicht, um dem Publikum klar zu machen, daß es sich nur um Kunstseide handeln könne. Auch die Verarbeitung von Seidenkokons und die Herstellung seidener Gebrauchsgegenstände oder von Seidenzwirn erfordert eine fabrikatorische Tätigkeit. Das Berufungsgericht verweist mit Recht auf die bekannte Bezeichnung „Gütermanns Nähseide". Es hätte außerdem anführen können, daß zusammengesetzte Bezeichnungen auch sonst für naturseidene Produkte in Gebrauch sind, wie z. B. „Liberty-Seide", „Trama-Seide". Das schließt aber nicht aus, daß sich die besonderen Wortverbindungen, wie sie die Beklagten gewählt haben, so sehr im Verkehr durchgesetzt haben, daß das Publikum ganz allgemein unter der Gesamtbezeichnung nur eine Kunstseide versteht. Dazu genügt allerdings nicht eine Anerkennung der Bezeichnung in beteiligten Verkehrskreisen derart, daß die Wortverbindung als Hinweis auf die Erzeugnisse einer bestimmten Herstellungsstätte einen Ausstattungsschutz im Sinne des § 15 WZG. erlangt hat. Denn mit dieser Art von Verkehrsgeltung ist nur die Herkunft aus einem bestimmten Betrieb, nicht notwendig eine Vorstellung von den Eigenschaften der Ware verbunden. Deshalb wird auch nach der gesetzlichen Fassung für die Erlangung des Ausstattungsschutzes nicht die einheitliche Auffassung aller in Betracht kommenden Kreise verlangt; es genügt vielmehr die herrschende Auffassung in Abnehmerkreisen. Um so beachtlicher ist für die Frage einer Irreführung des Publikums über die Bedeutung einer Wortbezeichnung als Beschaffenheitsangabe die Auffassung einer nicht unerheblichen Minderheit, wie das Reichsgericht in ständiger Rechtsprechung immer wieder betont hat. Wird diese Minderheit möglicherweise getäuscht, weil sie den mit der Bezeichnung angeblich verbundenen Sinn nicht kennt, so ist es unerheblich, worauf die Unkenntnis beruht; es liegt dann eine unrichtige Angabe im Sinne des § 3 UnlWG. vor. Dabei darf keiner der in Betracht kommenden Verkehrskreise außer acht gelassen werden, an die sich die Beklagten mit ihren Bezeichnungen wenden. Da Verbraucher von Kunstseidenwaren, die aus Erzeugnissen der Beklagten hergestellt werden, bei der großen Vielseitigkeit der Verwendung von Kunstseide heute fast die gesamte Bevölkerung ist, so ist die Annahme einer Unrichtigkeit der Bezeichnungen der Beklagten nur dann zu verneinen, wenn für die einzelne Bezeichnung in die weitesten Kreise die Kenntnis der Tatsache gedrungen ist, daß es sich um Kunstseide handelt. Diesen Beweis sieht das Berufungsgericht als geführt an.

Was zunächst die Bezeichnung Bemberg-Seide betrifft, so betont das angefochtene Urteil mit Recht den großen Umsatz an Strümpfen, Unterwäsche und anderen weitverbreiteten Gebrauchsgegenständen, die unter diesem Schlagwort regelmäßig vertrieben werden und in ganz Deutschland überall zu haben sind. Es hebt ferner die ganz ungewöhnlich umfangreiche, geschickte und erfolgreiche Reklame der Erstbeklagten hervor und kommt deshalb zu dem Schluß, daß die Bezeichnung Bemberg-Seide überall in Deutschland bis auf verschwindende Ausnahmen bekannt sei. Das Berufungsgericht bemerkt aber des weiteren, die Erstbeklagte habe durch eine sehr umfangreiche Aufklärungsarbeit dafür gesorgt, daß die Eigenschaft von Bemberg-Seide als Kunstseide überall in Abnehmerkreisen bekannt geworden sei.

Diese Beweisführung ist unhaltbar, weil sie an einem inneren Widerspruch leidet. Was der Vorderrichter als tatsächliche Feststellung bezeichnet, ist in Wahrheit nur ein Schluß aus der festgestellten umfangreichen Werbetätigkeit der Erstbeklagten für ihre Erzeugnisse aus Kunstseide. Mag damit auch eine großzügige Aufklärungsarbeit verbunden gewesen sein, so ändert das doch nichts an dem Gutachten der Berliner Handelskammer, das um so beachtlicher erscheint, als sich der Einfluß der umfangreichen Reklame und der Aufklärungsarbeit der Erstbeklagten in erster Linie beim Berliner Verbraucherpublikum zeigen müßte. Wenn trotzdem die Berliner Industrie- und Handelskammer zu dem Ergebnis kommt, der Durchschnittsverbraucher wisse keineswegs bis auf eine verschwindende Minderheit, daß Bemberg-Seide Kunstseide sei, so läßt sich sicher nicht sagen, daß die Möglichkeit einer Täuschung des Publikums bis auf einen ganz unbedeutenden und deshalb unbeachtlichen Bruchteil ausgeschlossen sei. Die gegenteilige Ansicht des Vorderrichters ist offenbar stark beeinflußt von seiner Grundauffassung, daß Seide ein neutraler, Natur- und Kunstseide umfassender Begriff sei. Der Berufungsrichter übersieht aber dabei auch, daß die maßgebliche Verkehrsauffassung im Sinne des § 3 UnlWG. und des § 15 WZG. nicht wesensgleich ist, da es sich im ersten Falle um die Beschaffenheit, im zweiten um die Herkunft der Ware handelt.

Auch in diesem Zusammenhang kommt es nicht unwesentlich darauf an, daß die Erstbeklagte auf der einen Seite mit größtem Nachdruck betont, es kenne sozusagen jedes Kind die Eigenschaft von Bemberg-Seide als Kunstseide, daß sie sich aber anderseits ebenso nachdrücklich sträubt, ihre Ware als „Bemberg-Kunstseide" zu bezeichnen. Dieses Verhalten läßt sich nicht mit der Rücksichtnahme auf das kaufende Publikum rechtfertigen, weil dieses, wie schon dargelegt ist, gar kein Interesse daran haben kann, daß ein für die Entscheidung über die Wahl des Kaufgegenstands nicht unerheblicher Punkt, nämlich die Beschaffenheit der Ware, völlig unerörtert bleibt. Wenn jedermann weiß, daß unter der Bezeichnung Bemberg-Seide Kunstseide vertrieben wird, bedarf es zwar keiner Erläuterung, die ausdrückliche Bezeichnung als Kunstseide könnte dann aber weder für den Käufer noch für den Verkäufer irgendwie unerwünscht sein, zumal da die Reklame sich unstreitig auch darauf bezieht, daß die Ware der Erstbeklagten eine besonders gute Kunstseide sei. Dann kann nur das eigene Interesse der Beklagten den Wunsch begründen, das Wort Kunstseide nicht in die Erscheinung treten zu lassen, weil es eine Reihe von Käufern abstoßen würde. Der Grund hierfür kann nur sein, daß diese Käufer keine Kunstseide zu kaufen wünschen. Dabei wird keine der Beklagten auf einen nur ganz unwesentlichen Teil des Publikums entscheidendes Gewicht legen. Die Erstbeklagte traut also offenbar dem Erfolg ihrer großen Reklame und ihrer Aufklärungsarbeit nicht und rechnet damit, daß ein beachtlicher Teil des Publikums doch noch unbeeinflußt geblieben ist und deshalb unter der Bezeichnung Bemberg-Seide eine Ware aus wirklicher Seide erwartet.

Damit fallen die Grundlagen des angefochtenen Urteils in sich zusammen, soweit es die Erstbeklagte betrifft. Denn beide Parteien gehen übereinstimmend davon aus, daß es für den Käufer nicht etwa unwesentlich, sondern sehr beachtlich sei, ob er Natur- oder Kunstseide erhalte. Die Beklagten bestreiten nicht, daß das Publikum durch die Bezeichnung Bemberg-Seide in einem wesentlichen Punkte getäuscht wird, wenn es unter dieser Bezeichnung Naturseide zu erhalten glaubt. Das ist auch nach den tatsächlichen Feststellungen des Berufungsgerichts mindestens für eine beachtliche Minderheit des Publikums anzunehmen. Bei der gegenteiligen Beweiswürdigung hat das Berufungsgericht wesentliche Gesichtspunkte unbeachtet gelassen, deren Beachtung unerläßlich ist, wenn man den Begriff der unrichtigen Angabe im Sinne des § 3 UnlWG. einwandfrei ermitteln will. Der Vorderrichter hat sich zu sehr von dem Eindruck der umfangreichen Reklame der Erstbeklagten beeinflussen lassen, die über die hier wesentliche Frage keine Aufklärung gibt und geben kann.

Weder das Berufungsgericht noch die Revisionsbeantwortung befaßt sich mit der Bedeutung, die der unstreitig erfolgten Eintragung des Warenzeichens „Bemberg-Seide" zukommt. Man könnte geneigt sein, aus dieser Eintragung für Kunstseide im Hinblick auf § 4 Nr. 3 WGZ. zugunsten der Erstbeklagten den Schluß zu ziehen, daß das Patentamt die Frage der Täuschungsgefahr geprüft und verneint habe. Dazu könnte man aber nur kommen, wenn die Beklagte über die Prüfung irgendwelche Behauptungen aufgestellt hätte. Da das nicht geschehen ist, kann aus der Eintragung des Warenzeichens auch nicht auf eine gutachtliche Stellungnahme des Patentamts zugunsten der Erstbeklagten geschlossen werden. Es scheint vielmehr, als ob das Patentamt die Wirkung der Reklame dieser Beklagten nach der bezeichneten Richtung überhaupt nicht geprüft habe.

Die Zweitbeklagte behauptet selbst nicht, daß sie eine so umfangreiche Reklame entwickelt habe. Sie meint zwar, auch ihre Bezeichnung Agfa-Seide habe sich im Verkehr derart durchgesetzt, daß man wisse, es handle sich um Kunstseide. Dafür fehlt aber ein schlüssiger Beweis. Das Berufungsgericht selbst geht hier einen Weg, der zu dem Schluß führt, es sei kaum anzunehmen, daß jemand, der sich überhaupt für die Herstellung der Ware interessiert, die für photographische Bedarfsartikel bekannte Bezeichnung „Agfa" plötzlich bei der Verbindung mit dem Wort Seide falsch verstehe und mit der Möglichkeit des Vorhandenseins eines Naturerzeugnisses rechne. Das ist keine tatsächliche Feststellung, sondern nur ein sehr vorsichtig gefaßter Schluß, der etwa besagt: eine täuschende Wirkung der Bezeichnung Agfa-Seide sei unwahrscheinlich. Das genügt aber nicht,

wird auch vom Berufungsgericht auf diejenigen Kreise eingeschränkt, welche die Bezeichnung Agfa für photographische Artikel kennen. Eine weitergehende Feststellung hat das Berufungsgericht nicht getroffen und das vorliegende Tatsachenmaterial reicht in keiner Weise aus, um daraus den rechtlichen Schluß einer allgemeinen Verkehrsgeltung zu ziehen. Es kommt hinzu, daß die Beklagten selbst auf die großen Mengen chemischer Produkte in „erschwerter" Seide hingewiesen haben.

Die andere Verteidigung der Zweitbeklagten, die übrigens mit der vorstehenden in einem gewissen Widerspruch steht, hat das Kammergericht selbst zurückgewiesen. Sie beruft sich darauf, daß sich die angegriffene Zeitungsanzeige nur an Fachleute, d. h. an Verarbeiter des Kunstseidenfadens wende. Das angefochtene Urteil stellt aber fest, daß die Beklagte diese Abnehmer veranlasse, die fertige Ware als Agfa-Seide zu bezeichnen, und daß die Beklagte selbst dafür Reklame mache.

Danach ist eine Täuschung des Publikums durch die Bezeichnung Agfa-Seide nicht ausgeschlossen, vielmehr für einen erheblichen Bruchteil des Publikums wahrscheinlich.

Noch viel weniger kann die Verteidigung der Drittbeklagten durchgreifen. Sie muß zugeben, daß ihre angegriffene Anzeige das Wort Azetat-Seide hervorhebt, dessen ersten Bestandteil die große Menge des Publikums für ein Phantasiewort halten wird. Aber die Beklagte meint, die Anzeige schaffe in ihrer Gesamtheit volle Klarheit. Gewiß ist von „Ersatz für reale Seide" die Rede und davon, daß die Ware „die Weichheit echtseidener Stoffe" besitze. Diese Bemerkungen treten aber stark zurück; ebenso ist die Bezeichnung „fabrique de soie artificielle" nicht allgemein verständlich. Wenn das Berufungsgericht das Gegenteil annimmt, so zeigt das, daß es nicht mit dem flüchtigen Leser, nicht mit der großen Menge des Publikums rechnet, auf dessen Auffassung es ankommt. Die Irreführung des Publikums durch die Bezeichnung Azetat-Seide wird also nicht verhindert.

Danach muß das angefochtene Urteil aufgehoben werden. Der festgestellte Sachverhalt ermöglicht aber eine Entscheidung in der Sache selbst, weil der von den Beklagten zu führende Beweis mit dem gesamten beigebrachten Beweismaterial nicht geführt werden kann. Der Unterlassungsanspruch der Klägerinnen ist gegenüber allen drei Beklagten gerechtfertigt. Bei der großen wirtschaftlichen Bedeutung der zwischen den Parteien ausgetragenen Frage und der umfangreichen Reklame der Beklagten erschien es angemessen, den Klägerinnen auch die beantragte Veröffentlichungsbefugnis zuzusprechen.

---

45. Kann sich der Ersterwerber einer Darlehenshypothek, für die bei ihrer Eintragung im Grundbuch der Vorrang vor einem älteren Recht eingetragen ist, wegen des Rangvermerks auf den öffentlichen Glauben des Grundbuchs berufen, wenn das Darlehen erst nach der Eintragung der Hypothek ausgezahlt, die Erklärung des zurücktretenden Berechtigten aber gefälscht ist?

BGB. §§ 877, 879, 880, 892, 1117, 1163.

V. Zivilsenat. Urt. v. 26. April 1930 i. S. L. (Bekl.) w. G. (Kl.). V 402/29.

I. Landgericht Plauen i. V.

G. ist seit 1921 Eigentümer von Grundstücken, auf denen seit 1923 für die Klägerin 2 Feingoldhypotheken zur Gesamthaft eingetragen sind. Am 26. Juli 1928 wurde für die Beklagte eine Gesamthypothek von 75 000 GM. zur Sicherung einer Darlehensforderung mit dem Vorrang vor den Hypotheken der Klägerin unter gleichzeitigem Vermerk des Rangrücktritts bei diesen Hypotheken eingetragen. Die Eintragungen vom 26. Juli 1928 beruhen auf einer am 23. Juli 1928 beim Grundbuchamt eingereichten Urkunde vom 25. Juni 1928, die mit den öffentlich beglaubigten Namen des Grundstückseigentümers und der Klägerin unterschrieben ist und die erforderlichen Eintragungsbewilligungen und -anträge enthält. Die Unterschrift der Klägerin stammt nicht von ihr, sondern ist von einer anderen Person fälschlich angefertigt. Die Beklagte hat dem Eigentümer am 1. August 1928 das Darlehen von 75 000 GM. ausgezahlt. Der Hypothekenbrief ist ihr gemäß der schon bei Bestellung der Hypothek getroffenen Vereinbarung aus § 1117 Abs. 2 BGB. am 21. August 1928 vom Grundbuchamt ausgehändigt worden.

Die Klägerin verlangt mit der Klage die Zustimmung der Beklagten zur Berichtigung des Grundbuchs durch Löschung der Rangvermerke vom 26. Juli 1928. Die Beklagte nimmt den Schutz des öffentlichen Glaubens des Grundbuchs für sich in Anspruch, indem sie darauf hinweist, daß die Rangvermerke bereits am 26. Juli 1928 ins Grundbuch eingetragen worden seien, daß sie die Hypothek von 75 000 GM. aber erst mit der Auszahlung des Darlehens am 1. August 1928 erworben habe.

Das Landgericht gab der Klage statt. Die unmittelbar eingelegte Revision der Beklagten wurde zurückgewiesen aus folgenden

Gründen:

Das Landgericht gibt seinem Urteil folgende Begründung: Die Beklagte könne sich nicht auf den Schutz des § 892 BGB. berufen. Sie habe zwar mit dem Eigentümer G. ein Rechtsgeschäft abgeschlossen, das zum Erwerb der Hypothek durch sie führen sollte; sie sei auch auf Grund dieses Rechtsgeschäfts als Hypothekengläubigerin in das Grundbuch eingetragen worden. Zu der im § 892 Abs. 2 bezeichneten Zeit (23. Juli 1928), die für ihren guten Glauben maßgebend sei, habe aber ihr Recht und dessen Rang noch nicht im Grundbuch gestanden. Außerdem sei die Hypothek der Beklagten bis zur Zahlung des Darlehensbetrags und bis zur Aushändigung des Hypothekenbriefs Eigentümergrundschuld des G. gewesen. Der Erwerb der Beklagten habe sich beim Eintritt jener beiden Tatsachen nicht durch Rechtsgeschäft, sondern kraft Gesetzes vollzogen. § 892 schütze aber nur einen rechtsgeschäftlichen Erwerb, versage also hier auch dann, wenn das Vertrauen der Beklagten auf die Richtigkeit des Grundbuchs bei ihrem Erwerb als wahr unterstellt werde.

Das Urteil hält zwar nicht in seiner Begründung, aber in seinem Ergebnis der Revision stand. Die Begründung zerfällt in zwei Teile, die miteinander in innerem Widerspruch stehen und von denen jeder für sich rechtsirrig ist.

Der Schutz des § 892 gilt nur dem rechtsgeschäftlichen Erwerb eines Grundstücksrechts. Die Frage, ob die Beklagte ihre Hypothek „durch Rechtsgeschäft" erworben habe, wird vom Landgericht zunächst anscheinend bejaht, später ausdrücklich verneint. Sie ist zu bejahen. Die Hypothek beruht auf der rechtsgeschäftlichen Einigung der Beklagten mit G., der die Eintragung im Grundbuch folgte (§ 873 BGB.). Damit ist dem Erfordernis des § 892 genügt, daß die Beklagte ihr Recht durch Rechtsgeschäft erworben haben muß. Ihr Erwerb vollendete sich freilich erst mit der Entstehung der gesicherten Darlehensforderung am 1. August 1928 (§ 1163 Abs. 1 Satz 1 BGB.). Das steht indessen der rechtsgeschäftlichen Natur des Erwerbs nicht entgegen. Wollte man den Erwerber eines Grundstücksrechts nur dann unter den Schutz des § 892 BGB. stellen, wenn sich der Erwerbstatbestand in der rechtsgeschäftlichen dinglichen Einigung erschöpfte, so gäbe es überhaupt keinen solchen Erwerber. Denn stets gehört zum Rechtserwerb außer jener rechtsgeschäftlichen Einigung ein nichtrechtsgeschäftlicher Akt (Eintragung im Grundbuch, Übergabe des Briefs usw.). Deshalb darf auch daraus, daß das Gesetz die Entstehung der gesicherten Forderung zur Voraussetzung der Vollendung des Hypothekenerwerbs durch den Gläubiger gemacht hat, nicht gefolgert werden, daß dieser Erwerb kein rechtsgeschäftlicher, sondern ein solcher kraft Gesetzes sei. Die vom Gesetz zur Vollendung des Erwerbs des Gläubigers grundsätzlich weiterhin geforderte Aushändigung des Hypothekenbriefs an ihn (§ 1117 Abs. 1, § 1163 Abs. 2 BGB.) ist übrigens im vorliegenden Falle durch die der Eintragung vorangegangene Vereinbarung aus § 1117 Abs. 2 BGB. ersetzt und spielt schon deshalb für den Erwerb der Beklagten keine Rolle. Hiernach ist festzustellen, daß die Beklagte ihr Recht am 1. August 1928 durch Rechtsgeschäft erworben hat; § 892 ist also anzuwenden.

Das Landgericht verkennt aber den Inhalt dieser Vorschrift auch dadurch, daß es im ersten Teil seiner Begründung für die Frage des guten Glaubens der Beklagten an die Richtigkeit des Grundbuchs den Zeitpunkt des Eintragungsantrags (23. Juli 1928), nicht den Zeitpunkt der Vollendung des Rechtserwerbs entscheiden lassen will. In ständiger Rechtsprechung (RGZ. Bd. 89 S. 160, Bd. 116 S. 351, Bd. 123 S. 19) hat der erkennende Senat den Grundsatz aufgestellt, daß es bei Entscheidung der Frage nach der Gutgläubigkeit des Erwerbers gemäß § 892 Abs. 1 regelmäßig auf den Zeitpunkt des vollendeten Rechtserwerbs ankomme und daß Abs. 2 nur den Fall zugunsten des Erwerbers regle, wo dieser nach der Stellung des Eintragungsantrags bösgläubig wird. Dieser Fall scheidet hier aus. Das Landgericht durfte also der Beklagten den Schutz des § 892 nicht schon deshalb versagen, weil am 23. Juli 1928 noch keine Eintragung im Grundbuch vorhanden war, auf deren Richtigkeit die Beklagte hätte vertrauen können.

Das angefochtene Urteil trifft aber im Ergebnis aus folgendem Rechtsgrund zu:

Der Rechtserwerb der Beklagten leidet in seiner materiellen Rechtsgrundlage für den Rangvortritt ihrer Hypothek vor die Hypotheken der Klägerin an einem Mangel, der durch den öffentlichen Glauben des Grundbuchs nicht gedeckt wird. Deshalb kann dahingestellt bleiben, ob die Beklagte bei der Zahlung des Darlehens vom 1. August 1928 den durch die Eintragungen vom 26. Juli 1928 herbeigeführten, in Ansehung der Rangvermerke unrichtigen Grundbuchstand für richtig gehalten hat oder nicht.

Es ist anerkannten Rechts, daß der öffentliche Glaube des Grundbuchs gegenüber dem Ersterwerber eines Grundstücksrechts materielle Mängel des Begründungsrechtsgeschäfts nicht deckt. Insbesondere kann, wie schon die Motive zum Bürgerlichen Gesetzbuch (Bd. 3 S. 213 unter f) hervorheben, derjenige Ersterwerber, der von einer sich fälschlich als eingetragener Verfügungsberechtigter ausgebenden Person erwirbt, den Schutz des § 892 BGB. nicht für sich in Anspruch nehmen. In einem solchen Falle kann sich erst der Zweiterwerber, der das mangelhaft begründete Recht gutgläubig vom Ersterwerber herleitet, auf jenen Schutz berufen (RGRKomm. Bd. 3 S. 138).

Im vorliegenden Falle setzt sich nun der Rechtserwerb der Beklagten, die als Ersterwerberin eine erststellige Hypothek erwerben sollte und erworben zu haben glaubt, rechtlich aus zwei in einer Urkunde verlautbarten rechtsgeschäftlichen Akten zusammen: einerseits der (mangelfreien) Einigung über die Entstehung der neuen Hypothek, anderseits den (mangelbehafteten) Erklärungen über den Rangvortritt der neuen Hypothek vor die älteren, schon eingetragenen Rechte der Klägerin. Mag man nun diese Erklärungen dem § 880 BGB. unterstellen (so RGZ. Bd. 69 S. 328; Planck-Strecker 4. Aufl. Bd. III 1 S. 161 Anm. II 2d; Güthe-Triebel 5. Aufl. Bd. 1 S. 1030flg. Anm. 34 zu § 46) oder den Vorschriften in §§ 877, 879 BGB. einordnen (so RGRKomm. Bd. 3 S. 78 Anm. 1 und Staudinger 9. Aufl. Bd. III 1 S. 147 Anm. Ib β), jedenfalls sind sie logisch, rechtlich und wirtschaftlich untrennbar verknüpft mit der Einigung über die Begründung des neuen Rechts der Beklagten. Dem einheitlichen Willen aller Beteiligten, die Beklagte solle eine erststellige Hypothek als Ersterwerberin bekommen, entsprach auch die äußere Zusammenfassung aller dazu erforderlichen Erklärungen in einer Urkunde und die zeitliche Übereinstimmung der grundbuchlichen Eintragungen. Es liegt daher für die Beklagte in Ansehung des Erwerbs der Hypothek und ihres Ranges, im Lichte des § 892 BGB. gesehen, nur ein Erwerbstatbestand vor, in dem der eine Teil, der Rangrücktritt der Klägerin, an einem durch den öffentlichen Glauben des Grundbuchs nicht gedeckten Mangel leidet. Das führt zum Unterliegen der Beklagten im Rechtsstreit. So wenig sie sich wegen des Bestands ihrer Hypothek auf ihren guten Glauben an die Richtigkeit des Grundbuchs berufen könnte, wenn sie sich nicht mit dem Eigentümer G., sondern mit einer fälschlich unter seinem Namen verfügenden Person über die Bestellung der Hypothek geeinigt hätte, so wenig nützt ihr als Ersterwerberin ihres Rechts — angesichts des Umstands, daß nicht die Klägerin, sondern fälschlich eine unter ihrem Namen verfügende Person die Einigungserklärung über den Rangrücktritt der früher eingetragenen Hypotheken abgegeben hat —, der Hinweis darauf, daß sie bei Vollendung ihres Rechtserwerbs an der neuen Hypothek die Unrichtigkeit des Grundbuchs in Ansehung des Rangrücktritts der Hypotheken der Klägerin nicht gekannt habe. Diese Hypotheken haben ihren Rang behalten. Die Beklagte muß in die Berichtigung des Grundbuchs willigen (§ 894 BGB.).

---

46. Kann sich der Erwerber eines Rechts an einem Grundstück zur Begründung seines gutgläubigen Erwerbs auch auf die Eintragung berufen, durch welche sein Rechtserwerb im Grundbuch verlautbart worden ist?

BGB. § 892.

V. Zivilsenat. Urt. v. 30. April 1930 i. S. Eheleute G. (Bekl.) w. Vereinigte B. u. P. Lebensversicherungs-AG. (Kl.). V 74/29.

I. Landgericht III Berlin.
II. Kammergericht daselbst.

Der verklagte Ehemann erwarb im Jahre 1922 ein Grundstück, auf dem seit 1917 für die Klägerin eine Hypothek von 160000 M. eingetragen war. Er zahlte diese Hypothek am 13. März 1923 durch den Notar F. in B. mit 480000 M. an die Klägerin zurück. Die Vertreter der Klägerin stellten darüber am selben Tage folgende notariell beglaubigte Urkunde aus:

Im Grundbuch .... steht .... eine Hypothek von noch 160000 M. eingetragen. Die vorbezeichnete Gläubigerin bekennt, diesen Betrag nebst Zinsen von dem Eigentümer des Grundstücks F. G. in R. erhalten zu haben, und bewilligt die Löschung der Hypothek von 160000 M. im Grundbuch.

Sie beließen die Urkunde dem Notar F. und übergaben ihm den Hypothekenbrief.

Im Jahre 1924 trat F. aufs neue an die Klägerin heran. Er gab an, die alte Löschungsbewilligung nütze ihm nichts, weil das Grundbuchamt daraufhin die Löschung nicht mehr vornehme, und bat um Ausstellung einer neuen vorbehaltlosen Quittung. Die Klägerin kam diesem Verlangen nach und erteilte ihm eine am 3. Oktober 1924 von ihm beglaubigte Urkunde folgenden Inhalts:

Im Grundbuch .... steht .... eine Hypothek von noch 160000 M. eingetragen .... Die Vereinigte B. und P. Lebensversicherungs-Aktiengesellschaft erkennt an, wegen ihrer Forderung von 160000 M. nebst Zinsen von dem Grundstückseigentümer F. G. in R. befriedigt zu sein, und bewilligt vorbehaltlos die Löschung vorstehender Hypothek von noch 160000 M. nebst Zinsen im Grundbuch.

F. riet darauf dem verklagten Ehemann, die Hypothek nicht löschen zu lassen, damit nicht die Nachhypotheken vorrückten, sondern sie abzutreten. Infolgedessen erklärte der Architekt L. als Bevollmächtigter der verklagten Eheleute in einer Urkunde vom 22. Oktober 1924: die Hypothek von 160000 M. sei durch Erteilung der löschungsfähigen Quittung an den Eigentümer G. Eigentümergrundschuld geworden; er wandle sie in eine Briefhypothek um und trete sie an die Ehefrau des Eigentümers ab, bekenne auch, daß sein Vollmachtgeber den vereinbarten Gegenwert erhalten habe. Das Grundbuchamt beanstandete die nunmehr beantragte Umschreibung, weil die Hypothek von 160000 M. ohne weiteres auf 24000 GM. aufgewertet und durch die Befriedigung des Gläubigers in dieser Höhe zur Eigentümergrundschuld geworden sei; es vermißte auch die Darlegung, welcher Art (Darlehen?) die Forderung der verklagten Ehefrau sei. Darauf erklärte derselbe Bevollmächtigte in einer Urkunde vom 27. November 1924, die Hypothek von 160000 M. sei durch die Dritte Steuernotverordnung ohne weiteres auf 24000 GM. aufgewertet und in dieser Höhe durch die Befriedigung der Gläubigerin zur Eigentümergrundschuld (Eigentümer: Vollmachtgeber F. G.) geworden; er wandle sie in eine Hypothek für ein gleich hohes Darlehen um und trete sie an die Ehefrau G. als die Darlehensgeberin ab. Am 22. Dezember 1924 trug das Grundbuchamt in der Spalte „Veränderungen" folgenden Vermerk ein:

160000 M.; diese durch Zahlung zur Eigentümergrundschuld gewordene Post ist durch die Dritte Steuernotverordnung vom 14. Februar 1924 und die 1. Durchführungsverordnung vom 1. Mai 1925 aufgewertet auf 24000 GM. . . . . die Grundschuld ist unter Umwandlung in eine Hypothek für eine gleich hohe Goldmarkforderung unter den Bedingungen des § 5 der Dritten Steuernotverordnung abgetreten nebst Zinsen seit dem 1. Januar 1925 an Frau A. G. geb. H. in R.

Nach Erlaß des Aufwertungsgesetzes meldete die Klägerin die Hypothek in Höhe von 39901,12 GM. rechtzeitig zur Aufwertung an. Die Beklagten bestreiten das Aufwertungsrecht der Klägerin und sind der Ansicht, daß die beklagte Ehefrau die Hypothek in Höhe von 24000 GM. nebst der Anwartschaft auf die höhere Aufwertung erworben habe.

Die Klägerin verlangt mit der Klage

1. Feststellung, daß die Hypothek nach Maßgabe des Aufwertungsgesetzes und zum alten Rang aufzuwerten sei,
2. Verurteilung der verklagten Eheleute, und zwar
   a) des Mannes: er habe die Wiedereintragung der Hypothek mit einem Aufwertungsbetrag von 39901,12 GM. zu bewilligen,
   b) der Ehefrau: sie habe die Löschung der für sie eingetragenen Hypothek von 24000 GM. zu bewilligen,
   c) des Ehemanns: er habe dieser Löschung zuzustimmen und die Zwangsvollstreckung in das eingebrachte Gut seiner Ehefrau zu dulden.

Sie behauptet, daß die Abtretung an die verklagte Ehefrau nur zum Schein stattgefunden und daß diese gar keine Darlehensforderung von 24000 GM. gehabt habe. Sie spricht der verklagten Ehefrau auch den guten Glauben an den Bestand des Rechts beim Erwerb der Hypothek ab, weil sie mit den tatsächlichen Verhältnissen vertraut gewesen sei.

Die Beklagten nehmen für die verklagte Ehefrau den Schutz des guten Glaubens in Anspruch, indem sie behaupten, sie habe gegen ihren

Mann aus eingebrachtem Gut eine Forderung in Höhe von 24000 GM. besessen und im übrigen auf die Rechtskenntnisse der beteiligten rechtskundigen Personen vertraut. Demnach halten die Beklagten das Recht der Klägerin für erloschen. Schließlich weisen sie der Klägerin den Rang hinter der Hypothek von 24000 GM. und den sonstigen eingetragenen Rechten sowie hinter den gesetzlichen Rangbefugnissen zu.

Im Grundbuch sind noch folgende Aufwertungshypotheken eingetragen: unter Nr. 13: 11250 GM., unter Nr. 14: 2483,50 GM. und unter Nr. 15: 3725,25 GM.

Das Kammergericht hat festgestellt, daß die für die Klägerin früher eingetragene Hypothek von 160000 M. nach Maßgabe des Aufwertungsgesetzes aufzuwerten sei, jedoch mit dem Rang hinter dem auf die verklagte Ehefrau übertragenen Teilbetrag derselben Hypothek von 98,88 GM. und hinter den in Abteilung III unter Nr. 13 bis 15 eingetragenen Aufwertungshypotheken und den Rangbefugnissen des verklagten Ehemanns aus § 7 AufwG., soweit sie ihm für die Hypotheken Nr. 13 bis 15 zustehen. Außerdem wurde die verklagte Ehefrau verurteilt, zu bewilligen, daß die Umschreibung der 24000 GM.-Hypothek in Abteilung III Nr. 6 im Wege der Grundbuchberichtigung bis auf einen Teilbetrag von 98,88 GM. gelöscht werde. Gegen den verklagten Ehemann endlich erging Verurteilung dahin, er habe der vorgenannten Löschung zuzustimmen und zu bewilligen, daß die Aufwertungshypothek der Klägerin mit einem Betrag von 39901,12 GM. und mit dem oben angegebenen Rang wieder eingetragen werde.

Die Revision der Beklagten blieb in der Hauptsache ohne Erfolg.

Gründe:

Der Berufungsrichter verneint zunächst, daß die verklagte Ehefrau unabhängig vom öffentlichen Glauben des Grundbuchs die für sie eingetragene Hypothek von 24000 GM. erworben habe, soweit sie den Betrag von 98,88 GM. übersteigt. Dem ist im Ergebnis beizutreten. Unter den Parteien ist unstreitig, daß der verklagte Ehemann auf die Hypothek der Klägerin nur (am 13. März 1923) den Betrag von 480000 PM. = 98,88 GM. gezahlt hat. Durch diese unzureichende Zahlung ist die der Hypothek zugrunde liegende Forderung nicht getilgt worden. Die Hypothek ist vielmehr höchstens in Höhe des Goldwerts der Zahlung gemäß § 1163 Abs. 1 Satz 2 BGB. Eigentümergrundschuld geworden (RGZ. Bd. 110 S. 77). Hieran ist auch dadurch nichts geändert worden, daß die Klägerin dem Vertreter des verklagten Ehemanns am 3. Oktober 1924 die von diesem verlangte neue Löschungsbewilligung ausgehändigt hat. Denn dieser Akt hatte, wie der Berufungsrichter in tatsächlicher und daher einem Revisionsangriff unzugänglicher Würdigung des Sachverhalts feststellt, nach dem Willen beider Teile nicht die Bedeutung einer neuen Vereinbarung, insbesondere eines Erlaßvertrags gemäß § 397 BGB., sondern er sollte lediglich in Bestätigung dessen, was am 13. März 1923 geschehen war, dem Eigentümer die Möglichkeit der Berichtigung des Grundbuchs verschaffen. Der verklagte Ehemann hat nun aber auf Grund der erteilten Löschungsbewilligung die Hypothek der Klägerin nicht löschen und für seine Frau keine neue Hypothek eintragen lassen, sondern er hat, wie der unzweideutige Wortlaut der Urkunden vom 22. Oktober 1924 und 27. November 1924 ergibt, nur die für ihn aufgewertete Eigentümergrundschuld unter Umwandlung in eine Hypothek an die verklagte Ehefrau abgetreten. Das konnte er jedoch bloß in der Höhe, in der die Eigentümergrundschuld tatsächlich entstanden war.

Es bleibt somit nur die Frage, ob der verklagten Ehefrau die Vorschriften über den gutgläubigen Erwerb zur Seite stehen. Auch dies ist mit dem Berufungsrichter zu verneinen. Soweit die Anwendung des § 892 BGB. in Frage steht, kann sich die Ehefrau nur auf den Grundbuchinhalt stützen, der ihrem Rechtserwerb unmittelbar vorausging; sie kann sich dagegen nicht auf diejenige Eintragung berufen, durch die ihr Rechtserwerb selbst erst im Grundbuch verlautbart worden ist, auch wenn die Einigung erst nach dieser Eintragung erfolgt sein sollte. Denn für den Rechtserwerb der Ehefrau konnte nur das Vertrauen auf den ihm vorausgehenden Grundbuchstand maßgebend sein, und wenn ihre Hypothek zu Unrecht in das bisher richtige Grundbuch eingetragen wurde, so beruht der Mangel des Rechtserwerbs nicht auf der Unrichtigkeit des Grundbuchs (Staudinger BGB. § 892 IIIb; vgl. auch RGZ. Bd. 74 S. 420, Bd. 86 S. 353, Bd. 89 S. 161, 162, Bd. 116 S. 353). Zur Zeit des Rechtserwerbs der verklagten Ehefrau war aber ihr Rechtsurheber, der verklagte Ehemann, überhaupt nicht als Gläubiger der fraglichen Post im Grundbuch eingetragen. Diese stand vielmehr nach dem Grundbuch noch zum vollen Betrag von 160000 M. der Klägerin zu.

Auf die von dieser dem verklagten Ehemann erteilte Löschungsbewilligung kann sich die Ehefrau schon deshalb nicht berufen, weil eine ihr entsprechende Eintragung im Grundbuch bis zum Inkrafttreten des Aufwertungsgesetzes nicht erfolgt ist (RGZ. Bd. 117 S. 107).

Hiernach ist die Entscheidung des Berufungsrichters zur Hauptsache gerechtfertigt, soweit sie die Beklagten beschwert.

---

47. Liegt Urheberrechtsverletzung vor, wenn eine Handschrift wissenschaftlichen Inhalts, die der Verfasser verleiht, aber ausdrücklich als unfertig bezeichnet, vom Entleiher teilweise veröffentlicht wird?

LitUrhG. §§ 11, 13, 19 Nr. 1, 2, §§ 36, 41, 42. BGB. §§ 133, 157, 1004.

I. Zivilsenat. Urt. v. 14. Mai 1930 i. S. 1. K. u. 2. A. L.-Verlag (Bekl.) w. G. (Kl.). I 12/30.

I. Landgericht München I.
II. Oberlandesgericht daselbst.

Der Nervenarzt und Forscher S. in München veranstaltete im Winter 1925/26 eine Reihe von Sitzungen mit dem Medium Willi Sch. Hierbei zog er den Professor G. als Mitbeobachter zu. Die Sitzungen sollten hauptsächlich dazu dienen, Fernbewegung und Materialisation zu beobachten und zu erforschen. G. machte über ihren Verlauf eingehende Aufzeichnungen in den zwei Handschriften:

I. Erfahrungen an der Kontrolle und im Rapport mit dem Spalt-Ich „Otto" in den Sitzungen mit Willi Sch., die Zeit vom 10. Oktober bis zum 1. Dezember 1925 umfassend, und

II. Erfahrungen in den Versuchsserien mit Willi Sch., Fortsetzung, die Zeit vom 3. Dezember 1925 bis zum 26. Februar 1926 umfassend.

Die Handschrift I besteht aus 28 Seiten (wovon 21 Bericht, der Rest Zusammenfassung), die Handschrift II aus 33 Seiten Maschinenschrift (wovon 27 Bericht, der Rest Zusammenfassung).

Auch der Beklagte K. hatte sich seit geraumer Zeit mit Fragen der Parapsychologie beschäftigt. Für öffentliche Vorträge, die er zu halten gedachte, und für die zweite Auflage seines im Jahre 1921 erschienenen Buchs „Gespenster und Spuk" lag ihm daran, sich über die neueste Entwicklung, zumal über Versuchsergebnisse, zu unterrichten. Im Anschluß an ein darauf bezügliches Ferngespräch sandte ihm G. am 20. Juli 1926 die Handschriften I und II; ferner den deutschen Text eines Aufsatzes über „Das Problem der Materialisation und seine Bedeutung", den er im Jahre 1926 in englischer Sprache im Mai- und im Juniheft einer amerikanischen Zeitschrift veröffentlicht hat (im Rechtsstreit als Handschrift IV und V bezeichnet). In seinem Begleitschreiben bat er, K. möge die Handschriften I und II als unvollendet und unfertig betrachten. Gerade weil manche bei seinen Forschungen gemachten Erfahrungen recht wichtig seien, wage er sich noch nicht daran, eine Erklärung für die Materialisation auszusprechen; er sei jetzt dabei, zu versuchen, die gesamten Erfahrungen in eine feste Form zu gießen. Ferner heißt es in dem Briefe: „Meine Dankbarkeit S. gegenüber, als dessen Mitarbeiter ich ja zu der Gelegenheit kam, die eigenartigen Erfahrungen an der Kontrolle zu machen, bewegt mich auch zu der weiteren Bitte, Sie möchten auf Grund Ihres Studiums meiner Berichte nicht etwa meine Person als parapsychischen Forscher der des S. gegenüber öffentlich in Gegensatz bringen, auch wenn Sie selbst an S. als Forscher Kritik üben zu müssen glauben. Er ist mir in so vieler Beziehung entgegengekommen, hat mir vertrauensvoll des öfteren Willi überlassen, so daß ich dies mein Gefühl offener Dankbarkeit, selbst wenn ich da und dort auf einem anderen Standpunkt stehe als er, immer bekennen möchte." Auf einer Ansichtspostkarte vom 24. Juli 1926 dankte G. dem K. für ein übersandtes Buch und fügte hinzu: „Wegen meiner Sachen: Das eine war ja schon publiziert. Bei den Sitzungsberichten schreibt man am besten: Nach Einsichtnahme eines unveröffentlichten Manuskriptes."

Während des Winters 1926/27 benutzte K. die G.schen Handschriften für eine Reihe öffentlicher Vorträge, die er in München, Köln und in anderen Städten hielt.

Er verwertete sie ferner für die zweite Auflage seines Werkes „Gespenster und Spuk", die er als Neubearbeitung unter dem Titel „Die Brücke zum Jenseits" im Mai 1927 bei A. L., dem zweiten Beklagten, erscheinen ließ. Auf den Seiten 304 bis 314 dieses im ganzen 695 bedruckte Textseiten enthaltenden Buches ist ein Teil der in den Handschriften I und II niedergelegten Berichte wiedergegeben, großenteils wörtlich oder mit geringen Änderungen des Wortlauts.

Am 31. Mai 1927 erhielt S. in dem Münchener Krankenhause, das er schwer leidend hatte aufsuchen müssen, das auf Veranlassung des K. ihm zugesandte Buch. Unter dem 1. Juni 1927 dankte er, bemerkte jedoch, daß ihn die Art, wie die Handschriften I und II darin benutzt seien, befremde:

> . . . Nehmen Sie es nun mir bitte nicht übel, wenn ich offen gestehe, daß mich ein Punkt auf das höchste überrascht hat. Ich hatte Ihnen seinerzeit meine Niederschriften über meine Erfahrungen in der Kontrolle an Willi in den S.schen Sitzungsserien zur Einsicht gegeben in der Annahme, daß Sie die verschiedenen neuen Erfahrungen interessieren würden. Es handelt sich dabei nicht um ein druckreifes Manuskript, sondern lediglich um zusammengefaßte Beobachtungsgrundlagen für eine spätere größere Publikation. Ich hatte Ihnen auch klar gesagt, wie ich mein Verhältnis zu S. auffasse, daß ich mich als seinen Mitarbeiter betrachte, daß meine Untersuchungen im Rahmen der S.schen Experimentalserien zustande kamen, daß Willi als Versuchsperson zunächst S. gehörte, daß ich S. zu größtem Dank verpflichtet sei für sein Vertrauen, Überlassen Willis zu eigenen Versuchen usw. So stand ich naturgemäß auf dem Standpunkt, daß ich meine Erfahrungen mit Willi eingehend erst dann publizieren könnte, wenn gleichzeitig S.s zusammenfassender Bericht über die von ihm ins Leben gerufenen, von ihm geleiteten und nach seiner ausgezeichnet bewährten Kontrollmethodik durchgeführten Versuchsserien erscheine; oder wenn S. mich zu einer Publikation aufgefordert hätte.
>
> Ich hätte nicht den geringsten Anstoß genommen, wenn Sie einzelne für Sie wesentliche Punkte aus meinen Aufzeichnungen angeführt hätten. So aber bringen Sie ein richtiges Exzerpt aus einem noch gar nicht publikationsreifen Manuskript.
>
> Daß mir das gerade S. gegenüber, der mir mit so viel Vertrauen entgegenkommt, und dem ich zu großem Danke verpflichtet bin, höchst peinlich ist, liegt auf der Hand.
>
> Nehmen Sie es mir also bitte nicht übel, lieber Herr Dr. K., wenn ich glaubte, unter Männern ein offenes Wort sprechen zu wollen. Wir suchen ja beide nach der Wahrheit, und da soll Vertrauen uns verbinden . . .

Am 8. Juni erteilte G. vom Krankenbett aus dem S. die ausführlich begründete Vollmacht, dem Vertriebe des K.schen Buches „Die Brücke zum Jenseits" gerichtlich Einhalt zu tun. Ein von G. unterzeichnetes Schreiben an S. vom selben Tage sagt u. a.:

... Ich habe Herrn Dr. K. zu einer Publikation meines geistigen Eigentums nicht die Erlaubnis erteilt, dieselbe ist widerrechtlich erfolgt, sodaß ich genötigt bin, gegen diesen ungeheuerlichen Mißbrauch meines Vertrauens in energischer Weise zu protestieren ...

Auf Grund der G.schen Vollmacht erwirkte S. Mitte Juni 1927 eine einstweilige Verfügung des Landgerichts München I gegen die Herstellung und Verbreitung des K.schen Buches „Die Brücke zum Jenseits", die später bestätigt worden ist.

Mit der vorliegenden, Anfang Dezember 1928 erhobenen Klage verlangte die Witwe des inzwischen verstorbenen Professors G., daß den Beklagten Herstellung, Vervielfältigung, Ankündigung und Verbreitung der K.schen „Brücke zum Jenseits" verboten werde, und daß die vorhandenen Stücke nebst den zu ihrer Herstellung dienenden Vorrichtungen in Beschlag zu nehmen und zur Vernichtung herauszugeben seien; alles dies mit Beschränkung auf die Seiten 304 bis 314 des Werkes, wo Stellen der Handschriften I und II wörtlich wiedergegeben seien. Die Beklagten bestritten die ihnen vorgeworfene Urheberrechtsverletzung und behaupteten, K. habe die Handschriften von G. zu beliebiger Verwertung erhalten.

Das Landgericht machte die Entscheidung von einem richterlichen Eide des Beklagten K. abhängig. Auf Berufung der Klägerin änderte das Oberlandesgericht diese Entscheidung ab und erkannte dem Klagantrag entsprechend. Die Revision der Beklagten hatte keinen Erfolg.

Gründe:

Mit fehlerfreier Begründung nimmt der Berufungsrichter an, daß die Beklagten das — jetzt der Klägerin als Alleinerbin zustehende — Urheberrecht des Professors G. verletzt haben.

I. Er findet eine solche Verletzung zutreffend in der Benutzungsweise, in der Art, wie die G.schen Handschriften I und II für K.s Werk „Die Brücke zum Jenseits" verwendet worden sind.

1. Genaue Feststellungen darüber enthält das landgerichtliche Urteil im Streit um die einstweilige Verfügung. Das Berufungsgericht verweist ausdrücklich darauf und eignet sich so jene Feststellungen an. Ihr Ergebnis lautet dahin: Von den 48 Schreib-

maschinenseiten der in G.s Handschriften I und II niedergelegten Berichte, zusammen rund 1400 Zeilen, sind rund 200 Zeilen, also ein Siebentel in „die Brücke zum Jenseits" übernommen worden, und zwar großenteils wörtlich.

Auf solche Weise ist ein schon dem Umfang nach verhältnismäßig großer Teil aus den G.schen Handschriften entnommen und in dem Buche des K. inhaltlich, zumeist wörtlich, vervielfältigt worden, um in buchhandelsüblichem Vertrieb an die Öffentlichkeit gebracht, also verbreitet zu werden.

Nicht bloß im Verhältnis zum ganzen Umfang der Handschriften ist das entnommene Siebentel der Berichte ein erheblicher Teil. Auch im Vergleich zum Gesamtumfang des Buches von ungefähr 700 Seiten (695 Seiten Text, 10 Seiten Verzeichnisse), dem das Entlehnte auf 11 Druckseiten einverleibt ist, erachtet das Berufungsurteil das Übernommene für keineswegs geringfügig.

2. Dazu kommt, daß die übernommenen Berichte durch ihren sachlichen Gehalt, namentlich durch die Neuheit und Eigenart der in ihnen niedergelegten Versuchsbeobachtungen, wichtig und wertvoll sind. Es handelt sich sowohl für die Aufzeichnungen, aus denen ein Teil entnommen, wie für das Buch, in welches das Entnommene eingefügt worden ist, um beträchtlichen Inhalt, dem innerhalb des Ganzen großes Gewicht zukommt. Das Berufungsgericht nennt die entlehnten Teile der Handschriften ein Glanzstück des K.schen Buches. Zwar führt die Revision aus, die beanstandeten Stellen seien nicht das Kernstück des Buches. Dem ist jedoch entgegenzuhalten, daß K. selbst durch einleitenden Hinweis auf G.s Kenntnisse und Gewissenhaftigkeit den hohen Wert betont, den er dessen Versuchsberichten beimaß.

Die vom Berufungsgericht angewandte Würdigung entspricht somit anerkannten Grundsätzen ständiger Gesetzesauslegung, wonach Teil-Nachdruck dann vorliegt (§ 41 LitUrhG.), wenn ein nach Umfang und inhaltlicher Bedeutung des Entnommenen erheblicher Teil (gemessen am ganzen Schriftwerk) aus dem fremden Schriftwerk übernommen worden ist (RGSt. Bd. 8 S. 430, Bd. 16 S. 353, Bd. 39 S. 153; RGZ. Bd. 12 S. 117, Bd. 116 S. 303; Daude Gutachten (1907) S. 43, 105, 133, 267).

II. Auch die Folgerung aus dem — teils unstreitigen, teils als bewiesen festgestellten — Tatbestande, daß jene Stücke der Handschriften I und II widerrechtlich in „Die Brücke zum Jenseits" übernommen worden seien, enthält keine Verletzung rechtlicher Grundsätze (§§ 133, 157 BGB.).

1. Allerdings hatte K. von G. die Erlaubnis erhalten, die ihm zugesandten Handschriften I und II zu benutzen. Aber die Art, wie er sie tatsächlich verwendete, entsprach dieser Gestattung nicht.

a) Das Berufungsgericht geht bei der Feststellung der für diese Frage wichtigen Vorgänge von einem Brief aus, den der Beklagte K. unterm 11. Juli 1927 an die Klägerin richtete. Darin erwähnt er ein Ferngespräch, das die Übermittlung der Handschriften veranlaßte. Er verlegt es in den Herbst 1926; es war aber das Gespräch vom 20. Juli 1926, dem die Übersendung der Handschrift mit G.s Begleitschreiben unmittelbar folgte.

aa) Diese fernmündliche Unterredung nahm, wie das Berufungsgericht auf Grund des Briefes vom 11. Juli 1927 feststellt, den Verlauf, daß K. an G. das Wort richtete: Er habe gehört, daß G. neuerdings interessante Ergebnisse mit Willi Sch. gehabt habe. Für geplante Vorträge über Materialisation und Telekinese und für sein Buch, in dem er kurz den heutigen Stand der Forschung streifen möchte, würde er ihm dankbar sein, von ihm etwas erzählt zu bekommen. Darauf G.: Das sei nicht nötig, da er ihm seine Handschrift zur Verfügung stellen könne. Aus dem nachfolgenden Begleitbrief, mit dem G. die Handschriften an K. übermittelte, ergänzt das Berufungsgericht den aus K.s Brief nicht vollständig ersichtlichen Inhalt des Ferngesprächs in einem für den Sinn des Ganzen sehr wesentlichen Punkte: Schon fernmündlich setzte G. dem Anerbieten, seine Aufzeichnungen zu überlassen, hinzu: er bitte aber zu beachten, daß diese ein noch unvollendetes und unfertiges Manuskript seien.

Nach der Fassung, die K. seiner Anfrage gab, durfte G. (so folgert das Berufungsgericht) bestimmt annehmen, er wolle den gegenwärtigen Stand der parapsychischen Forschung wirklich nur „kurz streifen", aber nicht eingehend behandeln. Somit bestand für G. kein Anlaß, zu befürchten, K. werde wesentliche oder umfängliche Teile der ihm vertrauensvoll überlassenen Handschriften I und II wörtlich oder fast wörtlich in sein Buch aufnehmen. Das Berufungsgericht findet daher begreiflich, daß G. bei dieser Überlassung seiner für ihn und die Anhänger der parapsychischen Forschung sehr wertvollen Aufzeichnungen nicht für nötig gehalten habe, sich durch förmlichen Vertrag (also durch ausdrückliche Warnung und vom Gegner zustimmend bestätigte Verwahrung) gegen etwaigen wissenschaftlichen oder urheberrechtlichen Mißbrauch zu sichern. An solchen Mißbrauch habe G. gewiß nicht gedacht. Er habe sich deshalb mit dem — in die Form einer Bitte gekleideten — Hinweise begnügen können, es handle sich um eine noch unvollendete und unfertige Handschrift. Damit sei für einen Hörer wie K. klar genug gesagt worden, die Aufzeichnungen seien weder dem Inhalt noch der Form nach ein bereits abgeschlossenes, zur Veröffentlichungsreife gediehenes Werk.

Mit Recht würdigt das Oberlandesgericht das Ferngespräch dahin: K. konnte und durfte G.s Erklärung — nach Treu und Glauben mit Rücksicht auf die in Kreisen der Forscher und wissenschaftlichen Schriftsteller herrschenden Anschauungen und Gebräuche — nur im Sinn einer sehr beschränkten Verwertungserlaubnis auffassen. Er konnte nicht von allem Anfang an glauben, er dürfe in seinem neuen Buche die noch „unfertigen", also noch nicht zur Veröffentlichung reifen, G.schen Aufzeichnungen I und II ohne Beschränkung verwerten. Die Ausführung der Revision, daß G.s Weisung unklar und mehrdeutig gewesen sei, kann demnach schon dem Ferngespräche gegenüber nicht als zutreffend angesehen werden.

bb) Den vom Berufungsgericht ohne Rechtsirrtum ausgelegten Sinn des Ferngesprächs vom 20. Juli 1926 bestätigte G.s Begleitbrief von demselben Tage, den er den übersandten Handschriften beifügte. Ausdrücklich schärfte er, was fernmündlich erklärt worden war, nun schriftlich nochmals ein: „Wie ich schon am Telefon sagte, bitte ich Sie freundlich, die Aufzeichnungen über Willi Sch. als ein noch unvollständiges und unfertiges Manuskript zu betrachten." Diese bei aller freundschaftlichen Bittform doch bestimmte und für den Empfänger in ihrem Sinne durchaus klare Einschränkung wurde in dem Begleitbriefe noch zwiefach begründet und gerade dadurch besonders eingeprägt. Erstens damit, daß es G. noch nicht gelungen sei, für gewisse wichtige Erscheinungen, die er beobachtet und aufgezeichnet habe, namentlich für die Materialisationen, befriedigende Erklärungen zu finden, überhaupt die gesamten Erfahrungen in eine feste Form zu gießen. Zweitens mit dem Hinweis auf mannigfaltige Rücksichten — der Mitarbeit, der Forschungsgemeinschaft, des durch verwandtes Denken und Streben genährten Vertrauens und der dankbaren Anhänglichkeit —, welche G. dem (fast zwanzig Jahre älteren) S. schulde. Hieraus ergab sich für K., der, ebenfalls ein angesehener Schriftsteller und Forscher, mit solchen Empfindungen und Gedanken wohlvertraut war, daß G. die Aufzeichnungen nicht an die Öffentlichkeit zu bringen gedachte, ohne sich zuvor mit S. darüber ins Einvernehmen gesetzt zu haben; dies wahrscheinlich auch dann noch, wenn ihm schon gelungen wäre, die Arbeit nach Gehalt und Form so abzuschließen, daß sie ihm veröffentlichungsreif erschien.

Durchaus schlüssig faßt daher das Berufungsgericht nach eingehenden Erwägungen den Sinn des Ferngesprächs und des alsbald nachgefolgten G.schen Briefes vom 20. Juli 1926 dahin zusammen: G. kann als gewissenhafter Forscher dem K. nicht die Genehmigung erteilt haben, die noch unfertigen Aufzeichnungen unbeschränkt, nach freiem Belieben, zu verwerten. Und K. kann als Forscher und erfahrener wissenschaftlicher Schriftsteller die Tragweite der fernmündlichen Erklärung des G., seine Aufzeichnungen seien noch unfertig, nicht mißverstanden haben, weil dies gegen die Denkgesetze verstieße und zu den ihm geläufigen Anschauungen und Gebräuchen der Forscher und Schriftsteller im Widerspruch stünde; er kann aus G.s Erklärung nur eine sehr beschränkte Verwertungserlaubnis entnommen haben. Selbst wenn aber — was nicht anzunehmen — Ferngespräch und Begleitbrief miteinander in Widerspruch gestanden hätten, so wäre das zeitlich spätere Schreiben mit seinem völlig klaren Inhalt als die entscheidende Willenskundgebung zu betrachten gewesen; nach ihm hätte sich also K. richten müssen.

cc) In G.s Ansichtspostkarte vom 24. Juli 1926 sieht das Berufungsgericht mit Recht einen bloßen Nachtrag zu dem, was G. am 20. Juli durch Fernsprecher und Brief an K. als Willensmeinung kundgetan hatte. Der erste Satz der Karte bezog sich auf die kurz vorher in der amerikanischen Zeitschrift veröffentlichte Abhandlung, deren deutschen Text die an K. mitübersandten Handschriften IV und V wiedergaben; sie bleiben hier außer Betracht. Der zweite Satz nur betrifft die Handschriften I und II. Dafür, daß G. mit mehr oder minder wörtlicher Entnahme ganzer Stücke aus diesen Handschriften einverstanden gewesen sei, gibt die Postkarte keinen Anhalt. Ohne Verstoß gegen Auslegungsregeln nimmt das Berufungsgericht an: Auch bei der Abfassung der Postkarte habe G. für selbstverständlich gehalten, K. werde (wie er von Anfang an beim Ferngespräch erklärt hatte) in seinem Buche die neuesten Forschungsergebnisse nur kurz streifen. Selbst wenn — was unbewiesen und unwahrscheinlich sei — zwischen dem 20. und dem 24. Juli 1926 noch ein weiteres Ferngespräch des K. mit G. stattgefunden haben sollte, so beweise die Postkarte vom 24. Juli: an der Verwertungsbeschränkung, die G. am 20. Juli fernmündlich und brieflich auferlegt, habe sich dadurch nichts geändert.

b) Daß G. etwa später — nach dem 24. Juli 1926 — die Beschränkung seiner Verwertungserlaubnis habe fallen lassen, ist nach den Feststellungen des Oberlandesgerichts nicht anzunehmen.

aa) Der Beklagte K. behauptet allerdings, mit G. ein weiteres Ferngespräch — nach Empfang des Briefes vom 20. Juli 1926 — gehalten zu haben, und erbietet sich, zu beschwören: „G. hat mir in einem fernmündlichen Gespräch vor dem 20. Juli 1926 erklärt, daß er mir die Manuskripte ‚Erfahrungen an der Kontrolle und im Rapport mit dem Spalt-Ich „Otto" in den Sitzungen mit Willi Sch.' und ‚Erfahrungen in den Versuchsserien mit Willi Sch., Fortsetzung' ohne Beschränkung zur Verwertung in meinem neu herauszugebenden Buche überlasse. Nach Empfang des Briefes vom 20. Juli 1926 habe ich G. fernmündlich erklärt, daß ich eine Bindung meines wissenschaftlichen Urteils nicht annehmen könne und dann lieber auf die Verwertung der Manuskripte überhaupt verzichten müsse; auf meine ausdrückliche Frage, ob mir die Manuskripte jetzt noch zur Verfügung stehen, erklärte mir G.: ‚Selbstverständlich', ohne hierbei noch eine Einschränkung zu machen." Das Landgericht wollte dem Beklagten K. einen richterlichen Eid dieses Inhalts anvertrauen (§ 475 ZPO.). Das Oberlandesgericht würdigt den Tatbestand anders und gelangt zu der Überzeugung: Für K.s Darstellung sei nicht der Grad von Wahrscheinlichkeit erbracht, welcher nötig wäre, um jenen richterlichen Eid zu rechtfertigen. Trotz aller Sicherheit, mit der K. seine ausführlichen Erklärungen im Rechtsstreit abgegeben, sei eine Anzahl davon als ungenau, irrig, widerspruchsvoll, tatsächlich unrichtig erwiesen. Er würde zwar, weil von der Richtigkeit seiner Angaben überzeugt, den Eid, den das Landgericht ihm zugedacht, leisten. Aber mit der Wahrheit würde das so Beschworene nicht übereinstimmen. K. habe sich je länger je mehr in einen Irrtum über den Umfang der ihm von G. erteilten Benutzungserlaubnis und damit über den Inhalt seiner Befugnis zur Verwertung der Handschriften I und II hineingelebt. Diese Überzeugung des Berufungsgerichts ist teils aus erfahrungsmäßigen allgemeinen Erwägungen, teils aus bestimmten einzelnen, im gegenwärtigen Sachverhalt gefundenen Beweisgründen gewonnen. Besonders wichtig sind dafür einige Briefe. . . . Aus ihnen folgert das Berufungsurteil, G. habe sich nur damit einverstanden erklärt, daß K. z. B. einzelne ihm wesentliche Punkte aus den Aufzeichnungen anführe, nicht aber damit, daß er ganze umfängliche Teile im Auszug oder Wortlaut aufnehme; niemals habe er deshalb mit einer solchen Benutzung gerechnet, wie sie in der „Brücke zum Jenseits" vor Augen liege.

Diese Auffassung verstößt in keiner Hinsicht gegen Grundsätze der Beweiswürdigung (§ 286 ZPO.). Auch ist in keinem rechtserheblichen Punkte die nötige Aufklärung des Sachverhalts unterblieben (§ 139 ZPO.). Daß bei dessen Würdigung das Oberlandesgericht gewissen Irrtümern K.s über wichtige Vorgänge Wert beigemessen hat, ist berechtigt. . . .

Übrigens wäre mindestens fraglich, ob ein späteres Ferngespräch des Inhalts, wie das von K. behauptete (vom Landgericht in den richterlichen Eid aufgenommene), zu einer anderen Begrenzung der Benutzungserlaubnis führen müßte. Denn gegen K.s eigenes wissenschaftliches Urteil hatte G. keinen freiheitbeschränkenden Vorbehalt gemacht; nur er selbst mochte durch K.s Beurteilung und Beleuchtung nicht in Gegensatz zu S. geraten. Das für die Einschränkung der Verwendungserlaubnis G.s Entscheidende lag darin, daß er die Aufzeichnungen der Handschriften I und II nach Gehalt und Form noch als unfertig und somit zur Veröffentlichung nicht reif betrachtete. Die Beachtung dieses Umstands war mit einem völlig freien wissenschaftlichen Urteil K.s recht wohl vereinbar.

bb) Die von G. im Juli 1926 an K. erteilte Erlaubnis, die Handschriften I und II nur vorsichtig, zurückhaltend und mit Einschränkung zu benutzen, ist, wie das Berufungsgericht annimmt, auch später nicht erweitert worden. Aus der Verwendung der Aufzeichnungen für Vorträge des K. im Winter 1926/27 läßt sich keine derartige Beseitigung der ursprünglichen Schranken folgern. Daß er Vorträge zu halten gedenke, hatte K. von Anfang an gesagt. Und schon bei diesem Ferngespräch hatte G. alsbald betont, seine Handschriften I und II seien noch unfertig. Aus Zeitungsberichten über dergleichen Vorträge, die etwa zur Kenntnis des G. gelangten, ergab sich notwendig nur ein dürftiges Bild dessen, was K. seinen Zuhörern geboten. Auch wenn er G.s Forschungen, Versuche und Aufzeichnungen rühmend erwähnte, so ersah der Leser daraus nicht, ob etwa die Handschriften I und II ausgiebiger benutzt worden seien, als der Verfasser es gewünscht hatte.

Daraus, daß G. die an K. überlassenen Handschriften nicht zurückgefordert hat, läßt sich schon darum keine weitergehende Benutzungserlaubnis folgern, weil die Handschriften lediglich Schreibmaschinen-Durchschläge waren. Es ist weder behauptet noch ersichtlich, daß es G.s einzige Niederschrift gewesen sei.

2. Hatte demnach G. bloß eine sehr beschränkte Verwertung der Handschriften I und II erlaubt, so sind die Ausführungen der Revision über die Art und den Umfang zulässiger Benutzung nicht zu billigen.

a) Gewiß durfte K. auf die Erlaubnis hin die Aufzeichnungen „in irgendeiner Weise verwerten". Aber die von ihm tatsächlich angewandte weitgehende Verwertung widersprach der Abrede und den ihm von G. mitgeteilten, für die Benutzungsart wesentlichen Umständen. Die Revision erstrebt anscheinend eine Trennung zwischen dem rein tatsächlichen Beobachtungsstoff und den aus ihm gezogenen wissenschaftlichen Folgerungen. Sie neigt zu der Auffassung, daß K. nur die noch unsicheren oder nicht völlig geklärten Ergebnisse (im wesentlichen also den Inhalt der „Zusammenfassungen") aus den Handschriften nicht habe übernehmen dürfen, daß ihm dagegen freigestanden habe, die Beobachtungen, also den Tatsachenstoff (die eigentlichen Berichte der Handschriften) mehr oder weniger ausführlich mitzuteilen. Dem ist nicht beizustimmen. Damit würde zu wenig beachtet, welchem zweifelhaften, für die menschliche Sinneswahrnehmung außerordentlich schwierigen, vom planmäßigen Wissenschaftsbetrieb einstweilen wenig gepflegten Forschungsgebiete der gesamte Inhalt der G.schen Aufzeichnungen zugehört. Hier zwischen Tatsachenfeststellung und wissenschaftlichen Folgerungen scharfe Grenzen zu ziehen, wird schon deshalb nicht angehen, weil nur besonders Geschulten, vielleicht nur ganz besonders Begabten, die erforderliche Sicherheit im Beobachten eigen ist. Selbst wenn aber jene Trennungslinie möglich wäre, so rechtfertigte sich doch die von den Beklagten verfochtene Auslegung nicht. Maßgeblich entscheiden muß vielmehr über die Benutzung des noch „unfertigen" und darum in der vorliegenden Gestalt nicht veröffentlichungsreifen

Schriftwerks der Wille des Verfassers (Kohler Urheberrecht [1907] S. 439flg., 455 bei Anm. 28). G. hatte durch Betonung der Unfertigkeit und durch den Hinweis auf Rücksichten, die er dem S. schulde, deutlich kundgetan: Der Inhalt dieser seiner Aufzeichnungen solle als „Werk" noch nicht (weder ganz noch teilweise) aus dem Geheimbereich hinaustreten, über den der Verfasser zu bestimmen hat. K. mochte vermöge seiner Sachkunde als Forscher gewisse Züge eines Gesamtbildes darin erschauen, welche dem Blicke des Kenners an der Entwicklung der Parapsychologie vielleicht offenbar werden. Auch die oder jene Einzelheit daraus anzuführen — vornehmlich wohl, wenn er sie als völlig sicher beobachtet und zugleich als besonders bemerkenswert ansah —, verwehrte ihm G. nicht (wie aus seinem Briefe vom 1. Juni 1927 erhellt). Alles dies befand sich im Einklang mit K.s von vornherein angekündigter Absicht, in Vorträgen und Buch das Gebiet nur kurz zu streifen. Aber umfängliche Stücke in großenteils wörtlicher Übernahme zu entlehnen, war ihm versagt.

Wenn die Revision möglichste Anlehnung an die Handschrift als geboten bezeichnet, setzt sie sich gerade über die Schranken hinweg, welche der Verfasser aufrichtete, indem er den Inhalt der Aufzeichnungen, weil „unfertig", einstweilen noch nicht für die Veröffentlichung bestimmte. Auch gerät der Beklagte K. so in einen gewissen Widerspruch zu seiner eigenen vormals geäußerten Ansicht, wonach er die Handschriften nicht wörtlich, sondern erst nach einiger Umgestaltung (er sprach von Umredigieren) hätte aufnehmen dürfen.

b) Ohne Verstoß gegen Rechtsregeln beurteilt hiernach das Berufungsgericht die vom Beklagten K. in seiner „Brücke zum Jenseits" angewandte Benutzung der G.schen Handschriften I und II als widerrechtlich, als Verletzung der ausschließlichen Befugnis des Urhebers (§ 36 LitUrhG.).

Die Revision vertritt die Meinung, daß G. an K.s Handlungsweise nicht ernstlich Anstoß genommen, daß erst der Einfluß des S. der Sache eine andere Wendung gegeben und rechtliche Maßnahmen gegen die Beklagten gezeitigt habe. Die hieraus gezogene Folgerung, daß bei solcher Willensrichtung des G. keine Verletzung seines Urheberrechts vorliege, ist jedoch unbegründet. Allerdings sind der Brief an S. und die Vollmacht auf ihn, beide vom 8. Juni 1927 mit G.s Unterschrift, in merklich schärferem Tone gehalten, als G.s Brief vom 1. Juni 1927 an K. Doch darf nicht übersehen werden, daß der Brief vom 1. Juni zugleich und in erster Reihe den Dank für die Zusendung der „Brücke zum Jenseits" enthielt. Dadurch allein schon erklärt sich die mildere Fassung. Eine bestimmte und endgültige Absicht des G., von rechtlichem Einschreiten völlig abzusehen und es für die Urheberrechtsverletzung lediglich bei freundschaftlicher Rüge bewenden zu lassen, ist dem Briefe vom 1. Juni 1927 nicht zu entnehmen. Jedenfalls gebricht es an zuverlässigen Anzeichen dafür, daß G. einen Verzicht auf Verfolgung seiner aus der Rechtsverletzung erwachsenen Ansprüche beabsichtigt und kundgegeben habe.

Als freie Benutzung, durch die eine eigentümliche Schöpfung hervorgebracht worden sei (§ 13 LitUrhG.), kann die von K. vorgenommene Entlehnung aus G.s Handschriften I und II nicht beurteilt werden. Dazu ist in förmlicher Hinsicht die Wortgleichheit oder nach geringfügigen Fassungsänderungen verbliebene Ausdrucksähnlichkeit, inhaltlich die Übereinstimmung der mitgeteilten Tatsachen und Gedanken zu groß. Auf die Gesetzesvorschriften über Zitierfreiheit (§ 19 Nr. 1 und 2 LitUrhG.) können sich die Beklagten nicht berufen, weil die Handschriften I und II, als K. sie für sein Buch verwertete, noch unveröffentlichte Schriftwerke waren.

III. Das Berufungsgericht legt eingehend dar, daß sich beide Beklagte bei der sonach erwiesenen Urheberrechtsverletzung in gutem Glauben befunden haben. Gleichwohl stellt es fest, beide hätten die ihnen obliegende Sorgfalt außer acht gelassen, also fahrlässig gehandelt (§ 276 BGB., § 36 LitUrhG.). Diese Feststellung eines Verschuldens kann unerörtert bleiben, weil es ihrer zur Grundlage der hier allein erhobenen Ansprüche auf Unterlassung des Herstellens, Verbreitens usw. und auf Vernichtung hergestellter Vervielfältigungsstücke (Buchexemplare) nicht bedurfte hätte (RGZ. Bd. 60 S. 6 (7); RGUrt. vom 23. Januar 1904 V 311/03 im Recht 1904 S. 167 Nr. 764; Kohler UrhR. (1907) S. 355, § 67 VI; Allfeld UrhR. (2. A. 1928) S. 292 Anm. 4 vor § 36 LitUrhG.).

IV. Die Folgen aus der ohne rechtlichen Irrtum festgestellten Verletzung des Urheberrechts hat das Oberlandesgericht zutreffend bestimmt. Wie bereits erwähnt, genügt die Rechtsverletzung allein zusammen mit der hier offensichtlich gegebenen Gefahr künftig wiederholter dauernder Beeinträchtigung sowohl für das Gebot der Unterlassung (§ 1004 BGB. in Verb. mit §§ 11 und 36 LitUrhG.) wie für die anzuordnende Vernichtung (§ 42 LitUrhG.).

1. Daß die Beklagten unterlassen sollen, „Die Brücke zum Jenseits" herzustellen, zu vervielfältigen, anzukündigen und zu verbreiten, kann nur verlangt und durch Urteil geboten werden, soweit die festgestellte Verletzung die urheberrechtlichen Befugnisse der Klägerin beeinträchtigt (§§ 36, 41 LitUrhG.), also nur, soweit in dem Werk auf den Seiten 304 bis 314 der Inhalt der G.schen Handschriften I und II öffentlich mitgeteilt wird, und nur, soweit dort einzelne Stellen dieser beiden Handschriften wörtlich wiederkehren. Wo und wieweit das der Fall ist, findet sich im Landgerichtsurteil des Streites um die einstweilige Verfügung nachgewiesen. Der übrige Inhalt des Buches bleibt von der in diesem Umfang ausgesprochenen Untersagung unberührt.

2. In ganz entsprechendem Umfang ist Vernichtung angeordnet.

---

48. Ist die Verordnung vom 22. Oktober 1901 betr. den Verkehr mit Arzneimitteln (RGBl. S. 380) ein Schutzgesetz zugunsten der Apothekeninhaber?

BGB. § 823 Abs. 2.

VI. Zivilsenat. Urt. v. 20. März 1930 i. S. T. (Bekl.) w. St. u. Gen. (Kl.). VI 373/29[1]).

I. Landgericht Wiesbaden.
II. Oberlandesgericht Frankfurt a. M.

Die Kläger sind Apotheker in W. oder Verwalter von dortigen Apotheken. Der Beklagte betreibt in der Nähe dieser Apotheken eine Drogerie mit erheblichem Umsatz. Mit der Behauptung, der Beklagte verkaufe in dieser Drogerie dauernd Waren, die nach der Verordnung vom 22. Oktober 1901 betr. den Verkehr mit Arzneimitteln nur in Apotheken verkauft werden dürften, insbesondere Pyramidon, Siran, Pertussin, Acetylin, Leopillen, Kneippillen und Schweizerpillen, haben die Kläger Klage gegen ihn erhoben. Sie beantragen seine Verurteilung dahin, daß er das Feilhalten und den Vertrieb von solchen Arzneimitteln als Heilmittel zu unterlassen habe, welche nach dem Verzeichnis A der Arzneimittelverordnung

---

[1]) Die gleiche Entscheidung erging am 20. März 1930 in der Sache VI 388/29. D. E.

vom 22. Oktober 1901 als Heilmittel ausschließlich in Apotheken feilgehalten werden dürfen, insbesondere von Pyramidon, Siran, Pertussin, Acetylin, Leopillen, Kneippillen und Schweizerpillen. Die Kläger stützen dieses Verlangen auf § 823 Abs. 2 BGB. und machen geltend, die bezeichnete Verordnung sei ein Schutzgesetz zugunsten der Apotheker im Sinne jener Vorschrift. Der Beklagte meint, die Verordnung bezwecke lediglich die Sicherung des öffentlichen Wohls und der öffentlichen Gesundheit. Er hält außerdem die Unterlassungsklage für unzulässig, weil keine Wiederholungsgefahr bestehe und weil in § 367 Nr. 3 StGB. eine besondere Schutzvorschrift gegeben sei.

Landgericht und Oberlandesgericht erkannten nach dem Klagantrag. Die Revision des Beklagten hatte keinen Erfolg.

Gründe:

Das Berufungsgericht hält auf Grund der Beweisaufnahme für erwiesen, daß der Beklagte durch die Abgabe der im Klagantrag bezeichneten Arzneimittel als Heilmittel gegen § 1 der Verordnung vom 22. Oktober 1901 betr. den Verkehr mit Arzneimitteln verstoßen habe. Insoweit wird das angefochtene Urteil von der Revision nicht beanstandet.

In der bezeichneten Verordnung erblickt der Berufungsrichter ein den Schutz der Apotheken bezweckendes Gesetz im Sinne des § 823 Abs. 2 BGB. Er folgert den Schutzcharakter aus dem Inhalt und der Entstehungsgeschichte der Verordnung und führt hierzu folgendes aus: Zwar sei die Verordnung dazu bestimmt gewesen, die Interessen der Gesamtheit, des Volkswohls und der öffentlichen Gesundheitspflege zu fördern; man habe aber den Schutz des Publikums vor gefährlichen und schwindelhaften Arzneimitteln nicht anders erreichen und sicherstellen können, als daß man den Handel mit diesen Mitteln den von wissenschaftlich geschulten Kräften bedienten und schon wegen ihrer begrenzten Zahl leichter zu überwachenden Apothekenbetrieben ausschließlich zugewiesen habe, und man habe sich sogar dazu verstehen müssen, diesem privilegierten Apothekenhandel reichsgesetzlich einen verstärkten Schutz dadurch zu verleihen, daß man anderen Personen den Handel mit diesen Mitteln ausdrücklich verboten habe. Man könne daher nicht sagen, daß die Verordnung vom 22. Oktober 1901 den Apothekern nur einen zufälligen, aber nicht gewollten Schutz der ihnen verbliebenen ausschließlichen Verkaufsberechtigung gebracht habe. Die Schutzwirkung sei zwar wohl nicht allen am Gesetzgebungswerk Beteiligten erwünscht gewesen, aber das Eintreten dieser Wirkung sei doch allseitig erkannt und trotzdem zum Gesetz erhoben worden; insoweit sei daher der Schutz der Apotheker gewollt und bezweckt.

Die Revision bekämpft diese Auffassung als rechtsirrig. Unter Bezugnahme auf zwei schon in der Berufungsinstanz vorgelegte Privatgutachten will sie insbesondere der Entstehungsgeschichte der in Frage kommenden Vorschrift entnehmen, daß die Verordnung lediglich zum Schutze der Allgemeinheit erlassen sei und daß das in ihr enthaltene, den Schutz der Allgemeinheit bezweckende Verbot des Feilhaltens oder Verkaufs bestimmter Apothekerwaren außerhalb der Apotheken nicht gleichzeitig den Schutz der Apotheker bezwecke. Die Rüge konnte indessen keinen Erfolg haben.

Ein Schutzgesetz im Sinne des § 823 Abs. 2 BGB. ist nach ständiger Rechtsprechung jedes Gesetz, das — sei es allein, sei es in Verbindung mit anderen Zwecken — dem Schutze von Einzelpersonen oder eines Personenkreises dienen soll. Nicht notwendig ist, daß das Gesetz zugleich ein Strafgesetz ist; es genügt, wenn es ein bestimmtes Gebot oder Verbot ausspricht. Ein Gesetz hat aber die Eigenschaft als Schutzgesetz nur dann, wenn der Gesetzgeber bei seinem Erlaß auch den Schutz von Einzelpersonen oder eines Personenkreises gewollt oder wenigstens mit gewollt hat (RGZ. Bd. 63 S. 327, Bd. 79 S. 91, Bd. 102 S. 224, Bd. 119 S. 437). Der Schutz braucht jedoch keineswegs der vom Gesetzgeber gewollte Hauptzweck des Gesetzes zu sein; es genügt vielmehr, wenn die Absicht des Gesetzgebers darauf gerichtet war, neben dem Hauptzweck des Gesetzes auch diesen Schutz einer Person oder eines Personenkreises durch das Gesetz eintreten zu lassen. Von diesen Gesichtspunkten ausgehend hat zuerst der VI. Zivilsenat des Reichsgerichts im Urteil RGZ. Bd. 77 S. 221 die Frage berührt, ob die Verordnung vom 22. Oktober 1901 ein Schutzgesetz im Sinne des § 823 Abs. 2 BGB. sei. Jene Entscheidung führt aus: Wenngleich die Verordnung zunächst nur eine im Gemeinwohl gelegene Regelung der Verhältnisse des Apothekergewerbes im allgemeinen, nicht einen Schutz der einzelnen Personen dieses Gewerbes im Auge habe, so lasse sich doch nicht schlechthin in Abrede stellen, daß damit auch die einzelnen

Vertreter des Gewerbezweiges, die Apotheker, in den gesetzlichen Vorbehalten nicht nur dem Erfolg nach geschützt würden, sondern daß dieser Schutz auch in der Absicht des Gesetzgebers gelegen haben möge. Jenes Urteil nimmt also nicht endgültig Stellung zu der bezeichneten Frage. Dagegen hat der IV. Zivilsenat in einem Urteil vom 20. Juni 1927 IV 860/26 (JW. 1927 S. 2422 Nr. 12) die Schutzgesetz-Eigenschaft der Verordnung in Verbindung mit § 6 Abs. 2 GewO. bejaht. Dort wird dargelegt: Es liege nahe, daß der Gesetzgeber dem nicht unwichtigen Apothekergewerbe, das in allen Ländern des Reichs konzessionspflichtig und mit wesentlichen Auflagen belastet sei, in gewissem Umfang ein Absatzgebiet habe sichern und die alten, finanziell wertvoll gewordenen Apothekerprivilegien habe schützen wollen, und daß deshalb die Verordnung neben dem Wohl der Gesamtheit und des einzelnen Heilbedürftigen auch diesen Schutz der Apothekenbesitzer bezwecke. Gegenüber diesem Urteil wurde namentlich geltend gemacht, es ergebe sich aus der Entstehungsgeschichte der Verordnung und aus dem der Gewerbeordnung zugrunde liegenden Grundsatz der Gewerbefreiheit, daß es nicht in der Absicht des Gesetzgebers gelegen habe, den Apothekern irgendwelchen Schutz durch den Erlaß der Verordnung zuteil werden zu lassen (vgl. insbesondere Lebbin in „Der Drogenhändler“ 1928 Nr. 71; Sontag in LZ. 1929 Sp. 801, 1255; Schmölders im Reichsverwaltungsblatt 1930 S. 65). Indessen hat die erneute Nachprüfung der Frage, insbesondere auch an Hand der Entstehungsgeschichte der Verordnung, dem erkennenden Senat keine Veranlassung gegeben, eine von dem Standpunkt des IV. Zivilsenats abweichende Stellung einzunehmen.

Die Verordnung vom 22. Oktober 1901 beruht auf dem § 6 Abs. 2 GewO., wonach durch Kaiserliche Verordnung bestimmt wird, welche Apothekerwaren dem freien Verkehr zu überlassen sind. Dieser Abs. 2 war im Entwurf der Gewerbeordnung nicht enthalten. Dessen § 6 bestimmte nur, daß das gegenwärtige Gesetz keine Anwendung finde auf die Errichtung und Verlegung von Apotheken und auf den Verkauf von Arzneimitteln. In den Motiven (S. 50) ist zu § 6 des Entwurfs bemerkt, sein Zweck sei ein doppelter; er wolle einmal gewisse Zweige der Landesgesetzgebung vom Geltungsbereich der Gewerbeordnung ausschließen, sodann wolle er gewisse Zweige der Gewerbegesetzgebung der Ordnung durch besondere Gesetze vorbehalten, weil diese Gebiete nicht beiläufig in einer allgemeinen Gewerbeordnung geregelt werden könnten. Die Landesgesetze über die Ausübung der Heilkunde müßten vorbehalten werden, weil nicht beabsichtigt sein könne, durch die Gewerbeordnung in die Medizinalverfassung der einzelnen Bundesstaaten weiter einzugreifen, als es notwendig sei, um für das ärztliche Gewerbe und das Apothekergewerbe die Freizügigkeit herzustellen, wie im § 29 geschehen. In der zweiten Beratung des Entwurfs im Reichstag des Norddeutschen Bundes wurde auf Antrag des Abgeordneten von Hennig in der Sitzung vom 8. April 1869 (sten. Berichte 1869 Bd. 1 S. 244) eine Entschließung zu § 6 angenommen, die den Bundeskanzler aufforderte, dem Reichstag einen Gesetzentwurf vorzulegen, durch welchen unter Absehen von jedem Nachweis des Bedürfnisses und der Lebensfähigkeit der Betrieb des Apothekergewerbes und der Verkauf von Arzneimitteln für das ganze Bundesgebiet einheitlich geregelt werde. In der Sitzung vom 25. Mai 1869 (sten. Berichte 1869 Bd. 2 S. 1055 bis 1056) wurden jedoch bei der dritten Lesung des Gesetzes auf Antrag der Abgeordneten von Luck, Dr. Friedenthal und Grumbrecht die Worte der Entschließung „unter Absehen von jedem Nachweis des Bedürfnisses und der Lebensfähigkeit" wieder gestrichen. Der Bundeskanzler wurde sonach nunmehr durch die Entschließung nur noch aufgefordert, einen Gesetzentwurf vorzulegen, durch welchen der Betrieb des Apothekergewerbes und der Verkauf von Arzneimitteln für das ganze Bundesgebiet einheitlich geregelt werde. Der Abgeordnete Grumbrecht hatte den Antrag auf Streichung der oben bezeichneten Worte u. a. damit begründet: Der Grundsatz, der in der Entschließung aufgestellt werde, daß nämlich auch die Apotheken der Gewerbefreiheit unterworfen werden sollten, daß das Apothekergewerbe — abgesehen von der Prüfung der Gewerbetreibenden — frei sein solle, sei in der deutschen Gesetzgebung durchaus neu. Die Konkurrenz, die ja ein hauptsächliches Hilfs- und Schutzmittel bei der Gewerbefreiheit bilde, sei in bezug auf das Apothekergewerbe sehr unwirksam, ja nachteilig. Konkurrenz erzeuge allerdings billige Waren, aber gute sehr selten; man habe fast überall die Erfahrung, daß Waren durch die Konkurrenz billiger, aber nicht besser würden, und, da es eine große Gefahr sei, wenn man in Apotheken schlechte Waren erhalte, weil sie niemand überwachen könne, so bitte er, den in der Entschließung enthaltenen Grundsatz nicht auszusprechen und die Entscheidung darüber der Zukunft zu überlassen. Aus diesen Verhandlungen ergibt sich jedenfalls, daß es nicht in der Absicht des Reichstags lag, sich schon in jenem Zeitpunkt auf den Grundsatz der Gewerbefreiheit auch für den Betrieb des Apothekergewerbes und den Verkauf mit Arzneimitteln festzulegen, daß man vielmehr die Regelung dieser Frage der Zukunft überlassen wollte. Damit war man auf den Standpunkt zurückgekehrt, den die Regierung schon bei der Vorlegung des Entwurfs der Gewerbeordnung eingenommen hatte, nämlich die Regelung der Spezialgesetzgebung des Reiches vorzubehalten. Von diesem Gesichtspunkt ist deshalb auch die Einfügung des Abs. 2 in den § 6 GewO. zu beurteilen, die der Reichstag unmittelbar vor der Streichung der erwähnten Worte der Entschließung in der gleichen Sitzung vom 25. Mai 1869 beschlossen hatte. Der Abgeordnete Dr. Stephani hatte zur Begründung der in dritter Lesung gestellten Abänderungsanträge allgemein bemerkt (vgl. sten. Berichte 1869 Bd. 2 S. 1054), man habe sich darauf beschränkt, nur Anträge zu stellen, welche redaktionelle oder in die Prinzipien nicht tief eingreifende Fragen beträfen. Insbesondere zum Antrag auf Einfügung des Abs. 2 hatte Dr. Stephani ausgeführt, dieser Antrag bezwecke einen Zusatz in dem Sinne, daß solche Apothekerwaren, die ausschließlich den Apothekern überlassen, aber keine eigentlichen Arzneimittel, sondern mehr Präparate seien, die einer besonderen Vorbereitung nicht bedürften, durch Präsidialverordnung dem freien Verkehr zugeführt werden sollten. Nachdem darauf die Regierung erklärt hatte, sie habe keine Veranlassung, diesem Antrag, der weniger redaktioneller als materieller Natur sei, entgegenzutreten, wurde die Einfügung des Abs. 2 in den § 6 beschlossen. Also auch hier ergibt sich, daß nicht die Absicht bestand, mit der Einfügung des Abs. 2 „in die Prinzipien tief eingreifende" Fragen zu entscheiden, also auch nicht zur Einführung der Gewerbefreiheit in bezug auf den Verkehr mit Arzneimitteln Stellung zu nehmen. Vielmehr zeigt schon die Fassung des Abs. 2, daß man hierbei von dem damals in Deutschland vorhandenen Zustand ausging, wonach der Verkauf von Apothekerwaren, soweit nicht Ausnahmen zugelassen waren, den Apotheken vorbehalten war, und es wurde der vom Bundespräsidenten zu erlassenden Verordnung anheimgegeben, zu bestimmen, welche Apothekerwaren dem Verkauf durch die Apotheken zu entziehen und dem freien Verkehr zu überlassen seien. Freilich hat schon die auf Grund des § 6 Abs. 2 GewO. erlassene Kaiserliche Verordnung vom 25. März 1872 (RGBl. 1872 S. 85), die erste Vorgängerin der Verordnung vom 22. Oktober 1901, gleich dieser von der durch § 6 Abs. 2 GewO. erteilten Ermächtigung nicht in der Form Gebrauch gemacht, daß sie diejenigen Apothekerwaren aufgezählt hätte, die dem freien Verkauf überlassen werden sollten. Sie führt vielmehr in den Verzeichnissen A und B diejenigen Apothekerwaren auf, deren Feilhalten und Verkauf ausschließlich in den Apotheken gestattet ist, und bringt damit mittelbar zum Ausdruck, daß alle Apothekerwaren, deren Verkauf nicht ausschließlich den Apotheken vorbehalten war, dem freien Verkehr überlassen werden sollen. Diesem Wortlaut sind die späteren Verordnungen und ist auch die vom 22. Oktober 1901 gefolgt. Sachlich entsprach dies der im § 6 Abs. 2 GewO. erteilten Ermächtigung, die dem Bundespräsidium die Bestimmung überlassen hatte, welche Apothekerwaren entsprechend dem bisher in Deutschland geltenden Rechtszustand dem Verkauf durch die Apotheken vorbehalten und welche dem freien Verkehr überlassen werden sollten.

Nach alledem kann der Entstehungsgeschichte des der Verordnung vom 22. Oktober 1901 zugrunde liegenden § 6 Abs. 2 GewO. nicht entnommen werden, daß diese Verordnung unter dem leitenden Gesichtspunkt der Einschränkung einer bestehenden Gewerbefreiheit im Interesse der öffentlichen Gesundheitspflege erlassen worden ist. Es kann auch nicht als richtig anerkannt werden, wenn unter Hinweis auf die Entstehungsgeschichte geltend gemacht wird, der Gesetzgeber sei auch bei Erteilung der Ermächtigung zum Erlaß der Verordnung von dem im übrigen der Gewerbeordnung zugrunde liegenden Grundsatze der Gewerbefreiheit ausgegangen. Es muß vielmehr angenommen werden, daß der Grundsatz der Gewerbefreiheit, soweit der Betrieb des Apothekergewerbes und der Verkauf von Arzneimitteln in Betracht kommen, im Gesetz keine Anerkennung gefunden hat. Und weiter ist anzunehmen, daß der Gesetzgeber auf Grundlage des bisherigen Zustands der zum Erlaß der Verordnung ermächtigten Stelle die Entscheidung darüber hat überlassen wollen und überlassen hat, inwieweit die Rücksicht auf die dem Staat obliegende Sorge für die öffentliche Gesundheitspflege und die allgemeine Volkswohlfahrt es geboten erscheinen lasse, den Verkauf der Apothekerwaren wie bisher den Apotheken vorzubehalten, und inwieweit es hiernach zulässig erschien, ihn dem freien Verkehr zu überlassen. Geht man aber davon aus, daß dies entsprechend der Absicht des Gesetzgebers der allein leitende Gesichtspunkt sowohl beim Erlaß der Verordnung vom 25. März 1872 als auch beim Erlaß der nachfolgenden Verordnungen und damit auch der Verordnung vom 22. Oktober 1901 und ihrer Ergänzungsbestimmungen gewesen ist, so liegt die Annahme keineswegs fern, daß unter diesem leitenden Gesichtspunkt auch die Apotheker selbst in ihren Interessen geschützt werden sollten. Es sprechen vielmehr gewichtige Gründe für diese Annahme.

Daß das in der Verordnung enthaltene Verbot des Feilhaltens und Verkaufs bestimmter Apothekerwaren und Drogen außerhalb der Apotheken tatsächlich einen unmittelbaren Schutz der Interessen der Apothekeninhaber im weitesten Umfang bedeutet, bedarf keiner besonderen Darlegung. Es kann auch nicht zweifelhaft sein, daß sich der Gesetzgeber sowohl beim Erlaß der ersten Verordnung als auch vor allem beim Erlaß der späteren Verordnungen (bei den letzteren schon im Hinblick auf die in Drogistenkreisen hervorgetretenen Bestrebungen auf Einschränkung des sog. Apothekermonopols) dieser tatsächlichen Wirkung der Verordnung im Sinne eines weitgehenden unmittelbaren Schutzes der Interessen der Inhaber der Apotheken bewußt gewesen ist. Der hiernach naheliegende Schluß, daß der Schutz, den ein Gesetz in unmittelbarer Wirkung tatsächlich gewährt, vom Gesetzgeber auch gewollt oder wenigstens mitgewollt ist, erhält aber im vorliegenden Falle noch seine besondere Stütze in der Erwägung, daß mit dem beim Erlaß der Verordnung maßgebenden Gesichtspunkt, der Sorge für die öffentliche Gesundheitspflege und die allgemeine Verkehrswohlfahrt, die Frage der Erhaltung eines zuverlässigen Apothekerstandes eng verknüpft ist. Will der Staat im Interesse der allgemeinen Volksgesundheit den Verkauf der Arzneimittel einem bestimmten Gewerbe oder Beruf vorbehalten, so muß er auch, wenn anders die Erreichung dieses Zweckes nicht gefährdet werden soll, dafür sorgen, daß dem Gewerbe oder Beruf die Möglichkeit des wirtschaftlichen Fortkommens gesichert wird; denn dadurch allein wird eine Gewähr für die gerade bei Abgabe von Arzneimitteln erforderliche Zuverlässigkeit geschaffen. Die Sorge für die allgemeine Volksgesundheit bedingt deshalb gleichzeitig die Sorge für denjenigen Stand, dem die Abgabe und der Verkauf von Arzneimitteln anvertraut ist. Ebenso wie die Sorge für die Erhaltung eines lebensfähigen Apothekerstandes bei Festsetzung der Taxen für die Apotheker nach § 80 GewO. ein wesentlich mitbestimmender Gesichtspunkt war, muß angenommen werden, daß auch bei der Regelung des Arzneimittelverkehrs im allgemeinen der Schutz der Apotheker im Interesse der öffentlichen Gesundheitspflege eine mitbestimmende Rolle gespielt hat. Wenn demgegenüber auf die Verhandlungen des Reichstags verwiesen wird, die im Anschluß an Petitionen von Drogistenvereinen am 2. April 1873 (sten. Berichte S. 184 flg.) über die Verordnung vom 25. März 1872 stattgefunden haben, so schließen diese keineswegs die Annahme aus, daß durch die Verordnung auch der Schutz der Apotheker mitbeabsichtigt gewesen sei. Zwar hat der Bundeskommissar, Stadtgerichtsrat Weymann, damals seiner Auffassung dahin Ausdruck gegeben, daß von einem Privilegium der Apotheker keine Rede sein könne; denn, soweit die Apotheker vor anderen Gewerbetreibenden begünstigt erschienen, sei dieser Vorzug lediglich ein tatsächlicher, gewissermaßen zufälliger, herbeigeführt allein durch die staatlich gebotene Erfüllung höherer Rücksichten, die nebenher, jedoch völlig unbeabsichtigt, auch dem Apothekergewerbe zugute kämen. Indessen ist bei Beurteilung der Tragweite dieser Erklärung zu beachten, daß es dem Bundeskommissar mit Rücksicht auf die Petitionen von Drogisten-Vereinen vor allem darauf ankam, darzulegen, daß die Regierung beim Erlaß der Verordnung nicht beabsichtigt habe, den Apothekern ein Privileg zu schaffen, daß vielmehr bei der Abgrenzung der dem Verkauf durch die Apotheken vorzubehaltenden und dem freien Verkehr zu überlassenden Apothekerwaren nur der höhere Gesichtspunkt der Erhaltung der Volksgesundheit maßgebend gewesen sei. Dies schließt aber, wie bereits ausgeführt, den Gesichtspunkt der Erhaltung eines zuverlässigen und wirtschaftlich leistungsfähigen Apothekerstandes in sich. Nur die Heranziehung dieses letzteren Gedankens macht es aber überhaupt erklärlich, daß auch jetzt noch der Verkauf zahlreicher, an sich unschädlicher Apothekerwaren als Heilmittel außerhalb der Apotheken verboten ist. Etwas anderes kann auch nicht den Verhandlungen entnommen werden, die im Anschluß an den Erlaß der Verordnung vom 22. Oktober 1901 am 10. März 1902 im Reichstag stattgefunden haben. In deren Verlauf führte der Staatssekretär Graf Posadowsky-Wehner aus, die Regierung müsse selbstverständlich auf die Erhaltung der kleinen Apotheken auf dem Lande und in den kleinen Städten im Volksinteresse das größte Gewicht legen; diese seien dort ein absolutes Lebensbedürfnis für die Bevölkerung; das sich fortgesetzt entwickelnde Drogengewerbe könne aber gesetzlich oder durch Verwaltungsmaßregeln nicht weiter beschränkt werden, als es zur Sicherung von Leben und Gesundheit der Staatsangehörigen notwendig sei (sten. Berichte, 10. Legislaturperiode 2. Session 1900/03 Bd. V S. 4657). Auch diese Darlegungen lassen erkennen, daß die Erhaltung lebensfähiger Apotheken zwar keineswegs den eigentlichen Zweck der Verordnung bildete, daß aber unter dem leitenden Gesichtspunkt der Sicherung von Leben und Gesundheit der Staatsangehörigen die Frage der Erhaltung eines leistungsfähigen Apothekerstandes mitbestimmend war. Das gleiche ergibt sich aus den Erklärungen des Regierungsvertreters im Petitionsausschuß des Reichstags, wie sie in der Pharmazeutischen Zeitung 1925 S. 391 und in der Apothekerzeitung 1925 S. 281 wiedergegeben sind.

Hiernach hat das Berufungsgericht ohne Rechtsirrtum angenommen, daß die Verordnung vom 22. Oktober 1901 ein Schutzgesetz im Sinne des § 823 Abs. 2 BGB. ist zugunsten derjenigen, die das Apothekergewerbe berechtigterweise ausüben.

Gegen die Zulassung der Unterlassungsklage sind nach Lage des Falles keine Bedenken zu erheben. Daß die Gefahr der Wiederholung des vom Beklagten begangenen Verstoßes gegen § 1 der Verordnung vom 22. Oktober 1901 besteht, hat das Berufungsgericht einwandfrei festgestellt. Es bedarf im vorliegenden Falle keiner Stellungnahme zu der vom II. Zivilsenat im Urteil vom 15. Februar 1927 (RGZ. Bd. 116 S. 151) in Abweichung von der früheren Rechtsprechung des VI. Zivilsenats vertretenen Auffassung, daß die vorbeugende Unterlassungsklage auch dann stets gegeben sei, wenn die zu untersagende Handlung unter öffentliche Strafe gestellt ist. Nach Ansicht des VI. Zivilsenats (vgl. RGZ. Bd. 98 S. 39 und die in RGZ. Bd. 124 S. 258 angeführte Rechtsprechung) war in Fällen, in denen die zu unterlassende Handlung unter öffentliche Strafe gestellt ist, die vorbeugende Unterlassungsklage grundsätzlich zu versagen, sofern nicht ein besonderes Rechtsschutzbedürfnis nachgewiesen wurde. Schon in der Begründung der Novelle vom 6. August 1896, die zur Einführung des jetzigen Abs. 4 Satz 1 des § 35 GewO. führte (9. Legislaturper. 4. Session 1895/97 Drucks. Bd. 1 S. 428/429), ist hervorgehoben, die Erfahrung habe gelehrt, daß bei vielen Inhabern von Drogenhandlungen die Neigung bestehe, den Vorschriften beharrlich zuwiderzuhandeln, die den Vertrieb von Arzneimitteln vom Geschäftsverkehr der Drogisten ausschließen. Hinzu kommt die im Urteil des IV. Zivilsenats vom 20. Juni 1927 angestellte Erwägung, daß für die hier in Frage kommende Strafvorschrift des § 367 Nr. 3 StGB. das Legalitätsprinzip durch § 153 StPO. erheblich eingeschränkt ist. Keiner weiteren Darlegung bedarf endlich, daß die im § 35 Abs. 4 GewO. nur für den Fall der Gefährdung von Leben und Gesundheit gegebene Möglichkeit der Untersagung des Handels mit Drogen und chemischen Präparaten, die zu Heilzwecken dienen, keinen ausreichenden Schutz gegen die Verletzung der durch die Verordnung vom 22. Oktober 1901 geschützten Interessen gewährt. Unter diesen Umständen ist den Klägern ein besonderes Rechtsschutzbedürfnis zur Erhebung der vorliegenden Unterlassungsklage nicht abzusprechen, und die Unterlassungsklage wäre daher auch im Rahmen der früheren Rechtsprechung des VI. Zivilsenats zulässig.

Die Rüge, daß sowohl der Klagantrag als auch die Urteilsformel der nötigen Bestimmtheit entbehrten, ist unbegründet. Das Berufungsgericht hat rechtlich einwandfrei festgestellt, der Eingriff des Beklagten in die den Klägern vom Gesetz vorbehaltenen und geschützten Rechte durch Verkauf der im Verzeichnis A der Verordnung aufgeführten Arzneimittel als Heilmittel begründe auch für die Zukunft die Besorgnis weiterer Eingriffe. Diese Besorgnis, die das Berufungsgericht ersichtlich nicht auf bestimmte Arzneimittel hat beschränken wollen, rechtfertigt aber allgemein den von den Klägern erhobenen Anspruch, das Feilhalten und den Verkauf der im Verzeichnis A vermerkten Arzneimittel als Heilmittel zu unterlassen. Daß bei zahlreichen Arzneimitteln Streit darüber herrscht, ob sie unter das Verzeichnis A der Verordnung fallen, steht der allgemeinen Fassung der Urteilsformel nicht entgegen; denn es bestehen keine Bedenken dagegen, daß die Entscheidung der Frage, ob im Einzelfall ein Verstoß gegen die Verordnung vorliegt, der Zwangsvollstreckungsinstanz überlassen wird.

49. Unter welchen Voraussetzungen hat das Vormundschaftsgericht eine in §§ 1807, 1808 BGB. nicht vorgesehene Anlegung von Mündelgeld zu gestatten? Ist die Sicherheit der beabsichtigten Anlegung entscheidend oder ist weiter zu fordern, daß diese gegenüber der vorgeschriebenen Anlegung gewisse Vorzüge wirtschaftlicher Art bietet?

BGB. § 1811 in der Fassung des Gesetzes vom 23. Juni 1923.

IV. Zivilsenat. Beschl. v. 3. April 1930 in der Vormundschaftssache R. IV B 6/30.

I. Amtsgericht Bad Oldesloe.
II. Landgericht Altona.

Sachverhalt und Entscheidung ergeben sich aus den

Gründen:

Der Vormund der minderjährigen Geschwister R. hat das Barvermögen der Mündel bei der Beamtenbank in K. eGmbH. angelegt. Durch Verfügung des Vormundschaftsgerichts wurde er angewiesen, das Geld dort abzuheben und bei einer mündelsicheren Sparkasse anzulegen. Seine gegen diese Verfügung erhobene Beschwerde wurde durch Beschluß des Landgerichts zurückgewiesen. Er hat weitere Beschwerde erhoben, mit der er Verletzung des § 12 FGG. und des § 1811 BGB. rügt.

Das Kammergericht hält die weitere Beschwerde für nicht begründet, sieht sich aber an einer Entscheidung gehindert durch einen Beschluß des Oberlandesgerichts Darmstadt vom 18. September 1928, abgedruckt in JW. 1928 S. 3057, und hat deshalb die Beschwerde dem Reichsgericht zur Entscheidung vorgelegt.

Der weiteren Beschwerde ist der Erfolg zu versagen.

§ 1811 BGB. in der früheren Fassung schrieb vor, daß das Vormundschaftsgericht aus besonderen Gründen dem Vormund eine andere Anlegung als die in den §§ 1807, 1808 vorgeschriebene gestatten könne. Durch Art. I des Reichsgesetzes vom 23. Juni 1923 wurde die Vorschrift dahin geändert: „Das Vormundschaftsgericht kann dem Vormund eine andere Anlegung als die in §§ 1807, 1808 vorgeschriebene gestatten. Die Erlaubnis soll nur verweigert werden, wenn die beabsichtigte Art der Anlegung nach Lage des Falles den Grundsätzen einer wirtschaftlichen Vermögensverwaltung zuwiderlaufen würde."

Der erwähnte Beschluß des Oberlandesgerichts Darmstadt geht davon aus, daß der Gesetzgeber bei der Neufassung des § 1811 grundsätzlich eine von den bisherigen Vorschriften abweichende anderweitige Anlegung von Mündelgeld für zulässig erklären wollte, und gelangt zu folgendem Ergebnis: Ob die Erlaubnis zur anderweitigen Anlegung zu verweigern sei, hänge von den Umständen des Einzelfalles ab. Selbstverständlich sei dabei in erster Linie die Sicherheit der Anlage zu prüfen; denn die Hingabe des Geldes an einen unsicheren Schuldner würde mit den Grundsätzen einer wirtschaftlichen Vermögensverwaltung nicht vereinbar sein. Ob aber eine solche Sicherheit gewährleistet sei, bedürfe der Prüfung im Einzelfall unter sorgfältiger Berücksichtigung aller in Betracht kommenden Umstände.

Demgegenüber stellt sich das Kammergericht, das früher (JFG. Bd. 4 S. 60) eine ähnliche Auffassung vertreten hat, neuerdings (schon in dem Beschluß JFG. Bd. 6 S. 92) auf folgenden Standpunkt: Die frühere Bestimmung des § 1811 BGB. habe bei dem fortschreitenden Verfall der deutschen Währung insofern zu Schwierigkeiten geführt, als die Rechtsprechung unter „besonderen Gründen" nur die besonderen Verhältnisse der einzelnen Vormundschaft, nicht aber Umstände begriffen habe, die, wie die Folgen des Währungsverfalls, bei allen Vormundschaften gleichmäßig vorlägen. Um die sich aus dieser Rechtsprechung ergebenden Mißstände zu beseitigen, habe man dem § 1811 durch das erwähnte Gesetz die bereits angeführte Fassung gegeben. Aus der Begründung des Gesetzes ergebe sich, daß der Gesetzgeber die bisherigen Grundsätze über Anlegung von Mündelgeld habe aufrecht erhalten und für eine Abweichung von diesen Grundsätzen nur Richtlinien geben wollen. Daraus sei zu folgern, daß die mündelsichere Anlage nach wie vor die Regel, die freie Anlegung aber die Ausnahme bilden solle, jedoch mit der Maßgabe, daß dem Vormund und dem Vormundschaftsgericht die Prüfung zur besonderen Pflicht gemacht sei, ob die Voraussetzungen der Ausnahme gegeben seien. Aus dieser Vorzugsstellung der mündelsicheren Anlage ergebe sich aber weiter, daß eine abweichende Anlegung den Grundsätzen einer wirtschaftlichen Vermögensverwaltung im Sinne des § 1811 n. F. nicht schon dann entspreche, wenn sie mit der allgemeinen sachkundigen Auffassung des Wirtschaftslebens im Einklang stehe. Die wirtschaftliche Vermögensverwaltung von Mündelgeldern erfordere vielmehr vom Standpunkt des Gesetzes aus in erster Linie die Anlage in mündelsicheren Werten. Nur wenn eine andere Anlage wirtschaftlich ratsam erscheine, wenn sie also gegenüber der mündelsicheren Anlage wirtschaftliche Vorteile biete, die deren Vorzüge überwögen, erst dann dürfe das Vormundschaftsgericht die Erlaubnis zu anderweitiger Anlegung nicht verweigern. Eine andere Auslegung des Gesetzes würde gerade zu dem Ergebnis führen, das der Gesetzgeber nach der Begründung habe vermeiden wollen: die Vormünder und Vormundschaftsgerichte würden dann nämlich in jedem einzelnen Fall im Hinblick auf die Haftung aus den §§ 1833, 1848 BGB. prüfen müssen, welche Anlegung wirtschaftlich, insbesondere genügend sicher sei. Um dies beurteilen zu können, würden umfangreiche und schwierige Ermittlungen erforderlich werden, unter Umständen wäre sogar weiter eine ständige Überwachung der wirtschaftlichen Entwicklung der gewählten Anlegungsstelle notwendig.

Hieraus ergebe sich für den vorliegenden Fall folgende Beurteilung: Der Vorteil, daß die Beamtenbank um $1/4\%$ höhere Zinsen gewähre als die mündelsicheren Sparkassen, wiege nicht den Nachteil auf, daß ihre Sicherheit von dem wechselnden Mitgliederbestand abhängig sei, während für die Anlagen bei den öffentlichen Sparkassen das durch öffentlichrechtliche Bestimmungen gebundene Vermögen der kommunalen Körperschaft hafte. Die übrigen in der weiteren Beschwerde angeführten Vergünstigungen aber, wie insbesondere Darlehensgewährungen und Beteiligung an gemeinnützigen Einrichtungen der Bank, kämen nur den Genossen, nicht jedoch den Mündeln als Kontoinhabern zugute (vgl. § 37 der Satzung). In Ermanglung besonderer wirtschaftlicher Vorteile der Geldanlage bei der Beamtenbank bedürfe es nicht der Nachprüfung der Sicherheit des Unternehmens.

Die Streitfrage ist im Sinne des Kammergerichts zu entscheiden. Die Neufassung des § 1811 BGB. entspricht dem Gesetzentwurf (Verhandlungen des Reichstags 1923 Bd. 378 Aktenstück Nr. 5944), dem folgende Begründung beigegeben wurde:

„Um den Bestand der Mündelvermögen und ihren Ertrag nach Möglichkeit gegen Verluste zu schützen, ist im Bürgerlichen

Gesetzbuch die verzinsliche Anlegung von Mündelgeld grundsätzlich nur in solchen näher bezeichneten Forderungen und Wertpapieren mit fester Verzinsung zugelassen, die die denkbar größte Sicherheit boten. Daß die Beschränkung auf diese Anlagen angesichts der völligen Veränderung der wirtschaftlichen Verhältnisse zu Mißständen geführt hat, ist bekannt. Der § 1811 reicht in seiner gegenwärtigen Fassung zum Schutze der Mündelvermögen nicht aus. Die besonderen Gründe, aus denen vom Vormundschaftsgericht eine andere Anlegung gestattet werden kann, dürfen nach der in Rechtsprechung und Schrifttum vorherrschenden ... Auffassung nur den Verhältnissen des einzelnen Falles entnommen werden, während Erwägungen allgemeiner Natur zur Rechtfertigung solcher Gründe nicht als genügend erachtet werden... Abhilfe kann nur durch eine Änderung der Gesetzgebung geschaffen werden ... Zweifel bestehen nur darüber, welchen Weg die Gesetzgebung zweckmäßig einzuschlagen hat. Bei der Unübersichtlichkeit der Wirtschaftslage und der Unmöglichkeit, im Gesetze selbst sichere wertbeständige Anlagen für Mündelgeld zu bezeichnen, könnte es naheliegen, die gesetzlichen Bindungen für die Anlegung von Mündelgeld durch Aufhebung der §§ 1807, 1808 schlechthin zu beseitigen und die Anlegung fortan dem verantwortlichen Ermessen des Vormundes zu überlassen. Einer solchen Regelung würden jedoch erhebliche Bedenken gegenüberstehen. Sie würde auch, zum Schaden einer großen Anzahl von Mündeln, die Kurse ... stark beeinträchtigen und einen Ansturm auf die öffentlichen Sparkassen eröffnen. Daneben würde sie aber die Vormünder vor eine Aufgabe stellen, der sie aller Voraussicht nach nicht gewachsen sein würden. Die Praxis würde der gewohnten Stütze, die zur Zeit die Liste der mündelsicheren Werte bietet, plötzlich verlustig gehen und möglicherweise würde sich die unerwünschte Folge ergeben, daß der Vormund regreßpflichtig gemacht wird, wenn er das Mündelvermögen in zur Zeit mündelsicheren Papieren anlegt oder diese Anlage nicht ändert. Die uneingeschränkte Freiheit in der Auswahl der anzuschaffenden Werte aber würde nicht nur den Vormund mit schwerer Verantwortung belasten, sondern auch erhebliche Gefahren für den Bestand des Mündelgeldes mit sich bringen. Die Überwachungspflicht des Vormundschaftsgerichts bietet keinen ausreichenden Schutz. Der Vormundschaftsrichter wäre schon rein technisch der Aufgabe, jede einzelne Anlage von Mündelgeld mit der notwendigen Gründlichkeit zu prüfen, ... nicht gewachsen.

Erwägungen ähnlicher Art sprechen auch gegen eine Ausdehnung des Verzeichnisses des § 1807 ...

Hiernach kann nur eine Regelung für zweckmäßig erachtet werden, bei der unter Aufrechterhaltung der bisherigen Grundsätze Abweichungen zugelassen werden, die im Interesse der Sicherung und der Erhaltung des Mündelvermögens eine Berücksichtigung nicht nur der besonderen Verhältnisse der einzelnen Vormundschaft, sondern auch der allgemeinen wirtschaftlichen Verhältnisse ermöglichen. Daher wird eine Abänderung des § 1811 dahin vorgeschlagen, daß das Vormundschaftsgericht dem Vormund eine andere Anlegung als die in den §§ 1807, 1808 vorgeschriebene auch ohne besondere Gründe gestatten kann. Hiernach sollen einerseits die Vorschriften der §§ 1807, 1808 unverändert bestehen bleiben, sodaß Vormund und Vormundschaftsgericht bei einer diesen Vorschriften entsprechenden Anlegung, falls nicht ausnahmsweise nach den besonderen Umständen des Falles ihre Verantwortlichkeit begründet sein sollte, gedeckt sind. Anderseits soll fortan jede andere Art der Anlegung zulässig sein, die Vormund und Vormundschaftsgericht nach ihrem durch keine gesetzlichen Schranken eingeengten pflichtmäßigen Ermessen für geboten erachten. Man könnte vielleicht geltend machen, daß gegen eine solche Gesetzesänderung in gewissem Maße ähnliche Bedenken bestehen, wie sie gegenüber einer Streichung oder Erweiterung des § 1807 zu erheben sind. Insbesondere ist auch hier die Gefahr einer Schädigung des Mündelvermögens infolge unsachgemäßer Maßnahmen gewiß nicht ausgeschlossen. Es ist aber zu berücksichtigen, daß bei der vorgeschlagenen Regelung eine Prüfung der Verhältnisse des einzelnen Falles durch das Vormundschaftsgericht gewährleistet ist. Von dem Verantwortungsgefühl des Vormundschaftsrichters ist zu erwarten, daß unsachgemäßen Vorschlägen des Vormundes nicht entsprochen wird. Die strengen Haftungsvorschriften des § 1848 BGB., deren Lockerung nicht erwogen werden kann, werden außerdem zur Vorsicht mahnen. Dem naheliegenden Einwand, es könne nicht erwartet werden, daß die Gerichte angesichts der schwierigen und verantwortungsvollen Entscheidung, zu der sie nach der Ermächtigung berufen werden, in erheblichem Umfange von der neuen Befugnis Gebrauch machen würden, wird man ein entscheidendes Gewicht wohl nicht beilegen müssen. . . . Es erscheint zweckmäßig, die Voraussetzungen näher zu bestimmen, unter denen eine von den §§ 1807, 1808 abweichende Anlegung zu gestatten ist, und zwar dahin, daß die Erlaubnis nur verweigert werden soll, wenn die beabsichtigte Art der Anlegung nach Lage des Falles den Grundsätzen einer wirtschaftlichen Vermögensverwaltung zuwiderlaufen würde. Hierdurch soll dem Vormundschaftsrichter eine Richtlinie für die Handhabung der Gesetzesänderung gegeben und dieser damit eine erleichterte Anwendbarkeit und ein größerer praktischer Erfolg gesichert werden."

Entstehungsgeschichte und Begründung ergeben hiernach deutlich als Zweck der Neufassung des § 1811, daß eine andere als die in §§ 1807, 1808 vorgeschriebene Anlegung von Mündelgeld vom Vormundschaftsrichter nicht (wie bisher) nur dann gestattet werden kann, wenn besondere, den Verhältnissen des Einzelfalles zu entnehmende Gründe dargetan werden, sondern auch dann, wenn die allgemeinen wirtschaftlichen Verhältnisse die anderweitige Anlegung geboten erscheinen lassen. Entweder jene besonderen oder diese allgemeinen Gründe müssen hiernach vorliegen, wenn die Ausnahme zugelassen werden soll. Zweifel darüber, welche Gesichtspunkte bei der vormundschaftsgerichtlichen Genehmigung der Abweichung von der Regel zu beobachten seien, konnten vom Standpunkt der Gesetzesbegründung aus nur im letzteren Falle aufstoßen, d. h. in dem der Berücksichtigung der allgemeinen wirtschaftlichen Verhältnisse. Auf diesen Fall sind daher sinngemäß die Ausführungen der Begründung zu beziehen, daß fortan jede andere Art der Anlegung zulässig sein soll, die Vormund und Vormundschaftsgericht nach ihrem durch keine gesetzlichen Schranken eingeengten pflichtmäßigen Ermessen für geboten erachten würden. Dagegen war für den Fall, daß eine anderweitige Anlegung aus besonderen Gründen der einzelnen Vormundschaft in Betracht kommt, eine neue Regelung weder erforderlich noch beabsichtigt. Es sollte insoweit bei dem bisherigen Rechtszustand, insbesondere bei dem Grundsatz der Anlegung nach §§ 1807, 1808 verbleiben. Diese Absicht des Gesetzgebers ist, wenn auch die neue Fassung des § 1811 sehr allgemein gehalten ist, in hinreichender Weise auch äußerlich zum Ausdruck gelangt, und zwar dadurch, daß die Vorschrift ihre Stellung im Zusammenhang der ganzen Bestimmungen über die Anlegung von Mündelgeld beibehalten hat.

Aus der ausdrücklich ausgesprochenen Aufrechterhaltung der bisherigen Grundsätze ergibt sich, daß abgesehen von dem Fall einer anderweitigen Anlegung aus Gründen der allgemeinen wirtschaftlichen Verhältnisse, die Anlegung nach §§ 1807, 1808 nach wie vor die Regel zu bilden hat. Dem in den Vordergrund zu stellenden Erfordernis der Sicherstellung des Mündelvermögens hat der Vormund grundsätzlich durch mündelsichere Anlegung Rechnung zu tragen. Es bleibt dabei, daß der Gesetzgeber den im Gesetz vorgeschriebenen Anlegungsarten den Vorzug vor anderen Anlegungsarten gibt, deren Sicherheit erst durch umständliche und verantwortungsvolle Prüfung vom Vormundschaftsgericht festgestellt werden müßte. Derartige Prüfungen sind dem Vormundschaftsgericht im Einzelfall nur aus besonderen Gründen zuzumuten, nämlich wenn die andere Anlegung Vorzüge wirtschaftlicher Art bietet, die durch eine Anlegung nach §§ 1807, 1808 nicht erreichbar wären. Erst dann läßt sich sagen, daß die anderweitige Anlegung nach Lage des Falles den Grundsätzen einer wirtschaftlichen Vermögensverwaltung im Sinne der neuen Vorschrift des § 1811 entspricht. Lassen sich derartige Vorzüge einer anderweitigen Anlegung nicht dartun, so bleibt es bei der Regel, ohne daß das Vormundschaftsgericht in eine Prüfung der Sicherheit der anderweitigen Anlegung einzutreten brauchte.

Auf diesem Standpunkt stehen übrigens außer dem Kammergericht auch das Oberste Landesgericht München und das Oberlandesgericht Karlsruhe (JFG. Bd. 5 S. 104 und S. 112).

Im vorliegenden Fall sind keine Vorteile wirtschaftlicher Art ersichtlich, welche die von der Regel abweichende Anlegung der Mündelgelder bei der Beamtenbank zu K. rechtfertigen könnten. Der Senat macht sich in dieser Hinsicht die oben wiedergegebenen Ausführungen des Kammergerichts zu eigen. Wenn demgegenüber im Nachtrag zur Beschwerdeschrift behauptet wird, daß die Beamtenbank Vormündern, welche Genossen sind, Schulgeld- und Studienbeihilfen für ihre Mündel gewähre, auch wenn diese nicht Genossen seien, so kann das an der Beurteilung nichts ändern, da aus den Satzungen der Beamtenbank hierüber nichts zu entnehmen ist.

50. Unterliegt auch ein auf die Vorschrift des § 14 der Aufwertungsnovelle gestützter Aufwertungsanspruch dem Anmeldezwang nach § 16 Abs. 1 Satz 1 AufwG.?

V. Zivilsenat. Urt. v. 5. April 1930 i. S. Hypothekenbank H. (Kl.) w. K. u. Gen. (Bekl.). V 62/29.

I. Landgericht I Berlin.
II. Kammergericht daselbst.

Der Klägerin wurde am 24. April 1923 eine Darlehenshypothek von 100 000 M. aus der Zeit vor 1918 von den Grundstückseigentümern und Schuldnern mit dem Nennbetrag in Papiermark zurückgezahlt. Am 10. Januar 1923 hatten die Beklagten das belastete Grundstück unter Übernahme der Hypothek gekauft. Unstreitig ist, daß die Löschungsurkunde vom 25. April 1923 erteilt wurde, bevor die Beklagten ihre Eintragung als Eigentümer beantragten. Die Hypothek wurde zugleich mit der Umschreibung des Grundstücks auf die Beklagten am 25. Februar 1924 gelöscht.

Die Klägerin beansprucht dingliche Aufwertung auf Grund des § 14 AufwNov. Die Beklagten lehnen sie ab, indem sie die rechtzeitige Anmeldung des Aufwertungsanspruchs bestreiten. In dieser Beziehung steht folgendes fest: Am 25. November 1925 hatte die Klägerin bei der Aufwertungsstelle eine Anmeldung eingereicht, worin sie nach Bezeichnung des Grundstücks, der beiden Eigentümer, der Darlehensschuldner, der Hypothek und des Aufwertungsbetrags am Schluß erklärte:

> Wir melden unseren persönlichen Aufwertungsanspruch an und bitten um eine Bescheinigung nach § 8 d. Vo. v. 21. 7. 1925.

Das Wort „persönlichen" ist über den Vordruckworten „unseren Aufwertungsanspruch" mit Maschinenschrift eingefügt; in dem Vermerk über die als Anlagen beigefügten Abschriften sind die Zeilen „für Eigentümer" und „für Grundbuchamt" durchgestrichen und nur die Zeilen „für pers. Schuld." nnd „für Bescheinigung", ausgefüllt mit den Zahlen 3 und 1, stehen geblieben. Ebenso findet sich das Wort „persönlichen" vor „Aufwertungsanspruch" besonders eingefügt in einer Eingabe vom 15. Dezember 1925, womit die Klägerin an die Erteilung der Bescheinigung erinnerte. Nachdem die Beklagten Einspruch erhoben hatten und daraufhin Aussetzung des Verfahrens bis zur Entscheidung des Prozeßgerichts beschlossen worden war, hatte die Klägerin zu den Aufwertungsakten am 12. August 1926 erklärt, mit ihrer Eingabe vom 24. November 1925 habe sie nur ihren persönlichen Aufwertungsanspruch angemeldet, mithin sei die Annahme der Grundstückseigentümer zutreffend, daß das Aufwertungsverfahren wider sie gegenstandslos sei. Erst mit Eingabe vom 4. Februar 1928 hat dann die Klägerin unter Bezugnahme auf ihre Anmeldung vom 25. November 1925 und, soweit erforderlich, unter Anfechtung ihrer Anzeige vom 12. August 1926, gemäß § 14 AufwNov. den dinglichen Aufwertungsanspruch gegen die Beklagten geltend gemacht, dem diese widersprochen haben.

Die Klägerin hat darauf wegen eines Teilbetrags von 10000 RM. Feststellungsklage erhoben. Das Landgericht hat die dingliche Aufwertungspflicht der Beklagten antragsgemäß bejaht. Dagegen hat das Kammergericht die Klage und eine die Feststellungsbitte auf 20000 RM. erweiternde Anschlußberufung der Klägerin abgewiesen. Die Revision der Klägerin blieb ohne Erfolg.

Gründe:

Die Feststellung des Berufungsgerichts, daß bis zum 1. Januar 1926 keine Anmeldung des dinglichen Aufwertungsanspruchs stattgefunden habe, wird von der Revision nicht angegriffen. Sie ist auch rechtlich bedenkenfrei, weil eine Beschränkung der Anmeldung auf den Anspruch gegen die persönlichen Schuldner statthaft war. Daß diese Beschränkung von der Klägerin gewollt war, darüber lassen ihre im Tatbestand mitgeteilten Erklärungen zu den Aufwertungsakten keinen Zweifel.

Die entscheidende Frage kann hiernach mit dem Berufungsgericht dahin gefaßt werden, ob ein Aufwertungsanspruch, der auf § 14 AufwNov. gestützt wird, der Vorschrift des § 16 Abs. 1 Satz 1 AufwG. unterliegt. Das Berufungsgericht hat diese Frage bejaht, indem es sich die Ausführungen zu eigen macht, mit denen der erste Zivilsenat (Grundbuchsenat) des Kammergerichts in seinem Beschlusse vom 10. Mai 1928 (1 X 103/28, abgedruckt JW. 1928 S. 2148 Nr. 1) die gleiche Entscheidung begründet hat. Dem ist beizutreten.

Nach § 16 Abs. 1 Satz 1 AufwG. findet eine Aufwertung kraft Rückwirkung, wie sie hier von der Klägerin begehrt wird, nur statt, wenn der Gläubiger den Anspruch hierauf bis zum 1. Januar

1926 bei der Aufwertungsstelle anmeldet. Von dieser Vorschrift nimmt die Klägerin für sich eine Ausnahme gegenüber den Beklagten als dinglichen Schuldnern in Anspruch mit der Begründung, daß ihr eine Anmeldung des dinglichen Aufwertungsanspruchs bis zum 1. Januar 1926 nach der damaligen Rechtslage als zwecklos habe erscheinen müssen, indem sie, im Hinblick auf die Vorschriften des § 20 AufwG., habe davon ausgehen dürfen, daß die Beklagten ihrem Anspruch mit Erfolg die Berufung auf die Vorschriften über den öffentlichen Glauben des Grundbuchs entgegensetzen würden. Darüber, ob eine solche Ausnahme, obwohl im Wortlaut des Gesetzes nicht vorgesehen, dennoch anerkannt werden darf oder muß, kann nur der Sinn und Zweck des Gesetzes entscheiden. Danach ist die Frage aber zu verneinen. Denn der Zweck der Vorschrift des § 16 Abs. 1 Satz 1 AufwG. war, zu verhüten, daß mit der vom Gesetz angeordneten Aufwertung kraft Rückwirkung auf längere Zeit ein Zustand der Unsicherheit im Grundbuchverkehr geschaffen werde durch die Ungewißheit darüber, für welche im Grundbuch noch eingetragenen, aber bereits in Papiermark befriedigten, und für welche früher eingetragen gewesenen Rechte Aufwertung kraft Rückwirkung noch in Frage komme. Aus diesem Zweck des Gesetzes ergibt sich, daß die Folgerung der Klägerin fehl geht, das Gesetz könne ihr nicht eine Anmeldung zugemutet haben, die sie für zwecklos halten durfte. Der klaren und bestimmten Vorschrift des Gesetzes, die keine Ausnahmen zuließ, war vielmehr zu entnehmen, daß die Nichtanmeldung als solche, ohne Berücksichtigung der Gründe, auf denen sie beruhte, den Gläubiger des Aufwertungsanspruchs schlechthin und endgültig verlustig gehen lassen würde. Wollte die Klägerin diese Gefahr nicht laufen, so mußte sie anmelden, auf die Möglichkeit hin, damit etwas zu tun, was sich im Ergebnis als zwecklos erweisen würde. Es kann der Klägerin aber auch nicht zugestanden werden, daß eine Anmeldung des dinglichen Aufwertungsanspruchs von vornherein als gänzlich zwecklos hätte erachtet werden dürfen. Bei der damaligen Neuheit der gesetzlichen Aufwertungsregelung und der Ungewißheit über ihre Auslegung waren, wie die spätere Entwicklung bestätigt hat, Zweifel darüber keineswegs ausgeschlossen, in welchem Umfang gegenüber Aufwertungsansprüchen die Berufung auf den öffentlichen Glauben des Grundbuchs Erfolg haben würde. Zwar hat der Abschluß dieser Entwicklung der von der Klägerin vertretenen Auffassung der damaligen Rechtslage Recht gegeben. Aber gerade in Fällen der vorliegenden Art, nämlich bei Übernahme von Hypotheken durch den Grundstückserwerber, hat mindestens bis zur Entscheidung des erkennenden Senats vom 30. April 1927 (RGZ. Bd. 116 S. 161) in Schrifttum und Rechtsprechung Streit darüber bestanden, ob der Schutz des öffentlichen Glaubens des Grundbuchs auch einem Grundstückserwerber zustatten komme, der, wie es hier die Klägerin behauptet, selbst die übernommene Hypothek noch vor dem Abschluß seines Erwerbs mit seinen Mitteln hatte ablösen lassen.

In Übereinstimmung mit der Auffassung des ersten Zivilsenats des Kammergerichts im oben angezogenen Beschluß hat auch die Rechtsprechung des erkennenden Senats (vgl. Urteil vom 8. März 1930 RGZ. Bd. 127 S. 316) anerkannt, daß durch die Vorschrift des § 14 AufwNov. nicht ein neuer selbständiger Aufwertungstatbestand geschaffen, sondern nur die Anwendung der Vorschriften über den öffentlichen Glauben des Grundbuchs in Fällen der Ablösung von Hypotheken usw. durch den Grundstückserwerber beschränkt werden sollte. Den — wie oben dargelegt, auf besonderem gesetzgeberischem Zwecke beruhenden — Anmeldezwang gemäß § 16 Abs. 1 Satz 1 AufwG. hat aber die Aufwertungsnovelle unberührt bestehen lassen, ohne eine neue Anmeldefrist zu gewähren. Es handelt sich dabei nicht etwa um eine bloß versehentliche Unterlassung. Denn soweit die Aufwertungsnovelle in Milderung des Anmeldezwangs, wie ihn § 16 AufwG. geschaffen hatte, eine Wiedereinsetzung in den vorigen Stand gegen die Versäumung der Anmeldefrist gewährt hat, ist dies (§ 16 Abs. 1) nur für die Anmeldung des persönlichen Aufwertungsanspruchs geschehen; eine Aufwertung der Hypothek ist dagegen ausdrücklich ausgeschlossen geblieben, um einer sonst zu gewärtigenden Verwirrung im Grundbuchverkehr vorzubeugen (§ 16 Abs. 2). Schon der Grundbuchsenat des Kammergerichts hat ferner zutreffend darauf hingewiesen, daß es vom Standpunkt der von ihm bekämpften Ansicht aus in den Fällen des § 14 AufwNov. für ein nachträgliches Anmelde- und Einspruchsverfahren an der gesetzlichen Grundlage fehle. Dem darf für den vorliegenden Fall hinzugefügt werden, daß die Klägerin mit ihrer nachträglichen Anmeldung vom 4. Februar 1928 eine Frist, wie sie § 16 AufwG. gegewährt, vom Inkrafttreten der Aufwertungsnovelle an berechnet, weit überschritten haben würde.

51. 1. Zur Auslegung des § 906 RVO.
2. Begriff des Betriebsleiters im Sinne des § 913 RVO.
3. Form der Bestellung des Betriebsleiters.
4. Zur Frage der Beaufsichtigungspflicht des Betriebsunternehmers gegenüber dem Betriebsleiter.

RVO. §§ 903, 904, 906, 913. RGewO. § 151. BGB. §§ 823, 831. StGB. §§ 222, 230.

VI. Zivilsenat. Urt. v. 28. April 1930 i. S. N.-Berufsgenossenschaft (Kl.) w. R. (Bekl.). VI 458/29.

I. Landgericht Altona.
II. Oberlandesgericht Kiel.

Die Beklagte ist bei der Klägerin als der für sie zuständigen Berufsgenossenschaft für die in ihrem Betrieb vorkommenden Unfälle versichert. Am 24. Oktober 1925 wurde in diesem Betrieb der Arbeiterin J. durch eine Friktionsziehpresse eine Hand abgequetscht. Die Klägerin hat der J. eine Unfallrente von monatlich 57,42 RM. zu zahlen. Am 20. September 1926 ging der Beklagten ein Beschluß des Entschädigungsausschusses der Klägerin zu, wonach die Beklagte dieser für alle Aufwendungen aus dem Unfall aufzukommen hat. Die von der Beklagten angerufene Genossenschaftsversammlung bestätigte diesen Beschluß am 24. Juli 1927. Infolge Zahlungsverweigerung der Beklagten erhob die Klägerin im September 1927 Klage mit dem Antrag, sie zur Zahlung von 1583,04 RM. (bereits erwachsene Unfallkosten) nebst Zinsen zu verurteilen und festzustellen, daß sie zur Zahlung der vom 1. Oktober 1927 ab zu entrichtenden Rente von monatlich 57,42 RM., vorbehaltlich einer anderen Rentenfestsetzung, und außerdem zur Zahlung der der Klägerin aus Anlaß des Unfalls erwachsenden künftigen sonstigen Aufwendungen verpflichtet sei. Die Klägerin stützt ihre Klage auf § 903 Abs. 4 und § 904 Abs. 1 Nr. 2 RVO. i. Verb. mit den §§ 16, 125, 159, 310 ihrer Unfallverhütungsvorschriften (UVV.). Trotz der Anweisungen des technischen Aufsichtsbeamten der Klägerin im Schreiben vom 24./25. Oktober 1921:

An der runden Ziehpresse ist die Schutzvorrichtung zu vervollkommnen wie angegeben, und im Schreiben vom 4./16. Dezember 1924 Nr. 9:

„Die Spindelpressen müssen gemäß § 125 der UVV. so eingerichtet werden, daß man mit den Fingern nicht unter den niedergehenden Preßstempel gelangen kann,"

habe die Beklagte an den Pressen, die sie überdies nach § 310 UVV. nicht ohne die von der Klägerin geforderten Schutzvorrichtungen habe anschaffen dürfen, solche Vorrichtungen nicht anbringen lassen, während sie der Klägerin mit Schreiben vom 18. März 1925, unterzeichnet von ihrem Geschäftsführer D. und ihrem Prokuristen St., angezeigt habe, daß die vorgeschriebenen Schutzvorrichtungen angebracht worden seien. Hiernach falle den Geschäftsführern der Beklagten Fahrlässigkeit im Sinne des § 230 Abs. 2 StGB. zur Last, und auf diese sei der Unfall der J. zurückzuführen.

Das Landgericht erkannte nach den Klaganträgen. Das Oberlandesgericht dagegen wies die Klage ab. Die Revision der Klägerin führte zur Aufhebung und Zurückverweisung.

Gründe:

Das Berufungsgericht hat die von Amts wegen (RGZ. Bd. 62 S. 430, Bd. 72 S. 426) auch noch in der Revisionsinstanz (JW. 1920 S. 290 Nr. 13; RGUrteile vom 6. Oktober 1927 VI 47/27 in JRschau 1927 Nr. 2106, vom 9. Januar 1930 VI 238/29, vom 10. Februar 1930 VI 350/29) zu prüfende Frage offen gelassen, ob die in § 906 RVO. vorgeschriebenen formalen Voraussetzungen für die Zulässigkeit der Klage erfüllt sind. Während diese Voraussetzungen im übrigen unzweifelhaft gegeben sind, hat die Beklagte nach der Richtung Bedenken erhoben, daß nicht der Vorstand der Klägerin, wie dies § 906 Abs. 1 Satz 1 RVO. vorschreibe, sondern ihr Entschädigungsausschuß die Erhebung des Ersatzanspruchs gegen die Beklagte beschlossen habe. Das von der Klägerin beobachtete Verfahren stützt sich auf § 37 ihrer zur Zeit der Erlassung des Beschlusses vom September 1926 in der Fassung vom 28. Juni 1912/28. Juni 1924 gültigen, vom Reichsversicherungsamt genehmigten Satzung. Danach ist die — aus dem Vorsitzenden des Genossenschaftsvorstandes und zwei weiteren, vom Vorstand gewählten Mitgliedern bestehende — Feststellungskommission unter anderem befugt, über Ersatzansprüche der Genossenschaft gegen Betriebsunternehmer im Sinne der §§ 903, 904 RVO. zu beschließen. Offenbar entspricht die Vorschrift des § 37 der Satzung einem praktischen Bedürfnis, da die Klägerin das ganze Gebiet des Deutschen

Reichs umfaßt und der Vorstand aus 15 Mitgliedern besteht. Dieser Zweckmäßigkeitsgrund allein würde allerdings nicht geeignet sein, die Bestimmung des § 37 Nr. 7 der Satzung für rechtsgültig zu erklären, wenn das Gesetz (§ 906 Abs. 1 Satz 1 RVO.) ihr entgegenstünde. Allein dies ist nicht anzunehmen. Grundsätzlich ist es, soweit nicht zwingende gesetzliche Vorschriften entgegenstehen, den Berufsgenossenschaften überlassen, ihre innere Verwaltung durch eine von der Genossenschaftsversammlung zu beschließende (§ 675 RVO.) und der Genehmigung des Reichsversicherungsamtes bedürfende (§ 681 das.) Satzung zu regeln und die Zusammensetzung sowie die Rechte und die Pflichten des Vorstandes zu bestimmen (§ 677 Nr. 2 das.). Auf Grund dieses Selbstverwaltungsrechts hat die Klägerin unter Billigung des Reichsversicherungsamts durch ihr oberstes Organ, die Genossenschaftsversammlung, satzungsgemäß ihren Vorstand ermächtigt, einen engeren geschäftsführenden Ausschuß zu bilden, und hat diesen für befugt erklärt, u. a. über die Frage der Erhebung von Regreßansprüchen nach §§ 903, 904 RVO. an Stelle des Gesamtvorstands Entschließung zu treffen. Das ist nicht unzulässig. Insbesondere stehen einem solchen Verfahren keine berechtigten Belange des in Anspruch genommenen Betriebsunternehmers entgegen. Denn diesem steht es nach § 906 Abs. 1 Satz 2 RVO. frei, die Entscheidung der Genossenschaftsversammlung und damit desjenigen Organs der Genossenschaft anzurufen, das der Regel nach (§ 905 Abs. 1 RVO.) — vorbehaltlich einer satzungsmäßigen Übertragung dieses Rechts auf den Vorstand (Abs. 2 das.) — allein befugt ist, auf Regreßansprüche gegen den Unternehmer zu verzichten. Aus ähnlichen Erwägungen hat es das Reichsgericht in RGZ. Bd. 72 S. 318 auf Grund des § 147 Abs. 1 Satz 4 des Unfallversicherungsgesetzes für Land- und Forstwirtschaft vom 30. Juni/5. Juli 1900 (RGBl. S. 641) — vgl. § 137 des Gewerbeunfallversicherungsgesetzes vom gleichen Tage (RGBl. S. 585) und § 47 des Bauunfallversicherungsgesetzes vom gleichen Tage (RGBl. S. 698) —, also auf Grund einer Vorschrift, die im wesentlichen dem § 906 RVO. entspricht, für zulässig erachtet, daß eine landwirtschaftliche Berufsgenossenschaft in Preußen die Beschlußfassung über die Geltendmachung von Regreßansprüchen gegen Unternehmer durch die Satzung sogar einer Einzelperson, nämlich dem Landesdirektor als dem Vorsitzenden des Genossenschaftsvorstands, des Provinzialausschusses, übertrage. Sind hiernach schon die formalen Voraussetzungen für die Zulässigkeit der Klage gemäß § 906 RVO. als erfüllt anzusehen, so kann es auf sich beruhen, ob die Beklagte, wie die Revision meint, auf die Beschlußfassung des Gesamtvorstands der Klägerin dadurch wirksam verzichtet hat, daß sie nicht dessen Entscheidung, sondern die der Genossenschaftsversammlung angerufen hat. Und es kann weiter unentschieden bleiben, ob entgegen den Bedenken des Berufungsgerichts der Revision darin beizutreten wäre, daß die Entscheidung der Genossenschaftsversammlung den sich etwa aus dem Fehlen eines Beschlusses des Gesamtvorstandes ergebenden Mangel geheilt hätte.

In der Sache selbst hat das Oberlandesgericht die Klage deshalb abgewiesen, weil die Beklagte ihren Prokuristen St. zum Betriebsleiter im Sinne des § 913 RVO. bestellt und ihm die Beobachtung der Unfallverhütungsvorschriften zur selbständigen Wahrnehmung übertragen habe; daß es die Beklagte bei der Auswahl oder Beaufsichtigung des St. an der Sorgfalt habe fehlen lassen, die man von jedem verlangen müsse, der einen anderen zu einer Verrichtung bestellt, habe die dafür beweispflichtige Klägerin nicht bewiesen. Nach allen diesen Richtungen werden von der Revision Bedenken erhoben. Sie sind auch begründet.

Was zunächst die Frage anlangt, ob St. von der Beklagten zum Betriebsleiter bestellt ist, so unterscheidet der nach dem Bericht der Reichstagskommission über den Entwurf einer RVO. (Bd. 3 S. 188) dem § 151 RGewO. nachgebildete § 913 RVO. zwischen Betriebsleitern einerseits und Aufsichtspersonen und anderen Betriebsangestellten anderseits. Auch den beiden letzteren Gruppen darf der Unternehmer die Pflichten übertragen, die ihm nach der Reichsversicherungsordnung obliegen, soweit es sich nicht um Einrichtungen auf Grund von Unfallverhütungs-Vorschriften handelt. Zur Erfüllung der hierauf bezüglichen Pflichten darf der Unternehmer nur einen Betriebsleiter bestellen. Aus dieser Unterscheidung ergibt sich, daß nicht jeder, der in einem Betrieb etwas zu leiten, anzuordnen oder zu beaufsichtigen hat, vom Gesetz als Betriebsleiter betrachtet wird, sondern daß dabei an Personen gedacht ist, die an der oberen Geschäftsleitung teilhaben, die einen mitbestimmenden Einfluß auf die Gesamtrichtung des Betriebs auszuüben befugt sind, die das Unternehmen auch nach außen mitzuvertreten haben und seinen Inhabern wirtschaftlich und gesellschaftlich gleichstehen. Nun können zwar auch für einzelne, sachlich oder örtlich abgegrenzte Teile eines Betriebs von großem Umfang „Betriebsleiter" bestellt werden, aber um so sorgfältiger wird dann zu prüfen sein, ob es sich in Wirklichkeit um Betriebsleiter im Sinne des Gesetzes und nicht nur um Aufsichtspersonen handelt. Diese Grundsätze stehen in der Rechtsprechung des Reichsgerichts fest (RGU. in JW. 1918 S. 617 Nr. 7, auch abgedruckt in den Entscheidungen und Mitteilungen des RVA. Bd. 14 S. 407; vgl. ferner RGU. in JRschau 1927 Nr. 2106) und werden im Schrifttum gebilligt (RVO. herausgegeben von Mitgliedern des RVA. Erl. 1 zu § 913 Bd. 3 S. 356; Hanow RVO. 4. Aufl. Erl. 5 zu § 13 Bd. 1 S. 35). Aus der Begriffsbestimmung des Betriebsleiters folgt, daß einem solchen durch seine Bestellung auch die Pflicht übertragen wird, für die Einrichtungen auf Grund von Unfallverhütungs-Vorschriften zu sorgen. Ist gerade diese Pflicht ausgeschlossen, so wird in aller Regel nicht die Bestellung eines Betriebsleiters, sondern nur die einer Aufsichtsperson in Frage stehen. Dabei mag darauf hingewiesen werden, daß der Begriff der Einrichtungen im Sinne des § 913 RVO. derselbe ist wie in § 848a Abs. 1 Nr. 1 das. und daher im Gegensatz zu Anordnungen steht, wie dies der Kommissionsbericht a. a. O. S. 189 ergibt (WarnRspr. 1918 Nr. 174).

Ob St. Betriebsleiter oder nur Aufsichtsperson der Beklagten war, ist für den Rechtsstreit von entscheidender Bedeutung. Denn nicht auf mangelhafte allgemeine Aufsicht oder auf fehlerhafte Anordnungen im Betriebe der Beklagten, sondern gerade auf das Fehlen von Schutzvorrichtungen an der Friktionsziehpresse ist der Unfall der J. zurückzuführen. Nun war dem St. unstreitig von der Beklagten Gesamtprokura erteilt, und die Auffassung des Berufungsrichters, daß St. wirtschaftlich und nach seinem Bildungsgrade den Geschäftsführern der Beklagten gleichgestellt gewesen sei, läßt keinen Rechtsirrtum erkennen. Dagegen ergeben sich aus § 2 des Anstellungsvertrags vom 27. Juni 1917, der folgendermaßen lautet:

> „Die Tätigkeit des Herrn St. besteht in der Hauptsache in der Beaufsichtigung des technisch-fabrikatorischen Betriebes in seinem gesamten Umfange und in allen Teilen und Anlagen. Des weiteren erstreckt sie sich auf die dem Herrn St. von der Geschäftsführung und dem Aufsichtsrate zugewiesenen Verrichtungen"

und insbesondere aus dem Worte „Beaufsichtigung" (statt „Leitung") Zweifel, ob St. in der Tat zum Betriebsleiter und nicht vielmehr nur zur Aufsichtsperson bestellt war. Wenn ferner das angefochtene Urteil noch darauf verweist, daß St. die ihm zur Erledigung übergebenen Revisionsberichte des technischen Aufsichtsbeamten der Klägerin mit Erledigungsvermerken versehen habe, so ist nicht ohne weiteres einzusehen, daß nicht das gleiche Verfahren auch von einer Aufsichtsperson beobachtet werden konnte. Hiernach muß mit der Möglichkeit gerechnet werden, daß das Berufungsgericht den Rechtsbegriff des Betriebsleiters verkannt hat.

Das leitet über zu der Frage, in welcher Form die Bestellung zum Betriebsleiter und damit der Regel nach die Übertragung der Sorge für die Einrichtungen auf Grund von Unfallverhütungs-Vorschriften zu erfolgen hat. Eine solche Maßnahme ist von weittragender Bedeutung nicht nur für den Unternehmer, der sich dadurch je nach Umständen von den strafrechtlichen Folgen der Betriebsunfälle (§§ 222, 230 StGB.) und von seiner zivilrechtlichen Haftung für solche (§ 913 RVO.; RGZ. Bd. 95 S. 183, 184, Bd. 102 S. 326; WarnRspr. 1918 Nr. 174) befreit, sondern auch für den Betriebsleiter, der dadurch jene straf- und zivilrechtlichen Folgen auf sich nimmt (§§ 222, 230 StGB.; §§ 899, 903 Abs. 4, § 913 Abs. 2 Satz 1 RVO.). Auch die Berufsgenossenschaften haben daran, wer die für einen Betrieb verantwortliche Person ist, ein wesentliches Interesse. Unter solchen Umständen muß verlangt werden, daß die Bestellung einer Person zum Betriebsleiter, wenn auch nicht gerade immer ausdrücklich, so doch in einer klaren und jeden Zweifel ausschließenden Weise erfolgt, wie dies auch von den Versicherungsbehörden (Beschlüsse des Bayerischen Landesversicherungsamts in den Entscheidungen und Mitteilungen des RVA. Bd. 2 S. 229 und S. 230) und im Schrifttum (RVO. herausgeg. von Mitgliedern des RVA. Erl. 3 zu § 913 Bd. 3 S. 356; Schulte-Holthausen RVO. 4. Aufl. Erl. 6 zu § 913 Bd. 3 S. 521; Stier-Somlo RVO. Erl. 2 zu § 913 Bd. 2 S. 681; Moesle-Kabeling RVO. 3. Aufl. Erl. 6 zu § 913 Bd. 3 S. 594, 595) gefordert wird. Wie das Gesetz für die Bestellung eines Betriebsleiters keine besondere Form vorschreibt, so besteht auch insbesondere keine gesetzliche Bestimmung dahin, daß die Rechtsgültigkeit der Bestellung von deren Mitteilung an die Berufsgenossenschaft abhängig sei. Die Reichstagskommission hat vielmehr der Anregung des Regierungsvertreters, eine solche Vorschrift in das Gesetz aufzunehmen, keine Folge gegeben (Kommissionsbericht Bd. 3 S. 189). Es wird daher der — im Schrifttum soweit ermittelt, einhellig gebilligten — Ansicht beizutreten sein, daß die Berufsgenossenschaften auch nicht in der Lage sind, durch Aufnahme einer entsprechenden Vorschrift in ihre Unfallverhütungs-Vorschriften die Wirksamkeit der Bestellung eines Betriebsleiters auszuschließen, die der Genossenschaft nicht angezeigt ist. Enthalten aber die Vorschriften eine dahingehende Bestimmung oder ist, wie im vorliegenden Falle in § 315 UVV. der Klägerin, angeordnet, daß es durch eine von beiden Teilen zu unterzeichnende, dem technischen Aufsichtsbeamten auf Verlangen vorzulegende Erklärung schriftlich festzulegen sei, wenn der Unternehmer die ihm durch die Unfallverhütungs-Vorschriften auferlegten Pflichten Betriebsleitern, Aufsichtspersonen oder anderen Betriebsangestellten überträgt, so setzt sich der Unternehmer, der einer solchen Anordnung zuwiderhandelt, nicht nur Ordnungsstrafen aus, sondern es spricht dann eine tatsächliche Vermutung gegen seine Angabe, daß er einen Betriebsleiter bestellt habe, und um so strengere Anforderungen werden dann an den Beweis für eine solche Angabe des Unternehmers zu stellen sein. Auch dieser Standpunkt entspricht der im Schrifttum herrschenden Auffassung (vgl. Schulte-Holthausen und Moesle-Rabeling a. a. O.). Auch insoweit geben die Ausführungen des angefochtenen Urteils zu rechtlichen Bedenken Anlaß. Hiernach wird es Aufgabe des Berufungsgerichts sein, die Frage, ob St. zum Betriebsleiter bestellt ist, von neuem zu prüfen.

Was weiter die von der Beklagten trotz etwaiger Bestellung des St. zum Betriebsleiter zu betätigende Sorgfaltspflicht betrifft, so läßt die Auffassung des angefochtenen Urteils, daß St. trotz der ihm fehlenden schulmäßigen Techniker-Vorbildung sorgfältig ausgewählt war, keinen Rechtsverstoß erkennen. Denn St. hatte sich, wie festgestellt wird, nach seinem Ausscheiden aus dem Militärverwaltungsdienst in einer 17jährigen Tätigkeit im technischen Betrieb der Beklagten die erforderlichen technischen Kenntnisse und reiche praktische Erfahrungen erworben, bevor mit ihm der Vertrag vom 27. Juni 1917 geschlossen wurde.

Zur Frage der Beaufsichtigung des St. hat sich der Berufungsrichter auf folgende Ausführungen beschränkt: Die Pflicht der Geschäftsführer, den St. in seiner Amtsführung zu überwachen, habe sich, solange nicht Unregelmäßigkeiten, die bekannt geworden, weitergehende Maßnahmen geboten hätten, auf die Einforderung von Berichten beschränken dürfen. Über eine erkennbar hervorgetretene Unzuverlässigkeit des St., die etwa eine persönliche Überwachung durch die Geschäftsführer erforderlich gemacht hätte, habe aber die Klägerin nichts vorbringen können. Insbesondere dürfe aus der Tatsache, daß nach zwei Berichten des Revisionsbeamten der Klägerin die Unfallverhütungs-Vorschriften bezüglich der Friktionsziehpresse nicht beachtet gewesen seien, keine Pflicht der Geschäftsführer zur persönlichen Überwachung des St. hergeleitet werden, und zwar deshalb nicht, weil zwischen den beiden Berichten eine Zeit von über 3 Jahren verstrichen gewesen sei. Ob St. tatsächlich den Unfall durch fahrlässige Amtsführung herbeigeführt habe, könne sonach dahingestellt bleiben.

Diese Ausführungen sind insofern von Rechtsirrtum beeinflußt, als sie an das Maß der Aufsichtspflicht des Betriebsunternehmers, der einen Betriebsleiter bestellt hat, viel zu geringe Anforderungen stellen. Wie bereits hervorgehoben, ist der § 913 RVO. dem § 151 RGewO. nachgebildet (vgl. auch § 82a des Krankenversicherungsgesetzes vom 15. Juni 1883/10. April 1892, RGBl. S. 73 und S. 417, und § 177 des Invalidenversicherungsgesetzes vom 22. Juni 1889/19. Juli 1899, RGBl. S. 97 und S. 463). Nun weichen § 151 Abs. 1 Satz 2 RGewO. (vgl. dazu RGSt. Bd. 24 S. 295, Bd. 49 S. 121, Bd. 50 S. 10) und § 913 Abs. 2 Satz 2 RVO. in ihrer Fassung insofern voneinander ab, als nach ersterer Vorschrift der Gewerbetreibende neben seinem Stellvertreter unter anderem auch dann strafbar ist, wenn er bei der nach den Verhältnissen möglichen eigenen Beaufsichtigung des Betriebs es an der erforderlichen Sorgfalt hat fehlen lassen; nach § 913 dagegen ist der Unternehmer — wie auch nach § 151 RGewO. — nur dann strafbar, wenn entweder die Zuwiderhandlung mit seinem Wissen geschehen ist oder wenn er bei Auswahl oder Beaufsichtigung seines Stellvertreters nicht die im Verkehr erforderliche Sorgfalt beobachtet hat. Dieser Abweichung in der Fassung wird jedoch im Ergebnis keine allzu große Bedeutung beizumessen sein; denn es ist nicht abzusehen, wie der Unternehmer die ihm auferlegte Beaufsichtigungspflicht gegenüber seinem Vertreter mit der gebotenen Sorgfalt ausüben könnte, ohne gleichzeitig auch den Betrieb als den Betätigungsbereich des Vertreters zu überwachen. Im übrigen ist der Unterschied in der Fassung des § 151 Abs. 1 Satz 2 RGewO. und des § 913 Abs. 2 Satz 2 RVO. nicht von unmittelbarer Bedeutung.

Denn letztere Bestimmung bezieht sich nur auf die Strafvorschriften der Reichsversicherungsordnung, nicht aber auf die des gemeinen Strafrechts. Demnach und da, wie das Reichsgericht in ständiger Rechtsprechung anerkannt hat (RGZ. Bd. 66 S. 248, Bd. 69 S. 343; JW. 1918 S. 618 Nr. 7, 1920 S. 290 Nr. 13; JRschau 1927 Nr. 2106), nur Fahrlässigkeit im Sinne des Strafrechts, also Nichtvoraussicht des voraussehbaren Erfolgs (RGZ. Bd. 69 S. 344; RGSt. Bd. 22 S. 357), den Anspruch aus § 903 RVO. begründet, kann die Vorschrift des § 913 Abs. 2 Satz 2 RVO. nicht unmittelbar zur Stützung dieses Regreßanspruchs verwendet werden. Wohl aber darf aus dieser Vorschrift, wonach sich der Unternehmer wegen Zuwiderhandlungen gegen die Reichsversicherungsordnung trotz der zulässigen Bestellung eines Betriebsleiters sogar nach diesem Gesetze strafbar machen kann, der Schluß gezogen werden, daß das Gesetz ihn in diesem Fall ebensowenig der zivilrechtlichen Haftung gänzlich entheben wollte, daß vielmehr trotz der Bestellung eines Betriebsleiters im Sinn des § 913 a. a. O. auch auf ihn die allgemeinen Vorschriften über die Aufsichtspflicht (§§ 823, 831 BGB.) Anwendung finden, denen jedermann unterliegt, der einen andern zu einer Verrichtung bestellt (RGZ. Bd. 95 S. 185, Bd. 102 S. 327; vgl. Moesle-Rabeling a. a. O. Erl. 6 zu § 903 S. 573). Dies muß um so mehr gelten, als der Gesetzgeber durch scharfe öffentlichrechtliche (§ 120a RGewO.) und bürgerlichrechtliche (§§ 618, 619 BGB.) Vorschriften bestrebt ist, den Arbeitgeber zu wirksamen Sicherungsmaßnahmen zum Schutz seiner Arbeitnehmer gegen die sich aus der Arbeitstätigkeit ergebenden Gefahren für Leben und Gesundheit im Rahmen des Möglichen anzuhalten. Diese Erwägungen müssen auch dazu führen, für das Maß der auszuübenden Aufsicht angemessene Anforderungen an den Betriebsunternehmer zu stellen. Was in dieser Beziehung als angemessen zu gelten hat, kann nur an Hand der sorgfältig zu ermittelnden Umstände des Einzelfalls festgestellt werden. Beispielsweise kann hierfür neben der Größe des Gesamtbetriebs in Betracht kommen, ob der Unternehmer am Orte des Betriebs wohnt, ob und in welchem Umfang er selbst sachkundig ist, ob er den Betriebsleiter für zuverlässig halten darf, ob und zu welchen Ausstellungen die Revisionen der Gewerbeinspektion und der technischen Beamten der Berufsgenossenschaften geführt haben, ob ihm sonst Klagen über mangelnde Betriebssicherheit in seinem Unternehmen zur Kenntnis gebracht worden sind, ob es sich um offensichtliche oder um schwer erkennbare Mängel handelt. In jedem Fall ist jedoch Voraussetzung für die Haftung des Unternehmers nach § 903 Abs. 4 RVO., daß ihm nicht nur Fahrlässigkeit im strafrechtlichen Sinn, sondern auch Außerachtlassung gerade derjenigen Aufmerksamkeit zur Last fällt, zu der er vermöge seines Amtes, Berufes oder Gewerbes besonders verpflichtet war, und ferner, daß der Unfall durch eine solche Fahrlässigkeit herbeigeführt worden ist (RGU. vom 25. Oktober 1928 VI 157/28). Bei den Geschäftsführern einer Gesellschaft mbH., die ein Fabrikunternehmen betreibt, wird freilich der Regel nach, sofern sie überhaupt der Vorwurf der Fahrlässigkeit trifft, eine solche im Sinne der § 222 Abs. 2, § 230 Abs. 2 StGB. anzunehmen sein. Daß sich die Beweislast für die Frage des ursächlichen Zusammenhangs umkehrt, wenn der Unternehmer die Unfallverhütungsvorschriften nicht beachtet hat (RGZ. Bd. 95 S. 182, 183 und S. 240; Recht 1919 Nr. 1211; JW. 1929 S. 1461 Nr. 6; RGU. vom 26. September 1927 VI 34/27, vom 16. Mai 1928 VI 499/27, vom 9. Januar 1930 VI 238/29), ist im angefochtenen Urteil zutreffend bemerkt. Außerdem mag auf die Vorschrift in § 16 UVV. hingewiesen werden, wonach Unternehmer und Betriebsleiter für Instandhaltung der Schutzvorrichtungen zu sorgen und die Ausführung der für den Betrieb erlassenen Unfallverhütungsvorschriften zu überwachen haben.

Prüft man auf dieser rechtlichen Grundlage den vorliegenden Fall an Hand der Feststellungen des Vorderrichters, so ergibt sich folgendes. Den §§ 125, 159 UVV. zuwider befand sich an der Presse, woran die J. zu Schaden gekommen ist, schon seit etwa zwei Jahren vor dem Unfall überhaupt keine Schutzvorrichtung, obwohl das Vorhandensein einer solchen den Unfall mit Sicherheit verhindert hätte, wie auch der Beklagten bekannt sein mußte. Das angefochtene Urteil zieht hieraus den bedenkenfreien Schluß, daß den sich aus den Unfallverhütungs-Vorschriften ergebenden Verpflichtungen im Betrieb der Beklagten nicht in genügender Weise nachgekommen worden ist. Auf das Fehlen der Schutzvorrichtung ist der Unfall zurückzuführen. Das Berufungsgericht ist der Auffassung, der Umstand, daß an einer ungeschützten Maschine trotz der wiederholten Hinweise in den Revisionsberichten des B. (was übrigens nicht einmal nötig gewesen wäre, um den Anspruch aus § 903 RVO. zur Entstehung zu bringen, RGU. vom 26. September 1927 VI 34/27) gearbeitet worden sei, beweise, daß es im Betrieb der Beklagten an der erforderlichen Aufsicht gemangelt habe. Diesen Feststellungen hätte das Oberlandesgericht noch die unstreitigen Tatsachen hinzufügen können, daß im Revisionsbericht vom 4./16. Dezember 1924 im ganzen 28 Bemängelungen wegen fehlender oder ungenügender Schutzvorrichtungen erhoben worden sind und daß nicht nur St., sondern auch der Geschäftsführer D. der Klägerin unterm 18. März 1925 die — soweit die Friktionsziehpresse in Betracht kommt — objektiv unrichtige Mitteilung gemacht hat, die vorgeschriebenen Schutzvorrichtungen seien angebracht. Daß etwa die vier Geschäftsführer der Beklagten so sachunkundig gewesen seien, daß sie das Fehlen jeder Schutzvorrichtung an der Presse, auch noch am 18. März 1925, nicht hätten bemerken können, hat die Beklagte bisher wohl kaum behauptet.

Bei solcher Sachlage und zumal da die Geschäftsführer der Beklagten durch Einsichtnahme in den Revisionsbericht vom Jahre 1921 ohne weiteres hätten ermitteln können, daß der ungenügend gesicherte Zustand der Presse schon einmal gerügt worden war, stellt es eine Verkennung der an die Aufsichtspflicht der Geschäftsführer zu stellenden Anforderungen dar, wenn der Berufungsrichter meint, die Geschäftsführer hätten sich darauf beschränken dürfen, von St. Berichterstattung zu fordern. Da der Sachverhalt noch nicht erschöpfend geklärt ist, muß dem Tatrichter auch die Prüfung der Frage überlassen werden, ob bei den Geschäftsführern der Beklagten Fahrlässigkeit im strafrechtlichen Sinne vorliegt.

Die erneute Verhandlung wird dem Berufungsgericht zugleich Gelegenheit zur Stellungnahme zu der bisher nicht erörterten Frage geben, ob die Geschäftsführer oder nur St. gegen § 310 UVO. dadurch verstoßen haben, daß sie die Friktionsziehpresse ohne Schutzvorrichtung angeschafft haben. Die Anschaffung der Presse ohne solche Vorrichtung scheint außer Streit zu sein.

---

52. Besteht nach geltendem Recht ein Unterlassungsanspruch der Sendegesellschaften gegen einen Rundfunk-Teilnehmer, der eine durch den Unterhaltungs-Rundfunk übermittelte Nachricht tatsächlichen Inhalts oder Tagesneuigkeit durch ein unentgeltlich verteiltes Extrablatt weiterverbreitet?

UnlWG. § 1. BGB. § 826.

II. Zivilsenat. Urt. v. 29. April 1930 i. S. Reichsrundfunk-GmbH. (Kl.) w. L. (Bekl.). II 355/29.

I. Landgericht Stendal.
II. Oberlandesgericht Naumburg a. S.

Der Beklagte, Verleger und Herausgeber der in De. erscheinenden Zeitung „Neues Tageblatt De.", ließ am 1. November 1928 gegen $7^1/_2$ Uhr früh in De. ein Extrablatt unentgeltlich verteilen und öffentlich anschlagen, das die glückliche Landung des Luftschiffs „Graf Zeppelin" in Friedrichshafen nach beendeter Amerikafahrt meldete. Die Landung des Luftschiffs war damals sofort allen Teilnehmern am „Unterhaltungs-Rundfunk", zu denen der Beklagte gehörte, in der Form einer „Nachricht an Alle" von allen deutschen Sendern durch Rundfunksendung bekannt gegeben worden. Diese Sendung ging vom Stuttgarter Sender aus. Um sie schon während des Landens des Luftschiffes geben zu können, hatte die Stuttgarter Sendegesellschaft eigens zu diesem Zweck einen Berichterstatter (Sprecher) nach Friedrichshafen entsandt, der durch eine besondere Leitung mit dem Stuttgarter Sender verbunden war.

Die Klägerin bezeichnet sich als „Dachgesellschaft" der deutschen Rundfunk-Sendegesellschaften, die sämtlich ihre Gesellschafter sind. Sie nimmt für sich auf Grund ihrer Satzung die Vertretung dieser Gesellschaften in Fragen rechtlicher Art gegenüber den Nachrichtenorganisationen und der Presse in Anspruch. Nach § 2 ihrer Satzung steht ihr die „zentrale Leitung der angeschlossenen Rundfunk-Gesellschaften, insbesondere die Erledigung von allgemeinen Verwaltungsarbeiten der Rundfunk-Gesellschaften" sowie die finanzielle Förderung von technischen und wissenschaftlichen Arbeiten zur Vervollkommnung des Rundfunkwesens zu. Sie behauptet, der Beklagte habe durch sein Extrablatt die ihm zugegangene Rundfunkmeldung weitergegeben und dadurch gewerblich ausgenutzt. Denn auf anderem Wege, z. B. durch eines der Telegraphenbüros, von denen die Zeitungen ihre Nachrichten beziehen, könne er zu der frühen Stunde der Herausgabe des Extrablatts eine Nachricht über die Landung des Luftschiffs nicht erhalten haben. Der Beklagte habe auch schon in früheren Fällen in gleicher Weise Rundfunksendungen durch Abdruck in seiner Zeitung gewerblich ausgenutzt. Die Klägerin hält das Vorgehen des Beklagten für unzulässig. Sie fordert von ihm sowohl aus eigenem Recht wie auch aus Rechten der Sendegesellschaften, die angeblich ihre Ansprüche an sie abgetreten haben, daß er den Abdruck von funkmäßig wiedergegebenen Nachrichten für seinen Zeitungsbetrieb unterlasse.

Der Beklagte bestreitet, die Rundfunkmeldung über die Landung des Luftschiffs auch nur gehört zu haben, und behauptet unter Beweisantritt, daß er die Meldung über die Landung von der Telegraphen-Union in Magdeburg erhalten habe, die ihn gewöhnlich mit Nachrichten versorge. Im übrigen hält er den Abdruck der im Unterhaltungs-Rundfunk übermittelten Nachrichten über Tagesneuigkeiten, zumal einer solchen das ganze Volk bewegenden Nachricht wie im vorliegenden Falle, für rechtlich einwandfrei.

Die Klage wurde in allen drei Rechtszügen abgewiesen.

Gründe:

Beide Vorinstanzen haben die Frage dahingestellt gelassen, ob der Beklagte die durch sein Extrablatt verbreitete Nachricht über die Landung des „Graf Zeppelin" überhaupt durch den „Unterhaltungs-Rundfunk" erfahren hat, wie die Klägerin behauptet. Die Vordergerichte haben die Angabe der Klägerin als wahr unterstellt und die Klage aus Rechtsgründen abgewiesen, nämlich deshalb, weil keine gesetzliche Vorschrift bestehe, wonach das von der Klägerin behauptete Verhalten des Beklagten verboten sein sollte.

Dem ist beizutreten.

Zunächst ist zu prüfen, ob ein Rechtsverhältnis besteht zwischen den Rundfunk-Sendegesellschaften und den Inhabern der Rundfunk-Empfangsanlagen, d. h. den Rundfunk-Teilnehmern, zu denen der Beklagte unstreitig gehört. Die Frage ist zu verneinen. Zwischen diesen beiden wird kein Vertrag geschlossen (Neugebauer Fernmelderecht und Rundfunkrecht S. 736flg.; Opet bei Gruch. Bd. 68 S. 473). Auch das Rechtsverhältnis, das zwischen dem Rundfunk-Teilnehmer und der Deutschen Reichspost als Inhaberin des Rechts zur Verleihung des Rundfunk-Empfangs durch eben diese Verleihung geschaffen worden ist, begründet für die Rundfunk-Sendegesellschaften keine unmittelbaren Ansprüche aus den dem einzelnen Teilnehmer von der Reichspost auferlegten Bedingungen, etwa nach Art eines Vertrags zugunsten eines Dritten. Diese Bedingungen begründen nur Rechte und Pflichten im Verhältnis zwischen Teilnehmer und Reichspost. Denn die Rundfunk-Genehmigung muß sich jeder verschaffen, auch wenn er z. B. gar nicht die Darbietungen einer deutschen Rundfunk-Gesellschaft, sondern nur den ausländischen Rundfunk hören will. Die Rundfunk-Gebühr, die der Teilnehmer an die Reichspost zu zahlen hat, stellt somit nicht eine Gegenleistung für die Leistungen der Sendegesellschaften dar, sondern eine Vergütung dafür, daß er das ihm nach Fernmelderecht ohne Verleihung nicht zustehende Recht erhalten hat, Anlagen zu errichten und zu betreiben, mit denen er die Leistungen der Rundfunk-Gesellschaften abhören kann. Deshalb haben auch die Sendegesellschaften gegenüber den Inhabern der Rundfunk-Verleihungen keine Vertragspflichten zur Vornahme bestimmter angekündigter Veranstaltungen oder überhaupt irgendwelcher Veranstaltungen; ebensowenig haben sie gegen den Teilnehmer einen Anspruch auf Gebühren für ihre Darbietungen. Anderseits hat daher der Teilnehmer auch keinen Schadensersatzanspruch gegen die Sendegesellschaft wegen nicht gewährter Darbietungen.

Aus einem Vertragsverhältnis zwischen den Parteien läßt sich der Klaganspruch somit nicht begründen. Das ist jedenfalls der zur Zeit bestehende Rechtszustand. Es ist nicht ausgeschlossen, daß bei der ständig zunehmenden Bedeutung des Rundfunks für die Allgemeinheit und bei der dadurch immerhin denkbaren Schaffung von Rechtsbeziehungen zwischen dem Rundfunk-Teilnehmer und der Rundfunk-Sendegesellschaft eine rechtliche Regelung Platz greifen könnte, wonach zugleich mit der Genehmigung der Teilnahme durch die Reichspost für den Teilnehmer ein eigenartiges Nutzungsrecht an der von der einzelnen Rundfunk-Gesellschaft betriebenen „Mitteilungsanstalt" unmittelbar ihr gegenüber geschaffen würde. Daraus ergäben sich dann für beide Teile gewisse weitergehende vertragliche Rechte und Pflichten (Neugebauer a. a. O. S. 737, 738).

Die Revision verweist darauf, daß das Deutsche Reich durch Gesetz vom 2. Mai 1929 den Weltfunkvertrag von Washington vom 25. November 1927 ratifiziert hat (RGBl. 1929 II S. 265), nach dessen Art. 5 sich die vertragschließenden Regierungen verpflichtet haben, Maßregeln zu treffen oder ihren gesetzgebenden Körperschaften vorzuschlagen, um die unbefugte Veröffentlichung oder Verwertung von Nachrichten zu unterdrücken, die mit funkelektrischen Einrichtungen aufgenommen wurden. Die Revision meint, das Deutsche Reich sei dieser Verpflichtung durch die Vorschrift in § 11 des Fernmeldeanlagen-Gesetzes vom 14. Januar 1928 (RGBl. I S. 8) nachgekommen. Daraus folge, daß die Verwertung einer mit Funkanlagen aufgenommenen Funknachricht im Deutschen Reich verboten sei. Diese Auffassung ist rechtsirrig. § 10 des erwähnten Gesetzes, auf den der § 11 das. verweist, handelt von der Pflicht zur Wahrung des Telegraphen- und Fernsprechgeheimnisses. § 11 legt den Inhabern von privaten (nicht behördlichen) Funkanlagen eine besondere fernmelderechtliche Pflicht auf, über fremden Nachrichtenverkehr Verschwiegenheit zu wahren. Dieser § 11 schützt aber nicht Nachrichten, die auch dann, wenn sie den Anlagen der Deutschen Reichspost anvertraut sind, nicht unter dem Telegraphen- und Fernsprechgeheimnis stehen, das sind die sog. Cq-Nachrichten und der im Rahmen des Rundfunk-Programms verbreitete Stoff (Neugebauer a. a. O. S. 238 unter B). Unter Cq-Nachrichten werden die nicht an eine bestimmte Person, sondern an die Gesamtheit der mithörenden Empfangsanlagen gerichteten und blind abgegebenen Nachrichten verstanden. Diese entziehen sich ihrer Natur und ihrer Wesensbestimmung nach überhaupt einer Geheimhaltung (Neugebauer a. a. O. S. 229 unter B). Mit dieser Einschränkung ist der von der Revision angezogene Satz bei Neugebauer (S. 219, 220) zu verstehen, daß das deutsche Recht den deutschen Verpflichtungen aus dem Weltfunkvertrag von Washington vom 25. November 1927 bereits entspreche.

Die Revision beruft sich weiter auf Nr. 12 der Verordnung des Reichspostministers über die Rundfunkvermittlungs-Anlagen (Postamtsblatt 1928 S. 306), wodurch die Rechte Dritter vorbehalten sind. Nach Ansicht der Revision ist hierbei an das Recht der deutschen Rundfunk-Gesellschaften in Ansehung der Verwertung ihrer Sendungen gedacht. Aber eine Rundfunkvermittlungs-Anlage, unter der eine „Anlage für den Anschluß von mehr als 10 Haushalten" verstanden wird und für deren Errichtung und Betrieb eine besondere Verleihung erforderlich ist, steht hier nicht in Frage. Bei den Rundfunkvermittlungs-Anlagen handelt es sich um besondere Einrichtungen, die eine rundfunkmäßige Verbreitung der von der Rundfunk-Gesellschaft übermittelten Werke bewirkt und zu der die Genehmigung des Autors erforderlich ist. Es handelt sich um eine gegenüber der Tätigkeit der Rundfunk-Gesellschaften selbständige neue Tätigkeit (Neugebauer S. 725).

Verfehlt ist es sodann, wenn die Revision aus der Bestimmung des § 8 der Bekanntmachung des Reichspostministers über den Unterhaltungs-Rundfunk (Amtsbl. des Reichspost-Ministeriums von 1925 Nr. 81 S. 443flg.), wonach die Genehmigung zur Errichtung und zum Betrieb einer Empfangsanlage berechtigt, zu folgern sucht, daß jegliche Verwertung dessen, was mit der Betriebs- und Empfangsanlage aufgenommen wird, verboten sei. Demgegenüber ist auf die obigen Ausführungen zu verweisen, wonach durch die von der Reichspost erteilte Genehmigung zur Errichtung und zum Betrieb einer Anlage „zur Aufnahme des Unterhaltungs-Rundfunks" lediglich zwischen dem Rundfunk-Teilnehmer und der Deutschen Reichspost Rechtsbeziehungen begründet werden, nicht aber zwischen jenem und den Sendegesellschaften. Im übrigen ergibt aber auch der Sperrdruck des Wortes „einer" und der Wortlaut des fraglichen § 8 ganz deutlich, daß dort nur gesagt ist, die Genehmigung berechtige zur Errichtung und zum Betrieb einer Empfangsanlage, nicht aber zur Errichtung und zum Betrieb mehrerer gleichzeitig arbeitender.

Das Berufungsgericht erwägt weiter, ob etwa ein urheberrechtlicher Schutz besteht für die im vorliegenden Fall vom Rundfunk verbreitete und vom Beklagten — wie unterstellt wird — empfangene Mitteilung. Wie das Berufungsgericht zutreffend annimmt, scheidet diese Möglichkeit aus mit Rücksicht auf den Gegenstand der Rundfunksendung. Denn wenn die von Zeitungen gebrachten Nachrichten tatsächlichen Inhalts und Tagesneuigkeiten abgedruckt werden dürfen (§ 18 Abs. 3 LitUrhG. vom 19. Juni 1901 und Art. 9 Abs. 3 der Revidierten Berner Übereinkunft), so bestehen keinerlei Bedenken dagegen, daß das gleiche auch für die durch den Rundfunk verbreiteten derartigen Nachrichten gelten muß (Smoschewer Rundfunk u. gewerbl. Rechtsschutz GRUR. 1928 S. 317flg.). Es handelt sich hier um eine einfache Tatsachen-Mitteilung. Die Revision erhebt gegen diese Begründung anscheinend auch keinen Angriff.

Der Berufungsrichter prüft ferner, ob in dem von der Klägerin behaupteten und als wahr zu unterstellenden Verhalten des Beklagten ein Verstoß gegen das Wettbewerbsgesetz zu erblicken ist. Er gelangt zur Verneinung dieser Frage. Wegen der Sachbefugnis der Klägerin geht er davon aus, daß diese als ein Verband von Rundfunk-Gesellschaften zur Förderung ihrer gewerblichen Interessen anzusehen ist, der nach § 13 UnlWG. selbständig befugt ist, Ansprüche aus §§ 1 u. 3 das. geltend zu machen (vgl. § 2 ihrer Satzung). Es wird auch unterstellt, daß der Beklagte bei Herausgabe des eine Sonderausgabe seiner Zeitung darstellenden Extrablatts „im geschäftlichen Verkehr zu Zwecken des Wettbewerbs“ gehandelt hat. Weiter nimmt das angefochtene Urteil an, daß der Inhalt der Nachricht als eine das ganze deutsche Volk in ungewöhnlichem Maße erregende, erfreuende und ehrende Tatsache nicht geeignet sei, den Beklagten von der Verantwortung aus dem Wettbewerbsgesetz zu befreien, falls dessen Voraussetzungen sonst vorliegen sollten. Das Berufungsgericht lehnt aber die Anwendbarkeit des § 1 UnlWG. ab, weil sich nicht feststellen lasse, daß der Beklagte durch die — unterstellte — Übernahme der Rundfunk-Nachricht in seine Zeitung gegen die guten Sitten verstoßen habe. Ein solcher Verstoß liege allerdings im allgemeinen dann vor, wenn man sich ein mit erheblichen Mühen und Kosten gewonnenes Ergebnis fremder Arbeitsleistung ohne eigenen erheblichen Aufwand von Zeit, Arbeit und Geld zur Verwendung im Wettbewerb aneigne. Deshalb ist das Berufungsgericht geneigt, den von ihm angeführten, vom Landgericht I in Berlin und vom Kammergericht (JW. 1929 S. 1251 und Archiv für Funkrecht Bd. 1 S. 666) übereinstimmend als Verstoß gegen § 1 UnlWG. angesehenen Fall in gleichem Sinne zu beurteilen. Damals hatte ein Rundfunk-Teilnehmer die von der Berliner Rundfunk-Sendestelle übermittelte Schilderung der letzten Runde des Kampfes zwischen zwei bekannten Boxern durch einen dem Kampf beiwohnenden Sprecher (Sportredakteur) vor dem Mikrophon auf Schallplatten aufgenommen, sie fixiert und dann mit diesen ein Geschäft gemacht. Im vorliegenden Fall verneint das Berufungsgericht ein sittenwidriges Handeln, und zwar deshalb, weil es sich hier nicht um die Wiedergabe eines durch den Rundfunk übermittelten ganzen Vorgangs, sondern nur um die Wiedergabe einer Nachricht handle, allerdings einer besonders beschleunigten; aber diese Eigenschaft besäßen sämtliche Rundfunkmeldungen im Vergleich zu den Zeitungsmeldungen, die erst gedruckt werden müßten. Der Vorderrichter lehnt es jedoch ab, in der Verwertung der zur Kenntnis genommenen Nachricht durch sofortige Veröffentlichung im Wege des Extrablatts, das übrigens unstreitig nur unentgeltlich verteilt wurde, nach dem allgemeinen Empfinden gerecht und billig denkender Menschen einen Verstoß des Beklagten gegen die guten Sitten zu erblicken. Dabei berücksichtigt er einmal die nach seiner Feststellung der Allgemeinheit ziemlich bekannte Tatsache, daß nach § 18 Abs. 3 LitUrhG. Nachrichten tatsächlichen Inhalts und Tagesneuigkeiten aus Zeitungen ohne weiteres abgedruckt werden können, ein Umstand, der nach Annahme des Berufungsgerichts das Gefühl der Allgemeinheit für das sittlich Zulässige in dem Sinne beeinflusse, daß man überhaupt jede auch im Erwerbsleben stattfindende Weitergabe empfangener Nachrichten von Tagesneuigkeiten für einwandfrei halten dürfe. Weiter berücksichtigt das Berufungsgericht, daß im § 1 der jedem Rundfunk-Teilnehmer bekannten Bedingungen der Reichspost für die Genehmigung zur Errichtung und zum Betrieb einer Anlage behufs Teilnahme am Unterhaltungs-Rundfunk das Verbot gewerblicher Verwertung nur mit Bezug auf die Sendungen des „sonstigen Funkverkehrs" im Gegensatz zu den Sendungen des „Unterhaltungs-Rundfunks" und zu den „Nachrichten an Alle" ausgesprochen ist. Wie der Vorderrichter feststellt, wirkt diese Bestimmung dahin, daß nach der Überzeugung der Allgemeinheit in der gewerblichen Verwertung der Nachrichten des Unterhaltungs-Rundfunks und der „Nachrichten an Alle" nichts Verbotenes und folglich wohl überhaupt nichts Anstößiges liegt.

Danach lehnt das Berufungsgericht mangels eines Verstoßes des Beklagten gegen die guten Sitten die Annahme einer Verletzung des § 1 UnlWG. und des § 826 BGB. ab und gelangt somit zur Klagabweisung, nachdem es noch darauf hingewiesen hat, daß bei der Erörterung des Nachrichtenschutzes auf der Genfer Pressekonferenz vom August 1927 (Blätter für Funkrecht Heft 10 vom Oktober 1927 S. 179flg.) die Meinungen der dort zusammengekommenen bedeutenden Fachleute keine Übereinstimmung über die Frage der sittlichen Zulässigkeit oder Sittenwidrigkeit des Abdrucks von Funkmeldungen in der Presse ergeben, sondern die Anschauungen hierüber entsprechend der Verschiedenheit der an der Frage beteiligten Interessen sich schroff gegenüber gestanden hätten. Zuletzt habe man sich dort auf eine Entschließung geeinigt, die den „Grundsatz" an die Spitze stelle: die Veröffentlichung irgendeiner Nachricht sei an die einzige Bedingung geknüpft, daß die Nachricht demjenigen, der sie veröffentliche, nicht durch eine unlautere Wettbewerbshandlung, sondern auf rechtmäßigem Wege zugegangen sei. Letzteres ist bei dem Beklagten als befugtem Rundfunkhörer der Fall, wie das Berufungsgericht nochmals ausdrücklich feststellt.

Die Revision hält diese Begründung für rechtsirrig. Sie ist der Ansicht, der vorliegende Fall sei rechtlich nicht anders zu beurteilen als der oben mitgeteilte, in JW. 1929 S. 1251 abgedruckte, bei dem es sich um die schallplattenmäßige Verwertung eines Rundfunk-Vortrags durch den Rundfunk-Teilnehmer ohne Genehmigung der Sendegesellschaft handelt. Denn der entscheidende Gesichtspunkt der Aneignung eines mit Mühe und Kosten gewonnenen Ergebnisses fremder Arbeit zum eigenen gewerblichen Nutzen und zu Wettbewerbszwecken liege auch hier vor durch die Ausgabe des gewerblich ausgenutzten Flugblatts im Wettbewerb mit der Klägerin. Für die Höhe der Unkosten kämen nicht nur die den Sendegesellschaften entstehenden allgemeinen, sondern auch die im vorliegenden Fall durch die Entsendung eines eigenen Berichterstatters nach Friedrichshafen unstreitig aufgewendeten besonderen Kosten in Betracht, da dieser mit einer eigenen Leitung an den Stuttgarter Sender angeschlossen gewesen sei. Der Beklagte habe sich ferner dadurch, daß er die für seinen eigenen Gewerbebetrieb ausgenutzte Funksendung als Telegramm ausgegeben habe, in der Öffentlichkeit den Anschein gegeben, als sei es ihm durch besondere Organisation und besonderen Kostenaufwand gelungen, diese Nachricht ganz besonders schnell zu bekommen. Gegenüber der Annahme des Berufungsgerichts, daß kein Verstoß gegen die guten Sitten vorliege, macht die Klägerin geltend, die vom Berufungsgericht verwerteten Bestimmungen der Genehmigungsurkunde seien nicht in das allgemeine Volksbewußtsein gedrungen, zumal da sie zum Teil technischer Natur seien. Die allgemeine Auffassung der Rundfunk-Teilnehmer gehe vielmehr dahin, daß sie nicht berechtigt seien, die Sendung irgendwie zu verwerten. Endlich bezeichnet die Revision die Ausführungen des Berufungsgerichts über die Verhandlungen auf der Genfer Pressekonferenz vom August 1927 insofern als unrichtig, als Teil B der dortigen Entschließung in Frage komme, wonach es unter allen Umständen für wünschenswert erklärt worden sei, die durch den Rundfunk veröffentlichten Nachrichten derart zu schützen, daß ihr Abdruck während eines gewissen Zeitraums nur unter der Voraussetzung der Quellenangabe und der Zahlung einer Vergütung gestattet sein solle.

An dieser Auffassung der Revision ist, um das vorauszunehmen, jedenfalls so viel richtig, daß sich die Entschließung der Genfer Pressekonferenz nicht auf den vom Berufungsgericht als ihr angeblicher alleiniger Inhalt mitgeteilten Grundsatz beschränkt.

Vielmehr handelt es sich bei diesem anscheinend nur um einen allgemeinen Standpunkt, den die Konferenz besonders herauszuheben und der von ihr vorgeschlagenen Art der Regelung der Fälle A und B („Noch nicht veröffentlichte Nachrichten", „Bereits veröffentlichte Nachrichten") vorauszuschicken für gut befunden hat, allerdings nicht gerade im Interesse der Klarheit. In der Entschließung über die Regelung des hier in Betracht kommenden Falles B („Bereits veröffentlichte Nachrichten") befindet sich der von der Revision hervorgehobene Satz. Ob sich der vor Behandlung der Fälle A und B ausgesprochene „Grundsatz", wonach die Veröffentlichung irgendeiner Nachricht an die einzige Bedingung geknüpft ist, daß die Nachricht dem Veröffentlichenden nicht durch eine unlautere Wettbewerbshandlung, sondern auf rechtmäßigem Wege zugegangen ist, auch auf den Fall B beziehen soll, erscheint zum mindesten zweifelhaft, trotz der allgemeinen Fassung „Veröffentlichung", worunter an sich keineswegs nur die erste Veröffentlichung zu verstehen ist. Doch bedarf es keiner Aufklärung dieses Punktes, da es sich bei dem Zweck des Zusammentritts und der Verhandlungen der Genfer Pressekonferenz um die Herbeiführung einer presserechtlichen Regelung des Nachrichtenschutzes auf der Grundlage einer internationalen Vereinbarung handelte. Die damaligen Verhandlungen bieten keinen Anhalt dafür, daß man einen Nachrichtenschutz als nach deutschem Recht etwa schon bestehend angenommen habe.

Danach blieb allein zu prüfen, ob die Voraussetzungen des § 1 UnlWG. in Verbindung mit § 826 BGB. gegeben sind. Die Revision will zwar anscheinend auf die Anwendbarkeit des § 3 UnlWG. hinweisen, indem sie geltend macht, der Beklagte habe sich durch die Ausgabe der Funksendung als Telegramm den Anschein gegeben, als sei es ihm dank besonderer Organisation gelungen, diese Nachricht besonders schnell zu erlangen. Die Vorschrift des § 3 a. a. O. scheidet aber hier aus, weil es an jeder Feststellung darüber fehlt, daß eine derartige Angabe geeignet sei, den Anschein eines besonders günstigen Angebots für sein Hauptblatt, das „Neue Tageblatt Oe.", zu begründen. In dieser Richtung hat auch die Klägerin in den Vorinstanzen keine Behauptungen aufgestellt.

Nicht beizutreten ist der Ansicht der Revision, daß hier die Grundsätze der erwähnten Entscheidung des Kammergerichts (JW. 1929 S. 1251) ohne weiteres anwendbar seien. Kein Zweifel kann darüber bestehen, daß die Ausbeutung einer Rundfunksendung (d. h. der elektrischen Wellen) dann gegen die guten Sitten verstößt, wenn ihr Inhalt, z. B. durch Übernahme auf Schallplatten, dauernd in Besitz genommen und gewerblich verwertet wird, wie es in dem erwähnten, vom Kammergericht entschiedenen Fall geschehen ist. Ein solches Verhalten ist unvereinbar mit den Anschauungen eines anständigen Geschäftsverkehrs. Es handelte sich dort um die bedenkenlose Ausnutzung einer fremden, mit Mühe und Kosten geschaffenen Arbeitsleistung auf rein mechanischem Wege mit einer technisch völlig gleichartigen Wirkung und ohne jede eigene Verbesserung oder irgendwelche eigene Zutat. Es lag also keine Weiterarbeit an dem Werke technischer Vervollkommnung vor, in welchem Falle eine Wettbewerbshandlung unter Umständen trotz Verwendung eines fremden Arbeitsergebnisses vor dem Vorwurf der Unlauterkeit geschützt ist, nämlich dann, wenn nicht besondere unlautere Umstände hinzutreten. Denn jeder Fortschritt auf dem Gebiete der Kultur, insbesondere auch auf dem der Technik, baut sich auf den bisherigen Ergebnissen auf und ist im Grunde nur eine Weiterentwicklung. Außerdem stellte die damals ausgebeutete Sendung einen von der Sendegesellschaft geschaffenen ganzen Vorgang dar, somit eine Darbietung, die als Erzeugnis selbständiger Arbeit der Sendegesellschaft Anspruch auf Rechtsschutz gegen jede unlautere gewerbliche Ausbeutung hat, wie er für jede andere gewerbliche Leistung oder Ware nach dem Wettbewerbsgesetz besteht, solange ihr nicht ein weitergehender Rechtsschutz gewährt wird, der keine Unlauterkeit des Verletzers zur Voraussetzung hat. Ein solcher weitergehender Rechtsschutz besteht aber zur Zeit noch nicht. Die Gewährung eines derartigen erhöhten Schutzes ließe sich vielleicht denken auf der Grundlage eines den Sendegesellschaften einzuräumenden unbedingten, gegen jeden Dritten wirkenden Rechts an der Sendung selbst, dessen Verletzung durch unbefugte gewerbliche Verwertung ohne Rücksicht darauf verboten würde, ob das Verhalten des Verletzers unlauter ist (vgl. Smoschewer a. a. O.). Doch ist nicht zu verkennen, daß eine rechtliche Regelung dieser Art bei dem eigenartigen Wesen der Sendung gewissen Schwierigkeiten unterliegt.

Anders ist dagegen die Rechtslage in dem hier vorliegenden Fall, wo es sich — die Darstellung der Klägerin als wahr unterstellt — um die einmalige gewerbliche Verwertung einer durch den Rundfunk verbreiteten Nachricht tatsächlichen Inhalts handelt. Ein Fall dieser Art kann dem soeben besprochenen rechtlich nicht gleichgestellt werden. Das gilt schon für den Abdruck der von Zeitungen gebrachten Nachrichten tatsächlichen Inhalts und Tagesneuigkeiten. Ein solcher Abdruck verstößt nicht gegen den urheberrechtlichen Schutz (vgl. § 18 Abs. 3 LitUrhG. und Art. 9 Abs. 3 Revid. Berner Übereinkunft), wie schon oben dargelegt ist. Zeitungsnachrichten dieser Art genießen also keinen urheberrechtlichen Schutz, ebensowenig Rundfunksendungen solchen Inhalts, wie das Berufungsgericht mit Recht nach dem Grundsatz der Rechtsähnlichkeit annimmt. Das würde natürlich der Möglichkeit einer Anwendung des Wettbewerbsgesetzes weder in dem einen noch in dem anderen Falle entgegenstehen. So weist auch Goldbaum (Urheberrecht 2. Aufl. S. 233 unter G I) darauf hin, daß ständiger Nachdruck von Telegrammen und vermischten Nachrichten aus Zeitungen eine widerrechtliche Ausbeutung fremder Mühe und Aufwendungen ist. Das gleiche könnte an sich für den Nachdruck solcher Nachrichten gelten, soweit sie durch den Rundfunk verbreitet werden. In Betracht käme auch im letzteren Falle § 1 UnlWG.

Der Revisionsbeklagte meint, das sei deshalb ausgeschlossen, weil es an beiden Erfordernissen des § 1 UnlWG. fehle, nämlich am Handeln des Beklagten zu Zwecken des Wettbewerbs mit den Sendegesellschaften und an einem Verstoß gegen die guten Sitten. Zur Begründung des ersten Einwands macht er grundsätzlich geltend, Sendegesellschaften und Zeitungen ständen überhaupt nicht im Wettbewerb miteinander, soweit es sich um den Nachrichtendienst im Unterhaltungs-Rundfunk und um den Nachrichtendienst in den Zeitungen handle, da die in den letzteren abgedruckten Nachrichten stets viel später erschienen als die durch den Rundfunk verbreiteten.

Das Erfordernis „zu Zwecken des Wettbewerbs" setzt indessen nicht voraus, daß die Handlung ausschließlich zu diesem Zweck vorgenommen wird. Es genügt, daß auch Wettbewerbszwecke verfolgt worden sind, sofern diese nach den Umständen des Falles nicht ganz in den Hintergrund treten sollten (Urt. des erkennenden Senats in M. u. W. XXV S. 117). Der Umstand, daß die durch den Rundfunk mitgeteilten Nachrichten schneller erscheinen als die durch die Zeitungen gemeldeten, schließt nun aber die Möglichkeit eines Wettbewerbs zwischen beiden Arten der Nachrichtenmitteilung nicht aus. Sonst könnte z. B. auch zwischen Zeitungen, die zu verschiedenen Tageszeiten erscheinen, kein Wettbewerb stattfinden. Denn auch in diesem Falle hätten die Nachrichten, die schon in den früher am Tag erscheinenden Zeitungen mitgeteilt wurden, das „Aktuelle", d. h. den Reiz der Neuheit, verloren, und es würde keine Leser mehr geben für die später erscheinenden Zeitungen, die doch auch solche Nachrichten bringen, die ihren Lesern häufig zum Teil schon bekannt sind. Das ist aber ganz ausgeschlossen, wie die Erfahrung lehrt. Auch der hier zur Entscheidung stehende Fall läßt die Möglichkeit zu, daß der Beklagte den Wettbewerb mit der Nachrichten-Übermittlung durch den Rundfunk gerade auf dem diesen vor den Zeitungsmitteilungen so sehr auszeichnenden Gebiete der Schnelligkeit keineswegs ein für allemal aufgegeben hat. Denn nach seinem Verhalten im vorliegenden Fall ist die Annahme keineswegs ausgeschlossen, daß er gerade an einem so stark im Mittelpunkt des allgemeinen Interesses stehenden Ereignis, wie es die glückliche Landung des Luftschiffs „Graf Zeppelin" nach seiner Rückkehr von der Amerikafahrt war, dem Publikum in Oe. zeigen wollte, es sei ihm vermöge seiner vorzüglich arbeitenden Nachrichten-Übermittlungsstelle durchaus möglich, auf dem Gebiete der Schnelligkeit in der Übermittlung und Bekanntgabe von Nachrichten den Wettbewerb mit der Nachrichten-Übermittlung durch den Rundfunk aufzunehmen. Ebensowenig ist ausgeschlossen, daß sein nur ganz wenig später als die Rundfunkmeldung erschienenes Extrablatt objektiv geeignet war, bei einem nicht unerheblichen Teil des Publikums den bisherigen Glauben an die unbedingte Überlegenheit des Rundfunks in bezug auf Schnelligkeit der Nachrichtenmeldung etwas zu erschüttern und Zweifel zu erwecken, ob es unter diesen Umständen angebracht sei, Rundfunk-Teilnehmer zu werden.

Näher liegt allerdings die Annahme, der Beklagte habe zu Zwecken des Wettbewerbs mit seinem engeren Zeitungs-Konkurrenten in Oe., dem Herausgeber des dortigen „Generalanzeigers", gehandelt. Da es sich um die Klage eines Verbands zur Förderung gewerblicher Interessen handelt, würde es nach § 13 Abs. 1 UnlWG. nicht darauf ankommen, ob die Mitglieder des klagenden Verbands, die deutschen Sendegesellschaften, im Wettbewerb mit dem Beklagten stehen. Denn durch § 13 Abs. 1 a. a. O. ist eine besondere Klageberechtigung geschaffen, die auf dem Gedanken beruht, daß das allgemeine Interesse leidet, wenn eine Verfolgung der in Frage stehenden angeblichen Rechtsverletzung dem Belieben des unmittelbar Betroffenen allein anheimgegeben ist. Die Unterlassungsklage soll nicht nur den Wettbewerber schützen, sondern, wie das ganze Wettbewerbsgesetz, auch im öffentlichen Interesse den Auswüchsen des Wettbewerbs überhaupt, d. h. auf irgendeinem Gebiet, entgegentreten (RGZ. Bd. 120 S. 49; Rosenthal Komm. Noten 2 und 9a zu § 13). Danach wäre der klagende Verband an sich befugt zur Klage auf Unterlassung von sittenwidrigen Handlungen, die der Beklagte zu Zwecken des Wettbewerbs mit seinem engeren Zeitungs-Konkurrenten in Oe. begangen hätte. Aber auf diesen Gesichtspunkt ist die Klage nicht gestützt, wenn auch in der Klageschrift die Rede ist von dem „Vorsprung, den der Beklagte durch die Ausbeutung der Sendung der Sendegesellschaften vor seinen örtlichen Konkurrenten erlangt hat". Der klagende Verband erblickt in dem Verhalten des Beklagten eine zu Zwecken des Wettbewerbs gegenüber den Sendegesellschaften begangene Handlung. Darüber lassen seine ganzen Ausführungen im Rechtsstreit keinen Zweifel.

Das Berufungsgericht hat in dieser Beziehung keine Feststellung getroffen, brauchte das auch nicht zu tun, weil es schon wegen Verneinung eines Verstoßes gegen die guten Sitten des Wettbewerbs zur Klagabweisung gelangt.

Diese Auffassung ist rechtlich nicht zu beanstanden. Eine Verkennung des Rechtsbegriffs des Handelns gegen die guten Sitten (§ 1 UnlWG., § 826 BGB.) liegt nicht vor. Auf den erheblichen Unterschied des oben erwähnten, vom Kammergericht entschiedenen und des vorliegenden Falles ist schon hingewiesen worden. Von der Ausbeutung eines durch den Rundfunk mitgeteilten ganzen Vorgangs zum dauernden Besitz, d. h. zur beliebig häufigen Wiederholung mit völlig gleichartiger Wirkung wie die Darbietung im Rundfunk selbst, mithin von der Aneignung eines ganzen, mit Mühe und Kosten von der Sendegesellschaft gewonnenen, in sich geschlossenen Arbeitsergebnisses einer von ihr selbst geschaffenen, für weite Kreise wertvollen gewerblichen Leistung kann hier keine Rede sein. Hier handelt es sich nur um die Verwertung einer allerdings das allgemeine Interesse außerordentlich in Anspruch nehmenden einmaligen Nachricht tatsächlichen Inhalts, die ihrem Wesen nach keinen Wert von einer gewissen Dauer darstellt, bei deren Verwertung der Beklagte nur die Schnelligkeit des Rundfunks ausgenutzt hat. Die Nachricht als solche, d. h. ihr Inhalt, war keine Leistung der Sendegesellschaft, kein Erzeugnis ihrer selbständigen Arbeit, sie war wenige Stunden später infolge weitester Verbreitung durch Zeitungen und Extrablätter Allgemeingut des ganzen deutschen Volkes. Dazu kommt, daß diese Nachrichten, wie das Berufungsgericht als „ziemlich bekannt" feststellt, nach § 18 Abs. 3 LitUrhG. keinen urheberrechtlichen Schutz genießen, wenn sie in Zeitungen enthalten sind, und daß ein Anlaß für eine anderweitige Beurteilung solcher Rundfunk-Nachrichten weder besteht noch in beteiligten Kreisen als bestehend angenommen wird. Dieser Umstand sowie der vom Berufungsgericht ferner herangezogene, als in weitesten Kreisen bekannt festgestellte Inhalt des § 1 der Genehmigungsbedingungen für die Teilnahme am Rundfunk, wonach sich das Verbot gewerblicher Verwertung nicht auf die Sendungen des Unterhaltungs-Rundfunks bezieht, war bei Prüfung der Frage zu berücksichtigen, ob der Beklagte gegen die guten Sitten des Wettbewerbs gehandelt hat. Die Bejahung dieser Frage würde beim Beklagten die Kenntnis aller derjenigen Umstände voraussetzen, aus denen die Sittenwidrigkeit gefolgert wird. Die Frage war jedoch nach dem gegenwärtigen Rechtszustand in Übereinstimmung mit dem Berufungsgericht zu verneinen.

---

53. 1. Nach welchen Grundsätzen ist die Entschädigung aufzuwerten, die das Reich für die Einstellung eines Brennereibetriebs und eines Betriebs zur Herstellung von Trinkbranntwein zu gewähren hat?

2. Zur Frage der Rückwirkung sachlichrechtlicher Vorschriften eines Gesetzes auf Rechtsstreitigkeiten, die zur Zeit seines Erlasses in der Revisionsinstanz schwebten.

Branntweinmonopolgesetz vom 26. Juli 1918 §§ 213 flg. Branntweinmonopolgesetz vom 8. April 1922 § 182 Abs. 1 Nr. 1. Gesetz über Entschädigung von Betrieben und Arbeitnehmern auf Grund der

Einführung des Branntweinmonopols vom 28. Dezember 1929 (RGBl. I S. 247) §§ 1flg.

VI. Zivilsenat. Urt. v. 31. März 1930 i. S. Deutsches Reich (Bekl.) w. D. (Kl.). VI 599/29.

I. Landgericht I Berlin
II. Kammergericht daselbst.

Der Kläger war Inhaber eines Brennereibetriebs und eines Betriebs zur Herstellung von Trinkbranntwein. Bei Einführung des Branntweinmonopols wurde für ihn durch Beschluß des zuständigen Entschädigungsausschusses die für 10 Jahre zu gewährende jährliche Entschädigung für die Aufgabe des Brennereibetriebs auf 2000 Papiermark, die Entschädigung für Aufgabe des Betriebs zur Herstellung von Trinkbranntwein auf 19726,34 Papiermark festgesetzt. Die letztere Entschädigungssumme verminderte sich während der folgenden fünf Geschäftsjahre 1919/20 bis 1923/24 dadurch, daß der Kläger geringere Mengen von Weingeist selbst zu Trinkbranntwein verarbeitete. Das Brennrecht veräußerte er im Jahre 1924 für 2753,60 GM. Die Entschädigungen für die Aufgabe beider Rechte sind ihm für die Jahre 1919/20 bis 1922/23 bezüglich des Brennrechts und von 1919/20 bis 1923/24 für das andere erwähnte Recht in Papiermark ausgezahlt worden. Der Kläger hat ferner vom Beklagten (von der Monopolverwaltung) Aufwertungsbeträge in Höhe von 21,43 GM., 28,60 GM. und 719,39 RM. gezahlt erhalten. Dabei wurde vom Beklagten der Geldstand vom 8. April 1922 der Aufwertung zugrunde gelegt.

Im vorliegenden Rechtsstreit verlangt der Kläger Aufwertung seiner Entschädigungsansprüche in Höhe von 100% unter Zugrundelegung des Geldstandes vom 26. Juli 1918 für die oben erwähnten Betriebsjahre von 1919/20 bis 1922/23 und 1923/24. Er verlangte zunächst Zahlung von 66756,39 RM. nebst Zinsen. Das Landgericht sprach ihm 25740 RM. nebst Zinsen zu und wies ihn mit dem Mehrbetrag ab. Gegen dieses Urteil legten beide Parteien Berufung ein. Das Berufungsgericht wies die Berufung des Beklagten zurück; dagegen verurteilte es auf die Berufung des Klägers den Beklagten zur Zahlung eines weiteren Betrags von 6411 RM. nebst Zinsen. Auf die Revision des Beklagten wurde das Berufungsurteil insoweit aufgehoben, als in der Hauptsache zuungunsten des Beklagten erkannt war, und die Sache insoweit an das Berufungsgericht zurückverwiesen.

Gründe:

Das Berufungsgericht geht in der vorliegenden Sache von dem Grundsatz aus, auf dem die Entscheidung des Reichsgerichts vom 23. April 1928 (RGZ. Bd. 121 S. 94) beruht. Der erkennende Senat hatte damals in einem Falle, in dem es sich um die Entschädigung für Einstellung des Betriebs einer Spiritusreinigungsanstalt handelte, den 26. Juli 1918 als den Zeitpunkt angesehen, nach dem die Aufwertung der Entschädigung bemessen werden müsse. Es war dabei erwogen worden, daß durch § 182 Abs. 1 Nr. 1 des Gesetzes vom 8. April 1922 das Gesetz vom 26. Juli 1918 gerade mit Ausnahme der Vorschriften über die Beschäftigung und Entschädigung der bestehenden Betriebe und der Angestellten (§§ 199 bis 218, 220 bis 242) aufgehoben worden sei, diese Vorschriften also in Kraft geblieben seien, ohne daß das neue Gesetz irgendeine Änderung in dem gesetzlichen Zustande habe eintreten lassen. Es wurde weiter der Auffassung Ausdruck gegeben, aus den Verhandlungen des 36. Ausschusses des Reichstags könne nicht gefolgert werden, daß die Frage der Aufwertung bis zum Erlaß des neuen Gesetzes habe entschieden und jede Aufwertung bis zu diesem Zeitpunkt habe verneint werden sollen; vielmehr gehe aus den Ausschußverhandlungen nur hervor, daß man von einer Regelung abgesehen habe und die schwierigen Fragen damals habe dahingestellt lassen wollen; dafür spreche auch die damalige Lage der Verhältnisse, da in jener Zeit das wahre Wesen und die Bedeutung der Geldentwertung noch nicht voll erkannt gewesen sei. Als weiterer Grund für die Beurteilung jenes Falles, in dem es sich, wie bemerkt, um die Einstellung einer Reinigungsanstalt handelte, wurde angeführt, daß die bisherige Auffassung des Reichsgerichts, die damals aufgegeben wurde, insofern zu einer außerordentlich unbilligen Behandlung der Reinigungsanstalten führen würde, als diese nach dem Gesetz gezwungen seien, nicht nur die ganzen Anlagen ohne Ausnutzung liegen zu lassen, sondern sogar eine Reihe von Aufwendungen für sie zu machen. An dieser Beurteilung der Rechtslage hält der Senat auch jetzt fest. Dabei kann gegenüber der im jetzigen Rechtsstreit hervorgetretenen Auffassung des Beklagten bemerkt werden, daß die erwähnte Entscheidung des Senats vom

23. April 1928 nicht gegen § 136 GVG. verstieß. Es wurde hervorgehoben, daß sich der IV. Zivilsenat auf Anfrage mit dieser Rechtsauffassung einverstanden erklärt habe, sodaß sich die Anrufung der Vereinigten Zivilsenate erübrigte. § 136 GVG. verfolgt lediglich den Zweck, die Meinungsverschiedenheit mehrerer Senate in der Beurteilung einer Rechtsfrage durch die Vereinigten Zivilsenate zum Austrag zu bringen. Besteht eine solche Meinungsverschiedenheit auch nur beim Erlaß eines späteren Urteils nicht mehr, so kann eine Entscheidung der Vereinigten Zivilsenate nach dem Zweck jener Vorschrift in Übereinstimmung mit der ständigen Rechtsprechung naturgemäß nicht mehr in Frage kommen.

Im vorliegenden Falle handelt es sich zwar nicht um eine Entschädigung für Einstellung des Betriebs einer Spiritusreinigungsanstalt, sondern um Entschädigungen für Einstellung des Brennereibetriebs und des Betriebs zur Herstellung von Trinkbranntwein (§§ 213, 214 des Ges. vom 26. Juli 1918). Allein die Entschädigungen hierfür sind in den §§ 213 und 217 des alten Gesetzes festgesetzt, und diese sind in § 182 Abs. 1 Nr. 1 des neuen Gesetzes ebenso wie die Vorschriften über Reinigungsanstalten, die den in §§ 199 bis 212 des alten Gesetzes enthalten sind, aufrecht erhalten worden, ohne daß insoweit eine Änderung in dem gesetzlichen Zustand eintrat. Zutreffend hat daher das Berufungsgericht die Grundsätze der Entscheidung in RGZ. Bd. 121 S. 94 auch der Beurteilung des vorliegenden Falles zugrunde gelegt. Diese Gesetzesregelung ist für die Rechtsprechung maßgebend, solange sie nicht durch ein neues Gesetz geändert ist, und es kann nicht darauf ankommen, ob sich die Voraussetzungen verwirklicht haben, von denen nach Annahme des Beklagten bei Schaffung der gesetzlichen Vorschriften ausgegangen wurde, und welche Belastung für den verklagten Fiskus durch die Wirkungen des Gesetzes entstanden ist.

Was den Zeitraum angeht, für den die Aufwertung der Entschädigungen erfolgen soll, so bemängelt die Revision die Berücksichtigung der Jahre 1919/20 und 1920/21. Für das ersterwähnte Jahr hatte das Landgericht die Aufwertung abgelehnt. Das Berufungsgericht billigte sie auch für dieses Jahr zu. Es führt dazu aus, daß sich der Goldwert der beiden Zahlungen vom November 1920 auf weniger als ein Zehntel des Goldmarkbetrags vom 26. Juli 1918 belaufen habe. Es bestehe daher ein erhebliches Mißverhältnis zwischen Schuld und

Leistung, das die Zulassung einer Aufwertung rechtfertige. Es habe sich für den Kläger um ein äußerst lebenswichtiges Geschäft gehandelt, da die Entschädigung eine Schadloshaltung für die Aufgabe einer Berufstätigkeit habe darstellen sollen; auch wenn eine völlige Umwertung der Papiermarkforderung nach Enteignungsgrundsätzen nicht gerechtfertigt sei, so müsse doch eine Aufwertung — offenbar unter Berücksichtigung des § 242 BGB. — anerkannt werden. Ein Rechtsirrtum ist in diesen Ausführungen nicht erkennbar. Der Revision kann auch nicht zugestanden werden, daß das Berufungsgericht der Behauptung des Beklagten hätte entscheidendes Gewicht beimessen und ihr deshalb nachgehen müssen, die Fachverbände für Brennereien und Destillationsbetriebe hätten für die Betriebsjahre 1922/23 und 1923/24 eine Aufwertung nur in Höhe von 25% des nach dem Geldstand vom 26. Juli 1918 umgerechneten Betrags für vollkommen ausreichend erachtet, und dementsprechend habe sich der größte Teil der Entschädigungsberechtigten mit dieser Regelung einverstanden erklärt. Mit Recht weist das Berufungsgericht darauf hin, daß diese Regelung im Wege des Vergleichs geschehen ist, daß aber die im Rechtsstreit erfolgende Aufwertung unter dem Gesichtspunkt des § 242 BGB. wesentlich die Lage des einzelnen Falles berücksichtigen muß. In dieser Richtung hat das Berufungsgericht ohne Rechtsirrtum die persönlichen Verhältnisse des völlig verarmten Klägers eingehend gewürdigt.

Der Begründung entbehrt auch die weitere Rüge der Revision, daß der Kläger durch die Veräußerung des Brennrechts im Jahre 1924 den Anspruch auf die Entschädigung für die vorausgegangenen Jahre verloren habe. Auf Grund des Art. XIV der Zweiten Steuernotverordnung vom 19. Dezember 1923 (RGBl. I S. 1205) hat der Reichsfinanzminister durch Verordnung vom 21. Dezember 1923 II st 9468 (RGBl. I S. 1238, Reichszollblatt 1923 S. 398) die Vorschriften der §§ 213 bis 218 und 220 bis 242 des Branntweinmonopolgesetzes aufgehoben. In einer Verordnung des Reichsfinanzministers vom gleichen Tage II st 9469 (Reichszollblatt 1923 S 398) wurde zum Ausdruck gebracht, daß mit der ersten Verordnung Erklärungen, durch welche Brennereibesitzer auf Grund des § 213 des Gesetzes vom 26. Juli 1918 ihre Brennerei gänzlich abgemeldet haben, ihre Wirksamkeit verlieren. Es ist dort auch vorgesehen, daß Brennereibesitzer, die danach beabsichtigten, den Brennereibetrieb wieder aufzunehmen, eine dahingehende schriftliche Erklärung abzugeben haben. Durch die Verordnung des Reichsfinanzministers konnten mangels einer anderen gesetzlichen Ermächtigung bereits erwachsene Entschädigungsansprüche nicht beseitigt werden; außerdem fehlt es an jedem inneren Grunde für eine entgegengesetzte Auffassung, und es besteht auch kein Anhaltspunkt dafür, daß der Reichsfinanzminister von einem anderen Gesichtspunkt geleitet worden ist. Auf Grund des Wegfalls des § 213 hat der Beklagte das ihm wieder zugefallene Brennrecht im Jahre 1924 veräußert. Von dieser Auffassung geht offenbar auch das Schreiben des Beklagten an den Kläger vom 23. Juli 1927 aus. Auch die Revision nimmt an, daß dem Kläger ein Recht wieder zugefallen war; das geschah mit dem Zeitpunkt der Aufhebung des § 213; eine Rechtswirkung konnte damit nur für die Zukunft hervorgerufen werden, falls nicht etwas anderes gesetzlich bestimmt wurde. § 17 der Entschädigungsordnung (Zentralblatt für das Deutsche Reich 1919 S. 801, Anl. 11 der Grundbestimmungen zum Gesetz über das Branntweinmonopol) kommt hier nicht in Betracht. Danach durfte ein Brennereibesitzer, der seine Brennerei gänzlich abgemeldet hatte und deshalb nach § 213 des Gesetzes entschädigt worden war, vor Ablauf des Monats September 1929 den Betrieb nicht wieder aufnehmen. Hiervon konnten Ausnahmen zugelassen werden; jedoch war Voraussetzung dafür, daß der Brennereibesitzer vorher die für die Einstellung des Betriebs empfangene Entschädigung zurückzahle und auf weitere Entschädigung verzichte. Die Vorschrift hat also einen anderen Fall im Auge, als er im jetzigen Rechtsstreit in Betracht kommt.

Die Revision würde hiernach zurückzuweisen sein, wenn nicht das Reichsgesetz vom 28. Dezember 1929 (RGBl. I S. 247) erlassen worden wäre, wonach die in den §§ 213 bis 218 des Branntweinmonopolgesetzes vom 26. Juli 1918 angeführten Entschädigungsberechtigten eine Aufwertung ihrer Ansprüche nur nach Maßgabe der Vorschriften des neuen Gesetzes verlangen können. Diese Vorschriften enthalten eine wesentliche Einschränkung der freien Aufwertung. Sie setzen die Aufwertungsbeträge für Ansprüche aus den §§ 213 und 214 und anderen Entschädigungsfällen des Branntweinmonopolgesetzes in § 2 Abs. 1 und 4 in den Grenzen von 5 und 18% fest, wobei die Unterscheidung aus den einzelnen Zeiträumen entnommen wird. Diese Beträge bleiben wesentlich hinter den vom Berufungsgericht dem Kläger zugesprochenen Beträgen zurück.

Die Revision vertritt die Meinung, daß dieses Gesetz auf den vorliegenden Rechtsstreit anzuwenden sei, wiewohl es erst nach der Entscheidung des Berufungsgerichts erlassen worden ist, von diesem also nicht berücksichtigt werden konnte. Dieser Auffassung ist beizutreten. Richtig ist allerdings, daß gemäß §§ 549, 550 ZPO. die Prüfung des Berufungsurteils durch das Revisionsgericht regelmäßig nur auf der Grundlage derjenigen Gesetze zu erfolgen hat, die zur Zeit der Verkündung jenes Urteils in Geltung waren, also ohne Berücksichtigung der erst nach diesem Zeitpunkt in Kraft getretenen Gesetze (vgl. RGZ. Bd. 101 S. 164 und dortige Nachweisungen). Aber es ist in der Rechtsprechung anerkannt, daß es Fälle gibt, die von diesem Grundsatz nicht betroffen werden (vgl. z. B. RGZ. Bd. 101 S. 164, 148, Bd. 109 S. 164, Bd. 112 S. 172). Zuweilen ist in der Gesetzgebung der Umfang der rückwirkenden Kraft der Vorschriften ausdrücklich geregelt. So ist in Art. I § 14 der Dritten Steuernotverordnung vom 14. Februar 1924 bestimmt, daß die Vorschriften dieses Artikels keine Anwendung finden, wenn die Aufwertung durch ein Sondergesetz oder durch ein beim Inkrafttreten dieser Verordnung rechtskräftiges Urteil geregelt ist. Danach war die neue Vorschrift auf Rechtsstreitigkeiten anzuwenden, die noch schwebten, sei es auch in der Revisionsinstanz (RGZ. Bd. 107 S. 373). Die Verordnung vom 22. Mai 1926 über die Aufwertung von Versicherungsansprüchen (RGBl. I S. 249) bestimmte gleichfalls in Art. 7, daß, wenn die Aufwertung von Ansprüchen der in den Art. 2 und 3 bezeichneten Art durch eine rechtskräftige gerichtliche Entscheidung geregelt ist, es dabei sein Bewenden behält; die Anwendung der neuen gesetzlichen Vorschriften der Verordnung war daher auch dann geboten, wenn der Rechtsstreit in der Revisionsinstanz anhängig war (RGZ. Bd. 115 S. 208). Das jetzt in Rede stehende Gesetz enthält, wie auch andere gesetzliche Vorschriften, die in der oben angeführten Rechtsprechung des Reichsgerichts in Betracht kommen, keine ausdrückliche Vorschrift über den Umfang der Rückwirkung. Daraus folgt aber noch nichts für die Beantwortung dieser Frage; sie ist vielmehr aus den Verhältnissen, aus denen heraus das Gesetz entstand, und aus dem Zweck zu entnehmen, den es verfolgt. In der Begründung des Entwurfs (Verhandlungen des Reichstags IV. Wahlperiode 1928, Anlage Nr. 1305 zu den stenographischen Berichten S. 2) wurde auf die neuere Rechtsprechung des Reichsgerichts hingewiesen, mit der offenbar wesentlich die in der angeführten Entscheidung — RGZ. Bd. 121 S. 94 — entwickelten Grundsätze gemeint waren, und ausgeführt, die Monopolverwaltung habe mit den Fachverbänden, in denen der größere Teil der Entschädigungsberechtigten zusammengeschlossen sei, zum Zweck einer vergleichsweisen außergerichtlichen Regelung der Aufwertung Verhandlungen eingeleitet. Die Fachverbände hätten ihren Mitgliedern die Annahme des für angemessen erklärten Angebots empfohlen. Der größere Teil der Entschädigungsberechtigten habe sich auf der Grundlage des Vergleichsangebots mit der Monopolverwaltung verglichen; es sei zu erwarten, daß es auch in der Mehrzahl der noch nicht durch Vergleich erledigten Fälle zu einer Einigung kommen werde. Immerhin werde noch ein Teil der Entschädigungsfälle übrig bleiben, der nicht durch Vergleich erledigt werde. Für diese sei die gesetzliche Regelung der Aufwertung unentbehrlich, wenn der Bedarf an Zahlungsmitteln für Entschädigungszwecke übersehen und die Möglichkeit ausgeschlossen werden solle, daß einzelnen Berechtigten durch die Gerichte eine höhere Aufwertung zuerkannt werde, als die übrigen Entschädigungsberechtigten im Vergleichsweg zugestanden erhalten hätten. Man kann annehmen, daß sich der Gesetzgeber diesen Erwägungen angeschlossen hat. Es kam also einmal im Betracht, daß die Aufwertung nach den allgemeinen Grundsätzen der freien Aufwertung nicht als billig erachtet wurde; man erstrebte eine einheitliche Regelung aller Fälle, in denen eine Entschädigung im Vergleichsweg noch nicht erfolgt war und voraussichtlich auch nicht erfolgen würde. Die Bevorzugung einzelner sollte vermieden werden, soweit dies noch möglich war. Anderseits sollte das öffentliche Interesse gewahrt werden in der Richtung baldiger Klarstellung, welche Beträge zur Abfindung der Entschädigungsberechtigten erforderlich sein würden, und offensichtlich auch mit der Absicht, die Gesamtsumme der Abfindungssummen möglichst niedrig zu gestalten. Denn das Branntweinmonopol wurde zur Erschließung einer Einnahmequelle für das Reich geschaffen und sollte in möglichst weitem Umfang eine anderweitige Belastung der Steuerzahler verhindern. Diese Erwägungen nötigen zu der Folgerung, daß das neue Gesetz seinen Geltungsbereich so weit als irgend möglich erstrecken und alle im Streit befangenen Entschädigungsansprüche erfassen wollte, soweit sie nicht durch rechtskräftiges Urteil erledigt waren. Daraus ergibt sich die Anwendung des neuen Gesetzes auch im vorliegenden Falle. Zu Unrecht beruft sich der Kläger auf § 5 dieses Gesetzes, der die Anrechnung in Papiermark und Reichsmark bewirkter Zahlungen regelt und bestimmt, daß es im übrigen bei den geleisteten Zahlungen sein Bewenden behalte. Er meint, daß die vom Beklagten auf Grund des Berufungsurteils zur Abwendung der Zwangsvollstreckung bewirkte Hinterlegung der Urteilssumme der Zahlung gleichzustellen sei. Die Zahlung im Sinne des Gesetzes ist offenbar als Erfüllung des Entschädigungsanspruchs gedacht; die Hinterlegung aber sollte die Befriedigung des Gläubigers gerade verhindern.

Daß die Ausschließung der freien Aufwertung und die Einführung fester, die Aufwertung einengender Sätze der Reichsverfassung nicht widerspricht, folgt aus den gleichen Erwägungen, die das Reichsgericht in bezug auf das Aufwertungsgesetz vom 16. Juli 1925 angestellt hat (RGZ. Bd. 111 S. 323).

Hiernach war das angefochtene Urteil, soweit zuungunsten des Beklagten erkannt ist, in der Hauptsache aufzuheben und, da für die Festsetzung der Entschädigung noch tatsächliche Feststellungen zu treffen sind, die Sache insoweit zur weiteren Verhandlung und Entscheidung an die Berufungsinstanz zurückzuverweisen. Die Entscheidung des Berufungsgerichts über die bis dahin entstandenen Kosten des Rechtsstreits ist dagegen nicht zu beanstanden; die Aufhebung des Berufungsurteils erfolgt lediglich auf Grund eines nach seinem Erlaß eingetretenen, vom Willen der Parteien unabhängigen Ereignisses. Grundsatz der die Kostenpflicht regelnden Vorschriften der Zivilprozeßordnung ist, daß der Teil die Kosten trägt, der sich im Unrecht befindet (RGZ. Bd. 101 S. 165). Es verbleibt also bei der Verteilung der Kosten, wie sie das Berufungsgericht auf Grund der Rechtslage zur Zeit des Erlasses des Berufungsurteils vorgenommen hat. Die Entscheidung über die Kosten der Revisionsinstanz war dem Berufungsgericht zu überlassen.

54. Unter welchen Voraussetzungen macht sich das Reich schadensersatzpflichtig, wenn es die Anbringung eines Seezeichens unterläßt?

Bekanntmachung vom 13. Mai 1912 (RGBl. S. 302). RVerf. von 1871 Art. 4, 7. RVerf. von 1919 Art. 101, 131. Staatsvertrag betr. den Übergang der Wasserstraßen von den Ländern auf das Reich vom 29. Juli 1921 (RGBl. S. 961). BGB. §§ 30, 31, 89, 276, 823.

VI. Zivilsenat. Urt. v. 28. April 1930 i. S. Deutsches Reich (Bekl.) w. B. (Kl.). VI 665/29.

I. Landgericht Aurich.
II. Oberlandesgericht Celle.

Am 20. Oktober 1924 ging die dem Kläger gehörige und von ihm geführte Tjalk „Harmina" auf der Fahrt von Bremen nach Norderney in der Nähe von Langeoog unter. Der Kläger führt den Verlust des Schiffes auf Zusammenstoß mit einer Kolbenstange des dort liegenden Wracks „Ocean King" zurück, das seit dem Jahre 1915 nicht mehr durch eine Tonne bezeichnet war. Er macht das Fehlen dieses Zeichens dem Beklagten zum Vorwurf und verlangt von ihm Ersatz des Schadens mit 12000 RM. nebst Zinsen. Der Beklagte bestreitet die Darstellung des Klägers, bestreitet aber auch, daß er, der Beklagte, verpflichtet gewesen sei, das Wrack durch Seezeichen zu bezeichnen, und wirft dem Kläger eigenes Verschulden vor. Auch die Höhe des Schadens bestreitet er.

Das Landgericht wies die Klage ab. Auf die Berufung des Klägers erklärte das Oberlandesgericht den Klaganspruch dem Grunde nach für gerechtfertigt. Die Revision des Beklagten war erfolglos.

Gründe:

Nach der Feststellung des Berufungsgerichts hat sich der Unfall folgendermaßen zugetragen. Der Kläger, der seinen Sohn und seine Tochter mit an Bord hatte, segelte an der Ansegelungstonne der „Otzumer Balge" in nordwestlicher Richtung vorbei. Die Otzumer Balge ist ein Fahrwasser, durch das die Schiffe zwischen den Inseln Langeoog und Spiekeroog ins Wattenmeer gelangen (vgl. Entscheidungen der deutschen Seeämter Bd. 7 S. 231). Sie wird namentlich von den Neuharlingersieler Fischern benutzt, wenn sie zum Fischfang in See fahren. In nordsüdlicher Richtung ist sie durch Tonnen bezeichnet; die nördlichste Tonne ist die Ansegelungstonne. Außer dieser nördlichen Ausfahrt, die das „Nordergat" genannt wird, hat die Otzumer Balge aber noch eine Zufahrt durch ein Priel von Westen, das nördlich von Langeoog vorbeiführt, den Namen „Schluchter" trägt und nicht durch Tonnen bezeichnet ist. Der Schluchter wird ebenfalls von den Neuharlingersieler Fischern benutzt. Im Winkel zwischen Nordergat und Schluchter liegt das Wrack des „Ocean King", nördlich von diesem das Wrack des „Saltborn", südlich das Wrack des „Heinrich Horn". Nachdem der Kläger einige Seemeilen über die Ansegelungstonne hinausgelangt war, nahm er wegen des wachsenden Seegangs südlichen Kurs, um bei Langeoog in ruhigeres Wasser zu kommen und dann wieder mit westlichem Kurs nach Norderney weiterzufahren. Die Annahme des Beklagten, daß der Kläger durch die Otzumer Balge mit oder ohne Benutzung des Schluchters ins Wattenmeer habe gelangen wollen, hält das Berufungsgericht für widerlegt. Das regnerische und diesige Wetter gestattete nur eine Sicht auf 150 bis 200 m. Bei der Annäherung an Langeoog maß der vorn im Schiff stehende Sohn des Klägers fortgesetzt mit einem Peilstock die Wassertiefe, konnte aber weder bis 4 m Grund finden noch Land sehen. Plötzlich stieß die „Harmina" an das Wrack des „Ocean King", das von Wasser bedeckt war, wurde leck und sank. Der Kläger und seine Kinder wurden dann von Neuharlingersieler Fischern gerettet.

Unstreitig waren die Wracks des „Ocean King" und des „Saltborn" früher durch Wracktonnen bezeichnet gewesen, das des „Ocean King" jahrzehntelang bis zum Jahre 1915. Ob die Wracktonne damals, wie der Beklagte behauptet, eingezogen, oder, wie der Kläger behauptet, abgetrieben war und nur aus Nachlässigkeit nicht wieder erneuert worden ist, läßt das Berufungsgericht dahingestellt. Es sieht aber in dem Fehlen dieses Seezeichens eine schuldhafte Pflichtverletzung des Beklagten, führt darauf den Unfall zurück und macht den Beklagten nach beiden Absätzen des § 823 BGB für den Schaden haftbar.

Der Revision ist nun freilich zuzugeben, daß sich eine solche Pflicht des Beklagten nicht, wie das Berufungsgericht meint, aus der Bekanntmachung betr. die Bezeichnung der Fahrwasser und Untiefen in den deutschen Küstengewässern vom 13. Mai 1912 (RGBl. S. 302) herleiten läßt. Diese Bekanntmachung enthält, ebenso wie die ihr vorangegangene vom 31. Juli 1887 (RGBl. S. 387), die

Veröffentlichung je eines Bundesratsbeschlusses. Beide Bekanntmachungen nehmen auf das Gesetz vom 3. März 1873 (RGBl. S. 47) Bezug, durch das in Erweiterung des Art. 4 der Reichsverfassung von 1871 die Beaufsichtigung und Gesetzgebung des Reichs auf die Seeschiffahrtszeichen ausgedehnt worden war, sowie auf Art. 7 Nr. 2 das. für die Zuständigkeit des Bundesrats, über die zur Ausführung der Reichsgesetze erforderlichen Verwaltungsvorschriften und Einrichtungen zu beschließen. Schon die Überschrift der Bundesratsbeschlüsse „Grundsätze des Systems" — oder, wie es in dem Beschlusse von 1887 hieß, „eines einheitlichen Systems" — „zur Bezeichnung der Fahrwasser und Untiefen in den deutschen Küstengewässern" und die Bezugnahme auf Art. 7 Nr. 2 a. a. O. deuten darauf hin, daß es nicht in der Absicht des Bundesrats gelegen hat, den Küstenstaaten oder anderen Beteiligten neue Rechtspflichten aufzuerlegen, wo solche nicht schon bestanden. Damit hätte der Bundesrat auch seine Zuständigkeit überschritten, es hätte dazu eines Reichsgesetzes oder doch einer reichsgesetzlichen Ermächtigung bedurft. Die Beschlüsse enthalten nur Verwaltungsvorschriften, wie sie zur einheitlichen Handhabung des Seezeichenwesens erforderlich erschienen; sie richteten sich an die Regierungen der Einzelstaaten und verpflichteten diese, ihre Landesbehörden zur Beobachtung der getroffenen Bestimmungen anzuhalten (Laband Staatsrecht des Deutschen Reichs 5. Aufl. Bd. 1 S. 257 flg., Bd. 3 S. 271 Anm. 1, gegen Hänel Deutsches Staatsrecht Bd. 1 S. 632 Anm. 14, der in dem Bundesratsbeschluß von 1887 eine verfassungswidrige Verordnung sieht). Da die Beschlüsse überhaupt keine Rechtsvorschriften enthalten, so ist der Versuch des Berufungsgerichts verfehlt, aus der Fassung einzelner Bestimmungen eine Rechtspflicht zur Kennzeichnung von Untiefen oder Wracks herzuleiten und diese Rechtspflicht demgemäß abzugrenzen. Ebensowenig sind die Bekanntmachungen Schutzgesetze im Sinne des § 823 Abs. 2 BGB., da sie keine Rechtssätze, sondern nur Verwaltungsvorschriften enthalten. Eine andere, hier nicht in Betracht kommende Frage ist, ob ein Verschulden anzunehmen wäre, wenn ein Seezeichen da, wo es pflichtgemäß anzubringen ist, anders angebracht würde, als es die jetzt noch gültige Bekanntmachung vom 13. Mai 1912 bestimmt.

Die Rechtsgrundlage für die Pflicht des Beklagten zur Anbringung von Seezeichen ist vielmehr — worauf das Berufungsgericht zutreffend, wenn auch erst in zweiter Linie, hinweist — in Art. 101 der Reichsverfassung vom 11. August 1919 und in dem eingangs bezeichneten Staatsvertrag vom 29. Juli 1921 zu suchen. Art. 101 RVerf. bestimmt:

„Aufgabe des Reichs ist es, alle Seezeichen, insbesondere Leuchtfeuer, Feuerschiffe, Bojen, Tonnen und Baken in sein Eigentum und seine Verwaltung zu übernehmen. Nach der Übernahme können Seezeichen nur noch vom Reiche oder mit seiner Zustimmung hergestellt oder ausgebaut werden."

Da die Übernahme durch den Staatsvertrag geschehen ist, so ist seitdem der Beklagte allein befugt, Seezeichen anzubringen oder die Anbringung anderen zu gestatten; ohne seine Zustimmung ist die Anbringung verboten. Dieser Befugnis des Beklagten entspricht aber seine Pflicht, Seezeichen überall da anzubringen, wo es die im Verkehr erforderliche Sorgfalt gebietet (§ 276 BGB.). Es kann keine Rede davon sein, und der Beklagte nimmt das anscheinend selbst nicht an, daß es seinem freien Belieben überlassen sei, wo er Seezeichen anbringen wolle und wo nicht. Die Revision meint, daß dies dem „Ermessen" der zuständigen Behörde überlassen bleiben müsse, bemüht sich aber doch, nachzuweisen, daß eine Kennzeichnung des „Ocean King" durch Seezeichen nicht erforderlich gewesen sei. In der Tat kann auch das pflichtmäßige Ermessen der zuständigen Behörde hierin nicht das letzte Wort sprechen. Denn Fehlgriffe können vorkommen, und für den dadurch angerichteten Schaden hat der Beklagte einzustehen, wenn die übrigen Voraussetzungen des § 823 Abs. 1 BGB. bei ihm vorliegen. Der Beklagte, der die Sicherung der Schiffahrt durch Seezeichen, also eine Art der Verkehrsregelung, in die Hand genommen hat, steht in dieser Hinsicht nicht anders da als jemand, der einen Verkehr eröffnet hat. Er hat die Vorkehrungen zu treffen, welche die Sicherheit des Verkehrs erfordert. Das kann je nach den Umständen des einzelnen Falles verschieden sein, muß aber nach dem objektiven Maßstabe bestimmt werden, den § 276 BGB. an die Hand gibt, und unterliegt der gerichtlichen Nachprüfung.

Dabei wird die Übung — der Seegebrauch — in der Regel das Mindestmaß des Erforderlichen anzeigen. Entscheidend ist aber das Erfordernis selbst, hier also, ob die Kennzeichnung des Wracks „Ocean King" mit Rücksicht auf die Gefahr für die Schiffahrt geboten war. Soweit die Ausführungen des Berufungsgerichts über diese Fragestellung hinausgehen, können sie auf sich beruhen bleiben. Das Berufungsurteil läßt aber durch seine Feststellungen in Verbindung mit dem unstreitigen Sachverhalt genügend erkennen, daß das Wrack „Ocean King" die Schiffahrt in einer Weise gefährdete, welche die Anbringung eines Seezeichens erforderlich machte. Zwar mag dahingestellt bleiben, ob eine solche Gefahr für die Schiffe bestand, welche die Otzumer Balge durch das Nordergat benutzten; denn von diesem, durch Tonnen bezeichneten Fahrwasser lag das Wrack „Ocean King" 1150 m entfernt. Wohl aber bildete es für Schiffe, die den Schluchter befuhren, eine erhebliche Gefahr. Daß das von den Neuharlingersieler Fischern mit ihren Schiffen von jeher in ausgedehntem Maße geschehen ist, steht außer Streit; nach der Schätzung des Vorsitzenden ihres Fischereivereins benutzten sie den Schluchter mindestens doppelt so oft als das Nordergat. Es bestand daher ein Verkehrsbedürfnis für die Kennzeichnung des Wracks, und das Berufungsgericht spricht in diesem Sinne zutreffend von einem Schutzanspruch „nach Maßgabe der natürlichen Erfordernisse der Sachlage". Dem entspricht es denn auch, daß das Wrack jahrzehntelang, bis zum Jahre 1915, durch eine Wracktonne gekennzeichnet gewesen ist. Den Beweis dafür, daß sich die Verhältnisse, die dafür maßgebend waren, in der Zeit von 1915 bis zum Unfall des Klägers wesentlich geändert hätten, hat das Berufungsgericht ohne Rechtsirrtum nicht für geführt erachtet. Der Beklagte hatte zwar behauptet, das Fahrwasser der Otzumer Balge sei von Westen nach Osten gewandert. Diese Behauptung traf aber nur für die nördliche Ausmündung des Fahrwassers zu und mochte vielleicht für das hier nicht in Betracht kommende, früher ebenfalls durch eine Tonne bezeichnet gewesene Wrack „Saltborn" eine gewisse Bedeutung haben. Dagegen war die Entfernung des Wracks „Ocean King" von dem durch Tonnen bezeichneten Fahrwasser nach dem sachverständigen Zeugnis des Kapitäns B., des Kapitäns des Tonnenlegerdampfers, immer die gleiche geblieben. Hiergegen hat der Beklagte nichts vorgebracht; er kann also nicht behaupten, daß der Grund, der bis zum Jahre 1915 die Kennzeichnung des Wracks erforderlich erscheinen ließ, später weggefallen sei. In der Zeit nach 1915, vor und nach dem Unfall des Klägers, haben sich vielmehr die Neuharlingersieler Fischer beim Fehlen einer Wracktonne unstreitig selbst geholfen, indem sie eine Bake oder einen Pfahl mit Toppzeichen auf dem

Wrack anbrachten. Schließlich ist das im Jahre 1925 sogar mit Unterstützung des Beklagten geschehen, dessen Zustimmung nach Art. 101 RVerf. ohnehin erforderlich war; er hat dem Neuharlingersieler Fischereiverein Materialien dazu geliefert. Nimmt man hinzu, daß das Seeamt in seinem Spruch vom 3. Dezember 1924 über den Untergang der „Harmina" die Bezeichnung oder Sprengung des Wracks als „dringend erwünscht" bezeichnete und daß die beiden vom Berufungsgericht vernommenen Sachverständigen die Kennzeichnung des Wracks für erforderlich erachteten, so hat das Berufungsgericht rechtlich nicht geirrt, wenn es ein Bedürfnis für die Anbringung eines Seezeichens hier angenommen, dessen Fehlen dem Beklagten als Verschulden angerechnet und die Bezeichnung in den Seekarten nicht für genügend erachtet hat.

Bei dieser Sachlage kann es nicht darauf ankommen, daß der Kläger mit seinem Schiff unfreiwillig in die Nähe des Wracks gelangt ist, also den Schluchter nicht hat befahren wollen. Denn war einmal die Kennzeichnung des Wracks geboten, so war der Beklagte für alle durch das Fehlen des Seezeichens herbeigeführten Unfälle verantwortlich. Den ursächlichen Zusammenhang stellt das Berufungsgericht einwandfrei fest, indem es annimmt, daß der Sohn des Klägers eine Boje, wenn sie vorhanden gewesen wäre, rechtzeitig wahrgenommen hätte. Höchstens hätte es den Beklagten ganz oder zum Teil entlasten können, wenn zu dem Unfall ein eigenes Verschulden des Klägers oder seines Sohnes mitgewirkt hätte (§ 254 BGB.). Allein ein solches Verschulden wird vom Berufungsgericht aus Erwägungen verneint, die mit der Ansicht der Sachverständigen und des Seeamts in Einklang stehen und keinen Rechtsirrtum enthalten. Eine berichtigte Seekarte hätte den Unfall nicht verhindern können, da dem Kläger nach der Feststellung des Berufungsgerichts eine nähere Ortsbestimmung nicht möglich war.

Nach alledem ist nicht zu beanstanden, daß der Anspruch dem Grunde nach für gerechtfertigt erklärt worden ist. Daß etwa das Deutsche Reich nicht der richtige Beklagte sei und das Land Preußen hätte verklagt werden müssen, hat der Beklagte selbst nicht geltend gemacht. Es würde auch nicht zutreffen, obwohl die untere und die mittlere Behörde, die für die Anbringung des Seezeichens zunächst hätte sorgen müssen, mit preußischen Beamten besetzt ist (§ 11 des Staatsvertrags vom 29. Juli 1921). Würde der Beklagte auf Grund des Art. 131 RVerf. wegen Amtspflichtverletzung eines Beamten in Anspruch genommen, so wäre allerdings entscheidend, von welcher Körperschaft der schuldige Beamte angestellt worden ist und besoldet wird, nicht, wessen Hoheitsrecht er im gegebenen Falle ausgeübt hat (RGZ. Bd. 126 S. 83). Hier wird aber der Beklagte nicht auf Grund des Art. 131 RVerf., sondern wegen Verschuldens seiner verfassungsmäßigen Organe, also auf Grund der §§ 30, 31, 89 BGB. in Anspruch genommen. Diesen fällt zur Last, daß sie das Bedürfnis zur Anbringung eines Seezeichens nicht genügend nachgeprüft und nicht die erforderlichen Anordnungen getroffen haben.

---

55. Kann die Feststellung des Aufwertungsbetrags in Ansehung einer Entschädigung, die für den Fall des Verzichts auf ein lebenslängliches Wohnungsrecht vereinbart worden ist, schon vor der Erklärung dieses Verzichts verlangt werden?

ZPO. § 256.

VI. Zivilsenat. Urt. v. 28. April 1930 i. S. R. u. Gen. (Bekl.) w. G. (Kl.). VI 437/29.

I. Landgericht München I.
II. Oberlandesgericht daselbst.

Durch notariellen Vertrag vom 16./29. September 1922 verkaufte der Baumeister G. in M. mehrere Hausgrundstücke an den Kaufmann R. in Barcelona. Er behielt sich dabei für seine Person und für seine Adoptivtochter, die jetzige Klägerin, das Recht vor, die Wohnung im vierten Stock mit den bis dahin benutzten Keller- und Speicherräumen des einen verkauften Hauses und die Loge rechts im ersten Rang des in einem andern der verkauften Häuser befindlichen Volkstheaters lebenslänglich und unentgeltlich zu benutzen, und vereinbarte in dem Vertrag mit dem Käufer ferner, daß für den Fall des Verzichts der Berechtigten oder des Überlebenden von ihnen auf das vorerwähnte Recht der Käufer hierfür eine Entschädigung von 1 000 000 M. zu zahlen habe. Zur Sicherung des Rechts wurde nach erfolgter Auflassung und Eintragung des Käufers für den Verkäufer und die Klägerin eine im Kaufvertrag ebenfalls vorgesehene beschränkte persönliche Dienstbarkeit an den in Frage kommenden Grundstücken im Grundbuch eingetragen. R. veräußerte die sämtlichen dem G. abgekauften Grundstücke durch notariellen Vertrag vom 7. Juni 1926 an eine aus den Beklagten bestehende und zu diesem Zweck gebildete Gesellschaft des bürgerlichen Rechts zur gesamten Hand weiter. Die Beklagten übernahmen in der Vertragsurkunde gegenüber ihrem Vertragsgegner und durch schriftliche Vereinbarung mit der jetzigen Klägerin vom 7. April 1927 ihr gegenüber die Verpflichtungen des bisherigen Schuldners R. aus der beschränkten Dienstbarkeit und der gegebenenfalls an ihre Stelle tretenden Entschädigung. G. war inzwischen verstorben. Die von der Klägerin mit den Beklagten als den nunmehrigen Grundstückseigentümern eingeleiteten Verhandlungen zur Bestimmung des Aufwertungsbetrags der ihr für den Fall der Ablösung der Dienstbarkeit zu zahlenden Entschädigung blieben erfolglos. Sie erhob daher die vorliegende Klage, mit der sie ursprünglich nur die Aufwertung dieser in Höhe von 1000000 M. vereinbarten Entschädigung auf einen vom Gericht zu bestimmenden Betrag, mindestens aber auf 150000 RM., begehrte.

Das Landgericht wies die Klage ab. Im zweiten Rechtszug stellte die Klägerin (unter Widerspruch der Beklagten gegen eine Klagänderung) den Antrag, das erstinstanzliche Urteil aufzuheben und dahin zu erkennen:

1. Die bei Verzicht auf das Wohnungs- und Logenbenutzungsrecht festgesetzte Entschädigung von 1 Million Mark wird auf den Betrag von 150 000 RM. oder doch auf einen in das Ermessen des Gerichts gestellten Betrag für den Fall aufgewertet, daß die Klägerin innerhalb einer vom Gericht festzusetzenden Zeit nach Rechtskraft des Urteils die Erklärung abgibt, sie mache von dem ihr vertraglich zustehenden Recht auf Ablösung des Wohnungs- und Logenbenutzungsrechts gegenüber der verklagten Partei Gebrauch;

2. hilfsweise: Die Beklagten sind schuldig, gegen die von der Klägerin innerhalb einer vom Gericht festzusetzenden Frist abzugebende Erklärung des Verzichts auf das ihr zustehende Wohnungs- und Logenbenutzungsrecht an die Klägerin den Betrag von mindestens 150000 RM. oder einen darüber hinausgehenden, vom Gericht festzusetzenden Betrag zu zahlen.

Das Oberlandesgericht hob das landgerichtliche Urteil auf und verwies die Sache zur weiteren Verhandlung an das Landgericht zurück. Die Revision der Beklagten führte zur Aufhebung und Zurückverweisung.

Gründe:

Zwischen den Parteien besteht lediglich darüber Streit, auf welchen Betrag die 1 000 000 M., welche die Klägerin für den Fall eines Verzichts auf das ihr zustehende Wohnungs- und Logenbenutzungsrecht als Entschädigung zu fordern berechtigt ist, zu dem Zeitpunkt aufgewertet werden sollen, in dem sie den Verzicht erklären wird. Das Maß dieser Aufwertung wünscht die Klägerin mit der vorliegenden Klage schon jetzt festgestellt zu sehen, obwohl es noch ungewiß ist, wann sie den Verzicht erklären wird, oder doch nach ihrem im zweiten Rechtszuge gestellten Antrag der Zeitpunkt für die Abgabe der Erklärung erst durch eine vom Gericht festzusetzende Frist nach Rechtskraft des Urteils bestimmt werden und die Verurteilung der Beklagten zur Zahlung des Aufwertungsbetrags nur gegen die von der Klägerin innerhalb einer vom Gericht festzusetzenden Frist abzugebende Verzichtserklärung erfolgen soll. Der erste Richter hielt eine derartige, vor ihm nur im ersterwähnten Sinne anhängig gemachte Feststellungsklage nach § 256 ZPO. wegen Mangels des rechtlichen Interesses für unzulässig und gelangte deshalb zur Klagabweisung. Das Berufungsgericht dagegen erachtet die in § 256 vorgesehenen Voraussetzungen für gegeben, indem es sich u. a. auf das Urteil des erkennenden Senats vom 4. Februar 1929 (RGZ. Bd. 123 S. 232) stützt und die im zweiten Rechtszug erfolgte Antragstellung nicht als eine Klagänderung im Sinne des § 264 a. a. O. ansieht. Das angefochtene Urteil führt dazu im wesentlichen aus: Durch die begehrte Feststellung solle nicht eine einzelne Zweifelfrage entschieden oder nur eine für die künftige Entstehung von Rechtsverhältnissen bedeutsame Rechtsfrage beantwortet, sondern eine sachliche Klärung der Rechtsbeziehungen der Parteien für den Fall des Verzichts der Klägerin herbeigeführt werden. Zur Herbeiführung einer sachlichen Entscheidung über ein ungewisses Rechtsverhältnis könnten auch mögliche künftige Rechtsbeziehungen der Parteien die Grundlage einer Feststellungsklage bilden; es könne ferner die festzustellende Berechtigung oder Verpflichtung bedingter Natur sein, und zwar auch in dem Sinne, daß der Einfluß der Rechtsänderung von der Ausübung eines dem Berechtigten zustehenden Rechts abhänge. Es handle sich also bei der vorliegenden Klage um die in den Rahmen des § 256 ZPO. fallende Feststellung, daß die Klägerin, wenn sie auf ihre Rechte verzichte, einen bestimmten Betrag von den Beklagten zu fordern berechtigt sei. Für die Bemessung dieses Betrags, für die Aufwertung der vereinbarten 1000000 M., seien allerdings nicht die gegenwärtigen, sondern die für die Zeit des Verzichts zu erwartenden Verhältnisse maßgebend. Ihre Berücksichtigung und mithin die beantragte Feststellung sei jedoch nur möglich, wenn die Annahme berechtigt sei, daß sich die zur Zeit der Urteilsfällung herrschenden Verhältnisse bis zum Verzicht nicht erheblich ändern würden oder wenn sich die voraussichtliche Entwicklung dieser Verhältnisse mit einer gewissen Zuverlässigkeit überblicken lasse. Das treffe zu, wenn für den Verzicht und damit für die Wirksamkeit des festzustellenden Aufwertungsbetrags eine bestimmte Frist gesetzt werde, innerhalb deren sich die Verhältnisse voraussichtlich nicht oder nicht wesentlich änderten. Dem habe die Klägerin durch ihren in zweiter Instanz gestellten Klagantrag Rechnung getragen; hierin liege keine Klagänderung, sondern nur eine Berichtigung oder Ergänzung des ursprünglichen Antrags. Die Klägerin habe auch an der alsbaldigen Feststellung ein rechtliches Interesse. Es genüge dafür das nur wirtschaftliche Interesse einer Partei, zu wissen, wie sie in Ansehung einer gewissen rechtlichen Beziehung zur anderen Partei stehe, um ihr Verhalten entsprechend einrichten zu können. Indessen lasse sich der Betrag nicht ohne weiteres feststellen, den die Klägerin im Falle der binnen angemessener Frist nach Rechtskraft des Urteils abzugebenden Verzichtserklärung von den Beklagten zu fordern habe. Hierzu bedürfe es noch der Klarstellung insbesondere des Wertes des Wohnungs- und Logenbenutzungsrechts zur Zeit seiner Begründung und in der Gegenwart, sodann des Wertes der fraglichen Hausgrundstücke zu diesen Zeiten und endlich der Klarstellung der persönlichen Verhältnisse der Beteiligten. Es sei daher erforderlich, die Sache an den ersten Richter zurückzuverweisen, damit dieser nach Ermittlung der sämtlichen für die Höhe der Aufwertung maßgeblichen Umstände den entsprechenden Betrag feststelle und gleichzeitig die Frist bestimme, für welche die festzustellende Aufwertungssumme im Fall eines Verzichts der Klägerin in Betracht komme; sie werde den Zeitraum zu umfassen haben, für den sich voraussichtlich die zur Zeit der Urteilsfällung herrschenden Verhältnisse nicht erheblich ändern oder für den sich die voraussichtliche Entwicklung der fraglichen Verhältnisse mit einer gewissen Zuverlässigkeit überblicken lasse.

Die Revision hat die hiergegen in erster Linie erhobene Rüge aus §§ 264, 268, 527 ZPO. nicht aufrecht erhalten. Die Rüge wäre überdies unbeachtlich, da nach § 270 das. eine Anfechtung der Entscheidung, daß eine Änderung der Klage nicht vorliege oder daß die Änderung zuzulassen sei, nicht stattfindet; auch die Nachprüfung einer solchen Entscheidung des Berufungsgerichts durch die Revisionsinstanz hat zu unterbleiben (RGZ. Bd. 51 S. 35 und JW. 1907 S. 518 Nr. 22). Nicht minder geht die Revision insoweit fehl, als sie meint, das angefochtene Urteil verletze den § 256 ZPO. schon deshalb, weil es den Rechtsgrundsätzen widerspreche, die der erkennende Senat in RGZ. Bd. 123 S. 232 über die Zulässigkeit einer Feststellungsklage auf Aufwertung eines Kaufpreises für ein Grundstück entwickelt hat. Der dort entschiedene Fall liegt anders als der hier zu entscheidende. Dort wäre die Aufwertung über 10 Jahre hinweg für den 1. April 1938 zu beurteilen gewesen. Hier aber soll — wenigstens nach dem im zweiten Rechtszug gestellten Haupt- und Hilfsantrag — der Stand der letzten mündlichen Verhandlung vor dem Tatrichter maßgebend sein zuzüglich einer Frist, innerhalb deren die Klägerin nach Rechtskraft des Urteils die Verzichtserklärung abgeben muß, und zwar soll diese Frist einen Zeitraum umfassen, innerhalb dessen sich voraussichtlich die zur Zeit der Urteilsfällung herrschenden Verhältnisse nicht erheblich ändern werden oder für die sich die voraussichtliche Entwicklung der in Betracht kommenden Verhältnisse mit einer gewissen Zuverlässigkeit überblicken läßt. Ob eine derartige Feststellung möglich wäre, kann dahingestellt bleiben; denn das etwaige rechtliche Interesse der Klägerin an einer solchen Feststellung würde für sich allein noch nicht die Voraussetzungen des § 256 erfüllen. Es ist dazu vielmehr weiter ein Interesse daran erforderlich, daß das Rechtsverhältnis alsbald festgestellt werde. Das angefochtene Urteil hält dieses Erfordernis deshalb für erfüllt, weil auch das nur wirtschaftliche Interesse einer Partei genüge, zu wissen, wie sie in Ansehung einer gewissen rechtlichen Beziehung zur anderen Partei stehe, um ihr Verhalten danach einrichten zu können. Dem kann nicht beigetreten werden. Nach der tatsächlichen Feststellung des Berufungsgerichts hat die Klägerin ihr Interesse an der alsbaldigen Feststellung lediglich darauf gestützt, daß sie „bei der Bestimmung einer angemessenen Aufwertungssumme von ihrem Verzichtsrecht so bald als möglich Gebrauch mache". Sie will sich also vorläufig noch nicht zu einem Verzicht entschließen, sondern sie will erst einmal vom Gericht Auskunft haben, wieviel sie für den Verzicht zu bekommen hat. Damit wird dem Erfordernis des Interesses an einer alsbaldigen Feststellung im Sinne des § 256 nicht Rechnung getragen, ebensowenig aber mit der oben wiedergegebenen Erwägung des Berufungsgerichts. Nach der Rechtsprechung des Reichsgerichts ist vor allem zu prüfen, ob nicht durch die Möglichkeit, auf dem Wege der Leistungsklage zu demselben Ziel zu gelangen, das Interesse an der Erhebung der Feststellungsklage ausgeschlossen wird (RGZ. Bd. 21 S. 382 [387/88], Bd. 23 S. 232, Bd. 61 S. 244, Bd. 82 S. 434, Bd. 92 S. 378; JW. 1908 S. 339 Nr. 25, 1911 S. 815 Nr. 26 u. a.). Eine Prüfung in den erwähnten Richtungen läßt das angefochtene Urteil vermissen. Sie wäre um so notwendiger gewesen, als die Klägerin nach dem festgestellten Sachverhalt im zweiten Rechtszug selbst vorgebracht hat, daß sie bei Verneinung der Zulässigkeit der Feststellungsklage ihr Verzichtsrecht ausübe und Zug um Zug gegen ihren Verzicht die Zahlung einer Aufwertungssumme von mindestens 150 000 RM. verlange. Danach scheint sie also selbst der Ansicht zu sein, daß keine besonderen Umstände vorliegen, welche die Besorgnis einer Gefährdung ihres Gläubigerrechts rechtfertigen könnten, und daß sie schon jetzt im Wege der Leistungsklage dasselbe erreichen kann, was sie mit der erhobenen Feststellungsklage erst für die Zukunft festgestellt wissen will. Überdies ist sie, wie ihr im Berufungsverfahren gestellter Hilfsantrag zeigt, im Laufe des Rechtsstreits von der Feststellungsklage zur Leistungsklage übergegangen. Ist das aber der Fall, so wäre für die Feststellungsklage kein Raum. Auch hierauf geht das angefochtene Urteil nicht ein.

Ohne eine Erörterung der bezeichneten Punkte durch den Tatrichter ist das Revisionsgericht zu einer erschöpfenden rechtlichen Nachprüfung des Streitstoffs nicht in der Lage. Zur Nachholung des Fehlenden war daher das angefochtene Urteil aufzuheben und die Sache an das Berufungsgericht zurückzuverweisen.

56. 1. Ist die Berufung des Klägers zulässig, wenn er einen bestimmten Betrag gefordert, dessen Festsetzung aber in das richterliche Ermessen gestellt und der erste Richter zu einer geringeren als der angegebenen Summe verurteilt hat?

2. Wird der Ausgleichsanspruch stets durch den Weiterverkauf des Grundstücks ausgeschlossen?

3. Kann der Ausgleichsanspruch wirksam an den Aufwertungsgläubiger abgetreten werden?

4. Von wann ab und in welcher Höhe hat der Ausgleichsschuldner Zinsen zu zahlen?

5. Findet Abs. 1 oder Abs. 2 des § 28 AufwG. Anwendung, wenn es im Hinblick auf § 20 das. nicht mehr zur Wiedereintragung der gelöschten Hypothek kommen kann?

BGB. §§ 242, 399, 404. ZPO. §§ 511, 521. AufwG. § 28.

VI. Zivilsenat. Urt. v. 5. Mai 1930 i. S. Sächs. E. R. U.-Ges. (Bekl.) w. A.-Bank (Kl.). VI 609/29.

I. Landgericht Dresden.
II. Oberlandesgericht daselbst.

Am 31. März 1922 kauften R. und G. in Karlsbad das Hausgrundstück N.straße 17 in Dresden für 330000 M. und übernahmen in Anrechnung auf den Kaufpreis drei Vorkriegshypothekenforderungen der Klägerin von zusammen 108 000 M. Am 6. Februar 1923 zahlten sie diese Hypotheken mit 108 000 M. zuzüglich eines Aufgelds von 16 200 M. im Werte von insgesamt rund 27,50 GM. aus, worauf die Hypotheken im August 1923 gelöscht wurden. Am 13. März 1924 verkauften sie das Grundstück lastenfrei für 20 000 GM. an die Beklagte, die es am 10. März 1926 für 40000 RM. an F. weiterverkaufte.

Die Klägerin meldete im Dezember 1925 bei der Aufwertungsstelle gegen R. und G. als ihre persönlichen Schuldner Aufwertungsansprüche in Höhe von 25% des Nennbetrags der Hypotheken, also von 27000 RM. an, abzüglich des von ihr auf 24,22 RM. berechneten Goldmarkwertes der Rückzahlung. Die Aufwertungsstelle setzte die Beschlußfassung bis zur Entscheidung des Prozeßgerichts über den Ausgleichsanspruch des R. und des G. gegen die Beklagte aus. Diesen Ausgleichsanspruch traten R. und G. am 25. Juni 1928 an die Klägerin ab. Zur Sicherung ihrer Aufwertungsansprüche ließ die Klägerin auf dem dem G. gehörigen Grundstück P.straße 14 in Dresden eine Arresthypothek von 27000 RM. eintragen. Nunmehr macht die Klägerin den ihr abgetretenen Ausgleichsanspruch geltend mit dem Antrag, die Beklagte zu verurteilen, an die Klägerin einen vom Gericht unter Würdigung aller Umstände nach freier Überzeugung festzusetzenden Betrag von 19914,84 RM., der aber seiner Höhe nach ausdrücklich dem richterlichen Ermessen unterstellt wird, spätestens am 31. Dezember 1931 zu zahlen, bis dahin jedoch zu verzinsen.

Das Landgericht verurteilte die Beklagte, unter Abweisung der Klägerin mit ihrer Mehrforderung, zur Zahlung von 8000 RM. nebst Zinsen (§ 28 Abs. 1 AufwG.). Das Oberlandesgericht wies die Berufung der Beklagten zurück und erhöhte auf die Berufung der Klägerin, unter Zurückweisung ihres Rechtsmittels im übrigen, den Urteilsbetrag auf 10800 RM.

Die Revision der Beklagten wurde zurückgewiesen.

Gründe:

In erster Reihe wiederholt die Revision den schon im zweiten Rechtszug erhobenen Einwand, daß die Berufung der Klägerin gemäß § 511 ZPO. unzulässig sei. Die Rüge ist unbegründet. Zutreffend hat das Oberlandesgericht den Klagantrag dahin ausgelegt, daß die Klägerin die Zusprechung von 19914,84 RM. begehre; sie hat also einen ziffermäßig bestimmten Betrag gefordert. Der Zusatz, daß der Betrag richterlichem Ermessen unterstellt werde, war offenbar nur dazu bestimmt, die Klägerin gegen die Kostenlast zu schützen. Hierzu war der Zusatz ungeeignet und daher zwecklos. Folgerichtig hat denn auch das Landgericht die Klägerin mit ihrem Mehranspruch abgewiesen. Schon darin liegt die Beschwer für die Klägerin. Im übrigen kommt es hierauf nicht einmal an. Denn die Beklagte hatte ebenfalls Berufung eingelegt, und dieser durfte sich die Klägerin nach § 521 ZPO. innerhalb der durch die § 529 Abs. 4, § 268 Nr. 2 das. gesteckten, hier innegehaltenen Grenzen zur Erweiterung ihres ursprünglichen Klagantrags anschließen. Zum mindesten unter dem Gesichtspunkt der Anschlußberufung würde daher die Berufung der Klägerin zulässig sein.

In sachlichrechtlicher Beziehung regt die Revision von neuem das Bedenken an, ob der Ausgleichsanspruch geltend gemacht werden könne, obgleich die Beklagte vor seiner Erhebung das Grundstück weiterverkauft habe und deshalb nicht mehr in der Lage sei, sich durch Rücktritt vom Kaufvertrag mit R. und G. von der Ausgleichspflicht zu befreien. Dieses Bedenken kann nach der Lage des Falles nicht durchgreifen. Gewiß ist in der Entscheidung des erkennenden Senats RGZ. Bd. 119 S. 141, 142 (vgl. auch JW. 1929 S. 2146 Nr. 9 = Zeiler Aufwertungsfälle Nr. 1677) betont, daß dem im Wege des Ausgleichsanspruchs in Anspruch Genommenen im Rahmen des § 242 BGB. das Recht zum Rücktritt vom Kaufvertrag zusteht, um dem Ausgleichsanspruch zu entgehen. Es ist auch richtig, daß die Beklagte infolge der Weiterveräußerung des Grundstücks an F. ein solches Rücktrittsrecht nicht mehr geltend machen kann (§ 351 Satz 1, § 353 Abs. 1 BGB.), da nichts dafür vorgebracht ist, daß sich die Beklagte das Grundstück wieder verschaffen könnte. Aber mit Recht hat der Berufungsrichter darauf hingewiesen, daß die Beklagte beim Weiterverkauf des Grundstücks einen Reingewinn von rund 12500 RM. erzielt hat und daß sie diesen nicht etwa der Klägerin als der Abtretungsempfängerin des R. und des G. zur Verfügung zu stellen bereit ist. Unter solchen Umständen ist nicht abzusehen, inwiefern es den Grundsätzen der Billigkeit entsprechen könnte, den erzielten Reingewinn ganz der Beklagten zu belassen, sie von jeder Beitragsleistung zur Aufwertungslast des R. und des G. freizulassen und diesen beiden die ganze Aufwertungslast aufzubürden. In gleichem Sinn hat der erkennende Senat bereits im Urteil vom 27. März 1930 VI 805/29 entschieden (vgl. auch RGZ. Bd. 126 S. 13).

Aus den nämlichen Gesichtspunkten kann der Revision darin nicht beigetreten werden, daß die Tatsache der Weiterveräußerung zu einer erheblichen Verminderung der Ausgleichssumme führen müsse. Allerdings wird in Fällen der Weiterveräußerung der Regel nach der Betrag des erzielten Reingewinns die Grenze bilden, über die hinaus ein Ausgleichsbeitrag nicht zugesprochen werden kann. Aber das Oberlandesgericht hat die Beitragssumme niedriger als auf 12500 RM. bemessen.

Ferner macht die Revision dem Berufungsgericht zum Vorwurf, daß es die rechtliche Bedeutung der Behauptung der Beklagten verkannt habe, der Aufwertungsanspruch der Klägerin gegen R. und G. sei nicht durchführbar, weil die Gerichte der Tschechoslowakei ein diesen Anspruch bejahendes Urteil der deutschen Gerichte nicht vollstrecken würden. Brauchten aber hiernach die Rechtsvorgänger der Klägerin an diese keine Aufwertung zu zahlen, so stehe ihnen auch kein Ausgleichsanspruch gegen die Beklagte zu. Auch in Deutschland sei der Aufwertungsanspruch nicht durchführbar; denn das Grundstück des G. in Dresden sei so mit Hypotheken überlastet, daß die Arresthypothek der Klägerin, ebenso wie eine etwa einzutragende Sicherungshypothek, wertlos sei und die Klägerin bei einer Zwangsversteigerung ausfallen würde. Nach allen diesen Richtungen habe die Beklagte Beweise angetreten, durch deren Ablehnung der Vorderrichter den § 286 ZPO. verletzt habe.

Den Ausführungen der Revision ist nicht beizutreten. Die Frage, ob die Gerichte der Tschechoslowakei ein deutsches Aufwertungsurteil vollstrecken würden, hat das Oberlandesgericht mit Recht offen gelassen. Denn jedenfalls würde die Klägerin gegenüber dem G. in der Lage sein, auf Grund eines solchen Schuldtitels Zwangsvollstreckungsmaßnahmen in das Dresdener Grundstück des G. zu ergreifen, und es muß dem letzteren, auch wenn dieses Grundstück schon ohne die Arresthypothek der Klägerin überschuldet sein sollte, unbenommen bleiben, den Aufwertungsanspruch der Klägerin zu befriedigen, um Zwangsvollstreckungsmaßnahmen der Klägerin in sein Grundstück abzuwenden und sich nicht bei etwaigem Betreten des deutschen Reichsgebiets einer Pfändung auszusetzen. Daß er diese Gefahren auf sich nehmen müßte, um die Beklagte vor dem Ausgleichsanspruch zu schützen, ist im Hinblick auf die Grundsätze des § 242 BGB. nicht anzuerkennen. Was weiter den R. anlangt, so steht dem G. nach dem in der Tschechoslowakei geltenden Recht der Anspruch wider ihn zu, die Hälfte der Aufwertungslast erstattet zu verlangen. Diese Auslegung, welche das Oberlandesgericht dem fremdstaatlichen Recht gegeben hat, ist nach § 549 ZPO. für das Revisionsgericht bindend. Hiernach erweist sich der Aufwertungsanspruch der Klägerin gegenüber dem G. unmittelbar und gegenüber dem R. mittelbar als durchführbar. Damit entfällt zugleich der Einwand der Beklagten, daß die Abtretung des Ausgleichsanspruchs an die Klägerin wider die guten Sitten verstoße und daher nichtig sei (§ 138 Abs. 1 BGB.).

Endlich hat die Revision noch allgemein Verletzung des materiellen Rechts und im besonderen des § 242 BGB. gerügt. Die Nachprüfung des angefochtenen Urteils hat jedoch keinen sachlichrechtlichen Verstoß ergeben. Im einzelnen mag folgendes hervorgehoben werden.

Daß das Prozeßgericht befugt ist, über den Ausgleichsanspruch auch seiner Höhe nach zu entscheiden, bevor die Aufwertungsstelle den Betrag der Aufwertung festgesetzt hat, kann nunmehr als ständige Rechtsprechung des Reichsgerichts bezeichnet werden (RGZ. Bd. 119 S. 139, Bd. 120 S. 296, Bd. 121 S. 334, 335, Bd. 123 S. 166). Ein solches Verfahren ist um so mehr dann geboten, wenn, wie im vorliegenden Fall, die Aufwertungsstelle das bei ihr schwebende Verfahren bis zur Entscheidung des Prozeßgerichts über den Ausgleichsanspruch ausgesetzt hat.

Die Möglichkeit einer Abtretung des Ausgleichsanspruchs an den Aufwertungsgläubiger ist bereits in RGZ. Bd. 119 S. 139 angedeutet, im Urteil des erkennenden Senats JW. 1928 S. 1799 Nr. 16 = Zeiler a. a. O. Nr. 1239 keineswegs allgemein verneint und im Urteil des V. Zivilsenats des Reichsgerichts in Rings AufwRspr. 1929 S. 501 Nr. 213 = Zeiler Nr. 1681 bejaht. Auch sonst stehen die Rechtsprechung (Beschluß des Kammergerichts in JW. 1928 S. 180 Nr. 12) und das Schrifttum (Mügel Aufwertung 5. Aufl. S. 661; Nadler Aufwertungsnovelle S. 168; Neukirch AufwG. S. 195; Scholtz in JW. 1926 S. 134; Abraham in JW. 1928 S. 886; Miller daselbst S. 888; a. M. Harten in JW. 1928 S. 1121) fast einhellig auf dem bejahenden Standpunkt. Es wird sogar dem Aufwertungsschuldner, dessen Lage, wie keineswegs verkannt werden darf, infolge seiner Doppelstellung als Schuldner gegenüber dem Aufwertungsgläubiger und als Verkäufer gegenüber dem Grundstückserwerber vermöge des sich daraus ergebenden Widerstreits der Vertragspflichten schwierig ist (Seegebarth in JW. 1928 S. 1202), die Abtretung des Ausgleichsanspruchs an den Gläubiger empfohlen. Der erkennende Senat tritt der Auffassung bei, daß die Abtretung des Ausgleichsanspruchs an den Aufwertungsgläubiger zulässig ist. Zu einer Erörterung der weiteren Frage, ob der Abtretung an dritte Personen und folgeweise (§ 851 Abs. 1 ZPO.) der Pfändung durch solche durchgreifende Bedenken — etwa im Hinblick auf die Belange des Aufwertungsgläubigers — entgegenstehen, bietet der vorliegende Fall keinen Anlaß. Zweifel an der Abtretbarkeit könnten nur aus § 399 Halbsatz 1 BGB. hergeleitet werden (Veränderung des Inhalts der Ausgleichsleistung infolge ihrer Geltendmachung durch einen anderen als den ursprünglichen Gläubiger). Der Ausgleichsanspruch betrifft jedoch keine sich unmittelbar aus dem Aufwertungsanspruch und keine unselbständige, sich aus dem Veräußerungsvertrag ergebende Nebenverpflichtung des Ausgleichspflichtigen. Er hat vielmehr eine Mehrleistung des Ausgleichsschuldners gegenüber seinen vertragsmäßig festgesetzten Leistungen zum Gegenstand, und diese Pflicht zur Mehrleistung ergibt sich selbständig aus den Grundsätzen des § 242 BGB. (JW. 1930 S. 57 Nr. 4). Durch die Abtretung des Anspruchs wird die Rechtslage des Schuldners nicht irgendwie verschlechtert oder sonst verändert (§ 404 BGB.). Freilich darf der Ausgleichsanspruch auch im Falle seiner Abtretung lediglich aus den Verhältnissen des Aufwertungsschuldners und des Ausgleichsschuldners beurteilt werden, nicht aber unter irgendwelcher Berücksichtigung der Verhältnisse des Aufwertungsgläubigers (was im vorliegenden Fall der Berufungsrichter durchaus beachtet hat). Selbst wenn man den Ausgleichsanspruch nicht als einen Anspruch auf Leistung eines Beitrags zur Aufwertungslast, sondern seinem Wesen nach als einen Anspruch auf — gänzliche oder teilweise — Befreiung des Aufwertungsschuldners von jener Last auffassen will, bestehen gegen seine Abtretbarkeit an den Aufwertungsgläubiger keine Bedenken. Denn die Abtretung derartiger Schuldbefreiungsansprüche an den Gläubiger der Forderung, für welche dem Schuldner der Befreiungsanspruch gegen den Dritten zusteht, hat die Rechtsprechung des Reichsgerichts grundsätzlich zugelassen (RGZ. Bd. 76 S. 254, Bd. 80 S. 183, Bd. 81 S. 253, Bd. 121 S. 305; JW. 1912 S. 857 Nr. 12; vgl. auch KommRGR. 6. Aufl. Erl. 2 zu § 399). In der Hand des Aufwertungsgläubigers würde sich dann der Schuldbefreiungsanspruch in einen Zahlungsanspruch gegen den Ausgleichsschuldner umwandeln, auch wenn der Betrag der Aufwertungsforderung durch Anerkenntnis ihres Schuldners oder durch einen Vergleich zwischen ihrem Gläubiger und dem Schuldner oder durch rechtskräftige Entscheidung der Aufwertungsstelle (vgl. hierzu Emmerich in JW. 1928 S. 181 Nr. 4) noch nicht festgestellt ist.

Mit Recht hat endlich der Berufungsrichter der Klägerin Zinsen in der sich aus § 28 Abs. 1 AufwG. ergebenden wechselnden Höhe schon vom 1. Januar 1925 ab und nicht erst vom 1. April 1926 ab zugesprochen (§ 1 Abs. 1 AufwNov.). Denn in dieser Höhe und von jenem Tage ab müssen R. und G. der Klägerin Zinsen auf deren Aufwertungsforderung zahlen; deren Ausgleichsanspruch erstreckt sich also auch auf die von ihnen der Klägerin geschuldeten Zinsen. Die Vorschrift des § 28 Abs. 2 AufwG. findet keine Anwendung. Denn im Hinblick auf § 20 Abs. 1 das. kann es zu einer Wiedereintragung der bereits gelöschten Hypotheken der Klägerin auf dem Grundstück, das jetzt dem offenbar gutgläubigen (§ 892 BGB.) F. gehört, überhaupt nicht mehr kommen, und die als Ausnahmevorschrift eng auszulegende Bestimmung des § 28 Abs. 2 a. a. O. (vgl. RGZ. Bd. 114 S. 178, Bd. 118 S. 280, Bd. 121 S. 134, Bd. 123 S. 222), welche die Wiedereintragung der Hypothek voraussetzt, findet folgeweise keine Anwendung. Es bleibt vielmehr bei der Regelvorschrift des § 28 Abs. 1 (ebenso Mügel Aufwertungsrecht 5. Aufl. Anm. 6c zu § 28 AufwG. nebst Nachweisungen).

---

57. Macht die Versagung der nach Art. 7 § 2 Abs. 2 preuß. AG. z. BGB. in Verbindung mit Art. 88 EG. z. BGB. erforderlichen staatlichen Genehmigung auch das schuldrechtliche Veräußerungsgeschäft hinfällig?

V. Zivilsenat. Urt. v. 12. Mai 1930 i. S. Firma S. (Bekl.) w. M. (Kl.). V 265/29.

I. Landgericht Düsseldorf.
II. Oberlandesgericht daselbst.

Die Frage wurde bejaht aus folgenden

Gründen:

Wie der erkennende Senat in der bei Gruch. Bd. 67 S. 338 veröffentlichten Entscheidung vom 15. Dezember 1923 V 622/22 ausgeführt hat, ist der Begriff des Erwerbs von Grundstücken so allgemein gehalten, daß er den darauf gerichteten schuldrechtlichen Vertrag mit umfaßt. Ist die ausländische juristische Person von sich allein aus nicht zum Erwerb von Grundstücken fähig, so kann auch der hierauf gerichtete schuldrechtliche Vertrag ohne die Genehmigung nicht wirksam sein. Ein solcher Vertrag ist vielmehr, solange die Genehmigung noch nicht versagt ist, schwebend unwirksam, wie dies der Senat in ständiger Rechtsprechung auch für die Fälle der noch ausstehenden Genehmigung nach der Bundesratsverordnung vom 15. März 1918 über den Verkehr mit landwirtschaftlichen Grundstücken und nach dem preußischen Grundstücksverkehrsgesetz annimmt. Mit der Erteilung der Genehmigung wird der Vertrag wirksam, mit ihrer Versagung hört die Gebundenheit der Vertragschließenden auf. Soweit der Senat in der im Recht 1922 Nr. 1141 veröffentlichten und in einer weiteren, nicht veröffentlichten Entscheidung V 156/25 (die übrigens beide die Hamburgischen Ausführungsgesetze zum Bürgerlichen Gesetzbuch betreffen) einen abweichenden Standpunkt eingenommen hat, wird dieser nicht aufrechterhalten.

Register.

Die Zahlen bedeuten die Seiten.

A. Sachregister.

T

U

V

W

Z

B. Gesetzesregister.

1. Reichsrecht.

a. Bürgerliches Gesetzbuch.

Anhang:

Entscheidungen des Staatsgerichtshofs.

1.

In der verfassungsrechtlichen Streitsache

1. des Völkisch-Nationalen Blocks,

2. des Landesverbandes Preußen der Volksrechtpartei
(Reichspartei für Volksrecht und Aufwertung),

Antragsteller,

gegen

das Land Preußen,

Antragsgegner,

wegen Verfassungswidrigkeit von Bestimmungen des preußischen Landeswahlgesetzes (StGH. 12/28),

hat der Staatsgerichtshof für das Deutsche Reich in der öffentlichen Sitzung vom 14., 15. und 17. Februar 1930 entschieden:

Die Anträge werden zurückgewiesen.

Gründe:

I.

Das preußische Landeswahlgesetz vom 3. Dezember 1920 (GS. S. 559) in seiner auf Grund des Gesetzes zur Änderung des Landeswahlgesetzes vom 26. Oktober 1924 (GS. S. 659) bekanntgemachten

Fassung vom 28. desſ. Mon. (GS. S. 671) bestimmt, daß jedem Kreiswahlvorschlag so viel Abgeordnetensitze zugewiesen werden, daß je ein Sitz auf 40 000 für den Vorschlag abgegebene Stimmen kommt, während Stimmen, deren Zahl für die Zuteilung eines oder eines weiteren Abgeordnetensitzes an einen Kreiswahlvorschlag nicht ausreicht (Reststimmen), dem Landeswahlausschuß zur Verwertung überwiesen werden (§ 30). Der Landeswahlausschuß zählt die in den Wahlkreisverbänden auf die verbundenen Kreiswahlvorschläge gefallenen Reststimmen zusammen. Auf je 40 000 in dieser Weise gewonnene Reststimmen entfällt ein weiterer Abgeordnetensitz. Diese Sitze werden den Kreiswahlvorschlägen nach der Zahl ihrer Reststimmen zugeteilt (§ 31 Abs. 1 Satz 1 bis 3). Die Zuteilung von Sitzen auf die Kreiswahlvorschläge wird indessen beschränkt durch § 31 Abs. 1 Satz 4, der lautet:

> Hierbei bleiben jedoch die Reststimmen unberücksichtigt, wenn nicht wenigstens auf einen der verbundenen Kreiswahlvorschläge 20 000 Stimmen abgegeben worden sind.

Die bei der Verrechnung der Reststimmen in den Wahlkreisen nicht verbrauchten oder nicht berücksichtigten Reststimmen werden ihrem Landeswahlvorschlag überwiesen (§ 31 Abs. 2). Der Landeswahlausschuß zählt sodann die in allen Wahlkreisen oder Wahlkreisverbänden auf die Landeswahlvorschläge gefallenen Reststimmen zusammen und teilt jedem Landeswahlvorschlag auf je 40 000 Reststimmen einen Abgeordnetensitz zu (§ 32 Abs. 1 Satz 1). Ein Rest von mehr als 20 000 Stimmen wird vollen 40 000 Stimmen gleichgeachtet (Satz 2 das.). Auch die Zuteilung von Sitzen auf die Landeswahlvorschläge wird indessen beschränkt, und zwar dadurch, daß § 32 Abs. 2 folgendes bestimmt:

> Einem Landeswahlvorschlag kann höchstens die gleiche Zahl der Abgeordnetensitze zugeteilt werden, die auf die ihm angeschlossenen Kreiswahlvorschläge entfallen sind.

Der Völkisch-Nationale Block sieht in dieser Ordnung der Reststimmenverwertung einen Verstoß gegen die durch die Reichsverfassung und die Preußische Verfassung gewährleistete Gleichheit des Wahlrechts. Er hat deshalb den Staatsgerichtshof für das Deutsche Reich angerufen und hat nach Fallenlassen eines zunächst gestellten weitergehenden Antrags beantragt:

Der Staatsgerichtshof wolle beschließen:

§ 31 Abs. 1 Satz 4 und § 32 Abs. 2 des preußischen Landeswahlgesetzes vom 26. (28.) Oktober 1924 widersprechen der Reichsverfassung.

Zur Begründung dieses Antrags führt der Antragsteller aus, daß die in den genannten Bestimmungen enthaltene Beschränkung der Verwertung der Reststimmen eine ungleiche Behandlung der Parteien bewirke. Bevorzugt würden die großen Parteien vor den kleinen, d. h. im wesentlichen die alten vor den neuen, sowie ferner die Parteien, deren Anhänger örtlich gedrängt säßen, vor den über das ganze Land Preußen verstreuten. Eine solche unterschiedliche Bewertung der Stimmen sei mit dem in der Reichsverfassung und in der Preußischen Verfassung ausgesprochenen Grundsatz der Wahlgleichheit unvereinbar. Zu welchem unhaltbaren Ergebnis die preußische Wahlrechtsregelung führe, sei bei der Landtagswahl vom 20. Mai 1928 klar zutage getreten. Der Völkisch-Nationale Block habe mit 204 240 Stimmen statt 5 Sitzen nur 2 erhalten, da nur auf einen seiner Kreiswahlvorschläge ein Abgeordneter gewählt worden sei. Dagegen habe die Zentrumspartei Niedersachsen mit nur 124 265 Stimmen, also mit rund 80 000 Stimmen weniger, drei Sitze zugeteilt erhalten.

Die Volksrechtpartei (Reichspartei für Volksrecht und Aufwertung) hat sich dem vom Völkisch-Nationalen Block anhängig gemachten Verfahren als Mitklägerin angeschlossen, jedoch nur beantragt,

festzustellen, daß § 32 Abs. 2 der Gesetzes über die Wahl zum Preußischen Landtage verfassungswidrig sei.

Sie sieht gleichfalls in der von ihr angefochtenen Vorschrift eine Verletzung des Grundsatzes der Gleichheit der Wahl, da die abgegebenen Stimmen je nach ihrer Parteizugehörigkeit verschieden gezählt würden. Lediglich infolge der Beschränkung der Zuteilung von Abgeordnetensitzen durch § 32 Abs. 2 PrLWG. habe sie bei der Landtagswahl vom 20. Mai 1928 auf den von ihr eingereichten Landeswahlvorschlag Nr. 16, auf den 235 565 Stimmen abgegeben worden seien, nur zwei Sitze bekommen, während sie sechs hätte erhalten müssen. Zur Rechtfertigung ihrer Ansicht beruft sich die Volksrechtpartei auf die Begründung der in einer württembergischen Wahlrechtsstreitigkeit ergangenen Entscheidung des Staatsgerichtshofs vom 22. März 1929 (StGH. 7/28, abgedr. RGZ. Bd. 124 Anh. S. 1).

Das Land Preußen hat als Antragsgegner beantragt:

die Klaganträge abzuweisen.

Die Frage der Zuständigkeit des Staatsgerichtshofs und die der Aktivlegitimation der Volksrechtpartei hat es der Prüfung durch den Staatsgerichtshof anheimgestellt. In der Sache selbst stützt es sich in erster Reihe auf das Reichswahlgesetz vom 27. April 1920 (RGBl. S. 627; Neufassung vom 6. März 1924, RGBl. I S. 159). Dieses enthält in § 31 Abs. 1 Satz 4 und § 32 Satz 3 die gleichen Bestimmungen wie das preußische Landeswahlgesetz in § 31 Abs. 1 Satz 4 und § 32 Abs. 2, nur daß die in der ersten Vorschrift geforderte Stimmenzahl, der höheren Wahlzahl des Reichswahlgesetzes (60 000) entsprechend, nicht 20 000, sondern 30 000 beträgt. Das Land Preußen ist der Meinung, daß das auf Grund von Art. 22 Abs. 2 RVerf. erlassene, außerdem einstimmig angenommene und daher die Erfordernisse eines verfassungsändernden Gesetzes erfüllende Reichswahlgesetz eine bindende gesetzgeberische Auslegung sowohl des Art. 22 Abs. 1 wie des Art. 17 Abs. 1 RVerf. enthalte. Die dortige Ausgestaltung des Grundsatzes der Wahlgleichheit und des Verhältniswahlrechts sei damit ausdrücklich als der Reichsverfassung entsprechend anerkannt worden. Ein Landeswahlgesetz stimme also mit der Reichsverfassung überein, wenn es die Grundsätze des Reichswahlgesetzes übernehme. Das sei bei dem preußischen Landeswahlgesetz der Fall. Die Preußische Verfassung (Art. 4 und 9) gebrauche die Begriffe gleiches Wahlrecht und Verhältniswahl in demselben Sinne wie die Reichsverfassung, sodaß das preußische Landeswahlgesetz auch nicht der Preußischen Verfassung widerspreche.

Der Antragsgegner bestreitet weiter aber auch, daß die fraglichen Bestimmungen des preußischen Landeswahlgesetzes und die entsprechenden des Reichswahlgesetzes überhaupt eine Abweichung von dem Grundsatz der Gleichheit enthielten. Diesem werde dadurch genügt, daß jeder Wähler eine Stimme und nur eine Stimme besitze. Über die Art, wie die abgegebenen Stimmen zu verwerten seien, besage der Grundsatz nichts.

Zur näheren Begründung seines Standpunkts hat das Land Preußen Gutachten der Professoren Dr. Heller in Berlin und Dr. Anschütz in Heidelberg überreicht.

Die Antragsteller sind diesen Ausführungen entgegengetreten. Sie bestreiten, daß das auf Art. 22 RVerf. beruhende Reichswahlgesetz von rechtlicher Bedeutung für das preußische Landeswahlgesetz sei, das den in Art. 17 RVerf. aufgestellten Grundsätzen entsprechen müsse. Zudem verstoße auch das Reichswahlgesetz in den gedachten Vorschriften gegen den von der Reichsverfassung aufgestellten Grundsatz der Wahlgleichheit, von dem es als Ausführungsgesetz nicht habe abweichen dürfen. Da das Reichswahlgesetz den Wortlaut der Reichsverfassung unberührt gelassen habe, könne es nicht als verfassungsänderndes Gesetz angesehen werden, wenigstens nicht, soweit es, wie in § 31 Abs. 1 Satz 4 und § 32 Satz 3, eine bloße Verfassungsdurchbrechung enthalte. Dazu komme, daß sich die Nationalversammlung bei der Beschlußfassung über das Reichswahlgesetz der in diesen beiden Bestimmungen enthaltenen Abweichung von der Verfassung nicht bewußt gewesen sei.

Die Volksrechtpartei hat sich auf ein von ihr überreichtes Gutachten des Prof. Dr. Jacobi in Leipzig nebst Nachtragsgutachten dazu berufen.

Der Reichsminister des Innern, der sich in der mündlichen Verhandlung vor dem Staatsgerichtshof hat vertreten lassen, hat sich den Ausführungen Preußens angeschlossen.

II.

Der von den klagenden Parteien dem Staatsgerichtshof unterbreitete Streit über die Verfassungsmäßigkeit von Bestimmungen des preußischen Landeswahlgesetzes ist eine Verfassungsstreitigkeit innerhalb eines Landes im Sinne von Art. 19 RVerf. Zur Entscheidung dieses Streites ist der Staatsgerichtshof berufen, da kein anderes Gericht des Reiches oder des Landes Preußen dafür zuständig ist. Den Antragstellern ist es versagt, sich auf Grund des Art. 13 Abs. 2 RVerf. und des dazu ergangenen Ausführungsgesetzes vom 8. April 1920 (RGBl. S. 510) an das Reichsgericht zu wenden. Daß dieser Weg dem Vertreter des Antragsgegners, dem Preußischem Staatsministerium, offen steht, ist für den gegenwärtigen Streitfall belanglos (vgl. RGZ. Bd. 118 Anh. S. 31), für den deshalb keine die Zuständigkeit des

Staatsgerichtshofs ausschließende Zuständigkeit des Reichsgerichts besteht.

Das Wahlprüfungsgericht beim Preußischen Landtag hat die Gültigkeit der preußischen Landtagswahlen zu prüfen und über sie zu entscheiden (§ 2 Abs. 1, § 17 des preuß. Gesetzes über die Prüfung der Wahlen zum Preußischen Landtag und das Wahlprüfungsgericht vom 3. Februar 1922, GS. S. 30, und vom 27. Oktober 1924, GS. S. 670). In den Gründen seiner Entscheidung vom 8. Januar 1930 über die Gültigkeit der am 20. Mai 1928 auf die Landeswahlvorschläge erfolgten Wahlen zum Preußischen Landtag hat es allerdings auch die Verfassungsmäßigkeit des § 32 Abs. 2 PrLWG. erörtert und bejaht. Diese Frage war aber für das Wahlprüfungsgericht nur eine Vorfrage. Sie bildete nicht den Gegenstand seiner Entscheidung, die nur die Gültigkeit bestimmter Wahlen betraf. Dagegen hat der Staatsgerichtshof im vorliegenden Falle — anders als in seinem vom Wahlprüfungsgericht angezogenen Urteil vom 22. März 1929 (RGZ. Bd. 123 Anh. S. 13), in dem er die Wahlen vom 31. Oktober 1926 zum Sächsischen Landtag für ungültig erklärt hat — lediglich über die von den Antragstellern geltend gemachte Unvereinbarkeit wahlgesetzlicher Bestimmungen mit der Reichsverfassung zu befinden, nicht auch über die Folgen zu entscheiden, die solche Verfassungswidrigkeit etwa für die letzten Wahlen zum Preußischen Landtag haben würde. Für den gegenwärtigen Streitfall beschränkt deshalb die Zuständigkeit des Wahlprüfungsgerichts beim Preußischen Landtag die des Staatsgerichtshofs nicht.

III.

Die Klageberechtigung politischer Parteien in Verfassungsstreitigkeiten über das Wahlrecht ist in der Rechtsprechung des Staatsgerichtshofs anerkannt (vgl. RGZ. Bd. 124 Anh. S. 46). Sie steht deshalb auch den hier klagenden Parteien für den vorliegenden Streitfall zu. Hinsichtlich der Volksrechtpartei kann dahingestellt bleiben, ob sie als Reichspartei die Verfassungswidrigkeit des preußischen Wahlrechts geltend machen dürfte. Denn nach den von ihrem Vertreter in der mündlichen Verhandlung vor dem Staatsgerichtshof abgegebenen

Erklärungen hat sich ein Landesverband Preußen der Volksrechtpartei gebildet. Er faßt deren preußische Einzelverbände, die satzungsgemäß nach Provinzen gegliedert sind, zusammen und ist daher in preußischen Angelegenheiten berechtigt, die Belange der Partei zu wahren. Er kann insbesondere für sie Verfassungsstreitigkeiten innerhalb Preußens führen. In den gegenwärtigen Streit durfte er deshalb, wie er das getan, eintreten. Demgemäß ist er, nicht die Reichspartei als solche, in der Überschrift dieses Urteils als Antragsteller aufgeführt worden.

Der Landeswahlvorschlag, den die Volksrechtpartei zu den preußischen Landtagswahlen vom 20. Mai 1928 eingereicht hat, trägt die Nr. 16, während der mit dem Vorschlag der Deutschen demokratischen Partei verbundene Wahlvorschlag Nr. 6a nicht von ihr, sondern von einer anderen Gruppe ausgegangen ist, die sich ebenfalls als Volksrechtpartei bezeichnet hat. Die Zuteilung von Sitzen auf den Wahlvorschlag Nr. 16 ist durch § 32 Abs. 2 PrLWG. beschränkt worden. Sonach ist die Volksrechtpartei befugt, die Verfassungswidrigkeit dieser unmittelbar in ihre Rechtsstellung eingreifenden Vorschrift geltend zu machen.

IV.

Die Entscheidung in der Sache selbst muß zuungunsten der Antragsteller ausfallen. Zwar ist ihnen zuzugeben, daß die beanstandeten beiden Vorschriften des preußischen Landeswahlgesetzes dem Grundsatz der Gleichheit nicht vollständig Genüge tun. Sie stimmen aber genau überein mit den entsprechenden Vorschriften des Reichswahlgesetzes. Dieses ist als verfassungsmäßig zustande gekommen anzuerkennen. Inhaltsgleiche landesrechtliche Wahlbestimmungen widerstreiten der Reichsverfassung nicht.

1. Nach Art. 22 Abs. 1 RVerf. werden die Abgeordneten zum Reichstag — und nach Art. 17 Abs. 1 ebenso die Abgeordneten zu den Volksvertretungen der Länder — in allgemeiner, gleicher, unmittelbarer und geheimer Wahl nach den Grundsätzen der Verhältniswahl gewählt. Der Staatsgerichtshof hat mehrfach, zuletzt in seiner von der Volksrechtpartei angezogenen, eine Bestimmung des württembergischen Landtagswahlgesetzes vom 4. April 1924 betreffenden Ent-

scheidung vom 22. März 1929, ausgesprochen, daß der Begriff der Gleichheit in diesen Verfassungsvorschriften formal gedeutet werden muß. Die Vorschriften zielen, anders als es nach der herrschenden Auslegung der Art. 109 Abs. 1 RVerf. tut, auf eine absolute Gleichheit. Diese Gleichheit beschränkt sich nicht auf den Zählwert der Stimmen. Es genügt nicht, daß jeder Wähler eine Stimme und nur eine Stimme abgibt. Eine volle Gleichheit des Wahlrechts ist vielmehr nur dann gegeben, wenn alle Stimmen auch die gleiche Kraft haben. Daß der Verfassungsgesetzgeber bei dem von ihm vorgeschriebenen gleichen Wahlrecht an eine Gleichheit in diesem Sinne gedacht hat, ergibt sich aus der Bedeutung des Wahlrechts für den demokratischen Staat in Verbindung mit dem Umstand, daß sich die Verfassung gerade deshalb für die Verhältniswahl entschieden hat, um die gleiche Behandlung aller Wähler sicherzustellen. In der Reichsverfassung ist klar zum Ausdruck gelangt, daß die Gleichheit aller Staatsbürger den Grundzug der neuen Staatsordnung bildet. Vornehmlich bei den Handlungen, in denen sich die Staatsgewalt des Volkes (Art. 1 RVerf.) betätigt, insbesondere bei den Wahlen, muß deshalb die Gleichheit aller Deutschen so weit durchgeführt werden, als das Wahlsystem es zuläßt.

An dieser Auslegung der Art. 17 und 22 RVerf. ist trotz der dagegen erhobenen Einwendungen festzuhalten. Durch die Entstehungsgeschichte der Reichsverfassung wird sie nicht widerlegt. Allerdings hat man mit der Bestimmung, das Wahlrecht müsse gleich sein, in erster Reihe das Klassen- und das Mehrstimmenwahlsystem ausschließen wollen, die beide aus der Vergangenheit als wichtige Erscheinungsformen eines ungleichen Wahlrechts allgemein bekannt waren. Indessen hat die Verfassung nicht nur diese, sondern jede Art der Wahlungleichheit abgelehnt, deren mögliche Formen bei Erlaß der Verfassung noch nicht zu übersehen waren. Die Äußerungen, die bei Beratung der Reichsverfassung über die im Verhältniswahlrecht liegenden Gefahren der Parteizersplitterung und über die Mittel, ihr zu begegnen, gefallen sind, hat bereits das Urteil vom 22. März 1929 (RGZ. Bd. 124 Anh. S. 17, 18) für nicht beweiskräftig erklärt. Sie ergeben im Gegenteil, daß man sich der aus dem Verhältniswahlsystem folgenden Erschwerung parlamentarischer Regierungsbildung bewußt gewesen ist, daß man aber gleichwohl an der Verhältniswahl festgehalten hat. Man hoffte, die Schwierigkeiten durch Einführung eines geeigneten Wahlsystems mildern und ihnen im übrigen durch Parteikoalitionen begegnen zu können.

Der Hinweis auf die Gesetze anderer europäischer Länder ist schon deshalb nicht überzeugend, weil keines der von ihnen eingeführten, auch unter sich wieder die größten Verschiedenheiten aufweisenden Verhältniswahlsysteme mit dem reichsdeutschen System übereinstimmt. Die bei ihnen zu beobachtenden, den kleinen Parteien ungünstigen Wirkungen sind meist auf die Eigenart des gewählten Verhältniswahlsystems zurückzuführen, während sie mit dem reichsdeutschen System nicht notwendig verbunden sind.

Zu Art. 109 Abs. 1 RVerf. braucht keine Stellung genommen zu werden, da, wie schon bemerkt, Art. 17 und 22 dem Gleichheitsgrundsatz eine stärkere Bedeutung beilegen. Auch sonst führt die Auffassung des Staatsgerichtshofs zu keinem Widerspruch mit Verfassungsgrundsätzen. Eine Reichs- oder Landeswahlliste ist, wie allgemein anerkannt, mit der Unmittelbarkeit der Wahl vereinbar (vgl. dazu Urteil des Staatsgerichtshofs von 7. Juli 1928 StGH. 1/28 bei Lammers-Simons Rechtsprechung des Staatsgerichtshofs Bd. 1 S. 328, 329). Es fehlt an einem Grunde, dann hiervon abzugehen und einen Verstoß gegen die Wahlunmittelbarkeit anzunehmen, wenn die abgegebenen Stimmen zur Zuteilung von Sitzen auf die Kreiswahlvorschläge nicht ausreichen und deshalb sämtlich erst auf dem Reichs- oder Landeswahlvorschlag zum Zuge kommen können.

Der Grundsatz der Gleichheit in diesem strengen Sinne wird durch § 32 Satz 3 RWG. und ebenso durch § 32 Abs. 2 PrLWG. eingeschränkt. Die Vorschriften bewirken, daß die Stimmen, die für kleine oder über das ganze Wahlgebiet verstreute Parteien abgegeben werden, einen geringeren Erfolgswert haben als die Stimmen, die eine große oder räumlich gedrängte Partei erhält. Die in § 32 Satz 3 RWG. (§ 32 Abs. 2 PrLWG.) enthaltene Ungleichheit wird verstärkt durch den vom Völkisch-Nationalen Block weiter angefochtenen § 31 Abs. 1 Satz 4 RWG. und PrLWG. Diese Vorschrift würde bedeutungslos sein, wenn die erstgenannte Bestimmung nicht bestände, da die auf die Kreiswahlvorschläge nicht angerechneten Stimmen immer noch für die Zuteilung der Sitze auf die Reichswahlvorschläge (Landeswahlvorschläge) Bedeutung haben. Aber dadurch, daß § 31 Abs. 1 Satz 4 die Zahl der auf die Kreiswahlvorschläge entfallenden Sitze herabzudrücken geeignet ist, vermindert er zugleich die Zahl der möglicherweise auf die Reichsliste (Landesliste) entfallenden Mandate. In Verbindung mit § 32 Satz 3 (§ 32 Abs. 2) enthält die Bestimmung also ebenfalls eine ungleiche Behandlung der Anhänger der kleinen und der räumlich zerstreuten Parteien.

2. Die nach den vorstehenden Darlegungen in § 31 Abs. 1 Satz 4 und § 32 Satz 3 RWG. enthaltene Abweichung vom Grundsatz der Wahlgleichheit findet indessen ihre verfassungsrechtlich ausreichende und daher vom Staatsgerichtshof zu achtende Grundlage in Abs. 2 des Art. 22 RVerf., wonach das Reichswahlgesetz „das Nähere" bestimmt. Die Reichsverfassung verweist in zahlreichen Bestimmungen auf ein das Weitere regelndes Gesetz. Damit erteilt der Verfassungsgesetzgeber die Vollmacht, die grundlegenden Vorschriften, die in die Verfassung aufgenommen werden, durch ein einfaches Gesetz näher auszugestalten. Welchen Umfang die Befugnisse haben, die dem Gesetzgeber der einfachen Gesetzgebung auf Grund einer solchen Vollmacht zuwachsen, läßt sich nicht allgemein bestimmen. Jede einzelne Verfassungsvorschrift dieser Art bedarf vielmehr einer gesonderten Betrachtung. Im Wege der Auslegung muß festgestellt werden, was eben diese Vorschrift selbst unabänderlich bestimmt und was sie der Regelung durch einfaches Gesetz überlassen hat.

Prüft man den Art. 22 RVerf. in dieser Hinsicht, so ist wesentlich, daß er für die Reichstagswahl nicht bloß einen einzigen Grundsatz, sondern eine ganze Reihe von Grundsätzen — Allgemeinheit, Gleichheit, Unmittelbarkeit und Geheimhaltung — aufstellt und daß er ferner die Wahl nach den nicht näher umschriebenen Grundsätzen der Verhältniswahl anordnet. Jene Grundsätze sollen also im Rahmen der Verhältniswahl verwirklicht werden. Bei deren Ausgestaltung ist nicht bloß jeder einzelne Wahlgrundsatz für sich zu berücksichtigen. Vielmehr müssen sie miteinander und außerdem noch mit den Grundsätzen des vom Gesetzgeber angenommenen besonderen Verhältniswahlverfahrens in Einklang gebracht werden, damit ein den Vorschriften der Verfassung und der von ihr erstrebten Ordnung des Staatslebens entsprechendes Wahlrecht geschaffen wird. Diese dem Gesetzgeber der einfachen Gesetzgebung anvertraute Aufgabe erschöpft sich nicht in der Regelung technischer Einzelheiten, sondern erfordert sachliche Entscheidungen von großer Tragweite, von denen als Beispiele nur die Auswahl des geeigneten Wahlsystems und die Wahlkreiseinteilung genannt werden sollen. So kann der Wahlgesetzgeber den ihm von der Verfassung erteilten Auftrag nur erfüllen, wenn ihm ein gewisser Spielraum bei der Durchführung auch der großen Wahlgrundsätze gewährt wird, wenn er einen einzelnen von ihnen im Interesse der Durchführung der übrigen nötigenfalls einengen darf. Eine starre Bindung der künftigen Gesetzgebung an jeden einzelnen der Grundsätze mit der Verpflichtung, ihn bis in seine letzten Folgerungen durchzuführen, kann die Verfassung nicht bezweckt haben.

Für den Grundsatz der Allgemeinheit der Wahl wird das, soweit ersichtlich, nicht bestritten. Aus den dargelegten Gründen muß aber angenommen werden, daß die Reichsverfassung dem Gesetzgeber des Reichswahlgesetzes auch für die Durchführung des Grundsatzes der Gleichheit eine gewisse Freiheit in der Entschließung gewährt hat. Dieser Auffassung steht die oben entwickelte Bedeutung des Begriffs der Gleichheit nicht entgegen. Denn es handelt sich bei ihm nicht um einen logisch-mathematischen Begriff, sondern um einen Rechtsbegriff. Deshalb sind Gleichheit und Ungleichheit keine sich ausschließenden Gegensätze. Vielmehr sind im praktischen Verfassungsleben, um dessen Ordnung es sich handelt, Übergänge und Abstufungen denkbar und möglich. Allerdings müssen sie sich bei der Strenge, die dem Gleichheitssatz des Art. 22 RVerf. an sich innewohnt, in engen Grenzen halten und dürfen nicht weitergehen, als sie durch ein wirklich dringendes Bedürfnis gerechtfertigt werden.

Ob und inwieweit Abweichungen von den einzelnen Wahlgrundsätzen im Interesse der Einheitlichkeit des ganzen Wahlsystems und zur Sicherung der Erreichung der mit ihm verfolgten staatspolitischen Ziele geboten sind, hat hiernach der ordentliche Gesetzgeber zu entscheiden. Auch bei dem Grundsatze der Wahlgleichheit hat er über die Einhaltung der oben gekennzeichneten Grenzen zu befinden. Seinen Entschließungen kann der Staatsgerichtshof, wenn überhaupt, so doch jedenfalls nur dann entgegentreten, wenn sie offensichtlich der inneren Rechtfertigung entbehren und wenn deshalb mit Sicherheit von ihnen gesagt werden kann, daß sie dem in Abs. 1 des Art. 22 RVerf. zum

Ausdruck gelangten Willen des Verfassungsgesetzgebers zuwiderlaufen. Diese besonderen Voraussetzungen treffen bei den streitigen Bestimmungen nicht zu. Die Einschränkungen des § 31 Abs. 1 Satz 4 und des § 32 Satz 3 RWG. sind in der Nationalversammlung damit gerechtfertigt worden, es sei eine gewisse Zurückdrängung der kleinen Parteien erforderlich, um zu verhüten, daß der Reichstag durch allzu große Zersplitterung arbeitsunfähig würde (vgl. Reichsminister des Innern Koch in der Sitzung der Nationalversammlung vom 22. April 1920 StenBer. S. 5335 D), mit anderen Worten, solche Zurückdrängung sei geboten, um die Bildung einer parlamentarischen Regierung nicht übermäßig zu erschweren. Lassen sich dem auch andere Erwägungen entgegenhalten, so kann doch nicht bestritten werden, daß durch das Aufkommen zahlreicher kleiner Parteien der Zusammenschluß fester Mehrheiten im Parlament und damit die Bildung einer dauerhaften Grundlage für eine Regierung schwieriger wird. Wenn der Wahlgesetzgeber geglaubt hat, diesem Gesichtspunkt bei der Ausgestaltung des nach der Verfassung von ihm zu bestimmenden Verhältniswahlsystems Rechnung tragen zu müssen, so hat er sich jedenfalls nicht von unsachlichen Erwägungen leiten lassen. Die von ihm daraus gezogene Folgerung, eine gewisse Einschränkung der gleichen Bewertung aller abgegebenen Stimmen sei unumgänglich, muß der Staatsgerichtshof hinnehmen, da er die Richtigkeit der vom Gesetzgeber vorgenommenen Wertungen nicht nachzuprüfen hat. Ebensowenig kann gesagt werden, daß die aus den dargelegten Gründen eingeführte Beschränkung der Wahlgleichheit über das von der Verfassung zugelassene Maß hinausgehe. Sind auch einer solchen Abweichung, wie dargelegt, enge Grenzen gezogen, so hat doch über deren Innehaltung der Gesetzgeber zu entscheiden. Überzeugende Gründe dafür, daß er hier zu weit gegangen wäre, liegen nicht vor. Vielmehr kann zur Unterstützung seiner Entscheidung darauf hingewiesen werden, daß die Verfassunggebende Nationalversammlung selbst nach einem Wahlrecht gewählt worden ist, das, wie die Ergebnisse der damaligen Wahl zeigen, für die kleinen Parteien noch ungünstiger war als das Reichswahlgesetz. Aus dieser Tatsache ist zu entnehmen, daß sich das verfeinerte und eine erschöpfendere Verwertung der Stimmen ermöglichende Reichswahlrecht jedenfalls nicht weiter von dem Grundsatz der Wahlgleichheit entfernt hat, als die Verfassunggebende

Nationalversammlung, die zudem selbst — und zwar einstimmig — das Reichswahlgesetz erließ, bei Erlaß der Verfassung für zulässig erachtet hat.

Nach alledem müssen die streitigen Bestimmungen des Reichswahlgesetzes auf Grund von Art. 22 Abs. 2 RVerf. als verfassungsmäßig erachtet werden. Mit dieser Beurteilung der Rechtslage tritt der Staatsgerichtshof nicht in Widerspruch zu seinen die § 31 Abs. 1 Satz 4, § 32 Satz 3 RWG. behandelnden Ausführungen in der mehrgenannten Entscheidung vom 22. März 1929 (RGZ. Bd. 124 Anh. S. 15). Dort ist nur dargelegt worden, daß sie von dem Gleichheitsgrundsatz abwichen, woran auch jetzt festzuhalten ist. Zu der Frage, ob sie gleichwohl verfassungsrechtlich gültig seien, hat der Staatsgerichtshof damals keine Stellung genommen. Für die dort zu treffende Entscheidung über die Gültigkeit einer Vorschrift im württembergischen Landtagswahlgesetz vom 4. April 1924 kam es darauf nicht an.

3. Die umstrittenen preußischen Wahlrechtsvorschriften stimmen genau überein mit den entsprechenden Vorschriften des Reichswahlgesetzes. Sind diese als verfassungsmäßig anzuerkennen, so muß das gleiche für die preußischen Bestimmungen gelten. Allerdings erstreckt sich die in Art. 22 Abs. 2 RVerf. dem Gesetzgeber übertragene Befugnis an sich nur auf das Reichswahlrecht, während die Ausgestaltung des Landeswahlrechts auf Grund der in Art. 17 Abs. 1 Satz 2 RVerf. dafür aufgestellten Grundsätze Sache der Landesverfassungen (vgl. Art. 5 RVerf.) oder, soweit diese es zulassen, Sache der Landesgesetze ist. Ob die Länder gegenüber den ihnen von der Reichsverfassung bindend vorgeschriebenen Wahlgrundsätzen die gleiche Entschließungsfreiheit besitzen wie der Reichsgesetzgeber auf Grund von Art. 22 Abs. 2 RVerf., bedarf im vorliegenden Falle keiner Erörterung. Denn keinesfalls verstößt gegen die Reichsverfassung ein Landeswahlrecht, das sich mit dem verfassungsrechtlich gültigen Reichswahlrecht deckt.

Die Wahlrechtsgrundsätze, welche die Reichsverfassung in Art. 22 Abs. 1 Satz 1 für die Wahl zum Reichstag aufstellt, sind nach Art. 17 Abs. 1 Satz 2 ebenfalls maßgeblich für die Wahlen zu den Volksvertretungen der Länder. Abgesehen davon, daß es in Art. 17 an einer Festsetzung des Wahlalters fehlt und daß dort anderseits die für Art. 22

RVerf. selbstverständliche Wahlberechtigung aller Reichsdeutschen besonders hervorgehoben wird, stimmen beide Vorschriften genau überein. Das Wahlrecht für die Wahlen im Reich und in den Ländern soll allgemein, gleich, unmittelbar und geheim, sowie ein Verhältniswahlrecht sein. Die Reichsverfassung strebt also offensichtlich die Geltung des nämlichen Wahlrechts in Reich und Ländern an. Nur weil sie als Grundgesetz nicht alle Einzelheiten zu regeln vermochte, hat sie sich darauf beschränkt, gemeinsame Grundsätze für Reich und Länder aufzustellen. Deren Auslegung und Ausführung hat sie für das Reichswahlrecht dem Reichsgesetzgeber anvertraut. So wie er die Grundsätze in den ihm gezogenen Grenzen ausgestaltet, enthalten sie das von der Reichsverfassung für das Reich gewollte Wahlrecht. Kein anderes Wahlrecht hat sie aber auch für die Länder gewollt, wie sich aus der schon betonten genauen Übereinstimmung von Art. 22 und Art. 17 RVerf. ergibt. Es würde mit dem Sinn und dem Zusammenhang dieser beiden sachlich inhaltsgleichen Vorschriften unvereinbar sein, wollte man Wahlgesetzbestimmungen, die für das Reich als verfassungsmäßig anerkannt werden müssen, für die Länder nicht zulassen, weil sie dem Art. 17 RVerf. widersprächen. Dem, was die Reichsverfassung beabsichtigt hat, wird man nur gerecht, wenn man der Ausführungsbefugnis, welche Art. 22 Abs. 2 RVerf. dem Reichsgesetzgeber übertragen hat, unmittelbare Wirkung für die Länder insoweit zuspricht, als ihnen jedenfalls nicht versagt werden kann, ein mit dem reichsrechtlichen Vorbild übereinstimmendes Wahlrecht auch bei sich einzuführen.

Der Staatsgerichtshof hat bereits in früheren Entscheidungen aus dem Reichswahlgesetz Folgerungen für die Ausgestaltung des Wahlrechts der Länder gezogen (so RGZ. Bd. 118 Anh. S. 37), wenn er damals auch keine Veranlassung hatte, sich grundsätzlich über die unmittelbare Bedeutung jenes Reichsgesetzes für die Landeswahlgesetze auszusprechen. Dagegen findet der in der schon mehrfach genannten Entscheidung vom 22. März 1929 für verfassungswidrig erklärte Art. 20 Abs. 2 des württembergischen Landtagswahlgesetzes vom 4. April 1924 (Württ.Reg.Bl. S. 228) im § 32 Satz 3 RWG. keine Stütze. Zwar stellt auch er die Erreichung der Wahlzahl in wenigstens einem Wahlbezirk als Voraussetzung für die Zuweisung von Abgeordnetensitzen auf. Diese Wahlbezirke haben aber in Württemberg eine ganz andere

Bedeutung als die Wahlkreise im Reich. Sie sind so klein, daß bei der württembergischen Landtagswahl vom 20. Mai 1928 in 8 Wahlbezirken schon die Zahl der Stimmberechtigten, in 37 aber, in mehr als der Hälfte der Wahlbezirke, die Zahl der abgegebenen Stimmen hinter der Wahlzahl zurückblieb. Außer in Stuttgart ist es nur noch in Heilbronn einer Partei gelungen, in einem Wahlkreis die Wahlzahl zu erreichen. Die Wähler der weitaus meisten Wahlkreise konnten also diese Bedingung des Art. 20 Abs. 2 überhaupt nicht erfüllen. Nicht wesentlich anders stand es bei der ganz verschiedenen Größe der Wahlbezirke und bei dem geringen Umfang vieler von ihnen mit der — der Erreichung der Wahlzahl in einem Wahlbezirk gleichgestellten — Erreichung von je $^1/_8$ der Wahlzahl in 4 Wahlbezirken (vgl. zu Vorstehendem RGZ. a. a. O. S. 11/12). Das württembergische Landtagswahlgesetz legt überhaupt den Wahlbezirken keine wesentliche eigene Bedeutung bei. Die von ihm getroffene Ordnung läuft vielmehr im Grunde darauf hinaus, daß das ganze Land einen Wahlbezirk bildet (S. 14 a. a. O.). Dieser völlig andersartige Aufbau des württembergischen Wahlrechts, welcher der in Art. 20 Abs. 2 enthaltenen Einschränkung der Wahlgleichheit eine ganz erhebliche Tragweite gab, schloß dessen Gleichstellung mit § 32 Satz 3 RWG. aus, sodaß er nicht durch diese gerechtfertigt werden konnte. Anders steht es mit den erörterten preußischen Vorschriften, die sich mit den reichsrechtlichen vollkommen decken.

Verstoßen sonach § 31 Abs. 1 Satz 4 und § 32 Abs. 2 PrLWG. nicht gegen den Gleichheitsgrundsatz der Reichsverfassung, so stehen sie auch im Einklang mit der Preußischen Verfassung, die in Art. 4 und 9 die reichsrechtlichen Wahlgrundsätze nur wiederholt. Diese preußischen Verfassungsbestimmungen haben keinen anderen Sinn als die entsprechenden der Reichsverfassung. Wahlgesetzliche Bestimmungen, die nach letzterer zulässig sind, sind es daher auch nach der Preußischen Verfassung.

Bei dieser Rechtslage müssen die Anträge beider Antragsteller zurückgewiesen werden.

2.

In der verfassungsrechtlichen Streitsache

der braunschweigischen evangelisch-lutherischen Landeskirche,

Antragstellerin,

gegen

das Land Braunschweig,

Antragsgegner,

betreffend die Gewährung von Staatsleistungen an die Kirche (StGH. 13/27),

hat der Staatsgerichtshof für das Deutsche Reich in der öffentlichen Sitzung vom 6. und 7. Dezember 1929 für Recht erkannt:

1. Das Land Braunschweig ist verpflichtet, für die Zeit vom 1. April 1928 an unter Anrechnung der für diese Zeit von ihm bereits gezahlten Beträge als Staatszuschüsse für die im Dienste der Landeskirche befindlich gewesenen oder befindlichen höchstens 231 Geistlichen im Pfarramt (einschließlich Kollaboratoren) des Landes Braunschweig mit Ausnahme der Stadt Braunschweig und für die in ihrem Dienst befindlich gewesenen oder befindlichen höchstens zwei Kollaboratoren der Stadt Braunschweig insgesamt einen Betrag in Reichsmark zu zahlen, der ziffermäßig gleich ist einem Drittel der Markbeträge, die diesen Geistlichen auf Grund der braunschweigischen Landesgesetze vom 28. Juni 1902 (Br. GuVS. S. 143) und vom 27. März 1911 (Br. GuVS. S. 167) in Verbindung mit den Kirchengesetzen vom 28. Juni 1902 (Br. GuVS. S. 147) und vom 27. März 1911 (Br. GuVS. S. 171) zustehen würden.
2. Diese Zuschüsse sind für Geistliche nicht zu zahlen, deren Pfründeneinkommen ihren nach den vorstehenden Gesetzen errechneten Bezügen in Reichsmark zum mindesten gleichkommen.
3. Unberührt bleiben die Verpflichtungen der Landeskirche hinsichtlich des Pfarrbesoldungsfonds und die Rechte des Landes aus § 2 Abs. 4 des Staatsgesetzes vom 28. Juni 1902.
4. Mit ihrer Mehrforderung wird die Landeskirche abgewiesen.

Gründe:

I.

1. Beim Inkrafttreten der Reichsverfassung galten für die Besoldung der Geistlichen der braunschweigisch-lutherischen Landeskirche (außer den Militärpfarrern und den festangestellten Geistlichen der Stadt Braunschweig) das Kirchengesetz vom 28. Juni 1902 (Br. GuVS. S. 147) in der Fassung des Kirchengesetzes vom 27. März 1911 (Br. GuVS. S. 171), im folgenden als Kirchengesetze von 1902 und 1911 bezeichnet, sowie das Landesgesetz vom 28. Juni 1902 (Br. GuVS. S. 143) in der Fassung des Landesgesetzes vom 27. März 1911 (Br. GuVS. S. 167), im folgenden als Landesgesetze von 1902 und 1911 bezeichnet. Bis zum Inkrafttreten der beiden Gesetze von 1902 hatten die gedachten Geistlichen als Gehalt die Einkommen aus ihren Pfarrländereien, sowie vom Staate die sog. Stolgebührenrente und andere kleine Beträge bezogen. Durch die Gesetze von 1902 wurde das System der Dienstaltersstufen eingeführt und die staatliche Zuschußpflicht geregelt, wobei letztere nur bis zu einer bestimmten Höchstgrenze eintreten sollte (§ 2 des Landesgesetzes von 1902). Die beiden Gesetze von 1911 erhöhten die Gehälter, kürzten die Zeit bis zur Erreichung des Höchstgehaltes ab und beseitigten die Begrenzung der Zuschußpflicht (Art. I des Landesgesetzes von 1911).

Demnach bestand beim Inkrafttreten der Reichsverfassung folgender Zustand:

Nach § 1 Abs. 1 des Kirchengesetzes von 1911 erhielten die festangestellten Geistlichen außer freier Wohnung eine nach dem Dienstalter von 2700 bis 6900 M. steigende Besoldung. Nach § 1 Abs. 2 a. a. O. erhielten die Kollaboratoren ein Mindesteinkommen von 2700 M., das nach 3 Dienstjahren auf 3100 M. und nach weiteren 3 Dienstjahren auf 3600 M. stieg. Die zur Besoldung der Geistlichen erforderlichen Beträge waren ihrem Diensteinkommen (Pfründeneinkommen) zu entnehmen; falls und insoweit dies dazu nicht ausreichte, sollten staatlicherseits die erforderlichen Zuschüsse aus der Klosterreinertragskasse gezahlt werden, deren Etat ein Zweigetat des braunschweigischen Staatshaushalts ist (§ 5 Abs. 1 des Kirchengesetzes von 1902, Art. II des Kirchengesetzes von 1911). Entsprechend bestimmt § 2 Abs. 1 Satz 1 des Landesgesetzes von 1902 in der Fassung des Landesgesetzes von 1911:

Um die Durchführung der neuen Gehaltsordnung der Geistlichen zu fördern, wird den unter § 1 des ... Kirchengesetzes ... fallenden Geistlichen der Betrag, um den ihr Diensteinkommen ... hinter dem in § 1 dieses Kirchengesetzes bestimmten Gehaltssatze zurückbleibt ..., bis zum Einkommensatze von 6900 M., bei Kollaboratoren 3600 M. einschließlich, als Zuschuß aus der Klosterreinertragskasse gezahlt.

2. Gemäß §§ 2 bis 4 des Kirchengesetzes von 1902, § 1 des Landesgesetzes von 1902 (diese Bestimmungen sind durch die Gesetze von 1911 nicht geändert) war ein Pfarrbesoldungsfonds zu bilden, der aus den in §§ 3, 4 des Kirchengesetzes von 1902 aufgezählten Quellen gespeist werden sollte; es handelt sich dabei im wesentlichen darum, daß die sog. Überschußpfarren den zur Besoldung ihrer Geistlichen nicht erforderlichen Teil ihres Einkommens abzuliefern hatten. Der Pfarrbesoldungsfonds sollte, wenn er die entsprechende Höhe erreicht haben würde, an Stelle des Staates (der Klosterreinertragskasse), aber unter entsprechender Zuschußzahlung des Staates die Leistung der erforderlichen Staatszuschüsse übernehmen. Hierüber bestimmt § 5 Abs. 2 des Kirchengesetzes von 1902:

> Demnächstiger gesetzlicher Bestimmung bleibt die Entscheidung darüber vorbehalten, wann und in welcher Weise in voller Durchführung der Gehaltsordnung der Pfarrbesoldungsfonds nach Ansammlung der erforderlichen Mittel unter entsprechendem Zuschusse aus Staatsmitteln die Zahlung der erforderlichen Zuschüsse seinerseits zu übernehmen hat.

Entsprechend heißt es in § 2 Abs. 4 des Landesgesetzes von 1902:

> Demnächstiger gesetzlicher Bestimmung bleibt der Zeitpunkt vorbehalten, zu welchem in voller Durchführung der Gehaltsordnung der Pfarrbesoldungsfonds nach Ansammlung der erforderlichen Mittel unter entsprechender Unterstützung aus der Klosterreinertragskasse an Stelle der letzteren die Zahlung der erforderlichen Zuschüsse seinerseits zu übernehmen hat.

3. Die durch die Gesetze von 1911 vorgenommene Erhöhung der Bezüge der Geistlichen sollte nach der Begründung (Landtagsdrucksache Nr. 5019 B Anlage 154 Protokoll 30) mit Rücksicht darauf erfolgen, „daß die Staatsbeamten, sowie die Lehrer an den Gemeindeschulen eine Aufbesserung ihrer Gehalte erfahren haben", sodaß „entsprechend der bereits hervorgehobenen, nahezu einstimmig erfolgten Stellung-

nahme der Landesversammlung auch nach Ansicht der Landes- und Kirchenregierung eine Erhöhung des Einkommens der Geistlichen nicht zu umgehen" sei. Hinsichtlich des Maßes der Erhöhung wurde der Wunsch der Geistlichen für berechtigt erachtet, „daß ihnen ein tunlichst gleiches Einkommen gewährt würde, wie den Staatsbeamten mit gleicher Vorbildung" (d. h. den Oberlehrern), welche durch die Gehaltsordnung vom 17. Juni 1910 (Br. GuVS. S. 193) um durchweg 600 M. jährlich aufgebessert worden waren. Es sollte auch der Nachteil beseitigt werden, „der den Geistlichen gegenüber den Staatsbeamten dadurch erwächst, daß sie nach der Gehaltsordnung von 1902 den Höchstbetrag ihres Einkommens erst nach 27 Jahren erreichen, während die Staatsbeamten von gleicher Vorbildung bereits nach 21 Dienstjahren in die höchste Einkommenklasse gelangen." Weiter heißt es in der Begründung (a. a. O. S. 10): „Wenn in dieser Beziehung auch eine völlige Gleichstellung zurzeit noch nicht erforderlich und jedenfalls nicht wohl erreichbar ist, so wird doch die Herabsetzung der fraglichen Zeit auf 24 Jahre geboten erscheinen".

Beim Inkrafttreten der Reichsverfassung erhielten die Oberlehrer auf Grund des erwähnten Gesetzes vom 17. Juni 1910 und der Änderungsgesetze vom 7. Februar 1911, 28. März 1913 und 30. März 1914 (Br. GuVS. 1911 S. 33, 1913 S. 49, 1914 S. 85) außer freier Wohnung oder dem Wohnungsgeldzuschuß (Landesgesetz vom 9. März 1911 Br. GuVS. S. 93) ein von 3000 bis 7200 M. steigendes Gehalt.

4. Bei der beginnenden und fortschreitenden Geldentwertung gewährte der Antragsgegner zunächst sowohl seinen Beamten wie den Geistlichen Teuerungszulagen. Für die Beamten erließ er sodann das Staatsbeamtenbesoldungsgesetz vom 21. August 1920 (Br. GuVS. S. 385), das ein neues Besoldungssystem (anstatt Gehalt und Wohnungsgeldzuschuß: Grundgehalt mit neuen Dienstaltersstufen, Ortszuschlag, Kinderbeihilfe, Ausgleichszuschlag) einführte. Die Oberlehrer, jetzt als Studienräte bezeichnet, wurden dabei in die Gruppe 10 der dem Gesetz als Anlage 1 beigefügten Besoldungsordnung (a. a. O. S. 400) eingereiht, konnten jedoch unter der Bezeichnung Oberstudienräte eine Stelle der Gruppe 11 als Beförderungsstelle erreichen (vgl. Schlußbemerkung A 1 zur Besoldungsordnung a. a. O. S. 416).

Durch das Staatsbeamtenbesoldungsgesetz vom 8. April 1922 (Br. GuVS. S. 211) wurden für die Studienräte die bisherigen

Beförderungsstellen zu Aufrückungsstellen. In den Schlußbemerkungen (Anlage 10 a. a. O. S. 269) wird in A 1 bestimmt, daß diese nach dem Dienstalter verliehen werden, und daß die Aufrückung nur bei mangelhafter Führung und mangelhaften Leistungen der Beamten zu versagen sei. Endlich wurden bei der durch das Besoldungsgesetz vom 26. Juni 1928 (Br. GuVS. S. 49) geschaffenen Neuregelung der Besoldungsgruppen die Studienräte mit Wirkung vom 1. Oktober 1927 (§ 46) in die Gruppe A 2b eingereiht.

Das den Studienräten nach dem Besoldungsgesetze vom 8. April 1922 und seinen 16 Ergänzungen (vgl. Art. 1 der 10. Ergänzung vom 6. März 1924 Br. GuVS. S. 89, Art. 1 der 16. Ergänzung vom 5. Februar 1927 Br. GuVS. S. 23) in der für das vorliegende Verfahren in Betracht kommenden Zeit vom 1. Dezember 1923 zustehende Grundgehalt (also das der Gruppe 10 mit Aufrückungsmöglichkeit in Gruppe 11) betrug:

vom	1. Dezember	1923 an:	2250—3490	GM.
„	1. April	1924 an:	2550—3930	„
„	1. Juni	1924 an:	3600—6300	„
„	1. Dezember	1924 an:	3960—6930	„

Die Sätze der Gruppe 10 würden betragen haben:

vom	1. Dezember	1923 an:	2250—3000	GM.
„	1. April	1924 an:	2550—3290	„
„	1. Juni	1924 an:	3600—5400	„
„	1. Dezember	1924 an:	3960—5940	„

Nach dem Gesetze vom 26. Juni 1928 erhalten die Studienräte ein nach Dienstaltersstufen von 2 zu 2 Jahren bis zur Erreichung des Endgehalts steigendes Grundgehalt von 4400 bis 8000 RM. jährlich.

Zu dem Grundgehalt kommen in allen Fällen der Ortszuschlag, von dem gegebenenfalls der Wert der Dienstwohnung abzuziehen ist, sowie die sonstigen erwähnten Beihilfen und Zuschläge.

5. Nach Erlassung des Landesgesetzes vom 1. April 1920 verlangte die Antragstellerin eine Erhöhung der Bezüge der Geistlichen. Der Antragsgegner lehnte dies ab, erklärte sich jedoch in seinem Schreiben vom 11. Juli 1920 bereit, die bisherigen Teuerungs- und Überteuerungszulagen weiter zu zahlen. Die Weiterzahlung erfolgte bis zum 30. Juni 1923; vom 1. Juli 1923 an wurde sie, da infolge der Geldentwertung nicht mehr darstellbar, eingestellt; eine Aufwertung wurde durch Schreiben vom 29. März 1924 abgelehnt.

Es folgten nunmehr Klagen von einzelnen Geistlichen (auch der Antragstellerin wegen verauslagter Beträge) wider den Antragsgegner auf Zahlung der Staatszuschüsse, in denen das Reichsgericht letztinstanzlich zu entscheiden hatte. In den Klagesachen der Geistlichen Z. (und Antragstellerin) und J. (III 648/25, abgedr. JW. 1927 S. 1253 Nr. 10, und III 71/26) hatte nach der Auffassung des Reichsgerichts das Oberlandesgericht Braunschweig auf Grund irrevisiblen Landesrechts festgestellt, es entspreche der durch die Gehaltsregelung von 1911 geschaffenen Rechtslage, daß für die Bemessung der Zuschußpflicht des Staates die Gehaltssätze der Gruppe 10 der braunschweigischen Beamtenbesoldung zugrunde gelegt würden. Daraus mußte das Reichsgericht den Schluß ziehen, daß den Geistlichen dauernd die vollen Bezüge der Beamten der Gruppe 10 in Reichsmark zuständen, die, soweit sie aus der Inflationszeit stammten, billig aufzuwerten seien, sodaß die Staatszuschüsse gleich dem Unterschiede zwischen dem Pfründeneinkommen und diesen Bezügen sein müßten. Dem Urteil des Reichsgerichts in dem Rechtsstreit des Geistlichen H. (III 123/27), in dem dieser auf Zahlung der Staatszuschüsse für die Zeit vom 1. Oktober 1926 bis zum 31. März 1928 klagte, lagen dagegen die irrevisiblen Feststellungen des Oberlandesgerichts Braunschweig zugrunde, daß nach den Gesetzen von 1911 die Zuschußpflicht des Antragsgegners durch den Unterschied zwischen den Pfründeneinkommen und den in der Gehaltsordnung von 1911 zahlenmäßig festgesetzten Gehaltssätzen, also den dort festgelegten Papiermarkgehältern begrenzt sei. Dabei hatte das Oberlandesgericht eine Aufwertung für geboten erklärt und diese auf 40% desjenigen Betrags bemessen, den der Antragsgegner bei Zugrundelegung der Sätze der Besoldungsgruppe 10 zu zahlen haben würde. Das Reichsgericht sagt hierzu:

> Die Höhe der Aufwertung beurteilt sich, da es sich um eine auf dem Landesrecht beruhende öffentlichrechtliche Leistung handelt, nach landesrechtlichen Vorschriften und kann deshalb vom Revisionsgericht nicht nachgeprüft werden.

Der Antragsgegner hatte es abgelehnt, aus den erstgenannten beiden Urteilen (Z. und J.) Folgerungen für die übrigen Geistlichen zu ziehen, vielmehr die Antragstellerin darauf hingewiesen, daß diese Urteile nur für die beiden Geistlichen und nur für die Zeitabschnitte wirksam seien, auf die sie sich bezögen. Dagegen hat er nach Erlaß des Urteils in Sachen H. auch für die übrigen in Betracht kommenden Geistlichen die Staatszuschüsse entsprechend bemessen, d. h. also auf 40% des Unterschieds zwischen dem Pfründeneinkommen und dem Betrag, der den einzelnen Geistlichen zustehen würde, wenn sie die Bezüge der Gruppe 10 der Staatsbeamten erhielten. Er hat der Antragstellerin für die einzelnen Rechnungsjahre zunächst Vorschüsse geleistet, die später zu verrechnen waren. So sind z. B. für das Rechnungsjahr 1924 381483 RM., für 1925 rund 280000 RM., für 1926 rund 240000 RM. endgültig verrechnet; die für die Rechnungsjahre 1927 und 1928 gezahlten Vorschüsse sind dagegen noch nicht verrechnet.

Der Antragsgegner hat die Frage, ob er eine Rechtspflicht zur Zahlung der Zuschüsse nach derselben Berechnungsart auch für die Zukunft anerkenne, verneint, jedoch erklärt, daß bis auf weiteres die Zahlung, wie bisher, so auch in Zukunft entsprechend erfolgen solle.

6. Die Antragstellerin selbst hatte am 27. Dezember 1922 ein Kirchengesetz (Landeskirchliches Amtsblatt S. 240) erlassen, das in § 1 Satz 1 den Grundsatz aufstellt, daß die Pfarrer ein Einkommen nach den Sätzen erhalten sollten, die für die staatlichen Beamten der 10. Besoldungsgruppe jeweilig maßgebend seien (vgl. dazu § 10 betr. die Kollaboratoren). Sie hat angegeben, daß ihr dabei eine völlige Gleichstellung der Geistlichen mit den Studienräten (durch Gewährung der Aufrückungsmöglichkeit in die Gruppe 11) wegen der Verweigerung der Staatszuschüsse unmöglich gewesen sei. Das Kirchengesetz vom 27. Dezember 1922 wurde durch das Kirchengesetz vom 2. November 1928 (Landeskirchliches Amtsblatt S. 47) ersetzt. Nach dessen § 7 Abs. 1 sind die Grundgehälter der Pfarrer (wegen der sonstigen Vergütungen vgl. die §§ 10 bis 12) gleich den Grundgehältern der Gehaltsgruppe A 2b des Staatsbeamtenbesoldungsgesetzes vom 26. Juni 1928 (vgl. dazu § 33 wegen der Kollaboratoren). Nach der Einleitung zum Gesetz (vgl. auch § 5 Abs. 2) können jedoch die Geistlichen nicht ihre vollen Bezüge erhalten, solange die Staatszuschüsse nicht in der von der Antragstellerin im gegenwärtigen Verfahren beantragten Höhe gezahlt werden.

II.

Die Antragstellerin hatte zunächst beantragt,

den Antragsgegner für verpflichtet zu erklären, die in den Landesgesetzen von 1902 und 1911 in Verbindung mit den Kirchengesetzen von 1902 und 1911 festgelegten Besoldungszuschüsse an ihre Geistlichen vom 1. Dezember 1923 an in der Art weiter zu gewähren, daß die Geistlichen den Staatsbeamten gleichständen, denen sie nach den gedachten Landesgesetzen hätten gleichgestellt werden sollen und gleichgestellt seien, nämlich den Staatsbeamten mit akademischer Vorbildung, denen ein Gehalt nach Gruppe 10 und 11 des Staatsbeamtenbesoldungsgesetzes zustände.

Nach Erlassung des Staatsbeamtenbesoldungsgesetzes vom 26. Juni 1928 hat sie ihren Antrag dahin ergänzt, daß für die Zeit vom 1. Oktober 1927 ab an die Stelle der Besoldungsgruppen 10 und 11 die Besoldungsgruppe A 2b des Gesetzes vom 26. Juni 1928 zu treten habe.

Ferner hat sie den Hilfsantrag gestellt,

den Antragsgegner für verpflichtet zu erklären, die Besoldungszuschüsse vom 1. Dezember 1923 an in der Art weiter zu gewähren, daß die Geistlichen der Besoldungsgruppe 10 mit Aufrückungsmöglichkeit in Gruppe 11 vom 1. Oktober 1927 an der Besoldungsgruppe A 2b des Gesetzes vom 26. Juni 1928, eventuell den später an deren Stelle tretenden Besoldungsgruppen gleichständen, jedoch so, daß die insgesamt zu zahlenden Beträge im Verhältnis von 221400 : 204900 gemindert würden.

Soweit demnach das Stelleneinkommen einzelner Geistlicher das ihnen zustehende Gehalt übersteige, habe sie — die Antragstellerin — für die Abführung der überschüssigen Beträge an den Pfarrbesoldungsfonds Sorge zu tragen.

Soweit in einzelnen Prozessen über bestimmte Ansprüche einzelner Geistlicher bereits rechtskräftig entschieden sei, behalte es dabei sein Bewenden.

Zur Begründung hat die Antragstellerin folgendes vorgetragen:

1. Durch die Landesgesetze und Kirchengesetze von 1902 und 1911 seien die Geistlichen den Oberlehrern gleichgestellt worden. Nach Art. 173 in Verbindung mit Art. 138 RVerf. seien die bisherigen Staatsleistungen weiter zu gewähren. Der Antragsgegner habe demnach die Zuschläge so zu bemessen, daß sie zusammen mit dem Pfründeneinkommen eine dauernde Gleichstellung der Geistlichen mit den Oberlehrern (Studienräten) gewährleisteten. Die Art. 173, 138 RVerf. seien, wie sich aus ihrer Entstehungsgeschichte ergebe, geschaffen worden, um die Religionsgesellschaften ohne Rücksicht auf die

Geldentwertung lebensfähig zu erhalten. Dies könne nur erreicht werden, wenn den Geistlichen ein ihrer Stellung entsprechendes Diensteinkommen gewährleistet sei. Hierzu beizutragen, sei sie — die Antragstellerin — außerstande, insbesondere könne sie ohne Beeinträchtigung ihrer übrigen Aufgaben den Ertrag der Kirchensteuern nicht dazu verwenden, diese auch ohne Gefährdung ihres Bestandes nicht erhöhen.

2. Daß beim Inkrafttreten der Reichsverfassung die Bezüge der Geistlichen ziffermäßig niedriger gewesen seien als die der Oberlehrer, liege daran, daß die Geistlichen in ihren Pfarrhäusern Dienstwohnungen hätten, um deren Wert selbstverständlich ihr Gehalt hinter dem der gleichgestellten Staatsbeamten zurückstehen müsse. Vergleiche man aber ohne Rücksicht darauf die durchschnittliche Summe der Jahresgehälter, die ein Oberlehrer während seiner gesamten Dienstzeit unter Zugrundelegung der Gehaltsordnung vom 17. Juni 1910 beziehe, mit der, die ein Geistlicher nach den Gesetzen von 1911 erhalten haben würde, so ergebe sich ein Unterschied von 221400: 204900 M. Äußerstenfalls seien daher in Gemäßheit des Hilfsantrags die Staatszuschüsse in diesem Verhältnis zu kürzen.

Der Antragsgegner hat um Abweisung beider Anträge gebeten. Er hat bestritten, daß die Antragstellerin eine Körperschaft des öffentlichen Rechts und daß das Landeskirchenamt zu ihrer Vertretung befugt sei, und hat ausgeführt, daß weder eine Verfassungsstreitigkeit innerhalb eines Landes im Sinne des Art. 19 RVerf. vorliege, noch die Antragstellerin aktiv legitimiert sei. Weiter hat er geltend gemacht, daß durch das Urteil in Sachen H. — dieser Prozeß sei im Einverständnis mit der Antragstellerin als Probeprozeß zur endgültigen Klärung angestrengt worden — die Streitfrage entschieden sei. Schließlich hat er bestritten, daß die Geistlichen durch die Gesetze von 1902 und 1911 den Oberlehrern damals hätten gleichgestellt werden oder gar für alle Zukunft gleichgestellt bleiben sollen. Im übrigen seien die auf Grund der Gesetze von 1911 geschuldeten Beträge durch die Geldentwertung erledigt; falls eine Aufwertung in Frage komme und über ihre Höhe in diesem Verfahren — was er, der Antragsgegner, für unzulässig halte — entschieden werden könne, dürfe diese keinesfalls höher bemessen werden, als es das Oberlandesgericht Braunschweig in Sachen H. getan habe. Zu größeren Aufwendungen sei das Land Braunschweig mit Rücksicht auf seine

Finanzlage auch nicht imstande, während die Landeskirche ihre Einnahmen durch ihre Befugnis, Kirchensteuern zu erheben, vermehren könne.

Über die beiderseitige Finanzlage haben die Parteien umfangreiche Ausführungen gemacht.

III.

Der Staatsgerichtshof hat kein Bedenken getragen, die formellen Vorfragen zugunsten der Antragstellerin zu bejahen.

1. Wie er in seinem Urteil vom 15. Oktober 1927 (RGZ. Bd. 118 Anh. S. 1, im folgenden als „Sächsisches Kirchenurteil" bezeichnet) ausgeführt hat, sind Religionsgesellschaften, welche Körperschaften des öffentlichen Rechtes sind, zur Anrufung des Staatsgerichtshofs in einer Verfassungsstreitigkeit innerhalb eines Landes (Art. 19 RVerf.) befugte Landesstellen.

Zu Unrecht leugnet der Antragsgegner die erwähnte Eigenschaft der Antragstellerin. Denn wie der III. Zivilsenat des Reichsgerichts in den erwähnten Urteilen Z. und F. bedenkenfrei festgestellt hat, war die Antragstellerin vor dem Inkrafttreten der Reichsverfassung mit den Rechten einer öffentlichrechtlichen Körperschaft ausgerüstet und hat diese daher nach Art. 137 Abs. 5 Satz 1 RVerf. behalten.

Auch die Vertretung der Antragstellerin durch das Landeskirchenamt unterliegt keinem Bedenken. Die Antragstellerin hat sich unbestritten in diesem nach Aufhebung des Landeskonsistoriums, welche durch das Landesgesetz vom 8. August 1923 (Br. GuVS. S. 269) erfolgte, ihre Vertretung gegeben, wozu sie nach Art. 137 Abs. 3 RVerf. befugt war. Zu Unrecht sucht der Antragsgegner unter Bezugnahme auf den Beschluß des VII. Zivilsenats des Reichsgerichts vom 26. Oktober 1921 (RGZ. Bd. 103 S. 91) darzutun, daß das Landeskirchenamt, das letzten Endes auf der Wahl zur verfassunggebenden Synode beruhe, nicht zu Recht bestehe, weil diese Wahl ungültig gewesen sei. Demgegenüber ist zu bemerken, daß durch den gedachten Beschluß des Reichsgerichts auf Antrag des Reichsministers des Innern (Art. 13 Abs. 2 RVerf.) zuungunsten des Antragsgegners gerade diejenigen Bestimmungen des braunschweigischen Landesgesetzes vom 20. Juni 1919 (Br. GuVS. S. 199), wegen deren Nichtbeachtung bei der Wahl der Synode die Landesregierung und Landesversammlung der Synode die Anerkennung als rechtmäßiger Vertretung der Landeskirche versagen wollten, als mit Art. 137 Abs. 3 RVerf. nicht vereinbar und deshalb für unwirksam erklärt worden sind. Nun hat allerdings das Reichsgericht am Ende des erwähnten Beschlusses ausgeführt, daß jede Bindung einer Religionsgesellschaft durch ein Landesgesetz mit dem Inkrafttreten der Reichsverfassung ihre Wirkung verloren habe, und daß deshalb nach dem Inkrafttreten der Reichsverfassung eine Wahl nach dem durch das Gesetz vom 20. Juni 1919 eingeführten Wahlrecht nicht habe stattfinden dürfen. Dies gereicht aber dem Antragsgegner nicht zur Stütze. Denn nach Art. 137 Abs. 3 RVerf. war die Antragstellerin berechtigt und mit Rücksicht auf die veränderte Stellung des Staates zu ihr gezwungen, sich eine neue Verfassung zu geben. Wenn sie zu diesem Zweck eine konstituierende Versammlung wählte und sich dabei zwar im wesentlichen des ihr unter Verletzung der Reichsverfassung aufgedrängten Wahlrechts, jedoch unter Ausmerzung der ihr nicht genehmen Bestimmungen, bediente, so machte sie dadurch dieses abgeänderte Wahlrecht gemäß Art. 137 Abs. 3 RVerf. zu dem ihrigen. Offensichtlich von dieser Ansicht ausgehend hat denn auch der Antragsgegner durch den gleichzeitig mit dem Erlasse des erwähnten Landesgesetzes vom 8. August 1923 (vgl. § 3) mit der auf dieser Wahl beruhenden damaligen vorläufigen Kirchenregierung abgeschlossenen Vertrag (Br. GuVS. 1923 S. 269) diese als bestehend anerkannt und sich zu Zahlungen für das „künftige Landeskirchenamt" verpflichtet (Nr. I 2, vgl. auch Nr. IV Abs. 2 und Nr. V Abs. 1 das.) und diese bisher stets geleistet (vgl. z. B. den Entwurf des Staatshaushaltsgesetzes für das Rechnungsjahr 1929, Drucks. 140 des Braunschweigischen Landtags 3. Wahlperiode 1. Tagung, 1927/29, Plan IV in Kapitel 10 Titel 1). Ferner hat er bei den mit der Antragstellerin über die jetzt streitige Regelung der Bezüge der Geistlichen gepflogenen Verhandlungen sowie in Prozessen, in denen er Partei war (vgl. z. B. RGZ. Bd. 117 S. 27), endlich bis zur mündlichen Verhandlung auch im vorliegenden Verfahren die Vertretungsmacht des Landeskirchenamts für die Antragstellerin nie bemängelt; auch hat er diesem stets die staatliche Hilfe bei der Einziehung von Kirchensteuern gewährt.

2. Das Vorliegen einer „Verfassungsstreitigkeit innerhalb eines Landes" im Sinne des Art. 19 RVerf. ist zu bejahen.

a) Wie im Sächsischen Kirchenurteil dargelegt ist, fallen unter den gedachten Begriff nicht nur solche Streitigkeiten, die ausschließlich Normen einer Landesverfassung zum Gegenstand haben, sondern auch solche, die in der Reichsverfassung wurzeln, falls deren Vorschriften nur auf die Landesverfassung oder landesverfassungsrechtliche Normen einwirken und insoweit eine Ergänzung der Landesverfassung bilden. Diese Voraussetzungen treffen im vorliegenden Falle zu. Wenn überhaupt der Antragsgegner der Antragstellerin auf Grund des Art. 173 RVerf. irgendwelche Staatsleistungen fortzugewähren hat, so kann die Bereitstellung der dazu erforderlichen Mittel nur auf die in der Landesverfassung oder in sonstigen verfassungsrechtlichen Normen vorgeschriebene Weise — also durch Bewilligung im Staatshaushaltsgesetze — geschehen. Dann würde Art. 173 RVerf. also auf die Braunschweigische Verfassung nicht nur in der Weise einwirken, daß er den Antragsgegner hindert, von dem ihm sonst zustehenden Recht Gebrauch zu machen, ein von ihm innerhalb seiner Zuständigkeit erlassenes Gesetz (das Landesgesetz von 1911) wieder aufzuheben oder abzuändern; vielmehr würde er ihn darüber hinaus zu einem Tun zwingen, nämlich seine Verfassung zur Erfüllung der ihm aus Art. 173 RVerf. obliegenden Verpflichtungen anzuwenden.

b) Unter Verfassungsstreitigkeiten sind nicht etwa nur, wie es der Antragsteller will, Meinungsverschiedenheiten zu verstehen, welche die Befugnisse der Streitteile betreffen, sich auf Grund der Verfassung in einer bestimmten Art zu betätigen. Eine so enge Auslegung, nach der schließlich nur Kompetenzstreitigkeiten einzelner Landesstellen dem Staatsgerichtshof unterbreitet werden könnten, würde weder mit der Entstehungsgeschichte der jetzigen Reichsverfassung noch mit dem Wortlaut ihres Art. 19 im Einklang stehen. Eine Verfassungsstreitigkeit liegt vielmehr, wie im Sächsischen Kirchenurteil ausgeführt ist, auch dann vor, wenn infolge der verschiedenartigen Auslegung einer Verfassungsvorschrift durch die Streitteile die Belange des einen von ihnen berührt werden. Unter dieser Voraussetzung, die es in sich schließt, daß es sich um mehr als eine bloß theoretische Auseinandersetzung handeln muß, ist jede Streitigkeit, welche die Auslegung einer Verfassungsbestimmung zum Gegenstand hat, eine Verfassungsstreitigkeit, also auch eine solche, bei der die Frage zum Austrag kommen soll, ob auf Grund der Verfassung der eine Streitteil einen Anspruch auf ein Tun oder Unterlassen geltend machen kann. Die vom Staatsgerichtshof zu treffende Entscheidung muß also davon abhängen, ob die Verfassungsvorschrift so, wie es der die Entscheidung begehrende Streitteil tut, auszulegen ist oder anders. Dabei ist es rechtlich unerheblich, ob auf Grund der einen oder der anderen Auslegung die Berechtigung oder Nichtberechtigung eines Geldanspruchs oder das Bestehen oder Nichtbestehen eines anderen öffentlichrechtlichen Verhältnisses festzustellen ist. Denn dadurch, daß ein bestimmter Geldbetrag verlangt wird, wird der Anspruch noch nicht zu einem vermögensrechtlichen Anspruch des bürgerlichen Rechts im Sinne der Ausführungen, die im Sächsischen Kirchenurteil über die Grenzen der Zuständigkeit des Staatsgerichtshofs gemacht worden sind. Ein vermögensrechtlicher Anspruch in diesem Sinne würde nur dann vorliegen, wenn es sich darum handelte, inwieweit an sich unbestrittene, auf Grund der Verfassung zu leistende Zahlungen nach Bestimmungen, die nicht in der Verfassung enthalten sind, z. B. solchen des bürgerlichen Rechts, aufzuwerten sind, nicht dann, wenn in Frage steht, ob nach der Verfassung eine Aufwertung zu erfolgen hat, auch wenn die aufzuwertenden Beträge an sich unbestritten sein sollten.

Im vorliegenden Falle beruht der Streit der Parteien auf der verschiedenen Auslegung des Begriffs „die bisherigen Staatsleistungen" des Art. 173 (138) RVerf. Die Antragstellerin legt ihn in einer Weise aus, aus der sie folgert, daß sie gerade auf Grund des Art 173 (138) RVerf. die aus ihren Anträgen ersichtlichen Leistungen verlangen könne. Der Antragsgegner dagegen erklärt, er bestreite die Staatsleistungen als solche nicht; nur will er für die Aufwertung lediglich den § 242 BGB. maßgebend sein lassen. Nach seiner Auslegung des Art. 173 (138) RVerf. sind also die von ihm geschuldeten Staatsleistungen Papiermarkbeträge; nach der Auslegung der Antragstellerin sind es die aus ihren Anträgen ersichtlichen Beträge. Wäre die Auslegung richtig, die der Antragsgegner dem Art. 173 (138) RVerf. gibt, so müßte dies zur Abweisung der Klage wegen Unbegründetheit, nicht wegen Unzulässigkeit führen.

3. Voraussetzung für die Sachbefugnis der Antragstellerin, im gegenwärtigen Verfahren als solche aufzutreten, ist allein, daß es sich bei den von ihr geltend gemachten Ansprüchen um Staatsleistungen an eine Religionsgesellschaft im Sinne des Art. 173 (138) RVerf. handelt. Dies trifft zu.

a) Unter Staatsleistungen an eine Religionsgesellschaft sind sämtliche Aufwendungen zu begreifen, die der Staat zu ihren Gunsten macht, um die geordnete Durchführung ihres Betriebs zu gewährleisten. Gleichgültig ist dabei, ob die Zahlung an die Kirche selbst (die Landeskirchenkasse) oder an irgendeine juristisch selbständige oder unselbständige Kirchenstelle (Kirchengemeinde, Geistliche usw.) erfolgt. Die hier in Betracht kommenden Geistlichen sind nicht Staatsbeamte, sondern Kirchenbeamte; die Kirche bedient sich ihrer, um ihre Aufgabe zu erfüllen. An sich muß sie deshalb für deren Besoldung aufkommen und hat auch in ihren Gesetzen (den von 1911 und den späteren) entsprechende Bestimmungen getroffen. Insoweit ihr der Staat im Landesgesetz von 1911 diese Verpflichtung abgenommen hat, sind die von ihm übernommenen Leistungen Staatsleistungen an eine Religionsgesellschaft. Auch im Sächsischen Kirchenurteil hat der Staatsgerichtshof z. B. Entschädigungen für weggefallene Stolgebühren, die an die Kirchengemeinden zu leisten waren, als unter Art. 173 fallend und deshalb die damalige Antragstellerin für sachbefugt erachtet. Die Ansicht des braunschweigischen Finanzministers, daß die Staatsleistungen an die braunschweigischen Pfarren und Pfarrwitwentümer nicht als solche an eine Religionsgesellschaft anzusehen seien, hat auch der IV. Zivilsenat des Reichsgerichts in seinem Beschluß vom 20. Juni 1925 (RGZ. Bd. 111 S. 134) als unrichtig bezeichnet. Er hat dazu (S. 145) ausgeführt:

> Wenn die Art. 138, 173 von den auf Gesetz, Vertrag oder besondern Rechtstiteln beruhenden Staatsleistungen an die Religionsgesellschaften sprechen, so verstehen sie darunter alle Beträge, die von den Ländern an die betr. Kirchengemeinschaften zur Bestreitung der sachlichen und persönlichen Kultuskosten geleistet werden, ohne Rücksicht darauf, welche Institute der Kirche im einzelnen Falle Träger der Berechtigungen sind.

Übrigens sind hier die streitigen Staatszuschüsse vom Antragsgegner nicht an die Geistlichen selbst, sondern an die Antragstellerin gezahlt worden. Dementsprechend sind sie auch im Entwurf des Staatshaushaltsgesetzes für das Rechnungsjahr 1929 an der oben angegebenen Stelle in Titel 2 unter den „Leistungen an die evangelisch-lutherische Kirche" als „sonstige Verpflichtungen" aufgeführt.

b) Daraus folgt, daß es für die Sachbefugnis der Antragstellerin ohne Bedeutung ist, wenn die einzelnen Geistlichen — wie dies das Reichsgericht in den erwähnten Urteilen Z. und J. zuungunsten des Antragsgegners festgestellt hat, der damals die Aktivlegitimation der klagenden Geistlichen bestritt — gemäß Art. 129 Abs. 1 Satz 4 RVerf. selbst befugt sind, im ordentlichen Rechtsweg einen Anspruch auf Zahlung der Staatszuschüsse geltend zu machen. Denn auch das Reichsgericht geht davon aus, daß sich die Klagen der Geistlichen materiell ebenfalls auf Art. 173 RVerf. stützen. Die Sachbefugnis der Geistlichen im ordentlichen Verfahren folgt daher aus Art. 173 in Verbindung mit Art. 129 Abs. 1 Satz 4 RVerf., die der Antragstellerin im Verfassungsstreit aus Art. 173 in Verb. mit Art. 19 RVerf.

Wäre die Ansicht des Antragsgegners richtig, so würde ohne ersichtlichen Grund der Antragstellerin ein verfassungsmäßiges Recht verkümmert werden. Denn ein Urteil des Staatsgerichtshofs schafft bis zum Erlaß eines Reichsgesetzes gemäß Art. 138 RVerf. dauernd Recht zwischen den beiden Streitteilen, während für ein Urteil im ordentlichen Verfahren dies nur für die Beziehungen zwischen dem Antragsgegner und den klagenden Geistlichen und nur für die Zeit gelten würde, für die es ergangen ist. Abgesehen davon bietet, wie gerade die oben erwähnten Sachen Z., J. und H. gezeigt haben, ein Urteil des Staatsgerichtshofs insofern größere Garantien für die Durchführung der Vorschriften der Reichsverfassung als ein Urteil selbst des Reichsgerichts, weil letzteres im Gegensatz zum Staatsgerichtshof durch die Irrevisibilität des Landesrechts gebunden ist.

Der Antragsgegner hat gegen die Sachbefugnis der Antragstellerin noch eingewendet, daß Art. 173 RVerf. nicht bezwecke, die bisherigen Staatsleistungen in irgendeiner Weise zugunsten der Religionsgesellschaften zu ändern. Dies ist richtig. Unrichtig ist aber die Folgerung, daß dies geschehe, wenn durch Art. 173 an Stelle des bisher Berechtigten ein anderer zu einer anders gearteten Geltendmachung der Staatsleistungen berechtigt werde. Denn die Staatsleistungen bleiben ihrem Inhalt nach unverändert; daß sie zum Gegenstand einer Verfassungsstreitigkeit gemacht werden können, beruht auf Art. 19 RVerf. und auf dem Reichsgesetz über den Staatsgerichtshof vom 9. Juli 1921 (RGBl. S. 905).

4. Die Passivlegitimation des Antragsgegners und seine Vertretung durch das Staatsministerium unterliegen keinen Bedenken. Der Antragsgegner hat keinen Verfassungsgerichtshof. Ein anderer Gerichtshof des Deutschen Reichs, als welcher nur das Reichsgericht

in Frage kommen könnte, ist zur Entscheidung über die Ansprüche der Landeskirche nicht zuständig.

Die formellen Voraussetzungen des Art. 19 RVerf. liegen also vor.

IV.

Auf den materiellen Inhalt der Klage hätte nicht eingegangen zu werden brauchen, wenn etwa das Vorbringen des Antragsgegners für durchgreifend zu erachten wäre, daß die Antragstellerin die Entscheidung des Reichsgerichts in Sachen H. allgemein, d. h. für die vom Antragsgegner für sämtliche Geistliche zu zahlenden Zuschüsse, als maßgebend gegen sich gelten lassen müsse.

1. Als Einrede der rechtskräftig entschiedenen Sache kommt dieser Einwand, falls er sonst beachtlich sein sollte, schon deshalb nicht in Betracht, weil er den Staatsgerichtshof höchstens hindern könnte, von jener Entscheidung bezüglich des Geistlichen H. abzuweichen, und auch da nur für die Zeit, auf die sie sich bezieht. Der Staatsgerichtshof hat aber, wie später begründet wird, dem Antragsgegner die Leistung höherer Zuschüsse, als dieser sie überhaupt und auch für H. gezahlt hat und noch zahlt, nur für die Zeit vom 1. April 1928 an auferlegt. Auf diese Zeit bezieht sich aber weder das Urteil in Sachen H. noch, wie mit Rücksicht auf den letzten Satz des Hilfsantrags der Antragstellerin gleich hier bemerkt werden mag, irgendein anderes zwischen einem Geistlichen und dem Antragsgegner ergangenes Urteil eines ordentlichen Gerichts.

2. Daß etwa, wie der Antragsgegner dartun will, ein Schiedsvertrag in Gestalt einer von beiden Streitteilen als bindend gewollten Abrede geschlossen sei, wonach die Entscheidung des Reichsgerichts in Sachen H. in dem vom Antragsgegner dargestellten Sinne maßgebend sein und zu diesem Zweck herbeigeführt werden sollte, ist ausgeschlossen. Denn wenn die Streitteile nach dem Erlaß der Urteile in Sachen Z. und J., die der Antragsgegner als ihn allgemein bindend anzusehen sich weigerte, auch vereinbart haben mögen, daß zunächst nur *ein* weiterer Geistlicher (H.) klage, so sollte dadurch offensichtlich nur vermieden werden, daß auf die sonst zu erwartenden zahlreichen Klagen stets die gleiche, mit unnötigen Kosten verbundene Entscheidung erginge. Daß der Antragsgegner tatsächlich nach dem Erlaß des Urteils in Sachen H. auch für die übrigen Geistlichen die

entsprechenden Zuschüsse zahlte, geschah daher zur Vermeidung weiterer Klagen. Nur so wird die im gegenwärtigen Verfahren abgegebene, oben erwähnte Erklärung des Antragsgegners verständlich, durch die er die Anerkennung einer entsprechenden Rechtspflicht ablehnte. Eine solche würde er mit Rücksicht auf ihre Bedeutung zweifellos auch nur in der Form eines dem Vertrag vom 8. August 1923 entsprechenden Vertrags übernommen haben, zumal da es sich jetzt um erheblich größere Leistungen (im Verhältnis von etwa 4 : 1) handelte. Unter diesen Umständen erübrigte sich eine Prüfung, ob eine formlose Abrede, wie sie vom Antragsgegner behauptet wird, überhaupt eine Bindung der Streitteile hätte herbeiführen können.

V.

Bei der materiellen Prüfung der Klaganträge ist davon auszugehen, daß das Wesen der hier streitigen „bisherigen Staatsleistungen" des Art. 173 RVerf. ihrem Begründungsakt, nämlich dem Landesgesetz von 1911, zu entnehmen ist.

1. Bereits im Sächsischen Kirchenurteil ist auf den Unterschied zwischen solchen Leistungen hingewiesen, deren Inhalt in der Herbeiführung eines bestimmten Dauerzustandes ohne Rücksicht auf die dabei aufzuwendenden Geldmittel besteht, und solchen, die lediglich die Zahlung von Geldzuwendungen zum Gegenstand haben. Ein Beispiel der zuerst erwähnten Art lag dem im Sächsischen Kirchenurteil erwähnten Schiedsspruch des IV. Zivilsenats des Reichsgerichts vom 17. Februar 1926 (RGZ. Bd. 113 S. 349) zugrunde. Dort war nach dem Begründungsakt das betreffende Land verpflichtet, „Zuschüsse zur Besoldung der Geistlichen aushilfsweise insoweit zu gewähren, als eine den Zeitverhältnissen entsprechende Besoldung der Geistlichen in der einzelnen Gemeinde nicht aus der Pfründe oder sonstigen Stiftungsmitteln bestritten und von der Gemeinde nicht aufgebracht werden kann" (S. 378). In Übereinstimmung mit dem Reichsgericht führt der Staatsgerichtshof im Sächsischen Kirchenurteil aus, daß in einem solchen Falle auf Grund einer an sich stets gleichbleibenden Verpflichtung jeweils nach dem Geldbedarf, der sich auch infolge der Währungsverhältnisse ändern kann, veränderliche Geldbeträge zu leisten seien.

Im vorliegenden Falle soll nach den Ausführungen der Antragstellerin die Verpflichtung des Antragsgegners darin bestehen, durch die Zuschüsse zu dem Pfründeneinkommen den Dauerzustand herbeizuführen, daß die Geistlichen für alle Zukunft ebenso (so der Hauptantrag) oder zum mindesten in einem gleichbleibenden Verhältnis (so der Hilfsantrag) wie die Oberlehrer (Studienräte) besoldet werden könnten. Träfe dies zu, so würde es sich auch hier um eine an sich gleichbleibende Verpflichtung handeln; sie würde den Antragsgegner nach Art. 173 RVerf. zu veränderlichen Leistungen zwingen, ohne daß er sich auf die Geldentwertung oder auf die Neuschaffung der Währung berufen könnte.

Indessen läßt sich die Auffassung der Antragstellerin weder aus dem Wortlaut noch aus der Entstehungsgeschichte der Gesetze von 1902 und 1911 entnehmen.

a) Diese bestimmen, soweit sie hier in Betracht kommen, daß und aus welchen Quellen (Pfründeneinkommen und Staatszuschüssen) die Geistlichen als Gehalt zahlenmäßige Geldbeträge erhalten sollen. In den Gesetzen selbst kommt dagegen weder zum Ausdruck, daß die Bezüge der Geistlichen in gleicher Höhe oder in einem bestimmten Verhältnis wie die der Oberlehrer festgesetzt wurden, erst recht nicht, daß sie bei etwaigen Aufbesserungen der Bezüge der Oberlehrer automatisch auf die gleiche Höhe oder in dem gleichen Verhältnis zu steigen hätten.

Auch die Begründung der Gesetze von 1902 und 1911 ergibt nur, daß die Geistlichen den Beamten (Oberlehrern) damals tunlichst gleichgestellt werden sollten. Hätten daher vor dem Inkrafttreten der Reichsverfassung die Staatszuschüsse für die Geistlichen erhöht werden sollen, etwa mit Rücksicht auf eine Erhöhung der Bezüge der Oberlehrer oder aus einem sonstigen Grunde, so hätte dies nur durch eine Änderung des Staatsgesetzes von 1911 geschehen können; zu einer solchen war aber der Antragsgegner nicht verpflichtet, wie denn auch die Erhöhung dieser Zuschüsse im Landesgesetz von 1911 gegenüber den im Landesgesetz von 1902 festgesetzten lediglich auf freiem Willen des Antragsgegners beruhte und aus Gründen der Billigkeit, nicht aber infolge einer der Antragstellerin gegenüber bestehenden Rechtspflicht erfolgte.

War aber vor dem Inkrafttreten der Reichsverfassung eine solche Verpflichtung nicht Inhalt der Staatsleistungen, so kann sie es auch nicht durch Art. 173 (138) RVerf. geworden sein. Die

Rechtsauffassung der Antragstellerin, daß, weil durch Art. 173 RVerf. die Religionsgesellschaften lebensfähig erhalten werden sollten, die Länder ihre Staatsleistungen so zu bemessen hätten, daß dieser Erfolg unter allen Umständen erzielt werde, verwechselt Beweggrund und Inhalt des Art. 173 und übersieht, daß nach dem Wortlaute des Art. 173 nur die bisherigen Leistungen bestehen bleiben sollten. Nur soweit das, was unter „bisherigen Leistungen" zu verstehen ist, zu verschiedenen Auslegungen Raum bietet, kann der Beweggrund zur Ergründung der richtigen Auslegung verwertet werden.

b) Die Unrichtigkeit der Ansicht der Antragstellerin ergibt sich weiter auch aus einer Vergleichung der Gehaltssätze ver Geistlichen und der Oberlehrer. Danach bildeten die Gehälter der Oberlehrer zwar das Vorbild für die Gehälter der Geistlichen; diese Gehälter waren aber selbständig geregelt, indem die Anfangsgehälter und Endgehälter je um 300 M., die Gehälter in den dazwischen liegenden Stufen teils um 500 (1. Aufrückungsstufe), teils um 600 (2. bis 5. Aufrückungsstufe), teils um 700 (6. Aufrückungsstufe), teils um 800 M. (7. Aufrückungsstufe) niedriger waren als die der Beamten. Abgesehen davon erreichten die Geistlichen ihr Endgehalt erst mit Beginn des 25., die Oberlehrer bereits mit Beginn des 22. Dienstjahres. Schon damit entfällt auch die Annahme der Antragstellerin, daß die Gehälter der Geistlichen nur deshalb zahlenmäßig niedriger festgesetzt worden seien, weil die Geistlichen sämtlich freie Dienstwohnung hätten, ganz abgesehen davon, daß ja auch die Beamten entweder freie Dienstwohnung hatten oder Wohnungsgeldzuschuß erhielten.

Dadurch erledigen sich alle Folgerungen, welche die Antragstellerin an die von ihr behauptete völlige oder verhältnismäßige Gleichstellung der Geistlichen mit den Oberlehrern geknüpft hat.

Zu Unrecht hat sich die Antragstellerin für die Richtigkeit ihrer Auffassung auf die Grundsätze berufen, die das Reichsgericht in den nach ihrer Ansicht gleichliegenden Fällen aufgestellt habe, in denen es sich um den Umfang der Verpflichtungen handelte, die durch die im Zusammenhang mit dem Reichsdeputationshauptschluß von 1803 erfolgten Säkularisationen entstanden waren. Durch § 35 des Reichsdeputationshauptschlusses (abgedruckt bei Schmitt Die Ablösung der Staatsleistungen an die Religionsgesellschaften S. 33) waren die säkularisierten Klostergüter den Landesherren „unter dem bestimmten Vorbehalte der festen und bleibenden Ausstattung der" (in den Klostergütern inkorporierten) „Domkirchen" (Pfarrkirchen) „überlassen". Nun bestimmte eine dazu erlassene Kabinettsorder vom 25. September 1834 (abgedr. im Archiv für katholisches Kirchenrecht Bd. 19 S. 340), „daß die" (den Domkirchen) „zu gewährenden Entschädigungen nicht über den Ertrag des eingezogenen Klostervermögens und die früheren Verpflichtungen der Klostergeistlichen" (d. h. des säkularisierten Klosters gegenüber den Domkirchen) „ausgedehnt werden dürften". Das Reichsgericht hat in ständiger Rechtsprechung unter „früheren Verpflichtungen" nicht den auf Grund derselben früher gezahlten Geldbetrag verstanden, sondern „den Inbegriff dessen, was den Klostergeistlichen" (dem säkularisierten Kloster) „auf Grund des durch die Inkorporation geschaffenen Rechtsverhältnisses der Pfarrkirche gegenüber zu leisten oblag". Es genügt auf RGZ. Bd 97 S. 171 hinzuweisen, wo es heißt:

„Lediglich die früheren, d. h. die zur Zeit der Säkularisation in Kraft gewesenen Verpflichtungen des Klosters sollen den Maßstab bilden für das, was die Pfarrgemeinde äußerstenfalls vom Staate zu fordern berechtigt ist. ... Hatte diese Entwicklung im Einzelfalle dahin geführt, daß schon das Kloster rechtlich verpflichtet war, für eine in den Zeitverhältnissen liegende Steigerung der kirchlichen Bedürfnisse aufzukommen und... den einzelnen Seelsorgegeistlichen... der einverleibten Kirche das jeweils zum Unterhalt Erforderliche zu gewähren, so liegt, eben wegen der Bezugnahme der Kabinettsorder auf die früheren Verpflichtungen der Klostergeistlichen, die gleiche Verpflichtung jetzt dem Fiskus ob. .. Der Beklagte ist daher dann, wenn bei der Säkularisation eine Rechtspflicht des Klosters zur Bestreitung der jeweiligen, also auch der mit der Zeit sich steigernden Unterhaltsbedürfnisse der Geistlichen... bestanden... hat, auf Grund der Kabinettsorder vom 25. September 1834 zur Gewährung den jetzigen Verhältnissen angemessener Dotationen verpflichtet."

Die Ausführungen des Reichsgerichts decken sich vollkommen mit den hier dargestellten Grundsätzen.

2. Bezüglich der allein in Geldzuwendungen bestehenden Staatsleistungen ist bereits im Sächsischen Kirchenurteil dargelegt, daß sie nach Art. 173 (138) RVerf. an die Geldentwertung anzupassen sind. Hieran muß festgehalten werden. Gegenüber den Ausführungen des Antragsgegners, die dies widerlegen sollen, ist folgendes zu bemerken:

Art. 173 RVerf. ist eine authentische Auslegung des Art. 138 Abs. 1 das. In Gemäßheit des jetzigen Art. 138 Abs. 1 sind die Staatsleistungen an die Religionsgesellschaften durch die Landesgesetzgebung nach den Grundsätzen eines noch zu erlassenden Reichsgesetzes abzulösen. Der (jetzige) Art. 173 RVerf. wurde zur Klärung der Zweifelsfrage geschaffen, ob nicht troß des (jetzigen) Art. 138 Abs. 1 die Länder befugt seien, schon vor dem Erlaß des dort vorgesehenen Reichsgesetzes eine Ablösung vorzunehmen (vgl. die Reden des bayerischen Gesandten von Preger und der Abgeordneten Heinze und Mumm in der 41. Sitzung des Verfassungsausschusses der Nationalversammlung vom 17. Juni 1919 — Aktenstück 391 S. 520 —, sowie der Abgeordneten Mausbach und Kahl in der 59. Vollsitzung der Nationalversammlung vom 17. Juli 1919 — Sten. Ber. S. 1645 u. 1648/49).

Durch das in Art. 138 Abs. 1 RVerf. vorgesehene Reichsablösungsgesetz sollte auf friedlichem Wege ein billiger Ausgleich zwischen den Ländern und den Religionsgesellschaften herbeigeführt werden, der den Belangen der letzteren gerecht werden, sie lebensfähig erhalten sollte (vgl. z. B. die Reden der Abgeordneten Meerfeld und Naumann in der 19. und 20. Sitzung des Verfassungsausschusses vom 1. und 2. April 1919, Aktenstück 391 S. 188, 191, 206).

Der Vorschlag, die Grundsätze für die Ablösung gleich in die Reichsverfassung aufzunehmen und dadurch eine alsbaldige Ablösung der Staatsleistungen an die Religionsgesellschaften durch die Länder herbeizuführen, wurde als damals „inopportun" abgelehnt (vgl. die Reden der Abgeordneten Spahn, Naumann und Meerfeld in der 20. Sitzung des Ausschusses vom 2. April 1919 — Aktenstück 391 S. 205, 206 —, sowie die erwähnte Rede des Abgeordneten Kahl in der 59. Vollsitzung vom 17. Juli 1919). Dabei war man sich bewußt, daß bis zur Schaffung des Reichsablösungsgesetzes noch geraume Zeit vergehen könnte (vgl. die bezeichnete Rede des Abg. Meerfeld vom 2. April 1919); aber man glaubte einerseits, daß durch die Hinausschiebung die Aussichten der Religionsgesellschaften für eine günstige Gestaltung des Reichsablösungsgesetzes jedenfalls nicht verschlechtert würden (so wiederum Abg. Meerfeld a. a. O.), anderseits hielt man es für erforderlich, durch den (jetzigen) Art. 173 RVerf. bis dahin die Religionsgesellschaften „gegenüber der unrühmlich betätigten Eigenmacht einzelner Einzelstaaten" zu sichern, und erachtete sie durch Art. 173 RVerf. für gesichert (so der Abgeordnete Kahl in der erwähnten Rede vom 17. Juli 1919). Man war sich dabei auch dessen bewußt, daß die in den einzelnen Ländern gegenüber den vielen Religionsgesellschaften höchst verschiedenartigen Staatsleistungen zum größten Teil in festen Geldzuwendungen für Einzelpersonen bestanden (vgl. die angeführte Rede des Abgeordneten Spahn vom 2. April 1919, sowie die des Abgeordneten Naumann in der 59. Vollsitzung, Sten. Ber. S. 1654, 1655). Man war sich aber auch über die bereits weit fortgeschrittene Geldentwertung klar (vgl. die Reden der Abgeordneten Spahn und Naumann vom 2. April 1919). Stand doch der Dollar am 1. April 1919, dem Tage der 19. Sitzung des Ausschusses, auf 11,26, am 31. Juli 1919, an dem die Art. 138, 173 RVerf. in 3. Lesung angenommen wurden, auf 17,10. Mag man vielleicht an die Möglichkeit einer Besserung der Währung geglaubt haben, so rechnete man doch selbstverständlich auch damit, daß diese nicht eintreten oder die Währung sich noch verschlechtern würde. Wenn man daher trotz dieser Umstände die Religionsgesellschaften durch Art. 173 (138) RVerf. für gesichert hielt, so beweist das, daß man den Begriff „bisherige Staatsleistungen" nicht in dem engen Sinne verstanden wissen wollte, wie es der Antragsgegner tut, sondern in einem weiteren Sinne auffaßte; und dieser kann nur darin bestanden haben, daß die Geldzuwendungen der Geldentwertung anzupassen seien. Nur so wird man dem Begriff „Staatsleistungen", wie er nach dem Zwecke der Art. 173 (138) auszulegen ist, gerecht und verstößt nicht gegen ihren Wortlaut, nach dem die Verpflichtungen der Länder unter allen Umständen in den „bisherigen" Staatsleistungen ihre Begrenzung finden müssen.

Eine andere Auffassung wäre höchstens dann denkbar, wenn man unterstellen könnte, man habe bei Schaffung der Reichsverfassung damit gerechnet, daß eine Aufwertung der Staatsleistungen ohnehin auf Grund anderer Bestimmungen des Reichsrechts (§ 242 BGB.) oder des Partikularrechts würde zu erfolgen haben. Dann könnten unter den bisherigen Staatsleistungen des Art. 173 (138) RVerf. vielleicht die beim Inkrafttreten der Reichsverfassung gewährten, nach reichs- oder landesrechtlichen Vorschriften aufzuwertenden Geldbeträge zu verstehen sein. Davon kann aber keine Rede sein. Denn eine solche Aufwertungsmöglichkeit ist erst lange nach dem Inkrafttreten der Reichsverfassung begriffen und lediglich infolge der Rechtsprechung des Reichsgerichts (Urteil vom 21. Sept. 1920 in RGZ. Bd. 100 S. 129; vgl. dazu den Aufsatz von Bühler in Jur. Wochenschrift 1921 S. 875) anerkannt worden. Es sei hierbei darauf hingewiesen, daß auch der Antragsgegner noch in seinem Schreiben vom 29. März 1924 jede Aufwertung der bisherigen Staatsleistungen abgelehnt hatte, also den § 242 BGB. selbst damals noch nicht für anwendbar hielt.

3. Für die Feststellung, welche Beträge demnach der Geldentwertung anzupassen sind, waren folgende Umstände maßgebend:

a) Die Staatsleistungen des Antragsgegners sollten in Geldzuwendungen bestehen. Diese waren allerdings nicht für alle Zeiten gleichbleibend zahlenmäßig festgelegt. Es beruhte dies jedoch lediglich darauf, daß sie Zuschüsse zu anderen, nicht dauernd gleichbleibenden Beträgen (dem Pfründeneinkommen) sein sollten. Anderseits waren sie der Höhe nach insofern begrenzt, als sie mit dem Pfründeneinkommen zusammen bestimmte Höchstsätze (2700 bis 6900 M.) nicht überschreiten durften. Daraus ergibt sich, daß die bisherigen Staatsleistungen ihre Eigenschaft als Zuschüsse auch für die Zukunft wahren müssen. Würde etwa der Antragsgegner bei vollständigem Fortfall des Pfründeneinkommens für verpflichtet erklärt werden, die gesamten in den Gesetzen von 1911 bestimmten Beträge für die Geistlichen zu zahlen, so wäre ihm damit die volle Besoldung der Geistlichen, aber nicht mehr die Leistung von Zuschüssen auferlegt. Das gleiche muß bei einer wesentlichen Änderung des Pfründeneinkommens gelten. Hätten beispielsweise letzteres und die demnach erforderlichen Staatszuschüsse früher je die Hälfte des zur Besoldung der Geistlichen erforderlichen Gesamtbetrags ausgemacht und wäre das Pfründeneinkommen jetzt auf 10 % gesunken, so würden Zuschüsse von 90 % nicht mehr als die bisherigen Leistungen zu gelten haben, sondern als andere Leistungen. Die Zuschüsse sind deshalb nur dann als bisherige Staatsleistungen anzusehen, wenn sie in annähernd denselben prozentualen Verhältnissen zu dem gesamten für die Besoldung der Geistlichen erforderlichen Betrage bleiben.

Dagegen kann nicht eingewendet werden, daß sich für die Zeit vor Inkrafttreten der Reichsverfassung die Verpflichtung des Antragsgegners, auch bei gänzlichem oder teilweisem Fortfall des Pfründeneinkommens für die volle Besoldung der Geistlichen einzuspringen, aus dem Landesgesetze von 1911 ergebe, und daß sich der Antragsgegner dieser Verpflichtung damals nur durch ein das Landesgesetz von 1911 änderndes Gesetz hätte entziehen können, woran er jetzt durch die Reichsverfassung gehindert sei. Denn für die Ergründung des rechtlichen Charakters der Staatszuschüsse können Umstände nicht ausschlaggebend sein, die beim Erlaß des Landesgesetzes von 1911 nicht vorausgesehen werden konnten, ja damals zweifellos für unmöglich gehalten wurden. Das Pfründeneinkommen als der für die Besoldung der Geistlichen primäre Faktor wurde vom Gesetzgeber als im wesentlichen gleichbleibend, sich jedenfalls nicht wesentlich verringernd angesehen; dementsprechend mußte davon ausgegangen werden, daß auch die erforderlichen Zuschüsse, der sekundäre Besoldungsfaktor, im wesentlichen gleichbleiben, sich jedenfalls nicht wesentlich erhöhen, also auch in einem wesentlich gleichbleibenden prozentualen Verhältnis zu dem für die Besoldung der Geistlichen erforderlichen Gesamtbetrag stehen würden. Dem Umstand, daß das Pfründeneinkommen sich verringert hat, kann deshalb nur in dem Maße Rechnung getragen werden, als es bei Erlaß des Landesgesetzes von 1911 vorausgesehen werden konnte. Demgegenüber ist die Ausführung der Antragstellerin unerheblich, daß sie allein die Folgen der Verringerung des Pfründeneinkommens zu tragen habe, während sie nach den Gesetzen von 1911 doch überhaupt nicht zur Besoldung der Geistlichen habe beitragen sollen. Denn dieses war nicht der Inhalt dieser Gesetze, sondern lediglich eine Folge.

Der Staatsgerichtshof hat zunächst auf Grund der von beiden Streitteilen gemachten Angaben den Betrag des Pfründeneinkommens und die Höhe der geleisteten Staatszuschüsse in den Rechnungsjahren 1911/18 festgestellt. ... Danach betrugen in den Rechnungsjahren 1911 bis 1916, in denen noch keine Teuerung vorlag, insgesamt

das Pfründeneinkommen	5 189 284 M,
die Staatszuschüsse	2 401 143 „
Von dem Gesamtbetrag von	7 590 427 M.

entfallen demnach auf das Pfründeneinkommen 68,37 %, auf die Staatszuschüsse 31,63 %. Dieses prozentuale Verhältnis war in den 6 Rechnungsjahren annähernd das gleiche. .. Die Staatszuschüsse haben sich in den Rechnungsjahren 1911 bis 1916 nicht etwa auf einer dauernd aufsteigenden Linie bewegt, sondern haben geschwankt. Die Rechnungsjahre 1917 und 1918 standen schon unter dem Einflusse der Kriegsteuerung. Dadurch ist einerseits die Höhe des Pfründeneinkommens beeinflußt worden, indem es eine Erhöhung erfahren hat; anderseits hat der Antragsgegner Kriegsteuerungszulagen gezahlt. Es ließ sich daher aus diesen Zahlen kein für normale Zeiten verwendbares Ergebnis erzielen.

Der Staatsgerichtshof hat deshalb die Rechnungsjahre 1917 und 1918 außer Betracht lassen müssen, was um so unbedenklicher geschehen konnte, als sich aus den normalen Rechnungsjahren 1911 bis 1916 ein genügend klares Bild ergibt. Als Ergebnis ist demnach festzustellen: Als sich die Gesetze von 1911 erstmalig auswirkten, betrugen die Staatszuschüsse rund 30 % des Gesamteinkommens der Geistlichen. Solange noch eine geordnete Währung bestand, blieben sie auf ungefähr der gleichen Höhe, und zwar stets unter $1/_3$ des Gesamteinkommens. Mit einer geringen Verminderung des Pfründeneinkommens mußte man auch unter normalen Verhältnissen rechnen; der Höchstzuschuß, der als „bisherige Leistungen" im Sinne des Art. 173 RVerf. angesehen werden kann, ist deshalb auf $33^1/_3$ % des den Geistlichen nach den Gesetzen von 1911 zustehenden Gesamteinkommens festzustellen.

Nicht dagegen konnte der Antragsgegner für verpflichtet erachtet werden, die Staatszuschüsse nach dem in der Zeit, auf die sich die Klaganträge beziehen, wesentlich veränderten Pfründeneinkommen zu bemessen (folgen Zahlen hierüber) . . .

b) Die „bisherigen Staatsleistungen" des Antragsgegners werden aber auch durch die Zahl der Geistlichen bestimmt, für die sie nach den Gesetzen von 1911 zu leisten waren. Und zwar kommen außer zwei Kollaboratoren der Stadt Braunschweig in Betracht an Geistlichen (einschließlich der Kollaboratoren) des Landes Braunschweig in den Rechnungsjahren 1911 bis 1918 durchschnittlich 231. Unstreitig ist inzwischen die Zahl der Geistlichen erheblich gesunken; einerseits ist aber der Antragsgegner verpflichtet, bei einer etwaigen Erhöhung der Zahl bis zum früheren Durchschnitt die entsprechenden Zuschüsse zu leisten, anderseits ist die Antragstellerin nicht berechtigt, Zuschüsse für eine größere Durchschnittszahl von Geistlichen zu verlangen, als sie früher solche beschäftigt hatte. Im übrigen kann letzteres auf sich beruhen, da eine Beschäftigung einer größeren Zahl von Geistlichen, als in der Zeit vor dem Inkrafttreten der Reichsverfassung, auf absehbare Zeit tatsächlich nicht in Frage kommt.

4. Diese „bisherigen Staatsleistungen" sind der Geldentwertung anzupassen.

a) Außer Betracht zu bleiben hatten dabei sowohl alle Änderungen, welche die Antragstellerin in der Besoldung ihrer Geistlichen, wie die, welche der Antragsgegner in der Besoldung seiner Beamten nach dem Inkrafttreten der Reichsverfassung vorgenommen hat. Denn die ersteren berühren nicht den Antragsgegner, die letzteren nicht die Antragstellerin. Dies gilt um so mehr, weil die beiderseitigen späteren Besoldungsgesetze nicht nur eine Erhöhung der früheren Besoldungssätze, sondern ein neues Besoldungssystem eingeführt haben. Eine Umänderung der „bisherigen Staatsleistungen" nach den Grundsätzen der späteren Gesetze würde deshalb nicht eine Anpassung an die Geldentwertung, sondern eine unzulässige Umwandlung in andere Staatsleistungen bedeuten. Selbst wenn dadurch keine höhere Belastung des Antragsgegners herbeigeführt würde, hätten somit dessen Zuschüsse weder ganz noch zu einem Prozentsatze nach den Staatsgesetzen vom 8. April 1922 (Besoldungsgruppe 10 mit Aufrückungsmöglichkeit in Gruppe 11) und vom 26. Juni 1928 (Besoldungsgruppe A 2b) der Geldentwertung angepaßt werden können.

b) Die bisherigen Staatsleistungen konnten daher nur entweder auf die volle Höhe in Reichsmark festgesetzt oder in ein bestimmtes prozentuales Verhältnis zur Reichsmark gebracht werden. Dabei wäre es auch nicht ausgeschlossen gewesen, einen die Gleichheit übersteigenden Hundertsatz zu wählen. Denn rechtlich ist die Reichsmark nicht an die Stelle der alten Mark getreten; sie ist vielmehr eine neue Währung. Immerhin ist sie in demselben Verhältnis zu der damals als Normalwährung geltenden amerikanischen Währung begründet, in dem die frühere Mark in normalen Zeiten (die Goldmark) zu dieser stand; sie hat deshalb nach allgemeiner Anschauung die alte Mark ersetzt. Als Anpassung der nach der alten Währung geschuldeten Geldbeträge an die Geldentwertung im Sinne des Art. 173 RVerf. muß deshalb grundsätzlich, d. h. falls nicht besondere Umstände zu einer anderen Lösung zwingen, die Ersetzung der Markbeträge durch die entsprechenden Reichsmarkbeträge gelten.

5. Bei der hiernach vorzunehmenden Prüfung waren, wie schon im Sächsischen Kirchenurteil hervorgehoben, die gesamten Umstände des Falles nach den das ganze Rechtsleben beherrschenden Grundsätzen von Treu und Glauben zu berücksichtigen. Bezwecken einerseits die Art. 138, 173 RVerf., die Religionsgesellschaften lebens-

fähig zu erhalten, so wird doch anderseits die ganze Reichsverfassung von dem Gedanken getragen, Reich und Länder lebensfähig zu erhalten. Aus diesen Erwägungen ist der Staatsgerichtshof zu dem Ergebnis gelangt, dem Antragsgegner für die Zeit vom 1. April 1928 an die Zahlung der bisherigen Staatsleistungen in vollen Reichsmarkbeträgen aufzuerlegen, es dagegen für die Zeit vom 1. Dezember 1923 bis zum 31. März 1928 bei den tatsächlich vom Antragsgegner an die Antragstellerin geleisteten Zahlungen bewenden zu lassen, wobei selbstverständlich, soweit eine Verrechnung der für diese Zeit gezahlten Vorschüsse inzwischen noch nicht erfolgt ist (was nur für das Rechnungsjahr 1927 in Betracht kommt), diese in derselben Art, wie bisher, zu geschehen hat.

a) Die für die Zeit vor dem 1. April 1928 gezahlten Zuschüsse sind zwar nicht nach richtigen Grundsätzen berechnet; es konnte aber darüber hinweggesehen werden, weil sie letzten Endes ja nur einen Rechnungsfaktor für die von der Antragstellerin an ihre Geistlichen geleisteten Zahlungen bildeten und in diesen enthalten waren, sowie weil auch sie immerhin in ihrer Gesamtheit einen Hundertsatz der Leistungen darstellen, die dem Antragsgegner obgelegen hätten. Diesem etwa für die Zeit vor dem 1. April 1928 Beträge aufzuerlegen, die einen höheren Hundertsatz ausmachen würden, war abzulehnen, da ihm nicht zugemutet werden kann, jetzt noch dadurch erforderlich werdende Nachzahlungen zu leisten. Denn er erläßt jährlich sein Staatshaushaltsgesetz; durch dieses werden seine Ausgaben in Rechnung gestellt und die dazu erforderlichen Mittel angewiesen. Für die hier in Betracht kommenden Ausgaben für die Zeit vor dem 1. April 1928 hat der Antragsgegner seit dem Erlaß des Urteils H. die in diesem als maßgebend dargestellten Grundsätze seinen Berechnungen zugrunde gelegt. Darüber hinauszugehen, hatte er bis zum 1. April 1928 keine Veranlassung. Nun hat er alljährlich große Schwierigkeiten, seinen Haushaltsplan auszugleichen. Auch der Plan des ordentlichen Haushalts für das Rechnungsjahr 1929 schloß bei Einnahmen von 59 752 990 RM. und Ausgaben von 64 278 300 RM. mit einem ungedeckten Fehlbetrag von 4 525 310 RM. ab. Hätte der Antragsgegner jetzt Nachzahlungen für mehr als 4 Rechnungsjahre zu leisten, so würde das eine unangemessene, schwere Belastung seines Haushalts bedeuten. Denn ihm können, nachdem er die Verpflichtungen, mit denen er rechnen mußte, ordnungsmäßig erfüllt hat, nicht Nachteile daraus erwachsen, daß es die Antragstellerin, obwohl sie dazu jederzeit in der Lage war, verabsäumt hat, den auf Grund des Gesetzes vom 9. Juli 1921 ins Leben getretenen Staatsgerichtshof anzurufen.

Dazu kommt, daß es der Antragstellerin, wenn auch unter Schwierigkeiten und teilweise dadurch, daß sie ihren Geistlichen nicht die vollen, ihnen nach den Kirchengesetzen zustehenden Bezüge gezahlt hat, gelungen ist, die Fehlbeträge in ihren Haushaltsplänen wenigstens bis einschließlich des Rechnungsjahres 1927 zu decken.

Dagegen mußte der Antragsgegner, da die Klage der Antragstellerin noch im Kalenderjahr 1927 erhoben ist, damit rechnen, in der Weise, wie geschehen, verurteilt zu werden; er mußte deshalb schon für das Rechnungsjahr 1928 die erforderlichen Mittel bereitstellen. Für die Zeit vom 1. April 1928 an greifen deshalb die für die frühere Zeit zu seinen Gunsten geltend gemachten Gründe nicht mehr durch.

b) Für die Zeit vom 1. April 1928 an war eine Erhöhung der Staatszuschüsse über den entsprechenden Betrag in Reichsmark abzulehnen. Mögen auch dem Antragsgegner jetzt vereinzelte Einnahmequellen (z. B. aus dem Betrieb der Staatsbank) zufließen, über die er früher nicht in gleichem Umfang zu verfügen hatte, so ist doch, insbesondere auch nach den in den Urteilen des Oberlandesgerichts Braunschweig in Sachen Z., J. und H. angeführten Tatsachen, nicht daran zu zweifeln, daß dem Antragsgegner in der Kriegs- und Nachkriegszeit erhebliche Vermögenswerte und Einnahmequellen verloren gegangen sind. Es braucht ferner nur auf die bereits erwähnten Fehlbeträge in seinen Haushaltplänen hingewiesen zu werden. Dabei ist es nicht Sache des Staatsgerichtshofs, die Angemessenheit der einzelnen Ausgabensätze des Haushaltplans nachzuprüfen. Denn dies würde eine unzulässige Einmischung in die den gesetzgebenden Körperschaften Braunschweigs zustehende Finanzhoheit bedeuten.

Es mag übrigens noch darauf hingewiesen werden, daß beim Antragsgegner in unzweifelhaft ernster Weise in Erwägung gezogen worden ist, sich zur Ersparung von Verwaltungskosten mit dem Lande Preußen in derselben Weise zu vereinigen, wie es bereits das Land Waldeck getan hat. Der Entschluß zur Aufgabe der Selbständigkeit kann nur den schwersten finanziellen Sorgen seine Entstehung verdanken.

Zugunsten der Antragstellerin war zu berücksichtigen, daß sie, um lebensfähig zu bleiben, sich einen geeigneten Nachwuchs an

Geistlichen sichern muß und dies nur dadurch erreichen kann, daß sie deren Bezüge, wie sie es durch ihre Gesetze von 1922 und 1928 getan hat, nach Kräften denen der Staatsbeamten mit derselben Vorbildung angleicht. Dies war um so notwendiger, als, wie sie zutreffend hervorgehoben hat, die Geistlichen in den meisten anderen deutschen Ländern, insbesondere auch im Lande Preußen, entsprechende Bezüge erhalten. Außerdem ist eine solche Angleichung, wie nicht weiter ausgeführt zu werden braucht, ein Gebot der Billigkeit. Dadurch ist aber die Antragstellerin, die früher überhaupt nicht zur Besoldung der Geistlichen beizutragen brauchte, jetzt gezwungen, erhebliche Mittel bereitzustellen: sie muß zunächst den Unterschied decken, um welchen jetzt im Gegensatz zu früher das Pfründeneinkommen weniger als $^2/_3$ der nach den Gesetzen von 1911 zu errechnenden Gesamtbezüge der Geistlichen in Reichsmark ausmacht. Wenn man das frühere Pfründeneinkommen auf durchschnittlich 864 880 M., das jetzige unter Berücksichtigung der Möglichkeit einer allmählichen Steigerung auf höchstens etwa 700 000 RM. ansetzt, so hat also die Antragstellerin jährlich mindestens etwas mehr als 150 000 RM. zu beschaffen. Sind dadurch und durch die Zuschüsse, die dem Antragsgegner durch das gegenwärtige Urteil auferlegt sind, die Bezüge gedeckt, die den Geistlichen nach den Gesetzen von 1911 in Reichsmark zustehen würden, so muß weiter die Antragstellerin die Mittel selbst beschaffen, um den Geistlichen nach Möglichkeit die ihnen nach dem Kirchengesetz von 1928 zugebilligten Bezüge zahlen zu können. Daß auch diese Mittel erheblich sind, ergibt die einfache Erwägung, daß die Gehälter der Geistlichen nach den Gesetzen von 1911 zwischen 2700 und 6900 M., nach dem Kirchengesetze von 1928 aber allein ihre Grundgehälter zwischen 4400 und 8000 RM. betragen.

Zu Unrecht hat der Antragsgegner die Antragstellerin auf ihr Recht verwiesen, Kirchensteuern zu erheben. Denn um eine gerechte Besoldung der Geistlichen auch nur einigermaßen sicherzustellen, muß die Antragstellerin von diesem Rechte schon ohnehin ausgiebigen Gebrauch machen. Ein Mehr kann ihr mit Rücksicht auf ihre übrigen Aufgaben, deren Erfüllung in den letzten Jahren sehr stark hat eingeschränkt werden müssen, nicht zugemutet werden, zumal da übermäßig hohe Kirchensteuern erfahrungsgemäß die Kirchenaustrittsbewegung fördern, während gerade durch Art. 173 RVerf. die Religionsgesellschaften lebensfähig erhalten werden sollten.

Deshalb hätte der Antragsgegner nur dann eine Ermäßigung seiner Zuschüsse unter den gleichen Betrag in Reichsmark verlangen können, wenn er durch die ihm auferlegten Zahlungen unwiederbringlichen Schaden erleiden würde. Dies ist indessen nicht zu befürchten. Denn der Antragsgegner wird, selbst wenn die Antragstellerin wieder in die Lage kommen sollte, die frühere Durchschnittszahl an Geistlichen anzustellen, Zuschüsse von nicht mehr als rund 400 000 RM. zu zahlen haben, während er im Durchschnitt der Rechnungsjahre 1924 bis 1926 je rund 300000 RM. endgültig gezahlt hat. Die ihm auferlegten Mehrzahlungen belaufen sich also auf höchstens 100 000 RM. jährlich. Dies ist nicht übermäßig im Verhältnis zu seinen Gesamtausgaben und jedenfalls erheblich weniger, als die Antragstellerin aus eigenen Mitteln aufwenden muß, um auch nur den Minderertrag des Pfründeneinkommens zu decken.

Damit ist Nr. 1 des Spruches gerechtfertigt. In Nr. 2 ist zur Vermeidung von Irrtümern im Hinblick auf den vorletzten Satz des Hilfsantrags der Antragstellerin noch besonders hervorgehoben, daß Zuschüsse schon dann nicht mehr zu zahlen sind, wenn das Pfründeneinkommen der betreffenden Geistlichen ihren nach den Gesetzen von 1911 errechneten Bezügen in Reichsmark zum mindesten gleichkommt.

6. Zugunsten des Antragsgegners war jedoch noch, wie dies in Nr. 3 des Spruches geschehen ist, festzustellen, daß mit Rücksicht auf die oben wiedergegebenen Bestimmungen über den Pfarrbesoldungsfonds seine Zuschußpflicht weder ihrer Höhe noch ihrer Art nach dauernd gleichzubleiben braucht. Denn der Pfarrbesoldungsfonds sollte nicht allein dazu dienen, die Mittel zur Verringerung der staatlichen Zuschußpflicht anzusammeln, sondern er sollte darüber hinaus später selbst die Zahlung der Staatszuschüsse übernehmen, allerdings nur bei entsprechender Zuschußleistung durch den Antragsgegner. Die sich daraus für den Antragsgegner ergebenden Rechte sind durch Art. 173 RVerf. unberührt geblieben. Er kann deshalb verlangen, daß die Antragstellerin nach wie vor die in den Gesetzen von 1902 und 1911 bestimmten Zahlungen an den Pfarrbesoldungsfonds abführe, insbesondere diesem die Überschußbeträge von den Überschußpfarren zuleite. Er kann ferner, sobald der Pfarrbesoldungsfonds eine entsprechende Höhe erreicht hat, den Zeitpunkt bestimmen, an dem dieser aus den angesammelten Mitteln die Zuschußzahlung an seiner, des Antragsgegners, Stelle übernimmt; nur hat er dabei dem Pfarr-

besoldungsfonds Zuschüsse in einer Höhe zu leisten, daß durch sie zusammen mit den Erträgnissen des Pfarrbesoldungsfonds derselbe Erfolg gewährleistet wird, der jetzt durch die dem Staat auferlegten Zahlungen allein erzielt werden soll. Die dem Pfarrbesoldungsfonds zuzuleitenden Zuschüsse müssen also dann so bemessen werden, daß sie zusammen mit den Erträgnissen des Fonds ein Drittel der Gehaltssätze in Reichsmark ausmachen, die den Geistlichen nach den Gesetzen von 1911 zustehen würden.

Die Ausführung des Sächsischen Kirchenurteils, daß ein im Begründungsakt vorbehaltener allgemeiner Widerruf einer Staatsleistung gegenüber dem Art. 173 RVerf. gegenstandslos sei, steht dem Gesagten nicht entgegen. Denn die hier streitigen Staatszuschüsse waren nach den Gesetzen von 1902 und 1911 von vornherein so bestimmt, daß sie durch die Gründung und das Anwachsen des Pfarrbesoldungsfonds beeinflußt werden sollten; anderseits bleibt unverändert der Erfolg, daß der Antragstellerin Beträge in einer bestimmten Höhe zugute kommen.

7. Die weitergehenden Ansprüche der Antragstellerin sind unbegründet. Dies ist in Nr. 4 des Spruches zum Ausdruck gelangt. Das bedeutet selbstverständlich nicht, daß der Antragstellerin für die Zeit vor dem 1. April 1928 überhaupt keine Ansprüche zustanden, sondern nur, daß sie keine höheren Zahlungen verlangen kann, als solche für diese Zeit tatsächlich geleistet oder noch zu verrechnen sind.

3.

In der verfassungsrechtlichen Streitsache

der Fraktion der Sozialdemokratischen Partei im Württembergischen Landtag,

Antragstellerin,

gegen

1. das Württembergische Staatsministerium,

2. den Württembergischen Landtag,

Antragsgegner,

wegen Verfassungswidrigkeit der Bestellung der Regierung und wegen Verfassungswidrigkeit einer Bestimmung der Geschäftsordnung des Landtags und zweier Abstimmungsermittlungen (StGH. 10/29), hat der Staatsgerichtshof für das Deutsche Reich in der öffentlichen Sitzung vom 17./18. Februar 1930 für Recht erkannt:

Die Anträge werden zurückgewiesen.

Gründe:

A.

Auf Grund der Wahlen vom 20. Mai 1928 war der Württembergische Landtag in der Weise zusammengesetzt worden, daß von den 80 Sitzen die drei bis dahin die Regierung stützenden Parteien anstatt der früheren 42 nur 37 (Zentrum 17, Deutschnationale Volkspartei [Bürgerpartei] 4, Bauernbund 16), dagegen die gegnerischen Parteien 40 Sitze (Sozialdemokraten 22, Demokraten 8, Kommunisten 6, Deutsche Volkspartei 4) erhielten und der neu eintretenden Partei des Christlichen Volksdienstes 3 Sitze zugeteilt wurden. Zum Staatspräsidenten wurde aber am 8. Juni 1928 der dem Zentrum angehörende bisherige Innenminister Dr. Bolz mit 39 von 68 gültigen Stimmen gewählt, während auf den sozialdemokratischen Abgeordneten Keil 22 Stimmen fielen und der Rest sich zersplitterte. Der neue Staatspräsident berief als Minister Angehörige der bisherigen Regierungsparteien, insbesondere als Kultminister den deutschnationalen Abgeordneten Dr. Bazille, den bisherigen Staatspräsidenten.

Es wurde alsbald von den Sozialdemokraten ein Mißtrauensantrag gegen die Gesamtregierung, von den Demokraten und der Deutschen Volkspartei ein solcher gegen den Kultminister Dr. Bazille eingebracht. Der erste erhielt am 8. Juni 1928 36 Ja-, 40 Nein-Stimmen bei 4 Enthaltungen, der zweite 40 Ja- und 39 Nein-Stimmen bei einer Enthaltung. Der § 76 der Geschäftsordnung des Landtags vom 26. Juni 1926 bestimmt, daß „Stimmengleichheit die Frage verneint" (Abs. 2) und „Stimmenthaltung als Nein zählt" (Abs. 3). So wurden die Mißtrauensanträge für abgelehnt erklärt. Am 19. April 1929 wurde wiederum von den Sozialdemokraten ein Mißtrauensantrag gegen die Gesamtregierung gestellt, von den Demokraten ein solcher gegen den Kultminister. Die Abstimmung hatte für den ersten das gleiche Ergebnis wie am 8. Juni 1928, für den zweiten ergab sie 40 Ja und 37 Nein bei 3 Enthaltungen.

Die Sozialdemokratische Landtagsfraktion beantragte nun mit einem am 27. Mai 1929 unterzeichneten, am 24. Juni beim Staatsgerichtshof eingegangenen Schriftsatz:

I. Festzustellen:

a) Das am 8. Juni 1928 von dem Staatspräsidenten Dr. Bolz gebildete Württembergische Staatsministerium ist seit diesem Tage im Widerspruch mit der Vorschrift des § 27 der Württembergischen Verfassung vom 25. September 1919 bzw. im Widerspruch mit Art. 17 Abs. 1 Satz 3 der Reichsverfassung vom 11. August 1919 im Amte. Eventuell: Das bezeichnete Staatsministerium ist seit dem 19. April 1929 im Widerspruch mit den genannten Bestimmungen der Landes- und der Reichsverfassung im Amte.

b) Der Kultminister Dr. Bazille ist seit 8. Juni 1928 im Widerspruch mit § 27 der Württembergischen Verfassung bzw. im Widerspruch mit Art. 17 Abs. 1 Satz 3 der Reichsverfassung im Amte. Eventuell: Der bezeichnete Minister ist seit 19. April 1929 im Widerspruch mit den genannten Verfassungsbestimmungen im Amte.

II. Festzustellen:

a) Der § 76 Abs. 3 der Geschäftsordnung des Württembergischen Landtags vom 26. Juni 1926 verstößt gegen § 19 Abs. 1 Satz 2 der Württembergischen Verfassung. Eventuell: Die Anwendung des § 76 Abs. 3 der Geschäftsordnung des Württembergischen Landtags verstößt bei Abstimmungen über Vertrauensvoten und Mißtrauensvoten gegen § 19 Abs. 1 Satz 2 der Landesverfassung in Verbindung mit § 27 der Württembergischen Verfassung und Art. 17 Abs. 1 Satz 3 der Reichsverfassung, eventuell in Verbindung mit § 28 der Landesverfassung.

b) Das Abstimmungsergebnis über den Mißtrauensantrag der Deutschen Demokratischen Partei und der Deutschen Volkspartei gegen den Kultminister Dr. Bazille am 8. Juni 1928 bzw. am 19. April 1929 ist die Annahme des Mißtrauensantrags durch den Landtag.

III. Festzustellen:

Die von dem Mitglied des Landtags Dr. Bazille bei den Abstimmungen über die Mißtrauensvoten gegen den Kultminister am 8. Juni 1928 und am 19. April 1929 abgegebenen Stimmen werden nicht gezählt. Eventuell: die Stimmabgabe des Abgeordneten Dr. Bazille bei diesen Abstimmungen verstößt gegen die guten Sitten und ist nichtig.

Zur Begründung des ersten Antrags wurde ausgeführt: § 27 der Württembergischen Verfassung (WVerf.) vom 25. September 1919, wonach „das vom Staatspräsidenten gebildete Staatsministerium des Vertrauens des Landtags bedarf", besage nicht nur, wie der Art. 54 RVerf., daß das Kabinett oder der einzelne Minister zurücktreten müsse, wenn ihm der Landtag sein Vertrauen durch ausdrücklichen Beschluß entziehe, sondern daß das Staatsministerium nach seiner Berufung durch den Staatspräsidenten einer positiven Bekundung des Vertrauens durch den Landtag bedürfe, die allerdings nicht mittels eines förmlichen Vertrauensbeschlusses zu geschehen brauche, aber immerhin aus den gesamten Umständen klar hervorgehen müsse. Dies ergebe sich schon aus dem Wortlaut und Zusammenhang der Bestimmungen. Denn während im Art. 54 RVerf. auf den das Erfordernis des Vertrauens des Reichstags aussprechenden Satz 1 der für den Fall der Entziehung des Vertrauens den Rücktritt vorschreibende Satz 2 unmittelbar folge, und dieser daher den ersten offenbar erläutern und einschränken solle, sei im § 27 WVerf. das Erfordernis des Vertrauens für das Staatsministerium in Verbindung mit den auf die Neubildung des Staatsministeriums bezüglichen Vorschriften, namentlich im Anschluß an den die Wahl des Staatspräsidenten regelnden Absatz 1 und den die Berufung und Entlassung der Minister durch den Präsidenten ordnenden Absatz 2 Satz 1 ausgesprochen, und sodann erst im folgenden § 28, also in einer besonderen Bestimmung, das Recht des Landtags verbrieft, „das Staatsministerium abzuberufen oder die Abberufung einzelner Minister zu verlangen". Man könne zwar annehmen, daß Art. 17 Abs. 1 Satz 3 RVerf., wonach die Landesregierungen des Vertrauens der Volksvertretungen bedürfen, mit diesem Satze keine schärferen Anforderungen stellen wolle, als sie Art. 54 für die Reichsregierung aufgestellt habe. Aber die in Rede stehende Vorschrift der Württembergischen Verfassung vom 25. September 1919 sei aus der vor dem Zustandekommen der Reichsverfassung erlassenen Württembergischen Verfassung vom 20. Mai 1919 im wesentlichen wörtlich unter bewußter Abweichung von der Reichsverfassung beibehalten worden. Zur Zeit ihrer Entstehung seien die parlamentarischen Schwierigkeiten, die sich für die Regierungsbildung aus der Forderung positiven Vertrauens ergeben könnten, noch nicht zutage getreten und diese Forderung sei auch in der Verfassunggebenden Nationalversammlung vom Ministerpräsidenten Bauer für das Reich als begründet bezeichnet worden. Die schärfere Regelung im

Vergleich zum Reichsrecht sei auch nach der Verschiedenheit des Aufbaues der Verfassungen begründet, da im Reich zwei sich gegenseitig ergänzende und kontrollierende, unmittelbar vom Volke gewählte Organe, der Reichstag und der Reichspräsident, beständen, Württemberg dagegen nur den Landtag habe, zudem für die Wahl des Staatspräsidenten relative Mehrheit genügen lasse. Die Auffassung der Antragstellerin sei auch im wissenschaftlichen Schrifttum von dem geistigen Urheber der Württembergischen Verfassung, dem Professor von Blume, und — in den ersten Auflagen seines Erläuterungsbuchs — vom Kultminister Dr. Bazille sowie neuerdings noch von mehreren anderen Schriftstellern vertreten worden.

Der Antrag auf Ungültigkeit des § 76 Abs. 3 der Geschäftsordnung und der danach vorgenommenen Feststellung der Abstimmungsergebnisse wurde dahin begründet, daß diese Vorschrift dem § 19 Abs. 1 Satz 2 WVerf., wonach der Landtag mit Stimmenmehrheit beschließt, und in ihrer Anwendung auf Vertrauens- und Mißtrauensvoten auch den oben erwähnten Bestimmungen der Reichs- und Landesverfassung über das Erfordernis des Vertrauens der Landesvertretung zur Landesregierung widerspreche. An sich bedeute Stimmenthaltung Neutralität, weder „Ja" noch „Nein", wie denn auch in allen anderen deutschen Volksvertretungen Stimmenthaltungen bei Feststellung der Mehrheit nicht gezählt würden. Die Gleichstellung mit „Nein" gebe daher der Stellungnahme des sich der Stimme enthaltenden Abgeordneten eine unrichtige Bedeutung und regle die Ermittlung der Mehrheit in einer Weise, die dem Mehrheitsbegriff der Verfassung nicht entspreche. Die Unrichtigkeit der allgemeinen Gleichstellung von Stimmenthaltung und „Nein" trete namentlich bei Abstimmungen über Vertrauens- und Mißtrauensanträge hervor, weil der sich Enthaltende hier offenbar den Streit den anderen überlassen und die Entscheidung ihrer Mehrheit hinnehmen wolle. Im Streitfalle sei zudem am 19. April 1929 von den Abgeordneten des Christlichen Volksdienstes die Stimmenthaltung zum Mißtrauensantrag gegen Dr. Bazille in einer entschiedenes Mißtrauen bezeugenden Weise begründet worden, und für die Abstimmung am 8. Juni 1928 über den entsprechenden Antrag sei ein Zweifel am Mißtrauen des Stimmenthaltung übenden Abgeordneten in dieser Richtung gleichfalls nicht möglich.

Der Antrag auf Nichtigerklärung der Abstimmung des Kultministers Dr. Bazille endlich wurde damit gerechtfertigt: Es sei im gesamten Rechte der privaten und öffentlichen Körperschaften anerkannt, daß ein Mitglied in eigener Sache nicht stimmen dürfe; dieser Satz habe auch in den Geschäftsordnungen einiger Landtage Ausdruck gefunden. Abstimmungen über Vertrauens- und Mißtrauensvoten ständen den Abstimmungen von Gesellschafterversammlungen über Genehmigung der Geschäftsführung des Vorstands gleich, berührten auch eine außerordentlich wichtige persönliche Angelegenheit des beteiligten Ministers; das Mißtrauensvotum gegen Dr. Bazille habe zudem noch wegen dessen „ausgesprochen persönlicher Politik und der maßlos provozierenden Art der Behandlung seiner persönlichen Gegner" eine besonders scharfe persönliche Note gehabt. Zum mindesten habe die Stimmabgabe gegen die guten Sitten verstoßen, da eine so wichtige Frage, wenn sie, wie im Streitfall, überwiegend persönlichen Charakter trage und ihre Entscheidung von einer Stimme abhänge, nicht gerade durch die Stimme des persönlich Meistbeteiligten entschieden werden dürfe, zumal wenn dieser an der Niederlage seiner Partei bei den letzten Wahlen die Hauptschuld trage.

Die Landesregierung bestritt für den Antrag III die Zuständigkeit des Staatsgerichtshofs, weil dieser nicht berufen sei, die Stimmabgabe der einzelnen Abgeordneten zu prüfen, und weil die Verfassung weder das Mitstimmen in eigener Sache verbiete, noch etwa eine Nichtigkeit von Stimmabgaben oder sonstigen Staatsakten wegen Sittenwidrigkeit vorsehe, der Antrag auf Nichtigerklärung der Stimmabgabe des Abgeordneten Dr. Bazille daher keine Verfassungsstreitigkeit betreffe. Für den Antrag I, hilfsweise auch für den zu III, machte sie ferner geltend, daß wegen widerrechtlichen Verbleibens im Amte die Ministeranklage vor dem Württembergischen Staatsgerichtshof zulässig sei und daß dessen Zuständigkeit nicht durch Anrufung des Staatsgerichtshofs für das Deutsche Reich umgangen werden könne. Zur Sache vertrat sie die Auffassung, daß § 27 WVerf. im Sinne der Art. 54 und 17 RVerf. auszulegen sei, weil kein Grund für die Annahme bestehe, daß er schärfere Anforderungen als jene habe stellen wollen. Wenn sein Verfasser und in den ersten Auflagen seines Erläuterungsbuchs auch der jetzige Minister Dr. Bazille eine strengere Auslegung vertreten habe, so erkläre sich dies daraus, daß es damals an Erfahrungen über die parlamentarische Regierungsform in Deutschland gefehlt habe. Die spätere württembergische Staatspraxis habe diese anfängliche Auslegung nicht befolgt, vielmehr habe Bazille im Jahre 1920 als

Führer der Opposition nicht beanstandet, daß die Regierung kein Vertrauensvotum erwirkte, und im Jahre 1924 habe er als Staatspräsident trotz sicherer Mehrheit kein Vertrauensvotum für sich beantragt. Es sei auch ein Widerspruch, ein formelles Vertrauensvotum nicht für erforderlich zu halten, dennoch aber auf einer positiven Vertrauenskundgebung zu bestehen. Das Erfordernis einer positiven Vertrauenskundgebung für den einzelnen Minister könne keinesfalls aus § 27 hergeleitet werden, weil diese Vorschrift nur vom Staatsministerium spreche.

Zum Antrag II machte das Staatsministerium geltend: Bei Beratung der Geschäftsordnung von 1926 sei eine Änderung der aus der früheren Geschäftsordnung übernommenen Bestimmung des § 76 Abs. 3 vom Berichterstatter mit Rücksicht auf den gebräuchlichen Sinn des Wortes „Enthaltung" beantragt worden. Die Mehrheit habe aber die Änderung abgelehnt, weil sich die Enthaltung im Württembergischen Landtag zu einer milderen Form der Verneinung herausgebildet habe; dagegen habe sie durch Abs. 4 eine Bestimmung eingefügt, wonach die „Verweigerung der Abstimmung" für die Beschlußfähigkeit, aber nicht für die Berechnung der Mehrheit mitzuzählen sei. Danach könne im Landtag über den Sinn von Stimmenthaltungen kein Zweifel bestehen und eine entsprechende Zählung könne keine fehlerhafte Beurteilung des Mehrheitsverhältnisses verursachen. Selbst im Falle der Ungültigkeit der Bestimmung der Geschäftsordnung gehe es aber, zumal nach den in der Entscheidung des Staatsgerichtshofs über die sächsischen Landtagswahlen ausgesprochenen Grundsätzen, nicht an, die Gültigkeit der unter der Herrschaft der beanstandeten Bestimmung vorgenommenen Abstimmung nachträglich in Frage zu ziehen.

Zum Antrag III wurde für den Fall der Zuständigkeit des Staatsgerichtshofs noch ausgeführt, der Abgeordnete habe, auch wenn er zugleich Minister sei, die Politik zur Geltung zu bringen, die seiner Meinung nach die beste sei, und dürfe seine Partei nicht durch Verweigerung der Abstimmung in die Minderheit versetzen und aus der Regierung verdrängen lassen. Dies gelte auch bei Abstimmungen über die von ihm selbst als Minister befolgte Politik und über sein Verbleiben im Amte, äußerstenfalls vielleicht mit Ausnahme von Fällen, in denen es sich um rein persönliche Angelegenheiten handle. Die in einzelnen Geschäftsordnungen getroffenen Sonderbestimmungen ließen keine Ausdehnung auf andere Angelegenheiten und andere Volksvertretungen zu, und die Vorschriften des bürgerlichen Rechts über Gesellschaften und Vereine seien nicht auf die staatlichen Körperschaften anzuwenden. Der Abgeordnete verstoße nicht gegen die guten Sitten, wenn er seine Überzeugung vertrete, und keinesfalls dürften die Beschlüsse der Parlamente von einem Gericht unter diesem Gesichtspunkt auf ihre Rechtsgültigkeit nachgeprüft werden.

Mittlerweile hatten die Volksrechtpartei und die Nationalsozialistische Deutsche Arbeiterpartei, die bei der Zuweisung der Abgeordnetensitze wegen der im Art. 20 Abs. 2 des Landtagswahlgesetzes vorgeschriebenen Mindeststimmzahl leer ausgegangen waren, beim Staatsgerichtshof für das Deutsche Reich die Entscheidung vom 22. März 1929 (RGZ. Bd. 124 Anh. S. 1) erwirkt, die diese Bestimmung für reichsverfassungswidrig erklärte. Der Württembergische Staatsgerichtshof hatte auf Grund dieser Entscheidung am 6. Juni 1929 ausgesprochen, daß die Verteilung der Abgeordnetensitze auf die Bezirksvorschlagslisten insoweit ungültig sei, als sie unter Berücksichtigung des Art. 20 Abs. 2 erfolgt sei. Die danach erforderliche Änderung der Verteilung hatte der Landeswahlausschuß in seiner Sitzung von 10. Juni 1929 in der Weise vorgenommen, daß das Zentrum, die Deutschnationalen und die Sozialdemokraten je einen Sitz verloren, dagegen die Volksrechtpartei mit zwei und die Nationalsozialisten mit einem Abgeordneten neu in den Landtag eintraten. Die Staatsregierung wies darauf hin, daß seit dieser Änderung der Zusammensetzung kein Mißtrauensvotum mehr eingebracht, daß dagegen der Staatshaushaltsplan für 1929 und das Beamtengesetz angenommen worden seien.

Die Antragstellerin suchte in ihrer Erwiderung aus der Veränderung der Zusammensetzung des Landtags herzuleiten, daß eine solche völlig neue Verteilung der Abgeordnetensitze der Bildung eines neuen Landtags gleichzuachten und daß demnach gemäß § 27 Abs. 4 WVerf., der „nach jeder Neuwahl des Landtags auch eine Neuwahl des Staatspräsidenten und eine Neubildung des Staatsministeriums" fordert, der Rücktritt des Staatsministeriums geboten gewesen sei. Sie beantragte demgemäß hilfsweise,

festzustellen, daß die Staatsregierung vom 11. Juni 1929 ab im Widerspruch mit der erwähnten Verfassungsbestimmung im Amte sei.

Für den Fall, daß diese Auffassung nicht geteilt und wegen der seit Einreichung der Klage eingetretenen Vorgänge das Vertrauen des

Landtags zur Regierung vom 11. Juni 1929 ab angenommen werde, beantragte sie hilfsweise,

die Anträge I a und b mit Beschränkung auf die Zeit bis zum 10. Juni 1929 zuzusprechen.

Sie bemerkte dazu, daß die Anträge auch in dieser Begrenzung auf die Vergangenheit von rechtlicher Bedeutung seien, weil die Feststellung der Verfassungswidrigkeit die Grundlage für weitere Ansprüche und Anträge bilden könne.

Eine weitere Ergänzung ihrer Anträge nahm sie mit Bezug auf mögliche Zweifel über die Legitimation der Landesregierung zu den Anträgen II und III vor, indem sie die ganze Klage vorsorglich auch gegen den Württembergischen Landtag, vertreten durch dessen Präsidenten, richtete.

Zu den Zweifeln über die Zuständigkeit des Staatsgerichtshofs bemerkte die Antragstellerin, daß die Möglichkeit einer Ministeranklage wegen schuldhafter Verfassungsverletzung ein Begehren nach Feststellung der objektiven Rechtslage nicht ausschließe und daß für ein solches nur der Staatsgerichtshof für das Deutsche Reich zuständig sei. Auch werde die Geltendmachung der Sittenwidrigkeit staatsrechtlicher Akte vor dem Staatsgerichtshof nicht dadurch ausgeschlossen, daß über die Nichtigkeit solcher Akte in der Verfassungsurkunde selbst nichts bestimmt sei.

Ihre Auslegung des § 27 Abs. 2 Satz 2 WVerf. begründete sie näher mit Ausführungen über die Verschiedenheiten des Ausbaues und der Anforderungen des von der Reichsverfassung angenommenen „echten" und des in Württemberg und in den meisten anderen Ländern angenommenen „unechten" parlamentarischen Systems, sowie durch Darstellung der Mehrheitsverhältnisse und Vorgänge bei Bildung der früheren Württembergischen Regierung, aus denen sie folgerte, hier sei das Vorhandensein einer die Regierung stützenden Mehrheit so klar gewesen, daß es keiner förmlichen Vertrauenskundgebung bedurft habe; deshalb könne aus dem Fehlen einer solchen nicht auf eine Staatspraxis im Sinne der Auslegung der Regierung geschlossen werden. Die Annahme des Beamtengesetzes und des Haushaltsplanes seien nicht als Vertrauenskundgebung anzusehen, weil diese Gesetze Verwaltungsangelegenheiten von geringerer politischer Bedeutung betroffen hätten.

Zur Frage der Ungültigkeit des § 76 Abs. 3 GeschO. führte die Antragstellerin noch an, Stimmenthaltung könne angesichts des entgegenstehenden Sprachgebrauchs nur dann im Sinne dieser Bestimmung gedeutet werden, wenn ausdrücklich „Stimmenthaltung im Sinne des § 76 Abs. 3" erklärt werde. Jedenfalls könne aber aus der Bestimmung nur eine formelle Entscheidung über die Tragweite der Stimmabgabe begründet, dagegen für deren materielle Bedeutung und für die materielle Stellung zur Vertrauensfrage nichts entnommen werden. Übrigens widerspreche auch die im § 76 angeordnete Gleichstellung von Stimmengleichheit mit Ablehnung der herrschenden Auffassung, wonach Stimmengleichheit nicht Ablehnung des Antrags, sondern Nichtzustandekommen einer Abstimmung bedeute.

Daß die Anfechtung einer Stimmabgabe wegen Sittenwidrigkeit in keiner Verfassung oder Geschäftsordnung vorgesehen und praktisch wohl auch noch nicht vorgekommen sei, schließe ihre Zulässigkeit nicht aus, ebensowenig wie die Zulässigkeit einer solchen Anfechtung wegen Geisteskrankheit oder Bewußtlosigkeit. Sie könne freilich nur in ganz besonderen Ausnahmefällen in Frage kommen; ein solcher liege aber gerade hier vor.

Nach Abschluß des Schriftwechsels der Parteien trat insofern eine Änderung der Sachlage ein, als auf Grund einer Vereinbarung über den Anschluß der Deutschen Demokratischen Partei und der Deutschen Volkspartei an die bisherige Regierungskoalition am 19. Januar 1930 ein Mitglied der ersteren zum Wirtschaftsminister, ein Mitglied der letzteren zum ehrenamtlichen (politischen) Beirat des Staatsministeriums mit der Amtsbezeichnung „Staatsrat" ernannt wurde. Die Antragstellerin beschränkte darauf ihren Hauptantrag I dahin, daß sie die Feststellung der Verfassungswidrigkeit des Staatsministeriums, insbesondere der Ministerschaft des Kultministers Dr. Bazille, nur für die Zeit bis zum 19. Januar 1930 begehrte. Die Antragsgegnerin machte geltend, daß an einer solchen, ein vergangenes Rechtsverhältnis betreffenden Feststellung kein rechtliches, sondern lediglich ein geschichtliches oder rechtswissenschaftliches Interesse bestehe. Die Antragstellerin suchte ein rechtliches Interesse namentlich aus der Möglichkeit jederzeitiger Wiederherstellung der ursprünglichen Zusammensetzung der Regierung des Staatspräsidenten Dr. Bolz und ihrer Regierungskoalition herzuleiten.

Der Württembergische Landtag ist in den Streit nur mit der Erklärung seines Präsidenten eingetreten, daß er die Sache durch die

Ausführungen der Antragstellerin und der Landesregierung für ausreichend geklärt halte.

B.

I. Die zwischen den Parteien streitigen Fragen der Verfassungsmäßigkeit der am 8. Juni 1928 durch den Staatspräsidenten Dr. Bolz vorgenommenen Regierungsbildung, insbesondere der Ministerschaft des Kultministers Dr. Bazille sowie der Verfassungsmäßigkeit des § 76 Abs. 3 GeschO. hängen lediglich von der zwischen den Parteien bestrittenen Auslegung der § 19 Abs. 1, §§ 27 und 28 WVerf. ab und haben die Feststellung der verfassungsrechtlichen Lage mit Bezug auf jene Regierungsbildung und auf die Gültigkeit jener Geschäftsordnungsbestimmung zum Gegenstand. Der Streit über diese Fragen stellt sich also als eine Verfassungsstreitigkeit innerhalb des Landes Württemberg im Sinne des Art. 19 Abs. 1 RVerf. dar. Dies gilt auch von dem Streit darüber, ob die Stimmabgabe des Kultministers Dr. Bazille als Abgeordneten bei den Abstimmungen über die Mißtrauensanträge vom 8. Juni 1928 und 19. April 1929 gegen die guten Sitten verstoßen habe und deshalb oder sonst ungültig gewesen sei. Auch soweit die Ungültigkeit aus den Grundsätzen über die Folgen der Sittenwidrigkeit von Rechtshandlungen hergeleitet wird, handelt es sich in der Tat um die Berücksichtigung dieser Grundsätze bei Anwendung des § 19 Abs. 1 Satz 2 WVerf. Die Berechtigung des Einwands, daß die Frage der Gültigkeit der Stimmabgabe eines Abgeordneten mit der Feststellung des Abstimmungsergebnisses im Landtag endgültig erledigt sei, ist gleichfalls eine Frage des Verfassungsrechts.

Ein zur Entscheidung solcher Verfassungsstreitigkeiten zuständiges Gericht besteht in Württemberg nicht. Daß der dortige Staatsgerichtshof nach § 38 WVerf. berufen ist, über Ministeranklagen wegen vorsätzlicher oder grob fahrlässiger Verletzung der Verfassung oder eines Gesetzes zu erkennen, schließt die Zulässigkeit von Klagen auf Feststellung der objektiven Verfassungswidrigkeit von Handlungen des Staatsministeriums oder einzelner Minister, insbesondere auch der objektiven Verfassungswidrigkeit ihres Verbleibens im Amte, und die Zuständigkeit des Staatsgerichtshofs für das Deutsche Reich für solche Feststellungsklagen nicht aus. Die etwa bestehende Möglichkeit, über die Gültigkeit der Stimmabgabe des Dr. Bazille eine Entscheidung des Landtags herbeizuführen, steht der Zuständigkeit des Staatsgerichtshofs für den hierauf bezüglichen Antrag III schon deshalb nicht entgegen, weil Art. 19 Abs. 1 RVerf. ihm nur diejenigen Verfassungsstreitigkeiten eines Landes entzieht, zu deren Entscheidung im Lande ein Gericht besteht.

Die Legitimation der Parteien für die Anträge I ist nach der ständigen Rechtsprechung des Staatsgerichtshofs nicht zu bezweifeln. Hinsichtlich der Anträge II und III sind die von der Antragstellerin selbst gehegten Bedenken wegen der Passivlegitimation des Staatsministeriums an sich nicht ohne weiteres abzuweisen; ihre Berechtigung kann aber dahingestellt bleiben, nachdem der Antrag auch gegen den Landtag gerichtet worden ist.

II. Die für die sachliche Entscheidung über die Anträge Ia und b maßgebenden §§ 27, 28 WVerf. lauten:

„§ 27. Der Staatspräsident wird durch den Landtag gewählt.

Der Staatspräsident beruft und entläßt die übrigen Minister und bestellt unter ihnen seinen Vertreter. Das von ihm gebildete Staatsministerium bedarf des Vertrauens des Landtags.

Nach jeder Neuwahl des Landtags findet auch eine Neuwahl des Staatspräsidenten und eine Neubildung des Staatsministeriums statt.

§ 28. Der Landtag ist berechtigt, das Staatsministerium abzuberufen oder die Entlassung einzelner Minister zu verlangen."

Dagegen bestimmen die Art. 53 und 54 RVerf.:

„Art. 53. Der Reichskanzler und auf seinen Vorschlag die Reichsminister werden vom Reichspräsidenten ernannt und entlassen.

Art. 54. Der Reichskanzler und die Reichsminister bedürfen zu ihrer Amtsführung des Vertrauens des Reichstags. Jeder von ihnen muß zurücktreten, wenn ihm der Reichstag durch ausdrücklichen Beschluß sein Vertrauen entzieht."

Die Anordnung der Bestimmungen über das Erfordernis des Vertrauens des Parlaments ist also in den zwei Verfassungen insofern verschieden, als die Reichsverfassung sie in einem besonderen Artikel auf die Vorschriften über die Ernennung und Entlassung der Minister folgen läßt und hierbei an den Satz, daß die Minister des Vertrauens bedürfen, die Vorschrift anschließt, daß sie bei Entziehung des Vertrauens durch Beschluß des Parlaments zurückzutreten haben, wogegen die Württembergische Verfassung das Erfordernis des Vertrauens im unmittelbaren Anschluß an die Bestimmung über die Berufung und Entlassung der Minister durch den Staatspräsidenten aufstellt und danach in einem besonderen Paragraphen dem Landtag das Recht zuspricht, „das Staatsministerium abzuberufen oder die Entlassung einzelner Minister zu fordern". Es entspricht lediglich der Anordnung der Bestimmungen in der Reichsverfassung, wenn diese von der herrschenden Meinung dahin ausgelegt werden, daß das im ersten Satz des § 54 aufgestellte allgemeine Erfordernis des Vertrauens des Parlaments zur Regierung im zweiten Satze näher erläutert werde und daß daher ein Rücktritt des Reichskanzlers und der Minister nur bei einem die Entziehung des Vertrauens ausdrücklich aussprechenden Beschluß des Reichstags notwendig, bis zu einem solchen Beschluß also das Vertrauen des Reichstags in ihre Amtsführung vorauszusetzen sei (vgl. die bei Anschütz 7. Aufl. Bem. 3 zu Art. 54 angeführte Äußerung des Abgeordneten Dr. Kahl im Geschäftsordnungsausschuß vom 15. Oktober 1925). Für die Württembergische Verfassung drängt sich diese Auslegung nach dem Zusammenhang ihrer Bestimmungen nicht in gleicher Weise auf, für sie liegt vielmehr an sich die Auslegung mindestens ebenso nahe, daß die Erfüllung des Erfordernisses des Vertrauens schon bei der Bildung der Regierung festzustellen sei, der Landtag aber auch späterhin jederzeit die Entlassung wegen Wegfalls seines Vertrauens fordern könne. Indessen ist dieser Schluß aus der abweichenden Anordnung der Bestimmungen nicht zwingend, es ist vielmehr auch nach dem Zusammenhang der §§ 27, 28 WVerf. die für den Art. 54 RVerf. herrschende Auffassung möglich.

Für die letztere Auffassung spricht die Entstehungsgeschichte. Die §§ 27, 28 der gegenwärtigen Württembergischen Verfassung vom 25. September 1919 entsprechen mit einer geringen und für die Frage nicht in Betracht kommenden Änderung den §§ 48, 49 der vor dem Zustandekommen der Reichsverfassung erlassenen Württembergischen Verfassung vom 20. Mai 1919. Das zu dieser Zeit geltende Reichsgesetz über die vorläufige Reichsgewalt vom 10. Februar 1919 (RGBl. S. 169) enthielt über die Verfassung der Länder keine Vorschriften und bestimmte über die Ernennung der Reichsminister und ihre Stellung zum Parlament nur in § 8, daß die Minister vom Reichspräsidenten zu berufen seien und zu ihrer Amtsführung des Vertrauens der Nationalversammlung bedürften. Diese Bestimmung konnte im Gegensatz zu Art. 54 RVerf. im einen wie im andern hier in Frage stehenden Sinne verstanden werden und ist vom Ministerpräsidenten Bauer in der Sitzung der Nationalversammlung vom 22. Juni 1919 (Sitz. Ber. S. 1125 a) tatsächlich ohne Widerspruch dahin gedeutet worden, daß er mit der Bitte um einen seine Erklärungen wegen der bevorstehenden Unterzeichnung des Versailler Vertrags billigenden Beschluß die verfassungsrechtlichen Vorschriften des § 8 erfülle. Auch im Schrifttum (vgl. Jellinek im Jahrbuch des öffentlichen Rechts Bd. 9 S. 36/37) wurde im Sinne des § 8 eine wenigstens stillschweigende Erklärung des Vertrauens der Nationalversammlung für erforderlich erachtet zur Amtsführung der Regierung. Für die erste Württembergische Verfassung, die nach dem Wortlaut und Zusammenhang der in Betracht kommenden Bestimmungen eine solche Auslegung besonders nahe legte, wird man sie danach ohne Bedenken als zutreffend ansehen können, wie denn auch der Verfasser des Gesetzes, Professor von Blume (Jahrb. d. öffentlichen Rechts Bd. 9 S. 177), die Bestimmung dahin erläutert, daß das Vertrauen des Landtags bei jeder Neubildung des Ministeriums durch einen Landtagsbeschluß auszusprechen sei.

Nun bezweckte aber der Erlaß der neuen Württembergischen Verfassung vom 25. September 1919, wie die Antragstellerin zutreffend hervorhebt, die Angleichung der Landesverfassung an die mittlerweile erlassene Reichsverfassung. Diese hatte das Erfordernis des Vertrauens des Parlaments zur Regierung in ihrem Art. 54 in weniger scharfer Weise normiert. Sie hatte ferner für die Länder in dieser Beziehung im Art. 17 Abs. 1 Satz 3 nur allgemein bestimmt, daß die Landesregierung des Vertrauens der Volksvertretung bedürfe, und hatte den Landesverfassungen überlassen, in welcher Art und Weise sie dieser Vorschrift nachkommen wollten. Es ist nicht anzunehmen, daß sie für die kleineren Verhältnisse der Länder in dieser Hinsicht schärfere Anforderungen aufstellen wollte, als sie im Reich selbst zur Sicherung des parlamentarischen Regierungssystems für erforderlich hielt. Anderseits ist auch recht unwahrscheinlich, daß die Württembergische Landesversammlung bei Angleichung der Landesverfassung an die des Reichs schwerere Bedingungen für die Regierungsbildung habe aufstellen wollen, als sie das Reich von den Ländern verlangte und für sich selbst als genügend ansah. Dies läßt sich um so weniger annehmen, als der Württembergischen Landesversammlung der für die Preußische bei Abfassung der entsprechenden preußischen Bestimmungen (Art. 57 PrVerf.) maßgebende Gesichtspunkt kaum völlig entgangen sein wird, daß bei der großen Zahl der Fraktionen das Erfordernis einer ein Vertrauensvotum sicherstellenden Mehrheit für die neugebildete Regierung unter Umständen die Regierungsbildung in Frage stellen kann, ein Gesichtspunkt, der in Württemberg bei der geringeren Zahl der Landtagsmitglieder noch größere Beachtung beansprucht. Viel näher liegt die Annahme, daß die Mitglieder der Landesversammlung die streitigen Bestimmungen deshalb im wesentlichen unverändert aus der alten in die neue Verfassung übernommen haben, weil sie sich der Möglichkeit, ihnen eine über die Anforderungen des Reichs hinausgehende Auslegung zu geben, nicht bewußt waren oder doch glaubten, daß die nach dem Wortlaut gleichfalls mögliche Deutung der Bestimmungen im Sinne des Reichsrechts von nun an durch eine der Angleichungsabsicht entsprechende Heranziehung der reichsrechtlichen Regelung und Übung zur Herrschaft gelangen würde. In der Tat hatte schon zum Entwurf der fraglichen Bestimmungen der ersten Verfassung der Verfassungsausschuß der Verfassunggebenden Württembergischen Landesversammlung bemerkt, sie bringe „in derselben Weise wie die — den Art. 17 und 54 RVerf. entsprechenden — Art. 16 und 76 des Entwurfs der Reichsverfassung zum Ausdruck, daß das Ministerium im Einvernehmen mit der Mehrheit des Landtags gebildet werden und von ihrem Vertrauen getragen sein solle" (vgl. den Bericht dieses Ausschusses, Beil. 62 zu den Verh. der Verfassunggebenden Landesversammlung S. 289). Auch damals also ist den maßgebenden Mitgliedern der Württembergischen Landesversammlung der Unterschied in der Fassung der in Rede stehenden Bestimmungen und der reichsrechtlichen Vorschriften nicht zum Bewußtsein gekommen.

Zu einer anderen Auffassung kann auch nicht die von der Antragstellerin geltend gemachte Erwägung führen, daß die Reichsverfassung dem Parlament einen gleichfalls unmittelbar aus allgemeiner Volkswahl hervorgehenden Reichspräsidenten an die Seite stellt, die Landesverfassung dagegen die Wahl des Staatspräsidenten dem Landtag überläßt. Im Gegenteil durfte der württembergische Verfassunggeber, da er für den Staatspräsidenten infolge seiner Wahl durch den Landtag das Vertrauen einer mindestens relativen Landtagsmehrheit ohne weiteres unterstellen und weiterhin annehmen konnte, daß er die zu einer absoluten Mehrheit fehlenden Stimmen durch Berücksichtigung anderer Parteien bei der Ministerauswahl gewinnen würde, für die Minister das Vertrauen der Landtagsmehrheit viel unbedenklicher bis auf weiteres voraussetzen, als dies dem Reichsverfassunggeber angesichts der selbständigen Stellung des Reichspräsidenten für die von diesem ernannten Minister möglich war.

Da hiernach überwiegende Gründe für eine der herrschenden Auffassung vom Art. 54 RVerf. entsprechende Auslegung des § 27 Abs. 2 Satz 2 WVerf. sprechen, bedurfte das am 8. Juni 1928 gebildete Württembergische Staatsministerium, insbesondere auch der Kultminister Dr. Bazille, keines Vertrauensbeschlusses und keiner sonstigen Vertrauenskundgebung des Landtags. Die Anträge I wären hiernach nur begründet, wenn die an diesem Tage und am 19. April 1929 gestellten Mißtrauensanträge vom Landtagspräsidenten zu Unrecht für abgelehnt erklärt worden und verfassungsgemäß als angenommen anzusehen gewesen wären.

III. Unbegründet ist auch der Hilfsantrag, das Verbleiben des Staatsministeriums im Amte für die Zeit vom 11. Juni 1929 ab wegen der am 10. Juni 1929 erfolgten Änderung in der Besetzung von drei Abgeordnetenmandaten auf Grund des § 27 Abs. 3 WVerf. für verfassungswidrig zu erklären. Nach § 27 Abs. 3 hat „eine Neuwahl des Staatspräsidenten und eine Neubildung des Staatsministeriums nach jeder Neuwahl des Landtags stattzufinden". „Neuwahl des Landtags" kann aber nach den § 11 Abs. 2, § 16 Abs. 3 WVerf. nur die gemäß diesen Bestimmungen gegen Ende der vierjährigen Landtagsperiode oder nach einer Auflösung des Landtags vorzunehmende Neuwahl des gesamten Landtags bedeuten. Von einer andern „Neuwahl des Landtags" ist in der Verfassung nirgends die Rede. Es geht auch nicht an, die für den Fall der Neuwahl des ganzen Landtags getroffene Vorschrift über die Neubildung der Landesregierung auf den Fall von Verschiebungen entsprechend anzuwenden, die in der parteimäßigen Zusammensetzung des Landtags durch Ungültigerklärung einzelner Wahlen oder einzelner Zuteilungen von Abgeordnetensitzen eintreten, selbst wenn die Verschiebungen, wie im vorliegenden Falle, gleichzeitig mehrere Mandate betreffen. Art. 33 Abs. 4 des Landtagswahlgesetzes vom 15. Mai 1920 (RegBl. S. 243) bestimmt, daß bei Ungültigerklärung der Wahl in mehr als drei Wahlkreisen das ganze Verfahren zur Feststellung des Wahlergebnisses neu durchzuführen ist. Daß in irgendwelcher andern Beziehung die für eine Neuwahl des Landtags vorgesehenen, sehr viel weiter gehenden Folgen eintreten sollten, ist nicht angedeutet. Der Gesetzgeber kann aber an die Änderung der Zuteilung von drei

Sitzen nicht weitergehende Folgen haben knüpfen wollen als an die Ungültigerklärung der Wahlen von drei Wahlkreisen.

IV. Die Anträge II a und b, die auf Ungültigerklärung des § 76 Abs. 3 der Geschäftsordnung und der danach bestimmten Abstimmungsergebnisse vom 8. Juni 1928 und 19. April 1929 gerichtet sind, stützen sich auf § 19 Abs. 1 Satz 2 WVerf. Dieser besagt indessen nur, daß der Landtag mit Stimmenmehrheit beschließt, nicht dagegen, ob und unter welchen Bedingungen auf die Abstimmung bezügliche Erklärungen der Landtagsmitglieder als ablehnende oder zustimmende Stellungnahme zu werten oder bei der Zählung der Stimmen außer Ansatz zu lassen sind. Es kann der Antragstellerin auch nicht zugegeben werden, daß es dem Sinne der Erklärung, sich der Abstimmung zu enthalten, durchaus widerspreche, sie der Ablehnung gleichzustellen. Der von der Antragstellerin hervorgehobene Umstand, daß die Geschäftsordnungen des Preußischen, Bayerischen, Sächsischen, Hessischen und anderer Landtage ausdrücklich vorschreiben, die Stimmenthaltungen seien zur Berechnung der Beschlußfähigkeit, nicht aber zur Feststellung der Mehrheit zu zählen, beweist zwar, daß diese Behandlung der vorherrschenden Auffassung von der Bedeutung einer Enthaltungserklärung entspricht, er beweist aber auch, daß vielfach Zweifel über ihre Bedeutung bestanden haben. In der Tat sind solche Zweifel nach dem Wortsinne möglich, wie denn auch in dem von der Antragstellerin angeführten Urteil des Reichsgerichts (RGZ. Bd. 20 S. 143) die Nichtberücksichtigung der sich einer Abstimmung enthaltenden Aktionäre nur in dem Falle für geboten erachtet wird, daß die Satzung nicht ein anderes vorschreibt. Die von der württembergischen Geschäftsordnung angenommene Auslegung ist um so eher vertretbar, wenn neben der einfachen Stimmenthaltung noch die Erklärung, die Abstimmung zu verweigern, zugelassen und dieser der Sinn beigelegt wird, daß man weder für die bejahende, noch für die verneinende Meinung eintreten wolle, wie dies in § 76 Abs. 4 der württembergischen Geschäftsordnung geschehen ist. Zudem hat die Mehrheit des Landtagsausschusses bei Beratung der Geschäftsordnung bezeugt, daß sich im Landtag die Übung herausgebildet hatte, von der Stimmenthaltungserklärung im Sinne einer milden Form des „Nein" Gebrauch zu machen; sie hat auf Grund dieser Erwägung die Vorschrift des § 76 Abs. 3 aus der früheren Geschäftsordnung übernommen, indem sie den § 76 Abs. 4 über die Verweigerung der Abstimmung hinzufügte (Landtagsdrucks. Beil. 364 v. 23. Juni 1926 S. 367). Danach kann nicht bezweifelt werden, daß die Vorschrift des § 76 Abs. 3 dem Sprachgebrauch der württembergischen Parlamentarier, also dem, trotz seiner örtlichen und persönlichen Begrenzung, für die Auslegung der Bestimmungen maßgebenden Sprachgebrauch entspricht.

Die verfassungsmäßige Gültigkeit des § 76 Abs. 3 GeschO. ist hiernach nicht zu beanstanden. Damit erübrigt sich ein Eingehen auf den die Ungültigkeit dieser Bestimmung voraussetzenden Antrag auf anderweitige Feststellung des Ergebnisses der Abstimmungen vom 8. Juni 1928 und 19. April 1929.

V. Dem Antrag III auf Nichtigerklärung der Stimmabgabe des Abgeordneten Dr. Bazille oder auf Nichtzählung seiner Stimme bei den Abstimmungen vom 8. Juni 1928 und 19. April 1929 könnte zunächst entgegengehalten werden, daß die Feststellung des Abstimmungsergebnisses ausschließlich und endgültig dem Vorstande des Landtags zustehe. Indessen sprechen beim Fehlen ausdrücklicher Vorschriften solchen Inhalts gewichtige Gründe dafür, gegenüber einem verfassungswidrigen Verfahren eines den Rückhalt einer vielleicht nur schwachen Mehrheit genießenden Landtagsvorstands der Minderheit die Anrufung des Schutzes des Staatsgerichtshofs nicht zu versagen. Die Frage bedarf jedoch im vorliegenden Falle keiner endgültigen Entscheidung, weil ein Verstoß gegen die verfassungsmäßigen Grundsätze in der Mitberücksichtigung der Stimme des Abgeordneten Bazille nicht zu erblicken ist. Der von der Antragstellerin in erster Linie aufgestellte Satz, daß bei Abstimmungen einer Körperschaft kein Mitglied in eigener Sache stimmen dürfe, gilt in dieser Allgemeinheit weder im öffentlichen noch im bürgerlichen Recht. Die Bestimmungen des bürgerlichen Rechts, wonach bei Vereinen und gewissen Gesellschaften ein Mitglied nicht stimmberechtigt ist, wenn es sich um die Vornahme eines Rechtsgeschäfts mit ihm, um die Erledigung eines Rechtsstreits zwischen ihm und der Körperschaft, um seine Befreiung von einer Verpflichtung oder um seine Entlastung handelt, betreffen nur einzelne besonders hervorstechende Fälle eigener Beteiligung der Stimmberechtigten und haben für öffentlichrechtliche Verbände nicht ohne weiteres die Bedeutung von Rechtsvorschriften. Wollte man sie für solche Verbände etwa als Regeln des parlamentarischen Anstandes gelten lassen, so könnten sie auch insoweit doch nur in durchaus entsprechenden Fällen Geltung beanspruchen. Sondervorschriften, wie sie in den von der Antragstellerin angeführten Geschäftsordnungen einiger deutscher Landtage bestehen, lassen sich auf die anderen Länder nicht ohne weiteres anwenden. Zudem hat die Abstimmung über einen Mißtrauensantrag weder die Erteilung einer Entlastung, d. h. das Anerkenntnis über Nichtbestehen von Ansprüchen aus der Geschäftsführung, noch die Vornahme eines privatrechtlichen Geschäfts mit dem Minister zum Gegenstand, und die privaten Folgen des vom Ausgang der Abstimmung etwa abhängenden Ausscheidens des Ministers aus dem Amte werden von der politischen Tragweite eines solchen staatsrechtlichen Aktes für den Gang der Staatsverwaltung an Bedeutung weit überwogen. Es ist deshalb den Antragsgegnern darin beizupflichten, daß dem Minister, der als Abgeordneter die von ihm für richtig gehaltene Politik zu vertreten und sie gerade bei unsicheren Mehrheitsverhältnissen durch den Gebrauch seiner Abgeordnetenstimme zu unterstützen hat, rechtlich nicht verwehrt werden kann, seine Stimme auch bei Abstimmungen über die Vertrauensfrage zugunsten der Regierung abzugeben.

Sittenwidrigkeit kann einer solchen Stimmabgabe auch dann nicht zum Vorwurf gemacht werden, wenn der Abgeordnete und Minister — wie die Antragstellerin, übrigens ohne Anführung einzelner Tatsachen, vom Kultminister Dr. Bazille behauptet — etwa eine mehr oder weniger persönliche Politik betrieben, den Wahlkampf in schroffer Weise geführt und sich dadurch scharfe persönliche Angriffe zugezogen haben sollte. Soweit die „persönliche" Politik und die Art der Führung des Wahlkampfes die Grenzen des Strafgesetzes überschreitet, ist die Abhilfe im ordentlichen Rechtsweg zu suchen. Gegebenenfalls steht der Weg der Ministeranklage zur Verfügung. Zu der grundsätzlichen Frage, ob überhaupt die Abstimmung eines Abgeordneten wegen Sittenwidrigkeit oder wegen anderer Rechtsmängel als unwirksam angegriffen werden kann, braucht hiernach aus dem vorliegenden Anlaß keine Stellung genommen zu werden.

VI. Die Anträge der Sozialdemokratischen Partei des Württembergischen Landtags sind sonach als unbegründet zu erachten, ohne daß es eines Eingehens auf die Frage bedarf, ob an ihnen nach der am 19. Januar 1930 vorgenommenen Erweiterung des Staatsministeriums und der damit zusammenhängenden Erweiterung der Regierungskoalition das bei der Klagerhebung vorhandene berechtigte Interesse noch in vollem Umfang besteht.

2. Landesrecht.

Braunschweig.

Preußen.

a. Allgemeines Landrecht.

b. Einzelne Gesetze und Verordnungen.

Sachsen.

C. Zusammenstellung der Entscheidungen nach der Zeitfolge.

Entscheidungen des Staatsgerichtshofs.

Zusammenstellung
der
im 128. Bande
mitgeteilten Entscheidungen
nach
Oberlandesgerichtsbezirken.
(Die Zahlen bezeichnen die Nummern der Entscheidungen.)

Berichtigungen.

Hundertundzwölfter Band.

S. 332 letzte Z. statt „23. November 1923“ lies: „3. November 1923“.

Hundertundneunzehnter Band.

S. 21 Z. 15 v. o. statt „1927“ lies: „1926/27“.

Hundertundsechsundzwanzigster Band.

S. 421 rechte Sp. Z. 11 v. u. statt „7. Juli“ lies: „9. Juli“.

Hundertundachtundzwanzigster Band.

S. 160 bei der Bezeichnung des Urteils (Nr. 25) unter der Überschrift statt „8. April 1920“ lies: „8. April 1930“.

S. 179 Z. 16 v. o. statt „seine“ lies: „eine“.

FSC
www.fsc.org
MIX
Papier | Fördert gute Waldnutzung
FSC® C083411

Kolibri 360 GmbH
Ferdinand-Jühlke-Straße 7
99095 Erfurt, Deutschland
produktsicherheit@kolibri360.de